U0139037

五南法學研究中心編輯

# 民法

五南圖書出版公司 印行

# 民 法 凡 例

一、本書輯錄現行民法及相關法規，名爲民法。

二、本書依循下列方式編印

（一）法規條文內容，悉以政府公報爲準。

（二）法規名稱後詳列制定公布及歷次修正公布日期與條號。

（三）「條文要旨」，附於各法規條號之下，以（ ）表示。爲配合國會圖書館移除法規條文要旨作業，自民國109年起，凡增修之條文不再列附條文要旨。

（四）法規內容異動時，於「條文要旨」底下以「數字」標示最後異動之年度。

（五）法條分項、款、目，爲求清晰明瞭，項冠以浮水印①②③數字，以資區別；各款冠以一、二、三數字標示，各目冠以（一）、（二）、（三）數字標示。

三、書後附錄司法院判解函釋。

四、本書輕巧耐用，攜帶便利；輯入法規，內容詳實；條文要旨，言簡意賅；字體版面，舒適易讀；項次分明，查閱迅速；法令異動，逐版更新。

# 民 法 目 錄

## 壹、民法及相關法規

# 貳、民事訴訟法及相關法規

# 參、附　錄

# 壹、民法及相關法規

# 民　法

## 第一編　總　則

① 民國18年5月23日國民政府制定公布全文152條；並自18年10月10日施行。
② 民國71年1月4日總統令修正公布第8、14、18、20、24、27、28、30、32至36、38、42至44、46至48、50至53、56、58至65、85、118、129、131至134、136、137、148、151、152條條文；並自72年1月1日施行。
③ 民國97年5月23日總統令修正公布第14、15、22條條文；並增訂第15-1、15-2條條文；第14至15-2條自公布後一年六個月（98年11月23日）施行；第22條施行日期，以命令定之。
民國97年10月22日總統令公布第22條定自98年1月1日施行。
④ 民國104年6月10日總統令修正公布第10條條文；並自公布日施行。
⑤ 民國108年6月19日總統令修正公布第14條條文。
⑥ 民國110年1月13日總統令修正公布第12、13條條文；並自112年1月1日施行。

## 第一章　法　例

**第一條** （法源）
民事，法律所未規定者，依習慣；無習慣者，依法理。

**第二條** （適用習慣之限制）
民事所適用之習慣，以不背於公共秩序或善良風俗者爲限。

**第三條** （使用文字之原則）
① 依法律之規定，有使用文字之必要者，得不由本人自寫，但必須親自簽名。
② 如有用印章代簽名者，其蓋章與簽名生同等之效力。
③ 如以指印、十字或其他符號代簽名者，在文件上，經二人簽名證明，亦與簽名生同等之效力。

**第四條** （以文字爲準）
關於一定之數量，同時以文字及號碼表示者，其文字與號碼有不符合時，如法院不能決定何者爲當事人之原意，應以文字爲準。

**第五條** （以最低額爲準）
關於一定之數量，以文字或號碼爲數次之表示者，其表示有不符合時，如法院不能決定何者爲當事人之原意，應以最低額爲準。

# 第二章　人

## 第一節　自然人

**第六條** （自然人之權利能力）

人之權利能力，始於出生，終於死亡。

**第七條** （胎兒之權利能力）

胎兒以將來非死產者為限，關於其個人利益之保護，視為既已出生。

**第八條** （死亡宣告）

①失蹤人失蹤滿七年後，法院得因利害關係人或檢察官之聲請，為死亡之宣告。

②失蹤人為八十歲以上者，得於失蹤滿三年後，為死亡之宣告。

③失蹤人為遭遇特別災難者，得於特別災難終了滿一年後，為死亡之宣告。

**第九條** （死亡時間之推定）

①受死亡宣告者，以判決內所確定死亡之時，推定其為死亡。

②前項死亡之時，應為前條各項所定期間最後日終止之時。但有反證者，不在此限。

**第一〇條** （失蹤人財產之管理）104

失蹤人失蹤後，未受死亡宣告前，其財產之管理，除其他法律另有規定者外，依家事事件法之規定。

**第一一條** （同死推定）

二人以上同時遇難，不能證明其死亡之先後時，推定其為同時死亡。

**第一二條** 110

滿十八歲為成年。

**第一三條** 110

①未滿七歲之未成年人，無行為能力。

②滿七歲以上之未成年人，有限制行為能力。

**第一四條** （監護之宣告及撤銷）108

①對於因精神障礙或其他心智缺陷，致不能為意思表示或受意思表示，或不能辨識其意思表示之效果者，法院得因本人、配偶、四親等內之親屬、最近一年有同居事實之其他親屬、檢察官、主管機關、社會福利機構、輔助人、意定監護受任人或其他利害關係人之聲請，為監護之宣告。

②受監護之原因消滅時，法院應依前項聲請權人之聲請，撤銷其宣告。

③法院對於監護之聲請，認為未達第一項之程度者，得依第十五條之一第一項規定，為輔助之宣告。

④受監護之原因消滅，而仍有輔助之必要者，法院得依第十五條之一第一項規定，變更為輔助之宣告。

**第一五條** （受監護宣告人之能力）97

受監護宣告之人，無行為能力。

**第一五條之一** （輔助之宣告）97

① 對於因精神障礙或其他心智缺陷，致其為意思表示或受意思表示，或辨識其意思表示效果之能力，顯有不足者，法院得因本人、配偶、四親等內之親屬、最近一年有同居事實之其他親屬、檢察官、主管機關或社會福利機構之聲請，為輔助之宣告。

② 受輔助之原因消滅時，法院應依前項聲請權人之聲請，撤銷其宣告。

③ 受輔助宣告之人有受監護之必要者，法院得依第十四條第一項規定，變更為監護之宣告。

**第一五條之二** （受輔助宣告之人應經輔助人同意之行為）97

① 受輔助宣告之人為下列行為時，應經輔助人同意。但純獲法律上利益，或依其年齡及身分、日常生活所必需者，不在此限：

一 為獨資、合夥營業或為法人之負責人。

二 為消費借貸、消費寄託、保證、贈與或信託。

三 為訴訟行為。

四 為和解、調解、調處或簽訂仲裁契約。

五 為不動產、船舶、航空器、汽車或其他重要財產之處分、設定負擔、買賣、租賃或借貸。

六 為遺產分割、遺贈、拋棄繼承權或其他相關權利。

七 法院依前條聲請權人或輔助人之聲請，所指定之其他行為。

② 第七十八條至第八十三條規定，於未依前項規定得輔助人同意之情形，準用之。

③ 第八十五條規定，於輔助人同意受輔助宣告之人為第一項第一款行為時，準用之。

④ 第一項所列應經同意之行為，無損害受輔助宣告之人利益之虞，而輔助人仍不為同意時，受輔助宣告之人得逕行聲請法院許可後為之。

**第一六條** （能力之保護）

權利能力及行為能力，不得拋棄。

**第一七條** （自由之保護）

① 自由不得拋棄。

② 自由之限制，以不背於公共秩序或善良風俗者為限。

**第一八條** （人格權之保護）

① 人格權受侵害時，得請求法院除去其侵害；有受侵害之虞時，得請求防止之。

② 前項情形，以法律有特別規定者為限，得請求損害賠償或慰撫金。

**第一九條** （姓名權之保護）

姓名權受侵害者，得請求法院除去其侵害，並得請求損害賠償。

**第二〇條** （住所之設定）

① 依一定事實，足認以久住之意思，住於一定之地域者，即為設

定其住所於該地。

②一人同時不得有兩住所。

**第二一條** （無行爲能力人及限制行爲能力人之住所）

無行爲能力人及限制行爲能力人，以其法定代理人之住所爲住所。

**第二二條** （居所視爲住所）97

遇有下列情形之一，其居所視爲住所：

一 住所無可考者。

二 在我國無住所者。但依法須依住所地法者，不在此限。

**第二三條** （居住視爲住所）

因特定行爲選定居所者，關於其行爲，視爲住所。

**第二四條** （住所之廢止）

依一定事實，足認以廢止之意思離去其住所者，即爲廢止其住所。

## 第二節 法 人

### 第一款 通 則

**第二五條** （法人成立法定原則）

法人非依本法或其他法律之規定，不得成立。

**第二六條** （法人權利能力）

法人於法令限制內，有享受權利、負擔義務之能力。但專屬於自然人之權利義務，不在此限。

**第二七條** （法人之機關）

①法人應設董事。董事有數人者，法人事務之執行，除章程另有規定外，取決於全體董事過半數之同意。

②董事就法人一切事務，對外代表法人。董事有數人者，除章程另有規定外，各董事均得代表法人。

③對於董事代表權所加之限制，不得對抗善意第三人。

④法人得設監察人，監察法人事務之執行。監察人有數人者，除章程另有規定外，各監察人均得單獨行使監察權。

**第二八條** （法人侵權責任）

法人對於其董事或其他有代表權之人因執行職務所加於他人之損害，與該行爲人連帶負賠償之責任。

**第二九條** （法人住所）

法人以其主事務所之所在地爲住所。

**第三〇條** （法人設立登記）

法人非經向主管機關登記，不得成立。

**第三一條** （登記之效力）

法人登記後，有應登記之事項，而不登記，或已登記之事項有變更而不爲變更之登記者，不得以其事項對抗第三人。

**第三二條** （法人業務監督）

受設立許可之法人，其業務屬於主管機關監督，主管機關得檢

查其財產狀況及其有無違反許可條件與其他法律之規定。

**第三三條** (妨礙監督權行使之處罰)

①受設立許可法人之董事或監察人，不遵主管機關監督之命令，或妨礙其檢查者，得處以五千元以下之罰鍰。

②前項董事或監察人違反法令或章程，足以危害公益或法人之利益者，主管機關得請求法院解除其職務，並為其他必要之處置。

**第三四條** (撤銷法人許可)

法人違反設立許可之條件者，主管機關得撤銷其許可。

**第三五條** (法人之破產及其聲請)

①法人之財產不能清償債務時，董事應即向法院聲請破產。

②不為前項聲請，致法人之債權人受損害時，有過失之董事，應負賠償責任，其有二人以上時，應連帶負責。

**第三六條** (法人宣告解散)

法人之目的或其行為，有違反法律、公共秩序或善良風俗者，法院得因主管機關、檢察官或利害關係人之請求，宣告解散。

**第三七條** (法定清算人)

法人解散後，其財產之清算，由董事為之。但其章程有特別規定，或總會另有決議者，不在此限。

**第三八條** (選任清算人)

不能依前條規定，定其清算人時，法院得因主管機關、檢察官或利害關係人之聲請，或依職權，選任清算人。

**第三九條** (清算人之解任)

清算人，法院認為有必要時，得解除其任務。

**第四○條** (清算人之職務及法人存續之擬制)

①清算人之職務如左：

　一　了結現務。

　二　收取債權，清償債務。

　三　移交賸餘財產於應得者。

②法人至清算終結止，在清算之必要範圍內，視為存續。

**第四一條** (清算之程序)

清算之程序，除本通則有規定外，準用股分有限公司清算之規定。

**第四二條** (清算之監督機關及方法)

①法人之清算，屬於法院監督。法院得隨時為監督上必要之檢查及處分。

②法人經主管機關撤銷許可或命令解散者，主管機關應同時通知法院。

③法人經依章程規定或總會決議解散者，董事應於十五日內報告法院。

**第四三條** (妨礙之處罰)

清算人不遵法院監督命令，或妨礙檢查者，得處以五千元以下之罰鍰。董事違反前條第三項之規定者亦同。

**第四四條** (賸餘財產之歸屬)

① 法人解散後，除法律另有規定外，於清償債務後，其賸餘財產之歸屬，應依其章程之規定，或總會之決議。但以公益為目的之法人解散時，其賸餘財產不得歸屬於自然人或以營利為目的之團體。

② 如無前項法律或章程之規定或總會之決議時，其賸餘財產歸屬於法人住所所在地之地方自治團體。

## 第二款　社　團

**第四五條**　（營利法人之登記）

以營利為目的之社團，其取得法人資格，依特別法之規定。

**第四六條**　（公益法人之設立）

以公益為目的之社團，於登記前，應得主管機關之許可。

**第四七條**　（章程應載事項）

設立社團者，應訂定章程，其應記載之事項如左：

一　目的。

二　名稱。

三　董事之人數、任期及任免。設有監察人者，其人數、任期及任免。

四　總會召集之條件、程序及其決議證明之方法。

五　社員之出資。

六　社員資格之取得與喪失。

七　訂定章程之年、月、日。

**第四八條**　（社團設立登記事項）

① 社團設立時，應登記之事項如左：

一　目的。

二　名稱。

三　主事務所及分事務所。

四　董事之姓名及住所。設有監察人者，其姓名及住所。

五　財產之總額。

六　應受設立許可者，其許可之年、月、日。

七　定有出資方法者，其方法。

八　定有代表法人之董事者，其姓名。

九　定有存立時期者，其時期。

② 社團之登記，由董事向其主事務所及分事務所所在地之主管機關行之，並應附具章程備案。

**第四九條**　（章程得載事項）

社團之組織及社團與社員之關係，以不違反第五十條至第五十八條之規定為限。得以章程定之。

**第五○條**　（社團總會之權限）

① 社團以總會為最高機關。

② 左列事項應經總會之決議：

一　變更章程。

二　任免董事及監察人。

　　三　監督董事及監察人職務之執行。

　　四　開除社員。但以有正當理由時為限。

**第五一條**　(社團總會之召集)

① 總會由董事召集之，每年至少召集一次。董事不為召集時，監察人得召集之。

② 如有全體社員十分一以上之請求，表明會議目的及召集理由，請求召集時，董事應召集之。

③ 董事受前項之請求後，一個月內不為召集者，得由請求之社員，經法院之許可召集之。

④ 總會之召集，除章程另有規定外，應於三十日前對各社員發出通知。通知內應載明會議目的之事項。

**第五二條**　(總會之通常決議)

① 總會決議，除本法有特別規定外，以出席社員過半數決之。

② 社員有平等之表決權。

③ 社員表決權之行使，除章程另有限制外，得以書面授權他人代理為之。但一人僅得代理社員一人。

④ 社員對於總會決議事項，因自身利害關係而有損害社團利益之虞時，該社員不得加入表決，亦不得代理他人行使表決權。

**第五三條**　(社團章程之變更)

① 社團變更章程之決議，應有全體社員過半數之出席，出席社員四分三以上之同意，或有全體社員三分二以上書面之同意。

② 受設立許可之社團，變更章程時，並應得主管機關之許可。

**第五四條**　(社員退社自由原則)

① 社員得隨時退社。但章程限定於事務年度終，或經過預告期間後，始准退社者，不在此限。

② 前項預告期間，不得超過六個月。

**第五五條**　(退社或開除後之權利義務)

① 已退社或開除之社員，對於社團之財產無請求權。但非公益法人，其章程另有規定者，不在此限。

② 前項社員，對於其退社或開除以前應分擔之出資，仍負清償之義務。

**第五六條**　(總會之無效及撤銷)

① 總會之召集程序或決議方法，違反法令或章程時，社員得於決議後三個月內請求法院撤銷其決議。但出席社員，對召集程序或決議方法，未當場表示異議者，不在此限。

② 總會決議之內容違反法令或章程者，無效。

**第五七條**　(社團決議解散)

社團得隨時以全體社員三分二以上之可決解散之。

**第五八條**　(法院宣告解散)

社團之事務，無從依章程所定進行時，法院得因主管機關、檢察官或利害關係人之聲請解散之。

### 第三款　財　團

**第五九條** (設立許可)

財團於登記前,應得主管機關之許可。

**第六○條** (捐助章程之訂定)

① 設立財團者,應訂立捐助章程。但以遺囑捐助者,不在此限。

② 捐助章程,應訂明法人目的及所捐財產。

③ 以遺囑捐助設立財團法人者,如無遺囑執行人時,法院得依主管機關、檢察官或利害關係人之聲請,指定遺囑執行人。

**第六一條** (財團設立登記事項)

① 財團設立時。應登記之事項如左:

　一　目的。

　二　名稱。

　三　主事務所及分事務所。

　四　財產之總額。

　五　受許可之年、月、日。

　六　董事之姓名及住所。設有監察人者,其姓名及住所。

　七　定有代表法人之董事者,其姓名。

　八　定有存立時期者,其時期。

② 財團之登記,由董事向其主事務所及分事務所所在地之主管機關行之。並應附具捐助章程或遺囑備案。

**第六二條** (財團組織及管理方法)

財團之組織及其管理方法,由捐助人以捐助章程或遺囑定之。捐助章程或遺囑所定之組織不完全,或重要之管理方法不具備者,法院得因主管機關、檢察官或利害關係人之聲請,為必要之處分。

**第六三條** (財團變更組織)

為維持財團之目的或保存其財產,法院得因捐助人、董事、主管機關、檢察官或利害關係人之聲請,變更其組織。

**第六四條** (財團董事行為無效之宣告)

財團董事,有違反捐助章程之行為時,法院得因主管機關、檢察官或利害關係人之聲請,宣告其行為為無效。

**第六五條** (財團目的不達時之保護)

因情事變更,致財團之目的不能達到時,主管機關得斟酌捐助人之意思,變更其目的及其必要之組織,或解散之。

## 第三章　物

**第六六條** (物之意義一不動產)

① 稱不動產者,謂土地及其定著物。

② 不動產之出產物,尚未分離者,為該不動產之部分。

**第六七條** (物之意義一動產)

稱動產者,為前條所稱不動產以外之物。

**第六八條** (主物與從物)

① 非主物之成分,常助主物之效用,而同屬於一人者,為從物。

但交易上有特別習慣者，依其習慣。

② 主物之處分，及於從物。

**第六九條** （天然孳息與法定孳息）

① 稱天然孳息者，謂果實、動物之產物及其他依物之用法所收穫之出產物。

② 稱法定孳息者，謂利息、租金及其他因法律關係所得之收益。

**第七〇條** （孳息之歸屬）

① 有收取天然孳息權利之人，其權利存續期間內，取得與原物分離之孳息。

② 有收取法定孳息權利之人，按其權利存續期間內之日數，取得其孳息。

# 第四章　法律行為

## 第一節　通　則

**第七一條** （違反強行法之效力）

法律行為，違反強制或禁止之規定者，無效。但其規定並不以之為無效者，不在此限。

**第七二條** （違背公序良俗之效力）

法律行為，有背於公共秩序或善良風俗者，無效。

**第七三條** （不依法定方式之效力）

法律行為，不依法定方式者，無效。但法律另有規定者，不在此限。

**第七四條** （暴利行為）

① 法律行為，係乘他人之急迫、輕率或無經驗，使其為財產上之給付或為給付之約定，依當時情形顯失公平者，法院得因利害關係人之聲請，撤銷其法律行為或減輕其給付。

② 前項聲請，應於法律行為後一年內為之。

## 第二節　行為能力

**第七五條** （無行為能力人及無意識能力人之意思表示）

無行為能力人之意思表示，無效。雖非無行為能力人，而其意思表示，係在無意識或精神錯亂中所為者亦同。

**第七六條** （無行為能力人之代理）

無行為能力人由法定代理人代為意思表示，並代受意思表示。

**第七七條** （限制行為能力人之意思表示）

限制行為能力人為意思表示及受意思表示，應得法定代理人之允許。但純獲法律上之利益，或依其年齡及身分、日常生活所必需者，不在此限。

**第七八條** （限制行為能力人為單獨行為之效力）

限制行為能力人未得法定代理人之允許，所為之單獨行為，無效。

**第七九條** （限制行爲能力人訂立契約之效力）

限制行爲能力人未得法定代理人之允許，所訂立之契約，須經法定代理人之承認，始生效力。

**第八〇條** （相對人之催告權）

① 前條契約相對人，得定一個月以上期限，催告法定代理人，確答是否承認。

② 於前項限內，法定代理人不爲確答者，視爲拒絕承認。

**第八一條** （限制原因消滅後之承認）

① 限制行爲能力人於限制原因消滅後，承認其所訂立之契約者，其承認與法定代理人之承認，有同一效力。

② 前條規定，於前項情形準用之。

**第八二條** （相對人之撤回權）

限制行爲能力人所訂立之契約，未經承認前，相對人得撤回之。但訂立契約時，知其未得有允許者，不在此限。

**第八三條** （強制有效行爲）

限制行爲能力人用詐術使人信其爲有行爲能力人或已得法定代理人之允許者，其法律行爲爲有效。

**第八四條** （特定財產處分之允許）

法定代理人，允許限制行爲能力人處分之財產，限制行爲能力人，就該財產有處分之能力。

**第八五條** （獨立營業之允許）

① 法定代理人允許限制行爲能力人獨立營業者，限制行爲能力人，關於其營業，有行爲能力。

② 限制行爲能力人，就其營業有不勝任之情形時，法定代理人得將其允許撤銷或限制之。但不得對抗善意第三人。

## 第三節 意思表示

**第八六條** （眞意保留或單獨虛僞意思表示）

表意人無欲爲其意思表示所拘束之意，而爲意思表示者，其意思表示，不因之無效。但其情形爲相對人所明知者，不在此限。

**第八七條** （虛僞意思表示）

① 表意人與相對人通謀而爲虛僞意思表示者，其意思表示無效。但不得以其無效對抗善意第三人。

② 虛僞意思表示，隱藏他項法律行爲者，適用關於該項法律行爲之規定。

**第八八條** （錯誤之意思表示）

① 意思表示之內容有錯誤，或表意人若知其事情即不爲意思表示者，表意人得將其意思表示撤銷之。但以其錯誤或不知事情，非由表意人自己之過失者爲限。

② 當事人之資格或物之性質，若交易上認爲重要者，其錯誤，視爲意思表示內容之錯誤。

**第八九條** （傳達錯誤）

意思表示，因傳達人或傳達機關傳達不實者，得比照前條之規定撤銷之。

**第九〇條** （錯誤表示撤銷之除斥期間）

前二條之撤銷權，自意思表示後，經過一年而消滅。

**第九一條** （錯誤表意人之賠償責任）

依第八十八條及第八十九條之規定撤銷意思表示時，表意人對於信其意思表示爲有效而受損害之相對人或第三人，應負賠償責任。但其撤銷之原因，受害人明知或可得而知者，不在此限。

**第九二條** （意思表示之不自由）

①因被詐欺或被脅迫而爲意思表示者，表意人得撤銷其意思表示。但詐欺係由第三人所爲者，以相對人明知其事實或可得而知爲限，始得撤銷之。

②被詐欺而爲之意思表示，其撤銷不得以之對抗善意第三人。

**第九三條** （撤銷不自由意思表示之除斥期間）

前條之撤銷，應於發見詐欺或脅迫終止後，一年內爲之。但自意思表示後，經過十年，不得撤銷。

**第九四條** （對話意思表示之生效時期）

對話人爲意思表示者，其意思表示，以相對人了解時，發生效力。

**第九五條** （非對話意思表示之生效時期）

①非對話而爲意思表示者，其意思表示，以通知達到相對人時，發生效力。但撤回之通知，同時或先時到達者，不在此限。

②表意人於發出通知後死亡或喪失行爲能力或其行爲能力受限制者，其意思表示，不因之失其效力。

**第九六條** （向無行爲能力人或限制行爲能力人爲意思表示之生效時期）

向無行爲能力人或限制行爲能力人爲意思表示者，以其通知達到其法定代理人時，發生效力。

**第九七條** （公示送達）

表意人非因自己之過失，不知相對人之姓名、居所者，得依民事訴訟法公示送達之規定，以公示送達爲意思表示之通知。

**第九八條** （意思表示之解釋）

解釋意思表示，應探求當事人之眞意，不得拘泥於所用之辭句。

## 第四節 條件及期限

**第九九條** （停止條件與解除條件）

①附停止條件之法律行爲，於條件成就時，發生效力。

②附解除條件之法律行爲，於條件成就時，失其效力。

③依當事人之特約，使條件成就之效果，不於條件成就之時發生者，依其特約。

**第一〇〇條** （附條件利益之保護）

附條件之法律行爲當事人，於條件成否未定前，若有損害相對

人因條件成就所應得利益之行為者，負賠償損害之責任。

**第一〇一條** （條件成就或不成就之擬制）

①因條件成就而受不利益之當事人，如以不正當行為阻其條件之成就者，視為條件已成就。

②因條件成就而受利益之當事人，如以不正當行為促其條件之成就者，視為條件不成就。

**第一〇二條** （附期限法律行為之要件及效力）

①附始期之法律行為，於期限屆至時，發生效力。

②附終期之法律行為，於期限屆滿時，失其效力。

③第一百條之規定，於前二項情形準用之。

## 第五節 代 理

**第一〇三條** （代理行為之要件及效力）

①代理人於代理權限內，以本人名義所為之意思表示，直接對本人發生效力。

②前項規定，於應向本人為意思表示，而向其代理人為之者，準用之。

**第一〇四條** （代理人之能力）

代理人所為或所受意思表示之效力，不因其為限制行為能力人而受影響。

**第一〇五條** （代理行為之瑕疵）

代理人之意思表示，因其意思欠缺、被詐欺、被脅迫，或明知其事情或可得而知其事情，致其效力受影響時，其事實之有無，應就代理人決之。但代理人之代理權係以法律行為授與者，其意思表示，如依照本人所指示之意思而為時，其事實之有無，應就本人決之。

**第一〇六條** （自己代理與雙方代理之禁止）

代理人非經本人之許諾，不得為本人與自己之法律行為，亦不得既為第三人之代理人，而為本人與第三人之法律行為。但其法律行為，係專履行債務者，不在此限。

**第一〇七條** （代理權之限制及撤回）

代理權之限制及撤回，不得以之對抗善意第三人。但第三人因過失而不知其事實者，不在此限。

**第一〇八條** （代理權之消滅與撤回）

①代理權之消滅，依其所由授與之法律關係定之。

②代理權，得於其所由授與之法律關係存續中撤回之。但依該法律關係之性質不得撤回者，不在此限。

**第一〇九條** （授權書交還義務）

代理權消滅或撤回時，代理人須將授權書交還於授權者，不得留置。

**第一一〇條** （無權代理之責任）

無代理權人，以他人之代理人名義所為之法律行為，對於善意

之相對人，負損害賠償之責。

## 第六節　無效及撤銷

**第一一一條**　（一部無效之效力）

法律行為之一部分無效者，全部皆為無效。但除去該部分亦可成立者，則其他部分，仍為有效。

**第一一二條**　（無效行為之轉換）

無效之法律行為，若具備他法律行為之要件，並因其情形，可認當事人若知其無效，即欲為他法律行為者，其他法律行為，仍為有效。

**第一一三條**　（無效行為當事人之責任）

無效法律行為之當事人，於行為當時知其無效，或可得而知者，應負回復原狀或損害賠償之責任。

**第一一四條**　（撤銷之自始無效）

①法律行為經撤銷者，視為自始無效。

②當事人知其得撤銷或可得而知者，其法律行為撤銷時，準用前條之規定。

**第一一五條**　（承認之溯及效力）

經承認之法律行為，如無特別訂定，溯及為法律行為時發生效力。

**第一一六條**　（撤銷及承認之方法）

①撤銷及承認，應以意思表示為之。

②如相對人確定者，前項意思表示，應向相對人為之。

**第一一七條**　（同意或拒絕之方法）

法律行為須得第三人之同意始生效力者，其同意或拒絕，得向當事人之一方為之。

**第一一八條**　（無權處分）

①無權利人就權利標的物所為之處分，經有權利人之承認始生效力。

②無權利人就權利標的物為處分後，取得其權利者，其處分自始有效。但原權利人或第三人已取得之利益，不因此而受影響。

③前項情形，若數處分相牴觸時，以其最初之處分為有效。

## 第五章　期日及期間

**第一一九條**　（本章規定之適用範圍）

法令、審判或法律行為所定之期日及期間，除有特別訂定外，其計算依本章之規定。

**第一二〇條**　（期間之起算）

①以時定期間者，即時起算。

②以日、星期、月或年定期間者，其始日不算入。

**第一二一條**　（期間之終止）

① 以日、星期、月或年定期間者，以期間末日之終止，爲期間之終止。

② 期間不以星期、月或年之始日起算者，以最後之星期、月或年與起算日相當日之前一日，爲期間之末日。但以月或年定期間，於最後之月，無相當日者，以其月之末日，爲期間之末日。

**第一二二條**　（期間終止之延長）

於一定期日或期間內，應爲意思表示或給付者，其期日或其期間之末日，爲星期日、紀念日或其他休息日時，以其休息日之次日代之。

**第一二三條**　（連續或非連續期間之計算法）

① 稱月或年者，依曆計算。

② 月或年非連續計算者，每月爲三十日。每年爲三百六十五日。

**第一二四條**　（年齡之計算）

① 年齡自出生之日起算。

② 出生之月、日無從確定時，推定其爲七月一日出生。知其出生之月，而不知其出生之日者，推定其爲該月十五日出生。

# 第六章　消滅時效

**第一二五條**　（一般時效期間）

請求權，因十五年間不行使而消滅。但法律所定期間較短者，依其規定。

**第一二六條**　（五年之短期時效期間）

利息、紅利、租金、贍養費、退職金及其他一年或不及一年之定期給付債權，其各期給付請求權，因五年間不行使而消滅。

**第一二七條**　（二年之短期時效期間）

左列各款請求權，因二年間不行使而消滅：

一　旅店、飲食店及娛樂場之住宿費、飲食費、座費、消費物之代價及其墊款。

二　運送費及運送人所墊之款。

三　以租賃動產爲營業者之租價。

四　醫生、藥師、看護生之診費、藥費、報酬及其墊款。

五　律師、會計師、公證人之報酬及其墊款。

六　律師、會計師、公證人所收當事人物件之交還。

七　技師、承攬人之報酬及其墊款。

八　商人、製造人、手工業人所供給之商品及產物之代價。

**第一二八條**　（消滅時效之起算）

消滅時效，自請求權可行使時起算。以不行爲目的之請求權，自爲行爲時起算。

**第一二九條**　（消滅時效中斷之事由）

① 消滅時效，因左列事由而中斷：

一　請求。

二　承認。

三 起訴。

②左列事項，與起訴有同一效力：

一 依督促程序，聲請發支付命令。

二 聲請調解或提付仲裁。

三 申報和解債權或破產債權。

四 告知訴訟。

五 開始執行行為或聲請強制執行。

**第一三〇條** （不起訴視為不中斷）

時效因請求而中斷者，若於請求後六個月內不起訴，視為不中斷。

**第一三一條** （因訴之撤回或駁回而視為不中斷）

時效因起訴而中斷者，若撤回其訴，或因不合法而受駁回之裁判，其裁判確定，視為不中斷。

**第一三二條** （因送達支付命令而中斷時效之限制）

時效因聲請發支付命令而中斷者，若撤回聲請，或受駁回之裁判，或支付命令失其效力時，視為不中斷。

**第一三三條** （因聲請調解提付仲裁而中斷時效之限制）

時效因聲請調解或提付仲裁而中斷者，若調解之聲請經撤回、被駁回、調解不成立或仲裁之請求經撤回、仲裁不能達成判斷時，視為不中斷。

**第一三四條** （因申報和解或破產債權而中斷時效之限制）

時效因申報和解債權或破產債權而中斷者，若債權人撤回其申報時，視為不中斷。

**第一三五條** （因告知訴訟而中斷時效之限制）

時效因告知訴訟而中斷者，若於訴訟終結後，六個月內不起訴，視為不中斷。

**第一三六條** （因執行而中斷時效之限制）

①時效因開始執行行為而中斷者，若因權利人之聲請，或法律上要件之欠缺而撤銷其執行處分時，視為不中斷。

②時效因聲請強制執行而中斷者，若撤回其聲請，或其聲請被駁回時，視為不中斷。

**第一三七條** （時效中斷對於時之效力）

①時效中斷者，自中斷之事由終止時，重行起算。

②因起訴而中斷之時效，自受確定判決，或因其他方法訴訟終結時，重行起算。

③經確定判決或其他與確定判決有同一效力之執行名義所確定之請求權，其原有消滅時效期間不滿五年者，因中斷而重行起算之時效期間為五年。

**第一三八條** （時效中斷及於人之效力）

時效中斷，以當事人、繼承人、受讓人之間為限，始有效力。

**第一三九條** （時效因事變而不完成）

時效之期間終止時，因天災或其他不可避之事變，致不能中斷其時效者，自其妨礙事由消滅時起，一個月內，其時效不完成。

**第一四〇條** （時效因繼承人、管理人未確定而不完成）

屬於繼承財產之權利或對於繼承財產之權利，自繼承人確定或管理人選定或破產之宣告時起，六個月內，其時效不完成。

**第一四一條** （時效因欠缺法定代理人而不完成）

無行為能力或限制行為能力人之權利，於時效期間終止前六個月內，若無法定代理人者，自其成為行為能力人或其法定代理人就職時起，六個月內，其時效不完成。

**第一四二條** （因法定代理關係存在而不完成）

無行為能力或限制行為能力人，對於其法定代理人之權利，於代理關係消滅後一年內，其時效不完成。

**第一四三條** （因夫妻關係存在而不完成）

夫對於妻或妻對於夫之權利，於婚姻關係消滅後一年內，其時效不完成。

**第一四四條** （時效完成之效力—發生抗辯權）

①時效完成後，債務人得拒絕給付。

②請求權已經時效消滅，債務人仍為履行之給付者，不得以不知時效為理由，請求返還。其以契約承認該債務或提出擔保者亦同。

**第一四五條** （附有擔保物權之請求權時效完成之效力）

①以抵押權、質權或留置權擔保之請求權，雖經時效消滅，債權人仍得就其抵押物、質物或留置物取償。

②前項規定，於利息及其他定期給付之各期給付請求權，經時效消滅者，不適用之。

**第一四六條** （主權利時效完成效力所及範圍）

主權利因時效消滅者，其效力及於從權利。但法律有特別規定者，不在此限。

**第一四七條** （伸縮時效期間及拋棄時效利益之禁止）

時效期間，不得以法律行為加長或減短之。並不得預先拋棄時效之利益。

## 第七章　權利之行使

**第一四八條** （權利行使之界限）

①權利之行使，不得違反公共利益，或以損害他人為主要目的。

②行使權利，履行義務，應依誠實及信用方法。

**第一四九條** （正當防衛）

對於現時不法之侵害，為防衛自己或他人之權利所為之行為，不負損害賠償之責。但已逾越必要程度者，仍應負相當賠償之責。

**第一五〇條** （緊急避難）

①因避免自己或他人生命、身體、自由或財產上急迫之危險所為之行為，不負損害賠償之責。但以避免危險所必要，並未逾越危險所能致之損害程度者為限。

② 前項情形，其危險之發生，如行爲人有責任者，應負損害賠償之責。

**第一五一條** （自助行爲）

爲保護自己權利，對於他人之自由或財產施以拘束、押收或毀損者，不負損害賠償之責。但以不及受法院或其他有關機關援助，並非於其時爲之，則請求權不得實行或其實行顯有困難者爲限。

**第一五二條** （自助行爲人之義務及責任）

① 依前條之規定，拘束他人自由或押收他人財產者，應即時向法院聲請處理。

② 前項聲請被駁回或其聲請遲延者，行爲人應負損害賠償之責。

# 民法總則施行法

① 民國18年9月24日國民政府制定公布全文19條；並自18年10月10
日施行。
② 民國71年1月4日總統令修正公布第1、3至7、10、19條條文；並
自72年1月1日施行。
③ 民國97年5月23日總統令修正公布第4、12、13、19條條文；並增
訂第4-1、4-2條條文。
民國97年10月22日總統令公布定自98年1月1日施行。
④ 民國104年6月10日總統令修正公布第19條條文；並自公布日施
行。
⑤ 民國110年1月13日總統令增訂公布第3-1條條文；並自112年1月1
日施行。

**第一條** （不溯既往原則）

民事在民法總則施行前發生者，除本施行法有特別規定外，不
適用民法總則之規定，其在修正前發生者，除本施行法有特別
規定外，亦不適用修正後之規定。

**第二條** （外國人之權利能力）

外國人於法令限制內，有權利能力。

**第三條** （不溯既往之例外）

① 民法總則第八條、第九條及第十一條之規定，於民法總則施行
前失蹤者，亦適用之。
② 民法總則施行前已經過民法總則第八條所定失蹤期間者，得即
為死亡之宣告，並應以民法總則施行之日為失蹤人死亡之時。
③ 修正之民法總則第八條之規定，於民法總則施行後修正前失蹤
者，亦適用之。但於民法總則修正前，其情形已合於修正前民
法總則第八條之規定者，不在此限。

**第三條之一** 110

① 中華民國一百零九年十二月二十五日修正之民法第十二條及第
十三條，自一百十二年一月一日施行。
② 於中華民國一百十二年一月一日前滿十八歲而於同日未滿二十
歲者，自同日起為成年。
③ 於中華民國一百十二年一月一日未滿二十歲者，於同日前依法
令、行政處分、法院裁判或契約已得享有至二十歲或成年之權
利或利益，自同日起，除法律另有規定外，仍得繼續享有該權
利或利益至二十歲。

**第四條** （施行前經立案之禁治產者）97

① 民法總則施行前，有民法總則第十四條所定之原因，經聲請有
關機關立案者，如於民法總則施行後三個月內向法院聲請宣告

禁治產者，自立案之日起，視爲禁治產人。

② 民法總則中華民國九十七年五月二日修正之條文施行前，已爲禁治產宣告者，視爲已爲監護宣告；繫屬於法院之禁治產事件，其聲請禁治產宣告者，視爲聲請監護宣告；聲請撤銷禁治產宣告者，視爲聲請撤銷監護宣告；並均於修正施行後，適用修正後之規定。

## 第四條之一　（監護或受監護宣告之人）97

民法規定之禁治產或禁治產人，自民法總則中華民國九十七年五月二日修正之條文施行後，一律改稱爲監護或受監護宣告之人。

## 第四條之二　（修正條文之施行日）97

中華民國九十七年五月二日修正之民法總則第十四條至第十五條之二之規定，自公布後一年六個月施行。

## 第五條　（施行前已許可設立之法人）

依民法總則之規定，設立法人須經許可者，如在民法總則施行前已得主管機關之許可，得於民法總則施行後三個月內聲請登記爲法人。

## 第六條　（有公益法人性質而有獨立財產者之審核）

① 民法總則施行前具有財團及以公益爲目的之社團之性質而有獨立財產者，視爲法人，其代表人應依民法總則第四十七條或第六十條之規定作成書狀，自民法總則施行後六個月內聲請主管機關審核。

② 前項書狀所記載之事項，若主管機關認其有違背法令或爲公益上之必要，應命其變更。

③ 依第一項規定經核定之書狀，與章程有同一效力。

## 第七條　（視爲法人者經核定後登記之聲請）

依前條規定經主管機關核定者，其法人之代表人，應於核定後二十日內，依民法總則第四十八條或第六十一條之規定，聲請登記。

## 第八條　（視爲法人者財產目錄編造之義務）

第六條所定之法人，如未備置財產目錄、社員名簿者，應於民法總則施行後速行編造。

## 第九條　（祠堂、寺廟等不視爲法人）

第六條至第八條之規定，於祠堂、寺廟及以養贍家族爲目的之獨立財產，不適用之。

## 第一〇條　（法人登記之主管機關）

① 依民法總則規定法人之登記，其主管機關爲該法人事務所所在地之法院。

② 法院對於已登記之事項，應速行公告，並許第三人抄錄或閱覽。

## 第一一條　（外國法人認許之限制）

外國法人，除依法律規定外，不認許其成立。

## 第一二條　（經認許之外國法人之權利能力）97

① 經認許之外國法人，於法令限制內，與同種類之我國法人有同

一之權利能力。

②前項外國法人，其服從我國法律之義務，與我國法人同。

**第一三條** （外國法人準用本國法人有關設立及登記等規定）97

外國法人在我國設事務所者，準用民法總則第三十條、第三十一條、第四十五條、第四十六條、第四十八條、第五十九條、第六十一條及前條之規定。

**第一四條** （外國法人事務所之撤銷）

依前條所設之外國法人事務所，如有民法總則第三十六條所定情事，法院得撤銷之。

**第一五條** （未經認許成立之外國法人爲法律行爲之責任）

未經認許其成立之外國法人，以其名義與他人爲法律行爲者，其行爲人就該法律行爲應與該外國法人負連帶責任。

**第一六條** （施行前消滅時效已完成或將完成之請求權之行使）

民法總則施行前，依民法總則之規定，消滅時效業已完成，或其時效期間尙有殘餘不足一年者，得於施行之日起，一年內行使請求權，但自其時效完成後，至民法總則施行時，已逾民法總則所定時效期間二分之一者，不在此限。

**第一七條** （施行前之撤銷權之除斥期間）

民法總則第七十四條第二項、第九十條、第九十三條之撤銷權，準用前條之規定。

**第一八條** （施行前消滅時效之比較適用）

①民法總則施行前之法定消滅時效已完成者，其時效爲完成。

②民法總則施行前之法定消滅時效，其期間較民法總則所定爲長者，適用舊法，但其殘餘期間，自民法總則施行日起算較民法總則所定時效期間爲長者，應自施行日起，適用民法總則。

**第一九條** （施行日）104

①本施行法自民法總則施行之日施行。

②民法總則修正條文及本施行法修正條文之施行日期，除另定施行日期者外，自公布日施行。

# 民　法

## 第二編　債

①民國18年11月22日國民政府制定公布全文第153至756條條文；並自民國19年5月5日施行。

②民國88年4月21日總統令修正公布第159、160、162、164、165、174、177、178、184、186、187、191、192、195、196、213、217、227、229、244、247、248、250、281、292、293、312至315、318、327、330、331、334、358、365、374、389、397、406、408至410、412、416、425、426、440、449、458、459、464、469、473、474、481、490、495、502、503、507、513至521、523至527、531、534、544、546、553至555、563、567、572、573、580、595、602、603、606至608、612、615、618、620、623、625、673、641、642、650、654、656、658、661、666、667、670至674、679、685至687、679、722、743、749條條文及第十六節節名；增訂第164-1、165-1至165-4、166-1、191-1至191-3、216-1、218-1、227-1、227-2、245-1、247-1、422-1、425-1、426-1、426-2、457-1、460-1、461-1、463-1、465-1、475-1、483-1、487-1、501-1、514-1至514-2、515-1、607-1、601-2、603-1、618-1、629-1、709-1至709-9、720-1、739-1、742-1、756-1至756-9條條文及第二章第八節之一、第十九節之一、第二十四節之一節名；並刪除第219、228、407、465、475、522、604、605、636條條文。

③民國89年4月26日總統令修正公布第248條條文。

④民國98年12月30日總統令修正公布第687及708條條文。

⑤民國99年5月26日總統令增訂公布第753-1條條文；並修正第746條條文。

⑥民國110年1月20日總統令修訂公布第205條條文；並自公布後六個月施行。

## 第一章　通　則

### 第一節　債之發生

#### 第一款　契　約

**第一五三條**　（契約之成立）

①當事人互相表示意思一致者，無論其為明示或默示，契約即為成立。

②當事人對於必要之點，意思一致。而對於非必要之點，未經表示意思者，推定其契約為成立，關於該非必要之點，當事人意思不一致時，法院應依其事件之性質定之。

**第一五四條** （要約之拘束力、要約引誘）

① 契約之要約人，因要約而受拘束。但要約當時預先聲明不受拘束，或依其情形或事件之性質，可認當事人無受其拘束之意思者，不在此限。

② 貨物標定賣價陳列者，視爲要約。但價目表之寄送，不視爲要約。

**第一五五條** （要約之失效─拒絕要約）

要約經拒絕者，失其拘束力。

**第一五六條** （要約之失效─非即承諾）

對話爲要約者，非立時承諾，即失其拘束力。

**第一五七條** （要約之失效─不爲承諾）

非對話爲要約者，依通常情形可期待承諾之達到時期內，相對人不爲承諾時，其要約失其拘束力。

**第一五八條** （要約之失效─非依限承諾）

要約定有承諾期限者，非於其期限內爲承諾，失其拘束力。

**第一五九條** （承諾通知之遲到及遲到之通知）

① 承諾之通知，按其傳達方法，通常在相當時期內可達到而遲到，其情形爲要約人可得而知者，應向相對人即發遲到之通知。

② 要約人怠於爲前項通知者，其承諾視爲未遲到。

**第一六〇條** （遲到之承諾）

① 遲到之承諾，除前條情形外，視爲新要約。

② 將要約擴張、限制或爲其他變更而承諾者，視爲拒絕原要約而爲新要約。

**第一六一條** （意思實現）

① 依習慣或依其事件之性質，承諾無須通知者，在相當時期內，有可認爲承諾之事實時，其契約爲成立。

② 前項規定，於要約人要約當時預先聲明承諾無須通知者，準用之。

**第一六二條** （撤回要約通知之遲到）

① 撤回要約之通知，其到達在要約到達之後，而按其傳達方法，通常在相當時期內應先時或同時到達，其情形爲相對人可得而知者，相對人應向要約人即發遲到之通知。

② 相對人怠於爲前項通知者，其要約撤回之通知，視爲未遲到。

**第一六三條** （撤回承諾通知及遲到之通知）

前條之規定，於承諾之撤回準用之。

**第一六四條** （懸賞廣告之效力）

① 以廣告聲明對完成一定行爲之人給與報酬者，爲懸賞廣告。廣告人對於完成該行爲之人，負給付報酬之義務。

② 數人先後分別完成前項行爲時，由最先完成該行爲之人，取得報酬請求權；數人共同或同時分別完成行爲時，由行爲人共同取得報酬請求權。

③ 前項情形，廣告人善意給付報酬於最先通知之人時，其給報酬之義務，即爲消滅。

④前三項規定，於不知有廣告而完成廣告所定行為之人，準用之。

**第一六四條之一** （懸賞廣告權利之歸屬）

因完成前條之行為而可取得一定之權利者，其權利屬於行為人。但廣告另有聲明者，不在此限。

**第一六五條** （懸賞廣告之撤銷）

①預定報酬之廣告，如於行為完成前撤回時，除廣告人證明行為人不能完成其行為外，對於行為人因該廣告善意所受之損害，應負賠償之責。但以不超過預定報酬額為限。

②廣告定有完成行為之期間者，推定廣告人拋棄其撤回權。

**第一六五條之一** （優等懸賞廣告之定義）

以廣告聲明對完成一定行為，於一定期間內為通知，而經評定為優等之人給與報酬者，為優等懸賞廣告。廣告人於評定完成時，負給付報酬之義務。

**第一六五條之二** （優等懸賞廣告之評定）

①前項優等之評定，由廣告中指定之人為之。廣告中未指定者，由廣告人決定方法評定之。

②依前項規定所為之評定，對於廣告人及應徵人有拘束力。

**第一六五條之三** （共同取得報酬請求權）

被評定為優等之人有數人同等時，除廣告另有聲明外，共同取得報酬請求權。

**第一六五條之四** （優等懸賞廣告權利之歸屬）

第一百六十四條之一之規定，於優等懸賞廣告準用之。

**第一六六條** （契約方式之約定）

契約當事人約定其契約須用一定方式者，在該方式未完成前，推定其契約不成立。

**第一六六條之一** （公證之概括規定）

①契約以負擔不動產物權之移轉、設定或變更之義務為標的者，應由公證人作成公證書。

②未依前項規定公證之契約，如當事人已合意為不動產物權之移轉、設定或變更而完成登記者，仍為有效。

### 第二款　代理權之授與

**第一六七條** （意定代理權之授與）

代理權係以法律行為授與者，其授與應向代理人或向代理人對之為代理行為之第三人，以意思表示為之。

**第一六八條** （共同代理）

代理人有數人者，其代理行為應共同為之。但法律另有規定或本人另有意思表示者，不在此限。

**第一六九條** （表見代理）

由自己之行為表示以代理權授與他人，或知他人表示為其代理人而不為反對之表示者，對於第三人應負授權人之責任。但第三人明知其無代理權或可得而知者，不在此限。

**第一七○條** （無權代理）

① 無代理權人以代理人之名義所爲之法律行爲，非經本人承認，對於本人不生效力。

② 前項情形，法律行爲之相對人，得定相當期限，催告本人確答是否承認，如本人逾期未爲確答者，視爲拒絕承認。

**第一七一條** （無權代理相對人之撤回權）

無代理權人所爲之法律行爲，其相對人於本人未承認前，得撤回之。但爲法律行爲時，明知其無代理權者，不在此限。

### 第三款 無因管理

**第一七二條** （無因管理人之管理義務）

未受委任，並無義務，而爲他人管理事務者，其管理應依本人明示或可得推知之意思，以有利於本人之方法爲之。

**第一七三條** （管理人之通知與計算義務）

① 管理人開始管理時，以能通知爲限，應即通知本人。如無急迫之情事，應俟本人之指示。

② 第五百四十條至第五百四十二條關於委任之規定，於無因管理準用之。

**第一七四條** （管理人之無過失責任）

① 管理人違反本人明示或可得推知之意思，而爲事務之管理者，對於因其管理所生之損害，雖無過失，亦應負賠償之責。

② 前項之規定，如其管理係爲本人盡公益上之義務，或爲其履行法定扶養義務，或本人之意思違反公共秩序善良風俗者，不適用之。

**第一七五條** （因急迫危險而爲管理之免責）

管理人爲免除本人之生命、身體或財產上之急迫危險，而爲事務之管理者，對於因其管理所生之損害，除有惡意或重大過失者外，不負賠償之責。

**第一七六條** （適法管理時管理人之權利）

① 管理事務，利於本人，並不違反本人明示或可得推知之意思者，管理人爲本人支出必要或有益之費用，或負擔債務，或受損害時，得請求本人償還其費用及自支出時起之利息，或清償其所負擔之債務，或賠償其損害。

② 第一百七十四條第二項規定之情形，管理人管理事務，雖違反本人之意思，仍有前項之請求權。

**第一七七條** （非適法管理本人之權利義務）

① 管理事務不合於前條之規定時，本人仍得享有因管理所得之利益，而本人所負前條第一項對於管理人之義務，以其所得之利益爲限。

② 前項規定，於管理人明知爲他人之事務，而爲自己之利益管理之者，準用之。

**第一七八條** （無因管理經承認之效果）

管理事務經本人承認者，除當事人有特別意思表示外，溯及管理事務開始時，適用關於委任之規定。

## 第四款 不當得利

**第一七九條** （不當得利之效力）

無法律上之原因而受利益，致他人受損害者，應返還其利益。雖有法律上之原因，而其後已不存在者，亦同。

**第一八〇條** （不得請求返還之不當得利）

給付，有左列情形之一者，不得請求返還：

一 給付係履行道德上之義務者。

二 債務人於未到期之債務因清償而為給付者。

三 因清償債務而為給付，於給付時明知無給付之義務者。

四 因不法之原因而為給付者。但不法之原因僅於受領人一方存在時，不在此限。

**第一八一條** （不當得利返還標的物）

不當得利之受領人，除返還其所受之利益外，如本於該利益更有所取得者，並應返還。但依其利益之性質或其他情形不能返還者，應償還其價額。

**第一八二條** （不當得利受領人之返還範圍）

① 不當得利之受領人，不知無法律上之原因，而其所受之利益已不存在者，免負返還或償還價額之責任。

② 受領人於受領時，知無法律上之原因或其後知之者，應將受領時所受之利益，或無法律上之原因時所現存之利益，附加利息，一併償還；如有損害，並應賠償。

**第一八三條** （第三人之返還責任）

不當得利之受領人，以其所受者，無償讓與第三人，而受領人因此免返還義務者，第三人於其所免返還義務之限度內，負返還責任。

## 第五款 侵權行為

**第一八四條** （獨立侵權行為之責任）

① 因故意或過失，不法侵害他人之權利者，負損害賠償責任。故意以背於善良風俗之方法，加損害於他人者亦同。

② 違反保護他人之法律，致生損害於他人者，負賠償責任。但能證明其行為無過失者，不在此限。

**第一八五條** （共同侵權行為責任）

① 數人共同不法侵害他人之權利者，連帶負損害賠償責任；不能知其中孰為加害人者，亦同。

② 造意人及幫助人，視為共同行為人。

**第一八六條** （公務員之侵權責任）

① 公務員因故意違背對於第三人應執行之職務，致第三人受損害者，負賠償責任。其因過失者，以被害人不能依他項方法受賠償時為限，負其責任。

② 前項情形，如被害人得依法律上之救濟方法，除去其損害，而因故意或過失不為之者，公務員不負賠償責任。

**第一八七條** （法定代理人之責任）

① 無行爲能力人或限制行爲能力人，不法侵害他人之權利者，以行爲時有識別能力爲限，與其法定代理人連帶負損害賠償責任。行爲時無識別能力者，由其法定代理人負損害賠償責任。

② 前項情形，法定代理人如其監督並未疏懈，或縱加以相當之監督，而仍不免發生損害者，不負賠償責任。

③ 如不能依前二項規定受損害賠償時，法院因被害人之聲請，得斟酌行爲人及其法定代理人與被害人之經濟狀況，令行爲人或其法定代理人爲全部或一部之損害賠償。

④ 前項規定，於其他之人，在無意識或精神錯亂中所爲之行爲致第三人受損害時，準用之。

**第一八八條** （僱用人之責任）

① 受僱人因執行職務，不法侵害他人之權利者，由僱用人與行爲人連帶負損害賠償責任。但選任受僱人及監督其職務之執行，已盡相當之注意或縱加以相當之注意而仍不免發生損害者，僱用人不負賠償責任。

② 如被害人依前項但書之規定，不能受損害賠償時，法院因其聲請，得斟酌僱用人與被害人之經濟狀況，令僱用人爲全部或一部之損害賠償。

③ 僱用人賠償損害時，對於爲侵權行爲之受僱人，有求償權。

**第一八九條** （定作人之責任）

承攬人因執行承攬事項，不法侵害他人之權利者，定作人不負損害賠償責任。但定作人於定作或指示有過失者，不在此限。

**第一九〇條** （動物占有人之責任）

① 動物加損害於他人者，由其占有人負損害賠償責任。但依動物之種類及性質已爲相當注意之管束，或縱爲相當注意之管束而仍不免發生損害者，不在此限。

② 動物係由第三人或他動物之挑動，致加損害於他人者，其占有人對於該第三人或該他動物之占有人，有求償權。

**第一九一條** （工作物所有人之責任）

① 土地上之建築物或其他工作物所致他人權利之損害，由工作物之所有人負賠償責任。但其對於設置或保管並無欠缺，或損害非因設置或保管有欠缺，或於防止損害之發生，已盡相當之注意者，不在此限。

② 前項損害之發生，如別有應負責任之人時，賠償損害之所有人，對於該應負責者，有求償權。

**第一九一條之一** （商品製造人之責任）

① 商品製造人因其商品之通常使用或消費所致他人之損害，負賠償責任。但其對於商品之生產、製造或加工、設計並無欠缺或其損害非因該項欠缺所致或於防止損害之發生，已盡相當之注意者，不在此限。

② 前項所稱商品製造人，謂商品之生產、製造、加工業者。其在商品上附加標章或其他文字、符號，足以表彰係其自己所生產、製造、加工者，視爲商品製造人。

③商品之生產、製造或加工、設計，與其說明書或廣告內容不符者，視為有欠缺。

④商品輸入業者，應與商品製造人負同一之責任。

**第一九一條之二**　（動力車輛駕駛人之責任）

汽車、機車或其他非依軌道行駛之動力車輛，在使用中加損害於他人者，駕駛人應賠償因此所生之損害。但於防止損害之發生，已盡相當之注意者，不在此限。

**第一九一條之三**　（一般危險之責任）

經營一定事業或從事其他工作或活動之人，其工作或活動之性質或其使用之工具或方法有生損害於他人之危險者，對他人之損害應負賠償責任。但損害非由於其工作或活動或其使用之工具或方法所致，或於防止損害之發生已盡相當之注意者，不在此限。

**第一九二條**　（侵害生命權之損害賠償）

①不法侵害他人致死者，對於支出醫療及增加生活上需要之費用或殯葬費之人，亦應負損害賠償責任。

②被害人對於第三人負有法定扶養義務者，加害人對於該第三人亦應負損害賠償責任。

③第一百九十三條第二項之規定，於前項損害賠償適用之。

**第一九三條**　（侵害身體、健康之財產上損害賠償）

①不法侵害他人之身體或健康者，對於被害人因此喪失或減少勞動能力或增加生活上之需要時，應負損害賠償責任。

②前項損害賠償，法院得因當事人之聲請，定為支付定期金。但須命加害人提出擔保。

**第一九四條**　（侵害生命權之非財產上損害賠償）

不法侵害他人致死者，被害人之父、母、子、女及配偶，雖非財產上之損害，亦得請求賠償相當之金額。

**第一九五條**　（侵害身體健康名譽或自由之非財產上損害賠償）

①不法侵害他人之身體、健康、名譽、自由、信用、隱私、貞操，或不法侵害其他人格法益而情節重大者，被害人雖非財產上之損害，亦得請求賠償相當之金額。其名譽被侵害者，並得請求回復名譽之適當處分。

②前項請求權，不得讓與或繼承。但以金額賠償之請求權已依契約承諾，或已起訴者，不在此限。

③前二項規定，於不法侵害他人基於父、母、子、女或配偶關係之身分法益而情節重大者，準用之。

**第一九六條**　（物之毀損之賠償方法）

不法毀損他人之物者，被害人得請求賠償其物因毀損所減少之價額。

**第一九七條**　（損害賠償請求權之消滅時效與不當得利之返還）

①因侵權行為所生之損害賠償請求權，自請求權人知有損害及賠償義務人時起，二年間不行使而消滅。自有侵權行為時起，逾十年者亦同。

②損害賠償之義務人，因侵權行爲受利益，致被害人受損害者，於前項時效完成後，仍應依關於不當得利之規定，返還其所受之利益於被害人。

第一九八條　（債務履行之拒絕）
因侵權行爲對於被害人取得債權者，被害人對該債權之廢止請求權，雖因時效而消滅，仍得拒絕履行。

## 第二節　債之標的

第一九九條　（債權人之權利、給付之範圍）
①債權人基於債之關係，得向債務人請求給付。
②給付，不以有財產價格者爲限。
③不作爲亦得爲給付。

第二〇〇條　（種類之債）
①給付物僅以種類指示者，依法律行爲之性質或當事人之意思不能定其品質時，債務人應給以中等品質之物。
②前項情形，債務人交付其物之必要行爲完結後，或經債權人之同意指定其應交付之物時，其物即爲特定給付物。

第二〇一條　（特種通用貨幣之債）
以特種通用貨幣之給付爲債之標的者，如其貨幣至給付期失通用效力時，應給以他種通用貨幣。

第二〇二條　（外國貨幣之債）
以外國通用貨幣定給付額者，債務人得按給付時，給付地之市價，以中華民國通用貨幣給付之。但訂明應以外國通用貨幣爲給付者，不在此限。

第二〇三條　（法定利率）
應付利息之債務，其利率未經約定，亦無法律可據者，週年利率爲百分之五。

第二〇四條　（債務人之提前還本權）
①約定利率逾週年百分之十二者，經一年後，債務人得隨時清償原本。但須於一個月前預告債權人。
②前項清償之權利，不得以契約除去或限制之。

第二〇五條　110
約定利率，超過週年百分之十六者，超過部分之約定，無效。

第二〇六條　（巧取利益之禁止）
債權人除前條限定之利息外，不得以折扣或其他方法，巧取利益。

第二〇七條　（複利）
①利息不得滾入原本再生利息。但當事人以書面約定，利息遲付逾一年後，經催告而不償還時，債權人得將遲付之利息滾入原本者，依其約定。
②前項規定，如商業上另有習慣者，不適用之。

第二〇八條　（選擇之債）

於數宗給付中得選定其一者，其選擇權屬於債務人。但法律另有規定或契約另有訂定者，不在此限。

第二〇九條　（選擇權之行使）

① 債權人或債務人有選擇權者，應向他方當事人以意思表示為之。

② 由第三人為選擇者，應向債權人及債務人以意思表示為之。

第二一〇條　（選擇權之行使期間與移轉）

① 選擇權定有行使期間者，如於該期間內不行使時，其選擇權移屬於他方當事人。

② 選擇權未定有行使期間者，債權至清償期時，無選擇權之當事人，得定相當期限催告他方當事人行使其選擇權，如他方當事人不於所定期限內行使選擇權者，其選擇權移屬於為催告之當事人。

③ 由第三人為選擇者，如第三人不能或不欲選擇時，選擇權屬於債務人。

第二一一條　（選擇之債之給付不能）

數宗給付中，有自始不能或嗣後不能給付者，債之關係僅存在於餘存之給付。但其不能之事由，應由無選擇權之當事人負責者，不在此限。

第二一二條　（選擇之溯及效力）

選擇之效力，溯及於債之發生時。

第二一三條　（損害賠償之方法─回復原狀）

① 負損害賠償責任者，除法律另有規定或契約另有訂定外，應回復他方損害發生前之原狀。

② 因回復原狀而應給付金錢者，自損害發生時起，加給利息。

③ 第一項情形，債權人得請求支付回復原狀所必要之費用，以代回復原狀。

第二一四條　（損害賠償之方法─金錢賠償）

應回復原狀者，如經債權人定相當期限催告後，逾期不為回復時，債權人得請求以金錢賠償其損害。

第二一五條　（損害賠償之方法─金錢賠償）

不能回復原狀或回復顯有重大困難者，應以金錢賠償其損害。

第二一六條　（法定損害賠償範圍）

① 損害賠償，除法律另有規定或契約另有訂定外，應以填補債權人所受損害及所失利益為限。

② 依通常情形，或依已定之計劃、設備或其他特別情事，可得預期之利益，視為所失利益。

第二一六條之一　（損害賠償應損益相抵）

基於同一原因事實受有損害並受有利益者，其請求之賠償金額，應扣除所受之利益。

第二一七條　（過失相抵）

① 損害之發生或擴大，被害人與有過失者，法院得減輕賠償金額，或免除之。

② 重大之損害原因，為債務人所不及知，而被害人不預促其注意

或怠於避免或減少損害者，爲與有過失。

③前二項之規定，於被害人之代理人或使用人與有過失者，準用之。

**第二一八條** （因賠償義務人生計關係之酌減）

損害非因故意或重大過失所致者，如其賠償致賠償義務人之生計有重大影響時，法院得減輕其賠償金額。

**第二一八條之一** （賠償義務人之權利讓與請求權）

①關於物或權利之喪失或損害，負賠償責任之人，得向損害賠償請求權人，請求讓與基於其物之所有權或基於其權利對於第三人之請求權。

②第二百六十四條之規定，於前項情形準用之。

## 第三節 債之效力

### 第一款 給付

**第二一九條** （刪除）

**第二二〇條** （債務人責任之酌定）

①債務人就其故意或過失之行爲，應負責任。

②過失之責任，依事件之特性而有輕重，如其事件非予債務人以利益者，應從輕酌定。

**第二二一條** （行爲能力欠缺人之責任）

債務人爲無行爲能力人或限制行爲能力人者，其責任依第一百八十七條之規定定之。

**第二二二條** （故意或重大過失責任之強制性）

故意或重大過失之責任，不得預先免除。

**第二二三條** （具體輕過失之最低責任）

應與處理自己事務爲同一注意者，如有重大過失，仍應負責。

**第二二四條** （履行輔助人之故意過失）

債務人之代理人或使用人，關於債之履行有故意或過失時，債務人應與自己之故意或過失負同一責任。但當事人另有訂定者，不在此限。

**第二二五條** （給付不能之效力―免給付義務與代償請求權之發生）

①因不可歸責於債務人之事由，致給付不能者，債務人免給付義務。

②債務人因前項給付不能之事由，對第三人有損害賠償請求權者，債權人得向債務人請求讓與其損害賠償請求權，或交付其所受領之賠償物。

**第二二六條** （給付不能之效力―損害賠償與一部履行之拒絕）

①因可歸責於債務人之事由，致給付不能者，債權人得請求賠償損害。

②前項情形，給付一部不能者，若其他部分之履行，於債權人無利益時，債權人得拒絕該部之給付，請求全部不履行之損害賠

償。

**第二二七條** （不完全給付之效果）

①因可歸責於債務人之事由，致爲不完全給付者，債權人得依關於給付遲延或給付不能之規定行使其權利。

②因不完全給付而生前項以外之損害者，債權人並得請求賠償。

**第二二七條之一** （債務不履行侵害人格權之賠償）

債務人因債務不履行，致債權人之人格權受侵害者，準用第一百九十二條至第一百九十五條及第一百九十七條之規定，負損害賠償責任。

**第二二七條之二** （情事變更之原則）

①契約成立後，情事變更，非當時所得預料，而依其原有效果顯失公平者，當事人得聲請法院增、減其給付或變更其他原有之效果。

②前項規定，於非因契約所發生之債，準用之。

**第二二八條** （刪除）

## 第二款　遲　延

**第二二九條** （給付期限與債務人之給付遲延）

①給付有確定期限者，債務人自期限屆滿時起，負遲延責任。

②給付無確定期限者，債務人於債權人得請求給付時，經其催告而未爲給付，自受催告時起，負遲延責任。其經債權人起訴而送達訴狀，或依督促程序送達支付命令，或爲其他相類之行爲者，與催告有同一之效力。

③前項催告定有期限者，債務人自期限屆滿時起負遲延責任。

**第二三〇條** （給付遲延之阻卻成立事由）

因不可歸責於債務人之事由，致未爲給付者，債務人不負遲延責任。

**第二三一條** （遲延賠償—非常事變責任）

①債務人遲延者，債權人得請求其賠償因遲延而生之損害。

②前項債務人，在遲延中，對於因不可抗力而生之損害，亦應負責。但債務人證明縱不遲延給付，而仍不免發生損害者，不在此限。

**第二三二條** （替補賠償—拒絕受領給付而請求賠償）

遲延後之給付，於債權人無利益者，債權人得拒絕其給付，並得請求賠償因不履行而生之損害。

**第二三三條** （遲延利息與其他損害之賠償）

①遲延之債務，以支付金錢爲標的者，債權人得請求依法定利率計算之遲延利息。但約定利率較高者，仍從其約定利率。

②對於利息，無須支付遲延利息。

③前二項情形，債權人證明有其他損害者，並得請求賠償。

**第二三四條** （受領遲延）

債權人對於已提出之給付，拒絕受領或不能受領者，自提出時起，負遲延責任。

**第二三五條** （現實與言詞提出）

債務人非依債務本旨實行提出給付者，不生提出之效力。但債權人預示拒絕受領之意思，或給付兼需債權人之行為者，債務人得以準備給付之事情，通知債權人，以代提出。

**第二三六條** （一時受領遲延）

給付無確定期限，或債務人於清償期前得為給付者，債權人就一時不能受領之情事，不負遲延責任。但其提出給付，由於債權人之催告，或債務人已於相當期間前預告債權人者，不在此限。

**第二三七條** （受領遲延時債務人責任）

在債權人遲延中，債務人僅就故意或重大過失，負其責任。

**第二三八條** （受領遲延利息支付之停止）

在債權人遲延中，債務人無須支付利息。

**第二三九條** （孳息返還範圍之縮小）

債務人應返還由標的物所生之孳息或償還其價金者，在債權人遲延中，以已收取之孳息為限，負返還責任。

**第二四〇條** （受領遲延費用賠償之請求）

債權人遲延者，債務人得請求其賠償提出及保管給付物之必要費用。

**第二四一條** （拋棄占有）

① 有交付不動產義務之債務人，於債權人遲延後，得拋棄其占有。

② 前項拋棄，應預先通知債權人。但不能通知者，不在此限。

## 第三款　保　全

**第二四二條** （債權人代位權）

債務人怠於行使其權利時，債權人因保全債權，得以自己之名義，行使其權利。但專屬於債務人本身者，不在此限。

**第二四三條** （代位權行使時期）

前條債權人之權利，非於債務人負遲延責任時，不得行使。但專為保存債務人權利之行為，不在此限。

**第二四四條** （債權人撤銷權）

① 債務人所為之無償行為，有害及債權者，債權人得聲請法院撤銷之。

② 債務人所為之有償行為，於行為時明知有損害於債權人之權利者，以受益人於受益時亦知其情事者為限，債權人得聲請法院撤銷之。

③ 債務人之行為非以財產為標的，或僅有害於以給付特定物為標的之債權者，不適用前二項之規定。

④ 債權人依第一項或第二項之規定聲請法院撤銷時，得並聲請命受益人或轉得人回復原狀。但轉得人於轉得時不知有撤銷原因者，不在此限。

**第二四五條** （撤銷權之除斥期間）

前條撤銷權，自債權人知有撤銷原因時起，一年間不行使，或

自行爲時起，經過十年而消滅。

## 第四款 契約

**第二四五條之一** （締約過失之責任）

① 契約未成立時，當事人爲準備或商議訂立契約而有左列情形之一者，對於非因過失而信契約能成立致受損害之他方當事人，負賠償責任：

一 就訂約有重要關係之事項，對他方之詢問，惡意隱匿或爲不實之說明者。

二 知悉或持有他方之秘密，經他方明示應予保密，而因故意或重大過失洩漏之者。

三 其他顯然違反誠實及信用方法者。

② 前項損害賠償請求權，因二年間不行使而消滅。

**第二四六條** （契約標的給付不能之效力）

① 以不能之給付爲契約標的者，其契約爲無效。但其不能情形可以除去，而當事人訂約時並預期於不能之情形除去後爲給付者，其契約仍爲有效。

② 附停止條件或始期之契約，於條件成就或期限屆至前，不能之情形已除去者，其契約爲有效。

**第二四七條** （因契約標的給付不能之賠償及時效）

① 契約因以不能之給付爲標的而無效者，當事人於訂約時知其不能或可得而知者，對於非因過失而信契約爲有效致受損害之他方當事人，負賠償責任。

② 給付一部不能，而契約就其他部分仍爲有效者，或依選擇而定之數宗給付中有一宗給付不能者，準用前項之規定。

③ 前二項損害賠償請求權，因二年間不行使而消滅。

**第二四七條之一** （附合契約）

依照當事人一方預定用於同類契約之條款而訂定之契約，爲左列各款之約定，按其情形顯失公平者，該部分約定無效：

一 免除或減輕預定契約條款之當事人之責任者。

二 加重他方當事人之責任者。

三 使他方當事人拋棄權利或限制其行使權利者。

四 其他於他方當事人有重大不利益者。

**第二四八條** （收受定金之效力）

訂約當事人之一方，由他方受有定金時，推定其契約成立。

**第二四九條** （定金之效力）

定金，除當事人另有訂定外，適用左列之規定：

一 契約履行時，定金應返還或作爲給付之一部。

二 契約因可歸責於付定金當事人之事由，致不能履行時，定金不得請求返還。

三 契約因可歸責於受定金當事人之事由，致不能履行時，該當事人應加倍返還其所受之定金。

四 契約因不可歸責於雙方當事人之事由，致不能履行時，定

金應返還之。

**第二五〇條**　（約定違約金之性質）

① 當事人得約定債務人於債務不履行時，應支付違約金。

② 違約金，除當事人另有訂定外，視為因不履行而生損害之賠償總額。其約定如債務人不於適當時期或不依適當方法履行債務時，即須支付違約金者，債權人除請求履行債務外，違約金視為因不於適當時期或不依適當方法履行債務所生損害之賠償總額。

**第二五一條**　（一部履行之酌減）

債務已為一部履行者，法院得比照債權人因一部履行所受之利益，減少違約金。

**第二五二條**　（違約金額過高之酌減）

約定之違約金額過高者，法院得減至相當之數額。

**第二五三條**　（準違約金）

前三條之規定，於約定違約時應為金錢以外之給付者準用之。

**第二五四條**　（非定期行為給付遲延之解除契約）

契約當事人之一方遲延給付者，他方當事人得定相當期限催告其履行，如於期限內不履行時，得解除其契約。

**第二五五條**　（定期行為給付遲延之解除契約）

依契約之性質或當事人之意思表示，非於一定時期為給付不能達其契約之目的，而契約當事人之一方不按照時期給付者，他方當事人得不為前條之催告，解除其契約。

**第二五六條**　（因給付不能之解除契約）

債權人於有第二百二十六條之情形時，得解除其契約。

**第二五七條**　（解除權之消滅─未於期限內行使解除權）

解除權之行使，未定有期間者，他方當事人得定相當期限，催告解除權人於期限內確答是否解除；如逾期未受解除之通知，解除權即消滅。

**第二五八條**　（解除權之行使方法）

① 解除權之行使，應向他方當事人以意思表示為之。

② 契約當事人之一方有數人者，前項意思表示，應由其全體或向其全體為之。

③ 解除契約之意思表示，不得撤銷。

**第二五九條**　（契約解除後之回復原狀）

契約解除時，當事人雙方回復原狀之義務，除法律另有規定或契約另有訂定外，依左列之規定：

一　由他方所受領之給付物，應返還之。

二　受領之給付為金錢者，應附加自受領時起之利息償還之。

三　受領之給付為勞務或為物之使用者，應照受領時之價額，以金錢償還之。

四　受領之給付物生有孳息者，應返還之。

五　就返還之物，已支出必要或有益之費用，得於他方受領時所得利益之限度內，請求其返還。

六　應返還之物有毀損、滅失或因其他事由，致不能返還者，
　　應償還其價額。

**第二六○條** （損害賠償之請求）
　解除權之行使，不妨礙損害賠償之請求。

**第二六一條** （雙務契約規定之準用）
　當事人因契約解除而生之相互義務，準用第二百六十四條至第
　二百六十七條之規定。

**第二六二條** （解除權之消滅—受領物不能返還或種類變更）
　有解除權人，因可歸責於自己之事由，致其所受領之給付物有
　毀損、滅失或其他情形不能返還者，解除權消滅；因加工或改
　造，將所受領之給付物變其種類者亦同。

**第二六三條** （終止權之行使方法及效力—準用解除權之規定）
　第二百五十八條及第二百六十條之規定，於當事人依法律之規
　定終止契約者準用之。

**第二六四條** （同時履行抗辯）
①因契約互負債務者，於他方當事人未為對待給付前，得拒絕自
　己之給付。但自己有先為給付之義務者，不在此限。
②他方當事人已為部分之給付時，依其情形，如拒絕自己之給付
　有違背誠實及信用方法者，不得拒絕自己之給付。

**第二六五條** （不安抗辯權）
　當事人之一方，應向他方先為給付者，如他方之財產，於訂約
　後顯形減少，有難為對待給付之虞時，如他方未為對待給付或
　提出擔保前，得拒絕自己之給付。

**第二六六條** （危險負擔—債務人負擔主義）
①因不可歸責於雙方當事人之事由，致一方之給付全部不能者，
　他方免為對待給付之義務；如僅一部不能者，應按其比例減少
　對待給付。
②前項情形，已為全部或一部之對待給付者，得依關於不當得利
　之規定，請求返還。

**第二六七條** （因可歸責於當事人一方之給付不能）
　當事人之一方因可歸責於他方之事由，致不能給付者，得請求
　對待給付。但其因免給付義務所得之利益或應得之利益，均應
　由其所得請求之對待給付中扣除之。

**第二六八條** （第三人負擔契約）
　契約當事人之一方，約定由第三人對於他方為給付者，於第三
　人不為給付時，應負損害賠償責任。

**第二六九條** （利益第三人契約）
①以契約訂定向第三人為給付者，要約人得請求債務人向第三人
　為給付，其第三人對於債務人，亦有直接請求給付之權。
②第三人對於前項契約，未表示享受其利益之意思前，當事人得
　變更其契約或撤銷之。
③第三人對於當事人之一方表示不欲享受其契約之利益者，視為
　自始未取得其權利。

**第二七〇條** （債務人對第三人之抗辯）

　　前條債務人，得以由契約所生之一切抗辯，對抗受益之第三人。

### 第四節　多數債務人及債權人

**第二七一條** （可分之債）

　　數人負同一債務或有同一債權，而其給付可分者，除法律另有規定或契約另有訂定外，應各平均分擔或分受之；其給付本不可分而變爲可分者亦同。

**第二七二條** （連帶債務）

①數人負同一債務，明示對於債權人各負全部給付之責任者，爲連帶債務。

②無前項之明示時，連帶債務之成立，以法律有規定者爲限。

**第二七三條** （債權人之權利－對連帶債務人之請求）

①連帶債務之債權人，得對於債務人中之一人或數人或其全體，同時或先後請求全部或一部之給付。

②連帶債務未全部履行前，全體債務人仍負連帶責任。

**第二七四條** （清償等發生絕對效力）

　　因連帶債務人中之一人爲清償、代物清償、提存、抵銷或混同而債務消滅者，他債務人亦同免其責任。

**第二七五條** （確定判決之限制絕對效力）

　　連帶債務人中之一人受確定判決，而其判決非基於該債務人之個人關係者，爲他債務人之利益，亦生效力。

**第二七六條** （免除與時效完成之限制絕對效力）

①債權人向連帶債務人中之一人免除債務，而無消滅全部債務之意思表示者，除該債務人應分擔之部分外，他債務人仍不免其責任。

②前項規定，於連帶債務人中之一人消滅時效已完成者準用之。

**第二七七條** （抵銷之限制絕對效力）

　　連帶債務人中之一人，對於債權人有債權者，他債務人以該債務人應分擔之部分爲限，得主張抵銷。

**第二七八條** （受領遲延之限制絕對效力）

　　債權人對於連帶債務人中之一人有遲延時，爲他債務人之利益，亦生效力。

**第二七九條** （效力相對性原則）

　　就連帶債務人中之一人所生之事項，除前五條規定或契約另有訂定者外，其利益或不利益，對他債務人不生效力。

**第二八〇條** （連帶債務人相互間之分擔義務）

　　連帶債務人相互間，除法律另有規定或契約另有訂定外，應平均分擔義務。但因債務人中之一人應單獨負責之事由所致之損害及支付之費用，由該債務人負擔。

**第二八一條** （連帶債務人同免責任之範圍）

①連帶債務人中之一人，因清償、代物清償、提存、抵銷或混同，

致他債務人同免責任者，得向他債務人請求償還各自分擔之部分，並自免責時起之利息。

②前項情形，求償權人於求償範圍內，承受債權人之權利。但不得有害於債權人之利益。

**第二八二條**　（無償還資力人負擔部分之分擔）

①連帶債務人中之一人，不能償還其分擔額者，其不能償還之部分，由求償權人與他債務人按照比例分擔之。但其不能償還，係由求償權人之過失所致者，不得對於他債務人請求其分擔。

②前項情形，他債務人中之一人應分擔之部分已免責者，仍應依前項比例分擔之規定，負其責任。

**第二八三條**　（連帶債權）

數人依法律或法律行為，有同一債權，而各得向債務人為全部給付之請求者，為連帶債權。

**第二八四條**　（債務人之權利―對連帶債權人之給付）

連帶債權之債務人，得向債權人中之一人，為全部之給付。

**第二八五條**　（請求之絕對效力）

連帶債權人中之一人為給付之請求者，為他債權人之利益，亦生效力。

**第二八六條**　（受領清償等發生絕對效力）

因連帶債權人中之一人，已受領清償、代物清償、或經提存、抵銷、混同而債權消滅者，他債權人之權利，亦同消滅。

**第二八七條**　（確定判決之限制絕對效力）

①連帶債權人中之一人，受有利益之確定判決者，為他債權人之利益，亦生效力。

②連帶債權人中之一人，受不利益之確定判決者，如其判決非基於該債權人之個人關係時，對於他債權人，亦生效力。

**第二八八條**　（免除與時效完成之限制絕對效力）

①連帶債權人中之一人，向債務人免除債務者，除該債權人應享有之部分外，他債權人之權利，仍不消滅。

②前項規定，於連帶債權人中之一人消滅時效已完成者準用之。

**第二八九條**　（受領遲延之絕對效力）

連帶債權人中之一人有遲延者，他債權人亦負其責任。

**第二九〇條**　（效力相對性原則）

就連帶債權人中之一人所生之事項，除前五條規定或契約另有訂定者外，其利益或不利益，對他債權人不生效力。

**第二九一條**　（連帶債權之均受利益）

連帶債權人相互間，除法律另有規定或契約另有訂定外，應平均分受其利益。

**第二九二條**　（不可分之債）

數人負同一債務，而其給付不可分者，準用關於連帶債務之規定。

**第二九三條**　（不可分債權之效力）

①數人有同一債權，而其給付不可分者，各債權人僅得請求向債

權人全體爲給付，債務人亦僅得向債權人全體爲給付。

②除前項規定外，債權人中之一人與債務人間所生之事項，其利益或不利益，對他債權人不生效力。

③債權人相互間，準用第二百九十一條之規定。

## 第五節　債之移轉

**第二九四條**　(債權之讓與性)

①債權人得將債權讓與於第三人。但左列債權，不在此限：

一　依債權之性質，不得讓與者。

二　依當事人之特約，不得讓與者。

三　債權禁止扣押者。

②前項第二款不得讓與之特約，不得以之對抗善意第三人。

**第二九五條**　(從權利之隨同移轉)

①讓與債權時，該債權之擔保及其他從屬之權利，隨同移轉於受讓人。但與讓與人有不可分離之關係者，不在此限。

②未支付之利息，推定其隨同原本移轉於受讓人。

**第二九六條**　(證明文件之交付與必要情形之告知)

讓與人應將證明債權之文件，交付受讓人，並應告以關於主張該債權所必要之一切情形。

**第二九七條**　(債權讓與之通知)

①債權之讓與，非經讓與人或受讓人通知債務人，對於債務人不生效力。但法律另有規定者，不在此限。

②受讓人將讓與人所立之讓與字據提示於債務人者，與通知有同一之效力。

**第二九八條**　(表見讓與)

①讓與人已將債權之讓與通知債務人者，縱未爲讓與或讓與無效，債務人仍得以其對抗受讓人之事由，對抗讓與人。

②前項通知，非經受讓人之同意，不得撤銷。

**第二九九條**　(對於受讓人抗辯之援用與抵銷之主張)

①債務人於受通知時，所得對抗讓與人之事由，皆得以之對抗受讓人。

②債務人於受通知時，對於讓與人有債權者，如其債權之清償期，先於所讓與之債權或同時屆至者，債務人得對於受讓人主張抵銷。

**第三○○條**　(免責的債務承擔—與債權人訂立契約)

第三人與債權人訂立契約承擔債務人之債務者，其債務於契約成立時，移轉於該第三人。

**第三○一條**　(免責的債務承擔—與債權人訂立契約)

第三人與債務人訂立契約承擔其債務者，非經債權人承認，對於債權人不生效力。

**第三○二條**　(債務人或承擔人之定期催告)

①前條債務人或承擔人，得定相當期限，催告債權人於該期限內

確答是否承認，如逾期不爲確答者，視爲拒絕承認。

② 債權人拒絕承認時，債務人或承擔人得撤銷其承擔之契約。

**第三○三條** （債務人抗辯權之援用及其限制）

① 債務人因其法律關係所得對抗債權人之事由，承擔人亦得以之對抗債權人。但不得以屬於債務人之債權爲抵銷。

② 承擔人因其承擔債務之法律關係所得對抗債權人之事由，不得以之對抗債權人。

**第三○四條** （從權利之存續及其例外）

① 從屬於債權之權利，不因債務之承擔而妨礙其存在。但與債務人有不可分離之關係者，不在此限。

② 由第三人就債權所爲之擔保，除該第三人對於債務之承擔已爲承認外，因債務之承擔而消滅。

**第三○五條** （併存的債務承擔─概括承受）

① 就他人之財產或營業，概括承受其資產及負債者，因對於債權人爲承受之通知或公告，而生承擔債務之效力。

② 前項情形，債務人關於到期之債權，自通知或公告時起，未到期之債權，自到期時起，二年以內，與承擔人連帶負其責任。

**第三○六條** （併存的債務承擔─營業合併）

營業與他營業合併，而互相承受其資產及負債者，與前條之概括承受同，其合併之新營業，對於各營業之債務，負其責任。

## 第六節 債之消滅

### 第一款 通 則

**第三○七條** （從權利之隨同消滅）

債之關係消滅者，其債權之擔保及其他從屬之權利亦同時消滅。

**第三○八條** （負債字據之返還及塗銷）

① 債之全部消滅者，債務人得請求返還或塗銷負債之字據，其僅一部消滅或負債字據上載有債權人他項權利者，債務人得請求將消滅事由，記入字據。

② 負債字據，如債權人主張有不能返還或有不能記入之事情者，債務人得請求給與債務消滅之公認證書。

### 第二款 清 償

**第三○九條** （清償之效力及受領清償人）

① 依債務本旨，向債權人或其他有受領權人爲清償，經其受領者，債之關係消滅。

② 持有債權人簽名之收據者，視爲有受領權人。但債務人已知或因過失而不知其無權受領者，不在此限。

**第三一○條** （向第三人爲清償之效力）

向第三人爲清償，經其受領者，其效力依左列各款之規定：

一 經債權人承認或受領人於受領後取得其債權者，有清償之效力。

二　受領人係債權之準占有人者，以債務人不知其非債權人者為限，有清償之效力。

三　除前二款情形外，於債權人因而受利益之限度內，有清償之效力。

**第三一一條**　（第三人之清償）

①債之清償，得由第三人為之。但當事人另有訂定或依債之性質不得由第三人清償者，不在此限。

②第三人之清償，債務人有異議時，債權人得拒絕其清償。但第三人就債之履行有利害關係者，債權人不得拒絕。

**第三一二條**　（第三人清償之權利）

就債之履行有利害關係之第三人為清償者，於其清償之限度內承受債權人之權利，但不得有害於債權人之利益。

**第三一三條**　（代位之通知抗辯抵銷準用債權讓與）

第二百九十七條及第二百九十九條之規定，於前條之承受權利準用之。

**第三一四條**　（清償地）

清償地，除法律另有規定或契約另有訂定，或另有習慣，或得依債之性質或其他情形決定者外，應依左列各款之規定：

一　以給付特定物為標的者，於訂約時，其物所在地為之。

二　其他之債，於債權人之住所地為之。

**第三一五條**　（清償期）

清償期，除法律另有規定或契約另有訂定，或得依債之性質或其他情形決定者外，債權人得隨時請求清償，債務人亦得隨時為清償。

**第三一六條**　（期前清償）

定有清償期者，債權人不得於期前請求清償，如無反對之意思表示時，債務人得於期前為清償。

**第三一七條**　（清償費用之負擔）

清償債務之費用，除法律另有規定或契約另有訂定外，由債務人負擔。但因債權人變更住所或其他行為，致增加清償費用者，其增加之費用，由債權人負擔。

**第三一八條**　（一部或緩期清償）

①債務人無為一部清償之權利。但法院得斟酌債務人之境況，許其於無甚害於債權人利益之相當期限內，分期給付，或緩期清償。

②法院許為分期給付者，債務人一期遲延給付時，債權人得請求全部清償。

③給付不可分者，法院得比照第一項但書之規定，許其緩期清償。

**第三一九條**　（代物清償）

債權人受領他種給付以代原定之給付者，其債之關係消滅。

**第三二〇條**　（間接給付—新債清償）

因清償債務而對於債權人負擔新債務者，除當事人另有意思表示外，若新債務不履行時，其舊債務仍不消滅。

**第三二一條** (清償之抵充－當事人指定)

對於一人負擔數宗債務而其給付之種類相同者，如清償人所提出之給付，不足清償全部債額時，由清償人於清償時，指定其應抵充之債務。

**第三二二條** (清償之抵充－法定抵充)

清償人不為前條之指定者，依左列之規定，定其應抵充之債務：

一 債務已屆清償期者，儘先抵充。

二 債務均已屆清償期或均未屆清償期者，以債務之擔保最少者，儘先抵充；擔保相等者，以債務人因清償而獲益最多者，儘先抵充；獲益相等者，以先到期之債務，儘先抵充。

三 獲益及清償期均相等者，各按比例，抵充其一部。

**第三二三條** (不同種類債務之抵充順序)

清償人所提出之給付，應先抵充費用，次充利息，次充原本；其依前二條之規定抵充債務者亦同。

**第三二四條** (受領證書給與請求權)

清償人對於受領清償人，得請求給與受領證書。

**第三二五條** (給與受領證書或返還債權證書之效力)

①關於利息或其他定期給付，如債權人給與受領一期給付之證書，未為他期之保留者，推定其以前各期之給付已為清償。

②如債權人給與受領原本之證書者，推定其利息亦已受領。

③債權證書已返還者，推定其債之關係消滅。

### 第三款 提 存

**第三二六條** (提存之要件)

債權人受領遲延，或不能確知孰為債權人而難為給付者，清償人得將其給付物，為債權人提存之。

**第三二七條** (提存之處所)

提存應於清償地之法院提存所為之。

**第三二八條** (危險負擔之移轉)

提存後，給付物毀損、滅失之危險，由債權人負擔，債務人亦無須支付利息，或賠償其孳息未收取之損害。

**第三二九條** (提存物之受取及受取之阻止)

債權人得隨時受取提存物，如債務人之清償，係對債權人之給付而為之者，在債權人未為對待給付或提出相當擔保前，得阻止其受取提存物。

**第三三〇條** (受取權之消滅)

債權人關於提存物之權利，應於提存後十年內行使之，逾期其提存物歸屬國庫。

**第三三一條** (提存價金－拍賣給付物)

給付物不適於提存，或有毀損滅失之虞，或提存需費過鉅者，清償人得聲請清償地之法院拍賣，而提存其價金。

**第三三二條** (提存價金－變賣)

前條給付物有市價者，該管法院得許可清償人照市價出賣，而

提存其價金。

**第三三三條**　（提存等費用之負擔）

提存拍賣及出賣之費用，由債權人負擔。

### 第四款　抵　銷

**第三三四條**　（抵銷之要件）

①二人互負債務，而其給付種類相同，並均屆清償期者，各得以其債務，與他方之債務，互為抵銷。但依債之性質不能抵銷或依當事人之特約不得抵銷者，不在此限。

②前項特約，不得對抗善意第三人。

**第三三五條**　（抵銷之方法與效力）

①抵銷，應以意思表示，向他方為之。其相互間債之關係，溯及最初得為抵銷時，按照抵銷數額而消滅。

②前項意思表示，附有條件或期限者，無效。

**第三三六條**　（清償地不同之債務之抵銷）

清償地不同之債務，亦得為抵銷。但為抵銷之人，應賠償他方因抵銷而生之損害。

**第三三七條**　（時效消滅債務之抵銷）

債之請求權雖經時效而消滅，如在時效未完成前，其債務已適於抵銷者，亦得為抵銷。

**第三三八條**　（禁止抵銷之債－禁止扣押之債）

禁止扣押之債，其債務人不得主張抵銷。

**第三三九條**　（禁止抵銷之債－因侵權行為而負擔之債）

因故意侵權行為而負擔之債，其債務人不得主張抵銷。

**第三四〇條**　（禁止抵銷之債－受扣押之債權）

受債權扣押命令之第三債務人，於扣押後，始對其債權人取得債權者，不得以其所取得之債權與受扣押之債權為抵銷。

**第三四一條**　（禁止抵銷之債－向第三人為給付之債）

約定應向第三人為給付之債務人，不得以其債務，與他方當事人對於自己之債務為抵銷。

**第三四二條**　（準用清償之抵充）

第三百二十一條至第三百二十三條之規定，於抵銷準用之。

### 第五款　免　除

**第三四三條**　（免除之效力）

債權人向債務人表示免除其債務之意思者，債之關係消滅。

### 第六款　混　同

**第三四四條**　（混同之效力）

債權與其債務同歸一人時，債之關係消滅。但其債權為他人權利之標的或法律另有規定者，不在此限。

# 第二章　各種之債

# 第一節 買　賣

## 第一款　通　則

**第三四五條** （買賣之意義及成立）

①稱買賣者，謂當事人約定一方移轉財產權於他方，他方支付價金之契約。

②當事人就標的物及其價金互相同意時，買賣契約即爲成立。

**第三四六條** （買賣價金）

①價金雖未具體約定，而依情形可得而定者，視爲定有價金。

②價金約定依市價者，視爲標的物清償時、清償地之市價。但契約另有訂定者，不在此限。

**第三四七條** （有償契約準用買賣規定）

本節規定，於買賣契約以外之有償契約準用之。但爲其契約性質所不許者，不在此限。

## 第二款　效　力

**第三四八條** （出賣人之移轉財產權及交付標的物之義務）

①物之出賣人，負交付其物於買受人，並使其取得該物所有權之義務。

②權利之出賣人，負使買受人取得其權利之義務，如因其權利而得占有一定之物者，並負交付其物之義務。

**第三四九條** （權利瑕疵擔保－權利無缺）

出賣人應擔保第三人就買賣之標的物，對於買受人不得主張任何權利。

**第三五〇條** （權利瑕疵擔保－權利存在）

債權或其他權利之出賣人，應擔保其權利確係存在。有價證券之出賣人，並應擔保其證券未因公示催告而宣示爲無效。

**第三五一條** （權利瑕疵擔保之免除）

買受人於契約成立時，知有權利之瑕疵者，出賣人不負擔保之責。但契約另有訂定者，不在此限。

**第三五二條** （債務人支付能力之擔保責任）

債權之出賣人，對於債務人之支付能力，除契約另有訂定外，不負擔保責任，出賣人就債務人之支付能力，負擔保責任者，推定其擔保債權移轉時債務人之支付能力。

**第三五三條** （權利瑕疵擔保之效果）

出賣人不履行第三百四十八條至第三百五十一條所定之義務者，買受人得依關於債務不履行之規定，行使其權利。

**第三五四條** （物之瑕疵擔保責任與效果）

①物之出賣人對於買受人，應擔保其物依第三百七十三條之規定危險移轉於買受人時無滅失或減少其價值之瑕疵，亦無滅失或減少其通常效用或契約預定效用之瑕疵。但減少之程度，無關重要者，不得視爲瑕疵。

②出賣人並應擔保其物於危險移轉時，具有其所保證之品質。

**第三五五條** （物之瑕疵擔保責任之免除）

①買受人於契約成立時，知其物有前條第一項所稱之瑕疵者，出賣人不負擔保之責。

②買受人因重大過失，而不知前條第一項所稱之瑕疵者，出賣人如未保證其無瑕疵時，不負擔保之責。但故意不告知其瑕疵者，不在此限。

**第三五六條** （買受人之檢查通知義務）

①買受人應按物之性質，依通常程序從速檢查其所受領之物。如發見有應由出賣人負擔保責任之瑕疵時，應即通知出賣人。

②買受人怠於為前項之通知者，除依通常之檢查不能發見之瑕疵外，視為承認其所受領之物。

③不能即知之瑕疵，至日後發見者，應即通知出賣人，怠於為通知者，視為承認其所受領之物。

**第三五七條** （檢查通知義務之排除）

前條規定，於出賣人故意不告知瑕疵於買受人者，不適用之。

**第三五八條** （異地送到之物之保管、通知、變賣義務）

①買受人對於由他地送到之物，主張有瑕疵，不願受領者，如出賣人於受領地無代理人，買受人有暫為保管之責。

②前項情形，如買受人不即依相當方法證明其瑕疵之存在者，推定於受領時為無瑕疵。

③送到之物易於敗壞者，買受人經依相當方法之證明，得照市價變賣之。如為出賣人之利益，有必要時，並有變賣之義務。

④買受人依前項規定為變賣者，應即通知出賣人，如怠於通知，應負損害賠償之責。

**第三五九條** （物之瑕疵擔保效力—解約或減少價金）

買賣因物有瑕疵，而出賣人依前五條之規定，應負擔保之責者，買受人得解除其契約或請求減少其價金。但依情形，解除契約顯失公平者，買受人僅得請求減少價金。

**第三六〇條** （物之瑕疵擔保效力—請求不履行之損害賠償）

買賣之物，缺少出賣人所保證之品質者，買受人得不解除契約或請求減少價金，而請求不履行之損害賠償；出賣人故意不告知物之瑕疵者亦同。

**第三六一條** （解約催告）

①買受人主張物有瑕疵者，出賣人得定相當期限，催告買受人於其期限內是否解除契約。

②買受人於前項期限內不解除契約者，喪失其解除權。

**第三六二條** （解約與從物）

①因主物有瑕疵而解除契約者，其效力及於從物。

②從物有瑕疵者，買受人僅得就從物之部分為解除。

**第三六三條** （數物併同出賣時之解除契約）

①為買賣標的之數物中，一物有瑕疵者，買受人僅得就有瑕疵之物為解除。其以總價金將數物同時賣出者，買受人並得請求減少與瑕疵物相當之價額。

② 前項情形，當事人之任何一方，如因有瑕疵之物，與他物分離而顯受損害者，得解除全部契約。

**第三六四條**（瑕疵擔保之效力—另行交付無瑕疵之物）

① 買賣之物，僅指定種類者，如其物有瑕疵，買受人得不解除契約或請求減少價金，而即時請求另行交付無瑕疵之物。

② 出賣人就前項另行交付之物，仍負擔保責任。

**第三六五條**（解除權或請求權之消滅）

① 買受人因物有瑕疵，而得解除契約或請求減少價金者，其解除權或請求權，於買受人依第三百五十六條規定爲通知後六個月間不行使或自物之交付時起經過五年而消滅。

② 前項關於六個月期間之規定，於出賣人故意不告知瑕疵者，不適用之。

**第三六六條**（免除或限制擔保義務之特約）

以特約免除或限制出賣人關於權利或物之瑕疵擔保義務者，如出賣人故意不告知其瑕疵，其特約爲無效。

**第三六七條**（買受人之義務）

買受人對於出賣人，有交付約定價金及受領標的物之義務。

**第三六八條**（價金支付拒絕權）

① 買受人有正當理由，恐第三人主張權利，致失其因買賣契約所得權利之全部或一部者，得拒絕支付價金之全部或一部。但出賣人已提出相當擔保者，不在此限。

② 前項情形，出賣人得請求買受人提存價金。

**第三六九條**（標的物與價金交付時期）

買賣標的物與其價金之交付，除法律另有規定或契約另有訂定或另有習慣外，應同時爲之。

**第三七〇條**（價金交付期限之推定）

標的物交付定有期限者，其期限，推定其爲價金交付之期限。

**第三七一條**（價金交付之處所）

標的物與價金應同時交付者，其價金應於標的物之交付處所交付之。

**第三七二條**（依重量計算價金之方法）

價金依物之重量計算者，應除去其包皮之重量。但契約另有訂定或另有習慣者，從其訂定或習慣。

**第三七三條**（標的物利益與危險之承受負擔）

買賣標的物之利益及危險，自交付時起，均由買受人承受負擔。但契約另有訂定者，不在此限。

**第三七四條**（送交清償地以外處所之標的物危險之負擔）

買受人請求將標的物送交清償地以外之處所者，自出賣人交付其標的物於爲運送之人或承攬運送人時起，標的物之危險，由買受人負擔。

**第三七五條**（交付前負擔危險之買受人費用返還義務）

① 標的物之危險，於交付前已應由買受人負擔者，出賣人於危險移轉後，標的物之交付前，所支出之必要費用，買受人應依關

於委任之規定，負償還責任。

②前項情形，出賣人所支出之費用，如非必要者，買受人應依關於無因管理之規定，負償還責任。

**第三七六條** （出賣人違反關於送交方法特別指示之損害賠償）

買受人關於標的物之送交方法，有特別指示，而出賣人無緊急之原因，違其指示者，對於買受人因此所受之損害，應負賠償責任。

**第三七七條** （以權利爲買賣標的之利益與危險之承受負擔）

以權利爲買賣之標的，如出賣人因其權利而得占有一定之物者，準用前四條之規定。

**第三七八條** （買賣費用之負擔）

買賣費用之負擔，除法律另有規定或契約另有訂定或另有習慣外，依左列之規定：

一 買賣契約之費用，由當事人雙方平均負擔。

二 移轉權利之費用、運送標的物至清償地之費用及交付之費用，由出賣人負擔。

三 受領標的物之費用，登記之費用及送交清償地以外處所之費用，由買受人負擔。

### 第三款 買 回

**第三七九條** （買回之要件）

①出賣人於買賣契約保留買回之權利者，得返還其所受領之價金，而買回其標的物。

②前項買回之價金，另有特約者，從其特約。

③原價金之利息，與買受人就標的物所得之利益，視爲互相抵銷。

**第三八〇條** （買回之期限）

買回之期限，不得超過五年，如約定之期限較長者，縮短爲五年。

**第三八一條** （買賣費用之償還與買回費用之負擔）

①買賣費用由買受人支出者，買回人應與買回價金連同償還之。

②買回之費用，由買回人負擔。

**第三八二條** （改良及有益費用之償還）

買受人爲改良標的物所支出之費用及其他有益費用，而增加價值者，買回人應償還之。但以現存之增價額爲限。

**第三八三條** （原買受人之義務及責任）

①買受人對於買回人，負交付標的物及其附屬物之義務。

②買受人因可歸責於自己之事由，致不能交付標的物或標的物顯有變更者，應賠償因此所生之損害。

### 第四款 特種買賣

**第三八四條** （試驗買賣之意義）

試驗買賣，爲以買受人之承認標的物爲停止條件而訂立之契約。

**第三八五條** （容許試驗義務）

試驗買賣之出賣人，有許買受人試驗其標的物之義務。

**第三八六條** （視爲拒絕承認標的物）

標的物經試驗而未交付者，買受人於約定期限內，未就標的物爲承認之表示，視爲拒絕；其無約定期限，而於出賣人所定之相當期限內，未爲承認之表示者亦同。

**第三八七條** （視爲承認標的物）

① 標的物因試驗已交付於買受人，而買受人不交還其物，或於約定期限或出賣人所定之相當期限內不爲拒絕之表示者，視爲承認。

② 買受人已支付價金之全部或一部，或就標的物爲非試驗所必要之行爲者，視爲承認。

**第三八八條** （貨樣買賣）

按照貨樣約定買賣者，視爲出賣人擔保其交付之標的物與貨樣有同一之品質。

**第三八九條** （分期付價買賣期限利益喪失約款之限制）

分期付價之買賣，如約定買受人有遲延時，出賣人得即請求支付全部價金者，除買受人遲付之價額已達全部價金五分之一外，出賣人仍不得請求支付全部價金。

**第三九〇條** （解約扣價約款之限制）

分期付價之買賣，如約定出賣人於解除契約時，得扣留其所受領價金者，其扣留之數額，不得超過標的物使用之代價，及標的物受有損害時之賠償額。

**第三九一條** （拍賣之成立）

拍賣，因拍賣人拍板或依其他慣用之方法爲賣定之表示而成立。

**第三九二條** （拍賣人應買之禁止）

拍賣人對於其所經管之拍賣，不得應買，亦不得使他人爲其應買。

**第三九三條** （拍賣物之拍定）

拍賣人除拍賣之委任人有反對之意思表示外，得將拍賣物拍歸出價最高之應買人。

**第三九四條** （拍定之撤回）

拍賣人對於應買人所出最高之價，認爲不足者，得不爲賣定之表示而撤回其物。

**第三九五條** （應買表示之效力）

應買人所爲應買之表示，自有出價較高之應買或拍賣物經撤回時，失其拘束力。

**第三九六條** （以現金支付買價及支付時期）

拍賣之買受人，應於拍賣成立時或拍賣公告內所定之時，以現金支付買價。

**第三九七條** （不按時支付價金之效力—解約再拍賣及賠償差額）

① 拍賣之買受人，如不按時支付價金者，拍賣人得解除契約，將其物再爲拍賣。

② 再行拍賣所得之價金，如少於原拍賣之價金及再行拍賣之費用

者，原買受人應負賠償其差額之責任。

## 第二節 互 易

**第三九八條** （交互準用買賣之規定）

當事人雙方約定互相移轉金錢以外之財產權者，準用關於買賣之規定。

**第三九九條** （附有補足金之互易準用買賣之規定）

當事人之一方，約定移轉前條所定之財產權，並應交付金錢者，其金錢部分，準用關於買賣價金之規定。

## 第三節 交互計算

**第四○○條** （交互計算之意義）

稱交互計算者，謂當事人約定以其相互間之交易所生之債權、債務爲定期計算，互相抵銷，而僅支付其差額之契約。

**第四○一條** （票據及證券等記入交互計算項目之除去）

匯票、本票、支票及其他流通證券，記入交互計算者，如證券之債務人不爲清償時，當事人得將該記入之項目除去之。

**第四○二條** （交互計算之計算期）

交互計算之計算期，如無特別訂定，每六個月計算一次。

**第四○三條** （交互計算之終止）

當事人之一方，得隨時終止交互計算契約，而爲計算。但契約另有訂定者，不在此限。

**第四○四條** （利息之附加）

①記入交互計算之項目，得約定自記入之時起，附加利息。

②由計算而生之差額，得請求自計算時起，支付利息。

**第四○五條** （記入交互計算項目之除去或改正）

記入交互計算之項目，自計算後，經過一年，不得請求除去或改正。

## 第四節 贈 與

**第四○六條** （贈與之意義及成立）

稱贈與者，謂當事人約定，一方以自己之財產無償給與他方，他方允受之契約。

**第四○七條** （刪除）

**第四○八條** （贈與之任意撤銷及其例外）

①贈與物之權利未移轉前，贈與人得撤銷其贈與。其一部已移轉者，得就其未移轉之部分撤銷之。

②前項規定，於經公證之贈與，或爲履行道德上義務而爲贈與者，不適用之。

**第四○九條** （受贈人之權利）

①贈與人就前條第二項所定之贈與給付遲延時，受贈人得請求交

付贈與物；其因可歸責於自己之事由致給付不能時，受贈人得請求賠償贈與物之價額。

② 前項情形，受贈人不得請求遲延利息或其他不履行之損害賠償。

**第四一○條** （贈與人之責任）

贈與人僅就其故意或重大過失，對於受贈人負給付不能之責任。

**第四一一條** （瑕疵擔保責任）

贈與之物或權利如有瑕疵，贈與人不負擔保責任。但贈與人故意不告知其瑕疵或保證其無瑕疵者，對於受贈人因瑕疵所生之損害，負賠償之義務。

**第四一二條** （附負擔之贈與）

① 贈與附有負擔者，如贈與人已為給付而受贈人不履行其負擔時，贈與人得請求受贈人履行其負擔，或撤銷贈與。

② 負擔以公益為目的者，於贈與人死亡後，主管機關或檢察官得請求受贈人履行其負擔。

**第四一三條** （受贈人履行負擔責任之限度）

附有負擔之贈與，其贈與不足償其負擔者，受贈人僅於贈與之價值限度內，有履行其負擔之責任。

**第四一四條** （附負擔贈與之瑕疵擔保責任）

附有負擔之贈與，其贈與之物或權利如有瑕疵，贈與人於受贈人負擔之限度內，負與出賣人同一之擔保責任。

**第四一五條** （定期贈與當事人之死亡）

定期給付之贈與，因贈與人或受贈人之死亡，失其效力。但贈與人有反對之意思表示者，不在此限。

**第四一六條** （贈與人之撤銷權）

① 受贈人對於贈與人，有左列情事之一者，贈與人得撤銷其贈與：

　　一　對於贈與人、其配偶、直系血親、三親等內旁系血親或二親等內姻親，有故意侵害之行為，依刑法有處罰之明文者。

　　二　對於贈與人有扶養義務而不履行者。

② 前項撤銷權，自贈與人知有撤銷原因之時起，一年內不行使而消滅。贈與人對於受贈人已為宥恕之表示者，亦同。

**第四一七條** （繼承人之撤銷權）

受贈人因故意不法之行為，致贈與人死亡或妨礙其為贈與之撤銷者，贈與人之繼承人，得撤銷其贈與。但其撤銷權自知有撤銷原因之時起，六個月間不行使而消滅。

**第四一八條** （贈與人之窮困抗辯—贈與履行之拒絕）

贈與人於贈與約定後，其經濟狀況顯有變更，如因贈與致其生計有重大之影響，或妨礙其扶養義務之履行者，得拒絕贈與之履行。

**第四一九條** （撤銷贈與之方法及效果）

① 贈與之撤銷，應向受贈人以意思表示為之。

② 贈與撤銷後，贈與人得依關於不當得利之規定，請求返還贈與物。

**第四二○條** （撤銷權之消滅）

贈與之撤銷權，因受贈人之死亡而消滅。

## 第五節 租 賃

**第四二一條**（租賃之定義）

①稱租賃者，謂當事人約定，一方以物租與他方使用、收益，他方支付租金之契約。

②前項租金，得以金錢或租賃物之孳息充之。

**第四二二條**（不動產租賃契約之方式）

不動產之租賃契約，其期限逾一年者，應以字據訂立之，未以字據訂立者，視為不定期限之租賃。

**第四二二條之一**（地上權登記之請求）

租用基地建築房屋者，承租人於契約成立後，得請求出租人為地上權之登記。

**第四二三條**（租賃物之交付及保持義務）

出租人應以合於所約定使用收益之租賃物，交付承租人，並應於租賃關係存續中，保持其合於所約定使用、收益之狀態。

**第四二四條**（承租人之契約終止權）

租賃物為房屋或其他供居住之處所者，如有瑕疵，危及承租人或其同居人之安全或健康時，承租人雖於訂約時已知其瑕疵，或已拋棄其終止契約之權利，仍得終止契約。

**第四二五條**（租賃物所有權之讓與）

①出租人於租賃物交付後，承租人占有中，縱將其所有權讓與第三人，其租賃契約，對於受讓人仍繼續存在。

②前項規定，於未經公證之不動產租賃契約，其期限逾五年或未定期限者，不適用之。

**第四二五條之一**（土地所有人與房屋所有人之租賃關係）

①土地及其土地上之房屋同屬一人所有，而僅將土地或僅將房屋所有權讓與他人，或將土地及房屋同時或先後讓與相異之人時，土地受讓人或房屋受讓人與讓與人間或房屋受讓人與土地受讓人間，推定在房屋得使用期限內，有租賃關係。其期限不受第四百四十九條第一項規定之限制。

②前項情形，其租金數額當事人不能協議時，得請求法院定之。

**第四二六條**（就租賃物設定物權之效力）

出租人就租賃物設定物權，致妨礙承租人之使用收益者，準用第四百二十五條之規定。

**第四二六條之一**（房屋所有權移轉時承租人之效力）

租用基地建築房屋，承租人房屋所有權移轉時，其基地租賃契約，對於房屋受讓人，仍繼續存在。

**第四二六條之二**（租用基地建築房屋之優先購買權）

①租用基地建築房屋，出租人出賣基地時，承租人有依同樣條件優先承買之權。承租人出賣房屋時，基地所有人有依同樣條件優先承買之權。

②前項情形，出賣人應將出賣條件以書面通知優先承買權人。優先承買權人於通知達到後十日內未以書面表示承買者，視為放棄。

③出賣人未以書面通知優先承買權人而為所有權之移轉登記者，不得對抗優先承買權人。

**第四二七條**　（租賃物稅捐之負擔）

就租賃物應納之一切稅捐，由出租人負擔。

**第四二八條**　（動物租賃飼養費之負擔）

租賃物為動物者，其飼養費由承租人負擔。

**第四二九條**　（出租人之修繕義務）

①租賃物之修繕，除契約另有訂定或另有習慣外，由出租人負擔。

②出租人為保存租賃物所為之必要行為，承租人不得拒絕。

**第四三〇條**　（修繕義務不履行之效力）

租賃關係存續中，租賃物如有修繕之必要，應由出租人負擔者，承租人得定相當期限，催告出租人修繕，如出租人於其期限內不為修繕者，承租人得終止契約或自行修繕而請求出租人償還其費用或於租金中扣除之。

**第四三一條**　（有益費用之償還及工作物之取回）

①承租人就租賃物支出有益費用，因有增加該物之價值者，如出租人知其情事而不為反對之表示，於租賃關係終止時，應償還其費用。但以其現存之增價額為限。

②承租人就租賃物所增設之工作物，得取回之。但應回復租賃物之原狀。

**第四三二條**　（承租人之保管義務）

①承租人應以善良管理人之注意，保管租賃物，租賃物有生產力者，並應保持其生產力。

②承租人違反前項義務，致租賃物毀損、滅失者，負損害賠償責任。但依約定之方法或依物之性質而定之方法為使用、收益，致有變更或毀損者，不在此限。

**第四三三條**　（對於第三人行為之責任）

因承租人之同居人或因承租人允許為租賃物之使用、收益之第三人應負責之事由，致租賃物毀損、滅失者，承租人負損害賠償責任。

**第四三四條**　（失火責任）

租賃物因承租人之重大過失，致失火而毀損、滅失者，承租人對於出租人負損害賠償責任。

**第四三五條**　（租賃物一部滅失之效果）

①租賃關係存續中，因不可歸責於承租人之事由，致租賃物之一部滅失者，承租人得按滅失之部分，請求減少租金。

②前項情形，承租人就其存餘部分不能達租賃之目的者，得終止契約。

**第四三六條**　（權利瑕疵之效果）

前條規定，於承租人因第三人就租賃物主張權利，致不能為約

定之使用、收益者準用之。

**第四三七條** （承租人之通知義務）

①租賃關係存續中，租賃物如有修繕之必要，應由出租人負擔者，或因防止危害有設備之必要，或第三人就租賃物主張權利者，承租人應即通知出租人。但爲出租人所已知者，不在此限。

②承租人怠於爲前項通知，致出租人不能及時救濟者，應賠償出租人因此所生之損害。

**第四三八條** （承租人使用收益租賃物之方法及違反之效果）

①承租人應依約定方法，爲租賃物之使用、收益；無約定方法者，應以依租賃物之性質而定之方法爲之。

②承租人違反前項之規定爲租賃物之使用、收益，經出租人阻止而仍繼續爲之者，出租人得終止契約。

**第四三九條** （支付租金之時期）

承租人應依約定日期，支付租金；無約定者，依習慣；無約定亦無習慣者，應於租賃期滿時支付之。如租金分期支付者，於每期屆滿時支付之。如租賃物之收益有季節者，於收益季節終了時支付之。

**第四四〇條** （租金支付遲延之效力）

①承租人租金支付有遲延者，出租人得定相當期限，催告承租人支付租金，如承租人於其期限內不爲支付，出租人得終止契約。

②租賃物爲房屋者，遲付租金之總額，非達二個月之租額，不得依前項之規定，終止契約。其租金約定於每期開始時支付者，並應於遲延給付逾二個月時，始得終止契約。

③租用建築房屋之基地，遲付租金之總額，達二年之租額時，適用前項之規定。

**第四四一條** （租金之續付）

承租人因自己之事由，致不能爲租賃物全部或一部之使用、收益者，不得免其支付租金之義務。

**第四四二條** （不動產租賃租金增減請求權）

租賃物爲不動產者，因其價值之昇降，當事人得聲請法院增減其租金。但其租賃定有期限者，不在此限。

**第四四三條** （轉租之效力）

①承租人非經出租人承諾，不得將租賃物轉租於他人。但租賃物爲房屋者，除有反對之約定外，承租人得將其一部分轉租於他人。

②承租人違反前項規定，將租賃物轉租於他人者，出租人得終止契約。

**第四四四條** （轉租之效力）

①承租人依前條之規定，將租賃物轉租於他人者，其與出租人間之租賃關係，仍爲繼續。

②因次承租人應負責之事由所生之損害，承租人負賠償責任。

**第四四五條** （不動產出租人之留置權）

①不動產之出租人，就租賃契約所生之債權，對於承租人之物置

於該不動產者，有留置權。但禁止扣押之物，不在此限。

②前項情形，僅於已得請求之損害賠償及本期與以前未交之租金之限度內，得就留置物取償。

**第四四六條** （留置權之消滅與出租人之異議）

①承租人將前條留置物取去者，出租人之留置權消滅。但其取去係乘出租人之不知，或出租人曾提出異議者，不在此限。

②承租人如因執行業務取去其物，或其取去適於通常之生活關係，或所留之物足以擔保租金之支付者，出租人不得提出異議。

**第四四七條** （出租人之自助權）

①出租人有提出異議權者，得不聲請法院，逕行阻止承租人取去其留置物；如承租人離去租賃之不動產者，並得占有其物。

②承租人乘出租人之不知或不顧出租人提出異議而取去其物者，出租人得終止契約。

**第四四八條** （留置權之消滅—提供擔保）

承租人得提出擔保，以免出租人行使留置權，並得提出與各個留置物價值相當之擔保，以消滅對於該物之留置權。

**第四四九條** （租賃之最長期限）

①租賃契約之期限，不得逾二十年。逾二十年者，縮短為二十年。

②前項期限，當事人得更新之。

③租用基地建築房屋者，不適用第一項之規定。

**第四五〇條** （租賃契約之消滅）

①租賃定有期限者，其租賃關係，於期限屆滿時消滅。

②未定期限者，各當事人得隨時終止契約。但有利於承租人之習慣者，從其習慣。

③前項終止契約，應依習慣先期通知。但不動產之租金，以星期、半個月或一個月定其支付之期限者，出租人應以曆定星期、半個月或一個月之末日為契約終止期，並應至少於一星期、半個月或一個月前通知之。

**第四五一條** （租賃契約之默示更新）

租賃期限屆滿後，承租人仍為租賃物之使用收益，而出租人不即表示反對之意思者，視為以不定期限繼續契約。

**第四五二條** （因承租人死亡而終止契約）

承租人死亡者，租賃契約雖定有期限，其繼承人仍得終止契約。但應依第四百五十條第三項之規定，先期通知。

**第四五三條** （定期租約之終止）

定有期限之租賃契約，如約定當事人之一方於期限屆滿前，得終止契約者，其終止契約，應依第四百五十條第三項之規定，先期通知。

**第四五四條** （預收租金之返還）

租賃契約，依前二條之規定終止時，如終止後始至到期之租金，出租人已預先受領者，應返還之。

**第四五五條** （租賃物之返還）

承租人於租賃關係終止後，應返還租賃物；租賃物有生產力者，

並應保持其生產狀態，返還出租人。

**第四五六條** （消滅時效期間及其起算點）

①出租人就租賃物所受損害對於承租人之賠償請求權，承租人之償還費用請求權及工作物取回權，均因二年間不行使而消滅。

②前項期間，於出租人自受租賃物返還時起算；於承租人，自租賃關係終止時起算。

**第四五七條** （耕地租賃之租金減免請求權）

①耕作地之承租人，因不可抗力，致其收益減少或全無者，得請求減少或免除租金。

②前項租金減免請求權，不得預先拋棄。

**第四五七條之一** （耕作地預收地租之禁止與承租人得為部分租金之支付）

①耕作地之出租人不得預收租金。

②承租人不能按期支付應交租金之全部，而以一部支付時，出租人不得拒絕收受。

**第四五八條** （耕地租約之終止）

耕作地租賃於租期屆滿前，有左列情形之一時，出租人得終止契約：

一　承租人死亡而無繼承人或繼承人無耕作能力者。

二　承租人非因不可抗力不為耕作繼續一年以上者。

三　承租人將耕作地全部或一部轉租於他人者。

四　租金積欠達兩年之總額者。

五　耕作地依法編定或變更為非耕作地使用者。

**第四五九條** （耕地租約之終止）

未定期限之耕作地租賃，出租人除收回自耕外，僅於有前條各款之情形或承租人違反第四百三十二條或第四百六十二條第二項之規定時，得終止契約。

**第四六○條** （耕地租約之終止期）

耕作地之出租人終止契約者，應以收益季節後，次期作業開始前之時日，為契約之終止期。

**第四六○條之一** （耕作地之優先承買或承典權）

①耕作地出租人出賣或出典耕作地時，承租人有依同樣條件優先承買或承典之權。

②第四百二十六條之二第二項及第三項之規定，於前項承買或承典準用之。

**第四六一條** （耕作費用之償還）

耕作地之承租人，因租賃關係終止時未及收穫之孳息所支出之耕作費用，得請求出租人償還之。但其請求額不得超過孳息之價額。

**第四六一條之一** （承租人對耕作地之特別改良）

①耕作地承租人於保持耕作地之原有性質及效能外，得為增加耕作地生產力或耕作便利之改良。但應將改良事項及費用數額，以書面通知出租人。

②前項費用，承租人返還耕作地時，得請求出租人返還。但以其未失效能部分之價額爲限。

**第四六二條** （耕作地附屬物之範圍及其補充）

①耕作地之租賃，附有農具、牲畜或其他附屬者，當事人應於訂約時，評定其價值，並繕具清單，由雙方簽名，各執一分。

②清單所載之附屬物，如因可歸責於承租人之事由而滅失者，由承租人負補充之責任。

③附屬物如因不可歸責於承租人之事由而滅失者，由出租人負補充之責任。

**第四六三條** （耕作地附屬物之返還）

耕作地之承租人，依清單所受領之附屬物，應於租賃關係終止時，返還於出租人；如不能返還者，應賠償其依清單所定之價值。但因使用所生之通常折耗，應扣除之。

**第四六三條之一** （權利租賃之準用）

本節規定，於權利之租賃準用之。

## 第六節 借 貸

### 第一款 使用借貸

**第四六四條** （使用借貸之定義）

稱使用借貸者，謂當事人一方以物交付他方，而約定他方於無償使用後返還其物之契約。

**第四六五條** （刪除）

**第四六五條之一** （使用借貸之預約）

使用借貸預約成立後，預約貸與人得撤銷其約定。但預約借用人已請求履行預約而預約貸與人未即時撤銷者，不在此限。

**第四六六條** （貸與人之責任）

貸與人故意不告知借用物之瑕疵，致借用人受損害者，負賠償責任。

**第四六七條** （依約定方法使用借用物義務）

①借用人應依約定方法，使用借用物；無約定方法者，應以依借用物之性質而定之方法使用之。

②借用人非經貸與人之同意，不得允許第三人使用借用物。

**第四六八條** （借用人之保管義務）

①借用人應以善良管理人之注意，保管借用物。

②借用人違反前項義務，致借用物毀損、滅失者，負損害賠償責任。但依約定之方法或依物之性質而定之方法使用借用物，致有變更或毀損者，不負責任。

**第四六九條** （通常保管費之負擔及工作物之取回）

①借用物之通常保管費用，由借用人負擔。借用物爲動物者，其飼養費亦同。

②借用人就借用物支出有益費用，因而增加該物之價值者，準用第四百三十一條第一項之規定。

③借用人就借用物所增加之工作物，得取回之。但應回復借用物之原狀。

**第四七○條**（借用人返還借用物義務）

①借用人應於契約所定期限屆滿時，返還借用物；未定期限者，應於依借貸之目的使用完畢時返還之。但經過相當時期，可推定借用人已使用完畢者，貸與人亦得爲返還之請求。

②借貸未定期限，亦不能依借貸之目的而定其期限者，貸與人得隨時請求返還借用物。

**第四七一條**（借用人之連帶責任）

數人共借一物者，對於貸與人，連帶負責。

**第四七二條**（貸與人之終止契約權）

有左列各款情形之一者，貸與人得終止契約：

一　貸與人因不可預知之情事，自己需用借用物者。

二　借用人違反約定或依物之性質而定之方法使用借用物，或未經貸與人同意允許第三人使用者。

三　因借用人怠於注意，致借用物毀損或有毀損之虞者。

四　借用人死亡者。

**第四七三條**（消滅時效期間及其起算）

①貸與人就借用物所受損害，對於借用人之賠償請求權、借用人依第四百六十六條所定之賠償請求權、第四百六十九條所定有益費用償還請求權及其工作物之取回權，均因六個月間不行使而消滅。

②前項期間，於貸與人，自受借用物返還時起算。於借用人，自借貸關係終止時起算。

### 第二款　消費借貸

**第四七四條**（消費借貸之定義）

①稱消費借貸者，謂當事人一方移轉金錢或其他代替物之所有權於他方，而約定他方以種類、品質、數量相同之物返還之契約。

②當事人之一方對他方負金錢或其他代替物之給付義務而約定以之作爲消費借貸之標的者，亦成立消費借貸。

**第四七五條**（刪除）

**第四七五條之一**（消費借貸之預約）

①消費借貸之預約，其約定之消費借貸有利息或其他報償，當事人之一方於預約成立後，成爲無支付能力者，預約貸與人得撤銷其預約。

②消費借貸之預約，其約定之消費借貸爲無報償者，準用第四百六十五條之一之規定。

**第四七六條**（物之瑕疵擔保責任）

①消費借貸，約定有利息或其他報償者，如借用物有瑕疵時，貸與人應另易以無瑕疵之物。但借用人仍得請求損害賠償。

②消費借貸爲無報償者，如借用物有瑕疵時，借用人得照有瑕疵原物之價值，返還貸與人。

③前項情形，貸與人如故意不告知其瑕疵者，借用人得請求損害賠償。

**第四七七條**（消費借貸報償之支付時期）

利息或其他報償，應於契約所定期限支付之；未定期限者，應於借貸關係終止時支付之。但其借貸期限逾一年者，應每年終支付之。

**第四七八條**（借用人返還借用物義務）

借用人應於約定期限內，返還與借用物種類、品質、數量相同之物，未定返還期限者，借用人得隨時返還，貸與人亦得定一個月以上之相當期限，催告返還。

**第四七九條**（返還不能之補償）

①借用人不能以種類、品質、數量相同之物返還者，應以其物在返還時、返還地所應有之價值償還之。

②返還時或返還地未約定者，以其物在訂約時或訂約地之價值償還之。

**第四八〇條**（金錢借貸之返還）

金錢借貸之返還，除契約另有訂定外，應依左列之規定：

一 以通用貨幣為借貸者，如於返還時已失其通用效力，應以返還時有通用效力之貨幣償還之。

二 金錢借貸，約定折合通用貨幣計算者，不問借用人所受領貨幣價格之增減，均應以返還時有通用效力之貨幣償還之。

三 金錢借貸，約定以特種貨幣為計算者，應以該特種貨幣，或按返還時、返還地之市價，以通用貨幣償還之。

**第四八一條**（貨物折算金錢之消費借貸）

以貨物或有價證券折算金錢而為借貸者，縱有反對之約定，仍應以該貨物或有價證券按照交付時交付地之市價所應有之價值，為其借貸金額。

## 第七節 僱 傭

**第四八二條**（僱傭之定義）

稱僱傭者，謂當事人約定，一方於一定或不定之期限內為他方服勞務，他方給付報酬之契約。

**第四八三條**（報酬及報酬額）

①如依情形，非受報酬即不服勞務者，視為允與報酬。

②未定報酬額者，按照價目表所定給付之；無價目表者，按照習慣給付。

**第四八三條之一**（僱用人對受僱人之保護義務）

受僱人服勞務，其生命、身體、健康有受危害之虞者，僱用人應按其情形為必要之預防。

**第四八四條**（勞務之專屬性）

①僱用人非經受僱人同意，不得將其勞務請求權讓與第三人，受僱人非經僱用人同意，不得使第三人代服勞務。

②當事人之一方違反前項規定時，他方得終止契約。

**第四八五條** （特種技能之保證）

受僱人明示或默示保證其有特種技能者，如無此種技能時，僱用人得終止契約。

**第四八六條** （報酬給付之時期）

報酬應依約定之期限給付之，無約定者，依習慣；無約定亦無習慣者，依左列之規定：

一　報酬分期計算者。應於每期屆滿時給付之。

二　報酬非分期計算者。應於勞務完畢時給付之。

**第四八七條** （受領遲延之報酬請求）

僱用人受領勞務遲延者，受僱人無補服勞務之義務，仍得請求報酬。但受僱人因不服勞務所減省之費用，或轉向他處服勞務所取得，或故意怠於取得之利益，僱用人得由報酬額內扣除之。

**第四八七條之一** （受僱人之請求賠償）

①受僱人服勞務，因非可歸責於自己之事由，致受損害者，得向僱用人請求賠償。

②前項損害之發生，如別有應負責任之人時，僱用人對於該應負責者，有求償權。

**第四八八條** （僱傭關係之消滅－屆期與終止契約）

①僱傭定有期限者，其僱傭關係，於期限屆滿時消滅。

②僱傭未定期限，亦不能依勞務之性質或目的定其期限者，各當事人得隨時終止契約。但有利於受僱人之習慣者，從其習慣。

**第四八九條** （僱傭關係之消滅－遇重大事由之終止）

①當事人之一方，遇有重大事由，其僱傭契約，縱定有期限，仍得於期限屆滿前終止之。

②前項事由，如因當事人一方之過失而生者，他方得向其請求損害賠償。

## 第八節　承　攬

**第四九〇條** （承攬之定義）

①稱承攬者，謂當事人約定，一方為他方完成一定之工作，他方俟工作完成，給付報酬之契約。

②約定由承攬人供給材料者，其材料之價額，推定為報酬之一部。

**第四九一條** （承攬之報酬）

①如依情形，非受報酬即不為完成其工作者，視為允與報酬。

②未定報酬額者，按照價目表所定給付之；無價目表者，按照習慣給付。

**第四九二條** （物之瑕疵擔保責任）

承攬人完成工作，應使其具備定之品質及無減少或減失價值或不適於通常或約定使用之瑕疵。

**第四九三條** （瑕疵擔保之效力－瑕疵修補）

①工作有瑕疵者，定作人得定相當期限，請求承攬人修補之。

②承攬人不於前項期限內修補者，定作人得自行修補，並得向承攬人請求償還修補必要之費用。

③如修補所需費用過鉅者，承攬人得拒絕修補；前項規定，不適用之。

**第四九四條** （瑕疵擔保之效力－解約或減少報酬）

承攬人不於前條第一項所定期限內修補瑕疵，或依前條第三項之規定拒絕修補或其瑕疵不能修補者，定作人得解除契約或請求減少報酬。但瑕疵非重要，或所承攬之工作爲建築物或其他土地上之工作物者，定作人不得解除契約。

**第四九五條** （瑕疵擔保之效力－損害賠償）

①因可歸責於承攬人之事由，致工作發生瑕疵者，定作人除依前二條之規定，請求修補或解除契約，或請求減少報酬外，並得請求損害賠償。

②前項情形，所承攬之工作爲建築物或其他土地上之工作物，而其瑕疵重大致不能達使用之目的者，定作人得解除契約。

**第四九六條** （瑕疵擔保責任之免除）

工作之瑕疵，因定作人所供給材料之性質或依定作人之指示而生者，定作人無前三條所規定之權利。但承攬人明知其材料之性質或指示不適當，而不告知定作人者，不在此限。

**第四九七條** （瑕疵預防請求權）

①工作進行中，因承攬人之過失，顯可預見工作有瑕疵或有其他違反契約之情事者，定作人得定相當期限，請求承攬人改善其工作或依約履行。

②承攬人不於前項期限內，依照改善或履行者，定作人得使第三人改善或繼續其工作，其危險及費用，均由承攬人負擔。

**第四九八條** （一般瑕疵發見期間－瑕疵擔保期間）

①第四百九十三條至第四百九十五條所規定定作人之權利，如其瑕疵自工作交付後經過一年始發見者，不得主張。

②工作依其性質無須交付者，前項一年之期間，自工作完成時起算。

**第四九九條** （土地上工作物瑕疵發見期間－瑕疵擔保期間）

工作爲建築物或其他土地上之工作物或爲此等工作物之重大之修繕者，前條所定之期限，延爲五年。

**第五○○條** （瑕疵發見期間之延長）

承攬人故意不告知其工作之瑕疵者，第四百九十八條所定之期限，延爲五年，第四百九十九條所定之期限，延爲十年。

**第五○一條** （瑕疵發見期間之強制性）

第四百九十八條及第四百九十九條所定之期限，得以契約加長。但不得減短。

**第五○一條之一** （特約免除承攬人瑕疵擔保義務之例外）

以特約免除或限制承攬人關於工作之瑕疵擔保義務者，如承攬人故意不告知其瑕疵，其特約爲無效。

**第五○二條** （完成工作延遲之效果）

① 因可歸責於承攬人之事由，致工作逾約定期限始完成，或未定期限而逾相當時期始完成者，定作人得請求減少報酬或請求賠償因遲延而生之損害。

② 前項情形，如以工作於特定期限完成或交付爲契約之要素者，定作人得解除契約，並得請求賠償因不履行而生之損害。

**第五〇三條** （期前遲延之解除契約）

因可歸責於承攬人之事由，遲延工作，顯可預見其不能於限期內完成而其遲延可爲工作完成後解除契約之原因者，定作人得依前條第二項之規定解除契約，並請求損害賠償。

**第五〇四條** （遲延責任之免除）

工作遲延後，定作人受領工作時不爲保留者，承攬人對於遲延之結果，不負責任。

**第五〇五條** （報酬給付之時期）

① 報酬應於工作交付時給付之，無須交付者，應於工作完成時給付之。

② 工作係分部交付，而報酬係就各部分定之者，應於每部分交付時，給付該部分之報酬。

**第五〇六條** （實際報酬超過預估概數甚鉅時之處理）

① 訂立契約時，僅估計報酬之概數者，如其報酬因非可歸責於定作人之事由，超過概數甚鉅者，定作人得於工作進行中或完成後，解除契約。

② 前項情形，工作如爲建築物或其他土地上之工作物或爲此等工作物之重大修繕者，定作人僅得請求相當減少報酬，如工作物尚未完成者，定作人得通知承攬人停止工作，並得解除契約。

③ 定作人依前二項之規定解除契約時，對於承攬人，應賠償相當之損害。

**第五〇七條** （定作人之協力義務）

① 工作需定作人之行爲始能完成者，而定作人不爲其行爲時，承攬人得定相當期限，催告定作人爲之。

② 定作人不於前項期限內爲其行爲者，承攬人得解除契約，並得請求賠償因契約解除而生之損害。

**第五〇八條** （危險負擔）

① 工作毀損、滅失之危險，於定作人受領前，由承攬人負擔，如定作人受領遲延者，其危險由定作人負擔。

② 定作人所供給之材料，因不可抗力而毀損、滅失者，承攬人不負其責。

**第五〇九條** （可歸責於定作人之履行不能）

於定作人受領工作前，因其所供給材料之瑕疵或其指示不適當，致工作毀損、滅失，或不能完成者，承攬人如及時將材料之瑕疵或指示不適當之情事通知定作人時，得請求其已服勞務之報酬及墊款之償還。定作人有過失者，並得請求損害賠償。

**第五一〇條** （視爲受領工作）

前二條所定之受領，如依工作之性質，無須交付者，以工作完

成時視爲受領。

**第五一一條** （定作人之終止契約）

工作未完成前，定作人得隨時終止契約。但應賠償承攬人因契約終止而生之損害。

**第五一二條** （承攬契約之當然終止）

① 承攬之工作，以承攬人個人之技能爲契約之要素者，如承攬人死亡或非因其過失致不能完成其約定之工作時，其契約爲終止。

② 工作已完成之部分，於定作人爲有用者，定作人有受領及給付相當報酬之義務。

**第五一三條** （承攬人之法定抵押權）

① 承攬之工作爲建築物或其他土地上之工作物，或爲此等工作物之重大修繕者，承攬人得就承攬關係報酬額，對於其工作所附之定作人之不動產，請求定作人爲抵押權之登記；或對於將來完成之定作人之不動產，請求預爲抵押權之登記。

② 前項請求，承攬人於開始工作前亦得爲之。

③ 前二項之抵押權登記，如承攬契約已經公證者，承攬人得單獨申請之。

④ 第一項及第二項就修繕報酬所登記之抵押權，於工作物因修繕所增加之價值限度內，優先於成立在先之抵押權。

**第五一四條** （權利行使之期間）

① 定作人之瑕疵修補請求權、修補費用償還請求權、減少報酬請求權、損害賠償請求權或契約解除權，均因瑕疵發見後一年間不行使而消滅。

② 承攬人之損害賠償請求權或契約解除權，因其原因發生後，一年間不行使而消滅。

## 第八節之一　旅　遊

**第五一四條之一** （旅遊營業人之定義）

① 稱旅遊營業人者，謂以提供旅客旅遊服務爲營業而收取旅遊費用之人。

② 前項旅遊服務，係指安排旅程及提供交通、膳宿、導遊或其他有關之服務。

**第五一四條之二** （旅遊書面之規定）

旅遊營業人因旅客之請求，應以書面記載左列事項，交付旅客：

一　旅遊營業人之名稱及地址。

二　旅客名單。

三　旅遊地區及旅程。

四　旅遊營業人提供之交通、膳宿、導遊或其他有關服務及其品質。

五　旅遊保險之種類及其金額。

六　其他有關事項。

七　填發之年月日。

**第五一四條之三** （旅客之協力義務）

① 旅遊需旅客之行為始能完成，而旅客不為其行為者，旅遊營業人得定相當期限，催告旅客為之。

② 旅客不於前項期限內為其行為者，旅遊營業人得終止契約，並得請求賠償因契約終止而生之損害。

③ 旅遊開始後，旅遊營業人依前項規定終止契約時，旅客得請求旅遊營業人墊付費用將其送回原出發地。於到達後，由旅客附加利息償還之。

**第五一四條之四** （第三人參加旅遊）

① 旅遊開始前，旅客得變更由第三人參加旅遊。旅遊營業人非有正當理由，不得拒絕。

② 第三人依前項規定為旅客時，如因而增加費用，旅遊營業人得請求其給付。如減少費用，旅客不得請求退還。

**第五一四條之五** （變更旅遊內容）

① 旅遊營業人非有不得已之事由，不得變更旅遊內容。

② 旅遊營業人依前項規定變更旅遊內容時，其因此所減少之費用，應退還於旅客；所增加之費用，不得向旅客收取。

③ 旅遊營業人依第一項規定變更旅程時，旅客不同意者，得終止契約。

④ 旅客依前項規定終止契約時，得請求旅遊營業人墊付費用將其送回原出發地。於到達後，由旅客附加利息償還之。

**第五一四條之六** （旅遊服務之品質）

旅遊營業人提供旅遊服務，應使其具備通常之價值及約定之品質。

**第五一四條之七** （旅遊營業人之瑕疵擔保責任）

① 旅遊服務不具備前條之價值或品質者，旅客得請求旅遊營業人改善之。旅遊營業人不為改善或不能改善時，旅客得請求減少費用。其有難於達預期目的之情形者，並得終止契約。

② 因可歸責於旅遊營業人之事由致旅遊服務不具備前條之價值或品質者，旅客除請求減少費用或並終止契約外，並得請求損害賠償。

③ 旅客依前二項規定終止契約時，旅遊營業人應將旅客送回原出發地。其所生之費用，由旅遊營業人負擔。

**第五一四條之八** （旅遊時間浪費之求償）

因可歸責於旅遊營業人之事由，致旅遊未依約定之旅程進行者，旅客就其時間之浪費，得按日請求賠償相當之金額。但其每日賠償金額，不得超過旅遊營業人所收旅遊費用總額每日平均之數額。

**第五一四條之九** （旅客隨時終止契約之規定）

① 旅遊未完成前，旅客得隨時終止契約。但應賠償旅遊營業人因契約終止而生之損害。

② 第五百十四條之五第四項之規定，於前項情形準用之。

**第五一四條之一○** （旅客在旅遊途中發生身體或財產上事故之

　　　處置）

① 旅客在旅遊中發生身體或財產上之事故時，旅遊營業人應爲必要之協助及處理。

② 前項之事故，係因非可歸責於旅遊營業人之事由所致者，其所生之費用，由旅客負擔。

第五一四條之一一　（旅遊營業人協助旅客處理購物瑕疵）

　旅遊營業人安排旅客在特定場所購物，其所購物品有瑕疵者，旅客得於受領所購物品後一個月內，請求旅遊營業人協助其處理。

第五一四條之一二　（短期之時效）

　本節規定之增加、減少或退還費用請求權，損害賠償請求權及墊付費用償還請求權，均自旅遊終了或應終了時起，一年間不行使而消滅。

## 第九節　出　版

第五一五條　（出版之定義）

① 稱出版者，謂當事人約定，一方以文學、科學、藝術或其他之著作，爲出版而交付於他方，他方擔任印刷或以其他方法重製及發行之契約。

② 投稿於新聞紙或雜誌經刊登者，推定成立出版契約。

第五一五條之一　（出版權之授與及消滅）

① 出版權於出版權授與人依出版契約將著作交付於出版人時，授與出版人。

② 依前項規定授與出版人之出版權，於出版契約終了時消滅。

第五一六條　（出版權之移轉與權利瑕疵擔保）

① 著作財產權人之權利，於合法授權實行之必要範圍內，由出版人行使之。

② 出版權授與人，應擔保其於契約成立時，有出版授與之權利，如著作受法律上之保護者，並應擔保該著作有著作權。

③ 出版權授與人，已將著作之全部或一部，交付第三人出版，或經第三人公開發表，爲其所明知者，應於契約成立前將其情事告知出版人。

第五一七條　（出版權授與人爲不利於出版人處分之禁止及例外）

　出版權授與人於出版人得重製發行之出版物未賣完時，不得就其著作之全部或一部，爲不利於出版人之處分。但契約另有訂定者，不在此限。

第五一八條　（版數與續版義務）

① 版數未約定者，出版人僅得出一版。

② 出版人依約得出數或永遠出版者，如於前版之出版物賣完後，怠於新版之重製時，出版權授與人得聲請法院令出版人於一定期限內，再出新版。逾期不遵行者，喪失其出版權。

第五一九條　（出版人之發行義務）

① 出版人對於著作，不得增減或變更。

② 出版人應以適當之格式重製著作，並應爲必要之廣告及用通常之方法推銷出版物。

③ 出版物之賣價，由出版人定之。但不得過高，致礙出版物之銷行。

**第五二○條** （著作物之訂正或修改）

① 著作人於不妨害出版人出版之利益，或增加其責任之範圍內，得訂正或修改著作。但對於出版人因此所生不可預見之費用，應負賠償責任。

② 出版人於重製新版前，應予著作人以訂正或修改著作之機會。

**第五二一條** （著作物出版之分合）

① 同一著作人之數著作，爲各別出版而交付於出版人者，出版人不得將其數著作，併合出版。

② 出版權授與人就同一著作人或數著作人之數著作爲併合出版，而交付於出版人者，出版人不得將著作，各別出版。

**第五二二條** （刪除）

**第五二三條** （著作物之報酬）

① 如依情形非受報酬，即不爲著作之交付者，視爲允與報酬。

② 出版人有出數版之權者，其次版之報酬，及其他出版之條件，推定與前版相同。

**第五二四條** （給付報酬之時效及銷行證明之提出）

① 著作全部出版者，於其全部重製完畢時，分部出版者，於其各部分重製完畢時應給付報酬。

② 報酬之全部或一部，依銷行之多寡而定者，出版人應依習慣計算，支付報酬，並應提出銷行之證明。

**第五二五條** （著作物之危險負擔—著作物滅失）

① 著作交付出版人後，因不可抗力致滅失者，出版人仍負給付報酬之義務。

② 滅失之著作，如出版權授與人另存有稿本者，有將該稿本交付於出版人之義務。無稿本時，如出版權授與人係著作人，且不多費勞力，即可重作者，應重作之。

③ 前項情形，出版權授與人得請求相當之賠償。

**第五二六條** （著作物之危險負擔—出版物滅失）

重製完畢之出版物，於發行前，因不可抗力，致全部或一部滅失者，出版人得以自己費用，就滅失之出版物，補行出版，對於出版權授與人，無須補給報酬。

**第五二七條** （出版關係之消滅）

① 著作未完成前，如著作人死亡，或喪失能力，或非因其過失致不能完成其著作者，其出版契約關係消滅。

② 前項情形，如出版契約關係之全部或一部之繼續，爲可能且公平者，法院得許其繼續，並命爲必要之處置。

## 第十節　委　任

**第五二八條** （委任之定義）

　稱委任者，謂當事人約定，一方委託他方處理事務，他方允爲處理之契約。

**第五二九條** （勞務給付契約之適用）

　關於勞務給付之契約，不屬於法律所定其他契約之種類者，適用關於委任之規定。

**第五三〇條** （視爲允受委託）

　有承受委託處理一定事務之公然表示者，如對於該事務之委託，不即爲拒絕之通知時，視爲允受委託。

**第五三一條** （委任事務處理權之授與）

　爲委任事務之處理，須爲法律行爲，而該法律行爲，依法應以文字爲之者，其處理權之授與，亦應以文字爲之。其授與代理權者，代理權之授與亦同。

**第五三二條** （受任人之權限—特別委任或概括委任）

　受任人之權限，依委任契約之訂定。未訂定者，依其委任事務之性質定之。委任人得指定一項或數項事務而爲特別委任，或就一切事務，而爲概括委任。

**第五三三條** （特別委任）

　受任人受特別委任者，就委任事務之處理，得爲委任人爲一切必要之行爲。

**第五三四條** （概括委任）

　受任人受概括委任者，得爲委任人爲一切行爲。但爲左列行爲，須有特別之授權：

一　不動產之出賣或設定負擔。

二　不動產之租賃其期限逾二年者。

三　贈與。

四　和解。

五　起訴。

六　提付仲裁。

**第五三五條** （受任人之依從指示及注意義務）

　受任人處理委任事務，應依委任人之指示，並與處理自己事務爲同一之注意，其受有報酬者，應以善良管理人之注意爲之。

**第五三六條** （變更指示）

　受任人非有急迫之情事，並可推定委任人若知有此情事亦允許變更其指示者，不得變更委任人之指示。

**第五三七條** （處理事務之專屬性與複委任）

　受任人應自己處理委任事務。但經委任人之同意或另有習慣或有不得已之事由者，得使第三人代爲處理。

**第五三八條** （複委任之效力）

① 受任人違反前條之規定，使第三人代爲處理委任事務者，就該第三人之行爲，與就自己之行爲，負同一責任。

② 受任人依前條之規定，使第三人代爲處理委任事務者，僅就第三人之選任及其對於第三人所爲之指示，負其責任。

**第五三九條** （複委任之效力—委任人對第三人之直接請求權）
受任人使第三人代爲處理委任事務者，委任人對於該第三人關
於委任事務之履行，有直接請求權。

**第五四〇條** （受任人之報告義務）
受任人應將委任事務進行之狀況，報告委任人，委任關係終止
時，應明確報告其顛末。

**第五四一條** （交付金錢物品孳息及移轉權利之義務）
①受任人因處理委任事務，所收取之金錢、物品及孳息，應交付
於委任人。
②受任人以自己之名義，爲委任人取得之權利，應移轉於委任人。

**第五四二條** （交付利息與損害賠償）
受任人爲自己之利益，使用應交付於委任人之金錢或使用應爲
委任人利益而使用之金錢者，應自使用之日起，支付利息。如
有損害，並應賠償。

**第五四三條** （處理委任事務請求權讓與之禁止）
委任人非經受任人之同意，不得將處理委任事務之請求權，讓
與第三人。

**第五四四條** （受任人之損害賠償責任）
受任人因處理委任事務有過失，或因逾越權限之行爲所生之損
害，對於委任人應負賠償之責。

**第五四五條** （必要費用之預付）
委任人因受任人之請求，應預付處理委任事務之必要費用。

**第五四六條** （委任人之償還費用代償債務及損害賠償義務）
①受任人因處理委任事務，支出之必要費用，委任人應償還之，
並自支出時起之利息。
②受任人因處理委任事務，負擔必要債務者，得請求委任人代其
清償，未至清償期者，得請求委任人提出相當擔保。
③受任人處理委任事務，因非可歸責於自己之事由，致受損害者，
得向委任人請求賠償。
④前項損害之發生，如別有應負責任之人時，委任人對於該應負
責者，有求償權。

**第五四七條** （委任報酬之支付）
報酬縱未約定，如依習慣或依委任事務之性質，應給與報酬者，
受任人得請求報酬。

**第五四八條** （請求報酬之時期）
①受任人應受報酬者，除契約另有訂定外，非於委任關係終止及
爲明確報告顛末後，不得請求給付。
②委任關係，因非可歸責於受任人之事由，於事務處理未完畢前
已終止者，受任人得就其已處理之部分，請求報酬。

**第五四九條** （委任契約之終止—任意終止）
①當事人之任何一方，得隨時終止委任契約。
②當事人之一方，於不利於他方之時期終止契約者，應負損害賠
償責任。但因非可歸責於該當事人之事由，致不得不終止契約

者，不在此限。

**第五五○條**（委任關係之消滅—當事人死亡、破產或喪失行為能力）

委任關係，因當事人一方死亡、破產或喪失行為能力而消滅。但契約另有訂定，或因委任事務之性質不能消滅者，不在此限。

**第五五一條**（委任事務之繼續處理）

前條情形，如委任關係之消滅，有害於委任人利益之虞時，受任人或其繼承人或其法定代理人，於委任人或其繼承人或其法定代理人能接受委任事務前，應繼續處理其事務。

**第五五二條**（委任關係之視為存續）

委任關係消滅之事由，係由當事人之一方發生者，於他方知其事由或可得而知其事由前，委任關係視為存續。

## 第十一節　經理人及代辦商

**第五五三條**（經理人之定義及經理權之授與）

① 稱經理人者，謂由商號之授權，為其管理事務及簽名之人。

② 前項經理權之授與，得以明示或默示為之。

③ 經理權得限於管理商號事務之一部或商號之一分號或數分號。

**第五五四條**（經理權—管理行為）

① 經理人對於第三人之關係，就商號或其分號，或其事務之一部，視為其有為管理上之一切必要行為之權。

② 經理人，除有書面之授權外，對於不動產，不得買賣，或設定負擔。

③ 前項關於不動產買賣之限制，於以買賣不動產為營業之商號經理人，不適用之。

**第五五五條**（經理權—訴訟行為）

經理人，就所任之事務，視為有代理商號為原告或被告或其他一切訴訟上行為之權。

**第五五六條**（共同經理人）

商號得授權於數經理人。但經理人中有二人之簽名者，對於商號，即生效力。

**第五五七條**（經理權之限制）

經理權之限制，除第五百五十三條第三項、第五百五十四條第二項及第五百五十六條所規定外，不得以之對抗善意第三人。

**第五五八條**（代辦商之意義及其權限）

① 稱代辦商者，謂非經理人而受商號之委託，於一定處所或一定區域內，以該商號之名義，辦理其事務之全部或一部之人。

② 代辦商對於第三人之關係，就其所代辦之事務，視為其有為一切必要行為之權。

③ 代辦商，除有書面之授權外，不得負擔票據上之義務，或為消費借貸，或為訴訟。

**第五五九條**（代辦商報告義務）

代辦商，就其代辦之事務，應隨時報告其處所或區域之商業狀況於其商號，並應將其所爲之交易，即時報告之。

**第五六〇條** （報酬及費用償還請求權）

代辦商得依契約所定，請求報酬或請求償還其費用。無約定者依習慣；無約定亦無習慣者，依其代辦事務之重要程度及多寡，定其報酬。

**第五六一條** （代辦權終止）

①代辦權未定期限者，當事人之任何一方得隨時終止契約。但應於三個月前通知他方。

②當事人之一方，因非可歸責於自己之事由，致不得不終止契約者，得不先期通知而終止之。

**第五六二條** （就業禁止）

經理人或代辦商，非得其商號之允許，不得爲自己或第三人經營與其所辦理之同類事業，亦不得爲同類事業公司無限責任之股東。

**第五六三條** （違反就業禁止之效力—商號之介入權及時效）

①經理人或代辦商，有違反前條規定之行爲時，其商號得請求其行爲所得之利益，作爲損害賠償。

②前項請求權，自商號知有違反行爲時起，經過二個月或自行爲時起，經過一年不行使而消滅。

**第五六四條** （經理權或代辦權消滅之限制）

經理權或代辦權，不因商號所有人之死亡、破產或喪失行爲能力而消滅。

## 第十二節 居 間

**第五六五條** （居間之定義）

稱居間者，謂當事人約定，一方爲他方報告訂約之機會或爲訂約之媒介，他方給付報酬之契約。

**第五六六條** （報酬及報酬額）

①如依情形，非受報酬即不爲報告訂約機會或媒介者，視爲允與報酬。

②未定報酬額者，按照價目表所定給付之。無價目表者，按照習慣給付。

**第五六七條** （居間人據實報告及妥爲媒介義務）

①居間人關於訂約事項，應就其所知，據實報告於各當事人。對於顯無履行能力之人，或知其無訂立該約能力之人，不得爲其媒介。

②以居間爲營業者，關於訂約事項及當事人之履行能力或訂立該約之能力，有調查之義務。

**第五六八條** （報酬請求之時期）

①居間人，以契約因其報告或媒介而成立者爲限，得請求報酬。

②契約附有停止條件者，於該條件成就前，居間人不得請求報酬。

**第五六九條** (費用償還請求之限制)

①居間人支出之費用，非經約定，不得請求償還。

②前項規定，於居間人已爲報告或媒介而契約不成立者適用之。

**第五七○條** (報酬之給付義務人)

居間人因媒介應得之報酬，除契約另有訂定或另有習慣外，由契約當事人雙方平均負擔。

**第五七一條** (違反忠實辦理義務之效力─報酬及費用償還請求權之喪失)

居間人違反其對於委託人之義務，而爲利於委託人之相對人之行爲，或違反誠實及信用方法，由相對人收受利益者，不得向委託人請求報酬及償還費用。

**第五七二條** (報酬之酌減)

約定之報酬，較居間人所任勞務之價值，爲數過鉅失其公平者，法院得因報酬給付義務人之請求酌減之。但報酬已給付者，不得請求返還。

**第五七三條** (婚姻居間之報酬無請求權)

因婚姻居間而約定報酬者，就其報酬無請求權。

**第五七四條** (居間人無爲給付或受領給付之權)

居間人就其媒介所成立之契約，無爲當事人給付或受領給付之權。

**第五七五條** (隱名居間之不告知與履行義務)

①當事人之一方，指定居間人不得以其姓名或商號告知相對人者，居間人有不告知之義務。

②居間人不以當事人一方之姓名或商號告知相對人時，應就該方當事人由契約所生之義務，自己負履行之責，並得爲其受領給付。

## 第十三節 行 紀

**第五七六條** (行紀之意義)

稱行紀者，謂以自己之名義，爲他人之計算，爲動產之買賣或其他商業上之交易，而受報酬之營業。

**第五七七條** (委任規定之準用)

行紀，除本節有規定者外，適用關於委任之規定。

**第五七八條** (行紀人與相對人之權義)

行紀人爲委託人之計算所爲之交易，對於交易之相對人，自得權利並自負義務。

**第五七九條** (行紀人之直接履行義務)

行紀人爲委託人之計算所訂立之契約，其契約之他方當事人不履行債務時，對於委託人，應由行紀人負直接履行契約之義務，但契約另有訂定或另有習慣者，不在此限。

**第五八○條** (差額之補償)

行紀人以低於委託人所指定之價額賣出，或以高於委託人所指

定之價額買入者，應補償其差額。

**第五八一條** （高價出賣或低價買入利益之歸屬）

行紀人以高於委託人所指定之價額賣出，或以低於委託人所指定之價額買入者，其利益均歸屬於委託人。

**第五八二條** （報酬及費用償還之請求）

行紀人得依約定或習慣請求報酬、寄存費及運送費，並得請求償還其爲委託人之利益而支出之費用及其利息。

**第五八三條** （行紀人保管義務）

①行紀人爲委託人之計算所買入或賣出之物，爲其占有時，適用寄託之規定。

②前項占有之物，除委託人另有指示外，行紀人不負付保險之義務。

**第五八四條** （行紀人委託物處置義務）

委託出賣之物，於達到行紀人時有瑕疵，或依其物之性質易於敗壞者，行紀人爲保護委託人之利益，應與保護自己之利益爲同一之處置。

**第五八五條** （買入物之拍賣提存權）

①委託人拒絕受領行紀人依其指示所買之物時，行紀人得定相當期限，催告委託人受領，逾期不受領者，行紀人得拍賣其物，並得就其對於委託人因委託關係所生債權之數額，於拍賣價金中取償之，如有賸餘，並得提存。

②如爲易於敗壞之物，行紀人得不爲前項之催告。

**第五八六條** （委託物之拍賣提存權）

委託行紀人出賣之物，不能賣出或委託人撤回其出賣之委託者，如委託人不於相當期間取回或處分其物時，行紀人得依前條之規定，行使其權利。

**第五八七條** （行紀人之介入權）

①行紀人受委託出賣或買入貨幣、股票，或其他市場定有市價之物者，除有反對之約定外，行紀人得自爲買受人或出賣人，其價值以依委託人指示而爲出賣或買入時市場之市價定之。

②前項情形，行紀人仍得行使第五百八十二條所定之請求權。

**第五八八條** （介入之擬制）

行紀人得自爲買受人或出賣人時，如僅將訂立契約之情事通知委託人，而不以他方當事人之姓名告知者，視爲自己負擔該方當事人之義務。

## 第十四節 寄 託

**第五八九條** （寄託之定義及報酬）

①稱寄託者，謂當事人一方以物交付他方，他方允爲保管之契約。

②受寄人除契約另有訂定或依情形非受報酬即不爲保管者外，不得請求報酬。

**第五九〇條** （受寄人之注意義務）

受寄人保管寄託物，應與處理自己事務爲同一之注意，其受有報酬者，應以善良管理人之注意爲之。

**第五九一條** （受寄人使用寄託物之禁止）

① 受寄人非經寄託人之同意，不得自己使用或使第三人使用寄託物。

② 受寄人違反前項之規定者，對於寄託人，應給付相當報償，如有損害，並應賠償。但能證明縱不使用寄託物，仍不免發生損害者，不在此限。

**第五九二條** （寄託之專屬性）

受寄人應自己保管寄託物。但經寄託人之同意或另有習慣或有不得已之事由者，得使第三人代爲保管。

**第五九三條** （受寄人使第三人保管之效力）

① 受寄人違反前條之規定，使第三人代爲保管寄託物者，對於寄託物因此所受之損害，應負賠償責任。但能證明縱不使第三人代爲保管，仍不免發生損害者，不在此限。

② 受寄人依前條之規定，使第三人代爲保管者，僅就第三人之選任及其對於第三人所爲之指示，負其責任。

**第五九四條** （保管方法之變更）

寄託物保管之方法經約定者，非有急迫之情事，並可推定寄託人若知有此情事，亦允許變更其約定方法時，受寄人不得變更之。

**第五九五條** （必要費用之償還）

受寄人因保管寄託物而支出之必要費用，寄託人應償還之，並付自支出時起之利息。但契約另有訂定者，依其訂定。

**第五九六條** （寄託人損害賠償責任）

受寄人因寄託物之性質或瑕疵所受之損害，寄託人應負賠償責任。但寄託人於寄託時，非因過失而不知寄託物有發生危險之性質或瑕疵或爲受寄人所已知者，不在此限。

**第五九七條** （寄託物返還請求權）

寄託物返還之期限，雖經約定，寄託人仍得隨時請求返還。

**第五九八條** （受寄人之返還寄託物）

① 未定返還期限者，受寄人得隨時返還寄託物。

② 定有返還期限者，受寄人非有不得已之事由，不得於期限屆滿前返還寄託物。

**第五九九條** （孳息一併返還）

受寄人返還寄託物時，應將該物之孳息，一併返還。

**第六〇〇條** （寄託物返還之處所）

① 寄託物之返還，於該物應爲保管之地行之。

② 受寄人依第五百九十二條或依第五百九十四條之規定，將寄託物轉置他處者，得於物之現在地返還之。

**第六〇一條** （寄託報酬給付之時期）

① 寄託約定報酬者，應於寄託關係終止時給付之；分期定報酬者，應於每期屆滿時給付之。

②寄託物之保管，因非可歸責於受寄人之事由而終止者，除契約另有訂定外，受寄人得就其已為保管之部分，請求報酬。

**第六〇二條之一**　（第三人主張權利時之返還及危險通知義務）

①第三人就寄託物主張權利者，除對於受寄人提起訴訟或為扣押外，受寄人仍有返還寄託物於寄託人之義務。

②第三人提起訴訟或扣押時，受寄人應即通知寄託人。

**第六〇二條之二**　（短期消滅時效）

關於寄託契約之報酬請求權、費用償還請求權或損害賠償請求權，自寄託關係終止時起，一年間不行使而消滅。

**第六〇二條**　（消費寄託）

①寄託物為代替物時，如約定寄託物之所有權移轉於受寄人，並由受寄人以種類、品質、數量相同之物返還者，為消費寄託。自受寄人受領寄託物時起，準用關於消費借貸之規定。

②消費寄託，如寄託物之返還，定有期限者，寄託人非有不得已之事由，不得於期限屆滿前請求返還。

③前項規定，如商業上另有習慣者，不適用之。

**第六〇三條**　（法定消費寄託—金錢寄託）

寄託物為金錢時，推定其為消費寄託。

**第六〇三條之一**　（混藏寄託）

①寄託物為代替物，如未約定其所有權移轉於受寄人者，受寄人得經寄託人同意，就其所受寄託之物與其自己或他寄託人同一種類、品質之寄託物混合保管，各寄託人依其所寄託之數量與混合保管數量之比例，共有混合保管物。

②受寄人依前項規定為混合保管者，得以同一種類、品質、數量之混合保管物返還於寄託人。

**第六〇四條**　（刪除）

**第六〇五條**　（刪除）

**第六〇六條**　（場所主人之責任）

旅店或其他供客人住宿為目的之場所主人，對於客人所攜帶物品之毀損、喪失，應負責任。但因不可抗力或因物之性質或因客人自己或其伴侶、隨從或來賓之故意或過失所致者，不在此限。

**第六〇七條**　（飲食店浴堂主人之責任）

飲食店、浴堂或其他相類場所之主人，對於客人所攜帶通常物品之毀損、喪失、負其責任。但有前條但書規定之情形時，不在此限。

**第六〇八條**　（貴重物品之責任）

①客人之金錢、有價證券、珠寶或其他貴重物品，非經報明其物之性質及數量交付保管者，主人不負責任。

②主人無正當理由拒絕為客人保管前項物品者，對於其毀損、喪失，應負責任。其物品因主人或其使用人之故意或過失而致毀損、喪失者，亦同。

**第六〇九條**　（減免責任揭示之效力）

以揭示限制或免除前三條所定主人之責任者，其揭示無效。

**第六一〇條** （客人之通知義務）

客人知其物品毀損、喪失後，應即通知主人。怠於通知者，喪失其損害賠償請求權。

**第六一一條** （短期消滅時效）

依第六百零六條至第六百零八條之規定，所生之損害賠償請求權，自發見喪失或毀損之時起，六個月間不行使而消滅。自客人離去場所後，經過六個月者亦同。

**第六一二條** （主人之留置權）

①主人就住宿、飲食、沐浴或其他服務及墊款所生之債權，於未受清償前，對於客人所攜帶之行李及其他物品，有留置權。

②第四百四十五條至第四百四十八條之規定，於前項留置權準用之。

## 第十五節　倉　庫

**第六一三條** （倉庫營業人之定義）

稱倉庫營業人者，謂以受報酬而為他人堆藏及保管物品為營業之人。

**第六一四條** （寄託規定之準用）

倉庫，除本節有規定者外，準用關於寄託之規定。

**第六一五條** （倉單之填發）88

倉庫營業人於收受寄託物後，因寄託人之請求，應填發倉單。

**第六一六條** （倉單之法定記載事項）

①倉單應記載左列事項，並由倉庫營業人簽名：

一　寄託人之姓名及住址。

二　保管之場所。

三　受寄物之種類、品質、數量及其包皮之種類，個數及記號。

四　倉單填發地，及填發之年、月、日。

五　定有保管期間者，其期間。

六　保管費。

七　受寄物已付保險者，其保險金額、保險期間及保險人之名號。

②倉庫營業人，應將前列各款事項，記載於倉單簿之存根。

**第六一七條** （寄託物之分割與新倉單之填發）

①倉單持有人，得請求倉庫營業人將寄託物分割為數部分，並填發各該部分之倉單。但持有人應將原倉單交還。

②前項分割及填發新倉單之費用，由持有人負擔。

**第六一八條** （倉單之背書及其效力）

倉單所載之貨物，非由寄託人或倉單持有人於倉單背書，並經倉庫營業人簽名，不生所有權移轉之效力。

**第六一八條之一** （倉單遺失或被盜之救濟程序）

倉單遺失、被盜或滅失者，倉單持有人得於公示催告程序開始

後，向倉庫營業人提供相當之擔保，請求補發新倉單。

**第六一九條** （寄託物之保管期間）

① 倉庫營業人於約定保管期間屆滿前，不得請求移去寄託物。

② 未約定保管期間者，自為保管時起經過六個月，倉庫營業人得隨時請求移去寄託物。但應於一個月前通知。

**第六二〇條** （檢點寄託物或摘取樣本之允許）

倉庫營業人，因寄託人或倉單持有人之請求，應許其檢點寄託物、摘取樣本，或為必要之保存行為。

**第六二一條** （拒絕或不能移去寄託物之處理）

倉庫契約終止後，寄託人或倉單持有人，拒絕或不能移去寄託物者，倉庫營業人得定相當期限，請求於期限內移去寄託物，逾期不移去者，倉庫營業人得拍賣寄託物，由拍賣代價中扣去拍賣費用及保管費用，並應以其餘額交付於應得之人。

## 第十六節 運 送

### 第一款 通 則

**第六二二條** （運送人之定義）

稱運送人者，謂以運送物品或旅客為營業而受運費之人。

**第六二三條** （短期時效）

① 關於物品之運送，因喪失、毀損或遲到而生之賠償請求權，自運送終了，或應終了之時起，一年間不行使而消滅。

② 關於旅客之運送，因傷害或遲到而生之賠償請求權，自運送終了，或應終了之時起，二年間不行使而消滅。

### 第二款 物品運送

**第六二四條** （託運單之填發及應載事項）

① 託運人因運送人之請求，應填給託運單。

② 託運單應記載左列事項，並由託運人簽名：

一 託運人之姓名及住址。

二 運送物之種類、品質、數量及其包皮之種類、個數及記號。

三 目的地。

四 受貨人之名號及住址。

五 託運單之填給地及填給之年、月、日。

**第六二五條** （提單之填發）

① 運送人於收受運送物後，因託運人之請求，應填發提單。

② 提單應記載左列事項，並由運送人簽名：

一 前條第二項所列第一款至第四款事項。

二 運費之數額及其支付人為託運人或為受貨人。

三 提單之填發地及填發之年月日。

**第六二六條** （必要文件之交付及說明義務）

託運人對於運送人應交付運送上及關於稅捐警察所必要之文件，並應為必要之說明。

**第六二七條** （提單之文義性）

提單填發後，運送人與提單持有人間，關於運送事項，依其提單之記載。

**第六二八條** （提單之背書性）

提單縱為記名式，仍得以背書移轉於他人。但提單上有禁止背書之記載者，不在此限。

**第六二九條** （提單之物權證券性）

交付提單於有受領物品權利之人時，其交付就物品所有權移轉之關係，與物品之交付有同一之效力。

**第六二九條之一** （提單準用倉單遺失或被盜之救濟程序）

第六百十八條之一之規定，於提單適用之。

**第六三〇條** （託運人之告知義務）

受貨人請求交付運送物時，應將提單交還。

**第六三一條** （託運人之告知義務）

運送物依其性質，對於人或財產有致損害之虞者，託運人於訂立契約前，應將其性質告知運送人，怠於告知者，對於因此所致之損害，應負賠償之責。

**第六三二條** （運送人之按時運送義務）

① 託運物品，應於約定期間內運送之。無約定者，依習慣。無約定亦無習慣者，應於相當期間內運送之。

② 前項所稱相當期間之決定，應顧及各該運送之特殊情形。

**第六三三條** （變更指示之限制）

運送人非有急迫之情事，並可推定託運人若知有此情事亦允許變更其指示者，不得變更託運人之指示。

**第六三四條** （運送人之責任）

運送人對於運送物之喪失、毀損或遲到，應負責任。但運送人能證明其喪失、毀損或遲到，係因不可抗力或因運送物之性質或因託運人或受貨人之過失而致者，不在此限。

**第六三五條** （運送物有瑕疵時運送人責任）

運送物因包皮有易見之瑕疵而喪失或毀損時，運送人如於接收該物時，不為保留者，應負責任。

**第六三六條** （刪除）

**第六三七條** （相繼運送人之連帶責任）

運送物由數運送人相繼運送者，除其中有能證明無第六百三十五條所規定之責任者外，對於運送物之喪失、毀損或遲到，應連帶負責。

**第六三八條** （損害賠償之範圍）

① 運送物有喪失，毀損或遲到者，其損害賠償額，應依其應交付時目的地之價值計算之。

② 運費及其他費用，因運送物之喪失、毀損，無須支付者，應由前項賠償額中扣除之。

③ 運送物之喪失、毀損或遲到，係因運送人之故意或重大過失所致者，如有其他損害，託運人並得請求賠償。

**第六三九條** （貴重物品之賠償責任）

① 金錢、有價證券、珠寶或其他貴重物品，除託運人於託運時報明其性質及價值者外，運送人對於其喪失或毀損，不負責任。

② 價值經報明者，運送人以所報價額為限，負其責任。

**第六四○條** （遲到之損害賠償）

因遲到之損害賠償額，不得超過因其運送物全部喪失可得請求之賠償額。

**第六四一條** （運送人之必要注意及處置義務）

① 如有第六百三十三條、第六百五十條、第六百五十一條之情形，或其他情形足以妨礙或遲延運送，或危害運送物之安全者，運送人應為必要之注意及處置。

② 運送人怠於前項之注意及處置者，對於因此所致之損害應負責任。

**第六四二條** （運送人之中止運送之返還運送物或為其他處分）

① 運送人未將運送物之達到通知受貨人前，或受貨人於運送物達到後，尚未請求交付運送物前，託運人對於運送人，如已填發提單者，其持有人對於運送人，得請求中止運送，返還運送物，或為其他之處置。

② 前項情形，運送人得按照比例，就其已為運送之部分，請求運費，及償還因中止、返還或為其他處置所支出之費用，並得請求相當之損害賠償。

**第六四三條** （運送人通知義務）

運送人於運送物達到目的地時，應即通知受貨人。

**第六四四條** （受貨人請求交付之效力）

運送物達到目的地，並經受貨人請求交付後，受貨人取得託運人因運送契約所生之權利。

**第六四五條** （運送物喪失時之運送費）

運送物於運送中，因不可抗力而喪失者，運送人不得請求運費，其因運送而已受領之數額，應返還之。

**第六四六條** （最後運送人之責任）

運送人於受領運費及其他費用前交付運送物者，對於其所有前運送人應得之運費及其他費用，負其責任。

**第六四七條** （運送人之留置權與受貨人之提存權）

① 運送人為保全其運費及其他費用得受清償之必要，按其比例，對於運送物，有留置權。

② 運費及其他費用之數額有爭執時，受貨人得將有爭執之數額提存，請求運送物之交付。

**第六四八條** （運送人責任之消滅及其例外）

① 受貨人受領運送物並支付運費及其他費用不為保留者，運送人之責任消滅。

② 運送物內部有喪失或毀損不易發見者，以受貨人於受領運送物後，十日內將其喪失或毀損通知於運送人為限，不適用前項之規定。

③運送物之喪失或毀損，如運送人以詐術隱蔽，或因其故意或重大過失所致者，運送人不得主張前二項規定之利益。

**第六四九條** （減免責任約款之效力）

運送人交與託運人之提單或其他文件上，有免除或限制運送人責任之記載者，除能證明託運人對於其責任之免除或限制明示同意外，不生效力。

**第六五〇條** （運送人之通知並請求指示義務及運送物之寄存拍賣權）

①受貨人所在不明或對運送物受領遲延或有其他交付上之障礙時，運送人應即通知託運人，並請求其指示。

②如託運人未即為指示，或其指示事實上不能實行，或運送人不能繼續保管運送物時，運送人得以託運人之費用，寄存運送物於倉庫。

③運送物如有不能寄存於倉庫之情形，或有易於腐壞之性質或顯見其價值不足抵償運費及其他費用時，運送人得拍賣之。

④運送人於可能之範圍內，應將寄存倉庫或拍賣之事情，通知託運人及受貨人。

**第六五一條** （有關通知義務及寄存拍賣權之適用）

前條之規定，於受領權之歸屬有訴訟，致交付遲延者適用之。

**第六五二條** （拍賣代價之處理）

運送人得就拍賣代價中，扣除拍賣費用、運費及其他費用，並應將其餘額交付於應得之人，如應得之人所在不明者，應為其利益提存之。

**第六五三條** （相繼運送—最後運送人之代理權）

運送物由數運送人相繼運送者，其最後之運送人，就運送人全體應得之運費及其他費用，得行使第六百四十七條、第六百五十條及第六百五十二條所定之權利。

### 第三款 旅客運送

**第六五四條** （旅客運送人之責任）

①旅客運送人對於旅客因運送所受之傷害及運送之遲到應負責任。但因旅客之過失，或其傷害係因不可抗力所致者，不在此限。

②運送之遲到係因不可抗力所致者，旅客運送人之責任，除另有交易習慣者外，以旅客因遲到而增加支出之必要費用為限。

**第六五五條** （行李返還義務）

行李及時交付運送人者，應於旅客達到時返還之。

**第六五六條** （行李之拍賣）

①旅客於行李到達後一個月內不取回行李時，運送人得定相當期間催告旅客取回，逾期不取回者，運送人得拍賣之。旅客所在不明者，得不經催告逕予拍賣。

②行李有易於腐壞之性質者，運送人於到達後，經過二十四小時，拍賣之。

③第六百五十二條之規定，於前二項情形準用之。

**第六五七條** （交託之行李適用物品運送之規定）

運送人對於旅客所交託之行李，縱不另收運費，其權利義務，除本款另有規定外，適用關於物品運送之規定。

**第六五八條** （對未交託行李之責任）

運送人對於旅客所未交託之行李，如因自己或其受僱人之過失，致有喪失或毀損者，仍負責任。

**第六五九條** （減免責任約款之效力）

運送人交與旅客之票、收據或其他文件上，有免除或限制運送人責任之記載者，除能證明旅客對於其責任之免除或限制明示同意外，不生效力。

## 第十七節　承攬運送

**第六六〇條** （承攬運送人之意義及行紀規定之準用）

①稱承攬運送人者，謂以自己之名義，為他人之計算，使運送人運送物品而受報酬為營業之人。

②承攬運送，除本節有規定外，準用關於行紀之規定。

**第六六一條** （承攬運送人之損害賠償責任）

承攬運送人，對於託運物品之喪失、毀損或遲到，應負責任。但能證明其於物品之接收保管、運送人之選定、在目的地之交付，及其他與承攬運送有關之事項，未怠於注意者，不在此限。

**第六六二條** （留置權之發生）

承攬運送人為保全其報酬及墊款得受清償之必要，按其比例，對於運送物有留置權。

**第六六三條** （介入權—自行運送）

承攬運送人除契約另有訂定外，得自行運送物品。如自行運送，其權利義務，與運送人同。

**第六六四條** （介入之擬制）

就運送全部約定價額，或承攬運送人填發提單於委託人者，視為承攬人自己運送，不得另行請求報酬。

**第六六五條** （物品運送規定之準用）

第六百三十一條、第六百三十五條及第六百三十八條至第六百四十條之規定，於承攬運送準用之。

**第六六六條** （短期消滅時效）

對於承攬運送人因運送物之喪失、毀損或遲到所生之損害賠償請求權，自運送物交付或應交付之時起，一年間不行使而消滅。

## 第十八節　合　夥

**第六六七條** （合夥之意義及合夥人之出資）

①稱合夥者，謂二人以上互約出資以經營共同事業之契約。

②前項出資，得為金錢或其他財產權，或以勞務、信用或其他利

益代之。

③金錢以外之出資，應估定價額爲其出資額。未經估定者，以他合夥人之平均出資額視爲其出資額。

**第六六八條** （合夥財產之公同共有）

各合夥人之出資及其他合夥財產，爲合夥人全體之公同共有。

**第六六九條** （合夥人不增資權利）

合夥人除有特別訂定外，無約定出資之外增加出資之義務。因損失而致資本減少者，合夥人無補充之義務。

**第六七〇條** （合夥契約或事業種類之變更）

①合夥之決議，應以合夥人全體之同意爲之。

②前項決議，合夥契約訂定得由合夥人全體或一部之過半數決定者，從其約定。但關於合夥契約或其事業種類之變更，非經合夥人全體三分之二以上之同意，不得爲之。

**第六七一條** （合夥事務之執行人及其執行）

①合夥之事務，除契約另有訂定或另有決議外，由合夥人全體共同執行之。

②合夥之事務，如約定或決議由合夥人中數人執行者，由該數人共同執行之。

③合夥之通常事務，得由有執行權之各合夥人單獨執行之。但其他有執行權之合夥人中任何一人，對於該合夥人之行爲有異議時，應停止該事務之執行。

**第六七二條** （合夥人之注意義務）

合夥人執行合夥之事務，應與處理自己事務爲同一注意。其受有報酬者，應以善良管理人之注意爲之。

**第六七三條** （合夥人之表決權）

合夥之決議，其有表決權之合夥人，無論其出資之多寡，推定每人僅有一表決權。

**第六七四條** （合夥事務執行人之辭任與解任）

①合夥人中之一人或數人，依約定或決議執行合夥事務者，非有正當事由不得辭任。

②前項執行合夥事務之合夥人，非經其他合夥人全體之同意，不得將其解任。

**第六七五條** （合夥人之事務檢查權）

無執行合夥事務權利之合夥人，縱契約有反對之訂定，仍得隨時檢查合夥之事務及其財產狀況，並得查閱賬簿。

**第六七六條** （決算及損益分配之時期）

合夥之決算及分配利益，除契約另有訂定外，應於每屆事務年度終爲之。

**第六七七條** （損益分配之成數）

①分配損益之成數，未經約定者，按照各合夥人出資額之比例定之。

②僅就利益或僅就損失所定之分配成數，視爲損益共通之分配成數。

③以勞務為出資之合夥人，除契約另有訂定外，不受損失之分配。

**第六七八條** （費用及報酬請求權）

①合夥人因合夥事務所支出之費用，得請求償還。

②合夥人執行合夥事務，除契約另有訂定外，不得請求報酬。

**第六七九條** （執行事業合夥人之對外代表權）

合夥人依約定或決議執行合夥事務者，於執行合夥事務之範圍內，對於第三人，為他合夥人之代表。

**第六八○條** （委任規定之準用）

第五百三十七條至第五百四十六條關於委任之規定，於合夥人之執行合夥事務準用之。

**第六八一條** （合夥人之補充連帶責任）

合夥財產不足清償合夥之債務時，各合夥人對於不足之額，連帶負其責任。

**第六八二條** （合夥財產分析與抵銷之禁止）

①合夥人於合夥清算前，不得請求合夥財產之分析。

②對於合夥負有債務者，不得以其對於任何合夥人之債權與其所負之債務抵銷。

**第六八三條** （股分轉讓之限制）

合夥人非經他合夥人全體之同意，不得將自己之股分轉讓於第三人。但轉讓於他合夥人者，不在此限。

**第六八四條** （債權人代位權行使之限制）

合夥人之債權人，於合夥存續期間內，就該合夥人對於合夥之權利，不得代位行使。但利益分配請求權，不在此限。

**第六八五條** （合夥人股分之扣押及其效力）

①合夥人之債權人，就該合夥人之股分，得聲請扣押。

②前項扣押實施後兩個月內，如該合夥人未對於債權人清償或提供相當之擔保者，自扣押時起，對該合夥人發生退夥之效力。

**第六八六條** （合夥人之聲明退夥）

①合夥未定有存續期間，或經訂明以合夥人中一人之終身，為其存續期間者，各合夥人得聲明退夥，但應於兩個月前通知他合夥人。

②前項退夥，不得於退夥有不利於合夥事務之時期為之。

③合夥縱定有存續期間，如合夥人有非可歸責於自己之重大事由，仍得聲明退夥，不受前二項規定之限制。

**第六八七條** （法定退夥事由）98

合夥人除依前二條規定退夥外，因下列事項之一而退夥：

一　合夥人死亡者。但契約訂明其繼承人得繼承者，不在此限。

二　合夥人受破產或監護之宣告者。

三　合夥人經開除者。

**第六八八條** （合夥人之開除）

①合夥人之開除，以有正當理由為限。

②前項開除，應以他合夥人全體之同意為之，並應通知被開除之合夥人。

**第六八九條** （退夥之結算與股分之抵還）

① 退夥人與他合夥人間之結算，應以退夥時合夥財產之狀況爲準。

② 退夥人之股分，不問其出資之種類，得由合夥以金錢抵還之。

③ 合夥事務，於退夥時尚未了結者，於了結後計算，並分配其損益。

**第六九〇條** （退夥人之責任）

合夥人退夥後，對於其退夥前合夥所負之債務，仍應負責。

**第六九一條** （入夥）

① 合夥成立後，非經合夥人全體之同意，不得允許他人加入爲合夥人。

② 加入爲合夥人者，對於其加入前合夥所負之債務，與他合夥人負同一之責任。

**第六九二條** （合夥之解散）

合夥因左列事項之一而解散：

一　合夥存續期限屆滿者。

二　合夥人全體同意解散者。

三　合夥之目的事業已完成或不能完成者。

**第六九三條** （不定期繼續合夥契約）

合夥所定期限屆滿後，合夥人仍繼續其事務者，視爲以不定期限繼續合夥契約。

**第六九四條** （清算人之選任）

① 合夥解散後，其清算由合夥人全體或由其所選任之清算人爲之。

② 前項清算人之選任，以合夥人全體之過半數決之。

**第六九五條** （清算之執行及決議）

數人爲清算人時，關於清算之決議，應以過半數行之。

**第六九六條** （清算人之辭任與解任）

以合夥契約，選任合夥人中一人或數人爲清算人者，適用第六百七十四條之規定。

**第六九七條** （清償債務與返還出資）

① 合夥財產，應先清償合夥之債務。其債務未至清償期，或在訴訟中者，應將其清償所必需之數額，由合夥財產中劃出保留之。

② 依前項清償債務，或劃出必需之數額後，其賸餘財產應返還各合夥人金錢或其他財產權之出資。

③ 金錢以外財產權之出資，應以出資時之價額返還之。

④ 爲清償債務及返還合夥人之出資，應於必要限度內，將合夥財產變爲金錢。

**第六九八條** （出資額之比例返還）

合夥財產，不足返還各合夥人之出資者，按照各合夥人出資額之比例返還之。

**第六九九條** （賸餘財產之分配）

合夥財產於清償合夥債務及返還各合夥人出資後，尚有賸餘者，按各合夥人應受分配利益之成數分配之。

# 第十九節　隱名合夥

**第七〇〇條**　（隱名合夥）

　　稱隱名合夥者，謂當事人約定，一方對於他方所經營之事業出資，而分受其營業所生之利益，及分擔其所生損失之契約。

**第七〇一條**　（合夥規定之準用）

　　隱名合夥，除本節有規定者外，準用關於合夥之規定。

**第七〇二條**　（隱名合夥人之出資）

　　隱名合夥人之出資，其財產權移屬於出名營業人。

**第七〇三條**　（隱名合夥人之責任）

　　隱名合夥人，僅於其出資之限度內，負分擔損失之責任。

**第七〇四條**　（隱名合夥事務之執行）

①隱名合夥之事務，專由出名營業人執行之。

②隱名合夥人就出名營業人所爲之行爲，對於第三人不生權利義務之關係。

**第七〇五條**　（隱名合夥人參與業務執行—表見出名營業人）

　　隱名合夥人，如參與合夥事務之執行，或爲參與執行之表示，或知他人表示其參與執行而不否認者，縱有反對之約定，對於第三人，仍應負出名營業人之責任。

**第七〇六條**　（隱名合夥人之監督權）

①隱名合夥人，縱有反對之約定，仍得於每屆事務年度終，查閱合夥之賬簿，並檢查其事務及財產之狀況。

②如有重大事由，法院因隱名合夥人之聲請，得許其隨時爲前項之查閱及檢查。

**第七〇七條**　（損益之計算及其分配）

①出名營業人，除契約另有訂定外，應於每屆事務年度終，計算營業之損益，其應歸隱名合夥人之利益，應即支付之。

②應歸隱名合夥人之利益而未支取者，除另有約定外，不得認爲出資之增加。

**第七〇八條**　（隱名合夥之終止）98

　　除依第六百八十六條之規定得聲明退夥外，隱名合夥契約，因下列事項之一而終止：

　　一　存續期限屆滿者。

　　二　當事人同意者。

　　三　目的事業已完成或不能完成者。

　　四　出名營業人死亡或受監護之宣告者。

　　五　出名營業人或隱名合夥人受破產之宣告者。

　　六　營業之廢止或轉讓者。

**第七〇九條**　（隱名合夥出資及餘額之返還）

　　隱名合夥契約終止時，出名營業人，應返還隱名合夥人之出資及給與其應得之利益。但出資因損失而減少者，僅返還其餘存額。

# 第十九節之一　合　會

**第七○九條之一** （合會、合會金、會款之定義）

① 稱合會者，謂由會首邀集二人以上爲會員，互約交付會款及標取合會金之契約。其僅由會首與會員爲約定者，亦成立合會。

② 前項合會金，係指會首及會員應交付之全部會款。

③ 會款得爲金錢或其他代替物。

**第七○九條之二** （會首及會員之資格限制）

① 會首及會員，以自然人爲限。

② 會首不得兼爲同一合會之會員。

③ 無行爲能力人及限制行爲能力人不得爲會首，亦不得參加其法定代理人爲會首之合會。

**第七○九條之三** （會單之訂立、記載事項及保存方式）

① 合會應訂立會單，記載左列事項：

　一　會首之姓名、住址及電話號碼。

　二　全體會員之姓名、住址及電話號碼。

　三　每一會分會款之種類及基本數額。

　四　起會日期。

　五　標會期日。

　六　標會方法。

　七　出標金額有約定其最高額或最低額之限制者，其約定。

② 前項會單，應由會首及全體會員簽名，記明年月日，由會首保存並製作繕本，簽名後交每一會員各執一分。

③ 會員已交付首期會款者，雖未依前二項規定訂立會單，其合會契約視爲已成立。

**第七○九條之四** （標會之方法）

① 標會由會首主持，依約定之期日及方法爲之。其場所由會首決定並應先期通知會員。

② 會首因故不能主持標會時，由會首指定或到場會員推選之會員主持之。

**第七○九條之五** （合會金之歸屬）

首期合會金不經投標，由會首取得，其餘各期由得標會員取得。

**第七○九條之六** （標會之方法）

① 每期標會，每一會員僅得出標一次，以出標金額最高者爲得標。最高金額相同者，以抽籤定之。但另有約定者，依其約定。

② 無人出標時，除另有約定外，以抽籤定其得標人。

③ 每一會分限得標一次。

**第七○九條之七** （會首及會員交付會款之期限）

① 會員應於每期標會後三日內交付會款。

② 會首應於前項期限內，代得標會員收取會款，連同自己之會款，於期滿之翌日前交付得標會員。逾期未收取之會款，會首應代爲給付。

③ 會首依前項規定收取會款，在未交付得標會員前，對其喪失、

毀損，應負責任。但因可歸責於得標會員之事由致喪失、毀損者，不在此限。

④會首依第二項規定代為給付後，得請求未給付之會員附加利息償還之。

**第七〇九條之八** （會首及會員轉讓權利之限制）

①會首非經會員全體之同意，不得將其權利及義務移轉於他人。

②會員非經會首及會員全體之同意，不得退會，亦不得將自己之會分轉讓於他人。

**第七〇九條之九** （合會不能繼續進行之處理）

①因會首破產、逃匿或有其他事由致合會不能繼續進行時，會首及已得標會員應給付之各期會款，應於每屆標會期日平均交付於未得標之會員。但另有約定者，依其約定。

②會首就已得標會員依前項規定應給付之各期會款，負連帶責任。

③會首或已得標會員依第一項規定應平均交付於未得標會員之會款遲延給付，其遲付之數額已達兩期之總額時，該未得標會員得請求其給付全部會款。

④第一項情形，得由未得標之會員共同推選一人或數人處理相關事宜。

## 第二十節　指示證券

**第七一〇條** （指示證券及其關係人之意義）

①稱指示證券者，謂指示他人將金錢、有價證券或其他代替物給付第三人之證券。

②前項所指示之人，稱為被指示人。被指示之他人，稱為被指示人，受給付之第三人，稱為領取人。

**第七一一條** （指示證券之承擔及被指示人之抗辯權）

①被指示人向領取人承擔所指示之給付者，有依證券內容而為給付之義務。

②前項情形，被指示人僅得以本於指示證券之內容，或其與領取人間之法律關係所得對抗領取人之事由，對抗領取人。

**第七一二條** （指示證券發行之效力）

①指示人為清償其對於領取人之債務而交付指示證券者，其債務於被指示人為給付時消滅。

②前項情形，債權人受領指示證券者，不得請求指示人就原有債務為給付。但於指示證券所定期限內，其未定期限者於相當期限內，不能由被指示人領取給付者，不在此限。

③債權人不願由其債務人受領指示證券者，應即時通知債務人。

**第七一三條** （指示證券與其基礎關係）

被指示人雖對於指示人負有債務，無承擔其所指示給付或為給付之義務。已向領取人為給付者，就其給付之數額，對於指示人，免其債務。

**第七一四條** （拒絕承擔或給付之通知義務）

被指示人對於指示證券拒絕承擔或拒絕給付者，領取人應即通知指示人。

**第七一五條** （指示證券之撤回）

① 指示人於被指示人未向領取人承擔所指示之給付或爲給付前，得撤回其指示證券。其撤回應向被指示人以意思表示爲之。

② 指示人於被指示人未承擔或給付前受破產宣告者，其指示證券，視爲撤回。

**第七一六條** （指示證券之讓與）

① 領取人得將指示證券讓與第三人。但指示人於指示證券有禁止讓與之記載者，不在此限。

② 前項讓與，應以背書爲之。

③ 被指示人對於指示證券之受讓人已爲承擔者，不得以自己與領取人間之法律關係所生之事由，與受讓人對抗。

**第七一七條** （短期消滅時效）

指示證券領取人或受讓人，對於被指示人因承擔所生之請求權，自承擔之時起，三年間不行使而消滅。

**第七一八條** （指示證券喪失）

指示證券遺失、被盜或滅失者，法院得因持有人之聲請，依公示催告之程序，宣告無效。

## 第二十一節　無記名證券

**第七一九條** （無記名證券之定義）

稱無記名證券者，謂持有人對於發行人得請求其依所記載之內容爲給付之證券。

**第七二〇條** （無記名證券發行人之義務）

① 無記名證券發行人，於持有人提示證券時，有爲給付之義務。但知持有人就證券無處分之權利，或受有遺失、被盜或滅失之通知者，不得爲給付。

② 發行人依前項規定已爲給付者，雖持有人就證券無處分之權利，亦免其債務。

**第七二〇條之一** （無記名證券持有人爲證券遺失被盜或滅失之通知應爲已聲請公示催告證明）

① 無記名證券持有人向發行人爲遺失、被盜或滅失之通知後，未於五日內提出已爲聲請公示催告之證明者，其通知失其效力。

② 前項持有人於公示催告程序中，經法院通知有第三人申報權利而未於十日內向發行人提出已爲起訴之證明者，亦同。

**第七二一條** （無記名證券發行人之責任）

① 無記名證券發行人，其證券雖因遺失、被盜或其他非因自己之意思而流通者，對於善意持有人，仍應負責。

② 無記名證券，不因發行在發行人死亡或喪失能力後，失其效力。

**第七二二條** （無記名證券發行人之抗辯權）

無記名證券發行人，僅得以本於證券之無效、證券之內容或其

與持有人間之法律關係所得對抗持有人之事由，對抗持有人。但持有人取得證券出於惡意者，發行人並得以對持有人前手間所得抗辯之事由對抗之。

**第七二三條** （無記名證券之交還義務）

①無記名證券持有人請求給付時，應將證券交還發行人。

②發行人依前項規定收回證券時，雖持有人就該證券無處分之權利，仍取得其證券之所有權。

**第七二四條** （無記名證券之換發）

①無記名證券，因毀損或變形不適於流通，而其重要內容及識別、記號仍可辨認者，持有人得請求發行人，換給新無記名證券。

②前項換給證券之費用，應由持有人負擔。但證券為銀行兌換券或其他金錢兌換券者，其費用應由發行人負擔。

**第七二五條** （無記名證券喪失）

①無記名證券遺失、被盜或滅失者，法院得因持有人之聲請，依公示催告之程序，宣告無效。

②前項情形，發行人對於持有人，應告知關於實施公示催告之必要事項，並供給其證明所必要之材料。

**第七二六條** （無記名證券提示期間之停止進行）

①無記名證券定有提示期間者，如法院因公示催告聲請人之聲請，對於發行人為禁止給付之命令時，停止其提示期間之進行。

②前項停止，自聲請發前項命令時起，至公示催告程序終止時止。

**第七二七條** （定期給付證券喪失時之通知）

①利息、年金及分配利益之無記名證券，有遺失、被盜或滅失而通知於發行人者，如於法定關於定期給付之時效期間屆滿前，未有提示，為通知之持有人得向發行人請求給付該證券所記載之利息、年金、或應分配之利益。但自時效期間屆滿後，經過一年者，其請求權消滅。

②如於時效期間屆滿前，由第三人提示該項證券者，發行人應將不為給付之情事，告知該第三人，並於該第三人與為通知之人合意前，或於法院為確定判決前，應不為給付。

**第七二八條** （無利息見票即付無記名證券喪失時之例外）

無利息見票即付之無記名證券，除利息、年金及分配利益之證券外，不適用第七百二十條第一項但書及第七百二十五條之規定。

## 第二十二節　終身定期金

**第七二九條** （終身定期金契約之意義）

稱終身定期金契約者，謂當事人約定，一方於自己或他方或第三人生存期內，定期以金錢給付他方或第三人之契約。

**第七三〇條** （終身定期金契約之訂定）

終身定期金契約之訂立，應以書面為之。

**第七三一條** （終身定期金契約之存續期間及應給付金額）

①終身定期金契約，關於期間有疑義時，推定其爲於債權人生存期內，按期給付。

②契約所定之金額有疑義時，推定其爲每年應給付之金額。

**第七三二條** （終身定期金之給付時期）

①終身定期金，除契約另有訂定外，應按季預行支付。

②依其生存期間而定終身定期金之人，如在定期金預付後，該期屆滿前死亡者，定期金債權人取得該期金額之全部。

**第七三三條** （終身定期金契約仍爲存續之宣言）

因死亡而終止定期金契約者，如其死亡之事由，應歸責於定期金債務人時，法院因債權人或其繼承人之聲請，得宣告其債權在相當期限內仍爲存續。

**第七三四條** （終身定期金權利之移轉）

終身定期金之權利，除契約另有訂定外，不得移轉。

**第七三五條** （遺贈之準用）

本節之規定，於終身定期金之遺贈準用之。

## 第二十三節 和 解

**第七三六條** （和解之定義）

稱和解者，謂當事人約定，互相讓步，以終止爭執或防止爭執發生之契約。

**第七三七條** （和解之效力）

和解有使當事人所拋棄之權利消滅及使當事人取得和解契約所訂明權利之效力。

**第七三八條** （和解之撤銷─和解與錯誤之關係）

和解不得以錯誤爲理由撤銷之。但有左列事項之一者，不在此限：

一 和解所依據之文件，事後發見爲僞造或變造，而和解當事人若知其僞造或變造，即不爲和解者。

二 和解事件，經法院確定判決，而爲當事人雙方或一方於和解當時所不知者。

三 當事人之一方，對於他方當事人之資格或對於重要之爭點有錯誤，而爲和解者。

## 第二十四節 保 證

**第七三九條** （保證之定義）

稱保證者，謂當事人約定，一方於他方之債務人不履行債務時，由其代負履行責任之契約。

**第七三九條之一** （保證人之權利，不得預先拋棄）

本節所規定保證人之權利，除法律另有規定外，不得預先拋棄。

**第七四〇條** （保證債務之範圍）

保證債務，除契約另有訂定外，包含主債務之利息、違約金、

損害賠償及其他從屬於主債務之負擔。

**第七四一條** （保證債務負擔之從屬性）

保證人之負擔，較主債務人爲重者，應縮減至主債務之限度。

**第七四二條** （保證人之抗辯權）

①主債務人所有之抗辯，保證人得主張之。

②主債務人拋棄其抗辯者，保證人仍得主張之。

**第七四二條之一** （保證人之抵銷權）

保證人得以主債務人對於債權人之債權，主張抵銷。

**第七四三條** （無效債務之保證）

保證人對於因行爲能力之欠缺而無效之債務，如知其情事而爲保證者，其保證仍爲有效。

**第七四四條** （保證人之拒絕清償權）

主債務人就其債之發生原因之法律行爲有撤銷權者，保證人對於債權人，得拒絕清償。

**第七四五條** （先訴抗辯權）

保證人於債權人未就主債務人之財產強制執行而無效果前，對於債權人得拒絕清償。

**第七四六條** （先訴抗辯權之喪失）99

有下列各款情形之一者，保證人不得主張前條之權利：

一 保證人拋棄前條之權利者。

二 主債務人受破產宣告者。

三 主債務人之財產不足清償其債者。

**第七四七條** （請求履行及中斷時效之效力）

向主債務人請求履行，及爲其他中斷時效之行爲，對於保證人亦生效力。

**第七四八條** （共同保證）

數人保證同一債務者，除契約另有訂定外，應連帶負保證責任。

**第七四九條** （保證人之代位權）

保證人向債權人爲清償後，於其清償之限度內，承受債權人對於主債務人之債權。但不得有害於債權人之利益。

**第七五〇條** （保證責任除去請求權）

①保證人受主債務人之委任而爲保證者，有左列各款情形之一時，得向主債務人請求除去其保證責任：

一 主債務人之財產顯形減少者。

二 保證契約成立後，主債務人之住所、營業所或居所有變更，致向其請求清償發生困難者。

三 主債務人履行債務遲延者。

四 債權人依確定判決得令保證人清償者。

②主債務未屆清償期者，主債務人得提出相當擔保於保證人，以代保證責任之除去。

**第七五一條** （保證責任之免除—拋棄擔保物權）

債權人拋棄爲其債權擔保之物權者，保證人就債權人所拋棄權利之限度內，免其責任。

**第七五二條** （定期保證責任之免除—不爲審判上之請求）
約定保證人僅於一定期間內爲保證者，如債權人於其期間內，對於保證人不爲審判上之請求，保證人免其責任。

**第七五三條** （未定期保證責任之免除—不爲審判上之請求）
① 保證未定期間者，保證人於主債務清償期屆滿後，得定一個月以上之相當期限，催告債權人於其期限內，向主債務人爲審判上之請求。
② 債權人不於前項期限內向主債務人爲審判上之請求者，保證人免其責任。

**第七五三條之一** （董監改選後免除其保證責任） 99
因擔任法人董事、監察人或其他有代表權之人而爲該法人擔任保證人者，僅就任職期間法人所生之債務負保證責任。

**第七五四條** （連續發生債務保證之終止）
① 就連續發生之債務爲保證而未定有期間者，保證人得隨時通知債權人終止保證契約。
② 前項情形，保證人對於通知到達債權人後所發生主債務人之債務，不負保證責任。

**第七五五條** （定期債務保證責任之免除—延期清償）
就定有期限之債務爲保證者，如債權人允許主債務人延期清償時，保證人除對於其延期已爲同意外，不負保證責任。

**第七五六條** （信用委任）
委任他人以該他人之名義及其計算，供給信用於第三人者，就該第三人因受領信用所負之債務，對於受任人，負保證責任。

## 第二十四節之一　人事保證

**第七五六條之一** （人事保證之定義）
① 稱人事保證者，謂當事人約定，一方於他方之受僱人將來因職務上之行爲而應對他方爲損害賠償時，由其代負賠償責任之契約。
② 前項契約，應以書面爲之。

**第七五六條之二** （保證人之賠償責任）
① 人事保證之保證人，以僱用人不能依他項方法受賠償者爲限，負其責任。
② 保證人依前項規定負賠償責任時，除法律另有規定或契約另有訂定外，其賠償金額以賠償事故發生時，受僱人當年可得報酬之總額爲限。

**第七五六條之三** （人事保證之期間）
① 人事保證約定之期間，不得逾三年。逾三年者，縮短爲三年。
② 前項期間，當事人得更新之。
③ 人事保證未定期間者，自成立之日起有效期間爲三年。

**第七五六條之四** （保證人之終止權）
① 人事保證未定期間者，保證人得隨時終止契約。

② 前項終止契約，應於三個月前通知僱用人。但當事人約定較短之期間者，從其約定。

**第七五六條之五** （僱用人負通知義務之特殊事由）

① 有左列情形之一者，僱用人應即通知保證人：

一　僱用人依法得終止僱傭契約，而其終止事由有發生保證人責任之虞者。

二　受僱人因職務上之行為而應對僱用人負損害賠償責任，並經僱用人向受僱人行使權利者。

三　僱用人變更受僱人之職務或任職時間、地點，致加重保證人責任或使其難於注意者。

② 保證人受前項通知者，得終止契約。保證人知有前項各款情形者，亦同。

**第七五六條之六** （減免保證人賠償金額）

有左列情形之一者，法院得減輕保證人之賠償金額或免除之：

一　有前條第一項各款之情形而僱用人不即通知保證人者。

二　僱用人對受僱人之選任或監督有疏懈者。

**第七五六條之七** （人事保證契約之消滅）

人事保證關係因左列事由而消滅：

一　保證之期間屆滿。

二　保證人死亡、破產或喪失行為能力。

三　受僱人死亡、破產或喪失行為能力。

四　受僱人之僱傭關係消滅。

**第七五六條之八** （請求權之時效）

僱用人對保證人之請求權，因二年間不行使而消滅。

**第七五六條之九** （人事保證之準用）

人事保證，除本節有規定者外，準用關於保證之規定。

# 民法債編施行法

①民國19年2月10日國民政府制定公布全文15條；並自19年5月5日施行。
②民國88年4月21日總統令修正公布全文36條；並自89年5月5日施行。
③民國89年5月5日總統令修正公布第36條條文。
④民國98年12月30日總統令修正公布第36條條文。
⑤民國110年1月20日總統令修正公布第36條條文；增訂第10-1條條文；並自公布後六個月施行。

**第一條** （不溯既往原則）

民法債編施行前發生之債，除本施行法有特別規定外，不適用民法債編之規定；其在修正施行前發生者，除本施行法有特別規定外，亦不適用修正施行後之規定。

**第二條** （消滅時效已完成請求權之行使期間）

①民法債編施行前，依民法債編之規定，消滅時效業已完成，或其時效期間尚有殘餘不足一年者，得於施行之日起，一年內行使請求權。但自其時效完成後，至民法債編施行時，已逾民法債編所定時效期間二分之一者，不在此限。

②依民法債編之規定，消滅時效，不滿一年者，如在施行時，尚未完成，其時效自施行日起算。

**第三條** （法定消滅時效）

①民法債編修正施行前之法定消滅時效已完成者，其時效為完成。

②民法債編修正施行前之法定消滅時效，其期間較民法債編修正施行後所定為長者，適用修正施行前之規定。但其殘餘期間自民法債編修正施行日起算，較民法債編修正施行後所定期間為長者，應自施行日起，適用民法債編修正施行後之規定。

**第四條** （無時效性質法定期間之準用）

前二條之規定，於民法債編所定，無時效性質之法定期間，準用之。

**第五條** （懸賞廣告之適用）

修正之民法第一百六十四條之規定，於民法債編修正施行前成立之懸賞廣告，亦適用之。

**第六條** （廣告之適用）

修正之民法第一百六十五條第二項之規定，於民法債編修正施行前所為之廣告定有完成行為之期間者，亦適用之。

**第七條** （優等懸賞廣告之適用）

修正之民法第一百六十五條之一至第一百六十五條之四之規定，於民法債編修正施行前成立之優等懸賞廣告，亦適用之。

第八條　（法定代理人之適用）
　　修正之民法第一百八十七條第三項之規定，於民法債編修正施行前無行為能力或限制行為能力人不法侵害他人之權利者，亦適用之。

第九條　（侵害身體健康名譽等賠償之適用）
　　修正之民法第一百九十五條之規定，於民法債編修正施行前，不法侵害他人信用、隱私、貞操，或不法侵害其他人格法益或基於父、母、子、女、配偶關係之身分法益而情節重大者，亦適用之。

第一〇條　（債務人提前還本權之適用）
　　民法第二百零四條之規定，於民法債編施行前，所約定之利率，逾週年百分之十二者，亦適用之。

第一〇條之一　110
　　修正之民法第二百零五條之規定，於民法債編修正施行前約定，而於修正施行後發生之利息債務，亦適用之。

第一一條　（利息債務之適用）
　　民法債編施行前，發生之利息債務，於施行時尚未履行者，亦依民法債編之規定，定其數額。但施行時未付之利息總額已超過原本者，仍不得過一本一利。

第一二條　（回復原狀之適用）
　　修正之民法第二百十三條第三項之規定，於民法債編修正施行前因負損害賠償責任而應回復原狀者，亦適用之。

第一三條　（法定損害賠償範圍之適用）
　　修正之民法第二百十六條之一之規定，於民法債編修正施行前發生之債，亦適用之。

第一四條　（過失相抵與義務人生計關係酌減規定之適用）
①民法第二百十七條第一項、第二項及第二百十八條之規定，於民法債編施行前，負損害賠償義務者，亦適用之。
②修正之民法第二百十七條第三項之規定，於民法債編修正施行前被害人之代理人或使用人與有過失者，亦適用之。

第一五條　（情事變更之適用）
　　修正之民法第二百二十七條之二之規定，於民法債編修正施行前發生之債，亦適用之。

第一六條　（債務不履行責任之適用）
①民法債編施行前發生之債務，至施行後不履行時，依民法債編之規定，負不履行之責任。
②前項規定，於債權人拒絕受領或不能受領時，準用之。

第一七條　（因契約標的給付不能賠償之適用）
　　修正之民法第二百四十七條之一之規定，於民法債編修正施行前訂定之契約，亦適用之。

第一八條　（違約金之適用）
　　民法第二百五十條至第二百五十三條之規定，於民法債編施行前約定之違約金，亦適用之。

**第一九條** （債務清償公認證書之作成）

民法第三百零八條之公認證書，由債權人作成，聲請債務履行地之公證人、警察機關、商業團體或自治機關蓋印簽名。

**第二〇條** （一部清償之適用）

①民法第三百十八條之規定，於民法債編施行前所負債務，亦適用之。

②修正之民法第三百十八條第二項之規定，於民法債編修正施行前所負債務，並適用之。

**第二一條** （抵銷之適用）

民法債編施行前之債務，亦得依民法債編之規定為抵銷。

**第二二條** （買回期限之限制）

民法債編施行前，所定買回契約定有期限者，依其期限，但其殘餘期限，自施行日起算，較民法第三百八十條所定期限為長者，應自施行日起，適用民法第三百八十條之規定，如買回契約未定期限者，自施行日起，不得逾五年。

**第二三條** （出租人地上權登記之適用）

修正之民法第四百二十二條之一之規定，於民法債編修正施行前租用基地建築房屋者，亦適用之。

**第二四條** （租賃之效力及期限）

①民法債編施行前所定之租賃契約，於施行後其效力依民法債編之規定。

②前項契約，訂有期限者，依其期限，但其殘餘期限，自施行日起算，較民法第四百四十九條所規定之期限為長者，應自施行日起，適用民法第四百四十九條之規定。

**第二五條** （使用借貸預約之適用）

修正之民法第四百六十五條之一之規定，於民法債編修正施行前成立之使用借貸預約，亦適用之。

**第二六條** （消費借貸預約之適用）

修正之民法第四百七十五條之一之規定，於民法債編修正施行前成立之消費借貸預約，亦適用之。

**第二七條** （承攬契約之適用）

修正之民法第四百九十五條第二項之規定，於民法債編修正施行前成立之承攬契約，亦適用之。

**第二八條** （拍賣之方法及程序）

民法債編所定之拍賣，在拍賣法未公布施行前，得照市價變賣，但應經公證人、警察機關、商業團體或自治機關之證明。

**第二九條** （旅遊之適用）

民法債編修正施行前成立之旅遊，其未終了部分自修正施行之日起，適用修正之民法債編關於旅遊之規定。

**第三〇條** （遺失被盜或滅失倉單之適用）

修正之民法第六百十八條之一之規定，於民法債編修正施行前遺失、被盜或滅失之倉單，亦適用之。

**第三一條** （遺失被盜或滅失提單之適用）

修正之民法第六百二十九條之一之規定，於民法債編修正施行前遺失、被盜或滅失之提單，亦適用之。

**第三二條** （無記名證券發行人抗辯權之適用）

修正之民法第七百二十二條之規定，於民法債編修正施行前取得證券出於惡意之無記名證券持有人，亦適用之。

**第三三條** （保證人之權利不得預先拋棄之適用）

修正之民法第七百三十九條之一之規定，於民法債編修正施行前成立之保證，亦適用之。

**第三四條** （保證人抵銷權之適用）

修正之民法第七百四十二條之一之規定，於民法債編修正施行前成立之保證，亦適用之。

**第三五條** （人事保證之適用）

新增第二十四節之一之規定，除第七百五十六條之二第二項外，於民法債編修正施行前成立之人事保證，亦適用之。

**第三六條** 110

① 本施行法自民法債編施行之日施行。

② 民法債編修正條文及本施行法修正條文，除另定施行日期者外，自公布日施行。

③ 中華民國八十八年四月二十一日修正公布之民法債編修正條文及本施行法修正條文，自八十九年五月五日施行。但民法第一百六十六條之一施行日期，由行政院會同司法院另定之。

④ 中華民國九十八年十二月十五日修正之民法第六百八十七條及第七百零八條，自九十八年十一月二十三日施行。

⑤ 中華民國一百零九年十二月二十九日修正之民法第二百零五條，自公布後六個月施行。

# 民　法

## 第三編　物　權

①民國18年11月30日國民政府制定公布全文第757至966條條文；並自19年5月5日施行。

②民國84年1月16日總統令修正公布第942條條文。

③民國96年3月28日總統令修正公布第860至863、866、869、871至874、876、877、879、881、883至890、892、893、897至900、902、904至906、908至910、928至930、932、933、936、937、939條條文；刪除第935、938條條文；增訂第862-1、870-1、870-2、873-1、873-2、875-1至875-4、877-1、879-1、881-1至881-17、899-1、899-2、906-1至906-4、907-1、932-1條條文及第六章第一至第三節節名；並自公布後六個月施行。

④民國98年1月23日總統令修正公布第757至759、764、767至772、774、775、777至782、784至790、792至794、796至800、802至807、810、816、818、820、822至824、827、828、830條條文；刪除第760條條文；增訂第759-1、768-1、796-1、796-2、799-1、799-2、800-1、805-1、807-1、824-1、826-1條條文；並自公布後六個月施行。

⑤民國99年2月3日總統令修正公布第800-1、832、834至836、838至841、851至857、859、882、911、913、915、917至921、925、927、941至945、948至954、956、959、965條條文及第五章章名；增訂第833-1、833-2、835-1、836-1至836-3、838-1、841-1至841-6、850-1至850-9、851-1、855-1、859-1至859-5、917-1、922-1、924-1、924-2、951-1、963-1條條文及第三章第一、二節節名、第四章之一章名；刪除第833、842至850、858、914條條文及第四章章名；並自公布後六個月施行。

⑥民國101年6月13日總統令修正公布第805、805-1條條文；並自公布後六個月施行。

## 第一章　通　則

**第七五七條**　（物權法定主義）98

物權除依法律或習慣外，不得創設。

**第七五八條**　（設權登記─登記生效要件主義）98

①不動產物權，依法律行為而取得、設定、喪失及變更者，非經登記，不生效力。

②前項行為，應以書面為之。

**第七五九條**　（宣示登記─相對登記主義）98

因繼承、強制執行、徵收、法院之判決或其他非因法律行為，於登記前已取得不動產物權者，應經登記，始得處分其物權。

**第七五九條之一**　（不動產物權登記之變動效力）98

① 不動產物權經登記者，推定登記權利人適法有此權利。

② 因信賴不動產登記之善意第三人，已依法律行為為物權變動之登記者，其變動之效力，不因原登記物權之不實而受影響。

**第七六○條**　（刪除）

**第七六一條**　（動產物權之讓與方法—交付、簡易交付、占有改定、指示交付）

① 動產物權之讓與，非將動產交付，不生效力。但受讓人已占有動產者，於讓與合意時，即生效力。

② 讓與動產物權，而讓與人仍繼續占有動產者，讓與人與受讓人間，得訂立契約，使受讓人因此取得間接占有，以代交付。

③ 讓與動產物權，如其動產由第三人占有時，讓與人得以對於第三人之返還請求權，讓與於受讓人，以代交付。

**第七六二條**　（物權之消滅—所有權與他物權混同）

同一物之所有權及其他物權，歸屬於一人者，其他物權因混同而消滅。但其他物權之存續，於所有人或第三人有法律上之利益者，不在此限。

**第七六三條**　（物權之消滅—所有權以外物權之混同）

① 所有權以外之物權，及以該物權為標的物之權利，歸屬於一人者，其權利因混同而消滅。

② 前條但書之規定，於前項情形準用之。

**第七六四條**　（物權之消滅—拋棄）98

① 物權除法律另有規定外，因拋棄而消滅。

② 前項拋棄，第三人有以該物權為標的物之其他物權或於該物權有其他法律上之利益者，非經該第三人同意，不得為之。

③ 拋棄動產物權者，並應拋棄動產之占有。

# 第二章　所有權

## 第一節　通　則

**第七六五條**　（所有權之權能）

所有人，於法令限制之範圍內，得自由使用、收益、處分其所有物，並排除他人之干涉。

**第七六六條**　（所有人之收益權）

物之成分及其天然孳息，於分離後，除法律另有規定外，仍屬於其物之所有人。

**第七六七條**　（所有權之保護—物上請求權）98

① 所有人對於無權占有或侵奪其所有物者，得請求返還之。對於妨害其所有權者，得請求除去之。有妨害其所有權之虞者，得請求防止之。

② 前項規定，於所有權以外之物權，準用之。

**第七六八條**　（動產所有權之取得時效）98

以所有之意思，十年間和平、公然、繼續占有他人之動產者，取得其所有權。

**第七六八條之一** （動產之特別取得時效）98

以所有之意思，五年間和平、公然、繼續占有他人之動產，而其占有之始爲善意並無過失者，取得其所有權。

**第七六九條** （不動產之一般取得時效）98

以所有之意思，二十年間和平、公然、繼續占有他人未登記之不動產者，得請求登記爲所有人。

**第七七○條** （不動產之特別取得時效）98

以所有之意思，十年間和平、公然、繼續占有他人未登記之不動產，而其占有之始爲善意並無過失者，得請求登記爲所有人。

**第七七一條** （取得時效之中斷）

①占有人有下列情形之一者，其所有權之取得時效中斷：

一 變爲不以所有之意思而占有。

二 變爲非和平或非公然占有。

三 自行中止占有。

四 非基於自己之意思而喪失其占有。但依第九百四十九條或第九百六十二條規定，回復其占有者，不在此限。

②依第七百六十七條規定起訴請求占有人返還占有物者，占有人之所有權取得時效亦因而中斷。

**第七七二條** （所有權以外財產權取得時效之準用）98

前五條之規定，於所有權以外財產權之取得，準用之。於已登記之不動產，亦同。

## 第二節 不動產所有權

**第七七三條** （土地所有權之範圍）

土地所有權，除法令有限制外，於其行使有利益之範圍內，及於土地之上下。如他人之干涉，無礙其所有權之行使者，不得排除之。

**第七七四條** （鄰地損害之避免）98

土地所有人經營事業或行使其所有權，應注意防免鄰地之損害。

**第七七五條** （自然流水之排水權及承水義務）98

①土地所有人不得妨礙由鄰地自然流至之水。

②自然流至之水爲鄰地所必需者，土地所有人縱因其土地利用之必要，不得妨阻其全部。

**第七七六條** （蓄水等工作物破潰阻塞之修繕疏通或預防）

土地因蓄水，排水或引水所設之工作物破潰、阻塞，致損害及於他人之土地，或有致損害之虞者，土地所有人應以自己之費用，爲必要之修繕、疏通或預防。但其費用之負擔，另有習慣者，從其習慣。

**第七七七條** （使雨水直注相鄰不動產之禁止）98

土地所有人不得設置屋簷、工作物或其他設備，使雨水或其他

液體直注於相鄰之不動產。

**第七七八條** （高地所有人之疏水權）98

① 水流如因事變在鄰地阻塞，土地所有人得以自己之費用，為必要疏通之工事。但鄰地所有人受有利益者，應按其受益之程度，負擔相當之費用。

② 前項費用之負擔，另有習慣者，從其習慣。

**第七七九條** （土地所有人之過水權─人工排水）98

① 土地所有人因使浸水之地乾涸，或排洩家用或其他用水，以至河渠或溝道，得使其水通過鄰地。但應擇於鄰地損害最少之處所及方法為之。

② 前項情形，有通過權之人對於鄰地所受之損害，應支付償金。

③ 前二項情形，法令另有規定或另有習慣者，從其規定或習慣。

④ 第一項但書之情形，鄰地所有人有異議時，有通過權之人或異議人得請求法院以判決定之。

**第七八○條** （他人過水工作物使用權）98

土地所有人因使其土地之水通過，得使用鄰地所有人所設置之工作物。但應按其受益之程度，負擔該工作物設置及保存之費用。

**第七八一條** （水流地所有人之自由用水權）98

水源地、井、溝渠及其他水流地之所有人得自由使用其水。但法令另有規定或另有習慣者，不在此限。

**第七八二條** （用水權人之物上請求權）98

① 水源地或井之所有人對於他人因工事杜絕、減少或污染其水者，得請求損害賠償。如其水為飲用或利用土地所必要者，並得請求回復原狀；其不能為全部回復者，仍應於可能範圍內回復之。

② 前項情形，損害非因故意或過失所致，或被害人有過失者，法院得減輕賠償金額或免除之。

**第七八三條** （使用鄰地餘水之用水權）

土地所有人因其家用或利用土地所必要，非以過鉅之費用及勞力不能得水者，得支付償金，對鄰地所有人請求給與有餘之水。

**第七八四條** （水流地所有人變更水流或寬度之限制）98

① 水流地對岸之土地屬於他人時，水流地所有人不得變更其水流或寬度。

② 兩岸之土地均屬於水流地所有人者，其所有人得變更其水流或寬度。但應留下游自然之水路。

③ 前二項情形，法令另有規定或另有習慣者，從其規定或習慣。

**第七八五條** （堰之設置與利用）98

① 水流地所有人有設堰之必要者，得使其堰附著於對岸。但對於因此所生之損害，應支付償金。

② 對岸地所有人於水流地之一部屬於其所有者，得使用前項之堰。但應按其受益之程度，負擔該堰設置及保存之費用。

③ 前二項情形，法令另有規定或另有習慣者，從其規定或習慣。

**第七八六條** （管線安設權）98

① 土地所有人非通過他人之土地，不能設置電線、水管、瓦斯管或其他管線，或雖能設置而需費過鉅者，得通過他人土地之上下而設置之。但應擇其損害最少之處所及方法為之，並應支付償金。

② 依前項之規定，設置電線、水管、瓦斯管或其他管線後，如情事有變更時，他土地所有人得請求變更其設置。

③ 前項變更設置之費用，由土地所有人負擔。但法令另有規定或另有習慣者，從其規定或習慣。

④ 第七百七十九條第四項規定，於第一項但書之情形準用之。

**第七八七條** （袋地所有人之必要通行權）98

① 土地因與公路無適宜之聯絡，致不能為通常使用時，除因土地所有人之任意行為所生者外，土地所有人得通行周圍地以至公路。

② 前項情形，有通行權人應於通行必要之範圍內，擇其周圍地損害最少之處所及方法為之；對於通行地因此所受之損害，並應支付償金。

③ 第七百七十九條第四項規定，於前項情形準用之。

**第七八八條** （開路通行權）98

① 有通行權人於必要時，得開設道路。但對於通行地因此所受之損害，應支付償金。

② 前項情形，如致通行地損害過鉅者，通行地所有人得請求有通行權人以相當之價額購買通行地及因此形成之畸零地，其價額由當事人協議定之；不能協議者，得請求法院以判決定之。

**第七八九條** （通行權之限制）98

① 因土地一部之讓與或分割，而與公路無適宜之聯絡，致不能為通常使用者，土地所有人因至公路，僅得通行受讓人或讓與人或他分割人之所有地。數宗土地同屬於一人所有，讓與其一部或同時分別讓與數人，而與公路無適宜之聯絡，致不能為通常使用者，亦同。

② 前項情形，有通行權人，無須支付償金。

**第七九〇條** （土地之禁止侵入與例外）98

土地所有人得禁止他人侵入其地內。但有下列情形之一者，不在此限：

一 他人有通行權者。

二 依地方習慣，任他人入其未設圍障之田地、牧場、山林刈取雜草，採取枯枝枯幹，或採集野生物，或放牧牲畜者。

**第七九一條** （因尋查取回物品或動物之允許侵入）

① 土地所有人，遇他人之物品或動物偶至其地內者，應許該物品或動物之占有人或所有人入其地內，尋查取回。

② 前項情形，土地所有人受有損害者，得請求賠償。於未受賠償前，得留置其物品或動物。

**第七九二條** （鄰地使用權）98

土地所有人因鄰地所有人在其地界或近旁，營造或修繕建築物

或其他工作物有使用其土地之必要，應許鄰地所有人使用其土地。但因而受損害者，得請求償金。

**第七九三條** （氣響侵入之禁止）98

土地所有人於他人之土地、建築物或其他工作物有瓦斯、蒸氣、臭氣、煙氣、熱氣、灰屑、喧囂、振動及其他與此相類者侵入時，得禁止之。但其侵入輕微，或按土地形狀、地方習慣，認為相當者，不在此限。

**第七九四條** （損害鄰地地基或工作物危險之預防義務）98

土地所有人開掘土地或為建築時，不得因此使鄰地之地基動搖或發生危險，或使鄰地之建築物或其他工作物受損害。

**第七九五條** （工作物傾倒危險之預防）

建築物或其他工作物之全部，或一部有傾倒之危險，致鄰地有受損害之虞者，鄰地所有人，得請求為必要之預防。

**第七九六條** （越界建屋之異議）98

①土地所有人建築房屋非因故意或重大過失逾越地界者，鄰地所有人如知其越界而不即提出異議，不得請求移去或變更其房屋。但土地所有人對於鄰地因此所受之損害，應支付償金。

②前項情形，鄰地所有人得請求土地所有人，以相當之價額購買越界部分之土地及因此形成之畸零地，其價額由當事人協議定之，不能協議者，得請求法院以判決定之。

**第七九六條之一** （越界建屋之移去或變更）98

①土地所有人建築房屋逾越地界，鄰地所有人請求移去或變更時，法院得斟酌公共利益及當事人利益，免為全部或一部之移去或變更。但土地所有人故意逾越地界者，不適用之。

②前條第一項但書及第二項規定，於前項情形準用之。

**第七九六條之二** （等值建物之準用範圍）98

前二條規定，於具有與房屋價值相當之其他建築物準用之。

**第七九七條** （竹木枝根越界之刈除）98

①土地所有人遇鄰地植物之枝根有逾越地界者，得向植物所有人，請求於相當期間內刈除之。

②植物所有人不於前項期間內刈除者，土地所有人得刈取越界之枝根，並得請求償還因此所生之費用。

③越界植物之枝根，如於土地之利用無妨害者，不適用前二項之規定。

**第七九八條** （鄰地之果實獲得權）98

果實自落於鄰地者，視為屬於鄰地所有人。但鄰地為公用地者，不在此限。

**第七九九條** （建築物之區分所有）98

①稱區分所有建築物者，謂數人區分一建築物而各專有其一部，就專有部分有單獨所有權，並就該建築物及其附屬物之共同部分共有之建築物。

②前項專有部分，指區分所有建築物在構造上及使用上可獨立，且得單獨為所有權之標的者。共有部分，指區分所有建築物專

有部分以外之其他部分及不屬於專有部分之附屬物。

③專有部分得經其所有人之同意，依規約之約定供區分所有建築物之所有人共同使用；共有部分除法律另有規定外，得經規約之約定供區分所有建築物之特定所有人使用。

④區分所有人就區分所有建築物共有部分及基地之應有部分，依其專有部分面積與專有部分總面積之比例定之。但另有約定者，從其約定。

⑤專有部分與其所屬之共有部分及其基地之權利，不得分離而為移轉或設定負擔。

**第七九九條之一** （建築物之費用分擔）98

①區分所有建築物共有部分之修繕費及其他負擔，由各所有人按其應有部分分擔之。但規約另有約定者，不在此限。

②前項規定，於專有部分經依前條第三項之約定供區分所有建築物之所有人共同使用者，準用之。

③規約之內容依區分所有建築物之專有部分、共有部分及其基地之位置、面積、使用目的、利用狀況、區分所有人已否支付對價及其他情事，按其情形顯失公平者，不同意之區分所有人得於規約成立後三個月內，請求法院撤銷之。

④區分所有人間依規約所生之權利義務，繼受人應受拘束。其依其他約定所生之權利義務，特定繼受人對於約定之內容明知或可得而知者，亦同。

**第七九九條之二** （同一建築物之所有人區分）98

同一建築物屬於同一人所有，經區分為數專有部分登記所有權者，準用第七百九十九條規定。

**第八〇〇條** （他人正中宅門之使用）98

①第七百九十九條情形，其專有部分之所有人，有使用他專有部分所有人正中宅門之必要者，得使用之。但另有特約或另有習慣者，從其特約或習慣。

②因前項使用，致他專有部分之所有人受損害者，應支付償金。

**第八〇〇條之一** （建築物或其他工作物利用人之準用）99

第七百七十四條至前條規定，於地上權人、農育權人、不動產役權人、典權人、承租人、其他土地、建築物或其他工作物利用人準用之。

## 第三節 動產所有權

**第八〇一條** （善意受讓）

動產之受讓人占有動產，而受關於占有規定之保護者，縱讓與人無移轉所有權之權利，受讓人仍取得其所有權。

**第八〇二條** （無主之先占）98

以所有之意思，占有無主之動產者，除法令另有規定外，取得其所有權。

**第八〇三條** （遺失物拾得人之揭示報告義務）98

① 拾得遺失物者應從速通知遺失人、所有人、其他有受領權之人或報告警察、自治機關。報告時，應將其物一併交存。但於機關、學校、團體或其他公共場所拾得者，亦應報告於各該場所之管理機關、團體或其負責人、管理人，並將其物交存。

② 前項受報告者，應從速於遺失物拾得地或其他適當處所，以公告、廣播或其他適當方法招領之。

**第八○四條** （揭示後無人認領之處置─交存遺失物）98

① 依前條第一項為通知或依第二項由公共場所之管理機關、團體或其負責人、管理人為招領後，有受領權之人未於相當期間認領時，拾得人或招領人應將拾得物交存於警察或自治機關。

② 警察或自治機關認原招領之處所或方法不適當時，得再為招領之。

**第八○五條** （認領期限、費用及報酬之請求）101

① 遺失物自通知或最後招領之日起六個月內，有受領權之人認領時，拾得人、招領人、警察或自治機關，於通知、招領及保管之費用受償後，應將其物返還之。

② 有受領權之人認領遺失物時，拾得人得請求報酬。但不得超過其物財產上價值十分之一；其不具有財產上價值者，拾得人亦得請求相當之報酬。

③ 有受領權人依前項規定給付報酬顯失公平者，得請求法院減少或免除其報酬。

④ 第二項報酬請求權，因六個月間不行使而消滅。

⑤ 第一項費用之支出者或得請求報酬之拾得人，在其費用或報酬未受清償前，就該遺失物有留置權；其權利人有數人時，遺失物占有人視為為全體權利人占有。

**第八○五條之一** （認領報酬之例外）101

有下列情形之一者，不得請求前條第二項之報酬：

一　在公眾得出入之場所或供公眾往來之交通設備內，由其管理人或受僱人拾得遺失物。

二　拾得人未於七日內通知、報告或交存拾得物，或經查詢仍隱匿其拾得遺失物之事實。

三　有受領權之人為特殊境遇家庭、低收入戶、中低收入戶、依法接受急難救助、災害救助，或有其他急迫情事者。

**第八○六條** （遺失物之拍賣）98

拾得物易於腐壞或其保管需費過鉅者，招領人、警察或自治機關得拍賣或逕以市價變賣之，保管其價金。

**第八○七條** （逾期未認領之遺失物之歸屬─拾得人取得所有權）98

① 遺失物自通知或最後招領之日起逾六個月，未經有受領權之人認領者，由拾得人取得其所有權。警察或自治機關並應通知其領取遺失物或賣得之價金。其不能通知者，應公告之。

② 拾得人於前項通知或公告後三個月內未領取者，其物或賣得之價金歸屬於保管地之地方自治團體。

**第八〇七條之一** （五百元以下遺失物之歸屬）98

① 遺失物價值在新臺幣五百元以下者，拾得人應從速通知遺失人、所有人或其他有受領權之人。其有第八百零三條第一項但書之情形者，亦同依該條第一項但書及第二項規定辦理。

② 前項遺失物於下列期間未經有受領權之人認領者，由拾得人取得其所有權或變賣之價金：

一　自通知或招領之日起逾十五日。

二　不能依前項規定辦理，自拾得之日起逾一個月。

③ 第八百零五條至前條規定，於前二項情形準用之。

**第八〇八條** （埋藏物之發見）

發見埋藏物，而占有者，取得其所有權。但埋藏物係在他人所有之動產或不動產中發見者，該動產或不動產之所有人與發見人，各取得埋藏物之半。

**第八〇九條** （有學術價值埋藏物之歸屬）98

發見之埋藏物足供學術、藝術、考古或歷史之資料者，其所有權之歸屬，依特別法之規定。

**第八一〇條** （漂流物或沈沒物之拾得）

拾得漂流物、沈沒物或其他因自然力而脫離他人占有之物者，準用關於拾得遺失物之規定。

**第八一一條** （不動產之附合）

動產因附合而爲不動產之重要成分者，不動產所有人，取得動產所有權。

**第八一二條** （動產之附合）

① 動產與他人之動產附合，非毀損不能分離，或分離需費過鉅者，各動產所有人，按其動產附合時之價值，共有合成物。

② 前項附合之動產，有可視爲主物者，該主物所有人，取得合成物之所有權。

**第八一三條** （混合）

動產與他人之動產混合，不能識別，或識別需費過鉅者，準用前條之規定。

**第八一四條** （加工）

加工於他人之動產者，其加工物之所有權，屬於材料所有人。但因加工所增之價值顯逾材料之價值者，其加工物之所有權屬於加工人。

**第八一五條** （添附之效果—其他權利之同消滅）

依前四條之規定，動產之所有權消滅者，該動產上之其他權利，亦同消滅。

**第八一六條** （添附之效果—補償請求）98

因前五條之規定而受損害者，得依關於不當得利之規定，請求償還價額。

## 第四節　共　有

**第八一七條** （分別共有－共有人及應有部分）

① 數人按其應有部分，對於一物有所有權者，為共有人。

② 各共有人之應有部分不明者，推定其為均等。

**第八一八條** （共有人之使用收益權）98

各共有人，除契約另有約定外，按其應有部分，對於共有物之全部，有使用收益之權。

**第八一九條** （應有部分及共有物之處分）

① 各共有人，得自由處分其應有部分。

② 共有物之處分、變更、及設定負擔，應得共有人全體之同意。

**第八二〇條** （共有物之管理）98

① 共有物之管理，除契約另有約定外，應以共有人過半數及其應有部分合計過半數之同意行之。但其應有部分合計逾三分之二者，其人數不予計算。

② 依前項規定之管理顯失公平者，不同意之共有人得聲請法院以裁定變更之。

③ 前二項所定之管理，因情事變更難以繼續時，法院得因任何共有人之聲請，以裁定變更之。

④ 共有人依第一項規定為管理之決定，有故意或重大過失，致共有人受損害者，對不同意之共有人連帶負賠償責任。

⑤ 共有物之簡易修繕及其他保存行為，得由各共有人單獨為之。

**第八二一條** （共有人對第三人之權利）

各共有人對於第三人，得就共有物之全部為本於所有權之請求。但回復共有物之請求，僅得為共有人全體之利益為之。

**第八二二條** （共有物費用之分擔）98

① 共有物之管理費及其他負擔，除契約另有約定外，應由各共有人按其應有部分分擔之。

② 共有人中之一人，就共有物之負擔為支付，而逾其所應分擔之部分者，對於其他共有人得按其各應分擔之部分，請求償還。

**第八二三條** （共有物之分割與限制）98

① 各共有人，除法令另有規定外，得隨時請求分割共有物。但因物之使用目的不能分割或契約訂有不分割之期限者，不在此限。

② 前項約定不分割之期限，不得逾五年；逾五年者，縮短為五年。但共有之不動產，其契約訂有管理之約定時，約定不分割之期限，不得逾三十年；逾三十年者，縮短為三十年。

③ 前項情形，如有重大事由，共有人仍得隨時請求分割。

**第八二四條** （共有物分割之方法）98

① 共有物之分割，依共有人協議之方法行之。

② 分割之方法不能協議決定，或於協議決定後因消滅時效完成時共有人拒絕履行者，法院得因任何共有人之請求，命為下列之分配：

一 以原物分配於各共有人。但各共有人均受原物之分配顯有困難者，得將原物分配於部分共有人。

二 原物分配顯有困難時，得變賣共有物，以價金分配於各共

有人；或以原物之一部分分配於各共有人，他部分變賣，以價金分配於各共有人。

③以原物為分配時，如共有人中有未受分配，或不能按其應有部分受分配者，得以金錢補償之。

④以原物為分配時，因共有人之利益或其他必要情形，得就共有物之一部分仍維持共有。

⑤共有人相同之數不動產，除法令另有規定外，共有人得請求合併分割。

⑥共有人部分相同之相鄰數不動產，各該不動產均具應有部分之共有人，經各不動產應有部分過半數共有人之同意，得適用前項規定，請求合併分割。但法院認合併分割為不適當者，仍分別分割之。

⑦變賣共有物時，除買受人為共有人外，共有人有依相同條件優先承買之權，有二人以上願優先承買者，以抽籤定之。

**第八二四條之一** （共有物分割之效力）98

①共有人自共有物分割之效力發生時起，取得分得部分之所有權。

②應有部分有抵押權或質權者，其權利不因共有物之分割而受影響。但有下列情形之一者，其權利移存於抵押人或出質人所分得之部分：

一　權利人同意分割。

二　權利人已參加共有物分割訴訟。

三　權利人經共有人告知訴訟而未參加。

③前項但書情形，於以價金分配或以金錢補償者，準用第八百八十一條第一項、第二項或第八百九十九條第一項規定。

④前條第三項之情形，如為不動產分割者，應受補償之共有人，就其補償金額，對於補償義務人所分得之不動產，有抵押權。

⑤前項抵押權應於辦理共有物分割登記時，一併登記。其次序優先於第二項但書之抵押權。

**第八二五條** （分得物之擔保責任）

各共有人，對於他共有人因分割而得之物，按其應有部分，負與出賣人同一之擔保責任。

**第八二六條** （所得物與共有物證書之保管）

①共有物分割後，各分割人應保存其所得之證書。

②共有物分割後，關於共有物之證書，歸取得最大部分之人保存之，無取得最大部分者，由分割人協議定之，不能協議決定者，得聲請法院指定之。

③各分割人，得請求使用他分割人所保存之證書。

**第八二六條之一** （共有物讓與之責任）98

①不動產共有人間關於共有物使用、管理、分割或禁止分割之約定或依第八百二十條第一項規定所為之決定，於登記後，對於應有部分之受讓人或取得物權之人，具有效力。其由法院裁定所定之管理，經登記後，亦同。

②動產共有人間就共有物為前項之約定、決定或法院所為之裁定，

對於應有部分之受讓人或取得物權之人，以受讓或取得時知悉其情事或可得而知者為限，亦具有效力。

③共有物應有部分讓與時，受讓人對讓與人就共有物因使用、管理或其他情形所生之負擔連帶負清償責任。

**第八二七條** （公同共有人及其權利）98

①依法律規定、習慣或法律行為，成一公同關係之數人，基於其公同關係，而共有一物者，為公同共有人。

②前項依法律行為成立之公同關係，以有法律規定或習慣者為限。

③各公同共有人之權利，及於公同共有物之全部。

**第八二八條** （公同共有人之權利義務與公同共有物之處分）98

①公同共有人之權利義務，依其公同關係所由成立之法律、法律行為或習慣定之。

②第八百二十條、第八百二十一條及第八百二十六條之一之規定，於公同共有準用之。

③公同共有物之處分及其他之權利行使，除法律另有規定外，應得公同共有人全體之同意。

**第八二九條** （公同共有物分割之限制）

公同關係存續中，各公同共有人，不得請求分割其公同共有物。

**第八三○條** （公同共有關係之消滅與公同共有物之分割方法）98

①公同共有之關係，自公同關係終止，或因公同共有物之讓與而消滅。

②公同共有物之分割，除法律另有規定外，準用關於共有物分割之規定。

**第八三一條** （準共有）

本節規定，於所有權以外之財產權，由數人共有或公同共有者，準用之。

# 第三章　地上權

## 第一節　普通地上權 99

**第八三二條** （地上權之意義）99

稱普通地上權者，謂以在他人土地之上下有建築物或其他工作物為目的而使用其土地之權。

**第八三三條** （刪除）99

**第八三三條之一** （地上權之存續期間與終止）99

地上權未定有期限者，存續期間逾二十年或地上權成立之目的已不存在時，法院得因當事人之請求，斟酌地上權成立之目的、建築物或工作物之種類、性質及利用狀況等情形，定其存續期間或終止其地上權。

**第八三三條之二** （公共建設之地上權存續期限）99

以公共建設為目的而成立之地上權，未定有期限者，以該建設使用目的之完畢時，視為地上權之存續期間。

**第八三四條** （地上權之拋棄）99

地上權無支付地租之約定者，地上權人得隨時拋棄其權利。

**第八三五條** （地上權拋棄時應盡之義務）99

① 地上權定有期限，而有支付地租之約定者，地上權人得支付未到期之三年分地租後，拋棄其權利。

② 地上權未定有期限，而有支付地租之約定者，地上權人拋棄權利時，應於一年前通知土地所有人，或支付未到期之一年分地租。

③ 因不可歸責於地上權人之事由，致土地不能達原來使用之目的時，地上權人於支付前二項地租二分之一後，得拋棄其權利；其因可歸責於土地所有人之事由，致土地不能達原來使用之目的時，地上權人亦得拋棄其權利，並免支付地租。

**第八三五條之一** （地租給付之公平原則）99

① 地上權設定後，因土地價值之昇降，依原定地租給付顯失公平者，當事人得請求法院增減之。

② 未定有地租之地上權，如因土地之負擔增加，非當時所得預料，仍無償使用顯失公平者，土地所有人得請求法院酌定其地租。

**第八三六條** （地上權之撤銷）99

① 地上權人積欠地租達二年之總額，除另有習慣外，土地所有人得定相當期限催告地上權人支付地租，如地上權人於期限內不為支付，土地所有人得終止地上權。地上權經設定抵押權者，並應同時將該催告之事實通知抵押權人。

② 地租之約定經登記者，地上權讓與時，前地上權人積欠之地租應併同計算。受讓人就前地上權人積欠之地租，應與讓與人連帶負清償責任。

③ 第一項終止，應向地上權人以意思表示為之。

**第八三六條之一** （土地所有權之讓與）99

土地所有權讓與時，已預付之地租，非經登記，不得對抗第三人。

**第八三六條之二** （土地之用益權）99

① 地上權人應依設定之目的及約定之使用方法，為土地之使用收益；未約定使用方法者，應依土地之性質為之，並均應保持其得永續利用。

② 前項約定之使用方法，非經登記，不得對抗第三人。

**第八三六條之三** （土地用益權之終止）99

地上權人違反前條第一項規定，經土地所有人阻止而仍繼續為之者，土地所有人得終止地上權。地上權經設定抵押權者，並應同時將該阻止之事實通知抵押權人。

**第八三七條** （租金減免請求之限制）99

地上權人，縱因不可抗力，妨礙其土地之使用，不得請求免除或減少租金。

**第八三八條** （地上權之讓與）99

① 地上權人得將其權利讓與他人或設定抵押權。但契約另有約定

或另有習慣者，不在此限。

②前項約定，非經登記，不得對抗第三人。

③地上權與其建築物或其他工作物，不得分離而為讓與或設定其他權利。

**第八三八條之一** （強制執行拍賣之協定）99

①土地及其土地上之建築物，同屬於一人所有，因強制執行之拍賣，其土地與建築物之拍定人各異時，視為已有地上權之設定，其地租、期間及範圍由當事人協議定之；不能協議者，得請求法院以判決定之。其僅以土地或建築物為拍賣時，亦同。

②前項地上權，因建築物之滅失而消滅。

**第八三九條** （工作物及竹木之取回）99

①地上權消滅時，地上權人得取回其工作物。但應回復土地原狀。

②地上權人不於地上權消滅後一個月內取回其工作物者，工作物歸屬於土地所有人。其有礙於土地之利用者，土地所有人得請求回復原狀。

③地上權人取回其工作物前，應通知土地所有人。土地所有人願以時價購買者，地上權人非有正當理由，不得拒絕。

**第八四〇條** （建築物之補償）99

①地上權人之工作物為建築物者，如地上權因存續期間屆滿而消滅，地上權人得於期間屆滿前，定一個月以上之期間，請求土地所有人按該建築物之時價為補償。但契約另有約定者，從其約定。

②土地所有人拒絕地上權人前項補償之請求或於期間內不為確答者，地上權之期間應酌量延長之。地上權人不願延長者，不得請求前項之補償。

③第一項之時價不能協議者，地上權人或土地所有人得聲請法院裁定之。土地所有人不願依裁定之時價補償者，適用前項規定。

④依第二項規定延長期間者，其期間由土地所有人與地上權人協議之；不能協議者，得請求法院斟酌建築物與土地使用之利益，以判決定之。

⑤前項期間屆滿後，除經土地所有人與地上權人協議者外，不適用第一項及第二項規定。

**第八四一條** （地上權之永續性）99

地上權不因建築物或其他工作物之滅失而消滅。

## 第二節　區分地上權 99

**第八四一條之一** （區分地上權之定義）99

稱區分地上權者，謂以在他人土地上下之一定空間範圍內設定之地上權。

**第八四一條之二** （使用收益之權益限制）99

①區分地上權人得與其設定之土地上下有使用、收益權利之人，約定相互間使用收益之限制。其約定未經土地所有人同意者，

於使用收益權消滅時，土地所有人不受該約定之拘束。

②前項約定，非經登記，不得對抗第三人。

**第八四一條之三** （區分地上權期間之第三人權益）99

法院依第八百四十條第四項區分地上權之期間，足以影響第三人之權利者，應併斟酌該第三人之利益。

**第八四一條之四** （第三人之權益補償）99

區分地上權依第八百四十條規定，以時價補償或延長期間，足以影響第三人之權利時，應對該第三人爲相當之補償。補償之數額以協議定之；不能協議時，得聲請法院裁定之。

**第八四一條之五** （權利行使之設定）99

同一土地有區分地上權與以使用收益爲目的之物權同時存在者，其後設定物權之權利行使，不得妨害先設定之物權。

**第八四一條之六** （準用地上權之規定）99

區分地上權，除本節另有規定外，準用關於普通地上權之規定。

## 第四章 （刪除）99

**第八四二條至第八五〇條** （刪除）99

## 第四章之一 農育權 99

**第八五〇條之一** （農育權之定義）99

①稱農育權者，謂在他人土地爲農作、森林、養殖、畜牧、種植竹木或保育之權。

②農育權之期限，不得逾二十年；逾二十年者，縮短爲二十年。但以造林、保育爲目的或法令另有規定者，不在此限。

**第八五〇條之二** （農育權之終止）99

①農育權未定有期限時，除以造林、保育爲目的者外，當事人得隨時終止之。

②前項終止，應於六個月前通知他方當事人。

③第八百三十三條之一規定，於農育權以造林、保育爲目的而未定有期限者準用之。

**第八五〇條之三** （農育權之讓與）99

①農育權人得將其權利讓與他人或設定抵押權。但契約另有約定或另有習慣者，不在此限。

②前項約定，非經登記不得對抗第三人。

③農育權與其農育工作物不得分離而爲讓與或設定其他權利。

**第八五〇條之四** （地租減免或變更土地使用目的）99

①農育權有支付地租之約定者，農育權人因不可抗力致收益減少或全無時，得請求減免其地租或變更原約定土地使用之目的。

②前項情形，農育權人不能依原約定目的使用者，當事人得終止之。

③前項關於土地所有人得行使終止權之規定，於農育權無支付地

租之約定者，準用之。

**第八五〇條之五** （土地或工作物之出租限制）99

① 農育權人不得將土地或農育工作物出租於他人。但農育工作物之出租另有習慣者，從其習慣。

② 農育權人違反前項規定者，土地所有人得終止農育權。

**第八五〇條之六** （土地用益權）99

① 農育權人應依設定之目的及約定之方法，為土地之使用收益；未約定使用方法者，應依土地之性質為之，並均應保持其生產力或得永續利用。

② 農育權人違反前項規定，經土地所有人阻止而仍繼續為之者，土地所有人得終止農育權。農育權經設定抵押權者，並應同時將該阻止之事實通知抵押權人。

**第八五〇條之七** （出產物及工作物之取回權）99

① 農育權消滅時，農育權人得取回其土地上之出產物及農育工作物。

② 第八百三十九條規定，於前項情形準用之。

③ 第一項之出產物未及收穫而土地所有人又不願以時價購買者，農育權人得請求延長農育權期間至出產物可收穫時為止，土地所有人不得拒絕。但延長之期限，不得逾六個月。

**第八五〇條之八** （土地特別改良權）99

① 農育權人得為增加土地生產力或使用便利之特別改良。

② 農育權人將前項特別改良事項及費用數額，以書面通知土地所有人，土地所有人於收受通知後不即為反對之表示者，農育權人於農育權消滅時，得請求土地所有人返還特別改良費用。但以其現存之增價額為限。

③ 前項請求權，因二年間不行使而消滅。

**第八五〇條之九** （農育權之準用）99

第八百三十四條、第八百三十五條第一項、第二項、第八百三十五條之一至第八百三十六條之一、第八百三十六條之二第二項規定，於農育權準用之。

# 第五章 不動產役權 99

**第八五一條** （不動產役權之意義）99

稱不動產役權者，謂以他人不動產供自己不動產通行、汲水、採光、眺望、電信或其他以特定便宜之用為目的之權。

**第八五一條之一** （權利行使之設定）99

同一不動產上有不動產役權與以使用收益為目的之物權同時存在者，其後設定物權之權利行使，不得妨害先設定之物權。

**第八五二條** （不動產役權因時效而取得）99

① 不動產役權因時效而取得者，以繼續並表見者為限。

② 前項情形，需役不動產為共有者，共有人中一人之行為，或對於共有人中一人之行為，為他共有人之利益，亦生效力。

③向行使不動產役權取得時效之各共有人爲中斷時效之行爲者，
　對全體共有人發生效力。

**第八五三條** （不動產役權之從屬性）99

　不動產役權不得由需役不動產分離而爲讓與，或爲其他權利之
　標的物。

**第八五四條** （不動產役權人之必要行爲權）99

　不動產役權人因行使或維持其權利，得爲必要之附隨行爲。但
　應擇於供役不動產損害最少之處所及方法爲之。

**第八五五條** （設置之維持與使用）

①不動產役權人因行使權利而爲設置者，有維持其設置之義務。
　其設置由供役不動產所有人提供者，亦同。

②供役不動產所有人於無礙不動產役權行使之範圍內，得使用前
　項之設置，並應按其受益之程度，分擔維持其設置之費用。

**第八五五條之一** （不動產役權處所或方法之變更）99

　供役不動產所有人或不動產役權人因行使不動產役權之處所或
　方法有變更之必要，而不甚礙不動產役權人或供役不動產所有
　人權利之行使者，得以自己之費用，請求變更之。

**第八五六條** （不動產役權之不可分性—需役不動產分割之效力）
　　　　　　99

　需役不動產經分割者，其不動產役權爲各部分之利益仍爲存續。
　但不動產役權之行使，依其性質祇關於需役不動產之一部分者，
　僅就該部分仍爲存續。

**第八五七條** （不動產役權之不可分性—供役不動產分割之效力）
　　　　　　99

　供役不動產經分割者，不動產役權就其各部分仍爲存續。但不
　動產役權之行使，依其性質祇關於供役不動產之一部分者，僅
　對於該部分仍爲存續。

**第八五八條** （刪除）99

**第八五九條** （不動產役權之消滅）99

①不動產役權之全部或一部無存續之必要時，法院因供役不動產
　所有人之請求，得就其無存續必要之部分，宣告不動產役權消
　滅。

②不動產役權因需役不動產滅失或不堪使用而消滅。

**第八五九條之一** （不動產役權消滅之取回及期限）99

　不動產役權消滅時，不動產役權人所爲之設置，準用第八百三
　十九條規定。

**第八五九條之二** （準用不動產役權之規定）99

　第八百三十四條至第八百三十六條之三規定，於不動產役權準
　用之。

**第八五九條之三** （不動產役權之設定）99

①基於以使用收益爲目的之物權或租賃關係而使用需役不動產
　者，亦得就該不動產設定不動產役權。

②前項不動產役權，因以使用收益爲目的之物權或租賃關係之消

減而消滅。

**第八五九條之四**　（就自己不動產之設定）99

不動產役權，亦得就自己之不動產設定之。

**第八五九條之五**　（準用不動產役權之規定）99

第八百五十一條至第八百五十九條之二規定，於前二條準用之。

# 第六章　抵押權

## 第一節　普通抵押權 99

**第八六○條**　（抵押權之定義）96

稱普通抵押權者，謂債權人對於債務人或第三人不移轉占有而供其債權擔保之不動產，得就該不動產賣得價金優先受償之權。

**第八六一條**　（抵押權之擔保範圍）96

①抵押權所擔保者為原債權、利息、遲延利息、違約金及實行抵押權之費用。但契約另有約定者，不在此限。

②得優先受償之利息、遲延利息、一年或不及一年定期給付之違約金債權，以於抵押權人實行抵押權聲請強制執行前五年內發生及於強制執行程序中發生者為限。

**第八六二條**　（抵押權效力及於標的物之範圍─從物及從權利）96

①抵押權之效力，及於抵押物之從物與從權利。

②第三人於抵押權設定前，就從物取得之權利，不受前項規定之影響。

③以建築物為抵押者，其附加於該建築物而不具獨立性之部分，亦為抵押權效力所及。但其附加部分為獨立之物，如係於抵押權設定後附加者，準用第八百七十七條之規定。

**第八六二條之一**　（抵押權效力之範圍─殘餘物）96

①抵押物滅失之殘餘物，仍為抵押權效力所及。抵押物之成分非依物之通常用法而分離成為獨立之動產者，亦同。

②前項情形，抵押權人得請求占有該殘餘物或動產，並依質權之規定，行使其權利。

**第八六三條**　（抵押權效力及於標的物之範圍─天然孳息）96

抵押權之效力，及於抵押物扣押後自抵押物分離，而得由抵押人收取之天然孳息。

**第八六四條**　（抵押權效力及於標的物之範圍─法定孳息）

抵押權之效力，及於抵押物扣押後抵押人就抵押物得收取之法定孳息。但抵押權人，非以扣押抵押物之事情，通知應清償法定孳息之義務人，不得與之對抗。

**第八六五條**　（抵押權之順位）

不動產所有人，因擔保數債權，就同一不動產，設定數抵押權者，其次序依登記之先後定之。

**第八六六條**　（地上權或其他物權之設定）96

① 不動產所有人設定抵押權後，於同一不動產上，得設定地上權或其他以使用收益為目的之物權，或成立租賃關係。但其抵押權不因此而受影響。

② 前項情形，抵押權人實行抵押權受有影響者，法院得除去該權利或終止該租賃關係後拍賣之。

③ 不動產所有人設定抵押權後，於同一不動產上，成立第一項以外之權利者，準用前項之規定。

**第八六七條** （抵押不動產之讓與及其效力）

不動產所有人設定抵押權後，得將不動產讓與他人。但其抵押權不因此而受影響。

**第八六八條** （不可分性－抵押物分割）

抵押之不動產如經分割，或讓與其一部，或擔保一債權之數不動產而以其一讓與他人者，其抵押權不因此而受影響。

**第八六九條** （不可分性－債權分割）96

① 以抵押權擔保之債權，如經分割或讓與其一部者，其抵押權不因此而受影響。

② 前項規定，於債務分割或承擔其一部時適用之。

**第八七○條** （抵押權之從屬性）

抵押權不得由債權分離而為讓與，或為其他債權之擔保。

**第八七○條之一** （抵押權次序之調整）96

① 同一抵押物有多數抵押權者，抵押權人得以下列方法調整其可優先受償之分配額。但他抵押權人之利益不受影響：

　一　為特定抵押權人之利益，讓與其抵押權之次序。

　二　為特定後次序抵押權人之利益，拋棄其抵押權之次序。

　三　為全體後次序抵押權人之利益，拋棄其抵押權之次序。

② 前項抵押權次序之讓與或拋棄，非經登記，不生效力。並應於登記前，通知債務人、抵押人及共同抵押人。

③ 因第一項調整而受利益之抵押權人，亦得實行調整前次序在先之抵押權。

④ 調整優先受償分配額時，其次序在先之抵押權所擔保之債權，如有第三人之不動產為同一債權之擔保者，在因調整後增加負擔之限度內，以該不動產為標的物之抵押權消滅。但經該第三人同意者，不在此限。

**第八七○條之二** （抵押權次序之調整）96

調整可優先受償分配額時，其次序在先之抵押權所擔保之債權有保證人者，於因調整後所失優先受償之利益限度內，保證人免其責任。但經該保證人同意調整者，不在此限。

**第八七一條** （抵押權之保全－抵押物價值減少之防止）96

① 抵押人之行為，足使抵押物之價值減少者，抵押權人得請求停止其行為。如有急迫之情事，抵押權人得自為必要之保全處分。

② 因前項請求或處分所生之費用，由抵押人負擔。其受償次序優先於各抵押權所擔保之債權。

**第八七二條** （抵押權之保全－抵押物價值減少之補救）96

①抵押物之價值因可歸責於抵押人之事由致減少時，抵押權人得定相當期限，請求抵押人回復抵押物之原狀，或提出與減少價額相當之擔保。

②抵押人不於前項所定期限內，履行抵押權人之請求時，抵押權人得定相當期限請求債務人提出與減少價額相當之擔保。屆期不提出者，抵押權人得請求清償其債權。

③抵押人為債務人時，抵押權人得不再為前項請求，逕行請求清償其債權。

④抵押物之價值因不可歸責於抵押人之事由致減少者，抵押權人僅於抵押人因此所受利益之限度內，請求提出擔保。

**第八七三條** （抵押權之實行）96

抵押權人，於債權已屆清償期，而未受清償者，得聲請法院，拍賣抵押物，就其賣得價金而受清償。

**第八七三條之一** （流押契約）96

①約定於債權已屆清償期而未為清償時，抵押物之所有權移屬於抵押權人者，非經登記，不得對抗第三人。

②抵押權人請求抵押人為抵押物所有權之移轉時，抵押物價值超過擔保債權部分，應返還抵押人；不足清償擔保債權者，仍得請求債務人清償。

③抵押人在抵押物所有權移轉於抵押權人前，得清償抵押權擔保之債權，以消滅該抵押權。

**第八七三條之二** （實行抵押權之效果）96

①抵押權人實行抵押權者，該不動產上之抵押權，因抵押物之拍賣而消滅。

②前項情形，抵押權所擔保之債權有未屆清償期者，於抵押物拍賣得受清償之範圍內，視為到期。

③抵押權所擔保之債權未定清償期或清償期尚未屆至，而拍定人或承受抵押物之債權人聲明願在拍定或承受之抵押物價額範圍內清償債務，經抵押權人同意者，不適用前二項之規定。

**第八七四條** （抵押物賣得價金之分配次序）96

抵押物賣得之價金，除法律另有規定外，按各抵押權成立之次序分配之。其次序相同者，依債權額比例分配之。

**第八七五條** （共同抵押）

為同一債權之擔保，於數不動產上設定抵押權，而未限定各個不動產所負擔之金額者，抵押權人得就各個不動產賣得之價金，受債權全部或一部之清償。

**第八七五條之一** （共同抵押之取償順序）96

為同一債權之擔保，於數不動產上設定抵押權，抵押物全部或部分同時拍賣時，拍賣之抵押物中有為債務人所有者，抵押權人應先就該抵押物賣得之價金受償。

**第八七五條之二** （內部分擔擔保債權金額之計算方式）96

①為同一債權之擔保，於數不動產上設定抵押權者，各抵押物對債權分擔之金額，依下列規定計算之：

一　未限定各個不動產所負擔之金額時，依各抵押物價值之比例。

二　已限定各個不動產所負擔之金額時，依各抵押物所限定負擔金額之比例。

三　僅限定部分不動產所負擔之金額時，依各抵押物所限定負擔金額與未限定負擔金額之各抵押物價值之比例。

②計算前項第二款、第三款分擔金額時，各抵押物所限定負擔金額較抵押物價值為高者，以抵押物之價值為準。

**第八七五條之三**　（共同抵押金額分擔之準用）96

為同一債權之擔保，於數不動產上設定抵押權者，在抵押物全部或部分同時拍賣，而其賣得價金超過所擔保之債權額時，經拍賣之各抵押物對債權分擔金額之計算，準用前條之規定。

**第八七五條之四**　（共同抵押之求償及承受）96

為同一債權之擔保，於數不動產上設定抵押權者，在各抵押物分別拍賣時，適用下列規定：

一　經拍賣之抵押物為債務人以外之第三人所有，而抵押權人就該抵押物賣得價金受償之債權額超過其分擔額時，該抵押物所有人就超過分擔額之範圍內，得請求其餘未拍賣之其他第三人償還其供擔保抵押物應分擔之部分，並對該第三人之抵押物，以其分擔額為限，承受抵押權人之權利。但不得有害於該抵押權人之利益。

二　經拍賣之抵押物為同一人所有，而抵押權人就該抵押物賣得價金受償之債權額超過其分擔額時，該抵押物之後次序抵押權人就超過分擔額之範圍內，對其餘未拍賣之同一人供擔保之抵押物，承受實行抵押權人之權利。但不得有害於該抵押權人之利益。

**第八七六條**　（法定地上權）96

①設定抵押權時，土地及其土地上之建築物，同屬於一人所有，而僅以土地或僅以建築物為抵押者，於抵押物拍賣時，視為已有地上權之設定，其地租、期間及範圍由當事人協議定之。不能協議者，得聲請法院以判決定之。

②設定抵押權時，土地及其土地上之建築物，同屬於一人所有，而以土地及建築物為抵押者，如經拍賣，其土地與建築物之拍定人各異時，適用前項之規定。

**第八七七條**　（營造建築物之併付拍賣權）96

①土地所有人於設定抵押權後，在抵押之土地上營造建築物者，抵押權人於必要時，得於強制執行程序中聲請法院將其建築物與土地併付拍賣。但對於建築物之價金，無優先受清償之權。

②前項規定，於第八百六十六條第二項及第三項之情形，如抵押之不動產上，有該權利人或經其同意使用之人之建築物者，準用之。

**第八七七條之一**　（抵押物存在必要權利併付拍賣）96

以建築物設定抵押權者，於法院拍賣抵押物時，其抵押物存在

所必要之權利得讓與者，應併付拍賣。但抵押權人對於該權利賣得之價金，無優先受清償之權。

**第八七八條** （拍賣以外其他方法處分抵押物）
抵押權人於債權清償期屆滿後，爲受清償，得訂立契約，取得抵押物之所有權或用拍賣以外之方法，處分抵押物。但有害於其他抵押權人之利益者，不在此限。

**第八七九條** （物上保證人之求償權）96
①爲債務人設定抵押權之第三人，代爲清償債務，或因抵押權人實行抵押權致失抵押物之所有權時，該第三人於其清償之限度內，承受債權人對於債務人之債權。但不得有害於債權人之利益。
②債務人如有保證人時，保證人應分擔之部分，依保證人應負之履行責任與抵押物之價值或限定之金額比例定之。抵押物之擔保債權額少於抵押物之價值者，應以該債權額爲準。
③前項情形，抵押人就超過其分擔額之範圍，得請求保證人償還其應分擔部分。

**第八七九條之一** （物上保證人之免除責任）96
第三人爲債務人設定抵押權時，如債權人免除保證人之保證責任者，於前條第二項保證人應分擔部分之限度內，該部分抵押權消滅。

**第八八〇條** （時效完成後抵押權之實行）
以抵押權擔保之債權，其請求權已因時效而消滅，如抵押權人，於消滅時效完成後，五年間不實行其抵押權者，其抵押權消滅。

**第八八一條** （抵押權之消滅）96
①抵押權除法律另有規定外，因抵押物滅失而消滅。但抵押人因滅失得受賠償或其他利益者，不在此限。
②抵押權人對於前項抵押人所得行使之賠償或其他請求權有權利質權，其次序與原抵押權同。
③給付義務人因故意或重大過失向抵押人爲給付者，對於抵押權人不生效力。
④抵押物因毀損而得受之賠償或其他利益，準用前三項之規定。

## 第二節 最高限額抵押權 96

**第八八一條之一** （最高限額抵押權）96
①稱最高限額抵押權者，謂債務人或第三人提供其不動產爲擔保，就債權人對債務人一定範圍內之不特定債權，在最高限額內設定之抵押權。
②最高限額抵押權所擔保之債權，以由一定法律關係所生之債權或基於票據所生之權利爲限。
③基於票據所生之權利，除本於與債務人間依前項一定法律關係取得者外，如抵押權人係於債務人已停止支付、開始清算程序，或依破產法有和解、破產之聲請或有公司重整之聲請，而仍受

讓票據者，不屬最高限額抵押權所擔保之債權。但抵押人不知其情事而受讓者，不在此限。

**第八八一條之二** （最高限額約定額度）96

① 最高限額抵押權人就已確定之原債權，僅得於其約定之最高限額範圍內，行使其權利。

② 前項債權之利息、遲延利息、違約金，與前項債權合計不逾最高限額範圍者，亦同。

**第八八一條之三** （最高限額抵押權之抵押權人與抵押人變更債權範圍或其債務人）96

① 原債權確定前，抵押權人與抵押人得約定變更第八百八十一條之一第二項所定債權之範圍或其債務人。

② 前項變更無須得後次序抵押權人或其他利害關係人同意。

**第八八一條之四** （最高限額抵押權所擔保之原債權—確定期日）96

① 最高限額抵押權得約定其所擔保原債權應確定之期日，並得於確定之期日前，約定變更之。

② 前項確定之期日，自抵押權設定時起，不得逾三十年。逾三十年者，縮短爲三十年。

③ 前項期限，當事人得更新之。

**第八八一條之五** （最高限額抵押權所擔保之原債權—未約定確定期日）96

① 最高限額抵押權所擔保之原債權，未約定確定之期日者，抵押人或抵押權人得隨時請求確定其所擔保之原債權。

② 前項情形，除抵押人與抵押權人另有約定外，自請求之日起，經十五日爲其確定期日。

**第八八一條之六** （最高限額抵押權所擔保債權移轉之效力）96

① 最高限額抵押權所擔保之債權，於原債權確定前讓與他人者，其最高限額抵押權不隨同移轉。第三人爲債務人清償債務者，亦同。

② 最高限額抵押權所擔保之債權，於原債權確定前經第三人承擔其債務，而債務人免其責任者，抵押權人就該承擔之部分，不得行使最高限額抵押權。

**第八八一條之七** （最高限額抵押權之抵押權人或債務人爲法人之合併）96

① 原債權確定前，最高限額抵押權之抵押權人或債務人爲法人而有合併之情形者，抵押人得自知悉合併之日起十五日內，請求確定原債權。但自合併登記之日起已逾三十日，或抵押人爲合併之當事人者，不在此限。

② 有前項之請求者，原債權於合併時確定。

③ 合併後之法人，應於合併之日起十五日內通知抵押人，其未爲通知致抵押人受損害者，應負賠償責任。

④ 前三項之規定，於第三百零六條或法人分割之情形，準用之。

**第八八一條之八** （單獨讓與最高限額抵押權之方式）96

① 原債權確定前，抵押權人經抵押人之同意，得將最高限額抵押權之全部或分割其一部讓與他人。

② 原債權確定前，抵押權人經抵押人之同意，得使他人成為最高限額抵押權之共有人。

**第八八一條之九** （最高限額抵押權之共有）96

① 最高限額抵押權為數人共有者，各共有人按其債權額比例分配其得優先受償之價金。但共有人於原債權確定前，另有約定者，從其約定。

② 共有人得依前項按債權額比例分配之權利，非經共有人全體之同意，不得處分。但已有應有部分之約定者，不在此限。

**第八八一條之一〇** （共同最高限額抵押權原債權均歸於確定）96

為同一債權之擔保，於數不動產上設定最高限額抵押權者，如其擔保之原債權，僅其中一不動產發生確定事由時，各最高限額抵押權所擔保之原債權均歸於確定。

**第八八一條之一一** （最高限額抵押權所擔保之原債權確定事由）96

最高限額抵押權不因抵押權人、抵押人或債務人死亡而受影響。但經約定為原債權確定之事由者，不在此限。

**第八八一條之一二** （最高限額抵押權所擔保之原債權確定事由）96

① 最高限額抵押權所擔保之原債權，除本節另有規定外，因下列事由之一而確定：

一 約定之原債權確定期日屆至者。

二 擔保債權之範圍變更或因其他事由，致原債權不繼續發生者。

三 擔保債權所由發生之法律關係經終止或因其他事由而消滅者。

四 債權人拒絕繼續發生債權，債務人請求確定者。

五 最高限額抵押權人聲請裁定拍賣抵押物，或依第八百七十三條之一之規定為抵押物所有權移轉之請求時，或依第八百七十八條規定訂立契約者。

六 抵押物因他債權人聲請強制執行經法院查封，而為最高限額抵押權人所知悉，或經執行法院通知最高限額抵押權人者。但抵押物之查封經撤銷時，不在此限。

七 債務人或抵押人經裁定宣告破產者。但其裁定經廢棄確定時，不在此限。

② 第八百八十一條之五第二項之規定，於前項第四款之情形，準用之。

③ 第一項第六款但書及第七款但書之規定，於原債權確定後，已有第三人受讓擔保債權，或以該債權為標的物設定權利者，不適用之。

**第八八一條之一三** （請求結算）96

最高限額抵押權所擔保之原債權確定事由發生後，債務人或抵

押人得請求抵押人結算實際發生之債權額，並得就該金額請求變更爲普通抵押權之登記。但不得逾原約定最高限額之範圍。

**第八八一條之一四** （確定後擔保效力）96

最高限額抵押權所擔保之原債權確定後，除本節另有規定外，其擔保效力不及於繼續發生之債權或取得之票據上之權利。

**第八八一條之一五** （最高限額抵押權擔保債權之請求權消滅後之效力）96

最高限額抵押權所擔保之債權，其請求權已因時效而消滅，如抵押人於消滅時效完成後，五年間不實行其抵押權者，該債權不再屬於最高限額抵押權擔保之範圍。

**第八八一條之一六** （擔保債權超過限額）96

最高限額抵押權所擔保之原債權確定後，於實際債權額超過最高限額時，爲債務人設定抵押權之第三人，或其他對該抵押權之存在有法律上利害關係之人，於清償最高限額爲度之金額後，得請求塗銷其抵押權。

**第八八一條之一七** （最高限額抵押權準用普通抵押權之規定）96

最高限額抵押權，除第八百六十一條第二項、第八百六十九條第一項、第八百七十條、第八百七十條之一、第八百七十條之二、第八百八十條之規定外，準用關於普通抵押權之規定。

## 第三節　其他抵押權 96

**第八八二條** （權利抵押權）99

地上權、農育權及典權，均得爲抵押權之標的物。

**第八八三條** （抵押權之準用）96

普通抵押權及最高限額抵押權之規定，於前條抵押權及其他抵押權準用之。

# 第七章　質　權

## 第一節　動產質權

**第八八四條** （動產質權之定義）96

稱動產質權者，謂債權人對於債務人或第三人移轉占有而供其債權擔保之動產，得就該動產賣得價金優先受償之權。

**第八八五條** （設定質權之生效要件）96

① 質權之設定，因移轉擔保之動產於債權人占有而生效力。

② 質權人不得使出質人或債務人代自己占有質物。

**第八八六條** （質權之善意取得）96

動產之受讓人占有動產，而受關於占有規定之保護者，縱出質人無處分其質物之權利，受質人仍取得其質權。

**第八八七條** （動產質權之擔保範圍）96

① 質權所擔保者爲原債權、利息、遲延利息、違約金、保存質物之費用、實行質權之費用及因質物隱有瑕疵而生之損害賠償。

但契約另有約定者，不在此限。

②前項保存質物之費用，以避免質物價值減損所必要者為限。

**第八八八條** （質權人之注意義務）96

①質權人應以善良管理人之注意，保管質物。

②質權人非經出質人之同意，不得使用或出租其質物。但為保存其物之必要而使用者，不在此限。

**第八八九條** （質權人之孳息收取權）96

質權人得收取質物所生之孳息。但契約另有約定者，不在此限。

**第八九〇條** （孳息收取人之注意義務及其抵充）96

①質權人有收取質物所生孳息之權利者，應以對於自己財產同一之注意收取孳息，並為計算。

②前項孳息，先抵充費用，次抵原債權之利息，次抵原債權。

③孳息如須變價始得抵充者，其變價方法準用實行質權之規定。

**第八九一條** （責任轉質—非常事變責任）

質權人於質權存續中，得以自己之責任，將質物轉質於第三人。其因轉質所受不可抗力之損失，亦應負責。

**第八九二條** （代位物—質物之變賣價金）96

①因質物有腐壞之虞，或其價值顯有減少，足以害及質權人之權利者，質權人得拍賣質物，以其賣得價金，代充質物。

②前項情形，如經出質人之請求，質權人應將價金提存於法院。質權人屆債權清償期而未受清償者，得就提存物實行其質權。

**第八九三條** （質權之實行）96

①質權人於債權已屆清償期，而未受清償者，得拍賣質物，就其賣得價金而受清償。

②約定於債權已屆清償期而未為清償時，質物之所有權移屬於質權人者，準用第八百七十三條之一之規定。

**第八九四條** （拍賣之通知義務）

前二條情形質權人應於拍賣前，通知出質人。但不能通知者，不在此限。

**第八九五條** （準用處分抵押物之規定）

第八百七十八條之規定，於動產質權準用之。

**第八九六條** （質物之返還義務）

動產質權，所擔保之債權消滅時，質權人應將質物返還於有受領權之人。

**第八九七條** （質權之消滅—返還質物）96

動產質權，因質權人將質物返還於出質人或交付於債務人而消滅。返還或交付質物時，為質權繼續存在之保留者，其保留無效。

**第八九八條** （質權之消滅—喪失質物之占有）96

質權人喪失其質物之占有，於二年內未請求返還者，其動產質權消滅。

**第八九九條** （質權之消滅—物上代位性）96

①動產質權，因質物滅失而消滅。但出質人因滅失得受賠償或其

他利益者，不在此限。

② 質權人對於前項出質人所得行使之賠償或其他請求權仍有質權，其次序與原質權同。

③ 給付義務人因故意或重大過失向出質人爲給付者，對於質權人不生效力。

④ 前項情形，質權人得請求出質人交付其給付物或提存其給付之金錢。

⑤ 質物因毀損而得受之賠償或其他利益，準用前四項之規定。

**第八九九條之一** （最高限額質權之設定）96

① 債務人或第三人得提供其動產爲擔保，就債權人對債務人一定範圍內之不特定債權，在最高限額內，設定最高限額質權。

② 前項質權之設定，除移轉動產之占有外，並應以書面爲之。

③ 關於最高限額抵押權及第八百八十四條至前條之規定，於最高限額質權準用之。

**第八九九條之二** （營業質）96

① 質權人係經許可以受質爲營業者，僅得就質物行使其權利。出質人未於取贖期間屆滿後五日內取贖其質物時，質權人取得質物之所有權，其所擔保之債權同時消滅。

② 前項質權，不適用第八百八十九條至第八百九十五條、第八百九十九條、第八百九十九條之一之規定。

## 第二節　權利質權

**第九〇〇條** （權利質權之定義）96

稱權利質權者，謂以可讓與之債權或其他權利爲標的物之質權。

**第九〇一條** （動產質權規定之準用）

權利質權，除本節有規定外，準用關於動產質權之規定。

**第九〇二條** （權利質權之設定）96

權利質權之設定，除依本節規定外，並應依關於其權利讓與之規定爲之。

**第九〇三條** （處分質權標的物之限制）

爲質權標的之權利，非經質權人之同意，出質人不得以法律行爲，使其消滅或變更。

**第九〇四條** （一般債權質之設定）96

① 以債權爲標的物之質權，其設定應以書面爲之。

② 前項債權有證書者，出質人有交付之義務。

**第九〇五條** （一般債權質之實行—提存給付物）96

① 爲質權標的物之債權，以金錢給付爲內容，而其清償期先於其所擔保債權之清償期者，質權人得請求債務人提存之，並對提存物行使其質權。

② 爲質權標的物之債權，以金錢給付爲內容，而其清償期後於其所擔保債權之清償期者，質權人於其清償期屆至時，得就擔保之債權額，爲給付之請求。

**第九〇六條** （一般債權質之實行—請求給付）96

　為質權標的物之債權，以金錢以外之動產給付為內容者，於其清償期屆至時，質權人得請求債務人給付之，並對該給付物有質權。

**第九〇六條之一** （一般債權質之實行—物權設定或移轉）96

①為質權標的物之債權，以不動產物權之設定或移轉為給付內容者，於其清償期屆至時，質權人得請求債務人將該不動產物權設定或移轉於出質人，並對該不動產物權有抵押權。

②前項抵押權應於不動產物權設定或移轉於出質人時，一併登記。

**第九〇六條之二** （質權之實行）96

　質權人於所擔保債權清償期屆至而未受清償時，除依前三條之規定外，亦得依第八百九十三條第一項或第八百九十五條之規定實行其質權。

**第九〇六條之三** （權利質權之質權人得使一定之權利）96

　為質權標的物之債權，如得因一定權利之行使而使其清償期屆至者，質權人於所擔保債權清償期屆至而未受清償時，亦得行使該權利。

**第九〇六條之四** （通知義務）96

　債務人依第九百零五條第一項、第九百零六條、第九百零六條之一為提存或給付時，質權人應通知出質人，但無庸得其同意。

**第九〇七條** （第三債務人之清償）

　為質權標的物之債權，其債務人受質權設定之通知者，如向出質人或質權人一方為清償時，應得他方之同意。他方不同意時，債務人應提存其為清償之給付物。

**第九〇七條之一** （債務人不得主張抵銷）96

　為質權標的物之債權，其債務人於受質權設定之通知後，對出質人取得債權者，不得以該債權與為質權標的物之債權主張抵銷。

**第九〇八條** （有價證券債權質之設定）96

①質權以未記載權利人之有價證券為標的物者，因交付其證券於質權人，而生設定質權之效力。以其他之有價證券為標的物者，並應依背書方法為之。

②前項背書，得記載設定質權之意旨。

**第九〇九條** （有價證券債權質之實行）96

①質權以未記載權利人之有價證券、票據、或其他依背書而讓與之有價證券為標的物者，其所擔保之債權，縱未屆清償期，質權人仍得收取證券上應受之給付。如有使證券清償期屆至之必要者，並有為通知或依其他方法使其屆至之權利。債務人亦僅得向質權人為給付。

②前項收取之給付，適用第九百零五條第一項或第九百零六條之規定。

③第九百零六條之二及第九百零六條之三之規定，於以證券為標的物之質權，準用之。

**第九一〇條** （有價證券債權質之標的物範圍）96

① 質權以有價證券爲標的物者，其附屬於該證券之利息證券、定期金證券或其他附屬證券，以已交付於質權人者爲限，亦爲質權效力所及。

② 附屬之證券，係於質權設定後發行者，除另有約定外，質權人得請求發行人或出質人交付之。

## 第八章 典 權

**第九一一條** （典權之意義）99

稱典權者，謂支付典價在他人之不動產爲使用、收益，於他人不回贖時，取得該不動產所有權之權。

**第九一二條** （典權之期限）99

典權約定期限不得逾三十年。逾三十年者，縮短爲三十年。

**第九一三條** （絕賣之限制）99

① 典權之約定期限不滿十五年者，不得附有到期不贖即作絕賣之條款。

② 典權附有絕賣條款者，出典人於典期屆滿不以原典價回贖時，典權人即取得典物所有權。

③ 絕賣條款非經登記，不得對抗第三人。

**第九一四條** （刪除）99

**第九一五條** （轉典與出租及其限制）99

① 典權存續中，典權人得將典物轉典或出租於他人。但另有約定或另有習慣者，依其約定或習慣。

② 典權定有期限者，其轉典或租賃之期限，不得逾原典權之期限，未定期限者，其轉典或租賃，不得定有期限。

③ 轉典之典價，不得超過原典價。

④ 土地及其土地上之建築物同屬一人所有，而爲同一人設定典權者，典權人就該典物不得分離而爲轉典或就其典權分離而爲處分。

**第九一六條** （轉典或出租之責任）

典權人對於典物因轉典或出租所受之損害，負賠償責任。

**第九一七條** （典權之讓與）99

① 典權人得將典權讓與他人或設定抵押權。

② 典物爲土地，典權人在其上有建築物者，其典權與建築物，不得分離而爲讓與或其他處分。

**第九一七條之一** （典物之使用收益）99

① 典權人應依典物之性質爲使用收益，並應保持其得永續利用。

② 典權人違反前項規定，經出典人阻止而仍繼續爲之者，出典人得回贖其典物。典權經設定抵押權者，並應同時將該阻止之事實通知抵押權人。

**第九一八條** （典物之讓與）99

出典人設定典權後，得將典物讓與他人。但典權不因此而受影

響。

**第九一九條** （典權人之留買權）99

① 出典人將典物出賣於他人時，典權人有以相同條件留買之權。

② 前項情形，出典人應以書面通知典權人。典權人於收受出賣通知後十日內不以書面表示依相同條件留買者，其留買權視為拋棄。

③ 出典人違反前項通知之規定而將所有權移轉者，其移轉不得對抗典權人。

**第九二〇條** （危險分擔─非常事變責任）99

① 典權存續中，典物因不可抗力致全部或一部滅失者，就其滅失之部分，典權與回贖權，均歸消滅。

② 前項情形，出典人就典物之餘存部分，為回贖時，得由原典價扣除滅失部分之典價。其滅失部分之典價，依滅失時滅失部分之價值與滅失時典物之價值比例計算之。

**第九二一條** （典權人之重建修繕權）99

典權存續中，典物因不可抗力致全部或一部滅失者，除經出典人同意外，典權人僅得於滅失時滅失部分之價值限度內為重建或修繕。原典權對於重建之物，視為繼續存在。

**第九二二條** （典權人保管典物責任）

典權存續中，因典權人之過失，致典物全部或一部滅失者，典權人於典價限度內，負其責任，但因故意或重大過失致滅失者，除將典價抵償損害外，如有不足，仍應賠償。

**第九二二條之一** （重建之物原典權）99

因典物滅失受賠償而重建者，原典權對於重建之物，視為繼續存在。

**第九二三條** （定期典權之回贖）

① 典權定有期限者，於期限屆滿後，出典人得以原典價回贖典物。

② 出典人於典期屆滿後，經過二年，不以原典價回贖者，典權人即取得典物所有權。

**第九二四條** （未定期典權之回贖）

典權未定有期限者，出典人得隨時以原典價回贖典物。但自出典後經過三十年不回贖者，典權人即取得典物所有權。

**第九二四條之一** （轉典之典物回贖）

① 經轉典之典物，出典人向典權人為回贖之意思表示時，典權人不於相當期間向轉典權人回贖並塗銷轉典權登記者，出典人得於原典價範圍內，以最後轉典價逕向最後轉典權人回贖典物。

② 前項情形，轉典價低於原典價者，典權人或轉典權人得向出典人請求原典價與轉典價間之差額。出典人並得為各該請求權人提存其差額。

③ 前二項規定，於下列情形亦適用之：

一　典權人預示拒絕塗銷轉典權登記。

二　典權人行蹤不明或有其他情形致出典人不能為回贖之意思表示。

**第九二四條之二** （典權存續之租賃關係）99

① 土地及其土地上之建築物同屬一人所有，而僅以土地設定典權者，典權人與建築物所有人間，推定在典權或建築物存續中，有租賃關係存在；其僅以建築物設定典權者，典權人與土地所有人間，推定在典權存續中，有租賃關係存在；其分別設定典權者，典權人相互間，推定在典權均存續中，有租賃關係存在。

② 前項情形，其租金數額當事人不能協議時，得請求法院以判決定之。

③ 依第一項設定典權者，於典權人依第九百十三條第二項、第九百二十三條第二項、第九百二十四條規定取得典物所有權，致土地與建築物各異其所有人時，準用第八百三十八條之一規定。

**第九二五條** （回贖之時期與通知）99

出典人之回贖，應於六個月前通知典權人。

**第九二六條** （找貼與其次數）

① 出典人於典權存續中，表示讓與其物之所有權於典權人者，典權人得按時價找貼，取得典物所有權。

② 前項找貼，以一次為限。

**第九二七條** （典權人之之費用償還請求權）99

① 典權人因支付有益費用，使典物價值增加，或依第九百二十一條規定，重建或修繕者，於典物回贖時，得於現存利益之限度內，請求償還。

② 第八百三十九條規定，於典物回贖時準用之。

③ 典物為土地，出典人同意典權人在其上營造建築物者，除另有約定外，於典物回贖時，應按該建築物之時價補償之。出典人不願補償者，於回贖時視為已有地上權之設定。

④ 出典人願依前項規定為補償而就時價不能協議時，得聲請法院裁定之；其不願依裁定之時價補償者，於回贖時亦視為已有地上權之設定。

⑤ 前二項視為已有地上權設定之情形，其地租、期間及範圍當事人不能協議時，得請求法院以判決定之。

## 第九章　留置權

**第九二八條** （留置權之發生）96

① 稱留置權者，謂債權人占有他人之動產，而其債權之發生與該動產有牽連關係，於債權已屆清償期未受清償時，得留置該動產之權。

② 債權人因侵權行為或其他不法之原因而占有動產者，不適用前項之規定。其占有之始明知或因重大過失而不知該動產非為債務人所有者，亦同。

**第九二九條** （牽連關係之擬制）96

商人間因營業關係而占有之動產，與其因營業關係所生之債權，視為有前條所定之牽連關係。

**第九三○條** （留置權發生之限制）96

動產之留置，違反公共秩序或善良風俗者，不得爲之。其與債權人應負擔之義務或與債權人債務人間之約定相牴觸者，亦同。

**第九三一條** （留置權之擴張）

①債務人無支付能力時，債權人縱於其債權未屆清償期前，亦有留置權。

②債務人於動產交付後，成爲無支付能力，或其無支付能力於交付後始爲債權人所知者。其動產之留置，縱有前條所定之牴觸情形，債權人仍得行使留置權。

**第九三二條** （留置權之不可分性）96

債權人於其債權未受全部清償前，得就留置物之全部，行使其留置權。但留置物爲可分者，僅得依其債權與留置物價值之比例行使之。

**第九三二條之一** （留置物存有所有權以外之物權之效力）96

留置物存有所有權以外之物權者，該物權人不得以之對抗善意之留置權人。

**第九三三條** （準用規定）96

第八百八十八條至第八百九十條及第八百九十二條之規定，於留置權準用之。

**第九三四條** （必要費用償還請求權）

債權人因保管留置物所支出之必要費用，得向其物之所有人，請求償還。

**第九三五條** （刪除）96

**第九三六條** （留置權之實行）96

①債權人於其債權已屆清償期而未受清償者，得定一個月以上之相當期限，通知債務人，聲明如不於其期限內爲清償時，即就其留置物取償；留置物爲第三人所有或存有其他物權而爲債權人所知者，應併通知之。

②債務人或留置物所有人不於前項期限內爲清償者，債權人得準用關於實行質權之規定，就留置物賣得之價金優先受償，或取得其所有權。

③不能爲第一項之通知者，於債權清償期屆至後，經過六個月仍未受清償時，債權人亦得行使前項所定之權利。

**第九三七條** （留置權之消滅—提出相當擔保）96

①債務人或留置物所有人爲債務之清償，已提出相當之擔保者，債權人之留置權消滅。

②第八百九十七條至第八百九十九條之規定，於留置權準用之。

**第九三八條** （刪除）96

**第九三九條** （留置權之準用）96

本章留置權之規定，於其他留置權準用之。但其他留置權另有規定者，從其規定。

# 第十章 占 有

**第九四○條** （占有人之意義）

對於物有事實上管領之力者，為占有人。

**第九四一條** （間接占有人）99

地上權人、農育權人、典權人、質權人、承租人、受寄人，或基於其他類似之法律關係，對於他人之物為占有者，該他人為間接占有人。

**第九四二條** （占有輔助人）99

受僱人、學徒、家屬或基於其他類似之關係，受他人之指示，而對於物有管領之力者，僅該他人為占有人。

**第九四三條** （占有權利之推定）99

① 占有人於占有物上行使之權利，推定其適法有此權利。

② 前項推定，於下列情形不適用之：

一 占有已登記之不動產而行使物權。

二 行使所有權以外之權利者，對使其占有之人。

**第九四四條** （占有態樣之推定）99

① 占有人推定其為以所有之意思，善意、和平、公然及無過失占有。

② 經證明前後兩時為占有者，推定前後兩時之間，繼續占有。

**第九四五條** （占有之變更）99

① 占有依其所由發生之事實之性質，無所有之意思者，其占有人對於使其占有之人表示所有之意思時起，為以所有之意思而占有。其因新事實變為以所有之意思占有者，亦同。

② 使其占有之人非所有人，而占有人於為前項表示時已知占有物之所有人者，其表示並應向該所有人為之。

③ 前二項規定，於占有人以所有之意思占有變為以其他意思而占有，或以其他意思之占有變為以不同之其他意思而占有者，準用之。

**第九四六條** （占有之移轉）

① 占有之移轉，因占有物之交付而生效力。

② 前項移轉，準用第七百六十一條之規定。

**第九四七條** （占有之合併）

① 占有之繼承人或受讓人，得就自己之占有，或將自己之占有與其前占有人之占有合併，而為主張。

② 合併前占有人之占有而為主張者，並應承繼其瑕疵。

**第九四八條** （善意受讓）99

① 以動產所有權，或其他物權之移轉或設定為目的，而善意受讓該動產之占有者，縱其讓與人無讓與之權利，其占有仍受法律之保護。但受讓人明知或因重大過失而不知讓與人無讓與之權利者，不在此限。

② 動產占有之受讓，係依第七百六十一條第二項規定為之者，以受讓人受現實交付且交付時善意為限，始受前項規定之保護。

**第九四九條** （盜贓遺失物之回復請求權）99

① 占有物如係盜贓、遺失物或其他非基於原占有人之意思而喪失

其占有者，原占有人自喪失占有之時起二年以內，得向善意受讓之現占有人請求回復其物。

②依前項規定回復其物者，自喪失其占有時起，回復其原來之權利。

**第九五〇條** （盜贓遺失物回復請求之限制）99

盜贓、遺失物或其他非基於原占有人之意思而喪失其占有之物，如現占有人由公開交易場所，或由販賣與其物同種之物之商人，以善意買得者，非償還其支出之價金，不得回復其物。

**第九五一條** （盜贓遺失物回復請求之禁止）99

盜贓、遺失物或其他非基於原占有人之意思而喪失其占有之物，如係金錢或未記載權利人之有價證券，不得向其善意受讓之現占有人請求回復。

**第九五一條之一** （典權存續之租賃關係）99

第九百四十九條及第九百五十條規定，於原占有人為惡意占有者，不適用之。

**第九五二條** （善意占有人之權利）99

善意占有人於推定其為適法所有之權利範圍內，得為占有物之使用、收益。

**第九五三條** （善意占有人之責任）99

善意占有人就占有物之滅失或毀損，如係因可歸責於自己之事由所致者，對於回復請求人僅以滅失或毀損所受之利益為限，負賠償之責。

**第九五四條** （善意占有人之必要費用求償權）99

善意占有人因保存占有物所支出之必要費用，得向回復請求人請求償還。但已就占有物取得孳息者，不得請求償還通常必要費用。

**第九五五條** （善意占有人之有益費用求償權）99

善意占有人，因改良占有物所支出之有益費用，於其占有物現存之增加價值限度內，得向回復請求人，請求償還。

**第九五六條** （惡意占有人之責任）99

惡意占有人或無所有意思之占有人，就占有物之滅失或毀損，如係因可歸責於自己之事由所致者，對於回復請求人，負賠償之責。

**第九五七條** （惡意占有人之必要費用求償權）

惡意占有人，因保存占有物所支出之必要費用，對於回復請求人，得依關於無因管理之規定，請求償還。

**第九五八條** （惡意占有人之返還孳息義務）

惡意占有人，負返還孳息之義務。其孳息如已消費，或因其過失而毀損，或怠於收取者，負償還其孳息價金之義務。

**第九五九條** （善意占有人變為惡意占有人）99

①善意占有人自確知其無占有本權時起，為惡意占有人。

②善意占有人於本權訴訟敗訴時，自訴狀送達之日起，視為惡意占有人。

**第九六〇條** （占有人之自力救濟）

① 占有人對於侵奪或妨害其占有之行為，得以己力防禦之。

② 占有物被侵奪者，如係不動產，占有人得於侵奪後，即時排除加害人而取回之。如係動產，占有人得就地或追蹤向加害人取回之。

**第九六一條** （占有輔助人之自力救濟）

依第九百四十二條所定對於物有管領力之人，亦得行使前條所定占有人之權利。

**第九六二條** （占有人之物上請求權）

占有人，其占有被侵奪者，得請求返還其占有物。占有被妨害者，得請求除去其妨害。占有有被妨害之虞者，得請求防止其妨害。

**第九六三條** （占有人物上請求權之消滅時效）

前條請求權，自侵奪或妨害占有，或危險發生後，一年間不行使而消滅。

**第九六三條之一** （共同占有人之自力救濟及物上請求權）99

① 數人共同占有一物時，各占有人得就占有物之全部，行使第九百六十條或第九百六十二條之權利。

② 依前項規定，取回或返還之占有物，仍為占有人全體占有。

**第九六四條** （占有之消滅）

占有，因占有人喪失其對於物之事實上管領力而消滅。但其管領力僅一時不能實行者，不在此限。

**第九六五條** （共同占有）99

數人共同占有一物時，各占有人就其占有物使用之範圍，不得互相請求占有之保護。

**第九六六條** （準占有）

① 財產權，不因物之占有而成立者，行使其財產權之人，為準占有人。

② 本章關於占有之規定，於前項準占有準用之。

# 民法物權編施行法

①民國19年2月10日國民政府制定公布全文16條；並自19年5月5日施行。
②民國96年3月28日總統令修正公布全文24條；並自公布後六個月施行。
③民國98年1月23日總統令修正公布第4、11、13條條文；增訂第8-1至8-5條條文；並自公布後六個月施行。
④民國99年2月3日總統令修正公布第13-1及13-2條條文；並自公布後六個月施行。

**第一條** （不溯既往原則）
　物權在民法物權編施行前發生者，除本施行法有特別規定外，不適用民法物權編之規定；其在修正施行前發生者，除本施行法有特別規定外，亦不適用修正施行後之規定。
**第二條** （物權效力之適用）
　民法物權編所定之物權，在施行前發生者，其效力自施行之日起，依民法物權編之規定。
**第三條** （物權之登記）
①民法物權編所規定之登記，另以法律定之。
②物權於未能依前項法律登記前，不適用民法物權編關於登記之規定。
**第四條** （消滅時效已完成請求權之行使）98
①民法物權編施行前，依民法物權編之規定，消滅時效業已完成，或其時效期間尚有殘餘不足一年者，得於施行之日起，一年內行使請求權。但自其時效完成後，至民法物權編施行時，已逾民法物權編所定時效期間二分之一者，不在此限。
②前項規定，於依民法物權編修正施行後規定之消滅時效業已完成，或其時效期間尚有殘餘不足一年者，準用之。
**第五條** （無時效性質法定期間之準用）
①民法物權編施行前，無時效性質之法定期間已屆滿者，其期間為屆滿。
②民法物權編施行前已進行之期間，依民法物權編所定之無時效性質之法定期間，於施行時尚未完成者，其已經過之期間與施行後之期間，合併計算。
③前項規定，於取得時效準用之。
**第六條** （無時效性質法定期間之準用）
　前條規定，於民法物權編修正施行後所定無時效性質之法定期間準用之。但其法定期間不滿一年者，如在修正施行時尚未屆滿，其期間自修正施行之日起算。

**第七條**　（動產所有權之取得時效）

民法物權編施行前占有動產而具備民法第七百六十八條之條件者，於施行之日取得其所有權。

**第八條**　（不動產之取得時效）

民法物權編施行前占有不動產而具備民法第七百六十九條或第七百七十條之條件者，自施行之日起，得請求登記爲所有人。

**第八條之一**　（用水權人之物上請求權之適用）98

修正之民法第七百八十二條規定，於民法物權編修正施行前水源地或井之所有人，對於他人因工事杜絕、減少或污染其水，而得請求損害賠償或並得請求回復原狀者，亦適用之。

**第八條之二**　（開路通行權之損害適用）98

修正之民法第七百八十八條第二項規定，於民法物權編修正施行前有通行權人開設道路，致通行地損害過鉅者，亦適用之。但以未依修正前之規定支付償金者爲限。

**第八條之三**　（越界建屋之移去或變更之請求）98

修正之民法第七百九十六條及第七百九十六條之一規定，於民法物權編修正施行前土地所有人建築房屋逾越界線，鄰地所有人請求移去或變更其房屋時，亦適用之。

**第八條之四**　（等值建物之適用）98

修正之民法第七百九十六條之二規定，於民法物權編修正施行前具有與房屋價值相當之其他建築物，亦適用之。

**第八條之五**　（建物基地或專有部分之所有區分）98

①同一區分所有建築物之區分所有人間為使其共有部分或基地之應有部分符合修正之民法第七百九十九條第四項規定之比例而為移轉者，不受修正之民法同條第五項規定之限制。

②民法物權編修正施行前，區分所有建築物之專有部分與其所屬之共有部分及其基地之權利，已分屬不同一人所有或已分別設定負擔者，其物權之移轉或設定負擔，不受修正之民法第七百九十九條第五項規定之限制。

③區分所有建築物之基地，依前項規定有分離出賣之情形時，其專有部分之所有人無基地應有部分或應有部分不足者，於按其專有部分面積比例計算該基地之應有部分範圍內，有依相同條件優先買受之權利，其權利並優先於其他共有人。

④前項情形，有數人表示優先承買時，應按專有部分比例買受之。但另有約定者，從其約定。

⑤區分所有建築物之專有部分，依第二項規定有分離出賣之情形時，其基地之所有人無專有部分者，有依相同條件優先承買之權利。

⑥前項情形，有數人表示優先承買時，以抽籤定之。但另有約定者，從其約定。

⑦區分所有建築物之基地或專有部分之所有人依第三項或第五項規定出賣基地或專有部分時，應在該建築物之公告處或其他相當處所公告五日。優先承買權人不於最後公告日起十五日內表

示優先承買者，視爲抛棄其優先承買權。

**第九條** （視爲所有人）

依法得請求登記爲所有人者，如第三條第一項所定之登記機關尚未設立，於請求登記之日，視爲所有人。

**第一〇條** （動產所有權或質權之善意取得）

民法物權編施行前，占有動產，而具備民法第八百零一條或第八百八十六條之條件者，於施行之日，取得其所有權或質權。

**第一一條** （拾得遺失物等規定之適用）98

民法物權編施行前，拾得遺失物、漂流物或沈沒物，而具備民法第八百零三條及第八百零七條之條件者，於施行之日，取得民法第八百零七條所定之權利。

**第一二條** （埋藏物與添附規定之適用）

民法物權編施行前，依民法第八百零八條或第八百十一條至第八百十四條之規定，取得所有權者，於施行之日，取得其所有權。

**第一三條** （共同物分割期限之適用）98

①民法物權編施行前，以契約訂有共有物不分割之期限者，如其殘餘期限，自施行日起算，較民法第八百二十三條第二項所定之期限爲短者，依其期限，較長者，應自施行之日起，適用民法第八百二十三條第二項規定。

②修正之民法第八百二十三條第三項規定，於民法物權編修正施行前契約訂有不分割期限者，亦適用之。

**第一三條之一** （地上權期限）99

修正之民法第八百三十三條之一規定，於民法物權編中華民國九十九年一月五日修正之條文施行前未定有期限之地上權，亦適用之。

**第一三條之二** （永佃權存續期限）99

①民法物權編中華民國九十九年一月五日修正之條文施行前發生之永佃權，其存續期限縮短爲自修正施行日起二十年。

②前項永佃權仍適用修正前之規定。

③第一項永佃權存續期限屆滿時，永佃權人得請求變更登記爲農育權。

**第一四條** （抵押物爲債務人以外之第三人所有之適用）

①修正之民法第八百七十五條之一至第八百七十五條之四之規定，於抵押物爲債務人以外之第三人所有，而其上之抵押權成立於民法物權編修正施行前者，亦適用之。

②修正之民法第八百七十五條之四第二款之規定，於其後次序抵押權成立於民法物權編修正施行前者，亦同。

**第一五條** （保證情形之適用）

修正之民法第八百七十九條關於爲債務人設定抵押權之第三人對保證人行使權利之規定，於民法物權編修正施行前已成立保證之情形，亦適用之。

**第一六條** （時效完成後抵押權之實行）

民法物權編施行前，以抵押權擔保之債權，依民法之規定，其請求權消滅時效已完成者，民法第八百八十條所規定抵押權之消滅期間，自施行日起算。但自請求權消滅時效完成後，至施行之日已逾十年者，不得行使抵押權。

**第一七條**（設定最高限額抵押權之適用）

修正之民法第八百八十一條之一至第八百八十一條之十七之規定，除第八百八十一條之一第二項、第八百八十一條之四第二項、第八百八十一條之七之規定外，於民法物權編修正施行前設定之最高限額抵押權，亦適用之。

**第一八條**（以地上權或典權為標的物之抵押權及其他抵押權之適用）

修正之民法第八百八十三條之規定，於民法物權編修正施行前以地上權或典權為標的之物之抵押權及其他抵押權，亦適用之。

**第一九條**（拍賣質物之證明）

民法第八百九十二條第一項及第八百九十三條第一項所定之拍賣質物，除聲請法院拍賣者外，在拍賣法未公布施行前，得照市價變賣，並應經公證人或商業團體之證明。

**第二〇條**（當舖等不適用質權之規定）

民法物權編修正前關於質權之規定，於當舖或其他以受質為營業者，不適用之。

**第二一條**（質權標的之物之債權清償期已屆至者之適用）

修正之民法第九百零六條之一之規定，於民法物權編修正施行前為質權標的之物之債權，其清償期已屆至者，亦適用之。

**第二二條**（定期典權之依舊法回贖）

民法物權編施行前，定有期限之典權，依舊法規得回贖者，仍適用舊法規。

**第二三條**（留置物存有所有權以外之物權者之適用）

修正之民法第九百三十二條之一之規定，於民法物權編修正施行前留置物存有所有權以外之物權者，亦適用之。

**第二四條**（施行日）

①本施行法自民法物權編施行之日施行。

②民法物權編修正條文及本施行法修正條文，自公布後六個月施行。

# 民 法

## 第四編 親 屬

① 民國19年12月26日國民政府制定公布全文第967至1137條條文；並自20年5月5日施行。

② 民國74年6月3日總統令修正公布第971、977、982、983、985、988、1002、1010、1013、1016至1019、1021、1024、1050、1052、1058至1060、1063、1067、1074、1078至1080、1084、1088、1105、1113、1118、1131、1132條條文；刪除第992、1042、1043、1071條條文暨第二章第四節第三款第二目名目；並增訂第979-1、979-2、999-1、1008-1、1030-1、1073-1、1079-1、1079-2、1103-1、1116-1條條文。

③ 民國85年9月25日總統令修正公布第999-1、1055、1089條條文；刪除第1051條條文；並增訂第1055-1、1055-2、1069-1、1116-2條條文。

④ 民國87年6月17日總統令修正公布第983、1000、1002條條文；並刪除第986、987、994條條文。

⑤ 民國88年4月21日總統令修正公布第1067條條文。

⑥ 民國89年1月19日總統令修正公布第1094條條文。

⑦ 民國91年6月26日總統令修正公布第1007、1008、1008-1、1010、1017、1018、1022、1023、1030-1、1031至1034、1038、1040、1041、1044、1046及1058條條文；刪除第1006、1013至1016、1019至1021、1024至1030、1035至1037、1045、1047及1048條條文；並增訂第1003-1、1018-1、1020-1、1020-2、1030-2至1030-4及1031-1條條文。

⑧ 民國96年5月23日總統令修正公布第982、988、1030-1、1052、1059、1062、1063、1067、1070、1073至1083、1086、1090條條文；刪除第1068條條文；並增訂第988-1、1059-1、1076-1、1076-2、1079-3至1079-5、1080-1至1080-3、1083-1、1089-1條條文；除第982條自公布後一年施行，餘自公布日施行。

⑨ 民國97年1月9日總統令修正公布第1052、1120條條文。

⑩ 民國97年5月23日總統令修正公布第1092至1101、1103、1104、1106至1109、1110至1113條條文；刪除第1103-1、1105條條文；增訂第1094-1、1099-1、1106-1、1109-1、1109-2、1111-1、1111-2、1112-1、1112-2、1113-1條條文；並自公布後一年六個月施行。

⑪ 民國98年4月29日總統令增訂公布第1052-1條條文。

⑫ 民國98年12月30日總統令修正公布第1131及1133條條文。

⑬ 民國99年1月27日總統令增訂公布第1118-1條條文。

⑭ 民國99年5月19日總統令修正公布第1059、1059-1條條文。

⑮ 民國101年12月26日總統令修正公布第1030-1條條文；並刪除第1009及1011條條文。

⑯ 民國102年12月11日總統令修正公布第1055-1條條文。

⑰ 民國103年1月29日總統令修正公布第1132條條文。

⑱ 民國104年1月14日總統令修正公布第1111-2條條文。

⑲民國108年4月24日總統令修正公布第976條條文；並自公布日施行。

⑳民國108年6月19日總統令修正公布第1113-2至1113-10條條文及第四章第三節節名。

㉑民國110年1月13日總統令修正公布第973、980、1049、1077、1091、1127、1128條條文；並刪除第981、990條條文；並自112年1月1日施行。

㉒民國110年1月20日總統令修正公布第1030-1條條文；並自公布日施行。

# 第一章 通 則

**第九六七條** （直系與旁系血親）

①稱直系血親者，謂己身所從出，或從己身所出之血親。

②稱旁系血親者，謂非直系血親，而與己身出於同源之血親。

**第九六八條** （親等之計算）

血親親等之計算，直系血親，從己身上下數，以一世爲一親等；旁系血親，從己身數至同源之直系血親，再由同源之直系血親，數至與之計算親等之血親，以其總世數爲親等之數。

**第九六九條** （姻親之定義）

稱姻親者，謂血親之配偶、配偶之血親及配偶之血親之配偶。

**第九七〇條** （姻親之親系及親等）

姻親之親系及親等之計算如左：

一 血親之配偶，從其配偶之親系及親等。

二 配偶之血親，從其與配偶之親系及親等。

三 配偶之血親之配偶，從其與配偶之親系及親等。

**第九七一條** （姻親關係之消滅）

姻親關係，因離婚而消滅；結婚經撤銷者亦同。

# 第二章 婚 姻

## 第一節 婚 約

**第九七二條** （婚約之要件）

婚約，應由男女當事人自行訂定。

**第九七三條** 110

男女未滿十七歲者，不得訂定婚約。

**第九七四條** （婚約之要件）

未成年人訂定婚約，應得法定代理人之同意。

**第九七五條** （婚約之效力）

婚約，不得請求強迫履行。

**第九七六條** （婚約解除之事由及方法）108

①婚約當事人之一方，有下列情形之一者，他方得解除婚約：

一 婚約訂定後，再與他人訂定婚約或結婚。
二 故違結婚期約。
三 生死不明已滿一年。
四 有重大不治之病。
五 婚約訂定後與他人合意性交。
六 婚約訂定後受徒刑之宣告。
七 有其他重大事由。

② 依前項規定解除婚約者，如事實上不能向他方為解除之意思表示時，無須為意思表示，自得為解除時起，不受婚約之拘束。

**第九七七條** (解除婚約之賠償)

① 依前條之規定，婚約解除時，無過失之一方，得向有過失之他方，請求賠償其因此所受之損害。

② 前項情形，雖非財產上之損害，受害人亦得請求賠償相當之金額。

③ 前項請求權不得讓與或繼承。但已依契約承諾，或已起訴者，不在此限。

**第九七八條** (違反婚約之損害賠償)

婚約當事人之一方，無第九百七十六條之理由而違反婚約者，對於他方因此所受之損害，應負賠償之責。

**第九七九條** (違反婚約之損害賠償)

① 前條情形，雖非財產上之損害，受害人亦得請求賠償相當之金額。但以受害人無過失者為限。

② 前項請求權，不得讓與或繼承。但已依契約承諾或已起訴者，不在此限。

**第九七九條之一** (贈與物之返還)

因訂定婚約而為贈與者，婚約無效、解除或撤銷時，當事人之一方，得請求他方返還贈與物。

**第九七九條之二** (贈與物返還請求權之消滅時效)

第九百七十七條至第九百七十九條之一所規定之請求權，因二年間不行使而消滅。

## 第二節 結 婚

**第九八〇條** 110

男女未滿十八歲者，不得結婚。

**第九八一條** (刪除) 110

**第九八二條** (結婚之形式要件) 96

結婚應以書面為之，有二人以上證人之簽名，並應由雙方當事人向戶政機關為結婚之登記。

**第九八三條** (結婚之實質要件—須非一定之親屬)

① 與左列親屬，不得結婚：
一 直系血親及直系姻親。
二 旁系血親在六親等以內者。但因收養而成立之四親等及六

親等旁系血親，輩分相同者，不在此限。

三 旁系姻親在五親等以內，輩分不相同者。

② 前項直系姻親結婚之限制，於姻親關係消滅後，亦適用之。

③ 第一項直系血親及直系姻親結婚之限制，於因收養而成立之直系親屬間，在收養關係終止後，亦適用之。

**第九八四條** （結婚之實質要件－須無監護關係）

監護人與受監護人，於監護關係存續中，不得結婚。但經受監護人父母之同意者，不在此限。

**第九八五條** （結婚之實質要件－須非重婚）

① 有配偶者，不得重婚。

② 一人不得同時與二人以上結婚。

**第九八六條** （刪除）

**第九八七條** （刪除）

**第九八八條** （結婚之無效）96

結婚有下列情形之一者，無效：

一 不具備第九百八十二條之方式。

二 違反第九百八十三條規定。

三 違反第九百八十五條規定。但重婚之雙方當事人因善意且無過失信賴一方前婚姻消滅之兩願離婚登記或離婚確定判決而結婚者，不在此限。

**第九八八條之一** （前婚姻視為消滅之效力、賠償及相關規定）96

① 前條第三款但書之情形，前婚姻自後婚姻成立之日起視為消滅。

② 前婚姻視為消滅之效力，除法律另有規定外，準用離婚之效力。但剩餘財產已為分配或協議者，仍依原分配或協議定之，不得另行主張。

③ 依第一項規定前婚姻視為消滅者，其剩餘財產差額之分配請求權，自請求權人知有剩餘財產之差額時起，二年間不行使而消滅。自撤銷兩願離婚登記或廢棄離婚判決確定時起，逾五年者，亦同。

④ 前婚姻依第一項規定視為消滅者，無過失之前婚配偶得向他方請求賠償。

⑤ 前項情形，雖非財產上之損害，前婚配偶亦得請求賠償相當之金額。

⑥ 前項請求權，不得讓與或繼承。但已依契約承諾或已起訴者，不在此限。

**第九八九條** （結婚之撤銷－未達結婚年齡）

結婚違反第九百八十條之規定者，當事人或其法定代理人，得向法院請求撤銷之。但當事人已達該條所定年齡或已懷胎者，不得請求撤銷。

**第九九○條** （刪除）110

**第九九一條** （結婚之撤銷－有監護關係）

結婚違反第九百八十四條之規定者，受監護人或其最近親屬得

向法院請求撤銷之。但結婚已逾一年者，不得請求撤銷。

**第九九二條至第九九四條** （刪除）

**第九九五條** （結婚之撤銷—不能人道）

當事人之一方於結婚時不能人道而不能治者，他方得向法院請求撤銷之。但自知悉其不能治之時起已逾三年者，不得請求撤銷。

**第九九六條** （結婚之撤銷—精神不健全）

當事人之一方於結婚時係在無意識或精神錯亂中者，得於常態回復後六個月內，向法院請求撤銷之。

**第九九七條** （結婚之撤銷—因被詐欺或脅迫）

因被詐欺或被脅迫而結婚者，得於發見詐欺或脅迫終止後，六個月內向法院請求撤銷之。

**第九九八條** （撤銷之不溯及效力）

結婚撤銷之效力，不溯及既往。

**第九九九條** （婚姻無效或撤銷之損害賠償）

① 當事人之一方因結婚無效或被撤銷而受有損害者，得向他方請求賠償。但他方無過失者，不在此限。

② 前項情形，雖非財產上之損害，受害人亦得請求賠償相當之金額，但以受害人無過失者爲限。

③ 前項請求權，不得讓與或繼承。但已依契約承諾或已起訴者，不在此限。

**第九九九條之一** （結婚無效或經撤銷準用規定）

① 第一千零五十七條及第一千零五十八條之規定，於結婚無效時準用之。

② 第一千零五十五條、第一千零五十五條之一、第一千零五十五條之二、第一千零五十七條及第一千零五十八條之規定，於結婚經撤銷時準用之。

## 第三節　婚姻之普通效力

**第一○○○條** （夫妻之冠姓）

① 夫妻各保有其本姓。但得書面約定以其本姓冠配偶之姓，並向戶政機關登記。

② 冠姓之一方得隨時回復其本姓。但於同一婚姻關係存續中以一次爲限。

**第一○○一條** （夫妻之同居義務）

夫妻互負同居之義務。但有不能同居之正當理由者，不在此限。

**第一○○二條** （夫妻之住所）

① 夫妻之住所，由雙方共同協議之；未爲協議或協議不成時，得聲請法院定之。

② 法院爲前項裁定前，以夫妻共同戶籍地推定爲其住所。

**第一○○三條** （日常家務代理權）

① 夫妻於日常家務，互爲代理人。

②夫妻之一方濫用前項代理權時，他方得限制之。但不得對抗善意第三人。

**第一○○三條之一** （家庭生活費用之分擔方式）91

①家庭生活費用，除法律或契約另有約定外，由夫妻各依其經濟能力、家事勞動或其他情事分擔之。

②因前項費用所生之債務，由夫妻負連帶責任。

### 第四節　夫妻財產制

#### 第一款　通　則

**第一○○四條** （夫妻財產制契約之訂立─約定財產制之選擇）
　夫妻得於結婚前或結婚後，以契約就本法所定之約定財產制中，選擇其一，為其夫妻財產制。

**第一○○五條** （法定財產制之適用）
　夫妻未以契約訂立夫妻財產制者，除本法另有規定外，以法定財產制，為其夫妻財產制。

**第一○○六條** （刪除）

**第一○○七條** （夫妻財產制契約之要件─要式契約）91
　夫妻財產制契約之訂立、變更或廢止，應以書面為之。

**第一○○八條** （夫妻財產制契約之要件─契約之登記）91

①夫妻財產制契約之訂立、變更或廢止，非經登記，不得以之對抗第三人。

②前項夫妻財產制契約之登記，不影響依其他法律所為財產權登記之效力。

③第一項之登記，另以法律定之。

**第一○○八條之一** （除夫妻財產制外，其他約定之方法）91
　前二條之規定，於有關夫妻財產之其他約定準用之。

**第一○○九條** （刪除）

**第一○一○條** （分別財產制之原因─法院應夫妻一方之聲請而為宣告）91

①夫妻之一方有左列各款情形之一時，法院因他方之請求，得宣告改用分別財產制：
一　依法應給付家庭生活費用而不給付時。
二　夫或妻之財產不足清償其債務時。
三　依法應得他方同意所為之財產處分，他方無正當理由拒絕同意時。
四　有管理權之一方對於共同財產之管理顯有不當，經他方請求改善而不改善時。
五　因不當減少其婚後財產，而對他方剩餘財產分配請求權有侵害之虞時。
六　有其他重大事由時。

②夫妻之總財產不足清償總債務或夫妻難於維持共同生活，不同居已達六個月以上時，前項規定於夫妻均適用之。

第一〇一一條　（刪除）

第一〇一二條　（夫妻財產制之變更廢止）

夫妻於婚姻關係存續中，得以契約廢止其財產契約，或改用他種約定財產制。

第一〇一三條至第一〇一五條　（刪除）

### 第二款　法定財產制

第一〇一六條　（刪除）

第一〇一七條　（婚前財產與婚後財產）91

① 夫或妻之財產分為婚前財產與婚後財產，由夫妻各自所有。不能證明為婚前或婚後財產者，推定為婚後財產；不能證明為夫或妻所有之財產，推定為夫妻共有。

② 夫或妻婚前財產，於婚姻關係存續中所生之孳息，視為婚後財產。

③ 夫妻以契約訂立夫妻財產制後，於婚姻關係存續中改用法定財產制者，其改用前之財產視為婚前財產。

第一〇一八條　（各自管理財產）91

夫或妻各自管理、使用、收益及處分其財產。

第一〇一八條之一　（自由處分生活費用外金錢）91

夫妻於家庭生活費用外，得協議一定數額之金錢，供夫或妻自由處分。

第一〇一九條　（刪除）

第一〇二〇條　（刪除）

第一〇二〇條之一　（婚後剩餘財產之分配）

① 夫或妻於婚姻關係存續中就其婚後財產所為之無償行為，有害及法定財產制關係消滅後他方之剩餘財產分配請求權者，他方得聲請法院撤銷之。但為履行道德上義務所為之相當贈與，不在此限。

② 夫或妻於婚姻關係存續中就其婚後財產所為之有償行為，於行為時明知有損於法定財產制關係消滅後他方之剩餘財產分配請求權者，以受益人受益時亦知其情事者為限，他方得聲請法院撤銷之。

第一〇二〇條之二　（婚後剩餘財產分配撤銷權之除斥期間）

前條撤銷權，自夫或妻之一方知有撤銷原因時起，六個月間不行使，或自行為時起經過一年而消滅。

第一〇二一條　（刪除）

第一〇二二條　（婚後財產之報告義務）91

夫妻就其婚後財產，互負報告之義務。

第一〇二三條　（各自清償債務）91

① 夫妻各自對其債務負清償之責。

② 夫妻之一方以自己財產清償他方之債務時，雖於婚姻關係存續中，亦得請求償還。

第一〇二四條至第一〇三〇條　（刪除）

## 第一○三○條之一　110

① 法定財產制關係消滅時，夫或妻現存之婚後財產，扣除婚姻關係存續所負債務後，如有剩餘，其雙方剩餘財產之差額，應平均分配。但下列財產不在此限：
　一　因繼承或其他無償取得之財產。
　二　慰撫金。
② 夫妻之一方對於婚姻生活無貢獻或協力，或有其他情事，致平均分配有失公平者，法院得調整或免除其分配額。
③ 法院為前項裁判時，應綜合衡酌夫妻婚姻存續期間之家事勞動、子女照顧養育、對家庭付出之整體協力狀況、共同生活及分居時間之久暫、婚後財產取得時間、雙方之經濟能力等因素。
④ 第一項請求權，不得讓與或繼承。但已依契約承諾，或已起訴者，不在此限。
⑤ 第一項剩餘財產差額之分配請求權，自請求權人知有剩餘財產之差額時起，二年間不行使而消滅。自法定產制關係消滅時起，逾五年者，亦同。

## 第一○三○條之二　（法定財產制關係消滅時債務之計算）91

① 夫或妻之一方以其婚後財產清償其婚前所負債務，或以其婚前財產清償婚姻關係存續中所負債務，除已補償者外，於法定財產制關係消滅時，應分別納入現存之婚後財產或婚姻關係存續中所負債務計算。
② 夫妻之一方以其前條第一項但書之財產清償婚姻關係存續中其所負債務者，適用前項之規定。

## 第一○三○條之三　（法定財產制關係消滅時財產之追加計算）91

① 夫或妻為減少他方對於剩餘財產之分配，而於法定財產制關係消滅前五年內處分其婚後財產者，應將該財產追加計算，視為現存之婚後財產。但為履行道德上義務所為之相當贈與，不在此限。
② 前項情形，分配權利人於義務人不足清償其應得之分配額時，得就其不足額，對受領之第三人於其所受利益內請求返還。但受領為有償者，以顯不相當對價取得者為限。
③ 前項對第三人之請求權，知於悉其分配權利受侵害時起二年間不行使而消滅。自法定產制關係消滅時起，逾五年者，亦同。

## 第一○三○條之四　（婚後財產與追加計算財產之計價基準）91

① 夫妻現存之婚後財產，其價值計算以法定財產制關係消滅時為準。但夫妻因判決而離婚者，以起訴時為準。
② 依前條應追加計算之婚後財產，其價值計算以處分時為準。

### 第三款　約定財產制

#### 第一目　共同財產制

## 第一○三一條　（共同財產之定義）91

夫妻之財產及所得，除特有財產外，合併為共同財產，屬於夫妻公同共有。

**第一○三一條之一** （特有財產之範圍及準用規定）91

① 左列財產為特有財產：
　一　專供夫或妻個人使用之物。
　二　夫或妻職業上必需之物。
　三　夫或妻所受之贈物，經贈與人以書面聲明為其特有財產者。
② 前項所定之特有財產，適用關於分別財產制之規定。

**第一○三二條** （共同財產之管理）

① 共同財產，由夫妻共同管理。但約定由一方管理者，從其約定。
② 共同財產之管理費用，由共同財產負責。

**第一○三三條** （共同財產之處分）91

① 夫妻之一方，對於共同財產為處分時，應得他方之同意。
② 前項同意之欠缺，不得對抗第三人。但第三人已知或可得而知其欠缺，或依情形，可認為該財產屬於共同財產者，不在此限。

**第一○三四條** （結婚前或婚姻關係存續中債務之清償責任）91

夫或妻結婚前或婚姻關係存續中所負之債務，應由共同財產，並各就其特有財產負清償責任。

**第一○三五條至第一○三七條** （刪除）

**第一○三八條** （共同財產制之補償請求權）91

① 共同財產所負之債務，而以共同財產清償者，不生補償請求權。
② 共同財產之債務，而以特有財產清償，或特有財產之債務，而以共同財產清償者，有補償請求權，雖於婚姻關係存續中，亦得請求。

**第一○三九條** （共同財產制之消滅─因其他原因之消滅）

① 夫妻之一方死亡時，共同財產之半數，歸屬於死亡者之繼承人，其他半數，歸屬於生存之他方。
② 前項財產之分割，其數額另有約定者，從其約定。
③ 第一項情形，如該生存之他方，依法不得為繼承人時，其對於共同財產得請求之數額，不得超過於離婚時所應得之數額。

**第一○四○條** （共有財產制之消滅時財產之取回）91

① 共同財產制關係消滅時，除法律另有規定外，夫妻各取回其訂立共同財產制契約時之財產。
② 共同財產制關係存續中取得之共同財產，由夫妻各得其半數。但另有約定者，從其約定。

**第一○四一條** （勞力所得共同財產制）91

① 夫妻得以契約訂定僅以勞力所得為限為共同財產。
② 前項勞力所得，指夫或妻於婚姻關係存續中取得之薪資、工資、紅利、獎金及其他與勞力所得有關之財產收入。勞力所得之孳息及代替利益，亦同。
③ 不能證明為勞力所得或勞力所得以外財產者，推定為勞力所得。
④ 夫或妻勞力所得以外之財產，適用關於分別財產制之規定。
⑤ 第一千零三十四條、第一千零三十八條及第一千零四十條之規定，於第一項情形準用之。

## 第二目　（刪除）

**第一〇四二條**　（刪除）
**第一〇四三條**　（刪除）

### 第三目　分別財產制

**第一〇四四條**　（分別財產制之意義）91
分別財產，夫妻各保有其財產之所有權，各有管理、使用、收益及處分。

**第一〇四五條**　（刪除）

**第一〇四六條**　（分別財產制債務之清償）91
分別財產制有關夫妻債務之清償，適用第一千零二十三條之規定。

**第一〇四七條**　（刪除）
**第一〇四八條**　（刪除）

## 第五節　離　婚

**第一〇四九條**　110
夫妻兩願離婚者，得自行離婚。

**第一〇五〇條**　（離婚之要式性）
兩願離婚，應以書面為之，有二人以上證人之簽名並應向戶政機關為離婚之登記。

**第一〇五一條**　（刪除）

**第一〇五二條**　（裁判離婚之原因）97
① 夫妻之一方，有下列情形之一者，他方得向法院請求離婚：
一　重婚。
二　與配偶以外之人合意性交。
三　夫妻之一方對他方為不堪同居之虐待。
四　夫妻之一方對他方之直系親屬為虐待，或夫妻一方之直系親屬對他方為虐待，致不堪為共同生活。
五　夫妻之一方以惡意遺棄他方在繼續狀態中。
六　夫妻之一方意圖殺害他方。
七　有不治之惡疾。
八　有重大不治之精神病。
九　生死不明已逾三年。
十　因故意犯罪，經判處有期徒刑逾六個月確定。
② 有前項以外之重大事由，難以維持婚姻者，夫妻之一方得請求離婚。但其事由應由夫妻之一方負責者，僅他方得請求離婚。

**第一〇五二條之一**　（法院調解或和解離婚之效力）98
離婚經法院調解或法院和解成立者，婚姻關係消滅。法院應依職權通知該管戶政機關。

**第一〇五三條**　（裁判離婚之限制）
對於前條第一款、第二款之情事，有請求權之一方，於事前同

意或事後宥恕，或知悉後已逾六個月，或自其情事發生後已逾二年者，不得請求離婚。

**第一〇五四條** （裁判離婚之限制）
對於第一千零五十二條第六款及第十款之情事，有請求權之一方，自知悉後已逾一年，或自其情事發生後已逾五年者，不得請求離婚。

**第一〇五五條** （離婚未成年子女保護教養之權義及變更）
①夫妻離婚者，對於未成年子女權利義務之行使或負擔，依協議由一方或雙方共同任之。未爲協議或協議不成者，法院得依夫妻之一方、主管機關、社會福利機構或其他利害關係人之請求或依職權酌定之。
②前項協議不利於子女者，法院得依主管機關、社會福利機構或其他利害關係人之請求或依職權爲子女之利益改定之。
③行使、負擔權利義務之一方未盡保護教養之義務或對未成年子女有不利之情事者，他方、未成年子女、主管機關、社會福利機構或其他利害關係人得爲子女之利益，請求法院改定之。
④前三項情形，法院得依請求或依職權，爲子女之利益酌定權利義務行使負擔之內容及方法。
⑤法院得依請求或依職權，爲未行使或負擔權利義務之一方酌定其與未成年子女會面交往之方式及期間。但其會面交往有妨害子女之利益者，法院得依請求或依職權變更之。

**第一〇五五條之一** （裁判離婚子女之監護）102
①法院爲前條裁判時，應依子女之最佳利益，審酌一切狀況，尤應注意下列事項：
　一　子女之年齡、性別、人數及健康情形。
　二　子女之意願及人格發展之需要。
　三　父母之年齡、職業、品行、健康情形、經濟能力及生活狀況。
　四　父母保護教養子女之意願及態度。
　五　父母子女間或未成年子女與其他共同生活之人間之感情狀況。
　六　父母之一方是否有妨礙他方對未成年子女權利義務行使負擔之行爲。
　七　各族群之傳統習俗、文化及價值觀。
②前項子女最佳利益之審酌，法院除得參考社工人員之訪視報告或家事調查官之調查報告外，並得依囑託警察機關、稅捐機關、金融機構、學校及其他有關機關、團體或具有相關專業知識之適當人士就特定事項調查之結果認定之。

**第一〇五五條之二** （裁判離婚子女之監護）
父母均不適合行使權利時，法院應依子女之最佳利益並審酌前條各款事項，選定適當之人爲子女之監護人，並指定監護之方法、命其父母負擔扶養費用及其方式。

**第一〇五六條** （損害賠償）

① 夫妻之一方，因判決離婚而受有損害者，得向有過失之他方，請求賠償。

② 前項情形，雖非財產上之損害，受害人亦得請求賠償相當之金額。但以受害人無過失者為限。

③ 前項請求權，不得讓與或繼承。但已依契約承諾或已起訴者，不在此限。

**第一〇五七條** （贍養費）

夫妻無過失之一方，因判決離婚而陷於生活困難者，他方縱無過失，亦應給與相當之贍養費。

**第一〇五八條** （財產之取回）91

夫妻離婚時，除採用分別財產制者外，各自取回其結婚或變更夫妻財產制時之財產。如有剩餘，各依其夫妻財產制之規定分配之。

## 第三章 父母子女

**第一〇五九條** （子女之姓）99

① 父母於子女出生登記前，應以書面約定子女從父姓或母姓。未約定或約定不成者，於戶政事務所抽籤決定之。

② 子女經出生登記後，於未成年前，得由父母以書面約定變更為父姓或母姓。

③ 子女已成年者，得變更為父姓或母姓。

④ 前二項之變更，各以一次為限。

⑤ 有下列各款情形之一，法院得依父母之一方或子女之請求，為子女之利益，宣告變更子女之姓氏為父姓或母姓：

一 父母離婚者。

二 父母之一方或雙方死亡者。

三 父母之一方或雙方生死不明滿三年者。

四 父母之一方顯有未盡保護或教養義務之情事者。

**第一〇五九條之一** （非婚生子女之姓）99

① 非婚生子女從母姓。經生父認領者，適用前條第二項至第四項之規定。

② 非婚生子女經生父認領，而有下列各款情形之一，法院得依母之一方或子女之請求，為子女之利益，宣告變更子女之姓氏為父姓或母姓：

一 父母之一方或雙方死亡者。

二 父母之一方或雙方生死不明滿三年者。

三 子女之姓氏與任權利義務行使或負擔之父或母不一致者。

四 父母之一方顯有未盡保護或教養義務之情事者。

**第一〇六〇條** （未成年子女之住所）

未成年之子女，以其父母之住所為住所。

**第一〇六一條** （婚生子女之定義）

稱婚生子女者，謂由婚姻關係受胎而生之子女。

**第一○六二條** （受胎期間）96

① 從子女出生日回溯第一百八十一日起至第三百零二日止，為受胎期間。

② 能證明受胎回溯在前項第一百八十一日以內或第三百零二日以前者，以其期間為受胎期間。

**第一○六三條** （婚生子女之推定及否認）96

① 妻之受胎，係在婚姻關係存續中者，推定其所生子女為婚生子女。

② 前項推定，夫妻之一方或子女能證明子女非為婚生子女者，得提起否認之訴。

③ 前項否認之訴，夫妻之一方自知悉該子女非為婚生子女之時起，或子女自知悉其非婚生子女之時起二年內為之。但子女於未成年時知悉者，仍得於成年後二年內為之。

**第一○六四條** （準正）

非婚生子女，其生父與生母結婚者，視為婚生子女。

**第一○六五條** （認領之效力及認領之擬制及非婚生子女與生母之關係）

① 非婚生子女經生父認領者，視為婚生子女，其經生父撫育者，視為認領。

② 非婚生子女與其生母之關係視為婚生子女，無須認領。

**第一○六六條** （認領之否認）

非婚生子女或其生母，對於生父之認領，得否認之。

**第一○六七條** （認領之請求）96

① 有事實足認其為非婚生子女之生父者，非婚生子女或其生母或其他法定代理人，得向生父提起認領之訴。

② 前項認領之訴，於生父死亡後，得向生父之繼承人為之。生父無繼承人者，得向社會福利主管機關為之。

**第一○六八條** （刪除）

**第一○六九條** （認領之效力—溯及效力）

非婚生子女認領之效力，溯及於出生時。但第三人已得之權利，不因此而受影響。

**第一○六九條之一** （認領非婚生未成年子女權義之準用規定）

非婚生子女經生父認領者，關於未成年子女權利義務之行使或負擔，準用第一千零五十五條第一千零五十五條之一及第一千零五十五條之二之規定。

**第一○七○條** （認領之效力—絕對效力）96

生父認領非婚生子女後，不得撤銷其認領。但有事實足認其非生父者，不在此限。

**第一○七一條** （刪除）

**第一○七二條** （收養之定義）

收養他人之子女為子女時，其收養者為養父或養母，被收養者為養子或養女。

**第一○七三條** （收養要件—年齡）96

①收養者之年齡，應長於被收養者二十歲以上。但夫妻共同收養時，夫妻之一方長於被收養者二十歲以上，而他方僅長於被收養者十六歲以上，亦得收養。

②夫妻之一方收養他方之子女時，應長於被收養者十六歲以上。

**第一○七三條之一** （不得收養為養子女之親屬）

下列親屬不得收養為養子女：

一　直系血親。

二　直系姻親。但夫妻之一方，收養他方之子女者，不在此限。

三　旁系血親在六親等以內及旁系姻親在五親等以內，輩分不相當者。

**第一○七四條** （夫妻應為共同收養）96

夫妻收養子女時，應共同為之。但有下列各款情形之一者，得單獨收養：

一　夫妻之一方收養他方之子女。

二　夫妻之一方不能為意思表示或生死不明已逾三年。

**第一○七五條** （同時為二人養子之禁止）96

除夫妻共同收養外，一人不得同時為二人之養子女。

**第一○七六條** （被收養人配偶之同意）96

夫妻之一方被收養時，應得他方之同意。但他方不能為意思表示或生死不明已逾三年者，不在此限。

**第一○七六條之一** （子女被收養應得父母之同意）96

①子女被收養時，應得其父母之同意。但有下列各款情形之一者，不在此限：

一　父母之一方或雙方對子女未盡保護教養義務或有其他顯然不利子女之情事而拒絕同意。

二　父母之一方或雙方事實上不能為意思表示。

②前項同意應作成書面並經公證。但已向法院聲請收養認可者，得以言詞向法院表示並記明筆錄代之。

③第一項之同意，不得附條件或期限。

**第一○七六條之二** （未滿七歲及滿七歲之被收養者應得其法定代理人之同意）96

①被收養者未滿七歲時，應由其法定代理人代為並代受意思表示。

②滿七歲以上之未成年人被收養時，應得其法定代理人之同意。

③被收養者之父母已依前二項規定以法定代理人之身分代為並代受意思表示或為同意時，得免依前條規定為同意。

**第一○七七條** 110

①養子女與養父母及其親屬間之關係，除法律另有規定外，與婚生子女同。

②養子女與本生父母及其親屬間之權利義務，於收養關係存續中停止之。但夫妻之一方收養他方之子女時，他方與其子女之權利義務，不因收養而受影響。

③收養者收養子女後，與養子女之本生父或母結婚時，養子女回復與本生父或母及其親屬間之權利義務。但第三人已取得之權

利，不受影響。

④養子女於收養認可時已有直系血親卑親屬者，收養之效力僅及
於其未成年之直系血親卑親屬。但收養認可前，其已成年之直系
血親卑親屬表示同意者，不在此限。

⑤前項同意，準用第一千零七十六條之一第二項及第三項之規定。

**第一〇七八條** （收養之效力—養子女之姓氏）96

①養子女從收養者之姓或維持原來之姓。

②夫妻共同收養子女時，於收養登記前，應以書面約定養子女從
養父姓、養母姓或維持原來之姓。

③第一千零五十九條第二項至第五項之規定，於收養之情形準用
之。

**第一〇七九條** （收養之方法）96

①收養應以書面爲之，並向法院聲請認可。

②收養有無效、得撤銷之原因或違反其他法律規定者，法院應不
予認可。

**第一〇七九條之一** （收養之無效）

法院爲未成年人被收養之認可時，應依養子女最佳利益爲之。

**第一〇七九條之二** （收養之撤銷及其行使期間）

被收養者爲成年人而有下列各款情形之一者，法院應不予收養
之認可：

一　意圖以收養免除法定義務。

二　依其情形，足認收養於其本生父母不利。

三　有其他重大事由，足認違反收養目的。

**第一〇七九條之三** （收養之生效時點）96

收養自法院認可裁定確定時，溯及於收養契約成立時發生效力。
但第三人已取得之權利，不受影響。

**第一〇七九條之四** （收養之無效）96

收養子女，違反第一千零七十三條、第一千零七十三條之一、
第一千零七十五條、第一千零七十六條之一、第一千零七十六
條之二第一項或第一千零七十九條第一項之規定者，無效。

**第一〇七九條之五** （收養之撤銷及其行使期間）96

①收養子女，違反第一千零七十四條之規定者，收養者之配偶得
請求法院撤銷之。但自知悉其事實之日起，已逾六個月，或自
法院認可之日起已逾一年者，不得請求撤銷。

②收養子女，違反第一千零七十六條或第一千零七十六條之二第
二項之規定者，被收養者之配偶或法定代理人得請求法院撤銷
之。但自知悉其事實之日起，已逾六個月，或自法院認可之日
起已逾一年者，不得請求撤銷。

③依前二項之規定，經法院判決撤銷收養者，準用第一千零八十
二條及第一千零八十三條之規定。

**第一〇八〇條** （收養之終止—合意終止）96

①養父母與養子女之關係，得由雙方合意終止之。

②前項終止，應以書面爲之。養子女爲未成年人者，並應向法院

聲請認可。

③法院依前項規定爲認可時，應依養子女最佳利益爲之。

④養子女爲未成年人者，終止收養自法院認可裁定確定時發生效力。

⑤養子女未滿七歲者，其終止收養關係之意思表示，由收養終止後爲其法定代理人之人爲之。

⑥養子女爲滿七歲以上之未成年人者，其終止收養關係，應得收養終止後爲其法定代理人之人之同意。

⑦夫妻共同收養子女者，其合意終止收養應共同爲之。但有下列情形之一者，得單獨終止：

一　夫妻之一方不能爲意思表示或生死不明已逾三年。

二　夫妻之一方於收養後死亡。

三　夫妻離婚。

⑧夫妻之一方依前項但書規定單獨終止收養者，其效力不及於他方。

**第一○八○條之一** （收養之終止一聲請法院許可）96

①養父母死亡後，養子女得聲請法院許可終止收養。

②養子女未滿七歲者，由收養終止後爲其法定代理人之人向法院聲請許可。

③養子女爲滿七歲以上之未成年人者，其終止收養之聲請，應得收養終止後爲其法定代理人之人之同意。

④法院認終止收養顯失公平者，得不許可之。

**第一○八○條之二** （收養之終止一無效）96

終止收養，違反第一千零八十條第二項、第五項或第一千零八十條之一第二項規定者，無效。

**第一○八○條之三** （收養之終止一撤銷）96

①終止收養，違反第一千零八十條第七項之規定者，終止收養者之配偶得請求法院撤銷之。但自知悉其事實之日起，已逾六個月，或自法院認可之日起已逾一年者，不得請求撤銷。

②終止收養，違反第一千零八十條第六項或第一千零八十條之一第三項之規定者，終止收養後被收養者之法定代理人得請求法院撤銷之。但自知悉其事實之日起，已逾六個月，或自法院許可之日起已逾一年者，不得請求撤銷。

**第一○八一條** （收養之終止一判決終止）96

①養父母、養子女之一方，有下列各款情形之一者，法院得依他方、主管機關或利害關係人之請求，宣告終止其收養關係：

一　對於他方爲虐待或重大侮辱。

二　遺棄他方。

三　因故意犯罪，受二年有期徒刑以上之刑之裁判確定而未受緩刑宣告。

四　有其他重大事由難以維持收養關係。

②養子女爲未成年人者，法院宣告終止收養關係時，應依養子女最佳利益爲之。

**第一〇八二條** （終止之效果—給與金額之請求）96

因收養關係終止而生活陷於困難者，得請求他方給與相當之金額。但其請求顯失公平者，得減輕或免除之。

**第一〇八三條** （終止之效果—復姓）96

養子女及收養效力所及之直系血親卑親屬，自收養關係終止時起，回復其本姓，並回復其與本生父母及其親屬間之權利義務。但第三人已取得之權利，不受影響。

**第一〇八三條之一** （準用規定）96

法院依第一千零五十九條第五項、第一千零五十九條之一第二項、第一千零七十八條第三項、第一千零七十九條之一、第一千零八十條第三項或第一千零八十一條第二項規定為裁判時，準用第一千零五十五條之一之規定。

**第一〇八四條** （親權—孝親、保護及教養）

① 子女應孝敬父母。

② 父母對於未成年之子女，有保護及教養之權利義務。

**第一〇八五條** （親權—懲戒）

父母得於必要範圍內懲戒其子女。

**第一〇八六條** （親權—代理）96

① 父母為其未成年子女之法定代理人。

② 父母之行為與未成年子女之利益相反，依法不得代理時，法院得依父母、未成年子女、主管機關、社會福利機構或其他利害關係人之聲請或依職權，為子女選任特別代理人。

**第一〇八七條** （子女之特有財產）

未成年子女，因繼承、贈與或其他無償取得之財產，為其特有財產。

**第一〇八八條** （親權—子女特有財產之管理）

① 未成年子女之特有財產，由父母共同管理。

② 父母對於未成年子女之特有財產，有使用、收益之權。但非為子女之利益，不得處分之。

**第一〇八九條** （裁判未成年子女權義之行使及變更）

① 對於未成年子女之權利義務，除法律另有規定外，由父母共同行使或負擔之。父母之一方不能行使權利時，由他方行使之。父母不能共同負擔義務時，由有能力者負擔之。

② 父母對於未成年子女重大事項權利之行使意思不一致時，得請求法院依子女之最佳利益酌定之。

③ 法院為前項裁判前，應聽取未成年子女、主管機關或社會福利機構之意見。

**第一〇八九條之一** （未成年子女權義之行使或負擔準用規定）96

父母不繼續共同生活達六個月以上時，關於未成年子女權利義務之行使或負擔，準用第一千零五十五條、第一千零五十五條之一及第一千零五十五條之二之規定。但父母有不能同居之正當理由或法律另有規定者，不在此限。

**第一〇九〇條** （親權濫用之禁止）96

父母之一方濫用其對於子女之權利時，法院得依他方、未成年子女、主管機關、社會福利機構或其他利害關係人之請求或依職權，爲子女之利益，宣告停止其權利之全部或一部。

# 第四章　監　護

## 第一節　未成年人之監護

**第一〇九一條** 110

　　未成年人無父母，或父母均不能行使、負擔對於其未成年子女之權利、義務時，應置監護人。

**第一〇九二條** （委託監護人）97

　　父母對其未成年之子女，得因特定事項，於一定期限內，以書面委託他人行使監護之職務。

**第一〇九三條** （遺囑指定監護人）97

①最後行使、負擔對於未成年子女之權利、義務之父或母，得以遺囑指定監護人。

②前項遺囑指定之監護人，應於知悉其爲監護人後十五日內，將姓名、住所報告法院；其遺囑未指定會同開具財產清冊之人者，並應申請當地直轄市、縣（市）政府指派人員會同開具財產清冊。

③於前項期限內，監護人未向法院報告者，視爲拒絕就職。

**第一〇九四條** （法定監護人）97

①父母均不能行使、負擔對於未成年子女之權利義務或父母死亡而無遺囑指定監護人，或遺囑指定之監護人拒絕就職時，依下列順序定其監護人：

　一　與未成年人同居之祖父母。

　二　與未成年人同居之兄姊。

　三　不與未成年人同居之祖父母。

②前項監護人，應於知悉其爲監護人後十五日內，將姓名、住所報告法院，並應申請當地直轄市、縣（市）政府指派人員會同開具財產清冊。

③未能依第一項之順序定其監護人時，法院得依未成年子女、四親等內之親屬、檢察官、主管機關或其他利害關係人之聲請，爲未成年子女之最佳利益，就其三親等旁系血親尊親屬、主管機關、社會福利機構或其他適當之人選定爲監護人，並得指定監護之方法。

④法院依前項選定監護人或依第一千一百零六條及第一千一百零六條之一另行選定或改定監護人時，應同時指定會同開具財產清冊之人。

⑤未成年人無第一項之監護人，於法院依第三項爲其選定確定前，由當地社會福利主管機關爲其監護人。

**第一〇九四條之一** （法院選定或改定監護人應注意事項）97

法院選定或改定監護人時，應依受監護人之最佳利益，審酌一切情狀，尤應注意下列事項：

一 受監護人之年齡、性別、意願、健康情形及人格發展需要。

二 監護人之年齡、職業、品行、意願、態度、健康情形、經濟能力、生活狀況及有無犯罪前科紀錄。

三 監護人與受監護人間或受監護人與其他共同生活之人間之情感及利害關係。

四 法人為監護人時，其事業之種類與內容，法人及其代表人與受監護人之利害關係。

**第一○九五條** （監護人之辭職） 97

監護人有正當理由，經法院許可者，得辭任其職務。

**第一○九六條** （監護人資格之限制） 97

有下列情形之一者，不得為監護人：

一 未成年。

二 受監護或輔助宣告尚未撤銷。

三 受破產宣告尚未復權。

四 失蹤。

**第一○九七條** （監護人之職務） 97

①除另有規定外，監護人於保護、增進受監護人利益之範圍內，行使、負擔父母對於未成年子女之權利、義務。但由父母暫時委託者，以所委託之職務為限。

②監護人有數人，對於受監護人重大事項權利之行使意思不一致時，得聲請法院依受監護人之最佳利益，酌定由其中一監護人行使之。

③法院為前項裁判前，應聽取受監護人、主管機關或社會福利機構之意見。

**第一○九八條** （監護人之法定代理權） 97

①監護人於監護權限內，為受監護人之法定代理人。

②監護人之行為與受監護人之利益相反或依法不得代理時，法院得因監護人、受監護人、主管機關、社會福利機構或其他利害關係人之聲請或依職權，為受監護人選任特別代理人。

**第一○九九條** （監護人對受監護人財產之權義—開具財產清冊） 97

①監護開始時，監護人對於受監護人之財產，應依規定會同遺囑指定、當地直轄市、縣（市）政府指派或法院指定之人，於二個月內開具財產清冊，並陳報法院。

②前項期間，法院得依監護人之聲請，於必要時延長之。

**第一○九九條之一** （監護人對受監護人之財產僅得為管理上必要行為） 97

於前條之財產清冊開具完成並陳報法院前，監護人對於受監護人之財產，僅得為管理上必要之行為。

**第一一○○條** （監護人對受監護人財產之權義—管理及注意義務） 97

監護人應以善良管理人之注意，執行監護職務。

**第一一○一條** （監護人對受監護人財產之權義限制）97

① 監護人對於受監護人之財產，非為受監護人之利益，不得使用、代為或同意處分。

② 監護人為下列行為，非經法院許可，不生效力：

　　一　代理受監護人購置或處分不動產。

　　二　代理受監護人，就供其居住之建築物或其基地出租、供他人使用或終止租賃。

③ 監護人不得以受監護人之財產為投資。但購買公債、國庫券、中央銀行儲蓄券、金融債券、可轉讓定期存單、金融機構承兌匯票或保證商業本票，不在此限。

**第一一○二條** （監護人對受監護人財產之權義－受讓之禁止）
監護人不得受讓受監護人之財產。

**第一一○三條** （監護人對受監護人財產之權義－財產狀況之報告）97

① 受監護人之財產，由監護人管理。執行監護職務之必要費用，由受監護人之財產負擔。

② 法院於必要時，得命監護人提出監護事務之報告、財產清冊或結算書，檢查監護事務或受監護人之財產狀況。

**第一一○三條之一** （刪除）97

**第一一○四條** （監護人之報酬請求權）97
監護人得請求報酬，其數額由法院按其勞力及受監護人之資力酌定之。

**第一一○五條** （刪除）97

**第一一○六條** （監護人之撤退）97

① 監護人有下列情形之一，且受監護人無第一千零九十四條第一項之監護人者，法院得依受監護人、第一千零九十四條第三項聲請權人之聲請或依職權，另行選定適當之監護人：

　　一　死亡。

　　二　經法院許可辭任。

　　三　有第一千零九十六條各款情形之一。

② 法院另行選定監護人確定前，由當地社會福利主管機關為其監護人。

**第一一○六條之一** （改定監護人之聲請）97

① 有事實足認監護人不符受監護人之最佳利益，或有顯不適任之情事者，法院得依前條第一項聲請權人之聲請，改定適當之監護人，不受第一千零九十四條第一項規定之限制。

② 法院於改定監護人確定前，得先行宣告停止原監護人之監護權，並由當地社會福利主管機關為其監護人。

**第一一○七條** （監護終止時受監護人財產之清算）97

① 監護人變更時，原監護人應即將受監護人之財產移交於新監護人。

② 受監護之原因消滅時，原監護人應即將受監護人之財產交還於

受監護人；如受監護人死亡時，交還於其繼承人。

③前二項情形，原監護人應於監護關係終止時起二個月內，為受監護人財產之結算，作成結算書，送交新監護人、受監護人或其繼承人。

④新監護人、受監護人或其繼承人對於前項結算書未為承認前，原監護人不得免其責任。

第一一〇八條 （清算義務之繼承）97

監護人死亡時，前條移交及結算，由其繼承人為之；其無繼承人或繼承人有無不明者，由新監護人逕行辦理結算，連同依第一千零九十九條規定開具之財產清冊陳報法院。

第一一〇九條 （監護人賠償責任之短期時效）97

①監護人於執行監護職務時，因故意或過失，致生損害於受監護人者，應負賠償之責。

②前項賠償請求權，自監護關係消滅之日起，五年間不行使而消滅；如有新監護人者，其期間自新監護人就職之日起算。

第一一〇九條之一 （監護事件依職權囑託行政機關登記）97

法院於選定監護人、許可監護人辭任及另行選定或改定監護人時，應依職權囑託該管戶政機關登記。

第一一〇九條之二 （未成年人受監護宣告之適用規定）97

未成年人依第十四條受監護之宣告者，適用本章第二節成年人監護之規定。

## 第二節 成年人之監護及輔助

第一一一〇條 （監護人之設置）97

受監護宣告之人應置監護人。

第一一一一條 （監護人之順序及選定）97

①法院為監護之宣告時，應依職權就配偶、四親等內之親屬、最近一年有同居事實之其他親屬、主管機關、社會福利機構或其他適當之人選定一人或數人為監護人，並同時指定會同開具財產清冊之人。

②法院為前項選定及指定前，得命主管機關或社會福利機構進行訪視，提出調查報告及建議。監護之聲請人或利害關係人亦得提出相關資料或證據，供法院斟酌。

第一一一一條之一 （選定監護人之注意事項）97

法院選定監護人時，應依受監護宣告之人之最佳利益，優先考量受監護宣告之人之意見，審酌一切情狀，並注意下列事項：

一 受監護宣告之人之身心狀態與生活及財產狀況。

二 受監護宣告之人與其配偶、子女或其他共同生活之人間之情感狀況。

三 監護人之職業、經歷、意見及其與受監護宣告之人之利害關係。

四 法人為監護人時，其事業之種類與內容，法人及其代表人

與受監護宣告之人之利害關係。

**第一一一條之二** （監護人之資格限制）104

照護受監護宣告之人之法人或機構及其代表人、負責人，或與該法人或機構有僱傭、委任或其他類似關係之人，不得為該受監護宣告之人之監護人。但為該受監護宣告之人之配偶、四親等內之血親或二親等內之姻親者，不在此限。

**第一一二條** （監護人之職務）97

監護人於執行有關受監護人之生活、護養療治及財產管理之職務時，應尊重受監護人之意思，並考量其身心狀態與生活狀況。

**第一一二條之一** （成年監護之監護人為數人時執行監護職務之方式）97

①法院選定數人為監護人時，得依職權指定其共同或分別執行職務之範圍。

②法院得因監護人、受監護人、第十四條第一項聲請權人之聲請，撤銷或變更前項之指定。

**第一一二條之二** （監護事件依職權囑託戶政機關登記）97

法院為監護之宣告、撤銷監護之宣告、選定監護人、許可監護人辭任及另行選定或改定監護人時，應依職權囑託該管戶政機關登記。

**第一一三條** （未成年人監護規定之準用）97

成年人之監護，除本節有規定者外，準用關於未成年人監護之規定。

**第一一三條之一** （輔助人之設置）97

①受輔助宣告之人，應置輔助人。

②輔助人及有關輔助之職務，準用第一千零九十五條、第一千零九十六條、第一千零九十八條第二項、第一千一百條、第一千一百零二條、第一千一百零三條第二項、第一千一百零四條、第一千一百零六條、第一千一百零六條之一、第一千一百零九條、第一千一百十一條至第一千一百十一條之二、第一千一百十二條之一及第一千一百十二條之二之規定。

## 第三節　成年人之意定監護 108

**第一一三條之二** （意定監護契約之定義）108

①稱意定監護者，謂本人與受任人約定，於本人受監護宣告時，受任人允為擔任監護人之契約。

②前項受任人得為一人或數人；其為數人者，除約定為分別執行職務外，應共同執行職務。

**第一一三條之三** （意定監護契約之成立及發生效力）108

①意定監護契約之訂立或變更，應由公證人作成公證書始為成立。公證人作成公證書後七日內，以書面通知本人住所地之法院。

②前項公證，應有本人及受任人在場，向公證人表明其合意，始得為之。

③意定監護契約於本人受監護宣告時，發生效力。

第一一一三條之四 （意定監護優先原則）108

①法院為監護之宣告時，受監護宣告之人已訂有意定監護契約者，應以意定監護契約所定之受任人為監護人，同時指定會同開具財產清冊之人。其意定監護契約已載明會同開具財產清冊之人者，法院應依契約所定者指定之，但意定監護契約未載明會同開具財產清冊之人或所載明之人顯不利本人利益者，法院得依職權指定之。

②法院為前項監護之宣告時，有事實足認意定監護受任人不利於本人或有顯不適任之情事者，法院得依職權就第一千一百十一條第一項所列之人選定為監護人。

第一一一三條之五 （意定監護契約撤回或終止）108

①法院為監護之宣告前，意定監護契約之本人或受任人得隨時撤回之。

②意定監護契約之撤回，應以書面先向他方為之，並由公證人作成公證書後，始生撤回之效力。公證人作成公證書後七日內，以書面通知本人住所地之法院。契約經一部撤回者，視為全部撤回。

③法院為監護之宣告後，本人有正當理由者，得聲請法院許可終止意定監護契約。受任人有正當理由者，得聲請法院許可辭任其職務。

④法院依前項許可終止意定監護契約時，應依職權就第一千一百十一條第一項所列之人選定為監護人。

第一一一三條之六 （選定或改定監護人）108

①法院為監護之宣告後，監護人共同執行職務時，監護人全體有第一千一百零六條第一項或第一千一百零六條之一第一項之情形者，法院得依第十四條第一項所定聲請權人之聲請或依職權，就第一千一百十一條第一項所列之人另行選定或改定為監護人。

②法院為監護之宣告後，意定監護契約約定監護人數人分別執行職務時，執行同一職務之監護人全體有第一千一百零六條第一項或第一千一百零六條之一第一項之情形者，法院得依前項規定另行選定或改定全體監護人。但執行其他職務之監護人無不適任之情形者，法院應優先選定或改定其為監護人。

③法院為監護之宣告後，前二項所定執行職務之監護人中之一人或數人有第一千一百零六條第一項之情形者，由其他監護人執行職務。

④法院為監護之宣告後，第一項及第二項所定執行職務之監護人中之一人或數人有第一千一百零六條之一第一項之情形者，法院得依第十四條第一項所定聲請權人之聲請或依職權解任之，由其他監護人執行職務。

第一一一三條之七 （意定監護人之報酬）108

意定監護契約已約定報酬或約定不給付報酬者，從其約定；未

約定者，監護人得請求法院按其勞力及受監護人之資力酌定之。

**第一一一三條之八** （意定監護契約牴觸之情形）108

前後意定監護契約有相牴觸者，視爲本人撤回前意定監護契約。

**第一一一三條之九** （當事人意思自主原則）108

意定監護契約約定受任人執行監護職務不受第一千一百零一條第二項、第三項規定限制者，從其約定。

**第一一一三條之一〇** （成年人監護之準用）108

意定監護，除本節有規定者外，準用關於成年人監護之規定。

# 第五章 扶 養

**第一一一四條** （互負扶養義務之親屬）

左列親屬，互負扶養之義務：

一　直系血親相互間。

二　夫妻之一方與他方之父母同居者，其相互間。

三　兄弟姊妹相互間。

四　家長家屬相互間。

**第一一一五條** （扶養義務人之順序）

① 負扶養義務者有數人時，應依左列順序定其履行義務之人：

一　直系血親卑親屬。

二　直系血親尊親屬。

三　家長。

四　兄弟姊妹。

五　家屬。

六　子婦、女婿。

七　夫妻之父母。

② 同係直系尊親屬或直系卑親屬者，以親等近者爲先。

③ 負扶養義務者有數人，而其親等同一時，應各依其經濟能力，分擔義務。

**第一一一六條** （扶養權利人之順序）

① 受扶養權利者有數人，而負扶養義務者之經濟能力，不足扶養其全體時，依左列順序定其受扶養之人：

一　直系血親尊親屬。

二　直系血親卑親屬。

三　家屬。

四　兄弟姊妹。

五　家長。

六　夫妻之父母。

七　子婦、女婿。

② 同係直系尊親屬或直系卑親屬者，以親等近者爲先。

③ 受扶養權利者有數人，而其親等同一時，應按其需要之狀況，酌爲扶養。

**第一一一六條之一** （夫妻與其他人扶養權利義務之順位）

夫妻互負扶養之義務，其負扶養義務之順序與直系血親卑親屬同，其受扶養權利之順序與直系血親尊親屬同。

**第一一一六條之二** （結婚經撤銷或離婚子女之扶養義務）

父母對於未成年子女之扶養義務，不因結婚經撤銷或離婚而受影響。

**第一一一七條** （受扶養之要件）

① 受扶養權利者，以不能維持生活而無謀生能力者爲限。

② 前項無謀生能力之限制，於直系血親尊親屬不適用之。

**第一一一八條** （扶養義務之免除）

因負擔扶養義務而不能維持自己生活者，免除其義務。但受扶養權利者爲直系血親尊親屬或配偶時，減輕其義務。

**第一一一八條之一** （減輕或免除扶養義務之情形）99

① 受扶養權利者有下列情形之一，由負扶養義務者負擔扶養義務顯失公平，負扶養義務者得請求法院減輕其扶養義務：

　一　對負扶養義務者、其配偶或直系血親故意爲虐待、重大侮辱或其他身體、精神上之不法侵害行爲。

　二　對負扶養義務者無正當理由未盡扶養義務。

② 受扶養權利者對負扶養義務者有前項各款行爲之一，且情節重大者，法院得免除其扶養義務。

③ 前二項規定，受扶養權利者爲負扶養義務者之未成年直系血親卑親屬者，不適用之。

**第一一一九條** （扶養程序）

扶養之程度，應按受扶養權利者之需要與負扶養義務者之經濟能力及身分定之。

**第一一二○條** （扶養方法之決定）97

扶養之方法，由當事人協議定之；不能協議時，由親屬會議定之。但扶養費之給付，當事人不能協議時，由法院定之。

**第一一二一條** （扶養程度及方法之變更）

扶養之程度及方法，當事人得因情事之變更，請求變更之。

## 第六章　家

**第一一二二條** （家之定義）

稱家者，謂以永久共同生活爲目的而同居之親屬團體。

**第一一二三條** （家長與家屬）

① 家置家長。

② 同家之人，除家長外，均爲家屬。

③ 雖非親屬，而以永久共同生活爲目的同居一家者，視爲家屬。

**第一一二四條** （家長之選定）

家長由親屬團體中推定之；無推定時，以家中之最尊輩者爲之；尊輩同者，以年長者爲之；最尊或最長者不能或不願管理家務時，由其指定家屬一人代理之。

**第一一二五條** （管理家務之注意義務）

家務由家長管理。但家長得以家務之一部，委託家屬處理。

**第一一二六條** （管理家務之注意義務）

家長管理家務，應注意於家屬全體之利益。

**第一一二七條** 110

家屬已成年者，得請求由家分離。

**第一一二八條** 110

家長對於已成年之家屬，得令其由家分離。但以有正當理由時為限。

# 第七章　親屬會議

**第一一二九條** （召集人）

依本法之規定應開親屬會議時，由當事人、法定代理人或其他利害關係人召集之。

**第一一三〇條** （親屬會議組織）

親屬會議，以會員五人組織之。

**第一一三一條** （親屬會議會員構成之順序）98

① 親屬會議會員，應就未成年人、受監護宣告之人或被繼承人之下列親屬與順序定之：

一　直系血親尊親屬。

二　三親等內旁系血親尊親屬。

三　四親等內同輩血親。

② 前項同一順序之人，以親等近者為先；親等同者，以同居親屬為先，無同居親屬者，以年長者為先。

③ 依前二項順序所定之親屬會議會員，不能出席會議或難於出席時，由次順序之親屬充任之。

**第一一三二條** （聲請法院處理之事由）103

依法應經親屬會議處理之事項，而有下列情形之一者，得由有召集權人或利害關係人聲請法院處理之：

一　無前條規定之親屬或親屬不足法定人數。

二　親屬會議不能或難以召開。

三　親屬會議經召開而不為或不能決議。

**第一一三三條** （會員資格之限制）98

監護人、未成年人及受監護宣告之人，不得為親屬會議會員。

**第一一三四條** （會員辭職之限制）

依法為親屬會議會員之人，非有正當理由，不得辭其職務。

**第一一三五條** （會議之召開及決議）

親屬會議，非有三人以上之出席，不得開會；非有出席會員過半數之同意，不得為決議。

**第一一三六條** （決議之限制）

親屬會議會員，於所議事件有個人利害關係者，不得加入決議。

**第一一三七條** （不服決議之聲訴）

第一千一百二十九條所定有召集權之人，對於親屬會議之決議

有不服者，得於三個月內向法院聲訴。

# 民法親屬編施行法

①民國20年1月24日國民政府制定公布全文15條；並自20年5月5日施行。
②民國74年6月3日總統令修正公布第1至4、6、8、10、12至15條條文。
③民國85年9月25日總統令增訂公布第6-1條條文。
④民國89年2月2日總統令增訂公布第14-1條條文。
⑤民國91年6月26日總統令增訂公布第6-2條條文。
⑥民國96年5月23日總統令增訂公布第4-1、8-1條條文。
⑦民國97年5月23日總統令修正公布第15條條文；增訂第14-2、14-3條條文；並自公布日施行。
⑧民國98年12月30日總統令修正公布第15條條文。
⑨民國101年12月26日總統令增訂公布第6-3條條文。
⑩民國110年1月13日總統令增訂公布第4-2條條文；並自112年1月1日施行。

**第一條** （不溯及既往之原則）

關於親屬之事件，在民法親屬編施行前發生者，除本施行法有特別規定外，不適用民法親屬編之規定；其在修正前發生者，除本施行法有特別規定外，亦不適用修正後之規定。

**第二條** （消滅時效之特別規定）

①民法親屬編施行前，依民法親屬編之規定消滅時效業已完成，或其時效期間尚有殘餘不足一年者，得於施行之日起一年內行使請求權，但自其時效完成後，至民法親屬編施行時，已逾民法親屬編所定時效期間二分之一者，不在此限。

②前項規定，於依民法親屬編修正後規定之消滅時效業已完成，或其時效期間尚有殘餘不足一年者，準用之。

**第三條** （無時效性質之法定期間之準用）

前條之規定，於民法親屬編修正前或修正後所定無時效性質之法定期間準用之。但其法定期間不滿一年者，如在施行時或修正時尚未屆滿，其期間自施行或修正之日起算。

**第四條** （婚約規定之適用）

①民法親屬編關於婚約之規定，除第九百七十三條外，於民法親屬編施行前所訂之婚約亦適用之。

②修正之民法第九百七十七條第二項及第三項之規定，於民法親屬編修正前所訂之婚約並適用之。

**第四條之一** （重婚規定之適用）96

①中華民國九十六年五月四日修正之民法第九百八十二條之規定，自公布後一年施行。

②修正之民法第九百八十八條之規定，於民法修正前重婚者，仍

有適用。

**第四條之二** 110

①中華民國一百零九年十二月二十五日修正之民法第九百七十三條、第九百八十條、第九百八十一條、第九百九十條、第一千零四十九條、第一千零七十七條、第一千零九十一條、第一千一百二十七條及第一千一百二十八條，自一百十二年一月一日施行。

②中華民國一百零九年十二月二十五日修正之民法第九百九十條、第一千零七十七條、第一千零九十一條、第一千一百二十七條及第一千一百二十八條施行前結婚，修正施行後未滿十八歲者，於滿十八歲前仍適用修正施行前之規定。

**第五條** （再婚期間計算之特別規定）

民法第九百八十七條所規定之再婚期間，雖其婚姻關係在民法親屬編施行前消滅者，亦自婚姻關係消滅時起算。

**第六條** （夫妻財產制之適用）

①民法親屬編施行前已結婚者，除得適用民法第一千零四條之規定外，並得以民法親屬編所定之法定財產制為其約定財產制。

②修正之民法第一千零十條之規定，於民法親屬編施行後修正前已結婚者，亦適用之。其第五款所定之期間，在修正前已屆滿者，其期間為屆滿，未屆滿者，以修正前已經過之期間與修正後之期間合併計算。

**第六條之一** （夫妻聯合財產制之適用）

中華民國七十四年六月四日以前結婚，並適用聯合財產制之夫妻，於婚姻關係存續中以妻之名義在同日以前取得不動產，而有左列情形之一者，於本施行法中華民國八十五年九月六日修正生效一年後，適用中華民國七十四年民法親屬編修正後之第一千零十七條規定：

一　婚姻關係仍存續中且該不動產仍以妻之名義登記者。

二　夫妻已離婚而該不動產仍以妻之名義登記者。

**第六條之二** （婚前財產與婚後財產之適用）91

中華民國九十一年民法親屬編修正前適用聯合財產制之夫妻，其特有財產或結婚時之原有財產，於修正施行後視為夫或妻之婚前財產；婚姻關係存續中取得之原有財產，於修正施行後視為夫或妻之婚後財產。

**第六條之三** （債務人夫妻財產制未判決確定時適用新法之規定）101

本法中華民國一百零一年十二月七日修正施行前，經債權人向法院聲請宣告債務人改用分別財產制或已代位債務人起訴請求分配剩餘財產而尚未確定之事件，適用修正後之規定。

**第七條** （裁判離婚規定之適用）

民法親屬編施行前所發生之事實，而依民法親屬編之規定得為離婚之原因者，得請求離婚。但已逾民法第一千零五十三條或第一千零五十四條所定之期間者，不在此限。

**第八條** （婚生子女之推定及否認規定之適用）

① 民法親屬編關於婚生子女之推定及否認，於施行前受胎之子女亦適用之。

② 民法親屬編修正前結婚，並有修正之民法第一千零五十九條第一項但書之約定而從母姓者，得於修正後一年內，聲請改姓母姓。但子女已成年或已結婚者，不在此限。

③ 修正之民法第一千零六十三條第二項之規定，於民法親屬編修正前受胎或出生之子女亦適用之。

**第八條之一** （否認婚生子女提訴期限）96

夫妻已逾中華民國九十六年五月四日修正前之民法第一千零六十三條第二項規定所定期間，而不得提起否認之訴者，得於修正施行後二年內提起之。

**第九條** （立嗣子女與其所後父母之關係）

民法親屬編施行前所立之嗣子女，與其所後父母之關係，與婚生子女同。

**第一〇條** （非婚生子女規定之適用）

① 非婚生子女在民法親屬編施行前出生者，自施行之日起適用民法親屬編關於非婚生子女之規定。

② 非婚生子女在民法親屬編修正前出生者，修正之民法第一千零六十七條之規定，亦適用之。

**第一一條** （收養效力規定之適用）

收養關係雖在民法親屬編施行前發生者，自施行之日起，有民法親屬編所定之效力。

**第一二條** （得請求宣告終止收養關係之規定之適用）

① 民法親屬編施行前所發生之事實，依民法親屬編之規定得為終止收養關係之原因者，得請求宣告終止收養關係。

② 民法親屬編施行後修正前所發生之事實，依修正之民法第一千零八十條第五項之規定得為終止收養關係之原因者，得聲請許可終止收養關係。

**第一三條** （父母子女權義規定之適用）

父母子女間之權利義務，自民法親屬編施行之日起，依民法親屬編之規定。其有修正者，適用修正後之規定。

**第一四條** （監護人權義規定之適用）

民法親屬編施行前所設置之監護人，其權利義務，自施行之日起，適用民法親屬編之規定。其有修正者，適用修正後之規定。

**第一四條之一** （法定監護人）

本法於民國八十九年一月十四日修正前已依民法第一千零九十四條任監護人者，於修正公布後，仍適用修正後同條第二項至第四項之規定。

**第一四條之二** （修法後監護人適用規定）97

中華民國九十七年五月二日修正之民法親屬編第四章條文施行前所設置之監護人，於修正施行後，適用修正後之規定。

**第一四條之三** （施行日）97

中華民國九十七年五月二日修正之民法親屬編第四章之規定，自公布後一年六個月施行。

**第一五條** （施行日）98

① 本施行法自民法親屬編施行之日施行。

② 民法親屬編修正條文及本施行法修正條文，除另定施行日期，及中華民國九十八年十二月十五日修正之民法第一千一百三十一條及第一千一百三十三條自九十八年十一月二十三日施行者外，自公布日施行。

# 民　法

## 第五編　繼　承

①民國19年12月26日國民政府制定公布第1138至1225條條文；並自20年5月5日施行。
②民國74年6月3日總統令修正公布第1145、1165、1174、1176、1178、1181、1195、1196、1213、1219至1222條條文暨第三章第五節節名；刪除第1142、1143、1167條條文；並增訂第1176-1、1178-1條條文。
③民國97年1月2日總統令修正公布第1148、1153、1154、1156、1157、1163、1174及1176條條文。
④民國98年6月10日總統令修正公布第1148、1153、1154、1156、1157、1159、1161、1163、1176條條文；刪除第1155條條文及第二章第二節節名；並增訂第1148-1、1156-1、1162-1、1162-2條條文。
⑤民國98年12月30日總統令修正公布第1198及1210條條文。
⑥民國103年1月29日總統令修正公布第1212條條文。
⑦民國104年1月14日總統令修正公布第1183條條文；並增訂第1211-1條條文。

## 第一章　遺產繼承人

**第一一三八條**　（法定繼承人及其順序）

遺產繼承人，除配偶外，依左列順序定之：

一　直系血親卑親屬。
二　父母。
三　兄弟姊妹。
四　祖父母。

**第一一三九條**　（第一順序繼承人之決定）

前條所定第一順序之繼承人，以親等近者為先。

**第一一四〇條**　（代位繼承）

第一千一百三十八條所定第一順序之繼承人，有於繼承開始前死亡或喪失繼承權者，由其直系血親卑親屬代位繼承其應繼分。

**第一一四一條**　（同順序繼承人之應繼分）

同一順序之繼承人有數人時，按人數平均繼承。但法律另有規定者，不在此限。

**第一一四二條**　（刪除）

**第一一四三條**　（刪除）

**第一一四四條**　（配偶之應繼分）

配偶有相互繼承遺產之權，其應繼分，依左列各款定之：

一　與第一千一百三十八條所定第一順序之繼承人同為繼承時，其應繼分與他繼承人平均。

二　與第一千一百三十八條所定第二順序或第三順序之繼承人同為繼承時，其應繼分為遺產二分之一。

三　與第一千一百三十八條所定第四順序之繼承人同為繼承時，其應繼分為遺產三分之二。

四　無第一千一百三十八條所定第一順序至第四順序之繼承人時，其應繼分為遺產全部。

**第一一四五條**　（繼承權喪失之事由）

①有左列各款情事之一者，喪失其繼承權：

一　故意致被繼承人或應繼承人於死或雖未致死因而受刑之宣告者。

二　以詐欺或脅迫使被繼承人為關於繼承之遺囑，或使其撤回或變更之者。

三　以詐欺或脅迫妨害被繼承人為關於繼承之遺囑，或妨害其撤回或變更之者。

四　偽造、變造、隱匿或湮滅被繼承人關於繼承之遺囑者。

五　對於被繼承人有重大之虐待或侮辱情事，經被繼承人表示其不得繼承者。

②前項第二款至第四款之規定，如經被繼承人宥恕者，其繼承權不喪失。

**第一一四六條**　（繼承回復請求權）

①繼承權被侵害者，被害人或其法定代理人得請求回復之。

②前項回復請求權，自知悉被侵害之時起，二年間不行使而消滅；自繼承開始起逾十年者亦同。

# 第二章　遺產之繼承

## 第一節　效　力

**第一一四七條**　（繼承之開始）

繼承，因被繼承人死亡而開始。

**第一一四八條**　（限定繼承之有限責任）98

①繼承人自繼承開始時，除本法另有規定外，承受被繼承人財產上之一切權利、義務。但權利、義務專屬於被繼承人本身者，不在此限。

②繼承人對於被繼承人之債務，以因繼承所得遺產為限，負清償責任。

**第一一四八條之一**　（財產贈與視同所得遺產之計算期限）98

①繼承人在繼承開始前二年內，從被繼承人受有財產之贈與者，該財產視為其所得遺產。

②前項財產如已移轉或減失，其價額，依贈與時之價值計算。

**第一一四九條** (遺產酌給請求權)

被繼承人生前繼續扶養之人，應由親屬會議依其所受扶養之程度及其他關係，酌給遺產。

**第一一五〇條** (繼承費用之支付)

關於遺產管理、分割及執行遺囑之費用，由遺產中支付之。但因繼承人之過失而支付者，不在此限。

**第一一五一條** (遺產之公同共有)

繼承人有數人時，在分割遺產前，各繼承人對於遺產全部為公同共有。

**第一一五二條** (公同共有遺產之管理)

前條公同共有之遺產，得由繼承人中互推一人管理之。

**第一一五三條** (債務之連帶責任) 98

①繼承人對於被繼承人之債務，以因繼承所得遺產為限，負連帶責任。

②繼承人相互間對於被繼承人之債務，除法律另有規定或另有約定外，按其應繼分比例負擔之。

## 第二節 (刪除) 98

**第一一五四條** (繼承人之權義) 98

繼承人對於被繼承人之權利、義務，不因繼承而消滅。

**第一一五五條** (刪除) 98

**第一一五六條** (繼承人開具遺產清冊之呈報) 98

①繼承人於知悉其得繼承之時起三個月內開具遺產清冊陳報法院。

②前項三個月期間，法院因繼承人之聲請，認為必要時，得延展之。

③繼承人有數人時，其中一人已依第一項開具遺產清冊陳報法院者，其他繼承人視為已陳報。

**第一一五六條之一** (債權人遺產清冊之提出) 98

①債權人得向法院聲請命繼承人於三個月內提出遺產清冊。

②法院於知悉債權人以訴訟程序或非訟程序向繼承人請求清償繼承債務時，得依職權命繼承人於三個月內提出遺產清冊。

③前條第二項及第三項規定，於第一項及第二項情形，準用之。

**第一一五七條** (報明債權之公示催告及其期限) 98

①繼承人依前二條規定陳報法院時，法院應依公示催告程序公告，命被繼承人之債權人於一定期限內報明其債權。

②前項一定期限，不得在三個月以下。

**第一一五八條** (償還債務之限制)

繼承人在前條所定之一定期限內，不得對於被繼承人之任何債權人償還債務。

**第一一五九條** (依期報明債權之償還) 98

①在第一千一百五十七條所定之一定期限屆滿後，繼承人對於在

該一定期限內報明之債權及繼承人所已知之債權，均應按其數額，比例計算，以遺產分別償還。但不得害及有優先權人之利益。

② 繼承人對於繼承開始時未屆清償期之債權，亦應依第一項規定予以清償。

③ 前項未屆清償期之債權，於繼承開始時，視為已到期。其無利息者，其債權額應扣除自第一千一百五十七條所定之一定期限屆滿時起至到期時止之法定利息。

**第一一六○條** （交付遺贈之限制）

繼承人非依前條規定償還債務後，不得對受遺贈人交付遺贈。

**第一一六一條** （繼承人之賠償責任及受害人之返還請求權）98

① 繼承人違反第一千一百五十八條至第一千一百六十條之規定，致被繼承人之債權人受有損害者，應負賠償之責。

② 前項受有損害之人，對於不當受領之債權人或受遺贈人，得請求返還其不當受領之數額。

③ 繼承人對於不當受領之債權人或受遺贈人，不得請求返還其不當受領之數額。

**第一一六二條** （未依期報明債權之償還）

被繼承人之債權人，不於第一千一百五十七條所定之一定期限內報明其債權，而又為繼承人所不知者，僅得就賸餘遺產，行使其權利。

**第一一六二條之一** （繼承人之清償債權責任）98

① 繼承人未依第一千一百五十六條、第一千一百五十六條之一開具遺產清冊陳報法院者，對於被繼承人債權人之全部債權，仍應按其數額，比例計算，以遺產分別償還。但不得害及有優先權人之利益。

② 前項繼承人，非依前規定償還債務後，不得對受遺贈人交付遺贈。

③ 繼承人對於繼承開始時未屆清償期之債權，亦應依第一項規定予以清償。

④ 前項未屆清償期之債權，於繼承開始時，視為已到期。其無利息者，其債權額應扣除自清償時起至到期時止之法定利息。

**第一一六二條之二** （限定繼承之例外原則）98

① 繼承人違反第一千一百六十二條之一規定者，被繼承人之債權人得就應受清償而未受償之部分，對該繼承人行使權利。

② 繼承人對於前項債權人應受清償而未受償部分之清償責任，不以所得遺產為限。但繼承人為無行為能力人或限制行為能力人，不在此限。

③ 繼承人違反第一千一百六十二條之一之規定，致被繼承人之債權人受有損害者，亦應負賠償之責。

④ 前項受有損害之人，對於不當受領之債權人或受遺贈人，得請求返還其不當受領之數額。

⑤ 繼承人對於不當受領之債權人或受遺贈人，不得請求返還其不

當受領之數額。

**第一一六三條** （限定繼承利益之喪失）98

繼承人中有下列各款情事之一者，不得主張第一千一百四十八條第二項所定之利益：

一 隱匿遺產情節重大。

二 在遺產清冊為虛偽之記載情節重大。

三 意圖詐害被繼承人之債權人之權利而為遺產之處分。

## 第三節 遺產之分割

**第一一六四條** （遺產分割自由原則）

繼承人得隨時請求分割遺產。但法律另有規定或契約另有訂定者，不在此限。

**第一一六五條** （分割遺產之方法）

① 被繼承人之遺囑，定有分割遺產之方法，或託他人代定者，從其所定。

② 遺囑禁止遺產之分割者，其禁止之效力以十年為限。

**第一一六六條** （胎兒應繼分之保留）

① 胎兒為繼承人時，非保留其應繼分，他繼承人不得分割遺產。

② 胎兒關於遺產之分割，以其母為代理人。

**第一一六七條** （刪除）

**第一一六八條** （分割之效力－繼承人互相擔保責任）

遺產分割後，各繼承人按其所得部分，對於他繼承人因分割而得之遺產，負與出賣人同一之擔保責任。

**第一一六九條** （分割之效力－債務人資力之擔保責任）

① 遺產分割後，各繼承人按其所得部分，對於他繼承人因分割而得之債權，就遺產分割時債務人之支付能力，負擔保之責。

② 前項債權，附有停止條件或未屆清償期者，各繼承人就應清償時債務人之支付能力，負擔保之責。

**第一一七〇條** （分割之效力－擔保責任人無資力時之分擔）

依前二條規定負擔保責任之繼承人中，有無支付能力不能償還其分擔額者，其不能償還之部分，由有請求權之繼承人與他繼承人，按其所得部分比例分擔之。但其不能償還，係由有請求權人之過失所致者，不得對於他繼承人，請求分擔。

**第一一七一條** （分割之效力－連帶債務之免除）

① 遺產分割後，其未清償之被繼承人之債務，移歸一定之人承受，或劃歸各繼承人分擔，如經債權人同意者，各繼承人免除連帶責任。

② 繼承人之連帶責任，自遺產分割時起，如債權清償期在遺產分割後者，自清償期屆滿時起，經過五年而免除。

**第一一七二條** （分割之計算－債務之扣還）

繼承人中如對於被繼承人負有債務者，於遺產分割時，應按其債務數額，由該繼承人之應繼分內扣還。

**第一一七三條** （分割之計算—贈與之歸扣）

① 繼承人中有在繼承開始前因結婚、分居或營業，已從被繼承人受有財產之贈與者，應將該贈與價額加入繼承開始時被繼承人所有之財產中，為應繼遺產。但被繼承人於贈與時有反對之意思表示者，不在此限。

② 前項贈與價額，應於遺產分割時，由該繼承人之應繼分中扣除。

③ 贈與價額，依贈與時之價值計算。

## 第四節　繼承之拋棄

**第一一七四條** （繼承權拋棄之自由及方法）97

① 繼承人得拋棄其繼承權。

② 前項拋棄，應於知悉其得繼承之時起三個月內，以書面向法院為之。

③ 拋棄繼承後，應以書面通知因其拋棄而應為繼承之人。但不能通知者，不在此限。

**第一一七五條** （繼承拋棄之效力）

繼承之拋棄，溯及於繼承開始時發生效力。

**第一一七六條** （拋棄繼承權人應繼分之歸屬）98

① 第一千一百三十八條所定第一順序之繼承人中有拋棄繼承權者，其應繼分歸屬於其他同為繼承之人。

② 第二順序至第四順序之繼承人中，有拋棄繼承權者，其應繼分歸屬於其他同一順序之繼承人。

③ 與配偶同為繼承之同一順序繼承人均拋棄繼承權，而無後順序之繼承人時，其應繼分歸屬於配偶。

④ 配偶拋棄繼承權者，其應繼分歸屬於與其同為繼承之人。

⑤ 第一順序之繼承人，其親等近者均拋棄繼承權時，由次親等之直系血親卑親屬繼承。

⑥ 先順序繼承人均拋棄其繼承權時，由次順序之繼承人繼承。其次順序繼承人有無不明或第四順序之繼承人均拋棄繼承權者，準用關於無人承認繼承之規定。

⑦ 因他人拋棄繼承而應為繼承之人，為拋棄繼承時，應於知悉其得繼承之日起三個月為之。

**第一一七六條之一** （拋棄繼承權者繼續管理遺產之義務）

拋棄繼承權者，就其所管理之遺產，於其他繼承人或遺產管理人開始管理前，應與處理自己事務為同一之注意，繼續管理之。

## 第五節　無人承認之繼承

**第一一七七條** （遺產管理人之選定及報明）

繼承開始時，繼承人之有無不明者，由親屬會議於一個月內選定遺產管理人，並將繼承開始及選定遺產管理人之事由，向法院報明。

**第一一七八條** （搜索繼承人之公示催告與選任遺產管理人）

① 親屬會議依前條規定為報明後，法院應依公示催告程序，定六個月以上之期限，公告繼承人，命其於期限內承認繼承。

② 無親屬會議或親屬會議未於前條所定期限內選定遺產管理人者，利害關係人或檢察官，得聲請法院選任遺產管理人，並由法院依前項規定為公示催告。

**第一一七八條之一** （法院為保存遺產之必要處置）

繼承開始時繼承人之有無不明者，在遺產管理人選定前，法院得因利害關係人或檢察官之聲請，為保存遺產之必要處置。

**第一一七九條** （遺產管理人之職務）

① 遺產管理人之職務如左：

一 編製遺產清冊。

二 為保存遺產必要之處置。

三 聲請法院依公示催告程序，限定一年以上之期限，公告被繼承人之債權人及受遺贈人，命其於該期間內報明債權及為願受遺贈與否之聲明，被繼承人之債權人及受遺贈人為管理人所已知者，應分別通知之。

四 清償債權或交付遺贈物。

五 有繼承人承認繼承或遺產歸屬國庫時，為遺產之移交。

② 前項第一款所定之遺產清冊，管理人應於就職後三個月內編製之；第四款所定債權之清償，應先於遺贈物之交付，為清償債權或交付遺贈物之必要，管理人經親屬會議之同意，得變賣遺產。

**第一一八○條** （遺產管理人之報告義務）

遺產管理人，因親屬會議，被繼承人之債權人或受遺贈人之請求，應報告或說明遺產之狀況。

**第一一八一條** （清償債務或交付遺贈物期間之限制）

遺產管理人非於第一千一百七十九條第一項第三款所定期間屆滿後，不得對被繼承人之任何債權人或受遺贈人，償還債務或交付遺贈物。

**第一一八二條** （未依期限報明債權及聲明受遺贈之償還）

被繼承人之債權人或受遺贈人，不於第一千一百七十九條第一項第三款所定期間內為報明或聲明者，僅得就賸餘遺產，行使其權利。

**第一一八三條** （遺產管理人之報酬）104

遺產管理人得請求報酬，其數額由法院按其與被繼承人之關係、管理事務之繁簡及其他情形，就遺產酌定之，必要時，得命聲請人先為墊付。

**第一一八四條** （遺產管理人行為效果之擬制）

第一千一百七十八條所定之期限內，有繼承人承認繼承時，遺產管理人在繼承人承認繼承前所為之職務上行為，視為繼承人之代理。

**第一一八五條** （賸餘遺產之歸屬）

第一千一百七十八條所定之期限屆滿，無繼承人承認繼承時，其遺產於清償債權並交付遺贈物後，如有賸餘，歸屬國庫。

# 第三章　遺　囑

## 第一節　通　則

**第一一八六條**　（遺囑能力）

① 無行為能力人，不得為遺囑。

② 限制行為能力人，無須經法定代理人之允許，得為遺囑。但未滿十六歲者，不得為遺囑。

**第一一八七條**　（遺產之自由處分）

遺囑人於不違反關於特留分規定之範圍內，得以遺囑自由處分遺產。

**第一一八八條**　（受遺贈權之喪失）

第一千一百四十五條喪失繼承權之規定，於受遺贈人準用之。

## 第二節　方　式

**第一一八九條**　（遺囑方式之種類）

遺囑應依左列方式之一為之：

一　自書遺囑。

二　公證遺囑。

三　密封遺囑。

四　代筆遺囑。

五　口授遺囑。

**第一一九〇條**　（自書遺囑）

自書遺囑者，應自書遺囑全文，記明年、月、日，並親自簽名；如有增減、塗改，應註明增減、塗改之處所及字數，另行簽名。

**第一一九一條**　（公證遺囑）

① 公證遺囑，應指定二人以上之見證人，在公證人前口述遺囑意旨，由公證人筆記、宣讀、講解，經遺囑人認可後，記明年、月、日，由公證人、見證人及遺囑人同行簽名；遺囑人不能簽名者，由公證人將其事由記明，使按指印代之。

② 前項所定公證人之職務，在無公證人之地，得由法院書記官行之，僑民在中華民國領事駐在地為遺囑時，得由領事行之。

**第一一九二條**　（密封遺囑）

① 密封遺囑，應於遺囑上簽名後，將其密封，於封縫處簽名，指定二人以上之見證人，向公證人提出，陳述其為自己之遺囑，如非本人自寫，並陳述繕寫人之姓名、住所，由公證人於封面記明該遺囑提出之年、月、日及遺囑人所為之陳述，與遺囑人及見證人同行簽名。

② 前條第二項之規定，於前項情形準用之。

**第一一九三條**　（密封遺囑之轉換）

密封遺囑，不具備前條所定之方式，而具備第一千一百九十條所定自書遺囑之方式者，有自書遺囑之效力。

**第一一九四條** （代筆遺囑）

代筆遺囑，由遺囑人指定三人以上之見證人，由遺囑人口述遺囑意旨，使見證人中之一人筆記、宣讀、講解，經遺囑人認可後，記明年、月、日，及代筆人之姓名，由見證人全體及遺囑人同行簽名，遺囑人不能簽名者，應按指印代之。

**第一一九五條** （口授遺囑之方法）

遺囑人因生命危急或其他特殊情形，不能依其他方式爲遺囑者，得依左列方式之一爲口授遺囑：

一　由遺囑人指定二人以上之見證人，並口授遺囑意旨，由見證人中之一人，將該遺囑意旨，據實作成筆記，並記明年、月、日，與其他見證人同行簽名。

二　由遺囑人指定二人以上之見證人，並口述遺囑意旨、遺囑人姓名及年、月、日，由見證人全體口述遺囑之爲眞正及見證人姓名，全部予以錄音，將錄音帶當場密封，並記明年、月、日，由見證人全體在封縫處同行簽名。

**第一一九六條** （口授遺囑之失效）

口授遺囑，自遺囑人能依其他方式爲遺囑之時起，經過三個月而失其效力。

**第一一九七條** （口授遺囑之鑑定）

口授遺囑，應由見證人中之一人或利害關係人，於爲遺囑人死亡後三個月內，提經親屬會議認定其眞偽，對於親屬會議之認定如有異議，得聲請法院判定之。

**第一一九八條** （遺囑見證人資格之限制）98

下列之人，不得爲遺囑見證人：

一　未成年人。

二　受監護或輔助宣告之人。

三　繼承人及其配偶或其直系血親。

四　受遺贈人及其配偶或其直系血親。

五　爲公證人或代行公證職務人之同居人助理人或受僱人。

## 第三節　效　力

**第一一九九條** （遺囑生效期）

遺囑自遺囑人死亡時發生效力。

**第一二○○條** （附停止條件遺贈之生效期）

遺囑所定遺贈，附有停止條件者，自條件成就時，發生效力。

**第一二○一條** （遺贈之失效）

受遺贈人於遺囑發生效力前死亡者，其遺贈不生效力。

**第一二○二條** （遺贈之無效）

遺囑人以一定之財產爲遺贈，而其財產在繼承開始時，有一部分不屬於遺產者，其一部分遺贈爲無效；全部不屬於遺產者，

其全部遺贈爲無效。但遺囑另有意思表示者，從其意思。

**第一二〇三條** （遺贈標的物之推定）

遺囑人因遺贈物滅失、毀損、變造、或喪失物之占有，而對於他人取得權利時，推定以其權利爲遺贈；因遺贈物與他物附合或混合而對於所附合或混合之物取得權利時亦同。

**第一二〇四條** （用益權之遺贈及其期限）

以遺產之使用、收益爲遺贈，而遺囑未定返還期限，並不能依遺贈之性質定其期限者，以受遺贈人之終身爲其期限。

**第一二〇五條** （附負擔之遺贈）

遺贈附有義務者，受遺贈人以其所受利益爲限，負履行之責。

**第一二〇六條** （遺贈之拋棄及其效力）

①受遺贈人在遺贈人死亡後，得拋棄遺贈。

②遺贈之拋棄，溯及遺贈人死亡時發生效力。

**第一二〇七條** （承認遺贈之催告及擬制）

繼承人或其他利害關係人，得定相當期限，請求受遺贈人於期限內爲承認遺贈與否之表示；期限屆滿，尚無表示者，視爲承認遺贈。

**第一二〇八條** （遺贈無效或拋棄之效果）

遺贈無效或拋棄時，其遺贈之財產，仍屬於遺產。

## 第四節 執　行

**第一二〇九條** （遺囑執行人之產生－遺囑指定）

①遺囑人得以遺囑指定遺囑執行人，或委託他人指定之。

②受前項委託者，應即指定遺囑執行人，並通知繼承人。

**第一二一〇條** （遺囑執行人資格之限制）98

未成年人、受監護或輔助宣告之人，不得爲遺囑執行人。

**第一二一一條** （遺囑執行人之產生－親屬會議法院之選任）

遺囑未指定遺囑執行人，並未委託他人指定者，得由親屬會議選定之；不能由親屬會議選定時，得由利害關係人聲請法院指定之。

**第一二一一條之一** （遺囑執行人之報酬）104

除遺囑人另有指定外，遺囑執行人就其職務之執行，得請求相當之報酬，其數額由繼承人與遺囑執行人協議定之；不能協議時，由法院酌定之。

**第一二一二條** （遺囑之提示）103

遺囑保管人知有繼承開始之事實時，應即將遺囑交付遺囑執行人，並以適當方法通知已知之繼承人；無遺囑執行人者，應通知已知之繼承人、債權人、受遺贈人及其他利害關係人。無保管人而由繼承人發現遺囑者，亦同。

**第一二一三條** （封緘遺囑之開視）

①有封緘之遺囑，非在親屬會議當場或法院公證處，不得開視。

②前項遺囑開視時應製作紀錄，記明遺囑之封緘有無毀損情形，

或其他特別情事，並由在場之人同行簽名。

**第一二一四條** （遺囑執行人之執行職務—編製遺產清冊）

遺囑執行人就職後，於遺囑有關之財產，如有編製清冊之必要時，應即編製遺產清冊，交付繼承人。

**第一二一五條** （遺囑執行人之執行職務—遺產管理及必要行為）

① 遺囑執行人有管理遺產，並為執行上必要行為之職務。

② 遺囑執行人因前項職務所為之行為，視為繼承人之代理。

**第一二一六條** （遺囑執行人之執行職務—繼承人妨害之排除）

繼承人於遺囑執行人執行職務中，不得處分與遺囑有關之遺產，並不得妨礙其職務之執行。

**第一二一七條** （遺囑執行人之執行職務—數執行人執行職務之方法）

遺囑執行人有數人時，其執行職務，以過半數決之。但遺囑另有意思表示者，從其意思。

**第一二一八條** （遺囑執行人之解任）

遺囑執行人怠於執行職務，或有其他重大事由時，利害關係人，得請求親屬會議改選他人；其由法院指定者，得聲請法院另行指定。

## 第五節　撤　回

**第一二一九條** （遺囑撤回之自由及其方式）

遺囑人得隨時依遺囑之方式，撤回遺囑之全部或一部。

**第一二二〇條** （視為撤回—前後遺囑牴觸）

前後遺囑有相牴觸者，其牴觸之部分，前遺囑視為撤回。

**第一二二一條** （視為撤回—遺囑與行為牴觸）

遺囑人於為遺囑後所為之行為與遺囑有相牴觸者，其牴觸部分，遺囑視為撤回。

**第一二二二條** （視為撤回—遺囑之廢棄）

遺囑人故意破毀或塗銷遺囑，或在遺囑上記明廢棄之意思者，其遺囑視為撤回。

## 第六節　特留分

**第一二二三條** （特留分之決定）

繼承人之特留分，依左列各款之規定：

一　直系血親卑親屬之特留分，為其應繼分二分之一。

二　父母之特留分，為其應繼分二分之一。

三　配偶之特留分，為其應繼分二分之一。

四　兄弟姊妹之特留分，為其應繼分三分之一。

五　祖父母之特留分，為其應繼分三分之一。

**第一二二四條** （特留分之算定）

特留分，由依第一千一百七十三條算定之應繼財產中，除去債

務額算定之。

## 第一二二五條 （遺贈之扣減）

應得特留分之人，如因被繼承人所爲之遺贈，致其應得之數不足者，得按其不足之數由遺贈財產扣減之。受遺贈人有數人時，應按其所得遺贈價額比例扣減。

# 民法繼承編施行法

① 民國20年1月24日國民政府制定公布全文11條；並自20年5月5日施行。
② 民國74年6月3日總統令修訂公布全文11條。
③ 民國97年1月2日總統令增訂公布第1-1條條文。
④ 民國97年5月7日總統令增訂公布第1-2條條文。
⑤ 民國98年6月10日總統令修正公布第1-1條條文；並增訂第1-3條條文。
⑥ 民國98年12月30日總統令修正公布第11條條文。
⑦ 民國101年12月26日總統令修正公布第1-3條條文。
⑧ 民國102年1月30日總統令修正公布第1-1、1-2條條文。

**第一條** （不溯既往之原則）

繼承在民法繼承編施行前開始者，除本施行法有特別規定外，不適用民法繼承編之規定；其在修正前開始者，除本施行法有特別規定外，亦不適用修正後之規定。

**第一條之一** （法律適用範圍）102

① 繼承在民法繼承編中華民國九十六年十二月十四日修正施行前開始且未逾修正施行前為拋棄繼承之法定期間者，自修正施行之日起，適用修正後拋棄繼承之規定。

② 繼承在民法繼承編中華民國九十六年十二月十四日修正施行前開始，繼承人於繼承開始時為無行為能力人或限制行為能力人，未能於修正施行前之法定期間為限定或拋棄繼承，以所得遺產為限，負清償責任。但債權人證明顯失公平者，不在此限。

③ 前項繼承人依修正施行前之規定已清償之債務，不得請求返還。

**第一條之二** （繼承人之保證契約債務）102

① 繼承在民法繼承編中華民國九十七年一月四日前開始，繼承人對於繼承開始後，始發生代負履行責任之保證契約債務，以所得遺產為限，負清償責任。但債權人證明顯失公平者，不在此限。

② 前項繼承人依中華民國九十七年四月二十二日修正施行前之規定已清償之保證契約債務，不得請求返還。

**第一條之三** （法律適用範圍）101

① 繼承在民法繼承編中華民國九十八年五月二十二日修正施行前開始，繼承人未逾修正施行前為限定繼承之法定期間且未為概括繼承之表示或拋棄繼承者，自修正施行之日起，適用修正後民法第一千一百四十八條、第一千一百五十三條至第一千一百六十三條之規定。

② 繼承在民法繼承編中華民國九十八年五月二十二日修正施行前

開始，繼承人對於繼承開始以前已發生代負履行責任之保證契約債務，以所得遺產為限，負清償責任。但債權人證明顯失公平者，不在此限。

③繼承在民法繼承編中華民國九十八年五月二十二日修正施行前開始，繼承人已依民法第一千一百四十條之規定代位繼承，以所得遺產為限，負清償責任。但債權人證明顯失公平者，不在此限。

④繼承在民法繼承編中華民國九十八年五月二十二日修正施行前開始，繼承人因不可歸責於己之事由或未同居共財者，於繼承開始時無法知悉繼承債務之存在，致未能於修正施行前之法定期間為限定或拋棄繼承，以所得遺產為限，負清償責任。但債權人證明顯失公平者，不在此限。

⑤前三項繼承人依修正施行前之規定已清償之債務，不得請求返還。

**第二條** （消滅時效之特別規定）

民法繼承編施行前，依民法繼承編之規定，消滅時效業已完成，或其時效期間尚有殘餘不足一年者，得於施行之日起，一年內行使請求權。但自其時效完成後，至民法繼承編施行時，已逾民法繼承編所定時效期間二分之一者，不在此限。

**第三條** （無時效性質之法定期間之準用）

前條之規定於民法繼承編所定無時效性質之法定期間準用之。但其法定期間不滿一年者，如在施行時尚未屆滿，其期間自施行之日起算。

**第四條** （禁止分割遺產之遺囑與新舊法之適用）

禁止分割遺產之遺囑，在民法繼承編修正前生效者，民法第一千一百六十五條第二項所定之期間，仍適用修正前之規定。但其殘餘期間自修正施行日起算超過十年者，縮短為十年。

**第五條** （口授遺囑與新舊法之適用）

民法繼承編修正前生效之口授遺囑，於修正施行時尚未屆滿一個月者，適用修正之民法第一千一百九十六條之規定，其已經過之期間，與修正後之期間合併計算。

**第六條** （喪失繼承權規定之溯及既往效力）

民法繼承編，關於喪失繼承權之規定，於施行前所發生之事實亦適用之。

**第七條** （立嗣子女之繼承順序及應繼分）

民法繼承編施行前，所立之嗣子女，對於施行後開始之繼承，其繼承順序及應繼分與婚生子女同。

**第八條** （繼承人規定之適用）

繼承開始在民法繼承編施行前，被繼承人無直系血親卑親屬，依當時之法律亦無其他繼承人者，自施行之日起，依民法繼承編之規定定其繼承人。

**第九條** （遺產管理人權義規定之適用）

民法繼承編施行前所設置之遺產管理人，其權利義務自施行

日起，適用民法繼承編之規定。

**第一○條** （特留分規定之適用）

　　民法繼承編關於特留分之規定，於施行前所立之遺囑，而發生效力在施行後者，亦適用之。

**第一一條** （施行日）98

① 本施行法自民法繼承編施行之日施行。

② 民法繼承編修正條文及本施行法修正條文，除中華民國九十八年十二月十五日修正之民法第一千一百九十八條及第一千二百十條自九十八年十一月二十三日施行者外，自公布日施行。

# 司法院釋字第七四八號解釋施行法

①民國108年5月22日總統令制定公布全文27條；並自108年5月24日施行。
②民國112年6月9日總統令修正公布第3、9、16、20、27條條文；除第3、9、16條自112年1月1日施行外，自公布日施行。

**第一條** （立法目的）
　　為落實司法院釋字第七四八號解釋之施行，特制定本法。

**第二條** （同婚之定義）
　　相同性別之二人，得為經營共同生活之目的，成立具有親密性及排他性之永久結合關係。

**第三條** （同婚之最低年齡）112
　　未滿十八歲者，不得成立前條關係。

**第四條** （結婚登記之形式要件）
　　成立第二條關係應以書面為之，有二人以上證人之簽名，並應由雙方當事人，依司法院釋字第七四八號解釋之意旨及本法，向戶政機關辦理結婚登記。

**第五條** （一定親屬關係之禁止）
①與下列相同性別之親屬，不得成立第二條關係：
一　直系血親及直系姻親。
二　旁系血親在四親等以內者。但因收養而成立之四親等旁系血親，輩分相同者，不在此限。
三　旁系姻親在五親等以內，輩分不相同者。
②前項與直系姻親成立第二條關係之限制，於姻親關係消滅後，適用之。
③第一項與直系血親及直系姻親成立第二條關係之限制，於因收養而成立之直系親屬間，在收養關係終止後，適用之。

**第六條** （監護人與受監護人於監護關係之禁止）
　　相同性別之監護人與受監護人，於監護關係存續中，不得成立第二條關係。但經受監護人父母同意者，不在此限。

**第七條** （禁止成立同婚關係之情形）
①有配偶或已成立第二條關係者，不得再成立第二條關係。
②一人不得同時與二人以上成立第二條關係，或同時與二人以上分別為民法所定之結婚及成立第二條關係。
③已成立第二條關係者，不得再為民法所定之結婚。

**第八條** （同婚無效之情形）
①第二條關係有下列情形之一者，無效：
一　不具備第四條之方式。

二　違反第五條之規定。

三　違反前條第一項或第二項之規定。

②違反前條第三項之規定者，其結婚無效。

③民法第九百八十八條第三款但書及第九百八十八條之一之規定，於第一項第三款及前項情形準用之。

**第九條**　（同婚之撤銷）112

①成立第二條關係違反第三條之規定者，當事人或其法定代理人，得向法院請求撤銷之。但當事人已達該項所定年齡者，不得請求撤銷之。

②成立第二條關係違反第六條之規定者，受監護人或其最近親屬，得向法院請求撤銷之。但第二條關係成立後已逾一年者，不得請求撤銷之。

**第一○條**　（撤銷要件及效力準用規定）

①第二條關係撤銷之要件及效力，準用民法第九百九十六條至第九百九十八條之規定。

②第二條關係無效或經撤銷者，其子女親權之酌定及監護、損害賠償、贍養費之給與及財產取回，準用民法第九百九十九條及第九百九十九條之一之規定。

**第一一條**　（同居義務）

第二條關係雙方當事人互負同居之義務。但有不能同居之正當理由者，不在此限。

**第一二條**　（住所）

第二條關係雙方當事人之住所，由雙方共同協議；未爲協議或協議不成時，得聲請法院定之。

**第一三條**　（日常家務之代理）

①第二條關係雙方當事人於日常家務，互爲代理人。

②第二條關係雙方當事人之一方濫用前項代理權時，他方得限制之。但不得對抗善意第三人。

**第一四條**　（家庭生活費分擔及清償責任）

①第二條關係雙方當事人之家庭生活費用，除法律或契約另有約定外，由雙方當事人各依其經濟能力、家事勞動或其他情事分擔之。

②因前項費用所生之債務，由雙方當事人負連帶責任。

**第一五條**　（財產制準用規定）

第二條關係雙方當事人之財產制，準用民法親屬編第二章第四節關於夫妻財產制之規定。

**第一六條**　（同性婚姻關係之合意終止及其要件）112

①第二條關係得經雙方當事人合意終止。

②前項終止，應以書面爲之，有二人以上證人簽名並應向戶政機關爲終止之登記。

**第一七條**　（得向法院請求終止之情形）

①第二條關係雙方當事人之一方有下列情形之一者，他方得向法院請求終止第二條關係：

一　與他人重為民法所定之結婚或成立第二條關係。

二　與第二條關係之他方以外之人合意性交。

三　第二條關係之一方對他方為不堪同居之虐待。

四　第二條關係之一方對他方之直系親屬為虐待，或第二條關係之一方之直系親屬對他方為虐待，致不堪為共同生活。

五　第二條關係之一方以惡意遺棄他方在繼續狀態中。

六　第二條關係之一方意圖殺害他方。

七　有重大不治之病。

八　生死不明已逾三年。

九　因故意犯罪，經判處有期徒刑逾六個月確定。

② 有前項以外之重大事由，難以維持第二條關係者，雙方當事人之一方得請求終止之。

③ 對於第一項第一款、第二款之情事，有請求權之一方，於事前同意或事後宥恕，或知悉後已逾六個月，或自其情事發生後已逾二年者，不得請求終止。

④ 對於第一項第六款及第九款之情事，有請求權之一方，自知悉後已逾一年，或自其情事發生後已逾五年者，不得請求終止。

**第一八條**　（經法院調解或法院和解成立者）

第二條關係之終止經法院調解或法院和解成立者，第二條關係消滅。法院應依職權通知該管戶政機關。

**第一九條**　（子女監護、損害賠償等有關準用規定）

第二條關係終止者，其子女親權之酌定及監護、損害賠償、贍養費之給與及財產取回，準用民法第一千零五十五條至第一千零五十五條之二、第一千零五十六條至第一千零五十八條之規定。

**第二○條**　（收養子女準用規定）112

第二條關係雙方當事人之一方收養他方之子女或共同收養時，準用民法關於收養之規定。

**第二一條**　（民法親屬編監護相關規定之準用）

民法第一千一百十一條至第一千一百十一條之二中關於配偶之規定，於第二條關係雙方當事人準用之。

**第二二條**　（互負扶養義務）

① 第二條關係雙方當事人互負扶養義務。

② 第二條關係雙方當事人間之扶養，準用民法第一千一百十六條之一、第一千一百十七條第一項、第一千一百十八條但書、第一千一百十八條之一第一項及第二項、第一千一百十九條至第一千一百二十一條之規定。

**第二三條**　（繼承權準用規定）

① 第二條關係雙方當事人有相互繼承之權利，互為法定繼承人，準用民法繼承編關於繼承人之規定。

② 民法繼承編關於配偶之規定，於第二條關係雙方當事人準用之。

**第二四條**　（民法相關規定之準用）

① 民法總則編及債編關於夫妻、配偶、結婚或婚姻之規定，於第

二條關係準用之。

②民法以外之其他法規關於夫妻、配偶、結婚或婚姻之規定，及配偶或夫妻關係所生之規定，於第二條關係準用之。但本法或其他法規另有規定者，不在此限。

**第二五條** （家事事件法之準用）

因第二條關係所生之爭議，為家事事件，適用家事事件法有關之規定。

**第二六條** （宗教、其他自由權利不受影響）

任何人或團體依法享有之宗教自由及其他自由權利，不因本法之施行而受影響。

**第二七條** （施行日）112

①本法自中華民國一百零八年五月二十四日施行。

②本法修正條文，除另定施行日期者外，自公布日施行。

③中華民國一百十二年五月二十三日修正之第三條、第九條及第十六條，自一百十二年一月一日施行。

# 土地法

①民國19年6月30日國民政府制定公布全文397條；並自25年3月1日施行。
②民國35年4月29日國民政府修正公布全文247條。
③民國44年3月19日總統令修正公布第18條條文。
④民國64年7月24日總統令修正公布第16、18、21、30、37、39、51、58、72、73、104、222條條文；並增訂第30-1、34-1、37-1、46-1、46-2、46-3、73-1、75-1、79-1條條文。
⑤民國78年12月29日總統令修正公布第37-1、41、44、58、64、67、76、78、79、215、217、219、222、223、225、227、228、230、231、232、237、241、242條條文；增訂第44-1、47-1、47-2、79-2條條文；並刪除第243條條文。
⑥民國84年1月20日總統令修正公布第37-1條條文。
⑦民國89年1月26日總統令修正公布第4、8、19、20、22、25至29、31、32、34-1、38至40、42、45、52、53、55、57、59、64、73-1、75、81、82、84、86、89、95至97、101、102、122、123、125至127、133、135、140、141、149、152、154、157、159、161、164、171、179、201、204、206、215、217、219、221、222、225、227、228、230、232、234、236至239、241、246、247條條文；並刪除第30、30-1、33、223條條文。
⑧民國90年10月31日總統令修正公布第17、19、20、34-1、37、37-1、44-1、47、214條條文；增訂第34-2條條文；並刪除第21、22、23、218條條文。
⑨民國94年6月15日總統令修正公布第14條條文。
⑩民國95年6月14日總統令修正公布第69條條文。
⑪民國100年6月15日總統令修正公布第34-1、172條條文；並刪除第8、34、175條條文。
民國101年12月25日行政院公告第17條第2項、第73-1條第2、5項所列屬財政部「國有財產局」之權責事項，自102年1月1日起改由財政部「國有財產署」管轄。
⑫民國110年12月8日總統令增訂公布第219-1條條文。
⑬民國111年6月22日總統令修正公布第73-1條條文。

## 第一編 總 則

### 第一章 法 例

**第一條**
　本法所稱土地，謂水陸及天然富源。
**第二條**
①土地依其使用，分爲左列各類：

第一類：建築用地；如住宅、官署、機關、學校、工廠、倉庫、公園、娛樂場、會所、祠廟、教堂、城堞、軍營、砲臺、船埠、碼頭、飛機基地、墳場等屬之。

第二類：直接生產用地；如農地、林地、漁地、牧地、狩獵地、礦地、鹽地、水源地、池塘等屬之。

第三類：交通水利用地；如道路、溝渠、水道、湖泊、港灣、海岸、堤堰等屬之。

第四類：其他土地；如沙漠、雪山等屬之。

② 前項各類土地得再分目。

**第三條**

本法除法律另有規定外，由地政機關執行之。

**第四條**

本法所稱公有土地，為國有土地、直轄市有土地、縣（市）有土地或鄉（鎮、市）有之土地。

**第五條**

① 本法所稱土地改良物，分為建築改良物及農作改良物二種：

② 附著於土地之建築物或工事，為建築改良物。附著於土地之農作物及其他植物與水利土壤之改良，為農作改良物。

**第六條**

本法所稱自耕，係指自任耕作者而言。其為維持一家生活，直接經營耕作者，以自耕論。

**第七條**

本法所稱土地債券，為土地銀行依法所發行之債券。

**第八條** （刪除）100

**第九條**

本法之施行法，另定之。

## 第二章　地　權

**第一〇條**

① 中華民國領域內之土地，屬於中華民國人民全體。其經人民依法取得所有權者，為私有土地。

② 私有土地之所有權消滅者，為國有土地。

**第一一條**

土地所有權以外設定他項權利之種類，依民法之規定。

**第一二條**

① 私有土地，因天然變遷成為湖澤或可通運之水道時，其所有權視為消滅。

② 前項土地，回復原狀時，經原所有權人證明為其原有者，仍回復其所有權。

**第一三條**

湖澤及可通運之水道及岸地，如因水流變遷而自然增加時，其接連地之所有權人，有優先依法取得其所有權或使用受益之權。

# 第三章　地權限制

## 第一一四條 94

① 左列土地不得為私有：

一　海岸一定限度內之土地。

二　天然形成之湖澤而為公共需用者，及其沿岸一定限度內之土地。

三　可通運之水道及其沿岸一定限度內之土地。

四　城鎮區域內水道湖澤及其沿岸一定限度內之土地。

五　公共交通道路。

六　礦泉地。

七　瀑布地。

八　公共需用之水源地。

九　名勝古蹟。

十　其他法律禁止私有之土地。

② 前項土地已成為私有者，得依法徵收之。

③ 第一項第九款名勝古蹟，如日據時期原屬私有，臺灣光復後登記為公有，依法得贈與移轉為私有者，不在此限。

## 第一一五條

① 附著於土地之礦，不因土地所有權之取得而成為私有。

② 前項所稱之礦，以礦業法所規定之種類為限。

## 第一一六條

私有土地所有權之移轉、設定負擔或租賃，妨害基本國策者，中央地政機關得報請行政院制止之。

## 第一一七條

① 左列土地不得移轉、設定負擔或租賃於外國人：

一　林地。

二　漁地。

三　狩獵地。

四　鹽地。

五　礦地。

六　水源地。

七　要塞軍備區域及領域邊境之土地。

② 前項移轉，不包括因繼承而取得土地。但應於辦理繼承登記完畢之日起三年內出售與本國人，逾期未出售者，由直轄市、縣（市）地政機關移請國有財產局辦理公開標售，其標售程序準用第七十三條之一相關規定。

③ 前項規定，於本法修正施行前已因繼承取得第一項所列各款土地尚未辦理繼承登記者，亦適用之。

## 第一一八條

外國人在中華民國取得或設定土地權利，以依條約或其本國法律，中華民國人民得在該國享受同樣權利者為限。

## 第一九條

① 外國人為供自用、投資或公益之目的使用，得取得左列各款用途之土地，其面積及所在地點，應受該管直轄市或縣（市）政府依法所定之限制：

　一　住宅。
　二　營業處所、辦公場所、商店及工廠。
　三　教堂。
　四　醫院。
　五　外僑子弟學校。
　六　使領館及公益團體之會所。
　七　墳場。
　八　有助於國內重大建設、整體經濟或農牧經營之投資，並經中央目的事業主管機關核准者。

② 前項第八款所需土地之申請程序、應備文件、審核方式及其他應遵行事項之辦法，由行政院定之。

## 第二〇條

① 外國人依前條需要取得土地，應檢附相關文件，申請該管直轄市或縣（市）政府核准；土地有變更用途或為繼承以外之移轉時，亦同。其依前條第一項第八款取得者，並應先經中央目的事業主管機關同意。

② 直轄市或縣（市）政府為前項之准駁，應於受理後十四日內為之，並於核准後報請中央地政機關備查。

③ 外國人依前條第一項第八款規定取得土地，應依核定期限及用途使用，因故未能依核定期限使用者，應敘明原因向中央目的事業主管機關申請展期；其未依核定期限及用途使用者，由直轄市或縣（市）政府通知土地所有權人於通知送達後三年內出售。逾期未出售者，得逕為標售，所得價款發還土地所有權人；其土地上有改良物者，得併同標售。

④ 前項標售之處理程序、價款計算、異議處理及其他應遵行事項之辦法，由中央地政機關定之。

## 第二一條至第二三條　(刪除)

## 第二四條

　　外國人租賃或購買之土地，經登記後，依法令之所定，享受權利，負擔義務。

## 第四章　公有土地

## 第二五條

　　直轄市或縣（市）政府對於其所管公有土地，非經該管區內民意機關同意，並經行政院核准，不得處分或設定負擔或為超過十年期間之租賃。

## 第二六條

　　各級政府機關需用公有土地時，應商同該管直轄市或縣（市）

政府層請行政院核准撥用。

**第二七條**

直轄市或縣（市）政府應將該管公有土地之收益，列入各該政府預算。

## 第五章　地權調整

**第二八條**

①直轄市或縣（市）政府對於私有土地，得斟酌地方情形，按土地種類及性質，分別限制個人或團體所有土地面積之最高額。

②前項限制私有土地面積之最高額，應經中央地政機關之核定。

**第二九條**

①私有土地受前條規定限制時，由該管直轄市或縣（市）政府規定辦法，限於一定期間內，將額外土地分割出賣。

②不依前項規定分割出賣者，該管直轄市或縣（市）政府得依本法徵收之。

③前項徵收之補償地價，得斟酌情形搭給土地債券。

**第三〇條**　（刪除）

**第三〇條之一**　（刪除）

**第三一條**

①直轄市或縣（市）地政機關於其管轄區內之土地，得斟酌地方經濟情形，依其性質及使用之種類，為最小面積單位之規定，並禁止其再分割。

②前項規定，應經中央地政機關之核准。

**第三二條**

直轄市或縣（市）政府得限制每一自耕農之耕地負債最高額，並報中央地政機關備案。

**第三三條**　（刪除）

**第三四條**　（刪除）100

**第三四條之一**　100

①共有土地或建築改良物，其處分、變更及設定地上權、農育權、不動產役權或典權，應以共有人過半數及其應有部分合計過半數之同意行之。但其應有部分合計逾三分之二者，其人數不予計算。

②共有人依前項規定為處分、變更或設定負擔時，應事先以書面通知他共有人；其不能以書面通知者，應公告之。

③第一項共有人，對於他共有人應得之對價或補償，負連帶清償責任。於為權利變更登記時，並應提出他共有人已為受領或為其提存之證明。其因而取得不動產物權者，應代他共有人申請登記。

④共有人出賣其應有部分時，他共有人得以同一價格共同或單獨優先承購。

⑤前四項規定，於公同共有準用之。

⑥依法得分割之共有土地或建築改良物，共有人不能自行協議分割者，任何共有人得申請該管直轄市、縣（市）地政機關調處，不服調處者，應於接到調處通知後十五日內向司法機關訴請處理，屆期不起訴者，依原調處結果辦理之。

### 第三四條之二

直轄市或縣（市）地政機關為處理本法不動產之糾紛，應設不動產糾紛調處委員會，聘請地政、營建、法律及地方公正人士為調處委員；其設置、申請調處之要件、程序、期限、調處費用及其他應遵循事項之辦法，由中央地政機關定之。

### 第三五條

自耕農場之創設，另以法律定之。

# 第二編　地　籍

## 第一章　通　則

### 第三六條

①地籍除已依法律整理者外，應依本法之規定整理之。
②地籍整理之程序，為地籍測量及土地登記。

### 第三七條

①土地登記，謂土地及建築改良物之所有權與他項權利之登記。
②土地登記之內容、程序、規費、資料提供、應附文件及異議處理等事項之規則，由中央地政機關定之。

### 第三七條之一

①土地登記之申請，得出具委託書，委託代理人為之。
②土地登記專業代理人，應經土地登記專業代理人考試或檢覈及格。但在本法修正施行前，已從事土地登記專業代理人業務，並曾領有政府發給之土地代書人登記合格證明或代理他人申辦土地登記案件專業人員登記卡者，得繼續執業；未領有土地代書人登記合格證明或登記卡者，得繼續執業至中華民國八十四年十二月三十一日。
③非土地登記專業代理人擅自以代理申請土地登記為業者，其代理申請土地登記之件，登記機關應不予受理。
④土地登記專業代理人開業、業務與責任、訓練、公會管理及獎懲等事項之管理辦法，由中央地政機關定之。

### 第三八條

①辦理土地登記前，應先辦地籍測量，其已依法辦理地籍測量之地方，應即依本法規定辦理土地總登記。
②前項土地總登記，謂於一定期間內就直轄市或縣（市）土地之全部為土地登記。

### 第三九條

土地登記，由直轄市或縣（市）地政機關辦理之。但各該地政

機關得在轄區內分設登記機關，辦理登記及其他有關事項。

**第四〇條**

地籍整理以直轄市或縣（市）爲單位，直轄市或縣（市）分區，區內分段，段內分宗，按宗編號。

**第四一條**

第二類第三類及第四類土地，應免予編號登記。但因地籍管理必須編號登記者，不在此限。

**第四二條**

① 土地總登記得分若干登記區辦理。
② 前項登記區，在直轄市不得小於區，在縣（市）不得小於鄉（鎮、市、區）。

**第四三條**

依本法所爲之登記，有絕對效力。

# 第二章　地籍測量

**第四四條**

地籍測量依左列次序辦理：

一　三角測量、三邊測量或精密導線測量。
二　圖根測量。
三　戶地測量。
四　計算面積。
五　製圖。

**第四四條之一**

① 地籍測量時，土地所有權人應設立界標，並永久保存之。
② 界標設立之種類、規格、方式與其銷售及管理等事項之辦法，由中央地政機關定之。

**第四五條**

地籍測量，如由該管直轄市或縣（市）政府辦理，其實施計畫應經中央地政機關之核定。

**第四六條**

地籍測量，如用航空攝影測量，應由中央地政機關統籌辦理。

**第四六條之一**

已辦地籍測量之地區，因地籍原圖破損、滅失、比例尺變更或其他重大原因，得重新實施地籍測量。

**第四六條之二**

① 重新實施地籍測量時，土地所有權人應於地政機關通知之限期內，自行設立界標，並到場指界。逾期不設立界標或到場指界者，得依左列順序逕行施測：

一　鄰地界址。
二　現使用人之指界。
三　參照舊地籍圖。
四　地方習慣。

② 土地所有權人因設立界標或到場指界發生界址爭議時，準用第五十九條第二項規定處理之。

## 第四六條之三

① 重新實施地籍測量之結果，應予公告，其期間爲三十日。

② 土地所有權人認爲前項測量結果有錯誤，除未依前條之規定設立界標或到場指界者外，得於公告期間內，向該管地政機關繳納複丈費，聲請複丈。經複丈者，不得再聲請複丈。

③ 逾公告期間未經聲請複丈，或複丈結果無誤或經更正者，地政機關應即據以辦理土地標示變更登記。

## 第四七條

地籍測量實施之作業方法、程序與土地複丈、建物測量之申請程序及應備文件等事項之規則，由中央地政機關定之。

## 第四七條之一

① 地政機關辦理地籍測量，得委託地籍測量師爲之。

② 地籍測量師法，另定之。

## 第四七條之二

土地複丈費及建築改良物測量費標準，由中央地政機關定之。

# 第三章　土地總登記

## 第四八條

土地總登記，依左列次序辦理：

一　調查地籍。

二　公布登記區及登記期限。

三　接收文件。

四　審查並公告。

五　登記發給書狀並造冊。

## 第四九條

每一登記區，接受登記聲請之期限，不得少於二個月。

## 第五〇條

土地總登記辦理前，應將該登記區地籍圖公布之。

## 第五一條

土地總登記，由土地所有權人於登記期限內，檢同證明文件聲請之。如係土地他項權利之登記，應由權利人及義務人共同聲請。

## 第五二條

公有土地之登記，由原保管或使用機關囑託該管直轄市或縣（市）地政機關爲之，其所有權人欄註明爲國有、直轄市有、縣（市）有或鄉（鎮、市）有。

## 第五三條

無保管或使用機關之公有土地及因地籍整理而發現之公有土地，由該管直轄市或縣（市）地政機關逕爲登記，其所有權人欄註明爲國有。

## 第五四條

和平繼續占有之土地，依民法第七百六十九條或第七百七十條之規定，得請求登記為所有人者，應於登記期限內，經土地四鄰證明，聲請為土地所有權之登記。

## 第五五條

①直轄市或縣（市）地政機關接受聲請或囑託登記之件，經審查證明無誤，應即公告之，其依第五十三條逕為登記者亦同。

②前項聲請或囑託登記，如應補繳證明文件者，該管直轄市或縣（市）地政機關應限期令其補繳。

## 第五六條

依前條審查結果，認為有瑕疵而被駁回者，得向該管司法機關訴請確認其權利，如經裁判確認，得依裁判再行聲請登記。

## 第五七條

逾登記期限無人聲請登記之土地或經聲請而逾限未補繳證明文件者，其土地視為無主土地，由該管直轄市或縣（市）地政機關公告之，公告期滿，無人提出異議，即為國有土地之登記。

## 第五八條

①依第五十五條所為公告，不得少於十五日。

②依第五十七條所為公告，不得少於三十日。

## 第五九條

①土地權利關係人，在前條公告期間內，如有異議，得向該管直轄市或縣（市）地政機關以書面提出，並應附具證明文件。

②因前項異議而生土地權利爭執時，應由該管直轄市或縣（市）地政機關予以調處，不服調處者，應於接到調處通知後十五日內，向司法機關訴請處理，逾期不起訴者，依原調處結果辦理之。

## 第六〇條

合法占有土地人，未於登記期限內聲請登記，亦未於公告期間內提出異議者，喪失其占有之權利。

## 第六一條

在辦理土地總登記期間，當地司法機關應設專庭，受理土地權利訴訟案件，並應速予審判。

## 第六二條

①聲請登記之土地權利，公告期滿無異議，或經調處成立，或裁判確定者，應即為確定登記，發給權利人以土地所有權狀或他項權利證明書。

②前項土地所有權狀，應附以地段圖。

## 第六三條

①依前條確定登記之面積，應按原有證明文件所載四至範圍以內，依實際測量所得之面積登記之。

②前項證明文件所載四至不明或不符者，如測量所得面積未超過證明文件所載面積十分之二時，應按實際測量所得之面積，予以登記，如超過十分之二時，其超過部分視為國有土地。但得

由原占有人優先繳價承領登記。

### 第六四條

① 每登記區應依登記結果，造具登記總簿，由直轄市或縣（市）政府永久保存之。

② 登記總簿之格式及處理與保存方法，由中央地政機關定之。

### 第六五條

土地總登記，應由權利人按申報地價或土地他項權利價值，繳納登記費千分之二。

### 第六六條

依第五七條公告之土地，原權利人在公告期內提出異議，並呈驗證件，聲請爲土地登記者，如經審查證明無誤，應依規定程序，予以公告並登記。但應加繳登記費之二分之一。

### 第六七條

土地所有權狀及他項權利證明書，應繳納書狀費，其費額由中央地政機關定之。

### 第六八條

① 因登記錯誤、遺漏或虛僞致受損害者，由該地政機關負損害賠償責任。但該地政機關證明其原因應歸責於受害人時，不在此限。

② 前項損害賠償，不得超過受損害時之價值。

### 第六九條 95

登記人員或利害關係人，於登記完畢後，發見登記錯誤或遺漏時，非以書面聲請該管上級機關查明核准後，不得更正。但登記錯誤或遺漏，純屬登記人員記載時之疏忽，並有原始登記原因證明文件可稽者，由登記機關逕行更正之。

### 第七〇條

① 地政機關所收登記費，應提存百分之十作爲登記儲金，專備第六十八條所定賠償之用。

② 地政機關所負之損害賠償，如因登記人員之重大過失所致者，由該人員償還，撥歸登記儲金。

### 第七一條

損害賠償之請求，如經該地政機關拒絕，受損害人得向司法機關起訴。

## 第四章　土地權利變更登記

### 第七二條

土地總登記後，土地權利有移轉、分割、合併、設定、增減或消滅時，應爲變更登記。

### 第七三條

① 土地權利變更登記，應由權利人及義務人會同聲請之。其無義務人者，由權利人聲請之，其係繼承登記者，得由任何繼承人爲全體繼承人聲請之。但其聲請，不影響他繼承人拋棄繼承或

限定繼承之權利。

②前項聲請，應於土地權利變更後一個月內為之。其係繼承登記者，得自繼承開始之日起，六個月內為之。聲請逾期者，每逾一個月得處應納登記費額一倍之罰鍰，但最高不得超過二十倍。

**第七三條之一** 111

①土地或建築改良物，自繼承開始之日起逾一年未辦理繼承登記者，經該管直轄市或縣市地政機關查明後，應即公告繼承人於三個月內聲請登記，並以書面通知繼承人；逾期仍未聲請者，得由地政機關予以列冊管理。但有不可歸責於聲請人之事由，其期間應予扣除。

②前項列冊管理期間為十五年，逾期仍未聲請登記者，由地政機關書面通知繼承人及將該土地或建築改良物清冊移請財政部國有財產署公開標售。繼承人占有或第三人占有無合法使用權者，於標售後喪失其占有之權利；土地或建築改良物租賃期間超過五年者，於標售後以五年為限。

③依第二項規定標售土地或建築改良物前應公告三個月，繼承人、合法使用人或其他共有人就其使用範圍依序有優先購買權。但優先購買權人未於決標後三十日內表示優先購買者，其優先購買權視為放棄。

④標售所得之價款應於國庫設立專戶儲存，繼承人得依其法定應繼分領取。逾十年無繼承人申請提領該價款者，歸屬國庫。

⑤第二項標售之土地或建築改良物無人應買或應買人所出最高價未達標售之最低價額者，由財政部國有財產署定期再標售，於再行標售時，財政部國有財產署應酌減拍賣最低價額，酌減數額不得逾百分之二十。經五次標售而未標出者，登記為國有並準用第二項後段喪失占有權及租賃期限之規定。自登記完畢之日起十年內，原權利人得檢附證明文件按其法定應繼分，向財政部國有財產署申請就第四項專戶提撥發給價金；經審查無誤，公告九十日期滿無人異議時，按該土地或建築改良物第五次標售底價分算發給之。

**第七四條**

聲請為土地權利變更登記，應檢附原發土地所有權狀及地段圖，或土地他項權利證明書。

**第七五條**

①聲請為土地權利變更登記之件，經該管直轄市或縣（市）地政機關審查證明無誤，應即登記於登記總簿，發給土地所有權狀或土地他項權利證明書，並將原發土地權利書狀註銷，或就該書狀內加以註明。

②依前項發給之土地所有權狀，應附以地段圖。

**第七五條之一**

前條之登記尚未完畢前，登記機關接獲法院查封、假扣押、假處分或破產登記之囑託時，應即改辦查封、假扣押、假處分或破產登記，並通知登記聲請人。

**第七六條**

① 聲請爲土地權利變更登記，應由權利人按申報地價或權利價值千分之一繳納登記費。

② 聲請他項權利內容變更登記，除權利價值增加部分，依前項繳納登記費外，免納登記費。

**第七七條**

因土地權利變更登記，所發給之土地權利書狀，每張應繳費額，依第六十七條之規定。

**第七八條**

左列登記，免繳納登記費：

一　因土地重劃之變更登記。

二　更正登記。

三　消滅登記。

四　塗銷登記。

五　更名登記。

六　住址變更登記。

七　標示變更登記。

八　限制登記。

**第七九條**

土地所有權狀及土地他項權利證明書，因損壞或滅失請求換給或補給時，依左列規定：

一　因損壞請求換給者，應提出損壞之原土地所有權狀或原土地他項權利證明書。

二　因滅失請求補給者，應敘明滅失原因，檢附有關證明文件，經地政機關公告三十日，公告期滿無人就該滅失事實提出異議後補給之。

**第七九條之一**

① 聲請保全左列請求權之預告登記，應由請求權人檢附登記名義人之同意書爲之：

一　關於土地權利移轉或使其消滅之請求權。

二　土地權利內容或次序變更之請求權。

三　附條件或期限之請求權。

② 前項預告登記未塗銷前，登記名義人就其土地所爲之處分，對於所登記之請求權有妨礙者無效。

③ 預告登記，對於因徵收、法院判決或強制執行而爲新登記，無排除之效力。

**第七九條之二**

① 有左列情形之一者，應繳納工本費或閱覽費：

一　聲請換給或補給權利書狀者。

二　聲請發給登記簿或地籍謄本或節本者。

三　聲請抄印或影印登記聲請書及其附件者。

四　聲請分割登記，就新編地號另發權利書狀者。

五　聲請閱覽地籍圖之藍曬圖或複製圖者。

六 聲請閱覽電子處理之地籍資料者。

②前項工本費、閱覽費費額，由中央地政機關定之。

# 第三編　土地使用

## 第一章　通　則

**第八〇條**

土地使用，謂施以勞力資本爲土地之利用。

**第八一條**

直轄市或縣（市）地政機關得就管轄區內之土地，依國家經濟政策、地方需要情形及土地所能供使用之性質，分別商同有關機關，編爲各種使用地。

**第八二條**

凡編爲某種使用地之土地，不得供其他用途之使用。但經該管直轄市或縣（市）地政機關核准，得爲他種使用者，不在此限。

**第八三條**

編爲某種使用地之土地，於其所定之使用期限前，仍得繼續爲從來之使用。

**第八四條**

使用地之種別或其變更，經該管直轄市或縣（市）地政機關編定，由直轄市或縣（市）政府公布之。

**第八五條**

使用地編定公布後，上級地政機關認爲有較大利益或較重要之使用時，得令變更之。

**第八六條**

①直轄市或縣（市）地政機關於管轄區內之農地，得依集體耕作方法，商同主管農林機關，爲集體農場面積之規定。

②集體農場之辦法，另以法律定之。

**第八七條**

①凡編爲建築用地，未依法使用者，爲空地。

②土地建築改良物價值不及所占地基申報地價百分之二十者，視爲空地。

**第八八條**

凡編爲農業或其他直接生產用地，未依法使用者爲荒地。但因農業生產之必要而休閒之土地，不在此限。

**第八九條**

①直轄市或縣（市）地政機關對於管轄區內之私有空地及荒地，得劃定區域，規定期限，強制依法使用。

②前項私有荒地，逾期不使用者，該管直轄市或縣（市）政府得照申報地價收買之。

# 第二章　使用限制

## 第九○條

城市區域道路、溝渠及其他公共使用之土地，應依都市計畫法預為規定之。

## 第九一條

城市區域之土地，得依都市計畫法，分別劃定為限制使用區及自由使用區。

## 第九二條

① 新設之都市，得由政府依都市計畫法，將市區土地之全部或一部依法徵收，整理重劃，再照徵收原價分宗放領。但得加收整理土地所需之費用。

② 前項徵收之土地，得分期徵收，分區開放，未經開放之區域，得為保留徵收，並限制其為妨礙都市計畫之使用。

## 第九三條

依都市計畫已公布為道路或其他公共使用之土地，得為保留徵收，並限制其建築，但臨時性質之建築，不在此限。

# 第三章　房屋及基地租用

## 第九四條

① 城市地方，應由政府建築相當數量之準備房屋，供人民承租自用之用。

② 前項房屋之租金，不得超過土地及其建築物價額年息百分之八。

## 第九五條

直轄市或縣（市）政府為救濟房屋不足，經行政院核准，得減免新建房屋之土地稅及改良物稅，並定減免期限。

## 第九六條

城市地方每一人民自住之房屋間數，得由直轄市或縣（市）政府斟酌當地情形，為必要之限制。但應經民意機關之同意。

## 第九七條

① 城市地方房屋之租金，以不超過土地及其建築物申報總價年息百分之十為限。

② 約定房屋租金，超過前項規定者，該管直轄市或縣（市）政府得依前項所定標準強制減定之。

## 第九八條

① 以現金為租賃之擔保者，其現金利息視為租金之一部。

② 前項利率之計算，應與租金所由算定之利率相等。

## 第九九條

① 前條擔保之金額，不得超過二個月房屋租金之總額。

② 已交付之擔保金，超過前項限度者，承租人得以超過之部分，抵付房租。

## 第一○○條

出租人非因左列情形之一，不得收回房屋：

一 出租人收回自住或重新建築時。

二 承租人違反民法第四百四十三條第一項之規定，轉租於他人時。

三 承租人積欠租金額，除擔保金抵償外，達二個月以上時。

四 承租人以房屋供違反法令之使用時。

五 承租人違反租賃契約時。

六 承租人損壞出租人之房屋或附著財物，而不為相當之賠償時。

## 第一〇一條

因房屋租用發生爭議，得由該管直轄市或縣（市）地政機關予以調處，不服調處者，得向司法機關訴請處理。

## 第一〇二條

租用基地建築房屋，應由出租人與承租人於契約訂立後二個月內，聲請該管直轄市或縣（市）地政機關為地上權之登記。

## 第一〇三條

租用建築房屋之基地，非因左列情形之一，出租人不得收回：

一 契約年限屆滿時。

二 承租人以基地供違反法令之使用時。

三 承租人轉租基地於他人時。

四 承租人積欠租金額，除以擔保現金抵償外，達二年以上時。

五 承租人違反租賃契約時。

## 第一〇四條

①基地出賣時，地上權人、典權人或承租人有依同樣條件優先購買之權。房屋出賣時，基地所有權人有依同樣條件優先購買之權。其順序以登記之先後定之。

②前項優先購買權人，於接到出賣通知後十日內不表示者，其優先權視為放棄。出賣人未通知優先購買權人而與第三人訂立買賣契約者，其契約不得對抗優先購買權人。

## 第一〇五條

第九十七條、第九十九條及第一百零一條之規定，於租用基地，建築房屋，均準用之。

# 第四章 耕地租用

## 第一〇六條

①以自任耕作為目的，約定支付地租，使用他人之農地者，為耕地租用。

②前項所稱耕作，包括漁牧。

## 第一〇七條

①出租人出賣或出典耕地時，承租人有依同樣條件優先承買或承典之權。

②第一百零四條第二項之規定，於前項承買、承典準用之。

### 第一○八條
承租人縱經出租人承諾，仍不得將耕地全部或一部轉租於他人。

### 第一○九條
依定有期限之契約租用耕地者，於契約屆滿時，除出租人收回自耕外，如承租人繼續耕作，視為不定期限繼續契約。

### 第一一○條
① 地租不得超過地價百分之八，約定地租或習慣地租超過地價百分之八者，應比照地價百分之八減定之，不及地價百分之八者，依其約定或習慣。
② 前項地價，指法定地價，未經依法規定地價之地方，指最近三年之平均地價。

### 第一一一條
耕地地租，承租人得依習慣以農作物代繳。

### 第一一二條
① 耕地出租人，不得預收地租，但因習慣以現金為耕地租用之擔保者，其金額不得超過一年應繳租額四分之一。
② 前項擔保金之利息，應視為地租之一部，其利率應按當地一般利率計算之。

### 第一一三條
承租人不能按期支付應交地租之全部，而以一部支付時，出租人不得拒絕收受，出租人亦不得因其收受而推定為減租之承諾。

### 第一一四條
依不定期限租用耕地之契約，僅得於有左列情形之一時終止之：
一　承租人死亡而無繼承人時。
二　承租人放棄其耕作權利時。
三　出租人收回自耕時。
四　耕地依法變更其使用時。
五　違反民法第四百三十二條及第四百六十二條第二項之規定時。
六　違反第一百零八條之規定時。
七　地租積欠達二年之總額時。

### 第一一五條
承租人放棄其耕作權利，應於三個月前向出租人以意思表示為之，非因不可抗力繼續一年不為耕作者，視為放棄耕作權利。

### 第一一六條
依第一百十四條第三款及第五款之規定終止契約時，出租人應於一年前通知承租人。

### 第一一七條
收回自耕之耕地再出租時，原承租人有優先承租之權，自收回自耕之日起，未滿一年而再出租時，原承租人得以原租用條件承租。

### 第一一八條
出租人對於承租人耕作上必需之農具牲畜肥料及農產物，不得

行使民法第四百四十五條規定之留置權。

#### 第一一九條

① 於保持耕地原有性質及效能外，以增加勞力資本之結果，致增加耕地生產力或耕作便利者，為耕地特別改良。

② 前項特別改良，承租人得自由為之。但特別改良費之數額，應即通知出租人。

#### 第一二○條

① 因第一百十四條第二、第三、第五、第六各款契約終止返還耕地時，承租人得向出租人要求償還其所支出前條第二項耕地特別改良費。但以其未失效能部分之價值為限。

② 前項規定，於永佃權依民法第八百四十五條及第八百四十六條之規定，撤佃時準用之。

#### 第一二一條

耕地出租人以耕畜、種子、肥料或其他生產用具供給承租人者，除依民法第四百六十二條及第四百六十三條之規定外，得依租用契約於地租外之收報酬。但不得超過供給物價值年息百分之十。

#### 第一二二條

因耕地租用，業佃間發生爭議，得由該管直轄市或縣（市）地政機關予以調處，不服調處者，得向司法機關訴請處理。

#### 第一二三條

遇有荒歉，直轄市或縣（市）政府得按照當地當年收穫實況為減租或免租之決定。但應經民意機關之同意。

#### 第一二四條

第一百零七條至第一百十三條及第一百二十一條各規定，於有永佃權之土地準用之。

## 第五章　荒地使用

#### 第一二五條

公有荒地，應由該管直轄市或縣（市）地政機關於一定期間內勘測完竣，並規定其使用計畫。

#### 第一二六條

公有荒地適合耕地使用者，除政府保留使用者外，由該管直轄市或縣（市）地政機關會同主管農林機關劃定墾區，規定墾地單位，定期招墾。

#### 第一二七條

私有荒地，經該管直轄市或縣（市）政府依第八十九條照價收買者，應於興辦水利改良土壤後，再行招墾。

#### 第一二八條

公有荒地之承墾人，以中華民國人民為限。

#### 第一二九條

① 公有荒地之承墾人，分左列二種：

一　自耕農戶。

二　農業生產合作社。

②前項農業生產合作社，以依法呈准登記，並由社員自任耕作者為限。

#### 第一三〇條

承墾人承領荒地，每一農戶以一墾地單位為限，每一農業合作社承領墾地單位之數，不得超過其所含自耕農戶之數。

#### 第一三一條

承墾人自受領承墾證書之日起，應於一年內實施開墾工作，其墾竣之年限，由主管農林機關規定之，逾限不實施開墾者，撤銷其承墾證書。

#### 第一三二條

承墾人於規定墾竣年限而未墾竣者，撤銷其承墾證書。但因不可抗力，致不能依規定年限墾竣，得請求主管農林機關酌予展限。

#### 第一三三條

①承墾人自墾竣之日起，無償取得所領墾地之耕作權，應即依法向該管直轄市或縣（市）地政機關請為耕作權之登記。但繼續耕作滿十年者，無償取得土地所有權。

②前項耕作權不得轉讓。但繼承或贈與於得為繼承之人，不在此限。

③第一項墾竣土地，得由該管直轄市或縣（市）政府酌予免納土地稅二年至八年。

#### 第一三四條

公有荒地，非農戶或農業生產合作社所能開墾者，得設墾務機關辦理之。

### 第六章　土地重劃

#### 第一三五條

直轄市或縣（市）地政機關因左列情形之一，經上級機關核准，得就管轄區內之土地，劃定重劃地區，施行土地重劃，將區內各宗土地重新規定其地界：

一　實施都市計畫者。

二　土地面積畸零狹小，不適合於建築使用者。

三　耕地分配不適合於農事工作或不利於排水灌溉者。

四　將散碎之土地交換合併，成立標準農場者。

五　應用機器耕作，興辦集體農場者。

#### 第一三六條

土地重劃後，應依各宗土地原來之面積或地價，仍分配於原所有權人。但限於實際情形，不能依原來之面積或地價妥為分配者，得變通補償。

#### 第一三七條

土地畸零狹小，全宗面積在第三十一條所規定最小面積單位以下者，得依土地重劃廢置或合併之。

**第一三八條**

重劃區內，公園、道路、堤塘、溝渠或其他供公共使用之土地，得依土地重劃變更或廢置之。

**第一三九條**

土地重劃後，土地所有權人所受之損益，應互相補償，其供道路或其他公共使用所用土地之地價，應由政府補償之。

**第一四〇條**

土地重劃，自公告之日起三十日內，有關係之土地所有權人半數以上，而其所有土地面積，除公有土地外，超過重劃地區內土地總面積一半者表示反對時，直轄市或縣（市）地政機關應即報上級機關核定之。

**第一四一條**

第一百三十五條之土地重劃，得因重劃區內土地所有權人過半數，而其所有土地面積，除公有土地外，超過重劃區內土地總面積一半者之共同請求，由直轄市或縣（市）地政機關核准為之。

**第一四二條**

新設都市內之土地重劃，應於分區開放前為之。

# 第四編 土地稅

## 第一章 通 則

**第一四三條**

土地及其改良物，除依法免稅者外，依本法之規定徵稅。

**第一四四條**

土地稅分地價稅及土地增值稅二種。

**第一四五條**

土地及其改良物之價值，應分別規定。

**第一四六條**

土地稅為地方稅。

**第一四七條**

土地及其改良物，除依本法規定外，不得用任何名目徵收或附加稅款。但因建築道路、堤防、溝渠、或其他土地改良之水陸工程，所需費用，得依法徵收工程受益費。

## 第二章 地價及改良物價

**第一四八條**

土地所有權人依本法所申報之地價，為法定地價。

**第一四九條**

直轄市或縣（市）地政機關辦理地價申報之程序如左：

一　查定標準地價。

二　業主申報。

三　編造地價冊。

**第一五〇條**

地價調查，應抽查最近二年內土地市價或收益價格，以為查定標準地價之依據，其抽查宗數，得視地目繁簡，地價差異為之。

**第一五一條**

依據前條調查結果，就地價相近及地段相連或地目相同之土地，劃分為地價等級，並就每等級內抽查宗地之市價或收益價格，以其平均數或中數，為各該地價等級之平均地價。

**第一五二條**

每地價等級之平均地價，由該管直轄市或縣（市）地政機關報請該管直轄市或縣（市）政府公布為標準地價。

**第一五三條**

標準地價之公布，應於開始土地總登記前分區行之。

**第一五四條**

①土地所有權人對於標準地價認為規定不當時，如有該區內同等級土地所有權人過半數之同意，得於標準地價公布後三十日內，向該管直轄市或縣（市）政府提出異議。

②直轄市或縣（市）政府接受前項異議後，應即提交標準地價評議委員會評議之。

**第一五五條**

①標準地價評議委員會之組織規程，由中央地政機關定之。

②前項委員會委員，應有地方民意機關之代表參加。

**第一五六條**

土地所有權人聲請登記所有權時，應同時申報地價。但僅得為標準地價百分之二十以內之增減。

**第一五七條**

土地所有權人認為標準地價過高，不能依前條為申報時，得聲請該管直轄市或縣（市）政府照標準地價收買其土地。

**第一五八條**

土地所有權人聲請登記，而不同時申報地價者，以標準地價為法定地價。

**第一五九條**

每直轄市或縣（市）辦理地價申報完竣，應即編造地價冊及總歸戶冊，送該管直轄市或縣（市）財政機關。

**第一六〇條**

地價申報滿五年，或一年屆滿而地價已較原標準地價有百分五十以上之增減時，得重新規定地價，適用第一百五十條至第一百五十二條及第一百五十四條至第一百五十六條之規定。

**第一六一條**

建築改良物之價值，由該管直轄市或縣（市）地政機關於規定地價時同時估定之。

### 第一六二條

建築改良物價值之估計，以同樣之改良物於估計時，為重新建築需用費額為準。但應減去因時間經歷所受損耗之數額。

### 第一六三條

就原建築改良物增加之改良物，於重新估計價值時，併合於改良物計算之。但因維持建築改良物現狀所為之修繕，不視為增加之改良物。

### 第一六四條

直轄市或縣（市）地政機關應將改良物估計價值數額，送經標準地價評議委員會評定後，報請該管直轄市或縣（市）政府公布為改良物法定價值，並由直轄市或縣（市）地政機關分別以書面通知所有權人。

### 第一六五條

前條受通知人，認為評定不當時，得於通知書達到後三十日內，聲請標準地價評議委員會重新評定。

### 第一六六條

建築改良物之價值，得與重新規定地價時，重為估定。

## 第三章　地價稅

### 第一六七條

地價稅照法定地價，按年徵收一次，必要時得准分兩期繳納。

### 第一六八條

地價稅照法定地價，按累進稅率徵收之。

### 第一六九條

地價稅以其法定地價數額千分之十五為基本稅率。

### 第一七〇條

土地所有權人之地價總額，未超過累進起點地價時，依前條稅率徵收，超過累進起點地價時，依左列方法累進課稅：

一　超過累進起點地價在百分之五百以下者，其超過部分加徵千分之二。

二　超過累進起點地價百分之一千以下者，除按前款規定徵收外，就其已超過百分之五百部分，加徵千分之三。

三　超過累進起點地價百分之一千五百以下者，除按前款規定徵收外，就其超過百分之一千部分加徵千分之五，以後每超過百分之五百就其超過部分遞加千分之五，以加至千分之五十為止。

### 第一七一條

前條累進起點地價，由直轄市或縣（市）政府按照自住自耕地必需面積，參酌地價及當地經濟狀況擬定，報請行政院核定之。

### 第一七二條 100

地價稅向所有權人徵收之，其設有典權之土地，由典權人繳納。

## 第一七三條

① 私有空地，經限期強制使用，而逾期未使用者，應於依法使用前，加徵空地稅。

② 前項空地稅，不得少於應繳地價稅之三倍，不得超過應繳地價稅之十倍。

## 第一七四條

① 私有荒地，經限期強制使用，而逾期未使用者，應於依法使用前，加徵荒地稅。

② 前項荒地稅，不得少於應徵之地價稅，不得超過應繳地價稅之三倍。

## 第一七五條 （刪除）100

# 第四章 土地增值稅

## 第一七六條

① 土地增值稅，照土地增值之實數額計算，於土地所有權移轉時，或雖無移轉而屆滿十年時，徵收之。

② 前項十年期間，自第一次依法規定地價之日起計算。

## 第一七七條

依第一百四十七條實施工程地區，其土地增值稅於工程完成後，屆滿五年時徵收之。

## 第一七八條

土地增值總數額之標準，依左列之規定：

一 規定地價後，未經過移轉之土地，於絕賣移轉時，以現賣價超過原規定地價之數額為標準。

二 規定地價後，未經過移轉之土地，於繼承或贈與移轉時，以移轉時之估定地價，超過原規定地價之數額為標準。

三 規定地價後，曾經移轉之土地，於下次移轉時，以現移轉價超過前次移轉時地價之數額為標準。

## 第一七九條

① 前條之原規定地價及前次移轉時之地價，稱為原地價。

② 前項原地價，遇一般物價有劇烈變動時，直轄市或縣（市）財政機關應依當地物價指數調整計算之，並應經地方民意機關之同意。

## 第一八〇條

土地增值總數額，除去免稅額，為土地增值實數額。

## 第一八一條

土地增值稅之稅率，依左列之規定：

一 土地增值實數額，在原地價百分之一百以下者，徵收其增值實數額百分之二十。

二 土地增值實數額，在原地價數額百分之二百以下者，除按前款規定徵收外，就其已超過百分之一百部分，徵收百分

之四十。

三 土地增值實數額，在原地價百分之三百以下者，除按前二款規定分別徵收外，就其超過百分之二百部分，徵收百分之六十。

四 土地增值實數額超過原地價數額百分之三百者，除按前三款規定分別徵收外，就其超過部分徵收百分之八十。

**第一八二條**

土地所有權之移轉爲絕賣者，其增值稅向出賣人徵收之，如爲繼承或贈與者，其增值稅向繼承人或受贈人徵收之。

**第一八三條**

①規定地價後十年屆滿，或實施工程地區五年屆滿，而無移轉之土地，其增值稅向土地所有權人徵收之。

②前項土地設有典權者，其增值稅，得向典權人徵收之。但於土地回贖時，出典人應無息償還。

**第一八四條**

土地增值實數額，應減去土地所有權人爲改良土地所用之資本，及已繳納之工程受益費。

## 第五章　土地改良物稅

**第一八五條**

建築改良物，得照其估定價值，按年徵稅，其最高稅率，不得超過千分之十。

**第一八六條**

建築改良物稅之徵收，於徵收地價稅時爲之，並適用第一百七十二條之規定。

**第一八七條**

建築改良物爲自住房屋時，免予徵稅。

**第一八八條**

農作改良物不得徵稅。

**第一八九條**

地價每畝不滿五百元之地方，其建築改良物，應免予徵稅。

**第一九〇條**

土地改良物稅，全部爲地方稅。

## 第六章　土地稅之減免

**第一九一條**

公有土地及公有建築改良物，免徵土地稅及改良物稅。但供公營事業使用或不作公共使用者，不在此限。

**第一九二條**

供左列各款使用之私有土地，得由財政部會同中央地政機關，呈經行政院核准，免稅或減稅：

一　學校及其他學術機關用地。
二　公園及公共體育場用地。
三　農、林、漁、牧試驗場用地。
四　森林用地。
五　公立醫院用地。
六　公共墳場用地。
七　其他不以營利爲目的之公益事業用地。

#### 第一九三條
因地方發生災難或調劑社會經濟狀況，得由財政部會同中央地政機關呈經行政院核准，就關係區內之土地，於災難或調劑期中，免稅或減稅。

#### 第一九四條
因保留徵收或依法律限制不能使用之土地，概應免稅。但在保留徵收期內，仍能爲原來之使用者，不在此限。

#### 第一九五條
在自然環境及技術上無法使用之土地，或在墾荒過程中之土地，由財政部會同中央地政機關，呈經行政院核准，免徵地價稅。

#### 第一九六條
因土地徵收或土地重劃，致所有權有移轉時，不徵收土地增值稅。

#### 第一九七條
農人之自耕地及自住地，於十年屆滿無移轉時，不徵收土地增值稅。

#### 第一九八條
農地因農人施用勞力與資本，致地價增漲時，不徵收土地增值稅。

#### 第一九九條
凡減稅或免稅之土地，其減免之原因事實有變更或消滅時，仍應繼續徵稅。

## 第七章　欠　稅

#### 第二〇〇條
地價稅不依期完納者，就其所欠數額，自逾期之日起，按月加徵所欠數額百分之二以下之罰鍰，不滿一月者，以一月計。

#### 第二〇一條
積欠土地稅達二年以上應繳稅額時，該管直轄市或縣（市）財政機關得通知直轄市或縣（市）地政機關，將欠稅土地及其改良物之全部或一部交司法機關拍賣，以所得價款優先抵償欠稅，其次依法分配於他項權利人及原欠稅人。

#### 第二〇二條
前條之土地拍賣，應由司法機關於拍賣前三十日，以書面通知土地所有權人。

**第二〇三條**

① 土地所有權人接到前條通知後，提供相當繳稅擔保者，司法機關得展期拍賣。

② 前項展期，以一年爲限。

**第二〇四條**

① 欠稅土地爲有收益者，得由該管直轄市或縣（市）財政機關通知直轄市或縣（市）地政機關提取其收益，抵償欠稅，免將土地拍賣。

② 前項提取收益，於積欠地價稅額等於全年應繳數額時，方得爲之。

③ 第一項提取之收益數額，以足抵償其欠稅爲限。

**第二〇五條**

土地增值稅，不依法完納者，依第二百條之規定加徵罰鍰。

**第二〇六條**

① 土地增值稅欠稅至一年屆滿仍未完納者，得由該管直轄市或縣（市）財政機關通知直轄市或縣（市）地政機關，將其土地及改良物一部或全部交司法機關拍賣，以所得價款抵償欠稅，餘款交還原欠稅人。

② 前項拍賣，適用第二百零二條及第二百零三條之規定。

**第二〇七條**

建築改良物欠稅，準用本章關於地價稅欠稅各條之規定。

# 第五編　土地徵收

## 第一章　通　則

**第二〇八條**

國家因左列公共事業之需要，得依本法之規定，徵收私有土地。但徵收之範圍，應以其事業所需者爲限：

一　國防設備。

二　交通事業。

三　公用事業。

四　水利事業。

五　公共衛生。

六　政府機關、地方自治機關及其他公共建築。

七　教育學術及慈善事業。

八　國營事業。

九　其他由政府興辦以公共利益爲目的之事業。

**第二〇九條**

政府機關因實施國家經濟政策，得徵收私有土地。但應以法律規定者爲限。

**第二一〇條**

①徵收土地，遇有名勝古蹟，應於可能範圍內避免之。
②名勝古蹟，已在被徵收土地區內者，應於可能範圍內保存之。

**第二一一條**

需用土地人，於聲請徵收土地時，應證明其興辦之事業，已得法令之許可。

**第二一二條**

①因左列各款之一，徵收土地，得為區段徵收：
  一　實施國家經濟政策。
  二　新設都市地域。
  三　舉辦第二百零八條第一款或第三款之事業。
②前項區段徵收，謂於一定區域內之土地，應重新分宗整理，而為全區土地之徵收。

**第二一三條**

①因左列各款之一，得為保留徵收：
  一　開闢交通路線。
  二　興辦公用事業。
  三　新設都市地域。
  四　國防設備。
②前項保留徵收，謂就舉辦事業將來所需用之土地，在未需用以前，預為呈請核定公布其徵收之範圍，並禁止妨礙徵收之使用。

**第二一四條**

前條保留徵收之期間，不得超過三年，逾期不徵收，視為廢止。但因舉辦前條第一款或第四款之事業，得申請核定延長保留徵收期間；其延長期間，以五年為限。

**第二一五條**

①徵收土地時，其改良物應一併徵收。但有左列情形之一者，不在此限：
  一　法律另有規定者。
  二　改良物所有權人要求取回，並自行遷移者。
  三　建築改良物建造時，依法令規定不得建造者。
  四　農作改良物之種類、數量顯與正常種植情形不相當者。
②前項第三款、第四款之認定，由直轄市或縣（市）地政機關會同有關機關為之。
③第一項第三款、第四款之改良物，於徵收土地公告期滿後，得由直轄市或縣（市）地政機關通知其所有權人或使用人限期拆除或遷移；逾期由直轄市或縣（市）地政機關會同有關機關逕行除去，並不予補償。

**第二一六條**

①徵收之土地，因其使用影響於接連土地，致不能為從來之利用，或減低其從來利用之效能時，該接連土地所有權人，得要求需用土地人為相當補償。
②前項補償金，以不超過接連地因受徵收地使用影響而低減之地價額為準。

**第二一七條**

徵收土地之殘餘部分，面積過小或形勢不整，致不能為相當之使用時，所有權人得於徵收公告期滿六個月內，向直轄市或縣（市）地政機關要求一併徵收之。

**第二一八條** （刪除）

**第二一九條**

①私有土地經徵收後，有左列情形之一者，原土地所有權人得於徵收補償發給完竣屆滿一年之次日起五年內，向該管直轄市或縣（市）地政機關聲請照徵收價額收回其土地：

一　徵收補償發給完竣屆滿一年，未依徵收計畫開始使用者。

二　未依核准徵收原定興辦事業使用者。

②直轄市或縣（市）地政機關接受聲請後，經查明合於前項規定時，應層報原核准徵收機關核准後，通知原土地所有權人於六個月內繳清原受領之徵收價額，逾期視為放棄收回權。

③第一項第一款之事由，係因可歸責於原土地所有權人或使用人者，不得聲請收回土地。

④私有土地經依徵收計畫使用後，經過都市計畫變更原使用目的，土地管理機關標售該土地時，應公告一個月，被徵收之原土地所有權人或其繼承人有優先購買權。但優先購買權人未於決標後十日內表示優先購買者，其優先購買權視為放棄。

**第二一九條之一** 100

①私有土地經徵收並於補償費發給完竣之次日起，直轄市或縣（市）地政機關應每年通知及公告原土地所有權人或其繼承人土地使用情形，至其申請收回土地之請求權時效完成或依徵收計畫完成使用止。

②未依前項規定通知及公告而有前條第一項各款情形之一者，原土地所有權人或其繼承人得於徵收計畫使用期限屆滿之次日起十年內，申請收回土地。

③本法於中華民國一百十年十一月二十三日修正之條文施行時，原土地所有權人或其繼承人申請收回土地之請求權時效尚未完成者，應適用前二項規定。

④第一項通知與公告土地使用情形之辦理事項、作業程序、作業費用及其他應遵行事項之辦法，由中央地政機關定之。

**第二二○條**

現供第二百零八條各款事業使用之土地，非因舉辦較為重大事業無可避免者，不得徵收之。但徵收祇為現供使用土地之小部分，不妨礙現有事業之繼續進行者，不在此限。

**第二二一條**

被徵收之土地應有之負擔，其款額計算，以該土地所得受之補償金額為限，並由該管直轄市或縣（市）地政機關於補償時負責清算結束之。

# 第二章　徵收程序

### 第二二二條

徵收土地，由中央地政機關核准之。

### 第二二三條 （刪除）

### 第二二四條

徵收土地，應由需用土地人擬具詳細徵收計畫書，並附具徵收土地圖說及土地使用計畫圖，依前條之規定分別聲請核辦。

### 第二二五條

中央地政機關於核准徵收土地後，應將原案全部通知該土地所在地之該管直轄市或縣（市）地政機關。

### 第二二六條

同一土地，有二人以上聲請徵收時，以其舉辦事業性質之輕重為核定標準，其性質相同者，以其聲請之先後為核定標準。

### 第二二七條

① 直轄市或縣（市）地政機關於接到中央地政機關通知核准徵收土地案時，應即公告，並通知土地所有權人及他項權利人。

② 前項公告之期間為三十日。

③ 土地權利利害關係人對於第一項之公告事項有異議者，應於公告期間內向直轄市或縣（市）地政機關以書面提出。

### 第二二八條

① 被徵收土地之所有權已經登記完畢者，其所有權或他項權利除於公告前因繼承、強制執行或法院之判決而取得，並於前條公告期間內向該管直轄市或縣（市）地政機關聲請將其權利備案者外，以公告之日土地登記簿所記載者為準。

② 被徵收土地之所有權未經登記完畢者，土地他項權利人應於前條公告期間內，向該管直轄市或縣（市）地政機關聲請將其權利備案。

### 第二二九條

所有權未經依法登記完畢之土地，土地他項權利人不依前條規定聲請備案者，不視為被徵收土地應有之負擔。

### 第二三〇條

直轄市或縣（市）地政機關得應需用土地人之請求，為徵收土地進入公、私有土地實施調查或勘測。但進入建築物或設有圍障之土地調查或勘測，應事先通知其所有權人或使用人。

### 第二三一條

需用土地人應俟補償地價及其他補償費發給完竣後，方得進入被徵收土地內工作。但水利事業，因公共安全急需先行使用者，不在此限。

### 第二三二條

① 被徵收之土地公告後，除於公告前因繼承、強制執行或法院之判決而取得所有權或他項權利，並於公告期間內聲請將其權利登記者外，不得移轉或設定負擔。土地權利人或使用人並不得在該土地增加改良物；其於公告時已在工作中者，應即停止工作。

② 前項改良物之增加或繼續工作，該管直轄市或縣（市）地政機關認為不妨礙徵收計畫者，得依關係人之聲請特許之。

### 第二三三條

徵收土地應補償之地價及其他補償費，應於公告期滿後十五日內發給之。但因實施國家經濟政策，或舉辦第二百零八條第一款、第二款或第四款事業徵收土地，得呈准行政院以土地債券搭發補償之。

### 第二三四條

直轄市或縣（市）地政機關於被徵收土地應受之補償發給完竣後，得規定期限，令土地權利人或使用人遷移完竣。

### 第二三五條

被徵收土地之所有權人，對於其土地之權利義務，於應受之補償發給完竣時終止，在補償費未發給完竣以前，有繼續使用該土地之權。但合於第二百三十一條但書之規定者，不在此限。

## 第三章　徵收補償

### 第二三六條

① 徵收土地應給予之補償地價、補償費及遷移費，由該管直轄市或縣（市）地政機關規定之。

② 前項補償地價補償費及遷移費，均由需用土地人負擔，並繳交該管直轄市或縣（市）地政機關轉發之。

### 第二三七條

① 直轄市或縣（市）地政機關發給補償地價及補償費，有左列情形之一時，得將款額提存之：

一　應受補償人拒絕受領或不能受領者。

二　應受補償人所在地不明者。

② 依前項第二款規定辦理提存時，應以土地登記簿記載之土地所有權人及他項權利人之姓名、住址為準。

### 第二三八條

直轄市或縣（市）地政機關遇有左列情形之一者，得將改良物代為遷移或一併徵收之：

一　受領遷移費人於交付遷移費時，拒絕收受或不能收受者。

二　受領遷移費人所在地不明者。

三　受領遷移費人不依限遷移者。

### 第二三九條

被徵收土地應補償之地價，依左列之規定：

一　已依法規定地價，其所有權未經移轉者，依其法定地價。

二　已依法規定地價，其所有權經過移轉者，依其最後移轉時之地價。

三　未經依法規定地價者，其地價由該管直轄市或縣（市）地政機關估定之。

### 第二四〇條

保留徵收之土地應補償之地價，依徵收時之地價。

**第二四一條**

土地改良物被徵收時，其應受之補償費，由該管直轄市或縣（市）地政機關會同有關機關估定之。

**第二四二條**

被徵收土地之農作改良物，如被徵收時與其孳息成熟時期相距在一年以內者，其應受補償之價值，應按成熟時之孳息估定之；其被徵收時與其孳息成熟時期相距超過一年者，應依其種植、培育費用，並參酌現值估定之。

**第二四三條** （刪除）

**第二四四條**

因徵收土地，致其改良物遷移時，應給以相當遷移費。

**第二四五條**

因土地一部分之徵收而其改良物須全部遷移者，該改良物所有權人得請求給以全部之遷移費。

**第二四六條**

① 徵收土地應將墳墓及其他紀念物遷移者，其遷移費與改良物同。

② 無主墳墓應由需用土地人妥為遷移安葬，並將情形詳細記載列冊報該管直轄市或縣（市）地政機關備案。

**第二四七條**

對於第二百三十九條、第二百四十一條或第二百四十二條之估定有異議時，該管直轄市或縣（市）地政機關應提交標準地價評議委員會評定之。

# 土地法施行法

①民國24年4月5日國民政府制定公布全文91條；並自25年3月1日施行。
②民國35年4月29日國民政府修正公布全文61條。
③民國79年1月5日總統令修正公布第11、54條條文；增訂第17-1、19-1條條文；並刪除第14條條文。
④民國89年12月20日總統令修正公布第4至6、9、15、24至26、28、31、34、36、44、45、54、55、58、59條條文；並刪除第37至39條條文。
⑤民國91年12月11日總統令修正公布第40條條文。
⑥民國100年6月15日總統令公布刪除第44、45條條文。

## 第一編　總　則

**第一條**
本施行法依土地法第九條之規定制定之。

**第二條**
土地法及本施行法自本施行法公布之日施行。

**第三條**
在土地法施行以前，各地方辦理之地政事項，應經中央地政機關之核定；其不合者，應令更正之。

**第四條**
土地法第二條規定各類土地之分目及其符號，在縣（市），由該管縣（市）地政機關調查當地習用名稱，報請中央地政機關核定之；在直轄市，由直轄市地政機關自行訂定，並報中央地政機關備查。

**第五條**
土地法第十四條第一款至第四款所謂一定限度，由該管直轄市或縣（市）地政機關會同水利主管機關劃定之。

**第六條**
凡國營事業需用公有土地時，應由該事業最高主管機關核定其範圍，向該管直轄市或縣（市）政府無償撥用。但應報經行政院核准。

**第七條**
依土地法第二十八條限制土地面積最高額之標準，應分別宅地、農地、興辦事業等用地。宅地以十畝為限；農地以其純收益足供一家十口之生活為限；興辦事業用地視其事業規模之大小定其限制。

### 第八條

依土地法第二十九條以土地債券照價收買私有土地，其土地債券之清付期限，最長不得逾五年。

# 第二編　地　籍

### 第九條

在土地法施行前，各地方已辦之地籍測量，如合於土地法第四十四條之規定者，得由直轄市或縣（市）政府將辦理情形，報請中央地政機關核定，免予重辦。

### 第一〇條

依土地法第四十八條公布登記期限，應報請中央地政機關備查。

### 第一一條

土地法施行前，業經辦竣土地登記之地區，在土地法施行後，於期限內換發土地權利書狀，並編造土地登記總簿者，視為已依土地法辦理土地總登記。

### 第一二條

已辦地籍測量，尚未辦理土地登記，而業經呈准註冊發照之地方，應依法辦理土地總登記，發給土地權利書狀。但所收書狀費及登記費，應扣除發照時已收之費用。

### 第一三條

依土地法辦理土地總登記之地方，自開始登記之日起，法院所辦不動產登記應即停止辦理；其已經法院為不動產登記之土地，應免費予以登記。

### 第一四條　（刪除）

### 第一五條

依土地法第五十五條及第五十七條所為公告之期限，由該管直轄市或縣（市）地政機關報請中央地政機關核定之。

### 第一六條

在辦理土地總登記期間，未稅白契准緩期報稅，並免予處罰。

### 第一七條

土地登記書表簿冊格式及尺幅，由中央地政機關定之。

### 第一七條之一

①登記總簿滅失時，登記機關應依有關資料補造之，並應保持原有之次序。

②依前項規定補造登記簿，應公告、公開提供閱覽三十日，並通知登記名義人，及將補造經過情形層報中央地政機關備查。

### 第一八條

土地登記費及書狀費，不因標準地價發生異議，停止徵收。但標準地價依法決定後，應依照改正。

### 第一九條

起伏地區田坵地形過碎時，得就同一權利人所有地區相連地目相同之坵併為一宗，並於宗地籍圖內測繪坵形。但登記時仍按

宗登記。

## 第一九條之一

兩宗以上之土地如已設定不同種類之他項權利，或經法院查封、假扣押、假處分或破產之登記者，不得合併。

# 第三編　土地使用

### 第二○條

依土地法第八十四條編定使用地公布後，應分別通知土地所有權人，並報請中央地政機關備查。

### 第二一條

依土地法第三十一條規定土地使用最小面積單位，及依土地法第八十六條規定集體農場面積，應報請中央地政機關核定。

### 第二二條

依土地法第八十九條照價收買之土地，其地價得分期給付之。但清付期限最長不得逾五年。

### 第二三條

都市計畫之擬訂及變更，應報請中央地政機關核定之。

### 第二四條

新設都市分區開放之區域，於都市計畫中規定之；分期開放之時間，該管直轄市或縣（市）政府依地方需要定之。但應經中央地政機關之核定。

### 第二五條

土地法第九十七條所謂土地及建築物之總價額，土地價額依法定地價，建築物價額依該管直轄市或縣（市）地政機關估定之價額。

### 第二六條

①依地方習慣以農產物繳付地租之地方，農產物折價之標準，由該管直轄市或縣（市）地政機關依當地農產物最近二年之平均市價規定之。

②地價如經重估，農產物價亦應視實際變更，重予規定。

### 第二七條

土地法第一百十四條第一、第二、第六、第七各款之規定，於定期租用耕地之契約準用之。

### 第二八條

依土地法第一百二十條，承租人向出租人要求償還其所耕地特別改良物時，其未失效能部分之價值，得由該管直轄市或縣（市）地政機關估定之。

### 第二九條

土地法第一百二十三條規定減租或免租之決定，應經中央地政機關之核定。

### 第三○條

土地法第一百十五條、第一百二十二條及第一百二十三條之規

定，於永佃權之土地準用之。

### 第三一條

各地方荒地使用計畫，由直轄市或縣（市）政府定之，並報請中央地政機關及中央墾務機關備查。但大宗荒地面積在十萬畝以上者，得由中央地政機關及中央墾務機關會同直轄市或縣（市）政府定之。

### 第三二條

承墾人墾竣取得所有權之土地，其使用管理及移轉、繼承，均準用土地法及本法關於自耕農戶之規定。

### 第三三條

城市地方土地重劃，應經中央地政機關核定之。

### 第三四條

農地重劃計畫，由該管直轄市或縣（市）政府依農業技術地方需要定之，並應報請中央地政機關備查。

### 第三五條

土地重劃區內之地價，如尚未規定，應於施行重劃前依法規定之。

## 第四編　土地稅

### 第三六條

業經依法規定地價之地方，應即由該管直轄市或縣（市）政府分別依土地法第一百六十九條擬訂基本稅率，依第一百七十一條擬訂累進起點地價，依第一百七十三條擬訂加徵空地稅倍數，依第一百七十四條擬訂加徵荒地稅倍數，依第一百八十條擬訂土地增值免稅額，及依第一百八十六條擬訂建築改良物稅率，併層轉行政院核定舉辦地價稅、土地增值稅及建築改良物稅。

### 第三七條　(刪除)

### 第三八條　(刪除)

### 第三九條　(刪除)

### 第四〇條　91

地價調查估計及土地建築改良物估價之估價標的、估價方法、估價作業程序、估價報告書格式及委託估價等事項之規則，由中央地政機關定之。

### 第四一條

依土地法第二十九條、第三十三條、第三十四條、第八十九條及第一百五十七條照標準地價收買之土地，其改良物應照估定價值，一併收買之。但該改良物所有權人，自願遷移者，不在此限。

### 第四二條

地價稅基本稅率暨累進起點地價、空地稅倍數、荒地稅倍數、土地增值稅免稅額及建築改良物稅率，確定施行後，如有增減，必要時應依本施行法第三十六條規定之程序辦理，並於會計年

度開始前確定公布。

#### 第四三條

土地法第一百七十三條、第一百七十四條所稱之應繳地價稅，係指該空地及荒地應繳之基本稅。

#### 第四四條 （刪除）100

#### 第四五條 （刪除）100

#### 第四六條

土地稅減免之標準及程序，由中央地政機關與中央財政機關以規則定之。

#### 第四七條

免稅地變爲稅地時，應自次年起徵收土地稅。

#### 第四八條

稅地變爲免稅地時，其土地稅自免稅原因成立之年免除之。但未依免稅原因使用者，不得免稅。

## 第五編　土地徵收

#### 第四九條

徵收土地於不妨礙徵收目的之範圍內，應就損失最少之地方爲之，並應儘量避免耕地。

#### 第五○條

土地法第二百二十四條規定之徵收土地計畫書，應記明左列事項：

一　徵收土地原因。

二　徵收土地所在地範圍及面積。

三　興辦事業之性質。

四　興辦事業之法令根據。

五　附帶徵收或區段徵收及其面積。

六　土地改良物情形。

七　土地使用之現狀及其使用人之姓名住所。

八　四鄰接連土地之使用狀況及其改良情形。

九　土地區內有無名勝古蹟，並註明其現狀及沿革。

十　曾否與土地所有權人經過協議手續及其經過情形。

十一　土地所有權人或管有人姓名、住所。

十二　被徵收土地之使用配置。

十三　興辦事業所擬設計大概。

十四　應需補償金額款總數及其分配。

十五　準備金額總數及其分配。

#### 第五一條

土地法第二百二十四條規定之徵收土地圖說，應繪載左列事項：

一　被徵收土地之四至界限。

二　被徵收地區內各宗地之界限及其使用狀態。

三　附近街村鄉鎮之位置與名稱。

四　被徵收地區內房屋等改良物之位置。

五　圖面之比例尺。

#### 第五二條

土地法第二百二十四條規定之徵收土地計畫書、徵收土地圖說及土地使用計畫圖，應各擬具三分，呈送核准機關。

#### 第五三條

土地法第二百二十四條規定之土地使用計畫圖，如係興辦公共事業，指建築地盤圖；如係開闢都市地域，指都市計畫圖；如係施行土地重劃，指重劃計畫圖。

#### 第五四條

直轄市或縣（市）地政機關於土地徵收地價補償完畢後，應將辦理經過情形，陳報中央地政機關核准備案。

#### 第五五條

①依土地法第二百二十七條所爲公告，應載明左列事項：

一　需用土地人之名稱。

二　興辦事業之種類。

三　徵收土地之詳明區域。

四　被徵收土地應補償之費額。

②前項公告，應附同徵收土地圖，揭示於該管直轄市或縣（市）地政機關門首及被徵收土地所在地。

#### 第五六條

依土地法第二百二十七條所爲通知，應照左列之規定：

一　被徵收土地已登記者，依照登記總簿所載之土地所有權人及土地他項權利人姓名住所，以書面通知。

二　被徵收土地未經登記者，應以所在地之日報登載通知七日。

#### 第五七條

保留徵收之期間，應自公告之日起算。

#### 第五八條

被徵收土地補償金額之計算與發給，由需用土地人委託該管直轄市或縣（市）地政機關爲之。

#### 第五九條

被徵收土地應有之負擔，由該管直轄市或縣（市）地政機關於發給補償金時代爲補償，並以其餘款交付被徵收土地之所有權人。

#### 第六〇條

土地法第二百三十九條第二款之最後移轉價值，以業經登記者爲準。

#### 第六一條

依土地法第二百四十六條第二項之規定，遷移無主墳墓時，應於十日以前公告之，公告期限不得少於七日。

# 消費者保護法

① 民國83年1月11日總統令制定公布全文64條。
② 民國92年1月22日總統令修正公布第2、6、7、13至17、35、38、39、41、42、49、50、57、58、62條條文；並增訂第7-1、10-1、11-1、19-1、44-1、45-1至45-5條條文。
民國92年5月26日行政院令發布第45-4條第4項之小額消費爭議額度定為新臺幣十萬元。
③ 民國94年2月5日總統令增訂公布第22-1條條文。
民國100年12月16日行政院公告第39條、第40條第1項、第41條第1、2項、第44-1條、第49條第1、4項所列屬「行政院消費者保護委員會」之權責事項，自101年1月1日起改由「行政院」管轄；第40條第2項所列「行政院消費者保護委員會」，自101年1月1日起改為諮詢審議性質之任務編組「行政院消費者保護會」，並以設置要點定之；第60條所列屬「行政院消費者保護委員會」之權責事項，自101年1月1日起停止辦理。
④ 民國104年6月17日總統令修正公布第2、8、11-1、13、17、18、19、22、29、39至41、44-1、45、45-4、46、49、51、57、58、60、62、64條條文及第二章第三節節名；增訂第17-1、19-2、56-1條條文；刪除第19-1條條文；並自公布日施行。
民國104年12月31日行政院令發布第2條第10、11款及第18至19-2條，定自105年1月1日施行。

## 第一章　總　則

**第一條**　（立法目的）
① 為保護消費者權益，促進國民消費生活安全，提昇國民消費生活品質，特制定本法。
② 有關消費者之保護，依本法之規定，本法未規定者，適用其他法律。

**第二條**　（名詞定義）104
本法所用名詞定義如下：
一　消費者：指以消費為目的而為交易、使用商品或接受服務者。
二　企業經營者：指以設計、生產、製造、輸入、經銷商品或提供服務為營業者。
三　消費關係：指消費者與企業經營者間就商品或服務所發生之法律關係。
四　消費爭議：指消費者與企業經營者間因商品或服務所生之爭議。
五　消費訴訟：指因消費關係而向法院提起之訴訟。

六 消費者保護團體：指以保護消費者爲目的而依法設立登記之法人。

七 定型化契約條款：指企業經營者爲與多數消費者訂立同類契約之用，所提出預先擬定之契約條款。定型化契約條款不限於書面，其以放映字幕、張貼、牌示、網際網路、或其他方法表示者，亦屬之。

八 個別磋商條款：指契約當事人個別磋商而合意之契約條款。

九 定型化契約：指以企業經營者提出之定型化契約條款作爲契約內容之全部或一部而訂立之契約。

十 通訊交易：指企業經營者以廣播、電視、電話、傳眞、型錄、報紙、雜誌、網際網路、傳單或其他類似之方法，消費者於未能檢視商品或服務下而與企業經營者所訂立之契約。

十一 訪問交易：指企業經營者未經邀約而與消費者在其住居所、工作場所、公共場所或其他場所所訂立之契約。

十二 分期付款：指買賣契約約定消費者支付頭期款，餘款分期支付，而企業經營者於收受頭期款時，交付標的物與消費者之交易型態。

**第三條** （定期檢討、協調、改進）

① 政府爲達成本法目的，應實施下列措施，並應就與下列事項有關之法規及其執行情形，定期檢討、協調、改進之：

一 維護商品或服務之品質與安全衛生。

二 防止商品或服務損害消費者之生命、身體、健康、財產或其他權益。

三 確保商品或服務之標示，符合法令規定。

四 確保商品或服務之廣告，符合法令規定。

五 確保商品或服務之度量衡，符合法令規定。

六 促進商品或服務維持合理價格。

七 促進商品之合理包裝。

八 促進商品或服務之公平交易。

九 扶植、獎助消費者保護團體。

十 協調處理消費爭議。

十一 推行消費者教育。

十二 辦理消費者諮詢服務。

十三 其他依消費生活之發展所必要之消費者保護措施。

② 政府爲達成前項之目的，應制定相關法律。

**第四條** （企業經營者提供之商品或服務應遵守事項）

企業經營者對於其提供之商品或服務，應重視消費者之健康與安全，並向消費者說明商品或服務之使用方法，維護交易之公平，提供消費者充分與正確之資訊，及實施其他必要之消費者保護措施。

**第五條** （充實消費資訊）

政府、企業經營者及消費者均應致力充實消費資訊，提供消費者運用，俾能採取正確合理之消費行爲，以維護其安全與權益。

**第六條** （主管機關）92

本法所稱主管機關：在中央爲目的事業主管機關；在直轄市爲直轄市政府；在縣（市）爲縣（市）政府。

## 第二章　消費者權益

### 第一節　健康與安全保障

**第七條** （企業經營者就其商品或服務應負責任）92

①從事設計、生產、製造商品或提供服務之企業經營者，於提供商品流通進入市場，或提供服務時，應確保該商品或服務，符合當時科技或專業水準可合理期待之安全性。

②商品或服務具有危害消費者生命、身體、健康、財產之可能者，應於明顯處爲警告標示及緊急處理危險之方法。

③企業經營者違反前二項規定，致生損害於消費者或第三人時，應負連帶賠償責任。但企業經營者能證明其無過失者，法院得減輕其賠償責任。

**第七條之一** （舉證責任）92

①企業經營者主張其商品於流通進入市場，或其服務於提供時，符合當時科技或專業水準可合理期待之安全性者，就其主張之事實負舉證責任。

②商品或服務不得僅因其後有較佳之商品或服務，而被視爲不符合前條第一項之安全性。

**第八條** （企業經營者就其商品或服務所負之除外責任）104

①從事經銷之企業經營者，就商品或服務所生之損害，與設計、生產、製造商品或提供服務之企業經營者連帶負賠償責任。但其對於損害之防免已盡相當之注意，或縱加以相當之注意而仍不免發生損害者，不在此限。

②前項之企業經營者，改裝、分裝商品或變更服務內容者，視爲第七條之企業經營者。

**第九條** （輸入商品或服務之提供者）

輸入商品或服務之企業經營者，視爲該商品之設計、生產、製造者或服務之提供者，負本法第七條之製造者責任。

**第一○條** （企業經營者對於危險商品或服務之處理行爲）

①企業經營者於有事實足認其提供之商品或服務有害消費者安全與健康之虞時，應即回收該批商品或停止其服務。但企業經營者所爲必要之處理，足以除去其危害者，不在此限。

②商品或服務有危害消費者生命、身體、健康或財產之虞，而未於明顯處爲警告標示，並附載危險之緊急處理方法者，準用前項規定。

**第一○條之一** （損害賠償責任）92

本節所定企業經營者對消費者或第三人之損害賠償責任，不得預先約定限制或免除。

## 第二節　定型化契約

**第一一條**　（定型化契約之一般條款）
① 企業經營者在定型化契約中所用之條款，應本平等互惠之原則。
② 定型化契約條款如有疑義時，應為有利於消費者之解釋。

**第一一條之一**　（審閱期間）104
① 企業經營者與消費者訂立定型化契約前，應有三十日以內之合理期間，供消費者審閱全部條款內容。
② 企業經營者以定型化契約條款使消費者拋棄前項權利者，無效。
③ 違反第一項規定者，其條款不構成契約之內容。但消費者得主張該條款仍構成契約之內容。
④ 中央主管機關得選擇特定行業，參酌定型化契約條款之重要性、涉及事項之多寡及複雜程度等事項，公告定型化契約之審閱期間。

**第一二條**　（定型化契約無效之情形）
① 定型化契約中之條款違反誠信原則，對消費者顯失公平者，無效。
② 定型化契約中之條款有下列情形之一者，推定其顯失公平：
　一　違反平等互惠原則者。
　二　條款與其所排除不予適用之任意規定之立法意旨顯相矛盾者。
　三　契約之主要權利或義務。因受條款之限制。致契約之目的難以達成者。

**第一三條**　（構成契約內容之要件；定型化契約書之給與）104
① 企業經營者應向消費者明示定型化契約條款之內容；明示其內容顯有困難者，應以顯著之方式，公告其內容，並經消費者同意者，該條款即為契約之內容。
② 企業經營者應給與消費者定型化契約書。但依其契約之性質致給與顯有困難者，不在此限。
③ 定型化契約書經消費者簽名或蓋章者，企業經營者應給與消費者該定型化契約書正本。

**第一四條**　（契約條款不構成契約內容之要件）92
定型化契約條款未經記載於定型化契約中而依正常情形顯非消費者所得預見者，該條款不構成契約之內容。

**第一五條**　（定型化契約中一般條款無效之情形）92
定型化契約中之定型化契約條款牴觸個別磋商條款之約定者，其牴觸部分無效。

**第一六條**　（契約部分無效之情形）92
定型化契約中之定型化契約條款，全部或一部無效或不構成契約內容之一部者，除去該部分，契約亦可成立者，該契約之其他部分，仍為有效。但對當事人之一方顯失公平者，該契約全部無效。

**第一七條**　（中央主管機關公告特定行業定型化契約應記載或不得

① 中央主管機關為預防消費糾紛，保護消費者權益，促進定型化契約之公平化，得選擇特定行業，擬訂其定型化契約應記載或不得記載事項，報請行政院核定後公告之。

② 前項應記載事項，依契約之性質及目的，其內容得包括：

一 契約之重要權利義務事項。

二 違反契約之法律效果。

三 預付型交易之履約擔保。

四 契約之解除權、終止權及其法律效果。

五 其他與契約履行有關之事項。

③ 第一項不得記載事項，依契約之性質及目的，其內容得包括：

一 企業經營者保留契約內容或期限之變更或解釋權。

二 限制或免除企業經營者之義務或責任。

三 限制或剝奪消費者行使權利，加重消費者之義務或責任。

四 其他對消費者顯失公平事項。

④ 違反第一項公告之定型化契約，其定型化契約條款無效。該定型化契約之效力，依前條規定定之。

⑤ 中央主管機關公告應記載之事項，雖未記載於定型化契約，仍構成契約之內容。

⑥ 企業經營者使用定型化契約者，主管機關得隨時派員查核。

**第一七條之一** （企業經營者負定型化契約符合規定之舉證責任）
104

企業經營者與消費者訂立定型化契約，主張符合本節規定之事實者，就其事實負舉證責任。

## 第三節 特種交易 104

**第一八條** （書面之應載事項）104

① 企業經營者以通訊交易或訪問交易方式訂立契約時，應將下列資訊以清楚易懂之文句記載於書面，提供消費者：

一 企業經營者之名稱、代表人、事務所或營業所及電話或電子郵件等消費者得迅速有效聯絡之通訊資料。

二 商品或服務之內容、對價、付款期日及方式、交付期日及方式。

三 消費者依第十九條規定解除契約之行使期限及方式。

四 商品或服務依第十九條第二項規定排除第十九條第一項解除權之適用。

五 消費申訴之受理方式。

六 其他中央主管機關公告之事項。

② 經由網際網路所為之通訊交易，前項應提供之資訊應以可供消費者完整查閱、儲存之電子方式為之。

**第一九條** （通訊或訪問交易之解約）104

① 通訊交易或訪問交易之消費者，得於收受商品或接受服務後七

日內，以退回商品或書面通知方式解除契約，無須說明理由及
負擔任何費用或對價。但通訊交易有合理例外情事者，不在此
限。

② 前項但書合理例外情事，由行政院定之。

③ 企業經營者於消費者收受商品或接受服務時，未依前條第一項
第三款規定提供消費者解除契約相關資訊者，第一項七日期間
自提供之次日起算。但自第一項七日期間起算，已逾四個月者，
解除權消滅。

④ 消費者於第一項及第三項所定期間內，已交運商品或發出書面
者，契約視為解除。

通訊交易或訪問交易違反本條規定所為之約定，其約定無效。

**第一九條之一** （刪除）104

**第一九條之二** （消費者退回商品或解除契約之處理）104

① 消費者依第十九條第一項或第三項規定，以書面通知解除契約
者，除當事人另有個別磋商外，企業經營者應於收到通知之次
日起十五日內，至原交付處所或約定處所取回商品。

② 企業經營者應於取回商品、收到消費者退回商品或解除服務契
約通知之次日起十五日內，返還消費者已支付之對價。

③ 契約經解除後，企業經營者與消費者間關於回復原狀之約定，
對於消費者較民法第二百五十九條之規定不利者，無效。

**第二〇條** （保管義務）

① 未經消費者要約而對之郵寄或投遞之商品，消費者不負保管義
務。

② 前項物品之寄送人，經消費者定相當期限通知取回而逾期未取
回或無法通知者，視為拋棄其寄投之商品。雖未經通知，但在
寄送後逾一個月未經消費者表示承諾，而仍不取回其商品者，
亦同。

③ 消費者得請求償還因寄送物所受之損害，及處理寄送物所支出
之必要費用。

**第二一條** （契約書應載事項）

① 企業經營者與消費者分期付款買賣契約應以書面為之。

② 前項契約書應載明下列事項：

　一　頭期款。

　二　各期價款與其他附加費用合計之總價款與現金交易價格之
　　　差額。

　三　利率。

③ 企業經營者未依前項規定記載利率者，其利率按現金交易價格
週年利率百分之五計算之。

④ 企業經營者違反第二項第一款、第二款之規定者，消費者不負
現金交易價格以外價款之給付義務。

## 第四節　消費資訊之規範

**第二二條** （企業經營者對消費者所負之義務，不得低於廣告之內容）104

① 企業經營者應確保廣告內容之真實，其對消費者所負之義務不得低於廣告之內容。

② 企業經營者之商品或服務廣告內容，於契約成立後，應確實履行。

**第二二條之一** （信用交易之規範）94

① 企業經營者對消費者為從事與信用有關之交易時，應於廣告上明示應付所有總費用之年百分率。

② 前項所稱總費用之範圍及年百分率計算方式，由各目的事業主管機關定之。

**第二三條** （損害賠償責任）

① 刊登或報導廣告之媒體經營者明知或可得而知廣告內容與事實不符者，就消費者因信賴該廣告所受之損害與企業經營者負連帶責任。

② 前項損害賠償責任，不得預先約定限制或拋棄。

**第二四條** （商品及服務之標示）

① 企業經營者應依商品標示法等法令為商品或服務之標示。

② 輸入之商品或服務，應附中文標示及說明書，其內容不得較原產地之標示及說明書簡略。

③ 輸入之商品或服務在原產地附有警告標示者，準用前項之規定。

**第二五條** （書面保證書應載事項）

① 企業經營者對消費者保證商品或服務之品質時，應主動出具書面保證書。

② 前項保證書應載明下列事項：

一　商品或服務之名稱、種類、數量，其有製造號碼或批號者，其製造號碼或批號。

二　保證之內容。

三　保證期間及其起算方法。

四　製造商之名稱、地址。

五　由經銷商售出者，經銷商之名稱、地址。

六　交易日期。

**第二六條** （包裝之規定）

企業經營者對於所提供之商品應按其性質及交易習慣，為防震防潮、防塵或其他保存商品所必要之包裝，以確保商品之品質與消費者之安全。但不得誇張其內容或為過大之包裝。

## 第三章　消費者保護團體

**第二七條** （消費者保護團體之定義）

① 消費者保護團體以社團法人或財團法人為限。

② 消費者保護團體應以保護消費者權益、推行消費者教育為宗旨

**第二八條** （消費者保護團體之任務）

消費者保護團體之任務如下：

一　商品或服務價格之調查、比較、研究、發表。

二　商品或服務品質之調查、檢驗、研究、發表。

三　商品標示及其內容之調查、比較、研究、發表。

四　消費資訊之諮詢、介紹與報導。

五　消費者保護刊物之編印發行。

六　消費者意見之調查、分析、歸納。

七　接受消費者申訴，調解消費爭議。

八　處理消費爭議，提起消費訴訟。

九　建議政府採取適當之消費者保護立法或行政措施。

十　建議企業經營者採取適當之消費者保護措施。

十一　其他有關消費者權益之保護事項。

**第二九條**　（相關檢驗資訊之公布）104

① 消費者保護團體爲從事商品或服務檢驗，應設置與檢驗項目有
關之檢驗設備或委託設有與檢驗項目有關之檢驗設備之機關、
團體檢驗之。

② 執行檢驗人員應製作檢驗紀錄，記載取樣、儲存樣本之方式與
環境、使用之檢驗設備、檢驗方法、經過及結果，提出於該消
費者保護團體。

③ 消費者保護團體發表前項檢驗結果後，應公布其取樣、儲存樣
本之方式與環境、使用之檢驗設備、檢驗方法及經過，並通知
相關企業經營者。

④ 消費者保護團體發表第二項檢驗結果有錯誤時，應主動對外更
正，並使相關企業經營者有澄清之機會。

**第三〇條**　（消費者組織參與權）

政府對於消費者保護之立法或行政措施，應徵詢消費者保護團
體、相關行業、學者專家之意見。

**第三一條**　（商品或服務檢驗得請求政府協助之）

消費者保護團體爲商品或服務之調查、檢驗時，得請求政府予
以必要之協助。

**第三二條**　（消費者保護組織之獎勵）

消費者保護團體辦理消費者保護工作成績優良者，主管機關得
予以財務上之獎助。

## 第四章　行政監督

**第三三條**　（調查進行方式）

① 直轄市或縣（市）政府認爲企業經營者提供之商品或服務有損
害消費者生命、身體、健康或財產之虞者，應即進行調查。於
調查完成後，得公開其經過及結果。

② 前項人員爲調查時，應出示有關證件，其調查依下列方式進
行：

一　向企業經營者或關係人查詢。

二　通知企業經營者或關係人到場陳述意見。

三　通知企業經營者提出資料證明該商品或服務對於消費者生命、身體、健康或財產無損害之虞。

四　派員前往企業經營者之事務所、營業所或其他有關場所進行調查。

五　必要時，得就地抽樣商品，加以檢驗。

**第三四條**　（調查之扣押）

①直轄市或縣（市）政府於調查時，對於可為證據之物，得聲請檢察官扣押之。

②前項扣押，準用刑事訴訟法關於扣押之規定。

**第三五條**　（主管機關辦理檢驗）92

直轄市或縣（市）主管機關辦理檢驗，得委託設有與檢驗項目有關之檢驗設備之消費者保護團體、職業團體或其他有關公私機構或團體辦理之。

**第三六條**　（企業經營者改善、收回或停止生產之情形）

直轄市或縣（市）政府對於企業經營者提供之商品或服務，經第三十三條之調查，認為確有損害消費者生命、身體、健康或財產，或確有損害之虞者，應命其限期改善、回收或銷燬，必要時並得命企業經營者立即停止該商品之設計、生產、製造、加工、輸入、經銷或服務之提供，或採取其他必要措施。

**第三七條**　（借用大眾傳播媒體公告之情形）

直轄市或縣（市）政府於企業經營者提供之商品或服務，對消費者已發生重大損害或有發生重大損害之虞，而情況危急時，除前條之處置外，應即在大眾傳播媒體公告企業經營者之名稱、地址、商品、服務、或為其他必要之處置。

**第三八條**　（中央或省之主管機關必要時之措施）92

中央主管機關認為必要時，亦得為前五條規定之措施。

**第三九條**　（消費者保護官之設置、任用及職掌）104

①行政院、直轄市、縣（市）政府應置消費者保護官若干名。

②消費者保護官任用及職掌之辦法，由行政院定之。

**第四〇條**　（行政院應定期邀集事務相關部會首長、團體代表及學者等專家提供諮詢）

行政院為監督與協調消費者保護事務，應定期邀集有關部會首長、全國性消費者保護團體代表、全國性企業經營者代表及學者、專家，提供本法相關事項之諮詢。

**第四一條**　（行政院推動消費者保護應辦理之事項）104

①行政院為推動消費者保護事務，辦理下列事項：

一　消費者保護基本政策及措施之研擬及審議。

二　消費者保護計畫之研擬、修訂及執行成果檢討。

三　消費者保護方案之審議及其執行之推動、連繫與考核。

四　國內外消費者保護趨勢及其與經濟社會建設有關問題之研究。

五　消費者保護之教育宣導、消費資訊之蒐集及提供。

六　各部會局署關於消費者保護政策、措施及主管機關之協調
　　事項。

七　監督消費者保護主管機關及指揮消費者保護官行使職權。

②消費者保護之執行結果及有關資料，由行政院定期公告。

**第四二條**　（消費者服務中心之設置）92

①直轄市、縣（市）政府應設消費者服務中心，辦理消費者之諮
　詢服務、教育宣導、申訴等事項。

②直轄市、縣（市）政府消費者服務中心得於轄區內設分中心。

## 第五章　消費爭議之處理

### 第一節　申訴與調解

**第四三條**　（申訴之處理期限）

①消費者與企業經營者因商品或服務發生消費爭議時，消費者得
　向企業經營者、消費者保護團體或消費者服務中心或其分中心
　申訴。

②企業經營者對於消費者之申訴，應於申訴之日起十五日內妥適
　處理之。

③消費者依第一項申訴，未獲妥適處理時，得向直轄市、縣（市）
　政府消費者保護官申訴。

**第四四條**　（申訴調解）

消費者依前條申訴未能獲得妥適處理時，得向直轄市或縣（市）
消費爭議調解委員會申請調解。

**第四四條之一**　（消費爭議調解事件辦法之訂定）104

前條消費爭議調解事件之受理、程序進行及其他相關事項之辦
法，由行政院定之。

**第四五條**　（消費爭議調解委員會之設置）104

①直轄市、縣（市）政府應設消費爭議調解委員會，置委員七名
　至二十一名。

②前項委員以直轄市、縣（市）政府代表、消費者保護官、消費
　者保護團體代表、企業經營者所屬或相關職業團體代表、學者
　及專家充任之，以消費者保護官為主席，其組織另定之。

**第四五條之一**　（調解程序不公開）92

①調解程序，於直轄市、縣（市）政府或其他適當之處所行之，
　其程序得不公開。

②調解委員、列席協同調解人及其他經辦調解事務之人，對於調
　解事件之內容，除已公開之事項外，應守秘密。

**第四五條之二**　（消費爭議之調解）92

①關於消費爭議之調解，當事人不能合意但已甚接近者，調解委
　員得斟酌一切情形，求兩造利益之平衡，於不違反兩造當事人
　之主要意思範圍內，依職權提出解決事件之方案，並送達於當
　事人。

②前項方案，應經參與調解委員過半數之同意，並記載第四十五條之三所定異議期間及未於法定期間提出異議之法律效果。

**第四五條之三** (調解不成立) 92

①當事人對於前條所定之方案，得於送達後十日之不變期間內，提出異議。

②於前項期間內提出異議者，視為調解不成立；其未於前項期間內提出異議者，視為已依該方案成立調解。

③第一項之異議，消費爭議調解委員會應通知他方當事人。

**第四五條之四** (小額消費爭議解決方案之送達) 104

①關於小額消費爭議，當事人之一方無正當理由，不於調解期日到場者，調解委員得審酌情形，依到場當事人一造之請求或依職權提出解決方案，並送達於當事人。

②前項之方案，應經全體調解委員過半數之同意，並記載第四十五條之五所定異議期間及未於法定期間提出異議之法律效果。

③第一項之送達，不適用公示送達之規定。

④第一項小額消費爭議之額度，由行政院定之。

**第四五條之五** (提出異議) 92

①當事人對前條之方案，得於送達後十日之不變期間內，提出異議；未於異議期間內提出異議者，視為已依該方案成立調解。

②當事人於異議期間提出異議，經調解委員另定調解期日，無正當理由不到場者，視為依該方案成立調解。

**第四六條** (調解書之作成及效力) 104

①調解成立者應作成調解書。

②前項調解書之作成及效力，準用鄉鎮市調解條例第二十五條至第二十九條之規定。

## 第二節　消費訴訟

**第四七條** (消費訴訟之管轄)

消費訴訟，得由消費關係發生地之法院管轄。

**第四八條** (消費法庭)

①高等法院以下各級法院及其分院得設立消費專庭或指定專人審理消費訴訟事件。

②法院為企業經營者敗訴之判決時，得依職權宣告為減免擔保之假執行。

**第四九條** (消費者保護團體之訴訟權) 104

①消費者保護團體許可設立二年以上，置有消費者保護專門人員，且申請行政院評定優良者，得以自己之名義，提起第五十條消費者損害賠償訴訟或第五十三條不作為訴訟。

②消費者保護團體依前項規定提起訴訟者，應委任律師代理訴訟。受委任之律師，就該訴訟，得請求預付或償還必要費用。

③消費者保護團體關於其提起之第一項訴訟，有不法行為者，許可設立之主管機關應廢止其許可。

④優良消費者保護團體之評定辦法，由行政院定之。

**第五〇條** （消費者損害賠償訴訟）92

①消費者保護團體對同一之原因事件，致使眾多消費者受害時，得受讓二十人以上消費者損害賠償請求權後，以自己名義，提起訴訟。消費者得於言詞辯論終結前，終止讓與損害賠償請求權，並通知法院。

②前項訴訟，因部分消費者終止讓與損害賠償請求權，致人數不足二十人者，不影響其實施訴訟之權能。

③第一項讓與之損害賠償請求權，包括民法第一百九十四條、第一百九十五條第一項非財產上之損害。

④前項關於消費者損害賠償請求權之時效利益，應依讓與之消費者單獨個別計算。

⑤消費者保護團體受讓第三項所定請求權後，應將訴訟結果所得之賠償，扣除訴訟及依前條第二項規定支付予律師之必要費用後，交付該讓與請求權之消費者。

⑥消費者保護團體就第一項訴訟，不得向消費者請求報酬。

**第五一條** （消費者請求懲罰性賠償金之訴訟）104

依本法所提之訴訟，因企業經營者之故意所致之損害，消費者得請求損害額五倍以下之懲罰性賠償金；但因重大過失所致之損害，得請求三倍以下之懲罰性賠償金，因過失所致之損害，得請求損害額一倍以下之懲罰性賠償金。

**第五二條** （訴訟之免繳裁判費）

消費者保護團體以自己之名義提起第五十條訴訟，其標的價額超過新臺幣六十萬元者，超過部分免繳裁判費。

**第五三條** （訴訟之免繳裁判費）

①消費者保護官或消費者保護團體，就企業經營者重大違反本法有關保護消費者規定之行為，得向法院訴請停止或禁止之。

②前項訴訟免繳裁判費。

**第五四條** （消費者集體訴訟）

①因同一消費關係而被害之多數人，依民事訴訟法第四十一條之規定，選定一人或數人起訴請求損害賠償者，法院得徵求原被選定人之同意後公告曉示，其他之被害人得於一定之期間內以書狀表明被害之事實、證據及應受判決事項之聲明，併案請求賠償。其請求之人，視為已依民事訴訟法第四十一條為選定。

②前項併案請求之書狀，應以繕本送達於兩造。

③第一項之期間，至少應有十日，公告應黏貼於法院牌示處，並登載新聞紙，其費用由國庫墊付。

**第五五條** （訴訟法定代理之準用）

民事訴訟法第四十八條、第四十九條之規定，於依前條為訴訟行為者，準用之。

# 第六章　罰　則

**第五六條**　（罰則）

違反第二十四條、第二十五條或第二十六條規定之一者，經主管機關通知改正而逾期不改正者，處新臺幣二萬元以上二十萬元以下罰鍰。

**第五六條之一**　（罰鍰）104

企業經營者使用定型化契約，違反中央主管機關依第十七條第一項公告之應記載或不得記載事項者，除法律另有處罰規定外，經主管機關令其限期改正而屆期不改正者，處新臺幣三萬元以上三十萬元以下罰鍰；經再次令其限期改正而屆期不改正者，處新臺幣五萬元以上五十萬元以下罰鍰，並得按次處罰。

**第五七條**　（罰鍰）104

企業經營者規避、妨礙或拒絕主管機關依第十七條第六項、第三十三條或第三十八條規定所為之調查者，處新臺幣三萬元以上三十萬元以下罰鍰，並得按次處罰。

**第五八條**　（罰鍰）104

企業經營者違反主管機關依第三十六條或第三十八條規定所為之命令者，處新臺幣六萬元以上一百五十萬元以下罰鍰，並得按次處罰。

**第五九條**　（罰則）

企業經營者有第三十七條規定之情形者，主管機關除依該條及第三十六條之規定處置外，並得對其處新臺幣十五萬元以上一百五十萬元以下罰鍰。

**第六〇條**　（停止營業之情形）104

企業經營者違反本法規定，生產商品或提供服務具有危害消費者生命、身體、健康之虞者，影響社會大眾經中央主管機關認定為情節重大，中央主管機關或行政院得立即命令其停止營業，並盡速協請消費者保護團體以其名義，提起消費者損害賠償訴訟。

**第六一條**　（處罰）

依本法應予處罰者，其他法律有較重處罰之規定時，從其規定；涉及刑事責任者，並應即移送偵查。

**第六二條**　（罰鍰未繳，移送行政執行）104

本法所定之罰鍰，由主管機關處罰，經限期繳納後，屆期仍未繳納者，依法移送行政執行。

## 第七章　附　則

**第六三條**　（施行細則）

本法施行細則，由行政院定之。

**第六四條**　（施行日）104

本法自公布日施行。但中華民國一百零四年六月二日修正公布之第二條第十款與第十一款及第十八條至第十九條之二之施行日期，由行政院定之。

# 消費者保護法施行細則

①民國83年11月2日行政院令訂定發布全文43條。
②民國92年7月8日行政院令修正發布第5、12、17至19、22至24、
39條條文；並刪除第3、6、7、9至11、35、38條條文。
民國100年12月16日行政院公告第27條所列屬「行政院消費者保
護委員會」之權責事項，自101年1月1日起改由「行政院」管
轄。
③民國104年12月31日行政院令修正發布第15、18、23、27條條文
及第二章第三節節名；並刪除第16、19、20條條文。

## 第一章 總 則

**第一條**

本細則依消費者保護法（以下簡稱本法）第六十三條規定訂定
之。

**第二條**

本法第二條第二款所稱營業，不以營利為目的者為限。

**第三條** （刪除）92

## 第二章 消費者權益

### 第一節 健康與安全保障

**第四條**

本法第七條所稱商品，指交易客體之不動產或動產，包括最終
產品、半成品、原料或零組件。

**第五條** 92

本法第七條第一項所定商品或服務符合當時科技或專業水準可
合理期待之安全性，應就下列情事認定之：

一 商品或服務之標示說明。

二 商品或服務可期待之合理使用或接受。

三 商品或服務流通進入市場或提供之時期。

**第六條** （刪除）92

**第七條** （刪除）92

**第八條**

本法第八條第二項所稱改變，指變更、減少或增加商品原設計、
生產或製造之內容或包裝。

### 第二節 定型化契約

**第九條至第一一條**　（刪除）92

**第一二條**　92

定型化契約條款因字體、印刷或其他情事，致難以注意其存在或辨識者，該條款不構成契約之內容。但消費者得主張該條款仍構成契約之內容。

**第一三條**

定型化契約條款是否違反誠信原則，對消費者顯失公平，應斟酌契約之性質、締約目的、全部條款內容、交易習慣及其他情事判斷之。

**第一四條**

定型化契約條款，有下列情事之一者，為違反平等互惠原則：

一　當事人間之給付與對待給付顯不相當者。

二　消費者應負擔非其所能控制之危險者。

三　消費者違約時，應負擔顯不相當之賠償責任者。

四　其他顯有不利於消費者之情形者。

**第一五條**　104

定型化契約記載經中央主管機關公告應記載之事項者，仍有本法關於定型化契約規定之適用。

## 第三節　特種交易　104

**第一六條**　（刪除）104

**第一七條**　92

消費者因檢查之必要或因不可歸責於自己之事由，致其收受之商品有毀損、滅失或變更者，本法第十九條第一項規定之解除權不消滅。

**第一八條**　104

消費者於收受商品或接受服務前，亦得依本法第十九條第一項規定，以書面通知企業經營者解除契約。

**第一九條**　（刪除）104

**第二○條**　（刪除）104

**第二一條**

企業經營者應依契約當事人之人數，將本法第二十一條第一項之契約書作成一式數分，由當事人各持一分。有保證人者，並應交付一分於保證人。

**第二二條**　92

① 本法第二十一條第二項第二款所稱各期價款，指含利息之各期價款。

② 分期付款買賣契約書所載利率，應載明其計算方法及依此計算方法而得之利息數額。

③ 分期付款買賣之附加費用，應明確記載，且不得併入各期價款計算利息；其經企業經營者同意延期清償或分期給付者，亦同。

## 第四節　消費資訊之規範

### 第二三條 104

本法第二十二條至第二十三條所稱廣告，指利用電視、廣播、影片、幻燈片、報紙、雜誌、傳單、海報、招牌、牌坊、電腦、電話傳真、電子視訊、電子語音或其他方法，可使多數人知悉其宣傳內容之傳播。

### 第二四條 92

主管機關認為企業經營者之廣告內容誇大不實，足以引人錯誤，有影響消費者權益之虞時，得通知企業經營者提出資料，證明該廣告之真實性。

### 第二五條

本法第二十四條規定之標示，應標示於適當位置，使消費者在交易前及使用時均得閱讀標示之內容。

### 第二六條

企業經營者未依本法第二十五條規定出具書面保證書者，仍應就其保證之品質負責。

## 第三章　消費者保護團體

### 第二七條 104

主管機關每年應將依法設立登記之消費者保護團體名稱、負責人姓名、社員人數或登記財產總額、消費者保護專門人員姓名、會址、聯絡電話等資料彙報行政院公告之。

### 第二八條

消費者保護團體依本法第二十九條規定從事商品或服務檢驗所採之樣品，於檢驗紀錄完成後，應至少保存三個月。但依其性質不能保存三個月者，不在此限。

### 第二九條

政府於消費者保護團體依本法第三十一條規定請求協助時，非有正當理由不得拒絕。

## 第四章　行政監督

### 第三〇條

本法第三十三條第二項所稱出示有關證件，指出示有關執行職務之證明文件；其未出示者，被調查者得拒絕之。

### 第三一條

① 主管機關依本法第三十三條第二項第五款抽樣商品時，其抽樣數量以足供檢驗之用者為限。

② 主管機關依本法第三十三條、第三十八條規定，公開調查經過及結果前，應先就調查經過及結果讓企業經營者有說明或申訴之機會。

### 第三二條

主管機關依本法第三十六條或第三十八條規定對於企業經營者所爲處分，應以書面爲之。

### 第三三條

依本法第三十六條所爲限期改善、回收或銷燬，除其他法令有特別規定外，其期間應由主管機關依個案性質決定之；但最長不得超過六十日。

### 第三四條

企業經營者經主管機關依本法第三十六條規定命其就商品或服務限期改善、回收或銷燬者，應將處理過程及結果函報主管機關備查。

## 第五章　消費爭議之處理

### 第三五條　（刪除）92
### 第三六條

本法第四十三條第二項規定十五日之期間，以企業經營者接獲申訴之日起算。

### 第三七條

本法第四十九條第一項所稱消費者保護專門人員，指該團體專任或兼任之有給職或無給職人員中，具有下列資格或經歷之一者：

一　曾任法官、檢察官或消費者保護官者。
二　律師、醫師、建築師、會計師或其他執有全國專門職業執業證照之專業人士，且曾在消費者保護團體服務一年以上者。
三　曾在消費者保護團體擔任保護消費者工作三年以上者。

### 第三八條　（刪除）92
### 第三九條　92

本法第五十條第五項所稱訴訟及支付予律師之必要費用，包括民事訴訟費用、消費者保護團體及律師爲進行訴訟所支出之必要費用，及其他依法令應繳納之費用。

### 第四〇條

本法第五十三條第一項所稱企業經營者重大違反本法有關保護消費者規定之行爲，指企業經營者違反本法有關保護消費者規定之行爲，確有損害消費者生命、身體、健康或財產，或確有損害之虞者。

## 第六章　罰　則

### 第四一條

依本法第五十六條所爲通知改正，其期間應由主管機關依個案性質決定之；但最長不得超過六十日。

## 第七章　附　則

### 第四二條
本法對本法施行前已流通進入市場之商品或已提供之服務不適用之。

### 第四三條
本細則自發布日施行。

# 動產擔保交易法

① 民國52年9月5日總統令制定公布全文43條；並自54年6月10日施行。
② 民國59年5月28日總統令修正公布第4條條文。
③ 民國65年1月28日總統令修正公布第16、38至40條條文；並增訂第4-1條條文。
④ 民國96年7月11日總統令修正公布第5、6、8至11、16、21、27、28、33、34及43條條文；刪除第25、38至41條條文及第五章章名；增訂第7-1條條文；並自公布日施行。


## 第一章　總　則

**第一條**　（立法目的）
　　為適應工商業及農業資金融通及動產用益之需要，並保障動產擔保交易之安全，特制定本法。

**第二條**　（動產擔保交易之意義）
　　本法所稱動產擔保交易，謂依本法就動產設定抵押，或為附條件買賣，或依信託收據占有其標的物之交易。

**第三條**　（本法適用之次序）
　　動產擔保交易，依本法之規定，本法無規定者，適用民法及其他法律之規定。

**第四條**　（標的物之範圍）
① 機器、設備、工具、原料、半製品、成品、車輛、農林漁牧產品、牲畜及總噸位未滿二十噸之動力船舶或未滿五十噸之非動力船舶，均得為動產擔保交易之標的物。
② 前項各類標的物之品名，由行政院視事實需要及交易性質以命令定之。

**第四條之一**　（對於加工附合混合物之效力）
　　動產擔保交易之標的物，有加工、附合或混合之情形者，其擔保債權之效力，及於加工物、附合物或混合物但以原有價值為限。

**第五條**　（要式契約及登記效力）96
① 動產擔保交易，應以書面訂立契約。非經登記，不得對抗善意第三人。
② 債權人依本法規定實行占有或取回動產擔保交易標的物時，善意留置權人就動產擔保交易標的物有修繕、加工致其價值增加所支出之費用，於所增加之價值範圍內，優先於依本法成立在先之動產擔保權利受償。

**第六條** （登記機關）96

動產擔保交易之登記機關，由行政院定之。

**第七條** （登記之程序）

①動產擔保交易之登記，應由契約當事人將契約或其複本，向登記機關為之。

②登記機關應於收到之契約或其複本上，記明收到之日期，存卷備查，並備登記簿，登記契約當事人之姓名或名稱，住居所或營業所，訂立約日期、標的物說明、價格、擔保債權額、終止日期等事項。

③前項登記簿，應編具索引，契約當事人或第三人，得隨時向登記機關查閱或抄錄契約登記事項。

**第七條之一** （申請登記有不合規定者之補正）96

申請動產擔保交易登記有不合規定者，登記機關應敘明理由限期命其補正；屆期不補正或補正不完全者，登記機關應予駁回。

**第八條** （公告）96

登記機關應將契約當事人之姓名或名稱、標的物說明、擔保債權額、訂立契約日期、終止日期及其他必要事項，公開於網站或以其他適當方法公告之。

**第九條** （登記之有效期間）96

①動產擔保交易之登記，其有效期間從契約之約定，契約無約定者，自登記之日起有效期間為一年，期滿前三十日內，債權人得申請延長期限，其效力自原登記期滿之次日開始。

②前項延長期限登記，其有效期間不得超過一年。登記機關應比照第七條及第八條規定辦理，並通知債務人，標的物為第三人所有者，應併通知之。

**第一〇條** （清償證明書）96

①擔保債權受清償後，債權人經債務人或利害關係人之書面請求，應即出具證明文件。債務人或利害關係人得憑證明文件，向登記機關註銷登記。

②債權人不於收到前項請求十日內，交付證明文件者，應負損害賠償責任。

③債權人拒絕為第一項證明文件之交付時，債務人或利害關係人得以其他足以證明其已清償之方法，向登記機關註銷登記。

**第一一條** （規費）96

動產擔保交易之登記機關，辦理各項登記、閱覽、抄錄、出具證明書，應收取規費；其標準，由行政院定之。

**第一二條** （占有人之善良管理人注意義務）

動產擔保交易契約存續中，其標的物之占有人，應以善良管理人之注意，保管或使用標的物。

**第一三條** （標的物利益危險之承擔）

動產擔保交易標的物之利益及危險，由占有人承受負擔。但契約另有約定者，從其約定。

**第一四條** （約定拋棄權利之無效）

契約約定動產擔保交易之債務人，拋棄本法所規定之權利者，其約定為無效。

## 第二章　動產抵押

**第一五條**　（動產抵押之意義）

稱動產抵押者，謂抵押權人對債務人或第三人不移轉占有而就供擔保債權人之動產設定動產抵押權，於債務人不履行契約時，抵押權人得占有抵押物，並得出賣，就其賣得價金優先於其他債權而受清償之交易。

**第一六條**　（契約應載事項）96

① 動產抵押契約，應載明下列事項：

一　契約當事人之姓名或名稱、住居所或營業所所在地。

二　所擔保債權之金額及利率。

三　抵押物之名稱及數量，如有特別編號標識或說明者，其記載。

四　債務人或第三人占有抵押物之方式及其所在地。

五　債務人不履行債務時，抵押權人行使動產抵押權及債權之方法。

六　如有保險者，其受益人應為抵押權人之記載。

七　訂立契約年、月、日。

② 動產抵押契約，以一定期間內所發生之債權作為所擔保之債權者，應載明所擔保債權之最高金額。

**第一七條**　（抵押權人之占有及善意第三人之請求賠償）

① 債務人不履行契約或抵押物被遷移、出賣、出質、移轉或受其他處分，致有害於抵押權之行使者，抵押權人得占有抵押物。

② 前項之債務人或第三人拒絕交付抵押物時，抵押權人得聲請法院假扣押，如經登記之契約載明應逕受強制執行者，得依該契約聲請法院強制執行之。

③ 第三人善意有償取得抵押物者，經抵押權人追蹤占有後，得向債務人或受款人請求損害賠償。

**第一八條**　（占有抵押物之通知與抵押物之回贖）

① 抵押權人依前條第一項規定實行占有抵押物時，應於三日前通知債務人或第三人。

② 前項通知應說明事由並得指定履行契約之期限，如債務人到期仍不履行契約時，抵押權人得出賣占有抵押物，出賣後債務人不得請求回贖。

③ 抵押權人不經第一項事先通知，逕行占有抵押物時，如債務人或第三人在債權人占有抵押物後之十日期間內履行契約，並負擔占有費用者，得回贖抵押物，但抵押物有敗壞之虞，或其價值顯有減少，足以妨害抵押權人之權利，或其保管費用過鉅者，抵押權人於占有後，得立即出賣。

**第一九條**　（抵押物之出賣、拍賣）

①抵押權人出賣占有抵押物，除前條第三項但書情形外，應於占有後三十日內，經五日以上之揭示公告，就地公開拍賣之，並應於拍賣十日前，以書面通知債務人或第三人。

②抵押物為可分割者，於拍賣得價足以清償債務及費用時，應即停止。債權本人或其家屬亦得參加拍賣，買受抵押物。

**第二○條** （受償之範圍及順序）96

抵押物賣得價金，應先抵充費用，次充利息，再充原本，如有剩餘，應返還債務人，如有不足，抵押權人，得繼續追償。

**第二一條** （出賣或拍賣之程序）96

第十五條、第十八條及第十九條規定抵押權人對抵押物所為之出賣或拍賣，除依本法規定程序外，並應依民法債編施行法第二十八條規定辦理。

**第二二條** （抵押權人違法占有或出賣之責任）

抵押權人占有或出賣抵押物，未依第十八條、第十九條及第二十一條規定辦理者，債務人得請求損害賠償。

**第二三條** （抵押物代償預約之禁止）

契約約定於債權已屆清償期而未為清償時，抵押物之所有權移屬於抵押權人者，其約定為無效。

**第二四條** （質權設定之禁止）

動產抵押權不得為質權之標的物。

**第二五條** （刪除）96

## 第三章　附條件買賣

**第二六條** （附條件買賣之意義）

稱附條件買賣者，謂買受人先占有動產之標的物，約定至支付一部或全部價金，或完成特定條件時，始取得標的物所有權之交易。

**第二七條** （契約應載事項）96

附條件買賣契約應載明下列事項：

一　契約當事人之姓名或名稱、住居所或營業所所在地。

二　買賣標的物之名稱、數量及價格，如有特別編號標識或說明者，其記載。

三　出賣人保有標的物所有權，買受人得占有使用之記載。

四　買賣標的物價款之支付方法。

五　買受人取得標的物所有權之條件。

六　買受人不履行契約時，出賣人行使物權及債權之方法。

七　如有保險者，其受益人應為出賣人之記載。

八　訂立契約年、月、日。

**第二八條** （取回占有及賠償請求）96

①標的物所有權移轉於買受人前，買受人有下列情形之一，致妨害出賣人之權益者，出賣人得取回占有標的物：

一　不依約定償還價款者。

二　不依約定完成特定條件者。

三　將標的物出賣、出質或為其他處分者。

②出賣人取回占有前項標的物，其價值顯有減少者，得向買受人請求損害賠償。

**第二九條**　（再出賣之效力）

①買受人得於出賣人取回占有標的物後十日內，以書面請求出賣人將標的物再行出賣。出賣人縱無買受人之請求，亦得於取回占有標的物後三十日內將標的物再行出賣。

②出賣人取回占有標的物，未受買受人前項再行出賣之請求，或於前項三十日之期間內未再出賣標的物者，出賣人無償還買受人已付價金之義務，所訂附條件買賣契約失其效力。

**第三〇條**　（第二章各條之準用）

第二章第十七條第二項、第三項及第十八條至第二十二條，對於附條件買賣之出賣人及買受人準用之。

**第三一條**　（附條件買賣契約之無效）

①經依本法設定抵押之動產，不得為附條件買賣之標的物。

②違反前項規定者，其附條件買賣契約無效。

# 第四章　信託占有

**第三二條**　（信託占有之意義）

稱信託占有者，謂信託人供給受託人資金或信用，並以原供信託之動產標的物所有權為債權之擔保，而受託人依信託收據占有處分標的物之交易。

**第三三條**　（信託收據之應載事項）96

信託收據應記載下列事項：

一　當事人之姓名或名稱、住居所或營業所所在地。

二　信託人同意供給受託人資金或信用之金額。

三　標的物之名稱、數量、價格及存放地地點，如有特別編號標識或說明者，其記載。

四　信託人保有標的物所有權，受託人占有及處分標的物方法之記載。

五　供給資金或信用之清償方法，如受託人出賣標的物者，其買受人應將相當於第二款所列金額部分之價金交付信託人之記載。

六　受託人不履行契約時，信託人行使物權及債權之方法。

七　如有保險者，其受益人應為信託人之記載。

八　訂立收據年、月、日。

**第三四條**　（信託人取回占有）96

受託人有下列情形之一者，信託人得取回占有標的物：

一　不照約定清償債務者。

二　未經信託人同意將標的物遷移他處者。

三　將標的物出質或設定抵押權者。

四　不依約定之方法處分標的物者。

**第三五條**　（標的物出賣處分之責任）

① 信託人同意受託人出賣標的物者，不論已否登記，信託人不負出賣人之責任，或因受託人處分標的物所生債務之一切責任。

② 信託人不得以擔保債權標的物之所有權對抗標的物之買受人，但約定附有限制處分條款或清償方法者，對於知情之買受人不在此限。

**第三六條**　（不得爲信託占有之標的物）

① 經依本法設定抵押之動產，不得爲信託占有之標的物。

② 違反前項規定者，其信託收據無效。

**第三七條**　（第二章各條之準用）

第二章第十七條第二項、第三項及第十八條至第二十二條，對於信託占有之信託人及受託人準用之。

## 第五章　　（刪除）96

**第三八條至第四〇條**　（刪除）96

## 第六章　附　則

**第四一條**　（刪除）96

**第四二條**　（施行細則）

本法施行細則，由行政院定之。

**第四三條**　（施行日）96

① 本法施行日期，以命令定之。

② 本法修正條文自公布日施行。

# 動產擔保交易法施行細則

①民國54年6月14日行政院令訂定發布全文24條。
②民國56年7月26日行政院令修正發布第3條條文。
③民國57年2月26日行政院令修正發布第3條條文。
④民國59年6月24日行政院令修正發布第3條條文。
⑤民國61年7月31日行政院令修正發布第23條條文。
⑥民國69年8月29日行政院令修正發布第3、24條條文。
⑦民國75年5月7日行政院令修正發布第23條條文。
⑧民國88年3月24日行政院令修正發布第4、9、14及23條條文。
⑨民國88年9月8日行政院令修正發布第3、4條條文。
⑩民國97年8月8日行政院令修正發布全文18條；並自發布日施行。
⑪民國100年9月5日行政院令修正發布第3、18條條文；並自99年12月25日施行。
⑫民國103年3月26日行政院令修正發布第3、7、10、14條條文及第2條附表第八類；並刪除第15條條文。
⑬民國104年12月17日行政院令修正發布全文14條；除第2條自105年1月1日施行外，自發布日施行。

## 第一條

本細則依動產擔保交易法（以下簡稱本法）第四十二條規定訂定之。

## 第二條

①本法第六條所定動產擔保交易之登記機關如下：
一　加工出口區內之標的物，以經濟部加工出口區管理處為登記機關。
二　科學工業園區內之標的物，以科技部所屬各科學工業園區管理局為登記機關。
三　農業科技園區內之標的物，以農業科技園區管理機關為登記機關。
四　總噸位未滿二十之動力船舶或未滿五十之非動力船舶，以交通部航港局為登記機關。
五　汽車、機車及拖車，以交通部公路總局為登記機關。
六　前五款以外之標的物，其所在地或設籍在直轄市者，以直轄市政府為登記機關；在直轄市以外區域者，以經濟部為登記機關。
②前項第一款之登記機關，其設有分處者，得委任其分處代辦登記。
③第一項第五款之登記機關，得委任辦理公路監理業務之監理機關代辦登記。

## 第三條

① 動產擔保交易登記，應由契約當事人或其代理人向登記機關申請之。

② 登記事項之內容有變更時，應由契約當事人或其代理人檢具證明文件向原登記機關申請變更登記。

③ 前二項申請，得以網路傳輸方式向統一線上登記及公示網站為之；申請註銷登記、抄錄及核發證明書，亦同。

④ 以前項方式申請者，視同向登記機關申請。

## 第四條

① 依本法第七條第一項規定申請登記時，應檢具下列各項文件：

一 登記申請書。

二 由代理人申請登記者，其本人之委託書。

三 登記原因之契約或其複本。

四 契約當事人之證明文件。

五 標的物所有權證明文件或使用執照者，其文件或執照。

六 標的物設定抵押權須經主管機關核准者，其核准文件。

七 債務人無第七條規定各款情事之切結。

② 前項各款申請文件，得依電子簽章法之規定，以電子文件為之。

## 第五條

① 動產擔保交易之登記事項如下：

一 動產抵押權之登記。

二 附條件買賣之登記。

三 信託占有之登記。

四 延長有效期間之登記。

五 標的物所有權變更之登記。

六 標的物變更之登記。

七 動產擔保權註銷之登記。

八 其他有關之登記。

② 前項登記，由登記機關就第四條申請文件於形式上查對其所載事項與申請登記事項是否相符後為之。

## 第六條

① 第四條第一項第一款之登記申請書應記載下列事項：

一 登記原因。

二 登記標的物之名稱及其型式、規格、廠牌、數量、製造廠商、引擎號碼、出廠年月日、所在地、領有執照者其執照號碼。

三 登記機關。

四 申請之年月日。

五 申請人之姓名或名稱、出生年月日、國民身分證統一編號、公司或商業統一編號或扣繳單位統一編號、住居所或營業所。

六 由代理人申請時，並記其代理人之姓名、國民身分證統一編號、出生年月日、住所。

七 擔保債權種類及其金額。

八　其他應記明之事項。

②前項第二款事項，經當事人以契約約定者，得以登記標的物之名稱、數量、所在地等足以特定該標的物之一般性說明爲之。

第七條

有下列各款情形之一者，不得申請爲動產擔保交易之登記：

一　債務人曾受破產宣告尚未復權，或破產程序在進行中。

二　債務人就標的物未具有完整之所有權。

三　標的物係屬假扣押或假處分之標的。

第八條

①登記機關應備下列登記書表簿冊：

一　登記申請書。

二　登記收件簿。

三　登記簿。

四　登記索引簿。

五　其他書表簿冊。

②前項各種書表簿冊，由登記機關規定格式印製，並得以電腦處理之。

第九條

①登記機關所備登記簿，應記載登記契約當事人之姓名或名稱、國民身分證統一編號、公司或商業統一編號或扣繳單位統一編號、住居所或營業所、訂立契約日期、標的物說明、價格、擔保債權種類及其金額、有效期間等；遇有變更登記者，其變更事項及年月日。

②前項變更登記以附記爲之，附記作成後，應將原登記應變更部分塗銷之。

第一〇條

登記機關接受登記之申請後，應於三個工作日內將登記事項辦理完竣，並發給登記證明書正副本各一分。

第一一條

①登記機關於辦竣登記後，應依本法第八條規定公開於統一線上登記及公示網站或以其他適當方法公告之。

②前項統一線上登記及公示網站爲集中資料庫，並得以債務人之姓名或名稱檢索。

第一二條

登記機關於年度終了後，應將上年度登記繼續有效部分之各項紀錄，轉列於當年度登記內，以便查考。

第一三條

①登記機關辦理動產擔保交易登記時，依下列基準收取規費：

一　登記費（包括證書費）新臺幣九百元。

二　變更登記費（包括證書費）新臺幣四百五十元。

三　註銷登記費免收。

四　查閱費（包括謄本費或影印費）新臺幣一百二十元。

五　補發證書費新臺幣一百二十元。

六　電腦資料抄錄費，每次抄錄筆數在五百筆以內者，新臺幣三千元。每次抄錄筆數超過五百筆時，每增加一筆另繳納抄錄費新臺幣二元。

② 前項第一款至第五款規費，如擔保債權金額在新臺幣九萬元以下者，減半收取。

## 第一四條

本細則除第二條自中華民國一百零五年一月一日施行外，自發布日施行。

# 公寓大廈管理條例

①民國84年6月28日總統令制定公布全文52條。
②民國89年4月26日總統令修正公布第2條條文。
③民國92年12月31日總統令修正公布全文63條。
④民國95年1月18日總統令修正公布第29條條文；並增訂第59-1條條文。
　民國101年6月25日行政院公告第17條第1項所列屬「財政部」之權責事項，經行政院公告自93年7月1日起變更為「行政院金融監督管理委員會」管轄，自101年7月1日起改由「金融監督管理委員會」管轄。
⑤民國102年5月8日總統令修正公布第8、27條條文。
⑥民國105年11月16日總統令修正公布第8、18條條文。
⑦民國111年5月11日總統令增訂公布第29-1、49-1條條文。

## 第一章　總　則

**第一條**　（立法目的及適用範圍）
①爲加強公寓大廈之管理維護，提昇居住品質，特制定本條例。
②本條例未規定者，適用其他法令之規定。

**第二條**　（主管機關）
　本條例所稱主管機關：在中央爲內政部；在直轄市爲直轄市政府；在縣（市）爲縣（市）政府。

**第三條**　（名詞定義）
　本條例用辭定義如下：
一　公寓大廈：指構造上或使用上或在建築執照設計圖樣標有明確界線，得區分爲數部分之建築物及其基地。
二　區分所有：指數人區分一建築物而各有其專有部分，並就其共用部分按其應有部分有所有權。
三　專有部分：指公寓大廈之一部分，具有使用上之獨立性，且爲區分所有之標的者。
四　共用部分：指公寓大廈專有部分以外之其他部分及不屬專有之附屬建築物，而供共同使用者。
五　約定專用部分：公寓大廈共用部分經約定供特定區分所有權人使用者。
六　約定共用部分：指公寓大廈專有部分經約定供共同使用者。
七　區分所有權人會議：指區分所有權人爲共同事務及涉及權利義務之有關事項，召集全體區分所有權人所舉行之會議。
八　住戶：指公寓大廈之區分所有權人、承租人或其他經區分所有權人同意而爲專有部分之使用者或業經取得停車空間

建築物所有權者。

九　管理委員會：指爲執行區分所有權人會議決議事項及公寓大廈管理維護工作，由區分所有權人選任住戶若干人爲管理委員所設立之組織。

十　管理負責人：指未成立管理委員會，由區分所有權人推選住戶一人或依第二十八條第三項、第二十九條第六項規定爲負責管理公寓大廈事務者。

十一　管理服務人：指由區分所有權人會議決議或管理負責人或管理委員會僱傭或委任而執行建築物管理維護事務之公寓大廈管理服務人員或管理維護公司。

十二　規約：公寓大廈區分所有權人爲增進共同利益，確保良好生活環境，經區分所有權人會議決議之共同遵守事項。

## 第二章　住戶之權利義務

**第四條**　（專有部分）

① 區分所有權人除法律另有限制外，對其專有部分，得自由使用、收益、處分，並排除他人干涉。

② 專有部分不得與其所屬建築物共用部分之應有部分及其基地所有權或地上權之應有部分分離而爲移轉或設定負擔。

**第五條**　（專有部分之使用權）

區分所有權人對專有部分之利用，不得有妨害建築物之正常使用及違反區分所有權人共同利益之行爲。

**第六條**　（住戶之義務）

① 住戶應遵守下列事項：

一　於維護、修繕專有部分、約定專用部分或行使其權利時，不得妨害其他住戶之安寧、安全及衛生。

二　他住戶因維護、修繕專有部分、約定專用部分或設置管線，必須進入或使用其專有部分或約定專用部分時，不得拒絕。

三　管理負責人或管理委員會因維護、修繕共用部分或設置管線，必須進入或使用其專有部分或約定專用部分時，不得拒絕。

四　於維護、修繕專有部分、約定專用部分或設置管線，必須使用共用部分時，應經管理負責人或管理委員會之同意後爲之。

五　其他法令或規約規定事項。

② 前項第二款至第四款之進入或使用，應擇其損害最少之處所及方法爲之，並應修復或補償所生損害。

③ 住戶違反第一項規定，經協調仍不履行時，住戶、管理負責人或管理委員會得按其性質請求各該主管機關或訴請法院爲必要之處置。

**第七條**　（共用部分不得約定專用之範圍）

公寓大廈共用部分不得獨立使用供做專有部分。其爲下列各款

者，並不得爲約定專用部分：

一　公寓大廈本身所占之地面。

二　連通數個專有部分之走廊或樓梯，及其通往室外之通路或門廳；社區內各巷道、防火巷弄。

三　公寓大廈基礎、主要樑柱、承重牆壁、樓地板及屋頂之構造。

四　約定專用有違法令使用限制之規定者。

五　其他有固定使用方法，並屬區分所有權人生活利用上不可或缺之共用部分。

**第八條**　（公寓大廈外圍使用之限制）105

①公寓大廈周圍上下、外牆面、樓頂平臺及不屬專有部分之防空避難設備，其變更構造、顏色、設置廣告物、鐵鋁窗或其他類似之行爲，除應依法令規定辦理外，該公寓大廈規約另有規定或區分所有權人會議已有決議，經向直轄市、縣（市）主管機關完成報備有案者，應受該規約或區分所有權人會議決議之限制。

②公寓大廈有十二歲以下兒童或六十五歲以上老人之住戶，外牆開口或陽臺得設置不妨礙逃生且不突出外牆面之防墜設施。防墜設施設置後，設置理由消失且不符前項限制者，區分所有權人應予改善或回復原狀。

③住戶違反第一項規定，管理負責人或管理委員會應予制止，經制止而不遵從者，應報請主管機關依第四十九條第一項規定處理，該住戶並應於一個月內回復原狀。屆期未回復原狀者，得由管理負責人或管理委員會回復原狀，其費用由該住戶負擔。

**第九條**　（共用部分之使用權）

①各區分所有權人按其共有之應有部分比例，對建築物之共用部分及其基地有使用收益之權。但另有約定者從其約定。

②住戶對共用部分之使用應依其設置目的及通常使用方法爲之。但另有約定者從其約定。

③前二項但書所約定事項，不得違反本條例、區域計畫法、都市計畫法及建築法令之規定。

④住戶違反第二項規定，管理負責人或管理委員會應予制止，並得按其性質請求各該主管機關或訴請法院爲必要之處置。如有損害並得請求損害賠償。

**第一○條**　（管理、維護費用）

①專有部分、約定專用部分之修繕、管理、維護，由各該區分所有權人或約定專用部分之使用人爲之，並自擔其費用。

②共用部分、約定共用部分之修繕、管理、維護，由管理負責人或管理委員會爲之。其費用由公共基金支付或由區分所有權人按其共有之應有部分比例分擔之。但修繕費係因可歸責於區分所有權人或住戶之事由所致者，由該區分所有權人或住戶負擔。其費用若區分所有權人會議或規約另有規定者，從其規定。

③前項共用部分、約定共用部分，若涉及公共環境清潔衛生之維

持、公共消防滅火器材之維護、公共通道溝渠及相關設施之修繕，其費用政府得視情況予以補助，補助辦法由直轄市、縣（市）政府定之。

**第一一條** （拆除、修繕費用）

①共用部分及其相關設施之拆除、重大修繕或改良，應依區分所有權人會議之決議為之。

②前項費用，由公共基金支付或由區分所有權人按其共有之應有部分比例分擔。

**第一二條** （專有部分之權屬）

專有部分之共同壁及樓地板或其內之管線，其維修費用由該共同壁雙方或樓地板上下方之區分所有權人共同負擔。但修繕費係因可歸責於區分所有權人之事由所致者，由該區分所有權人負擔。

**第一三條** （必須重建之法定事由）

公寓大廈之重建，應經全體區分所有權人及基地所有權人、地上權人或典權人之同意。但有下列情形之一者，不在此限：

一 配合都市更新計畫而實施重建者。

二 嚴重毀損、傾頹或朽壞，有危害公共安全之虞者。

三 因地震、水災、風災、火災或其他重大事變，肇致危害公共安全者。

**第一四條** （重建造執照之申請）

①公寓大廈有前條第二款或第三款所定情形之一，經區分所有權人會議決議重建時，區分所有權人不同意決議又不出讓區分所有權或同意後不依決議履行其義務者，管理負責人或管理委員會得訴請法院命區分所有權人出讓其區分所有權及其基地所有權應有部分。

②前項之受讓人視為同意重建。

③重建之建造執照之申請，其名義以區分所有權人會議之決議為之。

**第一五條** （依使用執照及規約使用之義務）

①住戶應依使用執照所載用途及規約使用專有部分、約定專用部分，不得擅自變更。

②住戶違反前項規定，管理負責人或管理委員會應予制止，經制止而不遵從者，報請直轄市、縣（市）主管機關處理，並要求其回復原狀。

**第一六條** （維護公共安全、公共衛生與公共安寧之義務）

①住戶不得任意棄置垃圾、排放各種污染物、惡臭物質或發生喧囂、振動及其他與此相類之行為。

②住戶不得於私設通路、防火間隔、防火巷弄、開放空間、退縮空地、樓梯間、共同走廊、防空避難設備等處所堆置雜物、設置柵欄、門扇或營業使用，或違規設置廣告物或私設路障及停車位侵占巷道妨礙出入。但開放空間及退縮空地，在直轄市、縣（市）政府核准範圍內，得依規約或區分所有權人會議決議

供營業使用；防空避難設備，得爲原核准範圍之使用；其兼作停車空間使用者，得依法供公共收費停車使用。

③住戶爲維護、修繕、裝修或其他類似之工作時，未經申請主管建築機關核准，不得破壞或變更建築物之主要構造。

④住戶飼養動物，不得妨礙公共衛生、公共安寧及公共安全。但法令或規約另有禁止飼養之規定時，從其規定。

⑤住戶違反前四項規定時，管理負責人或管理委員會應予制止或按規約處理，經制止而不遵從者，得報請直轄市、縣（市）主管機關處理。

**第一七條** （投保公共意外責任保險）

①住戶於公寓大廈內依法經營餐飲、瓦斯、電焊或其他危險營業或存放有爆炸性或易燃性物品者，應向中央主管機關所定保險金額投保公共意外責任保險。其因此增加其他住戶投保火災保險之保險費者，並應就其差額負補償責任。其投保、補償辦法及保險費率由中央主管機關會同財政部定之。

②前項投保公共意外責任保險，經催告於七日內仍未辦理者，管理負責人或管理委員會應代爲投保；其保險費、差額補償費及其他費用，由該住戶負擔。

**第一八條** （公共基金之設置及來源）105

①公寓大廈應設置公共基金，其來源如下：

一 起造人就公寓大廈領得使用執照一年內之管理維護事項，應按工程造價一定比例或金額提列。

二 區分所有權人依區分所有權人會議決議繳納。

三 本基金之孳息。

四 其他收入。

②依前項第一款規定提列之公共基金，起造人於該公寓大廈使用執照申請時，應提出繳交各直轄市、縣（市）主管機關公庫代收之證明；於公寓大廈成立管理委員會或推選管理負責人，並完成依第五十七條規定點交共用部分、約定共用部分及其附屬設施設備後交向直轄市、縣（市）主管機關報備，由公庫代爲撥付。同款所稱比例或金額，由中央主管機關定之。

③公共基金應設專戶儲存，並由管理負責人或管理委員會負責管理；如經區分所有權人會議決議交付信託者，由管理負責人或管理委員會交付信託。

④其運用應依區分所有權人會議之決議爲之。

⑤第一項及第二項所規定起造人應提列之公共基金，於本條例公布施行前，起造人已取得建造執照者，不適用之。

**第二〇條** （公共基金移交程序）

①管理負責人或管理委員會應定期將公共基金或區分所有權人、住戶應分擔或其他應負擔費用之收支、保管及運用情形公告，並於解職、離職或管理委員會改組時，將公共基金收支情形、會計憑證、會計帳簿、財務報表、印鑑及餘額移交新管理負責人或新管理委員會。

② 管理負責人或管理委員會拒絕前項公告或移交，經催告於七日內仍不公告或移交時，得報請主管機關或訴請法院命其公告或移交。

**第二一條** （積欠公共基金之催討程序）

　　區分所有權人或住戶積欠應繳納之公共基金或應分擔或其他應負擔之費用已逾二期或達相當金額，經定相當期間催告仍不給付者，管理負責人或管理委員會得訴請法院命其給付應繳之金額及遲延利息。

**第二二條** （強制出讓之要件）

① 住戶有下列情形之一者，由管理負責人或管理委員會促請其改善，於三個月內仍未改善者，管理負責人或管理委員會得依區分所有權人會議之決議，訴請法院強制其遷離：

　　一　積欠依本條例規定應分擔之費用，經強制執行後再度積欠金額達其區分所有權總價百分之一者。

　　二　違反本條例規定經依第四十九條第一項第一款至第四款規定處以罰鍰後，仍不改善或續犯者。

　　三　其他違反法令或規約情節重大者。

② 前項之住戶如為區分所有權人時，管理負責人或管理委員會得依區分所有權人會議之決議，訴請法院命區分所有權人出讓其區分所有權及其基地所有權應有部分；於判決確定後三個月內不自行出讓並完成移轉登記手續者，管理負責人或管理委員會得聲請法院拍賣之。

③ 前項拍賣所得，除其他法律另有規定外，於積欠本條例應分擔之費用，其受償順序與第一順位抵押權同。

**第二三條** （住戶規約之訂定及範圍）

① 有關公寓大廈、基地或附屬設施之管理使用及其他住戶間相互關係，除法令另有規定外，得以規約定之。

② 規約除應載明專有部分及共用部分範圍外，下列各款事項，非經載明於規約者，不生效力：

　　一　約定專用部分、約定共用部分之範圍及使用主體。

　　二　各區分所有權人對建築物共用部分及其基地之使用收益權及住戶對共用部分使用之特別約定。

　　三　禁止住戶飼養動物之特別約定。

　　四　違反義務之處理方式。

　　五　財務運作之監督規定。

　　六　區分所有權人會議決議有出席及同意之區分所有權人人數及其區分所有權比例之特別約定。

　　七　糾紛之協調程序。

**第二四條** （繼受人應繼受前區分所有人權利義務）

① 區分所有權之繼受人，應於繼受前向管理負責人或管理委員會請求閱覽或影印第三十五條所定文件，並應於繼受後遵守原區分所有權人依本條例或規約所定之一切權利義務事項。

② 公寓大廈專有部分之無權占有人，應遵守依本條例規定住戶應

盡之義務。

③無權占有人違反前項規定，準用第二十一條、第二十二條、第四十七條、第四十九條住戶之規定。

# 第三章　管理組織

**第二五條**　（會議之召開及召集人之產生方式）

①區分所有權人會議，由全體區分所有權人組成，每年至少應召開定期會議一次。

②有下列情形之一者，應召開臨時會議：

一　發生重大事故有及時處理之必要，經管理負責人或管理委員會請求者。

二　經區分所有權人五分之一以上及其區分所有權比例合計五分之一以上，以書面載明召集之目的及理由請求召集者。

③區分所有權人會議除第二十八條規定外，由具區分所有權人身分之管理負責人、管理委員會主任委員或管理委員為召集人；管理負責人、管理委員會主任委員或管理委員喪失區分所有權人資格日起，視同解任。無管理負責人或管理委員會，或無區分所有權人擔任管理負責人、主任委員或管理委員時，由區分所有權人互推一人為召集人；召集人任期依區分所有權人會議或依規約規定，任期一至二年，連選得連任一次。但區分所有權人會議或規約未規定者，任期一年，連選得連任一次。

④召集人無法依前項規定互推產生時，各區分所有權人得申請直轄市、縣（市）主管機關指定臨時召集人，區分所有權人不申請指定時，直轄市、縣（市）主管機關得視實際需要指定區分所有權人一人為臨時召集人，或依規約輪流擔任，其任期至互推召集人為止。

**第二六條**　（非封閉式之公寓大廈規約訂定）

①非封閉式之公寓大廈集居社區其地面層為各自獨立之數幢建築物，且區內屬住宅與辦公、商場混合使用，其辦公、商場之出入口各自獨立之公寓大廈，各該幢內之辦公、商場部分，得就該幢或結合他幢內之辦公、商場部分，經其區分所有權人過半數書面同意，及全體區分所有權人會議決議或規約明定下列各款事項後，以該辦公、商場部分召開區分所有權人會議，成立管理委員會，並向直轄市、縣（市）主管機關報備。

一　共用部分、約定共用部分範圍之劃分。

二　共用部分、約定共用部分之修繕、管理、維護範圍及管理維護費用之分擔方式。

三　公共基金之分配。

四　會計憑證、會計帳簿、財務報表、印鑑、餘額及第三十六條第八款規定保管文件之移交。

五　全體區分所有權人會議與各該辦公、商場部分之區分所有權人會議之分工事宜。

②第二十條、第二十七條、第二十九條至第三十九條、第四十八條、第四十九條第一項第七款及第五十四條規定，於依前項召開或成立之區分所有權人會議、管理委員會及其主任委員、管理委員準用之。

**第二七條**　（區分所有權之計算方式）102

①各專有部分之區分所有權人有一表決權。數人共有一專有部分者，該表決權應推由一人行使。

②區分所有權人會議之出席人數與表決權之計算，於任一區分所有權人之區分所有權占全部區分所有權五分之一以上者，或任一區分所有權人所有之專有部分之個數超過全部專有部分個數總合之五分之一以上者，其超過部分不予計算。

③區分所有權人因故無法出席區分所有權人會議時，得以書面委託配偶、有行為能力之直系血親、其他區分所有權人或承租人代理出席；受託人於受託之區分所有權占全部區分所有權五分之一以上者，或以單一區分所有權計算之人數超過區分所有權人數五分之一者，其超過部分不予計算。

**第二八條**　（起造人召集會議）

①公寓大廈建築物所有權登記之區分所有權人達半數以上及其區分所有權比例合計半數以上時，起造人應於三個月內召集區分所有權人召開區分所有權人會議，成立管理委員會或推選管理負責人，並向直轄市、縣（市）主管機關報備。

②前項起造人為數人時，應互推一人為之。出席區分所有權人之人數或其區分所有權比例合計未達第三十一條規定之定額而未能成立管理委員會時，起造人應就同一議案重新召集會議一次。

③起造人於召集區分所有權人召開區分所有權人會議成立管理委員會或推選管理負責人前，為公寓大廈之管理負責人。

**第二九條**　（管理委員會、管理負責人之成立）95

①公寓大廈應成立管理委員會或推選管理負責人。

②公寓大廈成立管理委員會者，應由管理委員互推一人為主任委員，主任委員對外代表管理委員會。主任委員、管理委員之選任、解任、權限與其委員人數、召集方式及事務執行方法與代理規定，依區分所有權人會議之決議。但規約另有規定者，從其規定。

③管理委員、主任委員及管理負責人之任期，依區分所有權人會議或規約之規定，任期一至二年，主任委員、管理負責人、負責財務管理及監察業務之管理委員，連選得連任一次，其餘管理委員，連選得連任。但區分所有權人會議或規約未規定者，任期一年，主任委員、管理負責人、負責財務管理及監察業務之管理委員，連選得連任一次，其餘管理委員，連選得連任。

④前項管理委員、主任委員及管理負責人任期屆滿未再選任或有第二十條第二項所定之拒絕移交者，自任期屆滿日起，視同解任。

⑤公寓大廈之住戶非該專有部分之區分所有權人者，除區分所有

權人會議之決議或規約另有規定外，得被選任、推選爲管理委員、主任委員或管理負責人。

⑥公寓大廈未組成管理委員會且未推選管理負責人時，以第二十五條區分所有權人互推之召集人或申請指定之臨時召集人爲管理負責人。區分所有權人無法互推召集人或申請指定臨時召集人時，區分所有權人得申請直轄市、縣（市）主管機關指定住戶一人爲管理負責人，其任期至成立管理委員會、推選管理負責人或互推召集人爲止。

## 第二九條之一 111

①本條例施行前或施行後已取得建造執照之未成立管理委員會或推選管理負責人之公寓大廈，經直轄市、縣（市）主管機關認定有危險之虞者，其區分所有權人應於直轄市、縣（市）主管機關通知後一定期限內成立管理委員會或推選管理負責人，並向直轄市、縣（市）主管機關報備。因故未能於一定期限內成立管理委員會或推選管理負責人並辦理報備者，直轄市、縣（市）主管機關得視實際情況展延一次，並不得超過一年。

②前項公寓大廈有危險之虞之認定要件及成立管理委員會或推選管理負責人並辦理報備之期限，由中央主管機關公告；直轄市、縣（市）主管機關認有必要時，得公告擴大認定要件並另定其成立管理委員會或推選管理負責人並辦理報備之期限。

③直轄市、縣（市）主管機關應輔導或委託專業機構輔導第一項之公寓大廈成立管理委員會或推選管理負責人並辦理報備。

④公寓大廈區分所有權人經依第四十九條之一處罰後，仍未依規定成立管理委員會或推選管理負責人並辦理報備者，必要時，由直轄市、縣（市）主管機關指定住戶一人爲管理負責人，其任期至成立管理委員會、推選管理負責人或互推召集人爲止。

## 第三〇條 （召開會議之通知方法）

①區分所有權人會議，應由召集人於開會前十日以書面載明開會內容，通知各區分所有權人。但有急迫情事須召開臨時會者，得以公告爲之；公告期間不得少於二日。

②管理委員之選任事項，應在前項開會通知中載明並公告之，不得以臨時動議提出。

## 第三一條 （區分所有權之計算方式）

區分所有權人會議之決議，除規約另有規定外，應有區分所有權人三分之二以上及其區分所有權比例合計三分之二以上出席，以出席人數四分之三以上及其區分所有權比例占出席人數區分所有權四分之三以上之同意行之。

## 第三二條 （未獲致決議時重新開議之要件）

①區分所有權人會議依前條規定未獲致決議、出席區分所有權人之人數或其區分所有權比例合計未達前條定額者，召集人得就同一議案重新召集會議；其開議除規約另有規定出席人數外，應有區分所有權人三人並五分之一以上及其區分所有權比例合計五分之一以上出席，以出席人數過半數及其區分所有權比例

占出席人數區分所有權合計過半數之同意作成決議。

②前項決議之會議紀錄依第三十四條第一項規定送達各區分所有權人後，各區分所有權人得於七日內以書面表示反對意見。書面反對意見未超過全體區分所有權人及其區分所有權比例合計半數時，該決議視為成立。

③第一項會議主席應於會議決議成立後十日內以書面送達全體區分所有權人並公告之。

第三三條　（區分所有權之決議效力）

區分所有權人會議之決議，未經依下列各款事項辦理者，不生效力：

一　專有部分經依區分所有權人會議約定為約定共用部分者，應經該專有部分區分所有權人同意。

二　公寓大廈外牆面、樓頂平台，設置廣告物、無線電台基地台等類似強波發射設備或其他類似之行為，設置於屋頂者，應經頂層區分所有權人同意；設置其他樓層者，應經該樓層區分所有權人同意。該層住戶，並得參加區分所有權人會議陳述意見。

三　依第五十六條第一項規定成立之約定專用部分變更者，應經使用該約定專用部分之區分所有權人同意。但該約定專用顯已違反公共利益，經管理委員會或管理負責人訴請法院判決確定者，不在此限。

第三四條　（會議紀錄作成方式及送達公告）

①區分所有權人會議應作成會議紀錄，載明開會經過及決議事項，由主席簽名，於會後十五日內送達各區分所有權人並公告之。

②前項會議紀錄，應與出席區分所有權人之簽名簿及代理出席之委託書一併保存。

第三五條　（請求閱覽或影印之權利）

利害關係人於必要時，得請求閱覽或影印規約、公共基金餘額、會計憑證、會計帳簿、財務報表、欠繳公共基金與應分攤或其他應負擔費用情形、管理委員會會議紀錄及前條會議紀錄，管理負責人或管理委員會不得拒絕。

第三六條　（管理委員會之職務範圍）

管理委員會之職務如下：

一　區分所有權人會議決議事項之執行。

二　共有及共用部分之清潔、維護、修繕及一般改良。

三　公寓大廈及其周圍之安全及環境維護事項。

四　住戶共同事務應興革事項之建議。

五　住戶違規情事之制止及相關資料之提供。

六　住戶違反第六條第一項規定之協調。

七　收益、公共基金及其他經費之收支、保管及運用。

八　規約、會議紀錄、使用執照謄本、竣工圖說、水電、消防、機械設施、管線圖說、會計憑證、會計帳簿、財務報表、公共安全檢查及消防安全設備檢修之申報文件、印鑑及有

關文件之保管。

九　管理服務人之委任、僱傭及監督。

十　會計報告、結算報告及其他管理事項之提出及公告。

十一　共用部分、約定共用部分及其附屬設施設備之點收及保管。

十二　依規定應由管理委員會申報之公共安全檢查與消防安全設備檢修之申報及改善之執行。

十三　其他依本條例或規約所定事項。

**第三七條**　（管理委員會會議決議內容）

管理委員會會議決議之內容不得違反本條例、規約或區分所有權人會議決議。

**第三八條**　（管理委員會於民事訴訟上有當事人能力）

① 管理委員會有當事人能力。

② 管理委員會為原告或被告時，應將訴訟事件要旨速告區分所有權人。

**第三九條**　（管理委員會應向區分所有權人會議負責）

管理委員會應向區分所有權人會議負責，並向其報告會務。

**第四〇條**　（管理委員之職務於管理負責人準用之）

第三十六條、第三十八條及前條規定，於管理負責人準用之。

# 第四章　管理服務人

**第四一條**　（執業許可登記）

公寓大廈管理維護公司應經中央主管機關許可及辦理公司登記，並向中央主管機關申領登記證後，始得執業。

**第四二條**　（管理維護事務）

公寓大廈管理委員會、管理負責人或區分所有權人會議，得委任或僱傭領有中央主管機關核發之登記證或認可證之公寓大廈管理維護公司或管理服務人員執行管理維護事務。

**第四三條**　（公寓大廈管理維護公司執業業務規定）

公寓大廈管理維護公司，應依下列規定執行業務：

一　應依規定類別，聘僱一定人數領有中央主管機關核發認可證之繼續性從業之管理服務人員，並負監督考核之責。

二　應指派前款之管理服務人員辦理管理維護事務。

三　應依業務執行規範執行業務。

**第四四條**　（受僱之管理服務人員執行業務規定）

受僱於公寓大廈管理維護公司之管理服務人員，應依下列規定執行業務：

一　應依核准業務類別、項目執行管理維護事務。

二　不得將管理服務人員認可證提供他人使用或使用他人之認可證執業。

三　不得同時受聘於二家以上之管理維護公司。

四　應參加中央主管機關舉辦或委託之相關機構、團體辦理之

訓練。

**第四五條** （受僱以外之管理服務人員執行業務規定）

前條以外之公寓大廈管理服務人員，應依下列規定執行業務：

一　應依核准業務類別、項目執行管理維護事務。

二　不得將管理服務人員認可證提供他人使用或使用他人之認可證執業。

三　應參加中央主管機關舉辦或委託之相關機構、團體辦理之訓練。

**第四六條** （管理維護公司及人員管理辦法之訂定）

第四十一條至前條公寓大廈管理維護公司及管理服務人員之資格、條件、管理維護公司聘僱管理服務人員與一定人數、登記證與認可證之申請與核發、業務範圍、業務執行規範、責任、輔導、獎勵、參加訓練之方式、內容與時數、受委託辦理訓練之機構、團體之資格、條件與責任及登記費之收費基準等事項之管理辦法，由中央主管機關定之。

## 第五章　罰　則

**第四七條** （罰則）

有下列行為之一者，由直轄市、縣（市）主管機關處新臺幣三千元以上一萬五千元以下罰鍰，並得令其限期改善或履行義務、職務；屆期不改善或不履行者，得連續處罰：

一　區分所有權人會議召集人或臨時召集人違反第二十五條或第二十八條所定之召集義務者。

二　住戶違反第十六條第一項或第四項規定者。

三　區分所有權人或住戶違反第六條規定，主管機關受理住戶、管理負責人或管理委員會之請求，經通知限期改善，屆期不改善者。

**第四八條** （罰則）

有下列行為之一者，由直轄市、縣（市）主管機關處新臺幣一千元以上五千元以下罰鍰，並得令其限期改善或履行義務、職務；屆期不改善或不履行者，得連續處罰：

一　管理負責人、主任委員或管理委員未善盡督促第十七條所定住戶投保責任保險之義務者。

二　管理負責人、主任委員或管理委員無正當理由未執行第二十二條所定促請改善或訴請法院強制遷離或強制出讓該區分所有權之職務者。

三　管理負責人、主任委員或管理委員無正當理由違反第三十五條規定者。

四　管理負責人、主任委員或管理委員無正當理由未執行第三十六條第一款、第五款至第十二款所定之職務，顯然影響住戶權益者。

**第四九條** （罰則）

① 有下列行為之一者，由直轄市、縣（市）主管機關處新臺幣四萬元以上二十萬元以下罰鍰，並得令其限期改善或履行義務；屆期不改善或不履行者，得連續處罰：

一　區分所有權人對專有部分之利用違反第五條規定者。

二　住戶違反第八條第一項或第九條第二項關於公寓大廈變更使用限制規定，經制止而不遵從者。

三　住戶違反第十五條第一項規定擅自變更專有或約定專用之使用者。

四　住戶違反第十六條第二項或第三項規定者。

五　住戶違反第十七條所定投保責任保險之義務者。

六　區分所有權人違反第十八條第一項第二款規定未繳納公共基金者。

七　管理負責人、主任委員或管理委員違反第二十條所定之公告或移交義務者。

八　起造人或建築業者違反第五十七條或第五十八條規定者。

② 有供營業使用事實之住戶有前項第三款或第四款行為，因而致人於死者，處一年以上七年以下有期徒刑，得併科新臺幣一百萬元以上五百萬元以下罰金；致重傷者，處六個月以上五年以下有期徒刑，得併科新臺幣五十萬元以上二百五十萬元以下罰金。

### 第四九條之一 111

公寓大廈未依第二十九條之一第一項規定於期限內成立管理委員會或推選管理負責人並辦理報備者，由直轄市、縣（市）主管機關按每一專有部分處區分所有權人新臺幣四萬元以上二十萬元以下罰鍰，並令其限期辦理；屆期仍未辦理者，得按次處罰。

### 第五〇條 （罰則）

從事公寓大廈管理維護業務之管理維護公司或管理服務人員違反第四十二條規定，未經領得登記證、認可證或經廢止登記證、認可證而營業，或接受公寓大廈管理委員會、管理負責人或區分所有權人會議決議之委任或僱傭執行公寓大廈管理維護服務業務者，由直轄市、縣（市）主管機關勒令其停業或停止執行業務，並處新臺幣四萬元以上二十萬元以下罰鍰；其拒不遵從者，得按次連續處罰。

### 第五一條 （罰則）

① 公寓大廈管理維護公司，違反第四十三條規定者，中央主管機關應通知限期改正；屆期不改正者，得予停業、廢止其許可或登記證或處新臺幣三萬元以上十五萬元以下罰鍰；其未依規定向中央主管機關申領登記證者，中央主管機關應廢止其許可。

② 受僱於公寓大廈管理維護公司之管理服務人員，違反第四十四條規定者，中央主管機關應通知限期改正；屆期不改正者，得廢止其認可證或停止其執行公寓大廈管理維護業務三個月以上三年以下或處新臺幣三千元以上一萬五千元以下罰鍰。

③前項以外之公寓大廈管理服務人員，違反第四十五條規定者，中央主管機關應通知限期改正；屆期不改正者，得廢止其認可證或停止其執行公寓大廈管理維護業務六個月以上三年以下或處新臺幣三千元以上一萬五千元以下罰鍰。

**第五二條** （強制執行）

依本條例所處之罰鍰，經限期繳納，屆期仍不繳納者，依法移送強制執行。

# 第六章 附 則

**第五三條** （集居地區之管理及組織）

多數各自獨立使用之建築物、公寓大廈，其共同設施之使用與管理具有整體不可分性之集居地區者，其管理及組織準用本條例之規定。

**第五四條** （催告事項）

本條例所定應行催告事項，由管理負責人或管理委員會以書面為之。

**第五五條** （管理委員會之成立或管理負責人之推選）

①本條例施行前已取得建造執照之公寓大廈，其區分所有權人應依第二十五條第四項規定，互推一人為召集人，並召開第一次區分所有權人會議，成立管理委員會或推選管理負責人，並向直轄市、縣（市）主管機關報備。

②前項公寓大廈於區分所有權人會議訂定規約前，以第六十條規約範本視為規約。但得不受第七條各款不得為約定專用部分之限制。

③對第一項未成立管理組織並報備之公寓大廈，直轄市、縣（市）主管機關得分期、分區、分類（按樓高或使用之不同等分類）擬定計畫，輔導召開區分所有權人會議成立管理委員會或推選管理負責人，並向直轄市、縣（市）主管機關報備。

**第五六條** （建物所有權登記）

①公寓大廈之起造人於申請建造執照時，應檢附專有部分、共用部分、約定專用部分、約定共用部分標示之詳細圖說及規約草約。於設計變更時亦同。

②前項規約草約經承受人簽署同意後，於區分所有權人會議訂定規約前，視為規約。

③公寓大廈之起造人或區分所有權人應依使用執照所記載之用途及下列測繪規定，辦理建物所有權第一次登記：

一 獨立建築物所有權之牆壁，以牆之外緣為界。

二 建築物共用之牆壁，以牆壁之中心為界。

三 附屬建物以其外緣為界辦理登記。

四 有隔牆之共用牆壁，依第二款之規定，無隔牆設置者，以使用執照竣工平面圖區分範圍為界，其面積應包括四周牆壁之厚度。

④第一項共用部分之圖說，應包括設置管理維護使用空間之詳細位置圖說。

⑤本條例中華民國九十二年十二月九日修正施行前，領得使用執照之公寓大廈，得設置一定規模、高度之管理維護使用空間，並不計入建築面積及總樓地板面積；其免計入建築面積及總樓地板面積之一定規模、高度之管理維護使用空間及設置條件等事項之辦法，由直轄市、縣（市）主管機關定之。

**第五七條**　（檢測移交）

①起造人應將公寓大廈共用部分、約定共用部分與其附屬設施設備；設施設備使用維護手冊及廠商資料、使用執照謄本、竣工圖說、水電、機械設施、消防及管線圖說，於管理委員會成立或管理負責人推選或指定後七日內會同政府主管機關、公寓大廈管理委員會或管理負責人現場針對水電、機械設施、消防設施及各類管線進行檢測，確認其功能正常無誤後，移交之。

②前項公寓大廈之水電、機械設施、消防設施及各類管線不能通過檢測，或其功能有明顯缺陷者，管理委員會或管理負責人得報請主管機關處理，其歸責起造人者，主管機關命起造人負責修復改善，並於一個月內，起造人再會同管理委員會或管理負責人辦理移交手續。

**第五八條**　（消費者權益）

①公寓大廈起造人或建築業者，非經領得建造執照，不得辦理銷售。

②公寓大廈之起造人或建築業者，不得將共用部分，包含法定空地、法定停車空間及法定防空避難設備，讓售於特定人或為區分所有權人以外之特定人設定專用使用權或為其他有損害區分所有權人權益之行為。

**第五九條**　（舉證處理）

區分所有權人會議召集人、臨時召集人、起造人、建築業者、區分所有權人、住戶、管理負責人、主任委員或管理委員有第四十七條、第四十八條或第四十九條各款所定情事之一時，他區分所有權人、利害關係人、管理負責人或管理委員會得列舉事實及提出證據，報直轄市、縣（市）主管機關處理。

**第五九條之一**　（爭議事件調處委員會之設立）95

①直轄市、縣（市）政府為處理有關公寓大廈爭議事件，得聘請資深之專家、學者及建築師、律師，並指定公寓大廈及建築管理主管人員，組設公寓大廈爭議事件調處委員會。

②前項調處委員會之組織，由內政部定之。

**第六〇條**　（規約範本）

①規約範本，由中央主管機關定之。

②第五十六條規約草約，得依前項規約範本制作。

**第六一條**　（委託或委辦處理事項）

第六條、第九條、第十五條、第十六條、第二十條、第二十五條、第二十八條、第二十九條及第五十九條所定主管機關應處

理事項，得委託或委辦鄉（鎮、市、區）公所辦理。

**第六二條** （施行細則）

　本條例施行細則，由中央主管機關定之。

**第六三條** （施行日）

　本條例自公布日施行。

# 公寓大廈管理條例施行細則

①民國85年10月2日內政部令訂定發布全文16條。
②民國94年11月16日內政部令修正發布全文14條；並自發布日施行。

### 第一條

本細則依公寓大廈管理條例（以下簡稱本條例）第六十二條規定訂定之。

### 第二條

① 本條例所稱區分所有權比例，指區分所有權人之專有部分依本條例第五十六條第三項測繪之面積與公寓大廈專有部分全部面積總和之比。建築物已完成登記者，依登記機關之記載為準。

② 同一區分所有權人有數專有部分者，前項區分所有權比例，應予累計。但於計算區分所有權人會議之比例時，應受本條例第二十七條第二項規定之限制。

### 第三條

本條例所定區分所有權人之人數，其計算方式如下：

一　區分所有權已登記者，按其登記人數計算。但數人共有一專有部分者，以一人計。

二　區分所有權未登記者，依本條例第五十六條第一項圖說之標示，每一專有部分以一人計。

### 第四條

本條例第七條第一款所稱公寓大廈本身所占之地面，指建築物外牆中心線或其代替柱中心線以內之最大水平投影範圍。

### 第五條

① 本條例第十八條第一項第一款所定按工程造價一定比例或金額提列公共基金，依下列標準計算之：

一　新臺幣一千萬元以下者為千分之二十。

二　逾新臺幣一千萬元至新臺幣一億元者，超過新臺幣一千萬元部分為千分之十五。

三　逾新臺幣一億元至新臺幣十億元者，超過新臺幣一億元部分為千分之五。

四　逾新臺幣十億元者，超過新臺幣十億元部分為千分之三。

② 前項工程造價，指經直轄市、縣（市）主管建築機關核發建造執照載明之工程造價。

③ 政府興建住宅之公共基金，其他法規有特別規定者，依其規定。

### 第六條

本條例第二十二條第一項第一款所稱區分所有權總價，指管理

負責人或管理委員會促請該區分所有權人或住戶改善時，建築物之評定標準價格及當期土地公告現值之和。

第七條

① 本條例第二十五條第三項所定由區分所有權人互推一人爲召集人，除規約另有規定者外，應有區分所有權人二人以上書面推選，經公告十日生效。

② 前項被推選人爲數人或公告期間另有他人被推選時，以推選之區分所有權人人數較多者任之；人數相同時，以區分所有權比例合計較多者任之。新被推選人與原推選人不爲同一人時，公告日數應自新被推選人被推選之次日起算。

③ 前二項之推選人於推選後喪失區分所有權人資格時，除受讓人另爲意思表示者外，其所爲之推選行爲仍爲有效。

④ 區分所有權人推選管理負責人時，準用前三項規定。

第八條

① 本條例第二十六條第一項、第二十八條第一項及第五十五條第一項所定報備之資料如下：

一　成立管理委員會或推選管理負責人時之全體區分所有權人名冊及出席區分所有權人名冊。

二　成立管理委員會或推選管理負責人時之區分所有權人會議會議紀錄或推選書或其他證明文件。

② 直轄市、縣（市）主管機關受理前項報備資料，應予建檔。

第九條

本條例第三十三條第二款所定無線電臺基地臺等類似強波發射設備，由無線電臺基地臺之目的事業主管機關認定之。

第一〇條

本條例第二十六條第一項第四款、第三十五條及第三十六條第八款所稱會計憑證，指證明會計事項之原始憑證；會計帳簿，指日記帳及總分類帳；財務報表，指公共基金之現金收支及管理維護費之現金收支及財產目錄、費用及應收未收款明細。

第一一條

本條例第三十六條所定管理委員會之職務，除第七款至第九款、第十一款及第十二款外，經管理委員會決議或管理負責人以書面授權者，得由管理服務人執行之。但區分所有權人會議或規約另有規定者，從其規定。

第一二條

本條例第五十三條所定其共同設施之使用與管理具有整體不可分性之集居地區，指下列情形之一：

一　依建築法第十一條規定之一宗建築基地。

二　依非都市土地使用管制規則及中華民國九十二年三月二十六日修正施行前山坡地開發建築管理辦法申請開發許可範圍內之地區。

三　其他經直轄市、縣（市）主管機關認定其共同設施之使用與管理具有整體不可分割之地區。

### 第一三條

本條例所定之公告，應於公寓大廈公告欄內為之；未設公告欄者，應於主要出入口明顯處所為之。

### 第一四條

本細則自發布日施行。

# 涉外民事法律適用法

① 民國42年6月6日總統令制定公布全文31條。
② 民國98年12月30日總統令修正公布第3及20條條文。
③ 民國99年5月26日總統令修正公布全文63條。

## 第一章　通　則

**第一條**　（適用範圍）

涉外民事，本法未規定者，適用其他法律之規定；其他法律無規定者，依法理。

**第二條**　（國籍之積極衝突）

依本法應適用當事人本國法，而當事人有多數國籍時，依其關係最切之國籍定其本國法。

**第三條**　（國籍之消極衝突）

依本法應適用當事人本國法，而當事人無國籍時，適用其住所地法。

**第四條**　（當事人之住所地法）

① 依本法應適用當事人之住所地法，而當事人有多數住所時，適用其關係最切之住所地法。

② 當事人住所不明時，適用其居所地法。

③ 當事人有多數居所時，適用其關係最切之居所地法；居所不明者，適用現在地法。

**第五條**　（一國數法）

依本法適用當事人本國法時，如其國內法因地域或其他因素有不同者，依該國關於法律適用之規定，定其應適用之法律；該國關於法律適用之規定不明者，適用該國與當事人關係最切之法律。

**第六條**　（反致）

依本法適用當事人本國法時，如依其本國法就該法律關係須依其他法律而定者，應適用該其他法律。但依其本國法或該其他法律應適用中華民國法律者，適用中華民國法律。

**第七條**　（規避法律）

涉外民事之當事人規避中華民國法律之強制或禁止規定者，仍適用該強制或禁止規定。

**第八條**　（外國法適用之限制）

依本法適用外國法時，如其適用之結果有背於中華民國公共秩序或善良風俗者，不適用之。

# 第二章　權利主體

**第九條**　（人之權利能力）

人之權利能力，依其本國法。

**第一〇條**　（行為能力之準據法）

① 人之行為能力，依其本國法。

② 有行為能力人之行為能力，不因其國籍變更而喪失或受限制。

③ 外國人依其本國法無行為能力或僅有限制行為能力，而依中華民國法律有行為能力者，就其在中華民國之法律行為，視為有行為能力。

④ 關於親屬法或繼承法之法律行為，或就在外國不動產所為之法律行為，不適用前項規定。

**第一一條**　（死亡宣告之準據法）

① 凡在中華民國有住所或居所之外國人失蹤時，就其在中華民國之財產或應依中華民國法律而定之法律關係，得依中華民國法律為死亡之宣告。

② 前項失蹤之外國人，其配偶或直系血親為中華民國國民，而現在中華民國有住所或居所者，得因其聲請依中華民國法律為死亡之宣告，不受前項之限制。

③ 前二項死亡之宣告，其效力依中華民國法律。

**第一二條**　（外國人之監護、輔助宣告）

① 凡在中華民國有住所或居所之外國人，依其本國及中華民國法律同有受監護、輔助宣告之原因者，得為監護、輔助宣告。

② 前項監護、輔助宣告，其效力依中華民國法律。

**第一三條**　（法人屬人法）

法人，以其據以設立之法律為其本國法。

**第一四條**　（法人屬人法適用範圍）

外國法人之下列內部事項，依其本國法：

一　法人之設立、性質、權利能力及行為能力。

二　社團法人社員之入社及退社。

三　社團法人社員之權利義務。

四　法人之機關及其組織。

五　法人之代表人及代表權之限制。

六　法人及其機關對第三人責任之內部分擔。

七　章程之變更。

八　法人之解散及清算。

九　法人之其他內部事項。

**第一五條**　（外國人在內國之分支機構之特別規定）

依中華民國法律設立之外國法人分支機構，其內部事項依中華民國法律。

# 第三章　法律行為之方式及代理

**第一六條**　(法律行為方式之準據法)

法律行為之方式，依該行為所應適用之法律。但依行為地法所定之方式者，亦為有效；行為地不同時，依任一行為地法所定之方式者，皆為有效。

**第一七條**　(代理權授與行為之準據法)

代理權係以法律行為授與者，其代理權之成立及在本人與代理人間之效力，依本人及代理人所明示合意應適用之法律；明示之合意者，依與代理行為關係最切地之法律。

**第一八條**　(本人與相對間法律關係之準據法)

代理人以本人之名義與相對人為法律行為時，在本人與相對人間，關於代理權之有無、限制及行使代理權所生之法律效果，依本人與相對人所明示合意應適用之法律；無明示之合意者，依與代理行為關係最切地之法律。

**第一九條**　(相對人與代理人間法律關係之準據)

代理人以本人之名義與相對人為法律行為時，在相對人與代理人間，關於代理人依其代理權限、逾越代理權限或無代理權而為法律行為所生之法律效果，依前條所定應適用之法律。

## 第四章　債

**第二〇條**　(當事人意思自主原則之規定)

①法律行為發生債之關係者，其成立及效力，依當事人意思定其應適用之法律。

②當事人無明示之意思或其明示之意思依所定應適用之法律無效時，依關係最切之法律。

③法律行為所生之債務中有足該法律行為之特徵者，負擔該債務之當事人行為時之住所地法，推定為關係最切之法律。但就不動產所為之法律行為，其所在地法推定為關係最切之法律。

**第二一條**　(票據行為之準據法)

①法律行為發生票據上權利者，其成立及效力，依當事人意思定其應適用之法律。

②當事人無明示之意思或其明示之意思依所定應適用之法律無效時，依行為地法；行為地不明者，依付款地法。

③行使或保全票據上權利之法律行為，其方式依行為地法。

**第二二條**　(指示證券或無記名證券之法律行為之準據法)

法律行為發生指示證券或無記名證券之債者，其成立及效力，依行為地法；行為地不明者，依付款地法。

**第二三條**　(無因管理之準據法)

關於由無因管理而生之債，依其事務管理地法。

**第二四條**　(不當得利之準據法)

關於由不當得利而生之債，依其利益之受領地法。但不當得利係因給付而發生者，依該給付所由發生之法律關係所應適用之法律。

**第二五條** （侵權行為之準據法）

關於由侵權行為而生之債，依侵權行為地法。但另有關係最切之法律者，依該法律。

**第二六條** （商品製造人責任之準據法）

因商品之通常使用或消費致生損害者，被害人與商品製造人間之法律關係，依商品製造人之本國法。但如商品製造人事前同意或可預見該商品於下列任一法律施行之地域內銷售，並經被害人選定該法律為應適用之法律者，依該法律：

一　損害發生地法。

二　被害人買受該商品地之法。

三　被害人之本國法。

**第二七條** （不公平競爭及限制競爭而生之債準據法之規定）

市場競爭秩序因不公平競爭或限制競爭之行為而受妨害者，其因此所生之債，依該市場之所在地法。但不公平競爭或限制競爭係因法律行為造成，而該法律行為所應適用之法律較有利於被害人者，依該法律行為所應適用之法律。

**第二八條** （經由媒介實施之侵權行為之準據法）

①侵權行為係經由出版、廣播、電視、電腦網路或其他傳播方法為之者，其所生之債，依下列各款中與其關係最切之法律：

一　行為地法；行為地不明者，行為人之住所地法。

二　行為人得預見損害發生地者，其損害發生地法。

三　被害人之人格權被侵害者，其本國法。

②前項侵權行為之行為人，係以出版、廣播、電視、電腦網路或其他傳播方法為營業者，依其營業地法。

**第二九條** （被害人直接請求保險給付之準據法）

侵權行為之被害人對賠償義務人之保險人之直接請求權，依保險契約所應適用之法律。但依該侵權行為所生之債應適用之法律得直接請求者，亦得直接請求。

**第三〇條** （因法律事實而生之債之準據法）

關於由第二十條至前條以外之法律事實而生之債，依事實發生地法。

**第三一條** （非因法律行為而生之債合意適用中華民國法律之規定）

非因法律行為而生之債，其當事人於中華民國法院起訴後合意適用中華民國法律者，適用中華民國法律。

**第三二條** （債權讓與之準據法）

①債權之讓與，對於債務人之效力，依原債權之成立及效力所應適用之法律。

②債權附有第三人提供之擔保權者，該債權之讓與對該第三人之效力，依其擔保權之成立及效力所應適用之法律。

**第三三條** （債務承擔之準據法）

①承擔人與債務人訂立契約承擔其債務時，該債務之承擔對於債權人之效力，依原債權之成立及效力所應適用之法律。

②債務之履行有債權人對第三人之擔保權之擔保者，該債務之承擔對於該第三人之效力，依該擔保權之成立及效力所應適用之法律。

**第三四條** （第三人求償權之準據法）

第三人因特定法律關係而為債務人清償債務者，該第三人對債務人求償之權利，依該特定法律關係所應適用之法律。

**第三五條** （共同債務人求償權之準據法）

數人負同一債務，而由部分債務人清償全部債務者，為清償之債務人對其他債務人求償之權利，依債務人間之法律關係所應適用之法律。

**第三六條** （請求權消滅時效之準據法）

請求權之消滅時效，依該請求權所由發生之法律關係所應適用之法律。

**第三七條** （債之消滅之準據法）

債之消滅，依原債權之成立及效力所應適用之法律。

## 第五章　物　權

**第三八條** （物權之準據法）

①關於物權依物之所在地法。

②關於以權利為標的之物權，依權利之成立地法。

③物之所在地如有變更，其物權之取得、喪失或變更，依其原因事實完成時之所在地法。

④關於船舶之物權依船籍國法；航空器之物權，依登記國法。

**第三九條** （物權行為方式之準據法）

物權之法律行為，其方式依該物權所應適用之法律。

**第四〇條** （自外國輸入之動產規定）

自外國輸入中華民國領域內之動產，於輸入前依其所在地法成立之物權，其效力依中華民國法律。

**第四一條** （託運中之動產之物權準據法）

動產於託運期間，其物權之取得、設定、喪失或變更，依其目的地法。

**第四二條** （智慧財產權之準據法）

①以智慧財產為標的之權利，依該權利應受保護地之法律。

②受僱人於職務上完成之智慧財產，其權利之歸屬，依其僱傭契約應適用之法律。

**第四三條** （載貨證券相關問題之準據法）

①因載貨證券而生之法律關係，依該載貨證券所記載應適用之法律；載貨證券未記載應適用之法律時，依關係最切地之法律。

②對載貨證券所記載之貨物，數人分別依載貨證券及直接對該貨物主張物權時，其優先次序，依該貨物之物權所應適用之法律。

③因倉單或提單而生之法律關係所應適用之法律，準用前二項關於載貨證券之規定。

**第四四條** （集中保管之有價證券權利變動之準據法）

有價證券由證券集中保管人保管者，該證券權利之取得、喪失、處分或變更，依集中保管契約所明示應適用之法律；集中保管契約未明示應適用之法律時，依關係最切地之法律。

# 第六章　親　屬

**第四五條** （婚約之成立及效力準據法）

① 婚約之成立，依各該當事人之本國法。但婚約之方式依當事人一方之本國法或依婚約訂定地法者，亦為有效。

② 婚約之效力，依婚約當事人共同之本國法；無共同之本國法時，依共同之住所地法；無共同之住所地法時，依與婚約當事人關係最切地之法律。

**第四六條** （婚姻成立要件之準據法）

婚姻之成立，依各該當事人之本國法。但結婚之方式依當事人一方之本國法或依舉行地法者，亦為有效。

**第四七條** （婚姻效力之準據法）

婚姻之效力，依夫妻共同之本國法；無共同之本國法時，依共同之住所地法；無共同之住所地法時，依與夫妻婚姻關係最切地之法律。

**第四八條** （夫妻財產制之準據法）

① 夫妻財產制，夫妻以書面合意適用其一方之本國法或住所地法者，依其合意所定之法律。

② 夫妻無前項之合意或其合意依前項之法律無效時，其夫妻財產制依夫妻共同之本國法；無共同之本國法時，依共同之住所地法；無共同之住所地法時，依與夫妻婚姻關係最切地之法律。

③ 前二項之規定，關於夫妻之不動產，如依其所在地法，應從特別規定者，不適用之。

**第四九條** （保護善意第三人之準據法）

夫妻財產制應適用外國法，而夫妻就其在中華民國之財產與善意第三人為法律行為者，關於其夫妻財產制對該善意第三人之效力，依中華民國法律。

**第五〇條** （離婚及其效力之準據法）

離婚及其效力，依協議時或起訴時夫妻共同之本國法；無共同之本國法時，依共同之住所地法；無共同之住所地法時，依與夫妻婚姻關係最切地之法律。

**第五一條** （子女身分之準據法）

子女之身分，依出生時該子女、其母或其母之夫之本國法為婚生子女者，為婚生子女。但婚姻關係於子女出生前已消滅者，依出生時該子女之本國法、婚姻關係消滅時其母或其母之夫之本國法為婚生子女者，為婚生子女。

**第五二條** （準正之準據法）

非婚生子女之生父與生母結婚者，其身分依生父與生母婚姻之

效力所應適用之法律。

**第五三條** （非婚生子女認領之成立及效力之準據法）
① 非婚生子女之認領，依認領時或起訴時認領人或被認領人之本國法認領成立者，其認領成立。
② 前項被認領人爲胎兒時，以其母之本國法爲胎兒之本國法。
③ 認領之效力，依認領人之本國法。

**第五四條** （收養之成立及終止之準據法）
① 收養之成立及終止，依各該收養者被收養者之本國法。
② 收養及其終止之效力，依收養者之本國法。

**第五五條** （父母子女法律關係之準據法）
父母與子女間之法律關係，依子女之本國法。

**第五六條** （監護之準據法）
① 監護，依受監護人之本國法。但在中華民國有住所或居所之外國人有下列情形之一者，其監護依中華民國法律：
一 依受監護人之本國法，有應置監護人之原因而無人行使監護之職務。
二 受監護人在中華民國受監護宣告。
② 輔助宣告之輔助，準用前項規定。

**第五七條** （扶養之準據法）
扶養，依扶養權利人之本國法。

## 第七章 繼 承

**第五八條** （繼承之準據法）
繼承，依被繼承人死亡時之本國法。但依中華民國法律中華民國國民應爲繼承人者，得就其在中華民國之遺產繼承之。

**第五九條** （無人繼承遺產之準據法）
外國人死亡時，在中華民國遺有財產，如依前條應適用之法律爲無人繼承之財產者，依中華民國法律處理之。

**第六○條** （遺囑之準據法）
① 遺囑之成立及效力，依成立時遺囑人之本國法。
② 遺囑之撤回，依撤回時遺囑人之本國法。

**第六一條** （遺囑訂立及撤回之方式之準據法）
遺囑及其撤回之方式，除依前條所定應適用之法律外，亦得依下列任一法律爲之：
一 遺囑之訂立地法。
二 遺囑人死亡時之住所地法。
三 遺囑有關不動產者，該不動產之所在地法。

## 第八章 附 則

**第六二條** （增修條文之適用不溯及既往原則）
涉外民事，在本法修正施行前發生者，不適用本法修正施行後

之規定。但其法律效果於本法修正施行後始發生者，就該部分之法律效果，適用本法修正施行後之規定。

**第六三條** （施行日）

本法自公布日後一年施行。

# 國籍法

① 民國18年2月5日國民政府制定公布全文20條。
② 民國89年2月9日總統令修正公布全文23條文。
③ 民國90年6月20日總統令修正公布第20條條文。
④ 民國94年6月15日總統令修正公布第3至6、15條條文；並刪除第21條條文。
⑤ 民國95年1月27日總統令修正公布第10、20條條文。
⑥ 民國105年12月21日總統令修正公布第3、4、9、11、19條條文。
　民國106年9月15日行政院公告第10條第1項第7款所列屬「蒙藏委員會」之權責事項，自106年9月15日起停止辦理。
⑦ 民國110年1月27日總統令修正公布第 2、3、11、23 條條文；並自112年1月1日施行。
⑧ 民國110年12月15日總統令修正公布第10條條文。
⑨ 民國113年5月24日總統令修正公布第4～7、9、20條條文。

**第一條** （規範內容）
中華民國國籍之取得、喪失、回復與撤銷，依本法之規定。

**第二條** 110
① 有下列各款情形之一者，屬中華民國國籍：
一　出生時父或母為中華民國國民。
二　出生於父或母死亡後，其父或母死亡時為中華民國國民。
三　出生於中華民國領域內，父母均無可考，或均無國籍者。
四　歸化者。
② 前項第一款及第二款規定，於本法中華民國八十九年二月九日修正施行時未滿二十歲之人，亦適用之。

**第三條** 110
① 外國人或無國籍人，現於中華民國領域內有住所，並具備下列各款要件者，得申請歸化：
一　於中華民國領域內，每年合計有一百八十三日以上合法居留之事實繼續五年以上。
二　依中華民國法律及其本國法均有行為能力。
三　無不良素行，且無警察刑事紀錄證明之刑事案件紀錄。
四　有相當之財產或專業技能，足以自立，或生活保障無虞。
五　具備我國基本語言能力及國民權利義務基本常識。
② 前項第三款所定無不良素行，其認定、邀集專家學者及社會公正人士研議程序、定期檢討機制及其他應遵行事項之辦法，由內政部定之。
③ 第一項第五款所定我國基本語言能力及國民權利義務基本常識，其認定、測試、免試、收費及其他應遵行事項之標準，由內政部定之。

第四條 113

① 外國人或無國籍人，現於中華民國領域內有住所，具備前條第一項第二款至第五款要件，於中華民國領域內，每年合計有一百八十三日以上合法居留之事實繼續三年以上，並有下列各款情形之一者，亦得申請歸化：

一 為中華民國國民之配偶，不須符合前條第一項第四款。

二 為中華民國國民配偶，因受家庭暴力離婚且未再婚；或其配偶死亡後未再婚且有事實足認與其亡故配偶之親屬仍有往來，但與其亡故配偶婚姻關係已存續二年以上者，不受與親屬仍有往來之限制。

三 對無行為能力、或限制行為能力之中華民國國籍子女，有扶養事實、行使負擔權利義務或會面交往。

四 父或母現為或曾為中華民國國民。

五 為中華民國國民之養子女。

六 出生於中華民國領域內。

七 為中華民國國民之監護人或輔助人。

② 未婚且未滿十八歲之外國人或無國籍人，有下列情形之一者，在中華民國領域內合法居留雖未滿三年且未具備前條第一項第二款、第四款及第五款要件，亦得申請歸化：

一 父、母、養父或養母現為中華民國國民。

二 現由社會福利主管機關或社會福利機構監護。

第五條 113

① 外國人或無國籍人，現於中華民國領域內有住所，具備第三條第一項第二款至第五款要件，並具有下列各款情形之一者，亦得申請歸化：

一 出生於中華民國領域內，其父或母亦出生於中華民國領域內。

二 曾在中華民國領域內合法居留繼續十年以上。

三 由中央目的事業主管機關推薦之高級專業人才，有助中華民國利益，並經內政部邀請社會公正人士及相關機關共同審核通過，且於中華民國領域內，每年合計有一百八十三日以上合法居留之事實繼續二年以上，或曾在中華民國領域內合法居留繼續五年以上。

② 前項第三款所定高級專業人才之認定要件、審查程序、方式及其他相關事項之標準，由內政部定之。

第六條 113

① 外國人或無國籍人，有殊勳於中華民國者，雖不具備第三條第一項各款要件，亦得申請歸化。

② 內政部為前項歸化之許可，應經行政院核准。

③ 依第一項規定申請歸化者，免徵國籍許可證書規費。

第七條 113

歸化人之未婚且未滿十八歲子女，得申請隨同歸化。

第八條 （申請機關及生效日）

外國人或無國籍人依第三條至第七條申請歸化者，應向內政部為之，並自許可之日起取得中華民國國籍。

**第九條** 113

① 外國人申請歸化，應於許可歸化之日起，或依原屬國法令須一定年齡始得喪失原有國籍者自滿一定年齡之日起，一年內提出喪失原有國籍證明。

② 屆期未提出者，除經外交部查證因原屬國法律或行政程序限制屬實，致使不能於期限內提出喪失國籍證明者，得申請展延時限外，應撤銷其歸化許可。

③ 未依前二項規定提出喪失原有國籍證明前，應不予許可其定居。

④ 外國人符合下列情形之一者，免提出喪失原有國籍證明：
一 依第五條第一項第三款規定申請歸化。
二 依第六條第一項規定申請歸化。
三 因非可歸責於當事人之事由，致無法取得喪失原有國籍證明。

**第一〇條** 110

① 外國人或無國籍人歸化者，不得擔任下列各款公職：
一 總統、副總統。
二 立法委員。
三 行政院院長、副院長、政務委員；司法院院長、副院長、大法官；考試院院長 副院長、考試委員；監察院院長、副院長、監察委員、審計長。
四 特任、特派之人員。
五 各部政務次長。
六 特命全權大使、特命全權公使。
七 僑務委員會副委員長。
八 其他比照簡任第十三職等以上職務之人員。
九 陸海空軍將官。
十 民選地方公職人員。

② 前項限制，自歸化之日起滿十年後解除之。但其他法律另有規定者，從其規定。

**第一一條** 110

① 中華民國國民有下列各款情形之一者，經內政部許可，喪失中華民國國籍：
一 由外國籍父、母、養父或養母行使負擔權利義務或監護之無行為能力人或限制行為能力人，為取得同一國籍且隨同至中華民國領域外生活。
二 為外國人之配偶。
三 依中華民國法律有行為能力，自願取得外國國籍。但受輔助宣告者，應得其輔助人之同意。

② 依前項規定喪失中華民國國籍者，其未成年子女，經內政部許可，隨同喪失中華民國國籍。

③ 前項未成年子女，於本法中華民國一百零九年十二月二十九日

修正之條文施行前結婚，修正施行後未滿十八歲者，於滿十八歲前仍適用修正施行前之規定。

**第一二條**　（不得喪失國籍之情形）

依前項規定申請喪失國籍者，有下列各款情形之一，內政部不得為喪失國籍之許可：

一　男子年滿十五歲之翌年一月一日起，未免除服兵役義務，尚未服兵役者。但僑居國外國民，在國外出生且於國內無戶籍者或在年滿十五歲當年十二月三十一日以前遷出國外者，不在此限。

二　現役軍人。

三　現任中華民國公職者。

**第一三條**　（喪失國籍之例外）

有下列各款情形之一者，雖合於第十一條之規定，仍不喪失國籍：

一　為偵查或審判中之刑事被告。

二　受有期徒刑以上刑之宣告，尚未執行完畢者。

三　為民事被告。

四　受強制執行，未終結者。

五　受破產之宣告，未復權者。

六　有滯納租稅或受租稅處分罰鍰未繳清者。

**第一四條**　（撤銷喪失國籍）

依第十一條規定喪失中華民國國籍者，未取得外國國籍時，得經內政部之許可，撤銷其國籍之喪失。

**第一五條**　（喪失國籍之回復）94

①依第十一條規定喪失中華民國國籍者，現於中華民國領域內有住所，並具備第三條第一項第三款、第四款要件，得申請回復中華民國國籍。

②歸化人及隨同歸化之子女喪失國籍者，不適用前項規定。

**第一六條**　（未成年子女之回復國籍）

回復中華民國國籍者之未成年子女，得申請隨同回復中華民國國籍。

**第一七條**　（回復國籍之申請機關及生效日）

依第十五條及第十六條申請回復中華民國國籍者，應向內政部為之，並自許可之日起回復中華民國國籍。

**第一八條**　（回復國籍人任公職權利之限制）

回復中華民國國籍者，自回復國籍日起三年內，不得任第十條第一項各款公職。但其他法律另有規定者，從其規定。

**第一九條**　（取得、回復、喪失國籍之許可撤銷）105

①歸化、喪失或回復中華民國國籍後，除依第九條第一項規定應撤銷其歸化許可外，內政部知有與本法之規定不合情形之日起二年得撤銷。但自歸化、喪失或回復中華民國國籍之日起逾五年，不得撤銷。

②經法院確定判決認其係通謀為虛偽結婚或收養而歸化取得中華

民國國籍者，不受前項撤銷權行使期間之限制。

③撤銷歸化、喪失或回復國籍處分前，內政部應召開審查會，並給予當事人陳述意見之機會。但有下列情形之一者，撤銷其歸化許可，不在此限：

一 依第二條規定認定具有中華民國國籍。

二 經法院確定判決，係通謀為虛偽結婚或收養而歸化取得中華民國國籍。

④前項審查會由內政部遴聘有關機關代表、社會公正人士及學者專家共同組成，其中任一性別不得少於三分之一，且社會公正人士及學者專家之人數不得少於二分之一。

⑤第三項審查會之組成、審查要件、程序等事宜，由內政部定之。

## 第二〇條 113

①中華民國國民取得外國國籍者，不得擔任中華民國公職；其已擔任者，除立法委員由立法院；直轄市、縣（市）、直轄市山地原住民區、鄉（鎮、市）民選公職人員，分別由行政院、內政部、直轄市政府、縣政府；村（里）長由鄉（鎮、市、區）公所解除其公職外，由各該機關免除其公職。但下列各款經該管主管機關核准者，不在此限：

一 公立大學校長、公立各級學校教師兼任行政主管人員與研究機關（構）首長、副首長、研究人員（含兼任學術研究主管人員）及經各級主管教育行政或文化機關核定設立之社會教育或文化機構首長、副首長、聘任之專業人員（含兼任主管人員）。

二 公營事業中對經營政策負有主要決策責任以外之人員。

三 各機關專司技術研究設計工作而以契約定期聘用之非主管職務。

四 僑務主管機關依組織法遴聘僅供諮詢之無給職委員。

五 其他法律另有規定者。

②前項第一款至第三款人員，以具有專長或特殊技能而在我國不易覓得之人才且不涉及國家機密之職務者為限。

③第一項之公職，不包括公立各級學校未兼任行政主管之教師、講座、研究人員、專業技術人員。

④中華民國國民兼具外國國籍者，擬任本條所定應受國籍限制之公職時，應於就（到）職前辦理放棄外國國籍，並於就（到）職之日起一年內，完成喪失該國國籍及取得證明文件。但其他法律另有規定者，從其規定。

## 第二一條 （刪除）94

## 第二二條 （施行細則）

本法施行細則由內政部定之。

## 第二三條 110

①本法自公布日施行。

②本法中華民國一百零九年十二月二十九日修正之條文，自一百十二年一月一日施行。

# 國籍法施行細則

①民國90年2月1日內政部令訂定發布全文18條。
②民國93年4月8日內政部令修正發布全文19條；並自發布日施行。
③民國94年12月30日內政部令修正發布第8、10條條文。
④民國97年2月14日內政部令修正發布第7、8、10、16條條文。
⑤民國97年11月14日內政部令修正發布第7條條文。
⑥民國98年12月30日內政部令修正發布第3、6、8至11、14條條文。
⑦民國99年4月29日內政部令修正發布第7、16條條文。
　民國103年2月14日行政院公告第5條第2項第1款、第7條第1項第2款第1項所列屬「行政院勞工委員會」之權責事項，自103年2月17日起改由「勞動部」管轄。
⑧民國103年12月30日內政部令修正發布第8條條文。
⑨民國106年6月8日內政部令修正發布全文20條；並自發布日施行。
⑩民國110年5月12日內政部令修正發布第8、17、20條條文；除第8條自112年1月1日施行外，餘自發布日施行。

## 第一條

本細則依國籍法（以下簡稱本法）第二十二條規定訂定之。

## 第二條

①依本法規定申請歸化、喪失、回復國籍或撤銷國籍之喪失者，由本人或其法定代理人親自申請。
②申請歸化、喪失、回復國籍或撤銷國籍之喪失，向國內住所地戶政事務所為之，層轉直轄市、縣（市）政府轉內政部許可。
③申請喪失國籍或撤銷國籍之喪失，申請人居住國外者，得向中華民國（以下簡稱我國）駐外使領館、代表處或辦事處（以下簡稱駐外館處）或行政院於香港、澳門設立或指定之機構或委託之民間團體為之，送外交部轉內政部許可。
④申請喪失國籍而有本法第十二條第一款但書規定情形者，應向駐外館處或行政院於香港、澳門設立或指定之機構或委託之民間團體為之，送外交部轉內政部許可。
⑤申請之方式或要件不備，其能補正者，應通知申請人限期補正；屆期不補正、補正不全或不能補正者，駁回其申請。
⑥內政部辦理前項規定之業務，必要時得委由其他相關機關執行之。

## 第三條

①本法所稱無國籍人，指任何國家依該國法律，認定不屬於該國國民者。
②有下列各款情形之一者，得認定為無國籍人：

一　持外國政府核發載明無國籍之旅行身分證件。

二　符合入出國及移民法第十六條第二項至第四項規定之泰國、緬甸、印尼、印度或尼泊爾地區無國籍人民，持有載明無國籍之外僑居留證。

三　其他經內政部認定。

## 第四條

本法第三條至第五條及第十五條所稱於中華民國領域內有住所，指以久住之意思，住於我國領域內，且持有有效之外僑居留證或外僑永久居留證者。

## 第五條

① 本法第三條至第五條所定合法居留期間之計算，包括本法中華民國八十九年二月九日修正施行前已取得外僑居留證或外僑永久居留證之合法居留期間。

② 申請人以下列各款事由之一為居留原因者，其居留期間不列入前項所定合法居留期間之計算：

一　經勞動部許可從事就業服務法第四十六條第一項第八款至第十款規定之工作。

二　在臺灣地區就學。

三　經有關機關請求內政部移民署禁止其出國。

四　喪失原國籍，尚未取得我國國籍，等待回復原國籍。

五　因發生勞資爭議正在進行爭訟程序。

六　因職業災害需接受治療。

七　為刑事案件之被害人、證人。

八　以前七款之人為依親對象。

## 第六條

① 本法第三條及第四條所稱每年合計有一百八十三日以上合法居留之事實繼續五年以上或三年以上，指其居留期間自申請歸化時，往前推算五年或三年之期間，應為連續不中斷，且該期間內每年合計合法居留一百八十三日以上。但於該期間內，因逾期居留，不符合法居留之要件，致居留期間中斷，其逾期居留期間未達三十日者，視為居留期間連續不中斷。

② 前項逾期居留期間，不列入合法居留一百八十三日之計算。

③ 本法第五條所稱居留繼續十年以上，指申請歸化前曾有居留事實繼續十年以上。

## 第七條

① 本法第三條第一項第四款所定有相當之財產或專業技能，足以自立，或生活保障無虞，其規定如下：

一　申請回復國籍或依本法第四條第一項第二款、第三款規定申請歸化國籍者，得檢具下列文件之一，由內政部認定之：

㈠國內之收入、納稅、動產或不動產資料。

㈡雇主開立之聘僱證明或申請人自行以書面敘明其工作內容及所得。

㈢我國政府機關核發之專門職業及技術人員或技能檢定證

明文件。

㈣其他足資證明足以自立或生活保障無虞之資料。

二　以前款以外情形申請歸化者，應具備下列情形之一：

㈠最近一年於國內平均每月收入逾勞動部公告基本工資二倍者。

㈡國內之動產及不動產估價總值逾新臺幣五百萬元者。

㈢我國政府機關核發之專門職業及技術人員或技能檢定證明文件。

㈣入出國及移民法第二十五條第三項第二款所定為我國所需高級專業人才，經許可在臺灣地區永久居留。

㈤其他經內政部認定者。

②前項第一款第一目、第二目及第四目之文件，包含申請人及其在國內設有戶籍，且未領取生活扶助之下列人員所檢附者：

一　配偶。

二　配偶之父母。

三　父母。

③第一項第二款第一目、第二目所定金額之計算，包含申請人及其在國內設有戶籍之下列人員之收入或財產：

一　配偶。

二　配偶之父母。

三　父母。

④第一項第一款第三目及第二款第三目所定專門職業及技術人員或技能檢定證明文件，包含申請人及其在國內設有戶籍之下列人員所檢附者：

一　配偶。

二　配偶之父母。

三　父母。

⑤第一項第一款第三目及第二款第三目所定專門職業及技術人員或技能檢定證明文件，由前項各款人員之一檢附者，該等人員並應出具足以保障申請人在國內生活無虞之擔保證明書。

**第八條 110**

①依本法第三條至第五條或第七條規定申請歸化者，應填具申請書，並檢附下列文件：

一　有效之外僑居留證或外僑永久居留證。

二　原屬國警察紀錄證明或其他相關證明文件。但未滿十四歲或年滿十四歲前已入國，且未再出國者，免附。

三　相當之財產或專業技能，足以自立，或生活保障無虞之證明。但本法第四條第一項第一款與第四條第二項之申請人及第七條申請隨同歸化之未婚且未滿十八歲子女，免附。

四　歸化取得我國國籍者基本語言能力及國民權利義務基本常識認定標準第三條第一項、第二項所定證明文件。但本法第四條第二項之申請人及第七條申請隨同歸化之未婚且未滿十八歲子女，免附。

五　未婚且未滿十八歲人附繳其法定代理人同意證明及其婚姻狀況證明。但經外交部查證因原屬國法律或行政程序限制，致使不能提出婚姻狀況證明屬實者，免附。

六　其他相關身分證明文件。

② 依本法第四條第一項第二款規定申請歸化者，除檢附前項各款文件外，應一併檢附下列各款文件之一：

一　受家庭暴力且未再婚之證明文件。

二　與亡故配偶之親屬仍有往來事實且未再婚之證明文件。但有本法第四條第一項第二款但書規定情事者，免附其與亡故配偶之親屬仍有往來之證明文件。

③ 依本法第四條第一項第三款規定申請歸化者，除檢附第一項各款文件外，應一併檢附下列各款文件之一。但行使負擔子女之權利義務，並依戶籍法為戶籍登記者，免附：

一　扶養事實之證明文件。

二　會面交往之證明文件。

④ 前三項各款文件，應由各直轄市、縣（市）政府先行審查，併同戶政事務所查明申請歸化者之居留資料、入出國日期紀錄、刑事案件紀錄及與設有戶籍國人辦妥結婚、收養、監護、輔助或未成年子女權利義務行使負擔登記之戶籍資料轉送內政部。但未滿十四歲者，免查刑事案件紀錄。

⑤ 第一項第六款所定證明文件，指下列各款文件之一：

一　未能檢附戶籍資料者，檢附結婚、收養、監護、輔助宣告或未成年子女權利義務行使負擔之證明文件。

二　出生證明或親子關係之相關身分證明文件。

## 第九條

① 我國國民之配偶，依本法第三條至第五條規定申請歸化，其外僑居留證之居留事由為依親者，得免附前條第一項第二款所定證明文件。

② 我國國民之配偶，依本法第三條、第五條規定申請歸化，與我國國民婚姻關係持續三年以上者，得免附前條第一項第三款所定證明文件。

③ 已取得外僑永久居留證者，其申請歸化，得免附前條第一項第三款所定證明文件。

④ 依本法第三條至第五條規定申請歸化，前條第一項第三款之所得、動產或不動產資料，得由戶政事務所代查。

⑤ 依本法第三條至第五條規定申請歸化者，前條第一項第四款證明文件已登錄於戶政資訊系統國籍行政作業者，得免附。

## 第一〇條

依本法第六條規定申請歸化者，應填具申請書，並檢附下列文件：

一　殊勳相關證明文件。

二　其他相關身分證明文件。

## 第一一條

外國人申請歸化，未能依本法第九條第一項規定於期限內提出喪失原有國籍證明者，至遲應於屆期三十日前檢附已向原屬國申請喪失原有國籍之相關證明文件申請展延。

## 第一二條

① 依本法第十一條規定申請喪失國籍者，應填具申請書，並檢附下列文件：

一 具有我國國籍之證明。

二 無欠繳稅捐及租稅罰鍰之證明。

三 未成年人附繳其法定代理人同意證明。

四 受輔助宣告者附繳其輔助人同意證明。

五 役齡男子附繳退伍、除役、退役或免服兵役證明。

六 其他相關身分證明文件。

② 戶政事務所於受理前項申請案時，應同時查明申請喪失國籍者之刑事案件紀錄及戶籍資料。但未滿十四歲或未曾於國內設有戶籍者，免查刑事案件紀錄。

③ 第一項第一款所定證明，指下列各款文件之一：

一 戶籍資料。

二 國民身分證。

三 護照。

四 國籍證明書。

五 華僑登記證。

六 華僑身分證明書。但不包括檢附華裔證明文件向僑務委員會申請核發者。

七 父母一方具有我國國籍證明及本人出生證明。

八 歸化國籍許可證書。

九 其他經內政部認定之證明文件。

④ 第一項第六款所定證明文件，指下列各款文件之一：

一 未能檢附戶籍資料者，檢附結婚、認領、收養、監護、輔助宣告或未成年子女權利義務行使負擔之證明文件。

二 依本法第十二條第一款但書規定之僑居國外國民，應另檢附僑居國外身分證明文件。其入出國日期紀錄及遷出國外戶籍資料由內政部代查。

## 第一三條

本法第十二條第一款但書所稱僑居國外國民，在年滿十五歲當年十二月三十一日以前遷出國外者，指僑居國外國民在年滿十五歲當年十二月三十一日以前出國，且其戶籍資料已載明遷出國外日期者。

## 第一四條

① 依本法第十四條規定申請撤銷國籍之喪失者，應填具申請書，並檢附下列文件：

一 喪失國籍許可證書。

二 原擬取得該外國國籍之政府所核發之駁回、同意撤回其申請案或其他未取得該國國籍之相關證明文件。

三　未成年人附繳其法定代理人同意證明。

②前項第二款未取得外國國籍之事實，經內政部認有查證之必要時，得轉請外交部查明。

**第一五條**

①依本法第十五條第一項或第十六條規定申請回復國籍者，應填具申請書，並檢附下列文件：

一　有效之外僑居留證或外僑永久居留證。

二　原屬國警察紀錄證明或其他相關證明文件。但未滿十四歲者、年滿十四歲前已入國，且未再出國或為我國國民之配偶，其外僑居留證之居留事由者依親者，免附。

三　相當之財產或專業技能，足以自立，或生活保障無虞之證明。但申請隨同回復國籍之未成年子女或已取得外僑永久居留證者，免附。

四　未成年人附繳其法定代理人同意證明。

五　其他相關身分證明文件。

②戶政事務所於受理前項申請案時，應同時查明申請回復國籍者在我國居住期間之刑事案件紀錄及戶籍資料。但未滿十四歲者，免查刑事案件紀錄。

③依本法第十五條第一項規定申請回復國籍，第一項第三款之所得、動產或不動產資料，得由戶政事務所代查。

**第一六條**

依本法申請歸化、喪失或回復國籍經許可者，由內政部核發歸化、喪失或回復國籍許可證書。

**第一七條** 110

①歸化、喪失、回復國籍許可證書污損或滅失者，得填具申請書，並檢附下列文件，申請換發或補發，申請人不能親自申請時，得以書面委託他人為之：

一　污損之證書。但申請補發者，免附。

二　相關身分證明文件。

三　未成年人附繳其法定代理人同意證明。

②依前項規定所為之申請，向國內任一戶政事務所為之，層轉直轄市、縣（市）政府轉內政部或逕向內政部換發或補發；申請人居住國外者，得向駐外館處或行政院於香港、澳門設立或指定之機構或委託之民間團體為之，送外交部轉內政部換發或補發。但依第十四條規定同時申請撤銷國籍之喪失者，無庸換發或補發其喪失國籍許可證書。

③第一項第二款身分證明文件為戶籍資料者，由戶政機關代查。

**第一八條**

①依本細則規定應繳附之文件由外國駐我國使領館或授權代表機構製作或驗證者，應經外交部複證；其在國外作成者，應經駐外館處驗證及外交部複證，但依第二條第三項、第四項規定向駐外館處申請，送外交部轉內政部許可者，免經外交部複證。

②前項文件為外文者，應一併檢附經外交部驗證、駐外館處驗證

及外交部複驗或由國內公證人認證之中文譯本。

**第一九條**

① 本法第二十條第一項所稱各該機關，指有權進用該公職人員之機關。

② 本法第二十條第一項所定中華民國國民取得外國國籍者，不得擔任中華民國公職之規定，於外國人取得我國國籍，仍保留外國國籍者，亦適用之。

③ 本法第二十條第一項但書及第二項所列職務之人員，由各該管主管機關認定之。

**第二〇條** 110

① 本細則自發布日施行。

② 本細則中華民國一百十年五月十二日修正發布之第八條條文，自一百十二年一月一日施行。

# 戶籍法

① 民國20年12月12日國民政府制定公布全文132條。
② 民國23年3月31日國民政府修正公布第17、23至25條條文。
③ 民國35年1月3日國民政府修正公布全文61條。
④ 民國43年12月18日總統令修正公布第17、18條條文。
⑤ 民國62年7月17日總統令修正公布全文71條。
⑥ 民國81年6月29日總統令修正公布第5、7、16、42、62至64及66條條文；並刪除第6、17至21條條文及第二章章名。
⑦ 民國86年5月21日總統令修正公布全文61條。
⑧ 民國89年7月5日總統令修正公布第2、5、52條條文。
⑨ 民國93年1月7日總統令修正公布第28、29條條文。
⑩ 民國94年6月15日總統令修正公布第4、13、19、34、47、52條條文；刪除第57條條文並增訂第55-1條條文。
⑪ 民國97年1月9日總統令修正公布第12、20、28、35、36、44、46及61條條文；並增訂第17-1條條文；除第12、17-1、28、35、44、46條自97年5月23日施行者外，餘自公布日施行。
⑫ 民國97年5月28日總統令修正公布全文83條；除第10、26、33、45、69條自97年5月23日施行，第4條第1款第6目、第12條、第35條第2項、第48條第4項有關輔助登記部分自98年11月23日施行，餘自公布日施行。
⑬ 民國100年5月25日總統令修正公布第16、17、34、48、49、55、67、69、83條條文；增訂第65-1條條文；並自公布日施行。
⑭ 民國104年1月21日總統令修正公布第4、6、13、14、15至17、20、23、26、29、34、35、46、48、49、51至53、58、60、61、65-1、66、69條條文；增訂第5-1、14-1、34-1、48-1、48-2、66-1條條文；並刪除第10條條文。

## 第一章 總 則

**第一條** （適用範圍）
中華民國人民戶籍之登記，依本法之規定。

**第二條** （主管機關）
本法所稱主管機關：在中央為內政部；在直轄市為直轄市政府；在縣（市）為縣（市）政府。

**第三條** （戶為單位）
① 戶籍登記，以戶為單位。
② 在一家，或同一處所同一主管人之下共同生活，或經營共同事業者為一戶，以家長或主管人為戶長；單獨生活者，得為一戶並為戶長。
③ 一人同時不得有二戶籍。

**第四條** （戶籍登記項目）104

戶籍登記，指下列登記：
一　身分登記：
　　㈠出生登記。
　　㈡認領登記。
　　㈢收養、終止收養登記。
　　㈣結婚、離婚登記。
　　㈤監護登記。
　　㈥輔助登記。
　　㈦未成年子女權利義務行使負擔登記。
　　㈧死亡、死亡宣告登記。
　　㈨原住民身分及民族別登記。
二　初設戶籍登記。
三　遷徙登記：
　　㈠遷出登記。
　　㈡遷入登記。
　　㈢住址變更登記。
四　分（合）戶登記。
五　出生地登記。
六　依其他法律所爲登記。

**第五條**　（戶籍登記之辦理機關）
戶籍登記，由直轄市、縣（市）主管機關於其轄區內分設戶政事務所辦理。

**第五條之一**　（戶籍資料之定義）104
① 本法所稱戶籍資料，指現戶戶籍資料、除戶戶籍資料、日據時期戶口調查簿資料、戶籍登記申請書、戶籍檔案原始資料、簿冊及電腦儲存媒體資料。
② 前項所稱現戶戶籍資料，指同一戶長戶內現住人口、曾居住該址之遷出國外、死亡、受死亡宣告及廢止戶籍之非現住人口戶籍資料；除戶戶籍資料，指戶長變更前戶籍資料。
③ 現戶戶籍資料、除戶戶籍資料及戶籍登記申請書格式內容，由中央主管機關定之。

# 第二章　登記之類別

**第六條**　（出生登記）104
在國內出生未滿十二歲之國民，應爲出生登記。無依兒童尚未辦理出生登記者，亦同。

**第七條**　（認領登記義務）
認領，應爲認領登記。

**第八條**　（收養及終止收養義務）
① 收養，應爲收養登記。
② 終止收養，應爲終止收養登記。

**第九條**　（結婚及離婚登記義務）

① 結婚，應爲結婚登記。
② 離婚，應爲離婚登記。

**第一〇條** (刪除) 104

**第一一條** (監護登記義務)

對於無行爲能力人或限制行爲能力人，依法設置、選定、改定、酌定、指定或委託監護人者，應爲監護登記。

**第一二條** (輔助登記義務)

因精神障礙或其他心智缺陷，致爲意思表示或受意思表示，或辨識其意思表示效果之能力，顯有不足之情事，經法院爲輔助之宣告者，應爲輔助登記。

**第一三條** (未成年子女權利義務行使負擔登記) 104

對於未成年子女權利義務之行使或負擔，經父母協議或經法院裁判確定、調解或和解成立由父母一方或雙方任之者，應爲未成年子女權利義務行使負擔登記。

**第一四條** (死亡及死亡宣告登記) 104

① 死亡或受死亡宣告，應爲死亡或死亡宣告登記。
② 檢察機關、軍事檢察機關、醫療機構於出具檢驗屍體證明書、死亡證明書或法院爲死亡宣告之裁判確定後，應將該證明書或裁判要旨送當事人戶籍地直轄市、縣（市）主管機關。
③ 前項辦理程序、期限、方式及其他應遵行事項之辦法，由中央主管機關定之。

**第一四條之一** (原住民身分及民族別登記) 104

① 原住民身分及民族別之取得、喪失、變更或回復，應爲原住民身分及民族別登記。
② 前項登記，依原住民身分法及其相關法規規定辦理。

**第一五條** (初設戶籍登記) 104

在國內未曾設有戶籍，且有下列情形之一者，應爲初設戶籍登記：

一　中華民國國民入境後，經核准定居。
二　外國人或無國籍人歸化或回復國籍後，經核准定居。
三　大陸地區人民或香港、澳門居民，經核准定居。
四　在國內出生，十二歲以上未辦理出生登記，合法居住且未曾出境。

**第一六條** (遷出登記) 104

① 遷出原鄉（鎮、市、區）三個月以上，應爲遷出登記。但法律另有規定、因服兵役、國內就學、入矯正機關收容、入住長期照顧機構或其他類似場所者，得不爲遷出登記。
② 全戶遷徙時，經警察機關編列案號之失蹤人口、矯正機關收容人或出境未滿二年者，應隨同爲遷徙登記。
③ 出境二年以上，應爲遷出登記。但有下列情形之一者，不適用之：

一　因公派駐境外之人員及其眷屬。
二　隨我國籍遠洋漁船出海作業。

④我國國民出境後，未持我國護照或入國證明文件入境者，其入境之期間，仍列入出境二年應爲遷出登記期間之計算。

**第一七條** （遷入登記）104

①由他鄉（鎮、市、區）遷入三個月以上，應爲遷入登記。

②原有戶籍國民遷出國外，持我國護照或入國證明文件入境三個月以上者，應爲遷入登記。原有戶籍國民，經許可回復中華民國國籍者，亦同。

**第一八條** （住址變更登記義務）

同一鄉（鎮、市、區）內變更住址三個月以上，應爲住址變更登記。

**第一九條** （分（合）戶登記義務）

在同一戶籍地址內，不同戶間另立新戶或合併爲一戶者，應爲分（合）戶登記。

**第二○條** （初次申請戶籍登記出生地之規定）104

中華民國人民初次申請戶籍登記時，其出生地依下列規定：

一 申請戶籍登記，以其出生地所屬之省（市）及縣（市）爲出生地。

二 無依兒童之出生地無可考者，以發現地爲出生地。

三 在船機上出生而無法確定其出生地者，以其出生時該船機之註冊地、國籍登記地或船籍港所在地爲出生地。

四 在兒童及少年福利機構安置教養，其出生地或發現地不明者，以該機構所在地爲出生地。

五 在國外出生者，以其出生所在地之國家或地區爲出生地。

六 不能依前五款規定確定其出生地者，以其居住處所地爲出生地。

### 第三章　登記之變更、更正、撤銷及廢止

**第二一條** （戶籍變更登記義務）

戶籍登記事項有變更時，應爲變更之登記。

**第二二條** （戶籍更正登記義務）

戶籍登記事項有錯誤或脫漏時，應爲更正之登記。

**第二三條** （戶籍撤銷登記）104

戶籍登記事項自始不存在或自始無效時，應爲撤銷之登記。撤銷中華民國國籍之喪失或撤銷中華民國國籍者，亦同。

**第二四條** （戶籍廢止登記義務）

戶籍登記事項嗣後不存在時，應爲廢止之登記。喪失中華民國國籍或臺灣地區人民身分者，亦同。

**第二五條** （訴訟後之戶籍變更、更正、撤銷或廢止登記）

登記後發生訴訟者，應俟判決確定或訴訟上和解或調解成立後，再爲變更、更正、撤銷或廢止之登記。

### 第四章　登記之申請

**第二六條** （戶籍登記之受理機關）104

戶籍登記之申請，應向當事人戶籍地之戶政事務所為之。但有下列情形之一者，不在此限：

一　經中央主管機關公告，並刊登政府公報之指定項目，其登記得向戶籍地以外之戶政事務所為之。

二　雙方或一方在國內現有或曾設戶籍者，在國內結婚或離婚，得向任一戶政事務所辦理結婚或離婚登記。

三　雙方或一方在國內現有或曾設戶籍者，在國外結婚或離婚，得檢具相關文件，向我國駐外使領館、代表處、辦事處（以下簡稱駐外館處）或行政院於香港、澳門設立或指定之機構或委託之民間團體申請，經驗證後函轉戶籍地或原戶籍地戶政事務所辦理結婚或離婚登記。

四　雙方在國內未曾設戶籍者，在國內結婚或離婚，其結婚或離婚登記，得向任一戶政事務所為之。在國外結婚或離婚，得檢具相關文件，向駐外館處或行政院於香港、澳門設立或指定之機構或委託之民間團體申請，經驗證後函轉中央主管機關指定之中央政府所在地戶政事務所辦理結婚或離婚登記；或於驗證後，向任一戶政事務所辦理。

五　初設戶籍登記，應向現住地之戶政事務所為之。

六　在國內之遷出登記，應向遷入地戶政事務所為之。

**第二七條** （戶籍登記之申請方式）

①登記之申請，由申請人以書面、言詞或網路向戶政事務所為之。

②依前項規定以網路申請登記之項目，由中央主管機關公告，並刊登政府公報。

**第二八條** （戶籍登記申請書之簽名蓋章）

①登記申請書，應由申請人簽名或蓋章；其以言詞為申請時，戶政事務所應代填申請書。必要時，應向申請人朗讀後，由其簽名或蓋章；其以網路申請時，應以電子簽章為之。

②前項電子簽章，限於內政部憑證管理中心簽發之自然人憑證為之。

**第二九條** （出生登記之申請人）104

①出生登記，以父、母、祖父、祖母、戶長、同居人或撫養人為申請人。

②前項出生登記，如係無依兒童，並得以兒童及少年福利機構為申請人。

**第三〇條** （認領登記之申請人）

認領登記，以認領人為申請人；認領人不為申請時，以被認領人為申請人。

**第三一條** （收養登記之申請人）

收養登記，以收養人或被收養人為申請人。

**第三二條** （終止收養登記之申請人）

終止收養登記，以收養人或被收養人為申請人。

**第三三條** （結婚登記之申請人）

① 結婚登記，以雙方當事人爲申請人。但於中華民國九十七年五月二十二日以前（包括九十七年五月二十二日當日）結婚，或其結婚已生效者，得以當事人之一方爲申請人。

② 前項但書情形，必要時，各級主管機關及戶政事務所得請相關機關協助查證其婚姻眞僞，並出具查證資料。

**第三四條**（離婚登記之申請人）104

離婚登記，以雙方當事人爲申請人。但經法院裁判離婚確定、調解或和解離婚成立或其他離婚已生效者，得以當事人之一方爲申請人。

**第三四條之一**（原住民身分及民族別登記之申請人）104

原住民身分及民族別登記，以本人爲申請人。但本人未婚未成年時，原住民身分及民族別之取得或變更之登記，得以法定代理人爲申請人。

**第三五條**（監護登記之申請人）104

① 監護登記，以監護人爲申請人。

② 輔助登記，以輔助人或受輔助宣告之人爲申請人。

③ 未成年子女權利義務行使負擔登記，以行使或負擔之一方或雙方爲申請人。

**第三六條**（死亡登記之申請人）

死亡登記，以配偶、親屬、戶長、同居人、經理殮葬之人、死亡者死亡時之房屋或土地管理人爲申請人。

**第三七條**（無人承領之受刑人死亡登記之申請）

在矯正機關內被執行死刑或其他原因死亡，無人承領者，由各該矯正機關通知其戶籍地戶政事務所爲死亡登記。

**第三八條**（身分不明者死亡登記之申請）

因災難死亡或死亡者身分不明，經警察機關查明而無人承領時，由警察機關通知其戶籍地戶政事務所爲死亡登記。

**第三九條**（死亡宣告登記之申請人）

死亡宣告登記，以聲請死亡宣告者或利害關係人爲申請人。

**第四○條**（初設戶籍登記之申請人）

初設戶籍登記，以本人或戶長爲申請人。

**第四一條**（遷徙登記之申請人）

① 遷徙登記，以本人或戶長爲申請人。

② 全戶之遷徙登記，以戶長爲申請人。

**第四二條**（應爲遷出登記者其戶籍地戶政事務所得逕行爲之）

依第十六條第三項規定應爲出境人口之遷出登記者，其戶籍地戶政事務所得逕行爲之。

**第四三條**（分（合）戶登記之申請人）

分（合）戶登記，以本人或戶長爲申請人。

**第四四條**（出生地登記之申請人）

出生地登記，以本人或第二十九條之申請人爲申請人。

**第四五條**（以利害關係人爲申請人之情形）

應辦理戶籍登記事項，無第二十九條至第三十二條、第三十三

條第一項但書、第三十四條但書、第三十六條、第四十條、第四十一條及前二條之申請人時，得以利害關係人爲申請人。

**第四六條** （變更、更正、撤銷或廢止登記之申請人）104

變更、更正、撤銷或廢止登記，以本人爲申請人。本人不爲或不能申請時，以原申請人或利害關係人爲申請人，戶政事務所並應於登記後通知本人。戶政事務所依職權爲更正、撤銷或廢止登記，亦同。

**第四七條** （申請登記之委託及其例外）

① 申請人不能親自申請登記時，得以書面委託他人爲之。

② 認領、終止收養、結婚或兩願離婚登記之申請，除有正當理由，經戶政事務所核准者外，不適用前項規定。

**第四八條** （戶籍登記之法定申請時間）104

① 戶籍登記之申請，應於事件發生或確定後三十日內爲之。但出生登記至遲應於六十日內爲之。

② 前項戶籍登記之申請逾期者，戶政事務所仍應受理。

③ 戶政事務所查有不於法定期間申請者，應以書面催告應爲申請之人。

**第四八條之一** （免經催告，戶政事務所可逕爲戶籍登記之項目）104

下列戶籍登記，免經催告程序，由戶政事務所逕行爲之：
一 死亡宣告登記。
二 喪失中華民國國籍之廢止戶籍登記。
三 撤銷前款登記之撤銷戶籍登記。
四 撤銷中華民國國籍之撤銷戶籍登記。
五 喪失臺灣地區人民身分之撤銷戶籍登記。
六 喪失臺灣地區人民身分之廢止戶籍登記。

**第四八條之二** （經催告仍不申請，戶政事務所應逕爲戶籍登記之項目）104

下列戶籍登記，經催告仍不申請者，戶政事務所應逕行爲之：
一 出生登記。
二 監護登記。
三 輔助登記。
四 未成年子女權利義務行使負擔登記。
五 死亡登記。
六 初設戶籍登記。
七 遷徙登記。
八 更正、撤銷或廢止登記。
九 經法院裁判確定、調解或和解成立之身分登記。

**第四九條** （子女姓氏登記時未能確定之處理）104

① 出生登記當事人之姓氏，依相關法律規定未能確定時，婚生子女，由申請人於戶政事務所抽籤決定依父姓或母姓登記；非婚生子女，依母姓登記；無след兒童，依監護人之姓氏登記。

② 戶政事務所依前條第一款規定逕爲出生登記時，出生登記當事

人姓氏，婚生子女，以抽籤決定依父姓或母姓登記；非婚生子女，依母姓登記；無依兒童，依監護人之姓名登記，並由戶政事務所主任代立名字。

**第五〇條** （遷徙登記）

① 全戶遷離戶籍地，未於法定期間申請遷徙登記，無法催告，經房屋所有權人、管理機關、地方自治機關申請或無人申請時，戶政事務所得將其全戶戶籍暫遷至該戶政事務所。

② 矯正機關收容人有前項情形者，戶政事務所得逕遷至矯正機關，不受第十六條第一項但書及第二項規定之限制。

③ 戶政事務所接收收容人出矯正機關通報後，應查實並由收容人居住地戶政事務所辦理遷入登記。

# 第五章　國民身分證及戶口名簿

**第五一條** （國民身分證及戶口名簿之效用）104

① 國民身分證用以辨識個人身分，其效用及於全國。

② 戶口名簿應登載同一戶長內之現戶戶籍資料，用以證明該戶內之各成員，並以戶長列為首欄。

**第五二條** （國民身分證及戶口名簿製發規定）104

① 國民身分證及戶口名簿之格式、內容、繳交之相片規格，由中央主管機關定之。

② 國民身分證及戶口名簿之製發、相片影像檔建置之內容、保管、利用、查驗及其他應遵行事項之辦法，由中央主管機關定之。

**第五三條** （國民身分證及戶口名簿印製機關）104

空白國民身分證、戶口名簿，由直轄市、縣（市）主管機關印製。必要時，得由中央主管機關統一印製。

**第五四條** （國民身分證及戶口名簿依據戶籍資料列印製發）

國民身分證及戶口名簿，由戶政事務所依據戶籍資料列印製發。

**第五五條** （國民身分證統一編號及戶口名簿戶號之編定及配賦方式）100

國民身分證統一編號與戶口名簿戶號之編定及配賦方式，由中央主管機關定之，交由戶政事務所配賦。

**第五六條** （國民身分證及戶口名簿不得扣留）

① 國民身分證應隨身攜帶，非依法律不得扣留。

② 戶口名簿由戶長保管。戶內人口辦理戶籍登記時，戶長應提供戶口名簿，不得扣留。

**第五七條** （國民身分證之初領及補領）

① 有戶籍國民年滿十四歲者，應申請初領國民身分證，未滿十四歲者，得申請發給。

② 國民身分證、戶口名簿，滅失或遺失者，應申請補領。

③ 經戶籍登記之戶，應請領戶口名簿。

**第五八條** （國民身分證及戶口名簿之申請換領）104

① 申請戶籍登記致國民身分證記載事項變更，應同時申請換領國

民身分證。

②國民身分證毀損或更換國民身分證相片者，應申請換領國民身分證。

③戶口名簿記載事項變更，應申請換領戶口名簿。

**第五九條** （國民身分證及戶口名簿之全面換發）

①國民身分證全面換發期程及其他應遵行事項之辦法，由中央主管機關定之。

②國民身分證全面換發及舊證失效日期，由中央主管機關公告，並刊登政府公報。

③已領有國民身分證者，應於全面換發國民身分證期間換發新證。

④戶口名簿全面換發之相關事宜，準用前三項規定。

**第六○條** （初領或補領國民身分證）104

①初領或補領國民身分證，應由本人親自為之。

②換領國民身分證，由本人親自或以書面委託他人為之。但更換相片換領者，應由本人親自為之。

③戶長親自或委託戶內人口辦理全戶或部分戶內人口之遷徙登記時，須同時申請戶內人口之換領國民身分證，不受前項須以書面委託他人辦理之限制。

**第六一條** （國民身分證初領、補領、換領及全面換領之辦理規定）104

①國民身分證之初領、補領、換領及全面換領，依下列規定辦理：
  一 初領、補領或全面換領：向戶籍地戶政事務所申請。
  二 換領：申請戶籍登記致國民身分證記載事項變更者，向各該申請登記之戶政事務所申請；國民身分證有毀損或更換相片之情形者，得向任一戶政事務所申請。

②前項第一款所定情形，經中央主管機關公告，並刊登公報者，得向戶籍地以外之戶政事務所為之。

**第六二條** （換領國民身分證，原證裁角後收回）

①因死亡、死亡宣告、廢止戶籍登記、撤銷戶籍、換領或全面換領國民身分證者，原國民身分證由戶政事務所裁角後收回。

②國民身分證係不法取得、冒用或變造者，發現之機關（構）應函知原發證之直轄市、縣（市）主管機關，註銷製證檔案資料。

**第六三條** （戶口名簿初領、補領、換領或全面換領之辦理機關）

①初領或全面換領戶口名簿，由戶長親自或以書面委託他人向戶籍地戶政事務所為之。

②補領或換領戶口名簿，由戶長親自或以書面委託他人，向任一戶政事務所為之。

## 第六章 戶籍資料之申請及提供

**第六四條** （戶籍資料之保存）

①戶籍資料，除因避免天災事變、辦理戶口查對校正或經戶政事

務所主任核可外，不得攜出保存處所。

② 前項資料之格式及保存年限，由中央主管機關定之。

**第六五條** （閱覽戶籍資料之申請）

① 本人或利害關係人得向戶政事務所申請閱覽戶籍資料或交付戶籍謄本；申請人不能親自申請時，得以書面委託他人為之。

② 利害關係人依前項規定申請時，戶政事務所僅得提供有利害關係部分之戶籍資料或戶籍謄本。

③ 戶籍謄本之格式及利害關係人範圍，由中央主管機關定之。

**第六五條之一** （親等關聯資料之申請）104

① 申請人有下列情形之一者，得向任一戶政事務所申請親等關聯資料：

　一　依人工生殖法第十五條或第二十九條規定，有查證親屬關係之需求。

　二　依人體器官移植條例第八條規定有器官捐贈查證親屬關係之需求。

　三　辦理繼承登記有查證被繼承人之配偶及血親關係之需求。

　四　為依國籍法第二條規定取得中華民國國籍，有查證父或母為中華民國國民之需求。

　五　依法院要求或法院審判有查證親等關聯資料之需求。

　六　依其他法律規定有查證親屬關係之需求。

② 前項所稱親等關聯資料，指戶政機關依據戶籍資料連結親屬關係，依規定提供之親屬關係證明文件。

③ 第一項申請人未能親自申請親等關聯資料時，得以書面委託他人為之。

④ 第一項申請人或前項受託人申請親等關聯資料，戶政事務所僅得提供有利害關係之部分。

⑤ 前項申請人範圍、利害關係之認定、提供資料格式、申請時應備文件、查證方式、查證程序及其他應遵行事項之辦法，由中央主管機關定之。

**第六六條** （戶籍謄本之申請）104

戶籍謄本之申請，得向任一戶政事務所為之。但申請戶籍檔案原始資料，應向原戶籍登記之戶政事務所為之。

**第六六條之一** （結婚、離婚、婚姻紀錄、遷徙紀錄、姓名更改紀錄等證明書之申請）104

① 本人得向任一戶政事務所申請結婚證明書、離婚證明書、婚姻紀錄證明書、遷徙紀錄證明書或姓名更改紀錄證明書；本人不能親自申請時，得以書面委託他人為之。

② 前項證明書格式，由中央主管機關定之。

**第六七條** （戶籍資料之提供）100

① 各機關所需之戶籍資料及親等關聯資料，應以戶籍登記為依據。

② 前項資料，由各級主管機關及戶政事務所提供；其申請提供之方式、內容、程序、費用及其他應遵行事項之辦法，由中央主管機關定之。

**第六八條** （各級主管機關及戶政事務所查證戶籍登記事項資料之提供）

各級主管機關及戶政事務所爲查證戶籍登記事項，有關機關、學校、團體、公司或人民應提供資料。

**第六九條** （請領、閱覽戶籍資料之收費標準）104

人民依本法請領國民身分證、戶口名簿、戶籍謄本、結婚證明書、離婚證明書、婚姻紀錄證明書、遷徙紀錄證明書、姓名更改紀錄證明書、戶籍檔案原始資料影本、親等關聯資料、戶口統計資料、申請閱覽戶籍資料，應繳納規費；其收費標準，由中央主管機關定之。

## 第七章 戶口調查及統計

**第七○條** （清查戶口）

各級主管機關及戶政事務所爲辦理戶籍登記，得先清查戶口。

**第七一條** （戶籍登記事項之查對校正）

戶政事務所得派員查對校正戶籍登記事項。

**第七二條** （教育程度之登記）

各級主管機關及戶政事務所應查記十五歲以上人口之教育程度。

**第七三條** （編造畢（結）業及新生名冊）

各級中等以上學校應每年編造當年畢（結）業及新生名冊，通報中央主管機關。但國民中學新生名冊，得免通報。

**第七四條** （各種統計表之製作）

①各級主管機關及戶政事務所應分製各種統計表。

②前項統計表，直轄市、縣（市）主管機關及其所屬戶政事務所應按期層送該管上級機關；必要時，得辦理其他戶口統計調查。

## 第八章 罰 則

**第七五條** （僞造變造國民身分證之處罰）

①意圖供冒用身分使用，而僞造、變造國民身分證，足以生損害於公眾或他人者，處五年以下有期徒刑、拘役或科或併科新臺幣五十萬元以下罰金。

②行使前項僞造、變造之國民身分證者，亦同。

③將國民身分證交付他人，以供冒名使用，或冒用身分而使用他人交付或遺失之國民身分證，足以生損害於公眾或他人者，處三年以下有期徒刑、拘役或科或併科新臺幣三十萬元以下罰金。

**第七六條** （爲不實申請之處罰）

申請人故意爲不實之申請或有關機關、學校、團體、公司、人民故意提供各級主管機關及戶政事務所不實之資料者，處新臺幣三千元以上九千元以下罰鍰。

**第七七條** （拒絕接受戶口調查之處罰）

無正當理由拒絕接受戶口調查或有關機關、學校、團體、公司、人民拒絕依第六十八條規定提供查證戶籍登記事項之資料者，處新臺幣三千元以上九千元以下罰鍰。

**第七八條** （公務員、醫療機構未依法作死亡通報之處罰）

公務員執行職務未依第十四條第二項規定辦理者，由其服務機關懲處。醫療機構未依同條項規定辦理者，處新臺幣一千元以上三千元以下罰鍰。

**第七九條** （未於法定期間內戶籍登記之處罰）

無正當理由，違反第四十八條第一項規定，未於法定期間為戶籍登記之申請者，處新臺幣三百元以上九百元以下罰鍰；經催告而仍不為申請者，處新臺幣九百元罰鍰。

**第八○條** （未依規定提供戶口名簿之處罰）

戶長未依第五十六條第二項規定提供戶口名簿者，處新臺幣一千元以上三千元以下罰鍰。

**第八一條** （罰鍰之處分機關）

本法有關罰鍰之處分，由戶政事務所為之。

## 第九章 附 則

**第八二條** （施行細則）

本法施行細則，由中央主管機關定之。

**第八三條** （施行日）100

①本法除第十條、第二十六條、第三十三條、第四十五條、第六十九條自中華民國九十七年五月二十三日施行，第四條第一款第六目、第十二條、第三十五條第二項、第四十八條第四項有關輔助登記部分之施行日期由行政院定之外，自公布日施行。

②本法修正條文自公布日施行。

# 戶籍法施行細則

① 民國63年7月10日行政院令修正發布全文60條。
② 民國81年7月31日行政院令修正發布第3、11、14、18至20、23、29、32、36、52條條文；並刪除第4、31、59條條文。
③ 民國87年3月4日內政部令修正發布全文35條。
④ 民國88年11月10日內政部令修正發布第2、19、25、26、34條條文。
⑤ 民國91年2月25日內政部令修正發布第4、11、12、13、15、19、21、23、31條條文。
⑥ 民國93年2月4日內政部令修正發布第23、24條條文。
⑦ 民國94年12月19日內政部令修正發布第15、17、20、21、23、24條條文；並刪除第22條條文。
⑧ 民國96年8月6日內政部令修正發布第21條條文。
⑨ 民國98年1月7日內政部令修正發布全文36條；除第13條第1項第6款規定自98年11月23日施行外，餘自發布日施行。
　　民國101年12月25日行政院公告第16條第5項所列屬「國防部聯合後勤司令部」、「國防部後備司令部」、「國防部憲兵司令部」之權責事項，自102年1月1日起分別改由「國防部陸軍司令部」、「國防部後備指揮部」、「國防部憲兵指揮部」管轄。
⑩ 民國104年7月10日內政部令修正發布第9、11、13至16、19、21、22、33、36條條文；增訂第9-1條條文；刪除第8條條文；並自發布日施行。

## 第一章　總　則

**第一條**

　本細則依戶籍法（以下簡稱本法）第八十二條規定訂定之。

**第二條**

　為辦理戶籍行政業務，在直轄市、縣（市）政府為其民政機關（單位）。

**第三條**

① 戶之區分如下：

　一　共同生活戶：在同一家或同一處所共同生活之普通住戶。

　二　共同事業戶：在同一處所同一主管人之下經營共同事業之工廠、商店、寺廟、機關、學校或其他公私場所。

　三　單獨生活戶：單獨居住一處所而獨立生活者。

② 同一處所有性質不同之戶並存者，應依其性質分別立戶。共同事業戶有名稱者，應標明其名稱。

**第四條**

① 共同生活戶內之人口，其排列次序如下：

　一　戶長。
　二　戶長之配偶。
　三　戶長之直系尊親屬。
　四　戶長之直系卑親屬。
　五　戶長之旁系親屬。
　六　其他家屬。
　七　寄居人。

②共同事業戶內之人口，其排列次序如下：
　一　戶長。
　二　受僱人。
　三　學生。
　四　收容人。
　五　其他成員。
　六　寄居人。

③共同事業戶戶長另設有共同生活戶或單獨生活戶者，應註明其戶籍地址。

## 第五條

戶政事務所應於接獲入出國管理機關之當事人出境滿二年未入境人口通報時，通知應為申請之人限期辦理遷出登記；未依限辦理遷出登記者，戶政事務所於查核當事人戶籍資料後後，得依本法第四十二條規定逕行為之，並通知應為申請之人。

## 第六條

申請人依本法第十七條第二項規定辦理遷入登記，應向遷入地戶政事務所為之。

## 第七條

各機關需用戶籍資料，得請戶籍機關提供或自行抄錄、查對。

前項需用戶籍資料機關已建置電腦化作業者，應依規定申請與戶政資訊系統連結，取得戶籍資料。

## 第八條　（刪除）104

# 第二章　戶籍登記

## 第九條　104

①戶籍登記，應經申請人之申請。但於戶口清查後，初次辦理戶籍登記或依本法第三十七條、第三十八條、第四十二條、第四十八條之一、第四十八條之二、第四十九條第二項、第五十條規定辦理者，戶政事務所得依矯正機關、警察機關、入出國管理機關、檢察官、軍事檢察官、法院、軍事法院、衛生主管機關、中央主管機關、直轄市、縣（市）社政主管機關、房屋所有權人、房屋管理機關、地方自治機關之通知或依職權逕為登記。

②登記後發生訴訟，經法院裁判確定或訴訟上和解或調解成立後，應依本法第二十五條規定申請變更、更正、撤銷或廢止登記，經依本法第四十八條第三項規定以書面催告後仍不申請者，戶

政事務所應依職權逕為登記，並應於登記後通知本人。

**第九條之一　104**

① 本法第十五條第一款至第三款應為初設戶籍登記者，有下列情事之一，戶政事務所應通知內政部移民署：

一　未居住國內。

二　申請初設戶籍地址不得設籍。

② 戶政事務所依本法第四十八條之二第六款逕為初設戶籍登記後，應通知該戶戶長或房屋所有權人。

**第一〇條**

同一事件，牽涉二種以上登記者，應分別辦理登記。

**第一一條　104**

戶籍登記申請書，應載明當事人及申請人出生年月日、姓名、國民身分證統一編號、住址、申請日期；必要時並載明戶號、戶長姓名等資料。

**第一二條**

戶政事務所受理戶籍登記所載日期，應依事件發生之日期記載。

事件發生地日期與臺灣地區日期不一致，經申請人提出事證者，戶政事務所得於戶籍登記記事載明。

**第一三條　104**

下列登記，申請人應於申請時提出證明文件正本：

一　出生登記。

二　認領登記。

三　收養、終止收養登記。

四　結婚、離婚登記。但於中華民國九十七年五月二十二日以前（包括九十七年五月二十二日當日）結婚，結婚雙方當事人與二人以上親見公開儀式之證人親自到場辦理登記者，得免提結婚證明文件。

五　監護登記。

六　輔助登記。

七　未成年子女權利義務行使負擔登記。

八　死亡、死亡宣告登記。

九　初設戶籍登記。

十　遷徙登記：單獨立戶者。

十一　分（合）戶登記。

十二　出生地登記。

十三　變更、撤銷或廢止登記。

十四　非過錄錯誤之更正登記。

十五　依其他法律所為之登記。

**第一四條　104**

① 申請人依前條規定提出之證明文件，經戶政事務所查驗後，除出生、死亡、死亡宣告及初設戶籍登記之證明文件應留存正本外，其餘登記之證明文件，得以影本留存。

② 依前項規定提出之證明文件及申請人依本法第四十七條規定出

具之委託文件，係在國外作成者，應經我國駐外使領館、代表處或辦事處（以下簡稱駐外館處）驗證；其在大陸地區或香港、澳門作成者，應經行政院設立或指定之機構或委託之民間團體驗證；其在國內由外國駐我國使領館或授權機構製作者，應經外交部驗證。

③前項文件為外文者，應檢附經駐外館處驗證或國內公證人認證之中文譯本。

④戶政事務所逕為出生、死亡及死亡宣告登記者，得以相關機關通報文件留存；逕為初設戶籍登記者，得以職權調查之文件留存。

## 第一五條 104

戶籍登記事項錯誤或脫漏，係因戶政事務所作業錯誤所致者，依下列方式辦理：

一　現戶戶籍資料錯誤或脫漏，由現戶籍地戶政事務所查明更正，並通知當事人或原申請人。

二　最後除戶戶籍資料錯誤或脫漏，由最後戶籍地戶政事務所查明更正，並通知當事人或原申請人。但非最後戶籍資料錯誤或脫漏者，由該資料錯誤地戶政事務所查明更正，並通知當事人或原申請人。

## 第一六條 104

戶籍登記事項錯誤，係因申報資料錯誤所致者，應由申請人提出下列證明文件之一，向戶籍地戶政事務所申請更正；戶籍地戶政事務所並依前條規定辦理：

一　在臺灣地區初次登記戶籍或登記戶籍前之戶籍資料。

二　政府機關核發並蓋有發證機關印信之原始國民身分證。

三　各級學校、軍、警學校或各種訓練班、團、隊畢（肄）業證明文件。

四　公、私立醫療機構或合格助產士出具之出生證明書。

五　國防部或其所屬相關機關所發停、除役、退伍（令）證明書或兵籍資料證明書。

六　涉及身分確認之法院確定裁判、檢察官不起訴處分書、緩起訴處分書，或國內公證人之公、認證書等。

七　其他機關（構）核發之足資證明文件。

## 第一七條

更正出生年月日所檢附之證明文件，除屬前條第一款、第六款所定文件外，均以其發證日期或資料建立日期較在臺灣地區初次登記戶籍之證件發證日期先者為限。但發證日期較在臺灣地區初次登記戶籍之證件發證日期為後者，應檢附資料建立日期較在臺灣地區初次登記戶籍之證件發證日期為先之有關機關（構）檔存原始資料影本。

## 第一八條

更正出生年月日證件所載歲數者，以國曆足歲計算。證件僅載有歲數者，以其發證或建立之民國紀元減去所載歲數，推定其出

生年次。但民國前出生者，以證件所載歲數，減去發證或建立時之年分，再加一計算。

## 第一九條 104

① 戶政事務所依本法第四十六條通知本人時，本人死亡或為失蹤人口，應另通知本人之配偶及一親等直系血親。

② 本法第四十八條第三項之催告，其所定期限不得少於七日，催告書應送達應為申請之人。

③ 戶政事務所辦理本法第四十八條之二所定登記之催告，應載明經催告屆期仍不申請者，由戶政事務所依本法第四十八條之二規定逕行為之。

④ 戶政事務所依本法第四十八條之一及第四十八條之二規定逕為登記後，應通知應為申請之人。

⑤ 戶政事務所依本法第五十條第一項規定逕為登記者，應將其全戶戶籍暫遷至該戶政事務所並註明地址，同時通報警察機關。

## 第二○條

戶籍登記之申請手續不全者，戶政事務所應一次告知補正。

## 第二一條 104

① 戶政事務所受理戶籍登記，應查驗其國民身分證及戶口名簿正本。但外國人、無國籍人、臺灣地區無戶籍國民、大陸地區人民、香港或澳門居民，應查驗其護照、居留證、定居證或入出國許可等證明文件正本。

② 戶政事務所受理戶籍登記，應將受理登記資料登錄於電腦系統，列印戶籍登記申請書，並以戶籍登記申請書及留存之證明文件正本或影本，按年及村（里）分類裝釘存放戶政事務所。

## 第二二條 104

① 戶籍登記事項，應登記於戶籍登記資料有關欄位或有關之戶內，並均載明其事由及日期。戶長有變更、死亡、死亡宣告、遷出、分（合）戶、住址變更、撤銷戶籍或廢止戶籍登記時，該戶籍登記資料列為除戶備分保存。

② 前項因戶長變更、死亡、死亡宣告、遷出、分（合）戶、住址變更、撤銷戶籍或廢止戶籍，列為除戶時，戶內尚有設籍人口者，應由該項登記之申請人，擇定戶內具有行為能力者一人繼為戶長；戶內設籍人口均為無行為能力人或限制行為能力人時，應由最年長者一人繼為戶長。

③ 戶長經戶政事務所依本法第四十二條、第四十八條之一或第四十八條之二規定逕為死亡、死亡宣告、遷出、住址變更、撤銷戶籍或廢止戶籍之登記，並列為除戶時，應依前項規定擇定一人繼為戶長。

## 第三章　戶口調查及統計

## 第二三條

戶口清查之區域及期間，由直轄市、縣（市）政府訂定，報中

央主管機關備查。

## 第二四條

戶口清查日，由直轄市、縣（市）政府定之。

## 第二五條

辦理戶口清查，由戶政事務所派員依鄰內戶之次第發給戶籤，註明村（里）鄰及戶之門牌號碼，並於清查日起按戶查口，填寫戶口清查表。戶口清查表，得以戶籍登記申請書代替，由清查人員填寫，並由受清查人之戶長或其代理人簽名或蓋章。共同事業戶，得發交受清查之戶填報。

## 第二六條

戶口清查，以戶爲單位，依村（里）鄰及門牌號碼編組。

## 第二七條

戶政事務所於戶口清查完竣，派員複查後，應即辦理戶籍登記，並編製成果統計表，層報中央主管機關。

## 第二八條

未辦理戶籍登記區域初次辦理戶籍登記，由戶政事務所依戶口清查資料登錄於電腦系統，另以副本按村（里）合訂，彙送直轄市、縣（市）政府備查。

## 第二九條

① 辦理戶口調查及戶籍登記所用之各項書表，由戶政事務所自行印製或由直轄市、縣（市）政府統籌印製。

② 戶口調查及戶籍登記書表記載事項經更正者，應於更正處加蓋更正人印章。

## 第三〇條

戶口調查及戶籍登記，應查記戶內居住已滿或預期居住三個月以上之現住人口。

## 第三一條

戶政事務所按戶逐口辦理戶口調查時，村（里）鄰長、村（里）幹事、警勤區員警及入出國管理機關人員應予協助。

## 第三二條

無正當理由拒絕接受查對校正戶籍登記事項者，在申請戶籍登記或請領各項證明時，戶政事務所應通知補辦。

## 第三三條 104

① 依本法第七十二條規定查記教育程度，應依各級中等以上學校通報之畢（結）業及新生教育程度查記名冊、當事人之申請、戶政人員口頭查詢或相關機關提供之資料，逐項註記。

② 前項教育程度註記資料，免填學校及科、系、所、院或學程名稱。

## 第三四條

戶口統計表格式、編製方法及編報日期，由中央主管機關定之

# 第四章 附 則

## 第三五條

各直轄市、縣（市）政府辦理戶口調查及登記所訂之實施程序或補充規定，應報中央主管機關備查。

## 第三六條　104

本細則自發布日施行。

# 姓名條例

① 民國42年3月7日總統令制定公布全文10條。
② 民國54年12月1日總統令修正公布第6條條文。
③ 民國72年11月18日總統令修正公布第6條條文。
④ 民國84年1月20日總統令修正公布第1條條文。
⑤ 民國90年6月20日總統令修正公布全文14條。
　民國90年10月5日行政院令發布定自90年10月15日施行。
⑥ 民國92年6月25日總統令修正公布第1、2、6、10、12、14條條文。
⑦ 民國96年12月26日總統令修正公布第6、12條條文。
⑧ 民國98年7月8日總統令修正公布第2條條文。
⑨ 民國104年5月20日總統令修正公布全文17條；並自公布日施行。
⑩ 民國113年5月29日總統令修正公布第1、2、4、8、9條條文。

## 第一條 113

① 中華民國國民，應以戶籍登記之姓名為本名，並以一個為限。
② 臺灣原住民族及其他少數民族之姓名登記，依其文化慣俗為之；其已依漢人姓名登記者，得申請回復其傳統姓名；回復傳統姓名者，得申請回復原有漢人姓名。但均以一次為限。
③ 前項臺灣原住民族傳統姓名文化慣俗由中央原住民族主管機關調查確認；其內涵意義、取用方式及其他應行注意事項之指引，由中央主管機關會同中央原住民族主管機關定之。
④ 第二項臺灣原住民族及其他少數民族之出生登記及初設戶籍登記以傳統姓名登記者，得申請變更為漢人姓名；變更為漢人姓名者，得申請回復傳統姓名。但均以一次為限。
⑤ 中華民國國民與外國人、無國籍人結婚，其配偶及所生子女之取用中文姓名，應符合我國國民使用姓名之習慣；外國人、無國籍人申請歸化我國國籍者，其中文姓名，亦同。
⑥ 已依前項規定取用中文姓名者，得申請更改中文姓名一次。
⑦ 回復國籍者，應回復喪失中華民國國籍時之中文姓名。

## 第二條 113

① 辦理戶籍登記、申請歸化或護照時，應取用中文姓名，並應使用辭源、辭海、康熙等通用字典或教育部編訂之國語辭典中所列有之文字。
② 姓名文字未使用前項所定通用字典或國語辭典所列有之文字者，不予登記。
③ 臺灣原住民族依其文化慣俗登記傳統姓名者，得使用原住民族文字。

## 第三條 （取用中文姓名應依循之方式）

取用中文姓名，應依下列方式爲之：

一　姓氏在前，名字在後。但無姓氏者，得登記名字。

二　中文姓氏與名字之間不得以空格或符號區隔。

**第四條** 113

① 臺灣原住民族之中文傳統姓名或漢人姓名，均得以傳統姓名之原住民族文字並列登記；其他少數民族之中文傳統姓名或漢人姓名，均得以傳統姓名之羅馬拼音並列登記。不受第一條第一項規定之限制。

② 外國人、無國籍人於歸化我國取用中文姓名時，得以原有外文姓名之羅馬拼音並列登記，不受第一條第一項規定之限制。

**第五條** （應使用本名事項）

國民依法令之行爲，有使用姓名之必要者，均應使用本名。

**第六條** （應使用本名事項）

學歷、資歷、執照及其他證件應使用本名；未使用本名者，無效。

**第七條** （應使用本名事項）

財產之取得、設定、喪失、變更、存儲或其他登記時，應用本名，其未使用本名者，不予受理。

**第八條** 113

① 有下列情事之一者，得申請改姓：

一　被認領、撤銷認領。

二　被收養、撤銷收養或終止收養。

三　臺灣原住民族或其他少數民族因改漢姓造成家族姓氏誤植。

四　音譯過長。

五　其他依法改姓。

② 夫妻之一方得申請以其本姓冠以配偶之姓或回復其本姓；其回復本姓者，於同一婚姻關係存續中，以一次爲限。

**第九條** 113

① 有下列情事之一者，得申請改名：

一　同時在一公民營事業機構、機關（構）、團體或學校服務或肄業，姓名完全相同。

二　與三親等以內直系尊親屬名字完全相同。

三　同時在一直轄市、縣（市）設立戶籍六個月以上，姓名完全相同。

四　與經通緝有案之人犯姓名完全相同。

五　被認領、撤銷認領、被收養、撤銷收養或終止收養。

六　字義粗俗不雅、音譯過長或有特殊原因。

七　臺灣原住民族基於文化慣俗。

② 依前項第六款申請改名，以三次爲限。但未成年人第二次改名，應於成年後始得爲之。

**第一〇條** （更改姓名）

有下列情事之一者，得申請更改姓名：

一　原名譯音過長或不正確。

二　因宗教因素出世或還俗。

三　因執行公務之必要，應更改姓名。

**第一一條**　（本名之更正）

① 在本條例施行前，有第六條、第七條所定未使用本名情事者，應於本條例施行後，向原權責公民營事業機構、機關（構）、學校、團體申請更正為本名；有第六條所定未使用本名情事者，得以學歷、資歷、執照、其他證件或其他足資證明文件之名字為準，向戶政事務所申請更正本名。

② 前項之申請，以一次為限。

**第一二條**　（本人姓名更改，其配偶、子女之配偶、父或母姓名變更登記之相關規定）

本人申請改姓、名或姓名時，戶政機關應同時依職權於其配偶、子女戶籍資料為配偶、父或母姓名更改，並應於變更登記後通知其配偶及子女。

**第一三條**　（改姓冠姓改名之申請人）

依本條例規定申請改姓、冠姓、回復本姓、改名、更改姓名、更正本名者，以本人或法定代理人為申請人。因收養或終止收養而須改姓者，辦理收養或終止收養登記之申請人，均得為改姓申請人。

**第一四條**　（申請改姓冠姓改名之生效日）

依本條例規定申請改姓、冠姓、回復本姓、改名、更改姓名或更正本名者，除法律另有規定外，自戶籍登記之日起，發生效力。

**第一五條**　（改姓、改名或更改姓名之禁止條件）

① 有下列情事之一者，不得申請改姓、改名或更改姓名：

一　經通緝或羈押。

二　受宣告強制工作之裁判確定。

三　受有期徒刑以上刑之判決確定，未宣告緩刑或未准予易科罰金、易服社會勞動。但過失犯罪者，不在此限。

② 前項第二款及第三款規定不得申請改姓、改名或更改姓名之期間，自裁判確定之日起至執行完畢滿三年止。

**第一六條**　（施行細則）

本條例施行細則，由內政部定之。

**第一七條**　（施行日）

本條例自公布日施行。

# 人工生殖法

① 民國96年3月21日總統令制定公布全文40條；並自公布日施行。
民國102年7月19日行政院公告第3條所列屬「行政院衛生署」之
權責事項，自102年7月23日起改由「衛生福利部」管轄。
② 民國107年1月3日總統令修正公布第3、31、36條條文。

## 第一章　總　則

**第一條**　(立法目的)

為健全人工生殖之發展，保障不孕夫妻、人工生殖子女與捐贈
人之權益，維護國民之倫理及健康，特制定本法。

**第二條**　(用詞定義)

本法用詞定義如下：

一　人工生殖：指利用生殖醫學之協助，以非性交之人工方法
　　達到受孕生育目的之技術。

二　生殖細胞：指精子或卵子。

三　受術夫妻：指接受人工生殖之夫及妻，且妻能以其子宮孕
　　育生產胎兒者。

四　胚胎：指受精卵分裂未逾八週者。

五　捐贈人：指無償提供精子或卵子予受術夫妻孕育生產胎兒
　　者。

六　無性生殖：指非經由精子及卵子之結合，而利用單一體細
　　胞培養產生後代之技術。

七　精卵互贈：指二對受術夫妻約定，以一方夫之精子及他方
　　妻之卵子結合，使各方受胎之情形。

八　人工生殖機構：指經主管機關許可得施行人工生殖相關業
　　務之醫療機構及公益法人。

**第三條**　(主管機關) 107

本法之主管機關為衛生福利部。

**第四條**　(諮詢委員會之成立)

① 主管機關應邀集相關學者專家及民間團體代表，斟酌社會倫理
觀念、醫學之發展及公共衛生之維護，成立諮詢委員會，定期
研討本法執行之情形。

② 前項委員會成員之女性委員人數不得少於全體委員人數二分之
一。

**第五條**　(非捐贈生殖細胞之體內人工授精)

以取出夫之精子植入妻體內實施之配偶間人工生殖，除第十六
條第三款及其違反之處罰規定外，不適用本法之規定。

## 第二章　醫療機構施行人工生殖之管理

**第六條**　（從事人工生殖醫療機構之條件）

① 醫療機構應申請主管機關許可後，始得實施人工生殖、接受生殖細胞之捐贈、儲存或提供之行為。

② 公益法人應申請主管機關許可後，始得接受精子之捐贈、儲存或提供之行為。

③ 前二項許可之有效期限為三年；期限屆滿仍欲繼續實施前項行為者，應於屆滿三個月前申請許可；其申請許可之條件、申請程序及其他應遵行事項之辦法，由主管機關定之。

**第七條**　（受術夫妻或捐贈人之檢查及評估）

① 人工生殖機構於實施人工生殖或接受捐贈生殖細胞前，應就受術夫妻或捐贈人為下列之檢查及評估：

一　一般心理及生理狀況。

二　家族疾病史，包括本人、四親等以內血親之遺傳性疾病紀錄。

三　有礙生育健康之遺傳性疾病或傳染性疾病。

四　其他經主管機關公告之事項。

② 前項之檢查及評估，應製作紀錄。

**第八條**　（捐贈人之資格）

① 捐贈人符合下列各款情形者，人工生殖機構始得接受其捐贈生殖細胞：

一　男性二十歲以上，未滿五十歲；女性二十歲以上，未滿四十歲。

二　經依前條規定實施檢查及評估結果，適合捐贈。

三　以無償方式捐贈。

四　未曾捐贈或曾捐贈而未活產且未儲存。

② 受術夫妻在主管機關所定金額或價額內，得委請人工生殖機構提供營養費或營養品予捐贈人，或負擔其必要之檢查、醫療、工時損失及交通費用。

③ 第一項第四款所定情形，人工生殖機構應向主管機關查核，於核復前，不得使用。

**第九條**　（捐贈人之書面同意及通報）

① 人工生殖機構接受生殖細胞捐贈時，應向捐贈人說明相關權利義務，取得其瞭解及書面同意，始得為之。

② 人工生殖機構接受生殖細胞捐贈，應製作紀錄，並載明下列事項：

一　捐贈人之姓名、住（居）所、國民身分證統一編號或護照號碼、出生年月日、身高、體重、血型、膚色、髮色及種族。

二　捐贈項目、數量及日期。

**第一〇條**　（捐贈生殖細胞提供使用之限制）

人工生殖機構對同一捐贈人捐贈之生殖細胞，不得同時提供二

對以上受術夫妻使用，並於提供一對受術夫妻成功懷孕後，應即停止提供使用；俟該受術夫妻完成活產，應即依第二十一條規定處理。

## 第三章 人工生殖之施行

**第一一條**（夫妻實施人工生殖之情形）

① 夫妻符合下列各款情形者，醫療機構始得爲其實施人工生殖：

　一　經依第七條規定實施檢查及評估結果，適合接受人工生殖。

　二　夫妻一方經診斷罹患不孕症，或罹患主管機關公告之重大遺傳性疾病，經由自然生育顯有生育異常子女之虞。

　三　夫妻至少一方具有健康之生殖細胞，無須接受他人捐贈精子或卵子。

② 夫妻無前項第二款情形，而有醫學正當理由者，得報經主管機關核准後，實施人工生殖。

**第一二條**（醫療機構說明之義務）

① 醫療機構實施人工生殖時，應向受術夫妻說明人工生殖之必要性、施行方式、成功率、可能發生之併發症、危險及其他可能替代治療方式，取得其瞭解及受術夫妻雙方書面同意，始得爲之。

② 醫療機構實施前項人工生殖，對於受術夫妻以接受他人捐贈之精子方式實施者，並應取得受術夫之書面同意；以接受他人捐贈之卵子方式實施者，並應取得受術妻之書面同意，始得爲之。

③ 前項之書面同意，應並經公證人公證。

**第一三條**（禁止使用特定人捐贈之生殖細胞）

① 醫療機構實施人工生殖，不得應受術夫妻要求，使用特定人捐贈之生殖細胞；接受捐贈生殖細胞，不得應捐贈人要求，用於特定之受術夫妻。

② 醫療機構應提供捐贈人之種族、膚色及血型資料，供受術夫妻參考。

**第一四條**（人工生殖紀錄載明事項）

① 醫療機構實施人工生殖，應製作紀錄，並載明下列事項：

　一　受術夫妻之姓名、住（居）所、國民身分證統一編號或護照號碼、出生年月日、身高、體重、血型、膚色及髮色。

　二　捐贈人之國民身分證統一編號或護照號碼及在醫療機構之病歷號碼。

　三　人工生殖施術情形。

② 醫療機構依受術夫妻要求提供前項病歷複製本時，不得包含前項第二款之資料。

**第一五條**（受術病患與捐贈人親屬關係之限制）

① 精子捐贈之人工生殖，不得爲下列親屬間精子與卵子之結合：

　一　直系血親。

　二　直系姻親。

　　三　四親等內之旁系血親。

②前項親屬關係查證之申請人、負責機關、查證方式、內容項目、查證程序、及其他應遵行事項之辦法，由主管機關另行會同中央戶政主管機關定之。

③已依前項規定辦法先行查證，因資料錯誤或缺漏，致違反第一項規定者，不適用第三十條之規定。

**第一六條**　（禁止實施人工生殖之情形或方式）

　　實施人工生殖，不得以下列各款之情形或方式為之：

　　一　使用專供研究用途之生殖細胞或胚胎。

　　二　以無性生殖方式為之。

　　三　選擇胚胎性別。但因遺傳疾病之原因，不在此限。

　　四　精卵互贈。

　　五　使用培育超過七日之胚胎。

　　六　每次植入五個以上胚胎。

　　七　使用混合精液。

　　八　使用境外輸入之捐贈生殖細胞。

**第一七條**　（人體試驗之辦理規定）

　　醫療機構實施人工生殖屬人體試驗者，應依醫療法有關規定辦理。

**第一八條**　（受孕後之產前檢查及遺傳診斷）

　　醫療機構於受術妻懷孕後，應建議其接受例行之產前檢查並視需要建議受術妻接受產前遺傳診斷。

## 第四章　生殖細胞及胚胎之保護

**第一九條**　（生殖細胞權利之歸屬）

　　生殖細胞經捐贈後，捐贈人不得請求返還。但捐贈人捐贈後，經醫師診斷或證明有生育功能障礙者，得請求返還未經銷毀之生殖細胞。

**第二〇條**　（生殖細胞之同意轉贈）

　　人工生殖機構接受捐贈之生殖細胞，經捐贈人事前書面同意得轉贈其他人工生殖機構，實施人工生殖。

**第二一條**　（捐贈之生殖細胞之銷毀）

①捐贈之生殖細胞有下列情形之一者，人工生殖機構應予銷毀：

　　一　提供受術夫妻完成活產一次。

　　二　保存逾十年。

　　三　捐贈後發現不適於人工生殖之使用。

②受術夫妻之生殖細胞有下列情形之一者，人工生殖機構應予銷毀：

　　一　生殖細胞提供者要求銷毀。

　　二　生殖細胞提供者死亡。

　　三　保存逾十年。但經生殖細胞提供者之書面同意，得依其同意延長期限保存。

③受術夫妻為實施人工生殖形成之胚胎，有下列情形之一者，人工生殖機構應予銷毀：
一　受術夫妻婚姻無效、撤銷、離婚或一方死亡。
二　保存逾十年。
三　受術夫妻放棄施行人工生殖。

④人工生殖機構歇業時，其所保存之生殖細胞或胚胎應予銷毀。但經捐贈人書面同意，其捐贈之生殖細胞，得轉贈其他人工生殖機構；受術夫妻之生殖細胞或胚胎，經受術夫妻書面同意，得轉其他人工生殖機構繼續保存。

⑤前四項應予銷毀之生殖細胞及胚胎，經捐贈人或受術夫妻書面同意，並報經主管機關核准者，得提供研究使用。

第二二條　（捐贈之生殖細胞之用途）
依本法捐贈之生殖細胞、受術夫妻之生殖細胞及受術夫妻為實施人工生殖形成之胚胎，人工生殖機構不得為人工生殖以外之用途。但依前條第五項規定提供研究使用之情形，不在此限。

## 第五章　人工生殖子女之地位

第二三條　（接受捐贈精子之人工生殖子女法律地位）
①妻於婚姻關係存續中，經夫同意後，與他人捐贈之精子受胎所生子女，視為婚生子女。

②前項情形，夫能證明其同意係受詐欺或脅迫者，得於發見被詐欺或被脅迫終止後六個月內提起否認之訴。但受詐欺者，自子女出生之日起滿三年，不得為之。

③民法第一千零六十七條規定，於本情形不適用之。

第二四條　（接受捐贈卵子之人工生殖子女法律地位）
①妻於婚姻關係存續中，同意以夫之精子與他人捐贈之卵子受胎所生子女，視為婚生子女。

②前項情形，妻能證明其同意係受詐欺或脅迫者，得於發見被詐欺或被脅迫終止後六個月內提起否認之訴。但受詐欺者，自子女出生之日起滿三年，不得為之。

第二五條　（發見有婚姻撤銷、無效情形之人工生殖子女法律地位）
妻受胎後，如發見有婚姻撤銷、無效之情形，其分娩所生子女，視為受術夫妻之婚生子女。

## 第六章　資料之保存、管理及利用

第二六條　（紀錄製作及保存之規定）
第七條第二項、第九條第二項、第十四條第一項所定之紀錄，應依醫療法有關病歷之規定製作及保存。

第二七條　（人工生殖資料之通報）
①人工生殖機構應向主管機關通報下列資料，並由主管機關建立

人工生殖資料庫管理之：

一　依第七條第一項規定施行之檢查及評估。

二　依第九條第一項規定捐贈人之捐贈。

三　依第十二條第一項規定實施人工生殖。

四　依第二十一條第一項至第四項規定所爲之銷毀。

五　每年度應主動通報受術人次、成功率、不孕原因，以及所採行之人工生殖技術等相關事項。主管機關應定期公布上述資料。

②前項通報之期限、內容、格式、流程及其他應遵行事項之辦法，由主管機關定之。

第二八條　（指定專人負責通報事項）

人工生殖機構實施人工生殖、接受生殖細胞之捐贈、儲存或提供，應指定專人負責前條之通報事項。

第二九條　（人工生殖子女請求知悉資料）

①人工生殖子女，或其法定代理人，遇有下列情形之一者，得向主管機關申請查詢：

一　結婚對象有違反民法第九百八十三條規定之虞時。

二　被收養人有違反民法第一千零七十三條之一規定之虞時。

三　違反其他法規關於限制一定親屬範圍規定之虞時。

②前項查詢之適用範圍、查詢程序、內容及其他應遵行事項之辦法，由主管機關定之。

## 第七章　罰　則

第三〇條　（處罰）

違反第十五條、第十六條第一款或第二款規定者，處其行爲人五年以下有期徒刑，得併科新臺幣一百五十萬元以下罰金。

第三一條　（處罰）107

意圖營利，從事生殖細胞、胚胎之買賣或居間介紹者，處二年以下有期徒刑、拘役或科或併科新臺幣二十萬元以上一百萬元以下罰金。

第三二條　（處罰）

違反第十條、第十三條第一項或第十六條第三款至第八款規定之一者，處新臺幣二十萬元以上一百萬元以下罰鍰。

第三三條　（處罰）

違反第六條第一項、第二項、第八條第一項或第十一條規定者，處新臺幣十萬元以上五十萬元以下罰鍰。

第三四條　（處罰）

①違反第七條第一項、第八條第三項、第九條第一項、第十二條、第二十條、第二十一條、第二十二條或第二十七條第一項各款規定之一者，處新臺幣三萬元以上十五萬元以下罰鍰。

②違反第二十一條第一項至第四項規定之一者，除依前項規定處罰外，並得限期命其改善；逾期未改善者，得連續加重處罰。

**第三五條** （處罰）

違反第六條第一項、第二項、第八條第一項、第十條、第十一條、第十五條或第十六條規定者，其行為醫師，並依醫師法規定移付懲戒。

**第三六條** （告訴乃論）107

① 以詐欺或脅迫之方式使人為第二十三條第一項或第二十四條第一項之同意者，處三年以下有期徒刑。

② 前項教唆犯及幫助犯罰之。

③ 本條之罪，須告訴乃論。

**第三七條** （廢止許可處分）

① 人工生殖機構有下列情形之一者，主管機關得廢止第六條第一項、第二項之許可：

　一　依第三十二條規定處罰。

　二　醫療機構之負責人、受雇人或其他執業人員犯第三十條之罪，經判刑確定。

② 人工生殖機構違反第八條第一項、第三項、第十一條、第二十條、第二十一條第五項或第二十二條規定者，除依第三十三條、第三十四條規定處罰外，主管機關並得限定其於一定期間停止實施人工生殖、接受生殖細胞之捐贈、儲存或提供。

③ 人工生殖機構依第一項規定受廢止許可處分者，自受廢止之日起二年內，不得重新依第六條第一項、第二項規定申請許可。

**第三八條** （罰鍰之執行機關）

本法所定之罰鍰，由直轄市或縣（市）政府處罰之。

## 第八章　附　則

**第三九條** （本法施行前從事人工生殖之醫療機構依本法規定申請許可之期限）

本法施行前經主管機關依人工協助生殖技術管理辦法核准從事人工生殖之醫療機構，應自本法施行之日起六個月內，依本法規定申請許可；屆期未申請或未經許可者，不得從事人工生殖；其有違反者，依第三十三條規定處罰。

**第四〇條** （施行日）

本法自公布日施行。

# 精卵捐贈親屬關係查證辦法

①民國96年7月30日行政院衛生署、內政部令會銜訂定發布全文7條；並自發布日施行。
②民國97年2月20日行政院衛生署、內政部令會銜修正發布第3條附表一。
③民國100年11月17日行政院衛生署、內政部令會銜修正發布第3條條文。
民國102年7月19日行政院公告第6條所列屬「行政院衛生署國民健康局」之權責事項，自102年7月23日起改由「衛生福利部國民健康署」管轄。
④民國103年4月17日衛生福利部、內政部令會銜修正發布第6條條文。
⑤民國104年3月3日衛生福利部、內政部令會銜修正發布第3條條文。
⑥民國107年10月5日衛生福利部、內政部令會銜修正發布全文8條；並自107年11月15日施行。

## 第一條
本辦法依人工生殖法（以下稱本法）第十五條第二項規定訂定之。

## 第二條
人工生殖機構（以下稱機構）使用捐贈之生殖細胞實施人工生殖，應先開立診斷證明書（如附件一），交由受術夫妻依親等關聯資料申請提供及管理辦法之規定，向戶政機關申請親等關聯資料證明。

## 第三條
接受精子或卵子捐贈施行人工生殖，應分別申請妻方或夫方之直系血親與四親等內之旁系血親，及其配偶之直系血親與直系姻親之親等關聯資料證明。但受術夫妻應申請親屬關係證明之一方為外籍人士，取得親等關聯資料證明確有困難時，得填具切結書（如附件二），詳述理由，並由受術夫妻親自簽名。

## 第四條
①機構於實施人工生殖前，應就受術夫妻提供之親等關聯資料證明與捐贈人姓名及出生年、月、日或其他個人資料確實核對；於查無本法第十五條第一項所定情形時，應再向主管機關申請就人工生殖資料庫之捐贈人資料，進行查證。
②醫療機構對持有受術夫妻所提供之親等關聯資料，應善盡保密之責任，不得無故洩漏。

## 第五條
主管機關受理前條第一項申請後，應於十五日內將查證結果，

以書面通知機構。

**第六條**

機構於收受前條書面通知，查無本法第十五條第一項所定情形後，始得使用捐贈之特定生殖細胞為受術夫妻實施人工生殖。

**第七條**

本辦法所定查證業務，主管機關得委任衛生福利部國民健康署或委託相關法人、團體辦理之。

**第八條**

本辦法自中華民國一百零七年十一月十五日施行。

# 人工生殖子女親屬關係查詢辦法

① 民國96年6月23日行政院衛生署令訂定發布全文7條；並自發布日施行。
② 民國97年1月11日行政院衛生署令修正發布第3條附表二。
③ 民國100年10月20日行政院衛生署令修正發布第3條條文及第2條附表一。
民國102年7月19日行政院公告第2條附表一、第6條所列屬「行政院衛生署國民健康局」之權責事項，自102年7月23日起改由「衛生福利部國民健康署」管轄。
④ 民國103年2月13日衛生福利部令修正發布第6條條文及第2條附表一。
⑤ 民國104年2月2日衛生福利部令修正發布第3條條文及第2條附表一。
⑥ 民國107年8月21日衛生福利部令修正發布全文7條；並自107年10月1日施行。

**第一條**
本辦法依人工生殖法（以下稱本法）第二十九條第二項規定訂定之。

**第二條**
中華民國八十七年後，經主管機關登錄在案，接受生殖細胞捐贈所生之子女（以下稱人工生殖子女）或其法定代理人，有本法第二十九條第一項所定各款情形之一者，得向主管機關申請發給人工生殖子女證明書。

**第三條**
人工生殖子女擬結婚、收養或被收養時，得分別由其擬結婚對象、被收養人或收養人持前條之人工生殖子女證明書，依親等關聯資料申請提供及管理辦法之規定，向戶政機關申請核發親等關聯資料證明。

**第四條**
人工生殖子女或其法定代理人得依本法第二十九條第一項規定，檢具下列文件，向主管機關申請查詢：
一　本人之國民身分證；無國民身分證之外籍人士，其有統一證號或護照號碼之證明文件。
二　人工生殖子女親屬關係查詢申請表（如附件一或附件二）。
三　前條所定親等關聯資料證明。

**第五條**
① 主管機關應自收受前條申請之次日起三十日內，以書面通知申請人查詢結果；必要時，得通知其限期補正，屆期未補正者，不予受理。

②前項通知，以本法第二十九條第一項各款情形之一為限。

**第六條**

本辦法所定查詢業務，主管機關得委任衛生福利部國民健康署或委託相關法人、團體辦理之。

**第七條**

本辦法自中華民國一百零七年十月一日施行。

民

法

# 入出國及移民法

① 民國96年12月26日總統令修正公布全文97條；並自97年8月1日施行。
② 民國98年1月23日總統令修正公布第16條條文；並自公布日施行。
③ 民國100年11月23日總統令修正公布第6、15、21、36、38、74、88條條文；並自100年12月9日施行。
④ 民國104年2月4日總統令修正公布第15、36至38、91條條文；並增訂第38-1至38-9條條文。
民國104年2月4日行政院令發布定自104年2月5日施行。
⑤ 民國105年11月16日總統令修正公布第16條條文。
民國105年12月1日行政院令發布定自105年12月1日施行。
民國107年4月27日行政院公告第5條第3項所列屬「行政院海岸巡防署」之權責事項，自107年4月28日起改由「海洋委員會」管轄；第94條所列屬「海岸巡防機關」之權責事項原由「行政院海岸巡防署及所屬機關」管轄，自107年4月28日起改由「海洋委員會海巡署及所屬機關（構）」管轄。
⑥ 民國110年1月27日總統令修正公布第9至11、23、25條條文。
民國110年3月11日行政院令發布定自112年1月1日施行。
⑦ 民國111年1月12日總統令修正公布第4至8、13至15、17至22、24、26至28、30至34、36至39、47至50、55、56、59、63至72、79、86、88至92、94條條文。
民國111年1月28日行政院令發布定自111年1月28日施行。
⑧ 民國112年6月28日總統令修正公布第3、5、6、8至10、12、15、18、21、22、23、24至26、29、31至33、36、38、38-1、38-4、38-7至38-9、47至49、52、55至57、64、65、68、70、74、75至80、83、85至87、88、95條條文；增訂第7-1、21-1、23-1、72-1、74-1條條文；刪除第40至46、84條條文及第七章章名；施行日期。
民國112年12月6日行政院令發布第3、5、6、8至10、12、21、22至23-1、25、26、31至33、52、55至57、65、75、76、78至80、86、87條及刪除第七章（第40至46條），定自113年1月1日施行；第7-1、15、18、21-1、24、29、36、38、38-1、38-4、38-7至38-9、47至49、64、68、70、72-1、74、74-1、77、83、85、88、95條及刪除第84條，定自113年3月1日施行。

## 第一章　總　則

**第一條**　（立法目的）

　　爲統籌入出國管理，確保國家安全、保障人權；規範移民事務，落實移民輔導，特制定本法。

**第二條**　（主管機關）

本法之主管機關為內政部。

## 第三條 112

本法用詞定義如下：

一 國民：指具有中華民國（以下簡稱我國）國籍之居住臺灣地區設有戶籍國民或臺灣地區無戶籍國民。

二 機場、港口：指經行政院核定之入出國機場、港口。

三 臺灣地區：指臺灣、澎湖、金門、馬祖及政府統治權所及之其他地區。

四 居住臺灣地區設有戶籍國民：指在臺灣地區設有戶籍，現在或原在臺灣地區居住之國民，且未依臺灣地區與大陸地區人民關係條例喪失臺灣地區人民身分。

五 臺灣地區無戶籍國民：指未曾在臺灣地區設有戶籍之僑居國外國民及取得、回復我國國籍尚未在臺灣地區設有戶籍國民。

六 過境：指經由我國機場、港口進入其他國家、地區，所作之短暫停留。

七 停留：指在臺灣地區居住期間未逾六個月。

八 居留：指在臺灣地區居住期間超過六個月。

九 永久居留：指外國人在臺灣地區無限期居住。

十 定居：指在臺灣地區居住並設立戶籍。

十一 移民業務機構：指依本法許可代辦移民業務之公司及律師事務所。

十二 跨國（境）婚姻媒合：指就居住臺灣地區設有戶籍國民與外國人、臺灣地區無戶籍國民、大陸地區人民、香港或澳門居民間之居間報告結婚機會或介紹婚姻對象之行為。

## 第四條 111

① 入出國者，應經內政部移民署（以下簡稱移民署）查驗；未經查驗者，不得入出國。

② 移民署於查驗時，得以電腦或其他科技設備，蒐集及利用入出國者之入出國紀錄。

③ 前二項查驗時，受查驗者應備文件、查驗程序、資料蒐集與利用應遵行事項之辦法，由主管機關定之。

## 第二章 國民入出國

## 第五條 112

① 居住臺灣地區設有戶籍國民入出國，不須申請許可。但涉及國家安全之人員，應先經其服務機關核准，始得出國。

② 臺灣地區無戶籍國民入國，應向移民署申請許可。但持有我國有效護照者，得免申請入國許可或於入國時申請入國許可。

③ 第一項但書所定人員之範圍、核准條件、程序及其他應遵行事項之辦法，分別由國家安全局、內政部、國防部、法務部、海

洋委員會定之。

④第二項但書免申請入國許可或於入國時申請入國許可之適用對象、條件及其他應遵行事項之辦法，由主管機關會商相關機關定之。

**第六條** 112

①國民有下列情形之一者，移民署應禁止其出國：

一　經判處有期徒刑以上之刑確定，尚未執行或執行未畢。但經宣告六月以下有期徒刑或緩刑者，不在此限。

二　通緝中。

三　因案經司法或軍法機關限制出國。

四　有事實足認有妨害國家安全或社會安定之重大嫌疑。

五　涉及內亂罪、外患罪重大嫌疑。

六　涉及重大經濟犯罪或重大刑事案件嫌疑。

七　役男或尚未完成兵役義務者。但依法令得准其出國者，不在此限。

八　護照、航員證、船員服務手冊或入國許可證件係不法取得、偽造、變造或冒用。

九　護照、航員證、船員服務手冊或入國許可證件未依第四條規定查驗。

十　依其他法律限制或禁止出國。

②受保護管束人經指揮執行之少年法院法官或檢察署檢察官核准出國者，移民署得同意其出國。

③依第一項第二款規定禁止出國者，移民署於查驗發現時應通知管轄司法警察機關處理，入國時查獲亦同；依第一項第八款規定禁止出國者，移民署於查驗發現時應立即逮捕，移送司法機關。

④第一項第一款至第三款應禁止出國之情形，由司法、軍法機關通知移民署；第十款情形，由各權責機關通知移民署。

⑤司法、軍法機關、法務部調查局或內政部警政署因偵辦第一項第四款至第六款案件，情況急迫，得通知移民署禁止出國，禁止出國之期間自通知時起算，不得逾二十四小時。

⑥除依第一項第二款或第八款規定禁止出國者，無須通知當事人外，依第一款規定禁止出國或依第三款規定因案經軍法機關限制出國者，移民署接獲通知後，應以書面敘明理由通知當事人；依第三款規定因案經司法機關限制出國或依第十款規定限制或禁止出國者，由各權責機關通知當事人；依第三款規定因案經司法機關限制出國或依第七款、第九款、第十款及前項規定禁止出國者，移民署於查驗時，當場以書面交付當事人，並告知其禁止出國之理由。

**第七條** 111

①臺灣地區無戶籍國民有下列情形之一者，移民署應不予許可或禁止入國：

一　參加暴力或恐怖組織或其活動。

二　涉及內亂罪、外患罪重大嫌疑。

三　涉嫌重大犯罪或有犯罪習慣。

四　護照或入國許可證件係不法取得、偽造、變造或冒用。

② 臺灣地區無戶籍國民兼具有外國國籍，有前項各款或第十八條第一項各款規定情形之一者，移民署得不予許可或禁止入國。

③ 第一項第三款所定重大犯罪或有犯罪習慣及前條第一項第六款所定重大經濟犯罪或重大刑事案件之認定標準，由主管機關會同法務部定之。

## 第七條之一　112

任何人不得為下列行為：

一　使受禁止出國處分之國民出國。

二　使臺灣地區無戶籍國民非法入國。

三　使臺灣地區無戶籍國民於我國從事與許可停留、居留原因不符之活動。

# 第三章　臺灣地區無戶籍國民停留、居留及定居

## 第八條　112

① 臺灣地區無戶籍國民向移民署申請在臺灣地區停留者，其停留期間為三個月；必要時得延長一次，並自入國之翌日起，併計六個月為限。但有下列情形之一並提出證明者，移民署得酌予再延長其停留期間及次數：

一　懷胎七個月以上或生產、流產後二個月未滿。

二　罹患疾病住院或懷胎，出國有生命危險之虞。

三　配偶、直系血親、三親等內之旁系血親、二親等內之姻親在臺灣地區患重病或受重傷而住院或死亡。

四　遭遇天災或其他不可避免之事變。

五　人身自由依法受拘束。

② 依前項第一款或第二款規定之延長停留期間，每次不得逾二個月；第三款規定之延長停留期間，自事由發生之日起不得逾二個月；第四款規定之延長停留期間，不得逾一個月；第五款規定之延長停留期間，依事實需要核給。

③ 前二項停留期間屆滿，除依規定許可居留或定居者外，應即出國。

## 第九條　112

① 臺灣地區無戶籍國民有下列情形之一者，得向移民署申請在臺灣地區居留：

一　有直系血親、配偶、兄弟姊妹或配偶之父母現在在臺灣地區設有戶籍。其親屬關係因收養發生者，被收養者應為未成年人，且與收養者在臺灣地區共同居住，並以二人為限。

二　現任僑選立法委員。

三　歸化取得我國國籍。

四　在國外出生，出生時其父或母為居住臺灣地區設有戶籍國

民，或出生於父或母死亡後，其父或母死亡時爲居住臺灣地區設有戶籍國民。

五 持我國護照入國，在臺灣地區合法連續停留五年以上，且每年居住一百八十三日以上。

六 在臺灣地區有一定金額以上之投資，經中央目的事業主管機關核准或備查。

七 曾在臺灣地區居留之第十二款僑生畢業後，經中央勞動主管機關或目的事業主管機關許可在臺灣地區從事就業服務法第四十六條第一項第一款至第七款或第十一款工作，或從事就業服務法第四十八條第一項第一款、第三款規定免經許可之工作，或免依就業服務法申請工作許可而在臺灣地區從事合法工作，或返回僑居地服務滿二年。

八 對國家、社會有特殊貢獻，或爲臺灣地區所需之高級專業人才。

九 具有特殊技術或專長，經中央目的事業主管機關延聘回國。

十 前款以外，經政府機關或公私立大專校院任用或聘僱。

十一 經中央勞動主管機關或目的事業主管機關許可在臺灣地區從事就業服務法第四十六條第一項第一款至第七款或第十一款工作或從事就業服務法第四十八條第一項第一款、第三款規定免經許可之工作，或免依就業服務法申請工作許可而在臺灣地區從事相當於就業服務法第四十六條第一項第一款至第七款、第十一款或第四十八條第一項第一款、第三款之合法工作。

十二 經各級主管教育行政機關、大學或其組成之海外聯合招生委員會許可在我國就學之僑生。

十三 經中央目的事業主管機關核准回國接受職業技術訓練之學員生。

十四 經中央目的事業主管機關核准回國從事研究實習之碩士、博士研究生。

十五 經中央勞動主管機關許可在臺灣地區從事就業服務法第四十六條第一項第八款至第十款工作，或免依就業服務法申請工作許可而在臺灣地區從事相當於就業服務法第四十六條第一項第八款至第十款之合法工作。

② 申請人有前項第一款、第二款、第四款至第十一款規定情形之一者，其配偶及未成年子女得隨同申請，或於本人入國居留許可後定居許可前申請之。本人居留許可依第十一條第二項規定，撤銷或廢止時，其配偶及未成年子女之居留許可得併同撤銷或廢止之。

③ 依第一項規定申請居留經許可者，移民署應核發臺灣地區居留證，其有效期間自入國之翌日起算，最長不得逾三年。

④ 臺灣地區無戶籍國民居留期限屆滿前，原申請居留原因仍繼續存在者，得向移民署申請延期。

⑤ 依前項規定申請延期經許可者，其臺灣地區居留證之有效期間，

應自原居留屆滿之翌日起延期，最長不得逾三年。

⑥臺灣地區無戶籍國民於居留期間內，居留原因消失者，移民署應廢止其居留許可。但依第一項第一款規定申請居留之直系血親、配偶、兄弟姊妹或配偶之父母死亡者，不在此限，並得申請延期，其申請延期，以一次為限，最長不得逾三年。

⑦臺灣地區無戶籍國民於居留期間，變更居留地址或服務處所時，應向移民署申請辦理變更登記。

⑧主管機關得衡酌國家利益，依不同國家或地區擬訂臺灣地區無戶籍國民每年申請在臺灣地區居留之配額，報請行政院核定後公告之。但有未成年子女在臺灣地區設有戶籍，或結婚滿四年，其配偶在臺灣地區設有戶籍者，不受配額限制。

⑨臺灣地區無戶籍國民經許可入國，逾期停留未逾十日，其居留申請案依前項規定定有配額限制者，依規定核配時間每次延後一年許可。但有前條第一項各款情形之一者，不在此限。

## 第一〇條 112

①臺灣地區無戶籍國民有下列情形之一者，得向移民署申請在臺灣地區定居：

　一　前條第一項第一款至第十一款之申請人與其配偶及未成年子女，經依前條規定許可居留者，在臺灣地區居留滿一年且居住三百三十五日以上，或連續居留滿二年且每年居住二百七十日以上，或連續居留滿五年且每年居住一百八十三日以上，仍具備原居留條件。但依前條第一項第二款、第四款或第八款規定許可居留者，不受居留滿一定期間之限制。

　二　在國外出生之未成年子女，持外國護照入國，出生時其父或母為居住臺灣地區設有戶籍國民。

　三　在國外出生，持我國護照入國，出生時其父或母為居住臺灣地區設有戶籍國民。

　四　在國內出生，未辦理出生登記，出國後持我國或外國護照入國，出生時其父或母為居住臺灣地區設有戶籍國民。

②依前項第一款規定申請定居，其親屬關係因結婚發生者，應存續三年以上。但婚姻關係存續期間已生產子女者，不在此限。

③臺灣地區無戶籍國民於第一項第一款居留期間出國，係經政府機關派遣或核准，附有證明文件者，不視為居住期間中斷，亦不予計入在臺灣地區居住期間。

④臺灣地區無戶籍國民於居留期間依親對象死亡，或與依親對象離婚，其有未成年子女在臺灣地區設有戶籍且得行使或負擔該子女之權利義務，並已居留滿一定期間者，仍得向移民署申請定居，不受第一項第一款所定仍具備原居留條件之限制。

⑤申請定居，除第一項第一款但書規定情形外，應於居留滿一定期間後二年內申請之。申請人之配偶及未成年子女，得隨同申請，或於其定居許可後申請之。本人定居許可依第十一條第三項規定撤銷或廢止時，其配偶及未成年子女之定居許可併同撤

銷或廢止之。

⑥臺灣地區無戶籍國民經許可定居者，應於三十日內向預定申報戶籍地之戶政事務所辦理戶籍登記，屆期未辦理者，移民署得廢止其定居許可。

⑦臺灣地區無戶籍國民申請入國、居留或定居之申請程序、應備文件、核發證件種類、效期及其他應遵行事項之辦法，由主管機關定之。

**第一一一條 110**

①臺灣地區無戶籍國民申請在臺灣地區居留或定居，有下列情形之一者，移民署得不予許可：

一 有事實足認有妨害國家安全或社會安定之重大嫌疑。

二 曾受有期徒刑以上刑之宣告。

三 未經許可而入國。

四 冒用身分或以不法取得、偽造、變造之證件申請。

五 曾經協助他人非法入出國或身分證件提供他人持以非法入出國。

六 有事實足認其係通謀而為虛偽之結婚。

七 親屬關係因收養而發生，被收養者入國後與收養者無在臺灣地區共同居住之事實。

八 中央衛生主管機關指定健康檢查項目不合格。但申請人未成年，不在此限。

九 曾經從事與許可原因不符之活動或工作。

十 曾經逾期停留。

十一 經合法通知，無正當理由拒絕到場面談。

十二 無正當理由規避、妨礙或拒絕接受第七十條之查察。

十三 其他經主管機關認定公告者。

②經許可居留後，有前項第一款至第八款情形之一，或發現申請當時所提供之資料係虛偽不實者，移民署得撤銷或廢止其居留許可。

③經許可定居後，有第一項第四款或第六款情形之一，或發現申請當時所提供之資料係虛偽不實者，得撤銷或廢止其定居許可；已辦妥戶籍登記者，戶政機關並得撤銷或註銷其戶籍登記。

④依前二項規定撤銷或廢止居留、定居許可者，應自得撤銷或廢止之情形發生後五年內，或知有得撤銷或廢止之情形後二年內為之。但有第一項第四款或第六款規定情形者，不在此限。

⑤第一項第九款及第十款之不予許可期間，自其出國之翌日起算至少為一年，並不得逾三年。

⑥第一項第十二款規定，於大陸地區人民、香港或澳門居民申請在臺灣地區居留或定居時，準用之。

**第一一二條 112**

臺灣地區無戶籍國民持憑外國護照或無國籍旅行證件入國者，除合於第九條第一項第三款或第十條第一項第二款、第四款情形者外，應持憑外國護照或無國籍旅行證件出國，不得申請居

留或定居。

**第一三條** 111

臺灣地區無戶籍國民停留期間，有下列情形之一者，移民署得廢止其停留許可：

一　有事實足認有妨害國家安全或社會安定之虞。

二　受有期徒刑以上刑之宣告，於刑之執行完畢、假釋、赦免或緩刑。

**第一四條** 111

① 臺灣地區無戶籍國民停留、居留、定居之許可經撤銷或廢止者，移民署應限令其出國。

② 臺灣地區無戶籍國民應於接到前項限令出國通知後十日內出國。

③ 臺灣地區無戶籍國民居留、定居之許可經撤銷或廢止，移民署為限令出國處分前，得召開審查會，並給予當事人陳述意見之機會。

④ 前項審查會之組成、審查要件、程序等事宜，由主管機關定之。

**第一五條** 112

① 臺灣地區無戶籍國民未經許可入國，或經許可入國已逾停留、居留或限令出國之期限者，移民署得逕行強制其出國，並得限制再入國。

② 臺灣地區無戶籍國民逾期居留未滿三十日，且原申請居留原因仍繼續存在者，經依第七十四條之一第二項規定處罰後，得向移民署重新申請居留；其申請定居，核算在臺灣地區居留期間，應扣除一年。

③ 第一項受強制出國者於出國前，非予收容顯難強制出國者，移民署得暫予收容，期間自暫予收容時起最長不得逾十五日。出國後，移民署得廢止其入國許可，並註銷其入國許可證件。

④ 前三項規定，於本法施行前入國者，亦適用之。

⑤ 第一項所定強制出國之處理方式、程序、管理及其他應遵行事項之辦法，由主管機關定之。

⑥ 第一項之強制出國，準用第三十六條第三項至第五項及第三十八條之六規定；第三項之暫予收容及其後之續予收容、延長收容或再延長收容，準用第三十八條至第三十九條規定。

**第一六條** （因僑居地區特殊狀況申請居留定居之條件）105

① 臺灣地區無戶籍國民，因僑居地區之特殊狀況，必須在臺灣地區居留或定居者，由主管機關就特定國家、地區訂定居留或定居辦法，報請行政院核定，不受第九條及第十條規定之限制。

② 本法施行前已入國之泰國、緬甸或印尼地區無國籍人民及臺灣地區無戶籍國民未經強制出國者，移民署應許可其居留。

③ 中華民國八十八年五月二十一日至九十七年十二月三十一日入國之無國籍人民及臺灣地區無戶籍國民，係經教育部或僑務委員會核准自泰國、緬甸地區回國就學或接受技術訓練，未能強制其出國者，移民署應許可其居留。

④中華民國一百零五年六月二十九日以前入國之印度或尼泊爾地區無國籍人民，未能強制其出國，且經蒙藏事務主管機關組成審查會認定其身分者，移民署應許可其居留。

⑤前三項所定經許可居留之無國籍人民在國內取得國籍者及臺灣地區無戶籍國民，在臺灣地區連續居住三年，或居住滿五年且每年居住二百七十日以上，或居留滿七年且每年居住一百八十三日以上，得向移民署申請在臺灣地區定居。

⑥臺灣地區無戶籍國民於前項所定居留期間出國，係經政府機關派遣或核准，附有證明文件者，不視為居住期間中斷，亦不予計入在臺灣地區居住期間。

**第一七條 111**

①十四歲以上之臺灣地區無戶籍國民，進入臺灣地區停留或居留，應隨身攜帶護照、臺灣地區居留證、入國許可證件或其他身分證明文件。

②移民署或其他依法令賦予權責之公務員，得於執行公務時，要求出示前項證件。其相關要件與程序，準用警察職權行使法第二章之規定。

## 第四章　外國人入出國

**第一八條 112**

①外國人有下列情形之一者，移民署得禁止其入國：

一　未帶護照或拒不繳驗。

二　持用不法取得、偽造、變造之護照或簽證。

三　冒用護照或持用冒用身分申請之護照。

四　護照失效、應經簽證而未簽證或簽證失效。

五　申請來我國之目的作虛偽之陳述或隱瞞重要事實。

六　攜帶違禁物。

七　在我國或外國有犯罪紀錄。

八　患有足以妨害公共衛生之傳染病或其他疾病。

九　有事實足認其在我國境內無力維持生活。但依親及已有擔保之情形，不在此限。

十　持停留簽證而無回程或次一目的地之機票、船票，或未辦妥次一目的地之入國簽證。

十一　曾經被拒絕入國、限令出國或驅逐出國。

十二　曾經逾期停留、居留或非法工作。

十三　有危害我國利益、公共安全或公共秩序之虞。

十四　有妨害善良風俗之行為。

十五　有從事恐怖活動之虞。

十六　有嚴重侵害國際公認人權之行為。

②外國政府以前項各款以外之理由，禁止我國國民進入該國者，移民署經報請主管機關會商外交部後，得以同一理由，禁止該國國民入國。

③第一項第十二款之禁止入國期間，自其出國之翌日起算至少為一年，並不得逾七年。

④第一項第十六款禁止入國之規定，於大陸地區人民、香港或澳門居民準用之。

**第一九條** 111

①搭乘航空器、船舶或其他運輸工具之外國人，有下列情形之一者，移民署依機、船長、運輸業者、執行救護任務機關或施救之機、船長之申請，得許可其臨時入國：

一　轉乘航空器、船舶或其他運輸工具。

二　疾病、避難或其他特殊事故。

三　意外迫降、緊急入港、遇難或災變。

四　其他正當理由。

②前項所定臨時入國之申請程序、應備文件、核發證件、停留期間、地區、管理及其他應遵行事項之辦法，由主管機關定之。

**第二〇條** 111

①航空器、船舶或其他運輸工具所搭載之乘客，因過境必須在我國過夜住宿者，得由機、船長或運輸業者向移民署申請許可。

②前項乘客不得擅離過夜住宿之處所；其過夜住宿之申請程序、應備文件、住宿地點、管理及其他應遵行事項之辦法，由主管機關定之。

**第二一條** 112

①外國人有下列情形之一者，移民署應禁止其出國：

一　經司法機關通知限制出國。

二　經財稅機關或各權責機關依法律通知限制出國。

②依前項規定禁止出國者，移民署於查驗時，當場以書面交付當事人，並告知其禁止出國之理由。

③前二項禁止出國之規定，於大陸地區人民、香港或澳門居民準用之。

**第二一條之一** 112

①任何人不得為下列行為：

一　使外國人非法入國。

二　使受禁止出國處分之外國人出國。

②大陸地區人民、香港或澳門居民受禁止出境處分者，準用前項第二款規定。

## 第五章　外國人停留、居留及永久居留

**第二二條** 112

①外國人持有效簽證或適用以免簽證方式入國之有效護照或旅行證件，經移民署查驗許可入國後，取得停留、居留許可。

②依前項規定取得居留許可者，應於入國後之翌日起算三十日內，向移民署申請外僑居留證。但申請取得工作許可、居留簽證、外僑居留證及重入國許可四證合一之有效證件，或其他已含有

外僑居留證功能之證件者，得免申請外僑居留證。

③外僑居留證之有效期間，自許可之翌日起算，最長不得逾三年。

**第二三條** 112

① 持停留期限在六十日以上，且未經簽證核發機關加註限制不准延期或其他限制之有效簽證入國之外國人，有下列情形之一者，得向移民署申請居留，經許可者，核發外僑居留證：

一　配偶爲現在在臺灣地區居住且設有戶籍或獲准居留之我國國民，或經核准居留或永久居留之外國人，或經核准居留之香港或澳門居民。但該經核准居留之配偶係依第九款或第十款規定經許可，或經中央勞動主管機關許可在我國從事就業服務法第四十六條第一項第八款至第十款工作者，不得申請。

二　未滿十八歲，其直系尊親屬爲現在在臺灣地區設有戶籍或獲准居留之我國國民，或經核准居留或永久居留之外國人，或經核准居留之香港或澳門居民。其親屬關係因收養而發生者，被收養者應與收養者在臺灣地區共同居住。但該經核准居留之直系尊親屬係依第九款或第十款規定經許可，或經中央勞動主管機關許可在我國從事就業服務法第四十六條第一項第八款至第十款工作者，不得申請。

三　爲現在在臺灣地區從事投資經營管理且已實行投資、跨國企業內部調動服務、學術科技研究或長期產業科技研究之大陸地區人民之配偶、未滿十八歲子女及年滿十八歲因身心障礙無法自理生活之子女。

四　經中央勞動主管機關或目的事業主管機關許可在我國從事就業服務法第四十六條第一項第一款至第七款、第十一款之工作或從事就業服務法第四十八條第一項第一款、第三款規定免經許可之工作，或依外國專業人才延攬及僱用法第四條第四款第四目、第五目、第八條、第十條之專業工作，或依該法第十五條第一項取得工作許可。

五　在我國有一定金額以上之投資，經中央目的事業主管機關核准或備查之投資人或外國法人投資人之代表人。

六　外國公司在我國境內之負責人。

七　依前三款規定，經核准居留或永久居留者，其年滿十八歲因身心障礙無法自理生活之子女。

八　經僑務主管機關核轉各級主管教育行政機關分發之自行回國就學僑生。

九　配偶死亡時爲居住臺灣地區設有戶籍國民，並對在臺灣地區已設有戶籍未成年子女，有撫育事實、行使負擔權利義務或會面交往。

十　曾爲居住臺灣地區設有戶籍國民之配偶，且曾在我國合法居留，對在臺灣地區已設有戶籍未成年子女，有撫育事實、行使負擔權利義務或會面交往。

② 以免簽證或持停留簽證入國之外國人，其符合前項第四款規定

者，得向移民署申請居留，經許可者，核發外僑居留證。

③依前項規定經許可居留或持居留簽證入國經許可居留，且符合第一項第四款規定者，其配偶、未滿十八歲子女及年滿十八歲因身心障礙無法自理生活之子女，以免簽證或持停留簽證入國者，得向移民署申請居留，經許可者，核發外僑居留證。

④外國人申請居留原因與其原持憑入國之停留簽證目的相符，且有下列情形之一者，得向移民署申請居留，經許可者，核發外僑居留證：

一　經各級主管教育行政機關、大學或其組成之海外聯合招生委員會許可在我國就學之僑生。

二　經各級主管教育行政機關核定得招收外國學生之學校許可在我國就學之學生。

三　在教育部認可大專校院附設之華語教學機構就讀滿四個月，並繼續註冊三個月以上之學生。

## 第二三條之一 112

①外國人持外僑居留證，因原居留原因變更或消失，而有下列各款情形之一者，得向移民署申請變更居留原因：

一　符合前條第一項各款情形之一。但有前條第一項第一款但書或第二款但書規定情形之一者，不得申請。

二　年滿十八歲，原依前條第一項第二款或第三款規定經許可居留，而在各級主管教育行政機關核定得招收外國學生之學校就學之學生，或在我國就學之僑生。

三　原依前條第四項第三款規定經許可居留，經各級主管教育行政機關核定得招收外國學生之學校許可在我國就學之學生。

②依前項規定申請變更居留原因，經移民署許可者，應重新核發外僑居留證，並核定其居留效期。

## 第二四條 112

①外國人申請居留或變更居留原因，有下列情形之一者，移民署得不予許可；已許可者，得撤銷或廢止其許可，並註銷其外僑居留證：

一　有危害我國利益、公共安全、公共秩序之虞。

二　有從事恐怖活動之虞。

三　曾有犯罪紀錄或曾遭拒絕入國、限令出國或驅逐出國。

四　曾非法入國。

五　冒用身分或以不法取得、偽造、變造、內容不實之證件申請。

六　曾經協助他人非法入出國或提供身分證件予他人持以非法入出國。

七　有事實足認其係通謀而為虛偽之結婚或收養。

八　有事實足認其無正當理由而未與依親對象共同居住，或有關婚姻真實性之說詞、證據不符。

九　中央衛生主管機關指定健康檢查項目不合格。

十　所持護照失效或其外國人身分不爲我國承認或接受。

十一　曾經逾期停留、逾期居留。

十二　曾經在我國從事與許可原因不符之活動或工作。

十三　妨害善良風俗之行爲。

十四　經合法通知，無正當理由拒絕到場面談。

十五　無正當理由規避、妨礙或拒絕接受第七十條之查察。

十六　曾爲居住臺灣地區設有戶籍國民其戶籍未辦妥遷出登記，或年滿十五歲之翌年一月一日起至屆滿三十六歲之年十二月三十一日止，尚未履行兵役義務之接近役齡男子或役齡男子。

十七　其他經主管機關認定公告之情形。

②外國政府以前項各款以外之理由，不予許可我國國民在該國居留者，移民署經報請主管機關會商外交部後，得以同一理由，不予許可該國民在我國居留。

③第一項第十一款及第十二款之不予許可期間，自其出國之翌日起算至少爲一年，並不得逾七年。

## 第二五條 112

①外國人在我國合法連續居留五年，每年居住一百八十三日以上，或居住臺灣地區設有戶籍國民，其外國籍之配偶、子女在我國合法居留十年以上，其中有五年每年居住一百八十三日以上，並符合下列要件者，得向移民署申請永久居留。但就學、依第二十三條第一項第三款、第二十六條第一款、第二款、第三十一條第四項第五款至第八款規定經許可居留者或經中央勞動主管機關許可在我國從事就業服務法第四十六條第一項第八款至第十款工作之原因經許可居留者及以其爲依親對象經許可居留者，在我國居留（住）之期間，不予計入：

一　十八歲以上。

二　無不良素行，且無警察刑事紀錄證明之刑事案件紀錄。

三　有相當之財產或技能，足以自立。但爲居住臺灣地區設有戶籍國民之配偶，不在此限。

四　符合我國國家利益。

②中華民國九十一年五月三十一日前，外國人曾在我國合法居留二十年以上，其中有十年每年居住一百八十三日以上，並符合前項各款要件者，得向移民署申請永久居留。

③外國人有下列情形之一者，雖不具第一項要件，亦得向移民署申請永久居留：

一　對我國有特殊貢獻。

二　爲我國所需之高級專業人才。

三　在文化、藝術、科技、體育、產業等各專業領域，參加國際公認之比賽、競技、評鑑得有首獎者。

④外國人得向移民署申請在我國投資移民，經審核許可且實行投資者，同意其永久居留。

⑤前二項申請人之配偶、未滿十八歲子女及年滿十八歲因身心障

礙無法自理生活之子女，得隨同本人申請永久居留，或於本人永久居留經許可後申請，不受第一項第一款及第三款規定之限制。本人之永久居留許可依第三十三條第一款至第三款或第八款規定撤銷或廢止時，隨同申請者之永久居留許可併同撤銷或廢止之。

⑥外國人兼具有我國國籍者，不得申請永久居留。

⑦依第一項或第二項規定申請永僑永久居留，經合法通知，無正當理由拒絕到場面談者，移民署得不予許可。

⑧經許可永久居留者，移民署應核發外僑永久居留證。

⑨主管機關得衡酌國家利益，依不同國家或地區擬訂外國人每年申請在我國居留或永久居留之配額，報請行政院核定後公告之。但因投資、受聘僱工作、就學或為居住臺灣地區設有戶籍國民之配偶或未滿十八歲子女而依親居留者，不受配額限制。

⑩依第一項或第二項規定申請永久居留者，應於居留及居住期間屆滿後二年內申請之。

⑪外國人有第二十三條第一項第九款規定情形者，得於我國合法居留期間，向移民署申請永久居留，不適用第一項有關在我國合法居留期間之規定。

⑫第一項第二款所定無不良素行之認定、程序及其他相關事項之標準，由主管機關定之。

## 第二六條 112

有下列情形之一者，應於事實發生之翌日起算三十日內，向移民署申請居留，經許可者，核發外僑居留證：

一　喪失我國國籍，尚未取得外國國籍。

二　喪失原國籍，尚未取得我國國籍。

三　在我國出生之外國人，出生時其父或母持有外僑居留證或外僑永久居留證。

四　基於外交考量，經外交部專案核准在我國改換居留簽證。

## 第二七條 111

①下列外國人得在我國居留，免申請外僑居留證：

一　駐我國之外交人員及其眷屬、隨從人員。

二　駐我國之外國機構、國際機構執行公務者及其眷屬、隨從人員。

三　其他經外交部專案核發禮遇簽證者。

②前項人員，得由外交部列冊知會移民署。

## 第二八條 111

①十四歲以上之外國人，入國停留、居留或永久居留，應隨身攜帶護照、外僑居留證或外僑永久居留證。

②移民署或其他依法令賦予權責之公務員，得於執行公務時，要求出示前項證件。其相關要件與程序，準用警察職權行使法第二章之規定。

## 第二九條 112

①外國人在我國停留、居留期間，不得從事與許可停留、居留原

因不符之活動。但合法居留者，其請願及合法集會遊行，不在此限。

②任何人不得使外國人從事前項本文之活動。

## 第三〇條 111

移民署在國家發生特殊狀況時，為維護公共秩序或重大利益，得對外國人依相關法令限制其居所、活動或課以應行遵守之事項。

## 第三一條 112

①外國人停留或居留期限屆滿前，有繼續停留或居留之必要時，應向移民署申請延期。

②依前項規定申請居留延期經許可者，其外僑居留證之有效期間應自原居留屆滿之翌日起延期，最長不得逾三年。

③外國人逾期居留未滿三十日，原申請居留原因仍繼續存在者，經依第七十四條之一第二項規定處罰後，得向移民署重新申請居留；其申請永久居留者，核算在臺灣地區居留期間，應扣除一年。

④移民署對於外國人於居留期間內，居留原因消失者，廢止其居留許可，並註銷其外僑居留證。但有下列各款情形之一者，得准予繼續居留：

一 因依親對象死亡。

二 外國人為居住臺灣地區設有戶籍國民之配偶，因遭受家庭暴力離婚，且未再婚。

三 外國人於離婚後對在臺灣地區已設有戶籍未成年子女，有撫育事實、行使負擔權利義務或會面交往。

四 因居留許可被廢止而遭強制出國，對在臺灣地區已設有戶籍未成年子女造成重大且難以回復損害之虞。

五 外國人與本國雇主發生勞資爭議，正在進行爭訟程序。

六 外國人發生職業災害尚在治療中。

七 刑事案件之被害人、證人有協助偵查或審理之必要，經檢察官或法官認定其到庭或作證有助於案件之偵查或審理。

八 依第二十一條第一項規定禁止出國。

九 外國人以配偶為依親對象，取得居留許可，其依親對象為我國國民，於離婚後三十日內與原依親對象再婚。

⑤依前項第三款、第四款規定准予繼續居留者，其子女已成年，得准予繼續居留。

⑥外國人於居留期間，變更居留住址或服務處所時，應於事實發生之翌日起算三十日內，向移民署申請辦理變更登記。

## 第三二條 112

移民署對有下列情形之一者，撤銷或廢止其居留許可，並註銷其外僑居留證：

一 申請資料虛偽或不實。

二 持用不法取得、偽造或變造之證件。

三 經判處一年有期徒刑以上之刑確定。但因過失犯罪或經宣

　　告緩刑者，不在此限。
四　回復我國國籍。
五　取得我國國籍。
六　兼具我國國籍，以國民身分入出國、居留或定居。
七　已取得外僑永久居留證。
八　受驅逐出國。

## 第三三條

移民署對有下列情形之一者，撤銷或廢止其永久居留許可，並
註銷其外僑永久居留證：
一　申請資料虛偽或不實。
二　持用不法取得、偽造或變造之證件。
三　經判處一年有期徒刑以上之刑確定。但因過失犯罪或經宣
　　告緩刑者，不在此限。
四　永久居留期間，最近五年平均每年居住未達一百八十三日。
　　但因出國就學、就醫或其他特殊原因經移民署同意者，不
　　在此限。
五　回復我國國籍。
六　取得我國國籍。
七　兼具我國國籍。
八　受驅逐出國。

## 第三四條 111

外國人在我國居留期間內，有出國後再入國之必要者，應於出
國前向移民署申請重入國許可。但已獲得永久居留許可者，得
憑外僑永久居留證再入國，不須申請重入國許可。

## 第三五條 （外國人停留、居留及永久居留辦法之訂定）

外國人停留、居留及永久居留之申請程序、應備文件、資格條
件、核發證件種類、效期、投資標的、資金管理運用及其他應
遵行事項之辦法，由主管機關定之。

# 第六章　驅逐出國及收容

## 第三六條 112

① 外國人有下列情形之一者，移民署應強制驅逐出國：
一　違反第四條第一項規定，未經查驗入國。
二　違反第十九條第一項規定，未經許可臨時入國。
② 外國人有下列情形之一者，移民署得強制驅逐出國，或限令其
於十日內出國，逾限令出國期限仍未出國，移民署得強制驅逐
出國：
一　入國後，發現有第十八條第一項及第二項禁止入國情形之
　　一。
二　違反依第十九條第二項所定辦法中有關應備文件、證件、
　　停留期間、地區之管理規定。
三　違反第二十條第二項規定，擅離過夜住宿之處所。

四　違反第二十九條第一項規定，從事與許可停留、居留原因不符之活動。

五　違反移民署依第三十條所定限制住居所、活動或課以應行遵守之事項。

六　違反第三十一條第一項規定，於停留或居留期限屆滿前，未申請停留、居留延期。但有第三十一條第三項情形者，不在此限。

七　有第三十一條第四項規定情形，居留原因消失，經廢止居留許可，並註銷外僑居留證。

八　有第三十二條第一款至第三款規定情形，經撤銷或廢止居留許可，並註銷外僑居留證。

九　有第三十三條第一款至第三款規定情形，經撤銷或廢止永久居留許可，並註銷外僑永久居留證。

③移民署於知悉前二項外國人涉有刑事案件已進入司法程序者，於強制驅逐出國十日前，應通知司法機關。該等外國人除經依法羈押、拘提、管收或限制出國者外，移民署得強制驅逐出國或限令出國。

④移民署依規定強制驅逐外國人出國前，應給予當事人陳述意見之機會；強制驅逐已取得居留或永久居留許可之外國人出國前，並應召開審查會。但當事人有下列情形之一者，得不經審查會審查，逕行強制驅逐出國：

一　以書面聲明放棄陳述意見或自願出國。

二　經法院於裁判時併宣告驅逐出境確定。

三　依其他法律規定應限令出國。

四　有危害我國利益、公共安全或從事恐怖活動之虞，且情況急迫應即時處分。

⑤前項當事人得委任律師及通譯於陳述意見程序或審查會進行時在場。但其在場有危害國家安全之虞，或其行為不當足以影響現場秩序或程序進行者，移民署得限制或禁止之。

⑥第一項、第二項及前項所定強制驅逐出國之處理方式、程序、管理、許可律師、通譯在場及其限制及禁止及其他應遵行事項之辦法，由主管機關定之。

⑦第四項審查會由主管機關遴聘有關機關代表、社會公正人士及學者專家共同組成，其中單一性別不得少於三分之一，且社會公正人士及學者專家之人數不得少於二分之一。

**第三七條 111**

①移民署對臺灣地區無戶籍國民涉有第十五條第一項或外國人涉有前條第一項、第二項各款情形之一者，為調查之需，得請求有關機關、團體協助或提供必要之資料。被請求之機關、團體非有正當理由，不得拒絕。

②監獄、技能訓練所、戒治所、少年輔育院及矯正學校，對於臺灣地區無戶籍國民或外國人，於執行完畢或其他理由釋放者，應通知移民署。

## 第三八條 112

① 外國人受強制驅逐出國處分，有下列情形之一，且非予收容顯難強制驅逐出國者，移民署得暫予收容，期間自暫予收容時起最長不得逾十五日，且應於暫予收容處分作成前，給予當事人陳述意見機會：

一 無相關旅行證件，不能依規定執行。

二 有事實足認有行方不明、逃逸或不願自行出國之虞。

三 受外國政府通緝。

② 移民署經依前項規定給予當事人陳述意見機會後，認有前項各款情形之一，而以不暫予收容為宜，得命其覓尋居住臺灣地區設有戶籍國民、慈善團體、非政府組織或其本國駐華使領館、辦事處或授權機構之人員具保或指定繳納相當金額之保證金，並遵守下列事項之一部或全部等收容替代處分，以保全強制驅逐出國之執行：

一 定期至移民署指定之專勤隊報告生活動態。

二 限制居住於指定處所。

三 定期於指定處所接受訪視。

四 提供可隨時聯繫之聯絡方式、電話，於移民署人員聯繫時，應立即回復。

五 配合申請返國旅行證件。

六 不得從事違反法令之活動或工作。

③ 依前項規定得不暫予收容之外國人，如違反收容替代處分者，移民署得沒入其依前項規定繳納之保證金。

## 第三八條之一 112

① 外國人有下列情形之一者，得不暫予收容：

一 精神障礙或罹患疾病，因收容將影響其治療或有危害生命之虞。

二 懷胎五個月以上或生產、流產未滿二個月。

三 未滿十二歲之兒童。

四 罹患傳染病防治法第三條所定傳染病。

五 衰老或身心障礙致不能自理生活。

六 經司法機關或其他機關通知限制出國。

② 移民署經依前項規定不暫予收容，或依第三十八條之七第一項或第二項廢止暫予收容處分或停止收容後，得依前條第二項規定為收容替代處分，並得通報相關立案社福機構提供社會福利、醫療資源以及處所。

## 第三八條之二 111

① 受收容人或其配偶、直系親屬、法定代理人、兄弟姊妹，對第三十八條第一項暫予收容處分不服者，得於受收容人收受收容處分書後暫予收容期間內，以言詞或書面敘明理由，向移民署提出收容異議；其以言詞提出者，應由移民署作成書面紀錄。

② 移民署收受收容異議後，應依職權進行審查，其認異議有理由者，得撤銷或廢止原暫予收容處分；其認異議無理由者，應於

受理異議時起二十四小時內，將受收容人連同收容異議書或異議紀錄、移民署意見書及相關卷宗資料移送法院。但法院認得依行政訴訟法相關規定為遠距審理者，於法院收受卷宗資料時，視為移民署已將受收容人移送法院。

③第一項之人向法院或其他機關提出收容異議，法院或其他機關應即轉送移民署，並應以該署收受之時，作為前項受理收容異議之起算時點。

④對於暫予收容處分不服者，應依收容異議程序救濟，不適用其他撤銷訴訟或確認訴訟之相關救濟規定。

⑤暫予收容處分自收容異議經法院裁定釋放受收容人時起，失其效力。

## 第三八條之三 111

①前條第二項所定二十四小時，有下列情形之一者，其經過期間不予計入。但不得有不必要之遲延：

一　因交通障礙或其他不可抗力事由所生不得已之遲滯。

二　在途移送時間。

三　因受收容人身體健康突發之事由，事實上不能詢問。

四　依前條第一項提出異議之人不同意於夜間製作收容異議紀錄。

五　受收容人表示已委任代理人，因等候其代理人到場致未予製作收容異議紀錄。但等候時間不得逾四小時。其因智能障礙無法為完全之陳述，因等候通知陪同在場之人到場，致未予製作前條第一項之收容異議紀錄，亦同。

六　受收容人須由通譯傳譯，因等候其通譯到場致未予製作前條第一項之收容異議紀錄。但等候時間不得逾六小時。

七　因刑事案件經司法機關提訊之期間。

②前項情形，移民署應於移送法院之意見書中釋明。

③移民署未依第一項規定於二十四小時內移送者，應即廢止暫予收容處分，並釋放受收容人。

## 第三八條之四 112

①暫予收容期間屆滿前，移民署認有續予收容之必要者，應於期間屆滿五日前附具理由，向法院聲請裁定續予收容。

②續予收容期間屆滿前，因受收容人所持護照或旅行證件遺失或失效，尚未能換發、補發或延期，或因天然災害、疫情等不可抗力因素，致無法強制驅逐出國，經移民署認有繼續收容之必要者，應於期間屆滿五日前附具理由，向法院聲請裁定延長收容。

③續予收容之期間，自暫予收容期間屆滿時起，最長不得逾四十五日；延長收容之期間，自續予收容期間屆滿時起，最長不得逾四十日。

④前項延長收容期間屆滿前，受收容人因天然災害、疫情等不可抗力因素，致無法強制驅逐出國，且有下列情形之一，經移民署分別會商海洋委員會海巡署、國家安全局及其他相關機關，

認有繼續收容之必要者，應於期間屆滿五日前附具理由，向法院聲請裁定再延長收容：

一 未經許可入國。

二 曾犯國家安全法或反滲透法之罪，經有罪判決確定。

⑤前項再延長收容之期間，自前次延長收容期間屆滿時起，每次最長不得逾四十日。

⑥第四項再延長收容之聲請，準用行政訴訟法第二編第四章關於延長收容聲請事件程序之規定。

**第三八條之五** 111

①受收容人涉及刑事案件已進入司法程序者，移民署於知悉後執行強制驅逐出國十日前，應通知司法機關；除經司法機關認有羈押或限制出國之必要，而移由司法機關處理者外，移民署得執行強制驅逐受收容人出國。

②本法中華民國一百零四年一月二十三日修正之條文施行前，有修正施行前第三十八條第一項各款情形之一之外國人，涉及刑事案件，經司法機關責付而收容，並經法院判決有罪確定者，其於修正施行前收容於第三十九條收容處所之日數，仍適用修正施行前折抵刑期或罰金數額之規定。

③本法中華民國一百年十一月二十三日修正公布，一百年十二月九日施行前，外國人涉嫌犯罪，經法院判決有罪確定，於修正施行後尚未執行完畢者，其於修正施行前收容於第三十九條收容處所之日數，仍適用修正施行前折抵之規定。

④本法中華民國一百零四年一月二十三日修正之條文施行前，已經移民署收容之外國人，其於修正施行時收容期間未逾十五日者，移民署應告知其得依第三十八條之二第一項規定提出收容異議，十五日期間屆滿認有續予收容之必要，應於期間屆滿前附具理由，向法院聲請續予收容。

⑤前項受收容人之收容期間，於修正施行時已逾十五日至六十日或逾六十日者，移民署如認有續予收容或延長收容之必要，應附具理由，於修正施行當日，向法院聲請續予收容或延長收容。

⑥前二項受收容人於本法中華民國一百零四年一月二十三日修正之條文施行前後收容之期間合併計算，最長不得逾一百日。

**第三八條之六** 111

移民署為暫予收容處分、收容替代處分及強制驅逐出國處分時，應以受處分人理解之語文作成書面通知，附記處分理由及不服處分提起救濟之方法、期間、受理機關等相關規定；並應聯繫當事人原籍國駐華使領館、授權機構或通知其在臺指定之親友，至遲不得逾二十四小時。

**第三八條之七** 112

①移民署作成暫予收容處分，或法院裁定准予續予收容、延長收容或再延長收容後，因收容原因消滅、無收容之必要或有得不予收容情形，移民署得依職權，廢止暫予收容處分或停止收容後，釋放受收容人。

② 法院裁定駁回續予收容、延長收容或再延長收容之聲請者，移民署應停止收容，並釋放受收容人。暫予收容、續予收容、延長收容或再延長收容之期間屆至，未聲請法院續予收容、延長收容或再延長收容者，亦同。

③ 依第三十八條之一第一項不暫予收容之外國人或前二項規定廢止暫予收容處分或停止收容之受收容人，違反第三十八條之一第二項之收容替代處分者，移民署得沒入其繳納之保證金。

④ 法院裁定准予續予收容、延長收容或再延長收容後，受收容人經強制驅逐出國或依第一項規定辦理者，移民署應即時通知原裁定法院。

**第三八條之八** 112

① 外國人依第三十八條第二項、第三十八條之一第一項不暫予收容、前條第一項或第二項廢止暫予收容處分或停止收容後，有下列情形之一，非予收容顯難強制驅逐出國者，移民署得再暫予收容，並得於期間屆滿前，向法院聲請裁定續予收容、延長收容及再延長收容：

　一　違反第三十八條第二項或第三十八條之一第二項之收容替代處分。

　二　廢止暫予收容處分或停止收容之原因消滅。

② 前項第一款外國人再次收容之期間，應重行起算。

③ 第一項第二款外國人再次收容之期間，應與其曾以同一事件收容之期間合併計算；除有依第三十八條之四第四項再延長收容之情形者外，最長不得逾一百日。

④ 本法中華民國一百十二年五月三十日修正之條文施行前，依修正前第一項規定經再暫予收容、續予收容或延長收容者，其再次收容之期間，適用修正施行前之規定。

**第三八條之九** 112

① 法院審理收容異議、續予收容、延長收容及再延長收容裁定事件時，得以遠距審理方式為之。

② 移民署移送受收容人至法院及前項遠距審理之方式、程序及其他應遵行事項之辦法，由行政院會同司法院定之。

**第三九條** 111

移民署對外國人之收容管理，應設置或指定適當處所為之；其收容程序、管理方式及其他應遵行事項之規則，由主管機關定之。

# 第七章　（刪除）112

**第四〇條至第四六條** （刪除）112

# 第八章　機、船長及運輸業者之責任

**第四七條** 112

① 航空器、船舶或其他運輸工具，其機、船長或運輸業者，對移民署相關人員依據本法及相關法令執行職務時，應予協助。

② 前項機、船或運輸業者，不得以其航空器、船舶或其他運輸工具搭載未具入國許可證件之乘客。但抵達我國時，符合申請臨時停留許可、簽證、免簽證，或搭機（船）前經權責機關同意入國之乘客，不在此限。

### 第四八條 112

① 航空器、船舶或其他運輸工具入出機場、港口前，其機、船長或運輸業者，應於航前向移民署通報下列資料，並區分為入、出國及過境：

一　航班編號、啓程與抵達之日期、時間、地點及其他航班相關資訊。

二　機、船員與乘客之姓名、出生年月日、國籍、性別、旅行證件或入國許可證件之號碼及其他證件相關資訊。

三　運輸業者或其代理業者訂位系統留存之乘客訂位資訊及其他訂位相關資訊。

② 前項通報資料之內容、方式、管理、運用、保存年限及其他應遵行事項之辦法，由主管機關定之。

### 第四九條 112

① 前條第一項機、船長或運輸業者，對無護照、航員證或船員服務手冊及因被他國遣返、拒絕入國或偷渡等不法事項之機、船員、乘客，亦應通報移民署。

② 航空器、船舶或其他運輸工具離開我國時，其機、船長或運輸業者應向移民署通報臨時入國停留之機、船員、乘客之名冊。

### 第五〇條 111

① 航空器、船舶或其他運輸工具搭載之乘客、機、船員，有下列情形之一者，機、船長或運輸業者，應負責安排當日或最近班次運輸工具，將機、船員、乘客遣送出國：

一　第七條或第十八條第一項各款規定，禁止入國。

二　依第十九條第一項規定，臨時入國。

三　依第二〇條第一項規定，過夜住宿。

四　第四十七條第二項規定，未具入國許可證件。

② 前項各款所列之人員待遣送出國期間，由移民署指定照護處所，或負責照護。除第一款情形外，運輸業者並應負擔相關費用。

## 第九章　移民輔導及移民業務管理

### 第五一條　（政府機關對移民提供輔導、保護及協助）

① 政府對於移民應予保護、照顧、協助、規劃、輔導。

② 主管機關得協調其他政府機關（構）或民間團體，對移民提供諮詢及講習、語言、技能訓練等服務。

### 第五二條 112

政府對於計劃移居發生戰亂、傳染病或排斥我國國民之國家或

地區者，得勸阻之。

### 第五三條　（集體移民）

集體移民，得由民間團體辦理，或由主管機關了解、協調、輔導，以國際經濟合作投資、獎勵海外投資、農業技術合作或其他方式辦理。

### 第五四條　（僑民學校及本國銀行分支機構之設立）

主管機關得協調有關機關，依據移民之實際需要及當地法令，協助設立僑民學校或鼓勵本國銀行設立海外分支機構。

### 第五五條 112

①經營移民業務者，以公司組織為限，應先向移民署申請經營許可，並依法辦理公司登記後，再向移民署領取註冊登記證，始得營業。但律師法第二十一條第二項或第一百二十條規定經營移民業務者，應向移民署申請領取註冊登記證。

②外國移民業務機構在我國設立之分公司，應先向移民署申請經營許可，並依公司法辦理登記後，再向移民署領取註冊登記證，始得營業。

③前二項辦移民業務之公司變更註冊登記事項，應於事實發生之翌日起十五日內，向移民署申請許可或備查，並於辦妥公司變更登記之翌日起一個月內，向移民署申請換發註冊登記證。依第一項但書規定經營移民業務者，應於變更註冊登記事項事實發生之翌日起一個月內，向移民署申請換發註冊登記證。

④經中央勞動主管機關許可得從事跨國人力仲介業務之私立就業服務機構，得代其所仲介之外國人辦理居留業務。

### 第五六條 112

①移民業務機構得經營下列各款移民業務：

一　代辦居留、定居、永久居留或歸化業務。

二　代辦非觀光旅遊之停留簽證業務。

三　與投資移民有關之移民基金業務，並以保護移民者權益所必須者為限。

四　其他與移民有關之諮詢業務。

②移民業務機構辦理前項第三款所定國外移民基金業務，應逐案申請移民署許可。

③經營第一項第三款之業務者，不得收受投資移民基金相關款項。

④移民業務機構對第一項各款業務之廣告，其內容應經移民署指定之移民團體審閱確認，並賦予審閱確認字號，始得散布、播送或刊登。但國外移民基金之廣告，應逐案送移民公會團體審閱確認，再轉報移民署核定後，始得為之。

⑤廣告物、出版品、廣播、電視、電子訊號、電腦網路或其他媒體業者不得散布、播送或刊登未賦予審閱確認字號或核定字號之移民業務廣告。

⑥移民業務機構應每年陳報移民業務案件統計，並保存相關資料五年，對於移民署之查核，不得規避、妨礙或拒絕。

⑦移民業務機構受託辦理第一項各款業務時，應與委託人簽訂書

面契約。

**第五七條** 112

① 移民業務機構申請經營移民業務，應具備下列要件：

一　一定金額以上之實收資本額。

二　置有符合規定資格及數額之專任專業人員。

三　在金融機構提存一定金額之保證金。

四　其他經主管機關指定應具備之要件。

② 依第五十五條第一項但書規定經營移民業務者，不受前項第一款至第三款規定限制。

③ 移民業務機構申請經營之程序、應備文件、實收資本額、負責人資格、專業人員資格、數額、訓練、測驗、輔導管理、保證金數額、廢止許可、註冊登記證之核發、換發、註銷、繳回、申請許可辦理移民基金案之應備文件、移民業務廣告審閱確認及其他應遵行事項之辦法，由主管機關定之。

**第五八條** （跨國（境）婚姻媒合）

① 跨國（境）婚姻媒合不得為營業項目。

② 跨國（境）婚姻媒合不得要求或期約報酬。

③ 任何人不得於廣告物、出版品、廣播、電視、電子訊號、電腦網路或以其他使公眾得知之方法，散布、播送或刊登跨國（境）婚姻媒合廣告。

**第五九條** 111

① 財團法人及非以營利為目的之社團法人從事跨國（境）婚姻媒合者，應經移民署許可，並定期陳報媒合業務狀況。

② 前項法人應保存媒合業務資料五年，對於移民署之檢查，不得規避、妨礙或拒絕。

③ 第一項許可之申請要件、程序、審核期限、撤銷與廢止許可、業務檢查、督導管理及其他應遵行事項之辦法，由主管機關定之。

**第六〇條** （查證及保密之義務）

① 從事跨國（境）婚姻媒合者，對於受媒合雙方當事人所提供之個人資料，應善盡查證及保密之義務，並於經雙方當事人書面同意後，完整且對等提供對方。

② 前項所稱書面，應以受媒合當事人居住國之官方語言作成。

**第六一條** （本法修正前設立有婚姻媒合業登記之公司或商號營業期限）

中華民國九十五年九月二十六日前合法設立且營業項目有婚姻媒合業登記之公司或商號，自中華民國九十六年十一月三十日修正之條文施行屆滿一年之日起，不得再從事跨國（境）婚姻媒合。

**第六二條** （因歧視致權利受侵害之申訴）

① 任何人不得以國籍、種族、膚色、階級、出生地等因素，對居住於臺灣地區之人民為歧視之行為。

② 因前項歧視致權利受不法侵害者，除其他法律另有規定外，

得依其受侵害情況，向主管機關申訴。

③前項申訴之要件、程序及審議小組之組成等事項，由主管機關定之。

## 第十章　面談及查察

### 第六三條 111

①移民署執行職務人員為辦理入出國查驗，調查受理之申請案件，並查察非法入出國、逾期停留、居留，從事與許可原因不符之活動或工作及強制驅逐出國案件，得行使本章所定之職權。

②前項職權行使之對象，包含大陸地區人民、香港或澳門居民。

### 第六四條 112

①移民署執行職務人員於入出國（境）查驗時，有事實足認當事人有下列情形之一者，得暫時將其留置於勤務處所，進行調查：
　一　所持護照或其他入出國（境）證件顯係無效、不法取得、偽造、變造、冒用或持冒用身分申請。
　二　拒絕接受查驗或嚴重妨礙查驗秩序。
　三　有第七十三條或第七十四條所定行為之虞。
　四　符合本法所定得禁止入出國（境）之情形。
　五　因案經司法或軍法機關通知留置。
　六　其他依法得暫時留置。

②依前項規定對當事人實施之暫時留置，應於目的達成或已無必要時，立即停止。實施暫時留置時間，對國民不得逾二小時，對外國人、大陸地區人民、香港或澳門居民不得逾六小時。

③第一項所定暫時留置之實施程序及其他應遵行事項之辦法，由主管機關定之。

### 第六五條 112

①移民署受理下列申請案件時，得於受理申請當時或擇期與申請人面談。必要時，得委由有關機關（構）辦理：
　一　外國人在臺灣地區申請停留、居留或永久居留。
　二　臺灣地區無戶籍國民、大陸地區人民、香港或澳門居民申請在臺灣地區停留、居留或定居。

②前項接受面談之申請人未滿十四歲者，應與其法定代理人同時面談。

③第一項面談於經查驗許可入國（境）後進行者，申請人得委任律師在場。但其在場有危害國家安全之虞，或其行為不當足以影響現場秩序或程序進行者，移民署得限制或禁止之。

④第一項及前項所定面談之實施方式、作業程序、應備文件、許可律師在場及其限制或禁止及其他應遵行事項之辦法，由主管機關定之。

### 第六六條 111

①移民署為調查當事人違反本法之事實及證據，得以書面通知相關之人至指定處所接受詢問。通知書應記載詢問目的、時間、

地點、負責詢問之人員姓名、得否委託他人到場及不到場所生之效果。

②依前項規定受通知之人，無正當理由不得拒絕到場。

③第一項所定詢問，準用依前條第三項所定辦法之規定。

## 第六七條 111

①移民署執行職務人員於執行查察職務時，得進入相關之營業處所、交通工具或公共場所，並得對下列各款之人查證其身分：

一 有事實足認其係逾期停留、居留或得強制出國。

二 有相當理由足認有第七十三條或第七十四條所定行為，或有該行為之虞。

三 有事實足認從事與許可原因不符之活動或工作。

四 有相當理由足認係非法入出國。

五 有相當理由足認使他人非法入出國。

②依前項規定進入營業處所實施查證，應於其營業時間內為之。

③第一項所定營業處所之負責人或管理人，對於依前項規定實施之查證，無正當理由，不得規避、妨礙或拒絕。

④第一項所定營業處所之範圍，由主管機關定之，並刊登政府公報。

## 第六八條 112

移民署執行職務人員依前條規定查證身分，得採行下列必要措施：

一 攔停人、車、船或其他交通工具。

二 詢問姓名、出生年月日、國籍、入出國資料、住（居）所、在臺灣地區停留或居留期限及相關身分證件編號。

三 令出示身分證明文件。

四 以電子設備進行個人生物特徵識別資料之辨識。

五 有事實足認受查證人攜帶足以傷害執行職務人員或受查證人生命、身體之物者，得檢查其身體及攜帶之物；必要時，並得將所攜帶之物扣留。

## 第六九條 111

①移民署執行職務人員依第六十七條規定實施查證，應於現場為之。但經受查證人同意，或於現場為之有下列情形之一者，得將其帶往勤務處所：

一 無從確定身分。

二 對受查證人將有不利影響。

三 妨礙交通、安寧。

四 所持護照或其他入出國證件顯係無效、偽造或變造。

五 拒絕接受查驗。

六 有第七十三條或第七十四條所定之行為。

七 符合本法所定得禁止入出國之情形。

八 因案經司法或軍法機關通知留置。

②依前項規定將受查證人帶往勤務處所時，非遇抗拒不得使用強制力，且其時間自攔停起，不得逾三小時，並應即通知其指定

之親友或律師。

**第七〇條** 112

①移民署受理申請在臺灣地區停留、居留、永久居留或定居之案件，於必要時，得派員至申請人在臺灣地區之住（居）所，進行查察。

②前項所定查察，應於執行前告知受查察人。受查察人無正當理由，不得規避、妨礙或拒絕。

③前項所定查察，不得於夜間行之。但有下列情形之一者，不在此限：

一 經該受查察人、住（居）所之住居人或可為其代表之人承諾。

二 日間已開始查察者，經受查察人同意，得繼續至夜間。

**第七一條** 111

①移民署對在我國停留期間逾三個月、居留或永久居留之臺灣地區無戶籍國民、外國人、大陸地區人民、香港及澳門居民應進行查察登記。

②臺灣地區無戶籍國民、外國人、大陸地區人民、香港及澳門居民對前項所定查察登記，不得規避、妨礙或拒絕。

③依第一項及前條第一項規定進行查察之程序、登記事項、處理方式及其他應遵行事項之辦法，由主管機關定之。

**第七二條** 111

①移民署執行查察逾期停留、居留、非法入出國、收容或遣送職務之人員，得配帶戒具或武器。

②前項所定人員執行職務時，遇有下列情形之一者，得使用戒具：

一 有抗拒之行為。

二 攻擊執行人員或他人，毀損執行人員或他人物品，或有攻擊、毀損行為之虞。

三 逃亡或有逃亡之虞。

四 自殺、自傷或有自殺、自傷之虞。

③第一項所定人員執行職務時，遇有下列情形之一者，得使用武器：

一 執行職務人員之生命、身體、自由、裝備遭受危害或脅迫，或有事實足認為有受危害之虞。

二 人民之生命、身體、自由、財產遭受危害或脅迫，或有事實足認為有受危害之虞。

三 所防衛之土地、建築物、工作物、車、船遭受危害。

四 持有兇器且有滋事之虞者，經告誡拋棄，仍不聽從時。

五 對逾期停留、居留、非法入出國或違反其他法律之人員或其所使用之運輸工具，依法執行搜索、扣押或逮捕，其抗不遵照或脫逃。他人助其為該行為者，亦同。

六 有前項第一款至第三款之情形，非使用武器不足以強制或制止。

④第一項所定人員使用戒具或武器致人受傷、死亡或財產損失者，

其補償及賠償，準用警械使用條例第十一條規定，由移民署支付；其係出於故意者，該署得對之求償。

⑤第一項所定戒具及武器之種類、規格、注意事項及其他應遵行事項之辦法，由主管機關定之。

⑥第一項所定戒具及武器，非經警察機關許可，不得定製、售賣或持有；違反者，準用警械使用條例第十四條規定處理。

**第七二條之一** 112

①違反第七條之一第一款、第二款、第二十一條之一第一項或第二項準用第一項第二款規定者，處一年以上七年以下有期徒刑，得併科新臺幣一百萬元以下罰金。

②意圖營利而犯前項之罪者，處三年以上十年以下有期徒刑，得併科新臺幣五百萬元以下罰金。

③前二項之首謀者，處五年以上有期徒刑，得併科新臺幣一千萬元以下罰金。

④前三項之未遂犯罰之。

## 第十一章　罰　則

**第七三條** （罰則）

①在機場、港口以交換、交付證件或其他非法方法，利用航空器、船舶或其他運輸工具運送非運送契約應載之人至我國或他國者，處五年以下有期徒刑，得併科新臺幣二百萬元以下罰金。

②前項之未遂犯，罰之。

**第七四條** 112

①違反本法未經許可入國或受禁止出國（境）處分而出國（境）者，處五年以下有期徒刑、拘役或科或併科新臺幣五十萬元以下罰金。違反臺灣地區與大陸地區人民關係條例第十條第一項或香港澳門關係條例第十一條第一項規定，未經許可進入臺灣地區者，亦同。

②受禁止出國（境）處分而有下列情形之一者，處三年以下有期徒刑、拘役或科或併科新臺幣九萬元以下罰金：

一　持用偽造或變造之非我國護照或旅行證件，並接受出國（境）證照查驗。

二　冒用或持冒用身分申請之非我國護照或旅行證件，並接受出國（境）證照查驗。

③冒用或持冒用身分申請之非我國護照或旅行證件，並接受出國（境）證照查驗者，處一年以下有期徒刑、拘役或科或併科新臺幣九千元以下罰金。

**第七四條之一** 112

①違反第七條之一第三款或第二十九條第二項規定者，處新臺幣二萬元以上一百萬元以下罰鍰，並得按次處罰。

②臺灣地區無戶籍國民或外國人，逾期停留或居留者，處新臺幣一萬元以上五萬元以下罰鍰。

③意圖使逾期停留或居留之臺灣地區無戶籍國民或外國人從事不法活動而容留、藏匿或隱避之者，處新臺幣六萬元以上三十萬元以下罰鍰，並得按次處罰。

④依前三項規定應處罰鍰之行為，有特殊事由經主管機關核定者，得減輕或免除處罰。

⑤前項特殊事由之認定及減免標準，由主管機關定之。

**第七五條** 112

未依第五十五條規定領取註冊登記證，或經註銷註冊登記證而經營第五十六條第一項各款移民業務者，處新臺幣二十萬元以上一百萬元以下罰鍰，並得按次處罰。

**第七六條** 112

有下列情形之一者，處新臺幣二十萬元以上一百萬元以下罰鍰，並得按次處罰：
一　公司或商號從事跨國（境）婚姻媒合。
二　從事跨國（境）婚姻媒合而要求或期約報酬。

**第七七條** 112

有下列情形之一者，處新臺幣十萬元以上五十萬元以下罰鍰：
一　違反第四條第一項規定，入出國未經查驗。
二　違反第五條第一項但書規定，未經核准而出國。

**第七八條** 112

有下列情形之一者，處新臺幣十萬元以上五十萬元以下罰鍰，並得按次處罰：
一　違反第五十八條第三項規定，委託、受託或自行散布、播送或刊登跨國（境）婚姻媒合廣告。
二　違反第五十九條第一項規定，未經許可或許可經撤銷、廢止而從事跨國（境）婚姻媒合。

**第七九條** 112

①代辦移民業務之公司有下列情形之一者，處新臺幣三萬元以上十五萬元以下罰鍰，並令其限期改善；屆期未改善者，勒令歇業：
一　未依第五十五條第三項規定，向移民署申請換發註冊登記證。
二　違反第五十六條第二項規定，國外移民基金未逐案經移民署許可。
三　違反第五十六條第三項規定，收受投資移民基金相關款項。
四　違反第五十六條第四項規定，散布、播送或刊登未經審閱確認或核定之移民業務廣告。
五　違反第五十六條第六項規定，未每年陳報移民業務相關統計、陳報不實、未依規定保存相關資料或規避、妨礙、拒絕查核。
六　違反第五十六條第七項規定，未與委託人簽訂書面契約。

②依第五十五條第一項但書規定經營移民業務者，有前項各款情形之一，處新臺幣三萬元以上十五萬元以下罰鍰，並令其限期改善；屆期未改善者，註銷註冊登記證及公告之。

③廣告物、出版品、廣播、電視、電子訊號、電腦網路或其他媒體業者違反第五十六條第五項規定者，處新臺幣三萬元以上十五萬元以下罰鍰，並命其停止散布、播送或刊登；未停止散布、播送或刊登者，處新臺幣六萬元以上三十萬元以下罰鍰，並得按次處罰。

**第八○條** 112

有下列情形之一者，處新臺幣三萬元以上十五萬元以下罰鍰，並得按次處罰：

一　未依第五十九條第一項規定，陳報業務狀況。

二　未依第五十九條第二項規定，保存媒合業務資料或規避、妨礙或拒絕檢查。

三　違反第六十條第一項前段規定，對於受媒合雙方當事人所提供之個人資料，未善盡查證或保密義務。

四　違反第六十條第一項後段規定，未經受媒合當事人之書面同意，而提供個人資料或故意隱匿應提供之個人資料。

**第八一條** （罰則）

主管機關受理第六十二條之申訴，認定具有違反該條規定情事時，除其他法律另有規定者外，應立即通知違規行為人限期改善；屆期未改善者，處新臺幣五千元以上三萬元以下罰鍰。

**第八二條** （罰則）

①違反第四十七條第二項規定，以航空器、船舶或其他運輸工具搭載未具入國許可證件之乘客者，每搭載一人，處新臺幣二萬元以上十萬元以下罰鍰。

②幫助他人為前項之違反行為者，亦同。

**第八三條** 112

機、船長或運輸業者，無正當理由違反第四十七條第一項、第四十八條第一項、第四十九條或第五十條規定之一者，每件處新臺幣二萬元以上十萬元以下罰鍰。

**第八四條** （刪除） 112

**第八五條** 112

有下列情形之一者，處新臺幣二千元以上一萬元以下罰鍰：

一　經合法檢查，拒絕出示護照、臺灣地區居留證、外僑居留證、外僑永久居留證、入國許可證件或其他身分證明文件。

二　未依第二十二條第二項或第二十六條規定之期限，申請外僑居留證。

三　未依第九條第七項或第三十一條第六項規定，辦理變更登記。

四　違反第六十六條第二項規定，拒絕到場接受詢問。

五　違反第六十七條第三項規定，規避、妨礙或拒絕查證。

六　違反第七十一條第二項規定，規避、妨礙或拒絕查察登記。

**第八六條** 112

①代辦移民業務之公司散布、播送或刊登經審閱確認之移民業務廣告，而未載明註冊登記證字號及移民廣告審閱確認字號或核

定字號者，移民署應予警告並限期改善；屆期未改善者，勒令歇業。

②依第五十五條第一項但書規定經營移民業務者，違反前項規定，移民署應予警告，並限期改善；屆期未改善者，註銷註冊登記證及公告之。

**第八十七條 112**

①代辦移民業務之公司有下列情形之一者，應廢止其許可，註銷註冊登記證及公告之，並通知公司登記主管機關廢止其公司登記或部分登記事項：

一　受託代辦移民業務時，協助當事人填寫、繳交不實證件，經司法機關有罪判決確定。

二　受託代辦移民業務，詐騙當事人，經司法機關有罪判決確定。

三　註冊登記證借與他人營業使用。

四　經勒令歇業。

五　因情事變致不符第五十七條第一項各款所定經營許可要件，經通知限期補正，屆期未補正。

②依第五十五條第一項但書規定經營移民業務者，有下列情形之一，應註銷註冊登記證及公告之：

一　違反前項第一款至第三款規定之一。

二　因情事變致不符第五十七條第一項第四款所定經營移民業務要件，經通知限期補正，屆期未補正。

③依第五十五條第一項但書規定經營移民業務者，第七十五條、第七十九條第二項、第八十六條第二項或前項規定之處分對象，除法人律師或法律事務所為法人外，於獨資、合署或合夥之律師或法律事務所，為其主持律師或負責營運管理之律師。

## 第十二章　附　則

**第八十八條 112**

第九條第一項第八款、第十一條第一項第一款、第十八條第一項第十三款、第十五款、第十六款、第四項、第二十四條第一項第一款、第二款及第二十五條第三項之情形，主管機關應聘請社會公正人士及邀集相關機關共同審核，經審核通過者，移民署應同意或許可其入國、出國、居留、變更居留原因、永久居留或定居。但第九條第一項第八款之臺灣地區無戶籍國民，有國籍法第九條第四項第一款或第二款規定情形之一者，免經共同審核。

**第八十九條 111**

移民署所屬辦理入出國及移民業務之薦任職或相當薦任職以上人員，於執行非法入出國及移民犯罪調查職務時，分別視同刑事訴訟法第二百二十九條、第二百三十條之司法警察官。其委任職或相當委任職人員，視同刑事訴訟法第二百三十一條之司

法警察。

**第九○條** 111

移民署人員於執行職務時，應著制服或出示證件表明身分；其服制及其他應遵行事項之辦法，由主管機關定之。

**第九一條** 111

① 外國人、臺灣地區無戶籍國民、大陸地區人民、香港及澳門居民於入出國（境）接受證照查驗或申請居留、永久居留時，移民署得運用生物特徵辨識科技，蒐集個人識別資料後錄存。

② 前項規定，有下列情形之一者，不適用之：

一　未滿十四歲。

二　依第二十七條第一項規定免申請外僑居留證。

三　其他經移民署專案同意。

③ 未依第一項規定接受生物特徵辨識者，移民署得不予許可其入國（境）、居留或永久居留。

④ 有關個人生物特徵識別資料蒐集之對象、內容、方式、管理、運用及其他應遵行事項之辦法，由主管機關定之。

**第九二條** 111

舉發違反本法規定之事實，經查證屬實者，得由移民署對舉發人獎勵之；其獎勵範圍、程序、金額、核給方式及其他應遵行事項之辦法，由主管機關定之。

**第九三條** （法規之準用）

本法關於外國人之規定，於國民取得外國國籍而持外國護照入國者及無國籍人民，準用之。

**第九四條** 111

移民署與海岸巡防、警察、調查及其他相關機關應密切協調聯繫，並會同各該機關建立協調聯繫作業機制。

**第九五條** 112

依本法規定核發之證件，或工作許可、居留簽證、外僑居留證及重入國許可四證合一之有效證件，或其他已含有外僑居留證功能之證件，由移民署收取規費。但下列證件免收規費：

一　核發臺灣地區無戶籍國民，黏貼於我國護照之入國許可。

二　臨時停留許可證件。

三　僑務委員或僑務榮譽職人員因公返國申請之單次入國許可證件。

四　臺灣地區無戶籍國民每年自九月一日起至十月十日止，申請返國參加慶典之單次入國許可證件。

五　臺灣地區無戶籍國民對國家、社會有特殊貢獻，申請之臺灣地區居留證或定居證。

六　外國人重入國許可。

七　依第二十五條第三項規定許可之外僑永久居留。

八　基於條約協定或經外交部認定有互惠原則之特定國家人民申請之外僑居留證或外僑永久居留證。

**第九六條** （施行細則）

本法施行細則，由主管機關定之。

**第九七條** （施行日）

本法施行日期，由行政院定之。

# 入出國及移民法施行細則

①民國88年10月30日內政部令訂定發布全文66條；並自發布日施行。

②民國97年8月5日內政部令修正發布全文41條。
民國97年8月5日內政部令發布定自97年8月1日施行。

③民國97年11月14日內政部令修正發布第16條條文；並自97年11月16日施行。

④民國101年9月14日內政部令修正發布第39、41條條文；刪除第4、21、22條條文及第四章章名；並自發布日施行。

⑤民國102年12月19日內政部令修正發布第14條條文。
民國103年2月14日行政院公告第16條第1項第2款第1目、第26條第3項所列屬「行政院勞工委員會」之權責事項，自103年2月17日起改由「勞動部」管轄。
民國103年12月26日行政院公告第5、6條、第8條第1項、第12、13條、第14條第1、2項、第16條第1項第1款、第2款第4目、第19條、第31條第6款、第32至35、38條、第39條第2項所列屬「內政部入出國及移民署」之權責事項，自104年1月2日起改由「內政部移民署」管轄。

⑥民國105年3月18日內政部令修正發布全文43條；並自發布日施行。

⑦民國112年7月27日行政院公告第28條第3項所列屬「行政院農業委員會」之權責事項，自112年8月1日起改由「農業部」管轄。
民國112年12月28日內政部令修正發布第6、7、11、13、15、16、22、27、28、41、43條條文；並增訂第18-1條條文；除第13、22條自113年3月1日施行外，餘自113年1月1日施行。

## 第一章　總　則

**第一條**

本細則依入出國及移民法（以下簡稱本法）第九十六條規定訂定之。

**第二條**

本法所稱入出國，在國家統一前，指入出臺灣地區。

**第三條**

①本法第三條第七款及第八款所稱居住期間，指連續居住之期間。

②本法第三條第八款所定在臺灣地區居住期間超過六個月，不包括依本法第八條第一項但書及其他特殊事故延長停留之期間在內。

**第四條**

各權責機關通知內政部移民署（以下簡稱移民署）禁止入出國之案件，無繼續禁止之必要時，應即通知移民署。

### 第五條

移民署對於各權責機關通知禁止入出國案件，應每年清理一次。但欠稅案件達五年以上，始予清理。

### 第六條 112

① 已入國者，得以書面委託他人或移民業務機構代辦申請居留、變更居留原因、延期居留、永久居留或定居事項。

② 前項申請案件，由法定代理人辦理者，免檢附書面委託文件。

### 第七條 112

① 申請居留、變更居留原因、延期居留、永久居留或定居案件，其資料不符或欠缺者，應於移民署書面通知送達之翌日起十五日內補正。在海外地區、大陸地區、香港或澳門申請之案件或不符或欠缺之資料須至海外地區、大陸地區、香港或澳門申請者，其補正期間為三個月。

② 未於前項規定期間內補正或補正不完全者，駁回其申請。

### 第八條

① 居留、永久居留或定居之數額，按月平均分配，並依申請審查合格順序編號，依序核配，有不予許可情形者，依次遞補之。

② 當月未用數額得於次月分配，次月數額不得預行分配。

## 第二章　臺灣地區無戶籍國民停留、居留及定居

### 第九條

本法第九條第一項第六款所定一定金額，為新臺幣一千萬元。

### 第一〇條

本法第九條第一項第九款所稱具有特殊技術或專長，指有下列情形之一者：

一　在新興工業、關鍵技術、關鍵零組件及產品有專業技能。

二　在光電、通訊技術、工業自動化、材料應用、高級感測、生物技術、資源開發或能源節約等著有成績，而所學確為臺灣地區所亟需或短期內不易培育。

三　在公路、高速鐵路、捷運系統、電信、飛航、航運、深水建設、氣象或地震等領域有特殊成就，而所學確為臺灣地區所亟需或短期內不易培育。

四　其他經中央目的事業主管機關專案核定。

### 第一一條 112

未兼具外國國籍之臺灣地區無戶籍國民（以下簡稱無戶籍國民），依本法第九條第一項第十一款或第十五款規定，在臺灣地區從事就業服務法第四十六條第一項各款或第四十八條第一項第一款、第三款之合法工作，而申請居留者，由移民署準用就業服務法有關外國人聘僱許可之規定審核之，免檢附勞動部核發之工作許可。

### 第一二條

移民署依本法第十一條第二項、第三項撤銷或廢止無戶籍國民

居留或定居許可時，應通知各該中央目的事業主管機關。

**第一三條** 112

① 居住臺灣地區設有戶籍國民（以下簡稱有戶籍國民）冒用身分或持用偽造、變造證件入國者，應於檢察機關偵查終結後，備具下列文件，向移民署申請補辦入國手續；其屬未經查驗入國者，於依本法第七十七條第一款規定處分確定後，亦同：

一 申請書。

二 起訴書、不起訴處分書或相關證明文件。

三 原臺灣地區之國民身分證影本、戶口名簿影本。

② 前項有戶籍國民，由移民署核發入國證明文件；原戶籍經辦理遷出登記者，由移民署通知原戶籍地戶政事務所。

## 第三章　外國人入出國、停留、居留及永久居留

**第一四條**

本法第二十五條第一項所稱合法連續居留及合法居留，指持用外僑居留證之居住期間。其申請永久居留者，本法施行前居留期間，得合併計算。

**第一五條** 112

① 本法第二十五條第一項第三款所定有相當之財產或技能，足以自立，其規定如下：

一 以我國國民配偶之身分申請永久居留者，得檢具下列文件之一，由移民署認定之：

　　㈠國內之收入、納稅、動產或不動產資料。

　　㈡雇主開立之聘僱證明或申請人自行以書面敘明其工作內容及所得。

　　㈢我國政府機關核發之專門職業及技術人員或技能檢定證明文件。

　　㈣其他足資證明足以自立或生活保障無虞之資料。

二 以前款以外情形申請永久居留者，應具備下列情形之一：

　　㈠最近一年於國內平均每月收入逾勞動部公告基本工資二倍。

　　㈡國內之動產及不動產估價總值逾新臺幣五百萬元。

　　㈢我國政府機關核發之專門職業及技術人員或技能檢定證明文件。

　　㈣其他經移民署認定情形。

② 前項第一款第一目、第二目及第四目之文件，包含由申請人及其在臺灣地區設有戶籍，且未領取生活扶助之下列人員所檢附者：

一 配偶。

二 配偶之父母。

三 父母。

③ 第一項第二款第一目、第二目所定金額之計算，包含申請人及

其在臺灣地區設有戶籍之下列人員之收入或財產：

一　配偶。

二　配偶之父母。

三　父母。

④第一項第一款第三目及第二款第三目所定專門職業及技術人員或技能檢定證明文件，包含申請人及其在臺灣地區設有戶籍之下列人員所檢附者：

一　配偶。

二　配偶之父母。

三　父母。

⑤第一項第一款第三目及第二款第三目所定專門職業及技術人員或技能檢定證明文件，係由前項各款人員之一檢附者，該等人員並應出具足以保障申請人在臺灣地區生活無虞之擔保證明書。

⑥依本法第二十三條第一項第九款或第十款規定經許可居留或依本法第三十一條第四項第一款至第四款規定經准予繼續居留者，準用本法第二十五條第一項第三款但書規定。

## 第一六條 112

外交部及駐外使領館、代表處或辦事處（以下簡稱駐外館處）應在依本法第二十五條第九項規定之配額內核發居留簽證。

## 第一七條

①本法第二十七條第一項第一款所稱外交人員及其眷屬、隨從人員，指經外交部發給外交官員證、使領館外籍隨從證之人員。

②本法第二十七條第一項第二款所稱外國機構、國際機構執行公務者及其眷屬、隨從人員，指經外交部發給外國機構官員證、國際機構官員證、外國機構外籍隨從證、國際機構外籍隨從證之人員。

## 第一八條

移民署依本法第三十一條第四項、第三十二條、第三十三條規定撤銷或廢止外國人居留或永久居留許可時，應通知各該中央目的事業主管機關。

## 第一八條之一 112

①本法第三十三條第四款本文所定永久居留期間，最近五年平均每年居住未達一百八十三日，指外國人永久居留期間滿五年之後，往前推算最近五年平均每年居住未達一百八十三日；其中之計算自核發外僑永久居留證之翌年起之一月一日開始計算。

②本法第三十三條第四款但書所定出國，其期間每次最長以二年為限。

## 第一九條

外國人在我國停留、居留期間，從事簽證事由或入國登記表所填入國目的以外之觀光、探親、訪友及法令未禁止之一般生活上所需之活動者，不適用本法第三十六條第二項第四款規定。

# 第四章　驅逐出國及收容

**第二〇條**

① 當事人依本法第三十八條第二項第一款規定定期至移民署指定之專勤隊報告生活動態者，應於每隔十五日以下之一定期間內，向移民署指定之專勤隊報到。

② 當事人依本法第三十八條第二項第三款規定定期於指定處所接受訪視者，應於每隔十五日以下之一定期間內於指定之處所，接受移民署之訪視。

**第二一條**

受收容人之暫予收容處分，依本法第三十八條之二第五項規定失其效力時，如其仍受強制驅逐出國處分，且有本法第三十八條第一項所定各款事由之一，移民署得審酌法院裁定釋放受收容人之理由後，依本法第三十八條第二項規定為收容替代處分，以保全強制驅逐出國之執行。

**第二二條 112**

本法第三十八條第三項、第三十八條之七第三項及第三十八條之八第一項第一款所稱違反收容替代處分，指受處分人有下列情形之一者：

一　未經移民署同意，不依處分內容履行義務。

二　規避強制驅逐出國處分之執行。

三　經具保人以書面或言詞通報有失去聯繫之情事，查證屬實。

**第二三條**

移民署依本法第三十八條之六規定聯繫受收容人原籍國駐華使領館、授權機構或通知其在臺指定之親友，得依當事人提供之資料，以書面、電話、傳真、電子郵件或其他科技設備等方式為之，並製作記錄附卷。

**第二四條**

外國人所受強制驅逐出國處分得及時執行，而無暫予收容或收容替代處分必要者，移民署應逕執行之。

# 第五章　運輸業者責任及移民輔導

**第二五條**

本法第五十條第二項所定運輸業者應負擔之相關費用，包括住宿、生活、醫療及主管機關派員照護之費用。

**第二六條**

① 主管機關應蒐集、編印包括移居國或地區之地理環境、社會背景、政治、法律、經濟、文教、人力需求及移民資格條件等資訊，提供有意移民者參考。

② 主管機關得委託有關機構、學校或團體辦理移民之規劃、諮詢、講習或提供語文及技能訓練，以利有意移民者適應移居國或地區生活環境及順利就業。

**第二七條 112**

① 主管機關應蒐集有關海外地區戰亂、瘟疫或排斥我國國民之國家或地區之訊息，並適時發布，提供有意移民者參考。

② 移民業務機構代辦國人計劃移居發生戰亂、瘟疫或排斥我國國民之國家或地區者，應事先勸告當事人。

**第二八條 112**

① 本法第五十三條所稱民間團體，指財團法人、移民團體或移民業務機構。

② 民間團體辦理集體移民，應先與移居國進行協商，並由主管機關協調外交部代表政府與移居國政府簽署集體移民協定。

③ 主管機關得會同外交部、財政部、經濟部、教育部、僑務委員會、農業部、勞動部等有關機關，派員前往移居國或地區瞭解集體移民之可行性。

**第二九條**

① 主管機關對於歡迎我國移民之國家或地區，基於雙方互惠原則，得以國際經濟合作投資、獎勵海外投資、農業技術合作或其他方式，簽署集體移民合作協定，或協調外交部代表政府與移居國政府為之。

② 集體移民之規劃、遴選、訓練及移居後之輔導、協助、照護等事宜，主管機關得委託有關機構或團體辦理。

**第三〇條**

本法第五十六條、第五十七條及第七十九條所稱移民基金，指移居國針對以投資方式而取得該國之居留資格者所定之投資計畫、方案或基金。

**第三一條**

本法第五十六條第四項所稱移民團體，指從事移民會務，並依商業團體法或人民團體法規定核准成立之團體。

**第三二條**

本法第五十八條第二項所稱報酬，指因居間報告結婚機會或介紹婚姻對象之行為，而向媒合當事人約定或請求給付之對價。

**第三三條**

本法第五十九條第二項所定媒合業務資料，包括下列表件：

一　職員名冊：應記載職員姓名、身分證明編號、性別、住址、電話、職稱及到職、離職日期。

二　各項收費之收據存根。

三　會計帳冊。

四　跨國（境）婚姻媒合狀況表。

五　書面契約。

六　其他經移民署公告，並刊登政府公報之應保存文件。

## 第六章　附　則

**第三四條**

移民署基於調查事實及證據之必要，得以通知書通知關係人陳述意見。

第三五條
移民署基於調查事實及證據之必要，得要求當事人或第三人提供必要之文書、資料或物品。

第三六條
移民署得選定適當之人、機關或機構為鑑定。

第三七條
移民署為瞭解事實真相，得實施勘驗。

第三八條
依本法或本細則規定發給之入國許可證件污損或遺失者，應備具下列文件，重新申請換發或補發，原證件作廢：
一　入國許可申請書。
二　污損之證件或遺失證件之具結書。

第三九條
依本法規定發給之臺灣地區居留證、外僑居留證、外僑永久居留證或移民業務註冊登記證污損或遺失者，應備具下列文件，申請換發或補發，其效期不得超過原證所餘效期：
一　居留或移民業務註冊申請書。
二　符合申請資格之證明文件。
三　污損之證件或遺失證件之具結書。

第四〇條
本人、利害關係人或其法定代理人，得向移民署申請入出國相關證明文件。

第四一條 112
①依規定應檢附之文件係在臺灣地區以外製作者，依下列規定辦理：
一　於海外地區製作者，應經駐外館處驗證；其在國內由外國駐華使領館或其授權代表機構製作或經其公證、認證或驗證者，應經外交部複核。
二　於大陸地區製作者，應經行政院設立或指定之機構或委託之民間團體驗證。
三　於香港或澳門製作者，應經行政院於香港或澳門設立或指定之機構或委託之民間團體驗證。
②前項文件為外文者，移民署得要求申請人檢附經駐外館處驗證或國內公證人認證之中文譯本。

第四二條
申請入出國及移民案件，需繳交之照片，依國民身分證之規格辦理。

第四三條 112
①本細則自發布日施行。
②本細則中華民國一百十二年十二月二十八日修正發布條文，除第十三條及第二十二條自一百十三年三月一日施行外，自一百

十三年一月一日施行。

# 殯葬管理條例

① 民國91年7月17日總統令制定公布全文76條。
　民國91年7月29日行政院令發布第1至20、22至31、34至36、55至60、69至73、75、76條自91年7月19日施行；餘定自92年7月1日施行。
② 民國96年7月4日總統令修正公布第9條條文。
　民國98年12月3日行政院令發布定自96年7月6日施行。
③ 民國98年5月13日總統令修正公布第35條條文。
　民國98年12月3日行政院令發布定自98年5月15日施行。
④ 民國99年1月27日總統令修正公布第13條條文。
　民國99年3月8日行政院令發布定自99年4月30日施行。
⑤ 民國101年1月11日總統令修正公布全文105條。
　民國101年2月7日行政院令發布定自101年7月1日施行。
　民國101年6月25日行政院公告第52條第1項第2款所列屬「行政院金融監督管理委員會」之權責事項，自101年7月1日起改由「金融監督管理委員會」管轄。
⑥ 民國105年4月27日總統令修正公布第8條條文。
　民國105年7月14日行政院令發布定自105年4月29日施行。
⑦ 民國106年6月14日總統令增訂公布第21-1條條文。
　民國106年4月11日行政院令發布定自107年5月1日施行。
⑧ 民國112年12月27日總統令修正公布第35、55、80至82條條文；增訂第21-2、35-1至35-3、36-1至36-3、37-1條條文；刪除第36、37條條文；施行日期，由行政院定之。

## 第一章　總　則

**第一條**（立法目的）
　為促進殯葬設施符合環保並永續經營；殯葬服務業創新升級，提供優質服務；殯葬行為切合現代需求，兼顧個人尊嚴及公眾利益，以提升國民生活品質，特制定本條例。

**第二條**（名詞定義）
　本條例用詞，定義如下：
一　殯葬設施：指公墓、殯儀館、禮廳及靈堂、火化場及骨灰（骸）存放設施。
二　公墓：指供公眾營葬屍體、埋藏骨灰或供樹葬之設施。
三　殯儀館：指醫院以外，供屍體處理及舉行殮、殯、奠、祭儀式之設施。
四　禮廳及靈堂：指殯儀館外單獨設置或附屬於殯儀館，供舉行奠、祭儀式之設施。
五　火化場：指供火化屍體或骨骸之場所。

六 骨灰（骸）存放設施：指供存放骨灰（骸）之納骨堂（塔）、納骨牆或其他形式之存放設施。

七 骨灰再處理設備：指加工處理火化後之骨灰，使成更細小之顆粒或縮小體積之設備。

八 擴充：指增加殯葬設施土地面積。

九 增建：指增加殯葬設施原建築物之面積或高度。

十 改建：指拆除殯葬設施原建築物之一部分，於原建築基地範圍內改造，而不增加高度或擴大面積。

十一 樹葬：指於公墓內將骨灰藏納土中，再植花樹於上，或於樹木根部周圍埋藏骨灰之安葬方式。

十二 移動式火化設施：指組裝於車、船等交通工具，用於火化屍體、骨骸之設施。

十三 殯葬服務業：指殯葬設施經營及殯葬禮儀服務業。

十四 殯葬設施經營業：指以經營公墓、殯儀館、禮廳及靈堂、火化場、骨灰（骸）存放設施為業者。

十五 殯葬禮儀服務業：指以承攬處理殯葬事宜為業者。

十六 生前殯葬服務契約：指當事人約定於一方或其約定之人死亡後，由他方提供殯葬服務之契約。

**第三條** （主管機關）

① 本條例所稱主管機關：在中央為內政部；在直轄市為直轄市政府；在縣（市）為縣（市）政府；在鄉（鎮、市）為鄉（鎮、市）公所。

② 主管機關之權責劃分如下：

一 中央主管機關：

　(一)殯葬管理制度之規劃設計、相關法令之研擬及禮儀規範之訂定。

　(二)對直轄市、縣（市）主管機關殯葬業務之監督。

　(三)殯葬服務業證照制度之規劃。

　(四)殯葬服務定型化契約之擬定。

　(五)全國性殯葬統計及政策研究。

二 直轄市、縣（市）主管機關：

　(一)直轄市、縣（市）立殯葬設施之設置、經營及管理。

　(二)殯葬設施專區之規劃及設置。

　(三)對轄區內公私立殯葬設施之設置核准、經營監督及管理。

　(四)對轄區內公立殯葬設施廢止之核准。

　(五)對轄區內公私立殯葬設施之評鑑及獎勵。

　(六)殯葬服務業之經營許可、廢止許可、輔導、管理、評鑑及獎勵。

　(七)違法設置、擴充、增建、改建、經營殯葬設施之取締及處理。

　(八)違法從事殯葬服務業與違法殯葬行為之取締及處理。

　(九)殯葬消費資訊之提供及消費者申訴之處理。

　(十)殯葬自治法規之擬（制）定。

三　鄉（鎮、市）主管機關：

　　㈠鄉（鎮、市）公立殯葬設施之設置、經營及管理。

　　㈡埋葬、火化及起掘許可證明之核發。

　　㈢違法設置、擴充、增建、改建殯葬設施、違法從事殯葬服務業務及違法殯葬行為之查報。

③前項第三款第一目設施之設置，須經縣主管機關之核准；第二目、第三目之業務，於直轄市或市，由直轄市或市主管機關辦理之。

④第二項第三款第二目之業務，於縣設置、經營之公墓或火化場，由縣主管機關辦理之。

## 第二章　殯葬設施之設置管理

**第四條**　（公立殯葬設施之設置種類及設置主體行政層級）

①直轄市、縣（市）及鄉（鎮、市）主管機關，得分別設置下列公立殯葬設施：

　一　直轄市、市主管機關：公墓、殯儀館、禮廳及靈堂、火化場、骨灰（骸）存放設施。

　二　縣主管機關：殯儀館、禮廳及靈堂、火化場。

　三　鄉（鎮、市）主管機關：公墓、骨灰（骸）存放設施。

②縣主管機關得視需要設置公墓及骨灰（骸）存放設施；鄉（鎮、市）主管機關得視需要設置殯儀館、禮廳及靈堂及火化場。

③直轄市、縣（市）得規劃、設置殯葬設施專區。

**第五條**　（私立殯葬設施之設置主體與面積限制）

①設置私立殯葬設施者，以法人或寺院、宮廟、教會為限。

②本條例中華民國一百年十二月十四日修正之條文施行前私人或團體設置之殯葬設施，自本條例修正施行後，其移轉除繼承外，以法人或寺院、宮廟、教會為限。

③私立公墓之設置或擴充，由直轄市、縣（市）主管機關視其設施內容及性質，定其最小面積。但山坡地設置私立公墓，其面積不得小於五公頃。

④前項私立公墓之設置，經主管機關核准，得依實際需要，實施分期分區開發。

**第六條**　（設置、擴充、增改建殯葬設施之報准）

①殯葬設施之設置、擴充、增建、改建，應備具下列文件報請直轄市、縣（市）主管機關核准；其由直轄市、縣（市）主管機關辦理者，報請中央主管機關備查：

　一　地點位置圖。

　二　地點範圍之土地登記（簿）謄本及地籍圖謄本。

　三　配置圖說。

　四　興建營運計畫。

　五　管理方式及收費標準。

　六　申請人之相關證明文件。

七　土地權利證明或土地使用同意書。

②前項殯葬設施土地跨越直轄市、縣（市）行政區域者，應向該殯葬設施土地面積最大之直轄市、縣（市）主管機關申請核准，受理機關並應通知其他相關之直轄市、縣（市）主管機關會同審查。

③殯葬設施於核准設置、擴充、增建或改建後，其核准事項有變更者，應備具相關文件報請直轄市、縣（市）主管機關核准；其由直轄市、縣（市）主管機關辦理者，應報請中央主管機關備查。

**第七條**　（設置、擴充、增改建殯葬設施之施工期限）

①直轄市、縣（市）主管機關依前條第一項受理設置、擴充、增建或改建殯葬設施之申請，應於六個月內為准駁之決定。但依法應為環境影響評估者，其所需期間，應予扣除。

②前項期限得延長一次，最長以三個月為限。

③殯葬設施經核准設置、擴充、增建或改建者，除有特殊情形報經主管機關延長者外，應於核准之日起一年內施工，並應於開工後五年內完工。逾期未施工者，應廢止其核准。

④前項延長期限最長以六個月為限。

**第八條**　（設置、擴充公墓之地點距離限制）105

①設置、擴充公墓，應選擇不影響水土保持、不破壞環境保護、不妨礙軍事設施及公共衛生之適當地點為之；其與下列第一款地點距離不得少於一千公尺，與第二款、第三款及第六款地點距離不得少於五百公尺，與其他各款地點應因地制宜，保持適當距離。但其他法律或自治條例另有規定者，從其規定：

一　公共飲水井或飲用水之水源地。
二　學校、醫院、幼兒園。
三　戶口繁盛地區。
四　河川。
五　工廠、礦場。
六　貯藏或製造爆炸物或其他易燃之氣體、油料等之場所。

②前項公墓專供樹葬者，得縮短其與第一款至第五款地點之距離。

**第九條**　（設置、擴充殯儀館、火化場等之地點距離限制）

①設置、擴充殯儀館、火化場或骨灰（骸）存放設施，應與前條第一項第二款規定之地點距離不得少於三百公尺，與第六款規定之地點距離不得少於五百公尺，與第三款戶口繁盛地區應保持適當距離。但其他法律或自治條例另有規定者，從其規定。

②單獨設置、擴充禮廳及靈堂，應與前條第一項第二款規定之地點距離不得少於二百公尺。但其他法律或自治條例另有規定者，從其規定。

**第一〇條**　（地點距離限制之例外）

都市計畫範圍內劃定為公墓、殯儀館、禮廳及靈堂、火化場或骨灰（骸）存放設施用地依其指定目的使用，或在非都市土地已設置公墓範圍內之墳墓用地者，不受前二條規定距離之限制。

**第一一條**　（公立殯葬設施用地之取得）

依本條例規定設置或擴充之公立殯葬設施用地屬私有者，經協議價購不成，得依法徵收之。

**第一二條**　（公墓應有之設施及墓道寬度）

① 公墓應有下列設施：

一　墓基。

二　骨灰（骸）存放設施。

三　服務中心。

四　公共衛生設施。

五　排水系統。

六　給水及照明設施。

七　墓道。

八　停車場。

九　聯外道路。

十　公墓標誌。

十一　其他依法應設置之設施。

② 前項第七款之墓道，分墓區間步道及墓區內步道，其寬度分別不得小於四公尺及一點五公尺。

③ 公墓周圍應以圍牆、花木、其他設施或方式，與公墓以外地區作適當之區隔。

④ 專供樹葬之公墓得不受第一項第一款、第二款及第十款規定之限制。

⑤ 位於山地鄉之公墓，得由縣主管機關斟酌實際狀況定其應有設施，不受第一項規定之限制。

**第一三條**　（殯儀館應有之設施）

殯儀館應有下列設施：

一　冷凍室。

二　屍體處理設施。

三　解剖室。

四　消毒設施。

五　廢（污）水處理設施。

六　停柩室。

七　禮廳及靈堂。

八　悲傷輔導室。

九　服務中心及家屬休息室。

十　公共衛生設施。

十一　緊急供電設施。

十二　停車場。

十三　聯外道路。

十四　其他依法應設置之設施。

**第一四條**　（禮廳及靈堂應有之設施）

單獨設置禮廳及靈堂應有下列設施：

一　禮廳及靈堂。

二　悲傷輔導室。
三　服務中心及家屬休息室。
四　公共衛生設施。
五　緊急供電設施。
六　停車場。
七　聯外道路。
八　其他依法應設置之設施。

**第一五條** （火化場應有之設施）

火化場應有下列設施：

一　撿骨室及骨灰再處理設施。
二　火化爐。
三　祭拜檯。
四　服務中心及家屬休息室。
五　公共衛生設施。
六　停車場。
七　聯外道路。
八　緊急供電設施。
九　空氣污染防制設施。
十　其他依法應設置之設施。

**第一六條** （骨灰（骸）存放設施應有之設施）

骨灰（骸）存放設施應有下列設施：

一　納骨灰（骸）設施。
二　祭祀設施。
三　服務中心及家屬休息室。
四　公共衛生設施。
五　停車場。
六　聯外道路。
七　其他依法應設置之設施。

**第一七條** （殯葬設施應有設施得共用）

①殯葬設施合併設置者，第十二條至前條規定之應有設施得共用之。殯葬設施設置完竣後，其有擴充、增建或改建者，亦同。

②第十二條至前條設施設置之自治法規，由直轄市、縣（市）主管機關定之。但聯外道路寬度不得規定小於六公尺。

**第一八條** （殯葬設施規劃原則及公墓綠化面積比例）

①殯葬設施規劃應以人性化為原則，並與鄰近環境景觀力求協調，其空地宜多植花木。

②公墓內應劃定公共綠化空地，綠化空地面積占公墓總面積比例，不得小於十分之三。公墓內墳墓造型採平面草皮式者，其比例不得小於十分之二。

③於山坡地設置之公墓，應有前項規定面積二倍以上之綠化空地。

④專供樹葬之公墓或於公墓內劃定一定區域實施樹葬者，其樹葬面積得計入綠化空地面積。但在山坡地上實施樹葬面積得計入綠化空地面積者，以喬木為之者為限。

⑤實施樹葬之骨灰，應經骨灰再處理設備處理後，始得為之。以裝入容器為之者，其容器材質應易於腐化且不含毒性成分。

**第一九條** （骨灰之處理方式）

①直轄市、縣（市）主管機關得會同相關機關劃定一定海域，實施骨灰拋灑；或於公園、綠地、森林或其他適當場所，劃定一定區域範圍，實施骨灰拋灑或植存。

②前項骨灰之處置，應經骨灰再處理設備處理後，始得為之。如以裝入容器為之者，其容器材質應易於腐化且不含毒性成分。實施骨灰拋灑或植存之區域，不得施設任何有關喪葬外觀之標誌或設施，且不得有任何破壞原有景觀環境之行為。

③第一項骨灰拋灑或植存之自治法規，由直轄市、縣（市）主管機關定之。

**第二〇條** （殯葬設施之啟用及販售）

①設置、擴充、增建或改建殯葬設施完工，應備具相關文件，經直轄市、縣（市）主管機關檢查符合規定，並將殯葬設施名稱、地點、所屬區域、申請人及經營者之名稱公告後，始得啟用、販售墓基或骨灰（骸）存放單位。其由直轄市、縣（市）主管機關設置、擴充、增建或改建者，應報請中央主管機關備查。

②前項應備具之文件，由直轄市、縣（市）主管機關定之。

## 第三章　殯葬設施之經營管理

**第二一條** （殯葬設施管理機關或管理人員之設置）

①直轄市、縣（市）或鄉（鎮、市）主管機關，為經營殯葬設施，得設殯葬設施管理機關（構），或置殯葬設施管理人員。

②前項殯葬設施於必要時，並得委託民間經營。

**第二一條之一** （列冊之低收入戶使用公立殯葬設施免收相關費用）106

①各直轄市、縣（市）政府列冊各款、各類之低收入戶，使用直轄市、縣（市）或鄉（鎮、市）所經營或委託民間經營、代理、代管之下列公立殯葬設施，免收使用管理相關費用：

　一　火化場。

　二　骨灰（骸）存放設施。

②前項骨灰（骸）存放設施免費之標準，由直轄市、縣（市）政府定之。

**第二一條之二** 112

①殉職警察、義勇警察、民防人員、消防人員、義勇消防人員或其他依法令從事於公務之人員，使用公立殯葬設施，免收費用。

②前項免費之標準，由直轄市、縣（市）政府定之。

**第二二條** （殯葬設施之經營及廢止許可）

①經營私立殯葬設施或受託經營公立殯葬設施，應備具相關文件經該殯葬設施所在地之直轄市、縣（市）主管機關許可。

②依前項經許可經營殯葬設施後，其無經營事實或停止營業者，

直轄市、縣（市）主管機關應廢止其許可。

③第一項應備具之文件，由中央主管機關定之。

**第二三條** （移動式火化設施經營及火化地點限制）

①殯儀館及火葬場經營者得向直轄市、縣（市）主管機關申請使用移動式火化設施，經營火化業務；其火化之地點，以合法設置之殯葬設施及其他經直轄市、縣（市）主管機關核准之範圍內為限。

②前項設施之設置基準、應備功能、設備及其使用管理之辦法，由中央主管機關會同相關機關定之。

**第二四條** （單獨設置之禮廳及靈堂使用限制）

單獨設置之禮廳及靈堂不得供屍體處理或舉行殮、殯儀式；除出殯日舉行奠、祭儀式外，不得停放屍體棺柩。

**第二五條** （屍體埋葬、骨骸起掘及骨灰火化之處理方式）

①公墓不得收葬未經核發埋葬許可證明之屍體或骨灰。骨灰（骸）存放設施不得收存未檢附火化許可證明、起掘許可證明或其他相關證明之骨灰（骸）。火化場或移動式火化設施，不得火化未經核發火化許可證明之屍體。但依法遷葬者，不在此限。

②申請埋葬、火化許可證明者，應檢具死亡證明文件，向直轄市、市或鄉（鎮、市）主管機關或其委託之機關申請核發。但於縣設置、經營之公墓或火化場埋葬或火化者，向縣主管機關申請之。

**第二六條** （墓區、墓基之劃分及面積之限制）

①公墓內應依地形劃分墓區，每區內劃定若干墓基，編定墓基號次，每一墓基面積不得超過八平方公尺。但二棺以上合葬者，每增加一棺，墓基得放寬四平方公尺。其屬埋藏骨灰者，每一骨灰盒（罐）用地面積不得超過零點三六平方公尺。

②直轄市、縣（市）主管機關為節約土地利用，得考量實際需要酌減前項面積。

**第二七條** （棺柩埋葬深度及墓頂高度）

①埋葬棺柩時，其棺面應深入地面以下至少七十公分，墓頂最高不得超過地面一公尺五十公分，墓穴並應嚴密封固。但因地方風俗或地質條件特殊報經直轄市、縣（市）主管機關核准者，不在此限。其墓頂最高不得超過地面二公尺。

②埋藏骨灰者，應以平面式為之。但以公共藝術之造型設計，經直轄市、縣（市）主管機關核准者，不在此限。

**第二八條** （公墓墓基及骨灰（骸）存放設施之使用年限及期限屆滿之處理方式）

①直轄市、縣（市）或鄉（鎮、市）主管機關得經同級立法機關議決，規定公墓墓基及骨灰（骸）存放設施之使用年限。

②前項埋葬屍體之墓基使用年限屆滿時，應通知遺族撿骨存放於骨灰（骸）存放設施或火化處理之。埋藏骨灰之墓基及骨灰（骸）存放設施使用年限屆滿時，應通知遺族依規定之骨灰抛灑、植存或其他方式處理。無遺族或遺族不處理者，由經營者

存放於骨灰（骸）存放設施或以其他方式處理之。

**第二九條** （墳墓起掘許可之要件）

公墓內之墳墓棺柩、屍體或骨灰（骸），非經直轄市、縣（市）、鄉（鎮、市）主管機關或其委託之機關核發起掘許可證明者，不得起掘。但依法遷葬者，不在此限。

**第三〇條** （無主墳墓之確認起掘與處理方式）

直轄市、縣（市）或鄉（鎮、市）主管機關對轄區內公立公墓內或其他公有土地上之無主墳墓，得經公告三個月確認後，予以起掘爲必要處理後，火化或存放於骨灰（骸）存放設施。

**第三一條** （殯葬設施更新遷移之事由及辦理計畫之核准備查）

① 公立殯葬設施有下列情形之一者，得擬具更新、遷移計畫，報經直轄市、縣（市）主管機關核准後辦理更新、遷移；其由直轄市、縣（市）主管機關辦理者，應報請中央主管機關備查：

一　不敷使用。

二　遭遇天然災害致全部或一部無法使用。

三　全部或一部地形變更。

四　其他特殊情形。

② 前項涉及殯葬設施之設置、擴充、增建或改建者，應依第六條規定辦理。

③ 符合第一項各款規定情形之私立殯葬設施，其更新或遷移計畫，應報請直轄市、縣（市）主管機關核准。

**第三二條** （公立殯葬設施廢止之核准備查）

① 公立殯葬設施因情事變更或特殊情形致無法或不宜繼續使用者，得擬具廢止計畫，報請直轄市、縣（市）主管機關核准；其由直轄市、縣（市）主管機關辦理者，應報請中央主管機關備查。

② 前項廢止計畫，應載明下列事項：

一　殯葬設施名稱及地點。

二　廢止之原因。

三　預定廢止之期日。

四　殯葬設施之使用現況。

五　善後處理措施。

③ 公立公墓或骨灰（骸）存放設施，應於遷移完竣後，始得廢止。

**第三三條** （公墓及骨灰（骸）存放設施登記簿之設置）

公墓、骨灰（骸）存放設施應設置登記簿永久保存，並登載下列事項：

一　墓基或骨灰（骸）存放單位編號。

二　營葬或存放日期。

三　受葬者之姓名、性別、出生地及生死年月日。

四　墓主或存放者之姓名、國民身分證統一編號、出生地、住址與通訊處及其與受葬者之關係。

五　其他經主管機關指定應記載之事項。

**第三四條** （殯葬設施內設施之維護及設施損壞之通知）

① 殯葬設施內之各項設施，經營者應妥爲維護。

② 公墓內之墳墓及骨灰（骸）存放設施內之骨灰（骸）櫃，其有損壞者，經營者應即通知墓主或存放者。

**第三五條** 112

① 私立公墓、骨灰（骸）存放設施經營者向墓主及存放者收取之費用，應明定管理費。本條例施行前已設置之私立公墓、骨灰（骸）存放設施，亦同。

② 前項管理費不得低於消費者依契約支付一切費用之百分之十二，其中百分之六十五爲日常支出，百分之三十五爲急難支出，應於金融機構分別開設日常支出專戶及急難支出專戶，並將管理費存入專戶。

③ 第一項管理費之金額、收取方式及其用途，私立公墓、骨灰（骸）存放設施經營者應於書面契約中載明。

④ 第二項專戶之設立、存入、支用、管理、查核、急難支出之使用條件與動支及其他應遵行事項之辦法，由中央主管機關定之。

**第三五條之一** 112

① 日常支出專戶之用途，以維護管理該設施所生必要直接之費用，且以下列各款爲限：

　一　維護設施安全、整潔。

　二　舉辦祭祀活動。

　三　內部行政管理。

　四　依第三十五條之二規定投保火災保險及地震保險所需之費用。

② 急難支出專戶之用途，以下列情形發生時，該設施修護及善後費用爲限：

　一　私立公墓、骨灰（骸）存放設施因災害防救法所定之災害發生受損致無法繼續使用。

　二　私立公墓、骨灰（骸）存放設施經營者經法院爲破產宣告後設施無其他業者承接，或經營者廢弛管理，致無法正常營運。

③ 管理費屬私立公墓、骨灰（骸）存放設施經營者代爲消費者保管專用於設施管理維護之費用。

④ 管理費不得作爲抵銷、扣押、供擔保或強制執行之標的。

⑤ 私立公墓、骨灰（骸）存放設施經營者破產時，管理費不屬於破產財團。

⑥ 屬私立公墓、骨灰（骸）存放設施經營者經之支出、因消費者個別需求或已另收取服務費用，均不得由管理費支出。

**第三五條之二** 112

① 私立公墓、骨灰（骸）存放設施經營者應以其經營之公墓、骨灰（骸）存放設施內之建築物爲保險標的，投保火災保險及地震保險，並應於保險公司給付保險理賠金之日起三個工作日內將保險理賠金存入急難支出專戶。

② 前項保險之保險金額，以不低於該建築物之實際現金價值或該

建築物之重置成本之百分之三十，二者較高者定之。

③私立公墓、骨灰（骸）存放設施內之建築物於中華民國八十八年十二月三十一日以前領得建造執照者，其經營者經向三家以上保險公司提出第一項保險之要保，無公司承保者，於出具三家原保證明報經設施所在地主管機關核准後，自核准之日起得免辦保險，其所收之管理費運用於急難支出之比例，不得低於百分之六十五，不受第三十五條第二項規定之限制。

**第三五條之三** 112

以公共造產或其他政府基金設置之公墓、骨灰（骸）存放設施向墓主及存者收取之使用價金，應提撥百分之七於公共造產或其他政府基金專戶內分帳管理，其用途準用第三十五條第四項所定辦法，非依法不得解繳公庫或移作他用。

**第三六條** （刪除）112

**第三六條之一** 112

①私立公墓、骨灰（骸）存放設施經營者應設置專簿，載明該設施管理費當年度各月收支運用情形，置於該設施之服務中心並刊登於網站，提供利害關係人查閱，並於每月結束後二十日內更新專簿資料。

②私立公墓、骨灰（骸）存放設施經營者應按月逐筆繕造所收總價金及管理費清冊，並於每季結束後十五日內報請直轄市、縣（市）主管機關備查。

③私立公墓、骨灰（骸）存放設施經營者應將日常支出專戶及急難支出專戶之年度決算書送經會計師查核簽證，並於年度結束後五個月內將併查核報告書併同決算書報請直轄市、縣（市）主管機關備查。

④直轄市、縣（市）主管機關應將第二項備查經營者提撥各季管理費總額之資訊公布於該機關網站，並應就前項辦理查核報告書及決算書之備查聘請會計師審核。

**第三六條之二** 112

私立公墓、骨灰（骸）存放設施有第三十五條之一第二項第一款之情形，該設施經營者經提具設施恢復營運或善後計畫報經直轄市、縣（市）主管機關核准，並向金融機構出具核准函後，始得提領急難支出專戶之款項。

**第三六條之三** 112

①私立公墓、骨灰（骸）存放設施經營者有第三十五條之一第二項第二款之情形，直轄市、縣（市）主管機關應輔導使用公墓、骨灰（骸）存放設施之消費者組成權益保護團體，處理權益事務。

②前項情形發生後，直轄市、縣（市）主管機關應函請金融機構將日常支出專戶及急難支出專戶賸餘之全部款項移轉至直轄市、縣（市）主管機關開設或其指定團體開設之專戶，並經由主管機關或其指定之團體提領支應殯葬設施之維護管理或善後事宜等費用。

③前項主管機關開設或其指定團體開設之專戶，其支出準用第三十五條之一第二項之規定。

④第二項情形之設施經直轄市、縣（市）主管機關許可由其他殯葬設施經營業承接經營者，原直轄市、縣（市）主管機關或其指定團體應將其開設專戶內之賸餘款項轉存至該承接業者開設之日常支出專戶及急難支出專戶。

第三七條　（刪除）112

第三七條之一　112

①本條例中華民國一百十二年十二月八日修正之條文施行前已設立之管理費專戶，應於修正施行後一個月內變更為第三十五條第二項之日常支出專戶。

②本條例中華民國一百十二年十二月八日修正之條文施行前已提撥之殯葬設施經營管理基金，直轄市、縣（市）主管機關應於修正施行後三個月內，將賸餘款項按已提撥金額比例存入第三十五條第二項之急難支出專戶，或第三十五條之三之公共造產基金專戶或其他政府基金專戶。

③本條例中華民國一百十二年十二月八日修正之條文公布前五年未提撥之殯葬設施經營管理基金，私立或以公共造產設置之公墓、骨灰（骸）存放設施經營者應於修正施行後六個月內提撥至急難支出專戶，或於公共造產基金或其他政府基金專戶補列應有費用；有財務困難者，經直轄市、縣（市）主管機關核准得於三年內分期提撥。

④違反前項規定未足額提撥者，直轄市、縣（市）主管機關應限期三個月內改善，屆期仍未改善者，命其停止販售墓基或骨灰（骸）存放單位並移送行政執行；其不遵從而繼續販售者，廢止其殯葬設施經營業之經營許可。

第三八條　（殯葬設施管理之查核及評鑑獎勵）

①直轄市、縣（市）主管機關對轄區內殯葬設施，應定期查核管理情形，並辦理評鑑及獎勵。

②前項查核、評鑑及獎勵之自治法規，由直轄市、縣（市）主管機關定之。

第三九條　（遷葬之認定與補償費、救濟金之發給）

①墳墓因情事變更致有妨礙軍事設施、公共衛生、都市發展或其他公共利益之虞，經直轄市、縣（市）主管機關轉請目的事業主管機關認定屬實者，應予遷葬。但經公告為古蹟者，不在此限。

②前項應行遷葬之合法墳墓，應發給遷葬補償費；其補償基準，由直轄市、縣（市）主管機關定之。但非依法設置之墳墓得發給遷葬救濟金；其要件及標準由直轄市、縣（市）主管機關定之。

第四〇條　（公墓禁葬之公告）

①直轄市、縣（市）或鄉（鎮、市）主管機關對其經營管理之公墓，為更新、遷移、廢止或其他公益需要，得公告其全部或一部禁葬。

② 經公告禁葬公墓之全部或一部，於禁葬期間不得埋葬屍體或埋藏骨灰。

③ 鄉（鎮、市）主管機關為第一項公告，應報請縣主管機關備查。

**第四一條**　（遷葬之程序及屆期未遷葬之處理）

① 直轄市、縣（市）或鄉（鎮、市）主管機關應依下列程序辦理遷葬：

一　公告限期自行遷葬；遷葬期限自公告日起，至少應有三個月之期間。

二　於應行遷葬墳墓前樹立標誌。

三　以書面通知墓主。無主墳墓，毋庸通知。

② 墓主屆期未遷葬者，除有特殊情形提出申請，經直轄市、縣（市）或鄉（鎮、市）主管機關核准延期者外，準用第三十條規定處理之。

## 第四章　殯葬服務業之管理及輔導

**第四二條**　（殯葬服務業之許可、登記與開始營業期限）

① 經營殯葬服務業，應向所在地直轄市、縣（市）主管機關申請經營許可後，依法辦理公司或商業登記，並加入殯葬服務業之公會，始得營業。

② 本條例施行前已依公司法或商業登記法辦理登記之殯葬場所開發租售業及殯葬服務業，並已報經所在地直轄市、縣（市）主管機關查者，視同取得前項許可。

③ 殯葬禮儀服務業於前二項許可設立之直轄市、縣（市）外營業者，應持原許可經營證明報請營業所在地直轄市、縣（市）主管機關備查，始得營業。但其設有營業處所營業者，並應加入該營業處所所在地之直轄市、縣（市）殯葬服務業公會後，始得營業。

④ 殯葬設施經營業應加入該殯葬設施所在地之直轄市、縣（市）殯葬服務業公會，始得營業。

⑤ 第一項規定以外之其他法人依其設立宗旨，從事殯葬服務業，應向所在地直轄市、縣（市）主管機關申請經營許可，領得經營許可證書，並加入所在地之殯葬服務業公會，始得營業；其於原許可設立之直轄市、縣（市）外營業者，準用前二項規定。

⑥ 第一項申請經營許可之程序、事項、應具備之資格、條件及其他應遵行事項之辦法，由中央主管機關定之。

**第四三條**　（殯葬服務業之廢止許可）

殯葬服務業依法辦理公司、商業登記或領得經營許可證書後，應於六個月內開始營業，屆期未開始營業者，由直轄市、縣（市）主管機關廢止其許可。但有正當理由者，得申請展延，其期限以三個月為限。

**第四四條**　（殯葬服務業之許可變更登記）

殯葬服務業於第四十二條申請許可事項有所變更時，應於十五

日內，向許可經營之直轄市、縣（市）主管機關辦理變更登記。

**第四五條** （專任禮儀師之設置）

① 殯葬禮儀服務業具一定規模者，應置專任禮儀師，始得申請許可及營業。

② 禮儀師應具備之資格、條件、證書之申請或換（補）發、執業管理及其他應遵行事項之辦法，由中央主管機關定之。

③ 第一項一定規模，由中央主管機關於前項辦法施行後定之。

**第四六條** （禮儀師得執行之業務）

① 具有禮儀師資格者，得執行下列業務：

一 殯葬禮儀之規劃及諮詢。

二 殯殮葬會場之規劃及設計。

三 指導喪葬文書之設計及撰寫。

四 指導或擔任出殯奠儀會場司儀。

五 臨終關懷及悲傷輔導。

六 其他經中央主管機關核定之業務項目。

② 未取得禮儀師資格者，不得以禮儀師名義執行前各款業務。

**第四七條** （殯葬服務業負責人之消極資格）

① 有下列各款情形之一，不得充任殯葬服務業負責人：

一 無行為能力或限制行為能力者。

二 受破產之宣告尚未復權者。

三 犯殺人、妨害自由、搶奪、強盜、恐嚇取財、擄人勒贖、詐欺、背信、侵占罪、性侵害犯罪防治法第二條所定之罪、組織犯罪防制條例第三條第一項、第二項、第六條、第九條之罪，經受有期徒刑一年以上刑之宣告確定，尚未執行完畢或執行完畢或赦免後未滿三年者。但受緩刑宣告者，不在此限。

四 受感訓處分之裁定確定，尚未執行完畢或執行完畢未滿三年者。

五 曾經經營殯葬服務業，經主管機關廢止或撤銷許可，自廢止或撤銷之日起未滿五年者。但第四十三條所定屆期未開始營業或第五十七條所定自行停止業務者，不在此限。

六 受第七十五條第三項所定之停止營業處分，尚未執行完畢者。

② 殯葬服務業之負責人有前項各款情形之一者，由直轄市、縣（市）主管機關令其限期變更負責人；逾期未變更負責人者，廢止其許可。

**第四八條** （服務資訊及收費標準之展示）

殯葬服務業應將相關證照、商品或服務項目、價金或收費基準表公開展示於營業處所明顯處，並備置收費基準表。

**第四九條** （書面契約之訂定）

① 殯葬服務業就其提供之商品或服務，應與消費者訂定書面契約。書面契約未載明之費用，無請求權；並不得於契約簽訂後，巧立名目，強索增加費用。

② 前項書面契約之格式、內容，中央主管機關應訂定定型化契約範本及其應記載及不得記載事項。

③ 殯葬服務業應將中央主管機關訂定之定型化契約書範本公開並印製於收據憑證或交付消費者，除另有約定外，視為已依第一項規定與消費者訂約。

**第五〇條**　（生前殯葬服務契約之簽訂）

① 非依第四十二條規定經直轄市、縣（市）主管機關許可經營殯葬禮儀服務業之公司，不得與消費者簽訂生前殯葬服務契約。

② 與消費者簽訂生前殯葬服務契約之公司，須具一定規模；其應備具一定規模之證明、生前殯葬服務定型化契約及與信託業簽訂之信託契約副本，報請直轄市、縣（市）主管機關核准後，始得與消費者簽訂生前殯葬服務契約。

③ 前項生前殯葬服務契約，中央主管機關應訂定定型化契約範本及其應記載及不得記載事項；一定規模，由中央主管機關定之。

**第五一條**　（生前殯葬服務費用信託契約）

① 殯葬禮儀服務業與消費者簽訂生前殯葬服務契約，其有預先收取費用者，應將該費用百分之七十五，依信託本旨交付信託業管理。除生前殯葬服務契約之履行、解除、終止或本條例另有規定外，不得提領。

② 前項費用，指消費者依生前殯葬服務契約所支付之一切對價。

③ 殯葬禮儀服務業應將第一項交付信託業管理之費用，按月逐筆結算造冊後，於次月底前交付信託業管理。

④ 中央主管機關對於第一項信託契約，應會商信託業目的事業主管機關，訂定定型化契約範本及其應記載及不得記載事項。

**第五二條**　（交付信託業管理費用之運用範圍）

① 依前條第一項規定交付信託業管理之費用，其運用範圍以下列各款為限：
一　現金及銀行存款。
二　政府債券、經中央銀行及行政院金融監督管理委員會核准之國際金融組織來臺發行之債券。
三　以前款為標的之附買回交易。
四　經中央主管機關認定之一定等級以上信用評等之金融債券、公司債、短期票券、依金融資產證券化條例及不動產證券化條例發行之受益證券或資產基礎證券。
五　貨幣市場共同信託基金、貨幣市場證券投資信託基金。
六　債券型基金。
七　前二款以外之其他共同信託基金或證券投資信託基金。
八　依信託業法第十八條之一第二項所定信託業運用信託財產於外國有價證券之範圍。
九　經核准設置之殯儀館、火化場需用之土地、營建及相關設施費用。

② 前項第七款至第九款合計之投資總額不得逾投資時信託財產價值之百分之三十；第九款之投資總額不得逾投資時信託財產當

時價值之百分之二十五。

③第一項第九款殯儀館或火化場設置所需費用之認定、管理及其他應行遵行事項之辦法，由中央主管機關定之。

**第五三條** （殯葬禮儀服務業交付信託業管理費用之結算及報告）

①殯葬禮儀服務業依第五十一條第一項規定交付信託業管理之費用，信託業應於每年十二月三十一日結算一次。經結算未達預先收取費用之百分之七十五者，殯葬禮儀服務業應以現金補足其差額；已逾預先收取費用之百分之七十五者，得提領其已實現之收益。

②前項結算應將未實現之損失計入。

③第一項之結算，信託業應於次年一月三十一日前將結算報告送直轄市、縣（市）主管機關。

**第五四條** （信託契約終止或解除之保障、信託業應退費用之情形與退還比例）

①殯葬禮儀服務業解除或終止依第五十一條第一項規定與信託業簽訂之信託契約時，應指定新受託人；其信託財產由原受託人結算後，移交新受託人，於未移交新受託人前，其信託契約視為存續，由原受託人依原信託契約管理之。

②殯葬禮儀服務業破產時，其依第五十一條第一項規定交付信託業管理之財產，不屬於破產財團。

③殯葬禮儀服務業有下列情形之一時，其依第五十一條第一項規定交付信託業管理之財產，由信託業者報經直轄市、縣（市）主管機關核准後，退還與殯葬禮儀服務業簽訂生前殯葬服務契約且尚未履行完畢之消費者：

一　破產。

二　依法解散，或經直轄市、縣（市）主管機關廢止其許可。

三　自行停止營業連續六個月以上，或經直轄市、縣（市）主管機關勒令停業逾六個月以上。

四　經向直轄市、縣（市）主管機關申請停業期滿後，逾三個月未申請復業。

五　與信託業簽訂之信託契約因故解除或終止後逾六個月未指定新受託人。

④消費者依前項領回金額以其簽訂生前殯葬服務契約已繳之費用為原則。但信託財產處分後不足支付全部未履約消費者已繳費用時，依消費者繳款比例領回。

**第五五條** 112

①直轄市、縣（市）主管機關為瞭解殯葬服務業下列情形，得隨時派員或委託專業人員查核之，受查核者不得規避、妨礙或拒絕：

一　依第三十五條規定存入之款項、書面契約載明之管理費。

二　依第三十五條之一規定日常支出專戶及急難支出專戶之支出用途。

三　依第三十五條之二規定投保火災保險及地震保險。

四　依第五十一條至前條規定預收生前殯葬服務契約之費用收支及交付信託之情形。

②前項查核結果，直轄市、縣（市）主管機關應公開相關資訊。

第五六條　（生前殯葬服務契約及殯葬設施之代售與相關資訊之備查）

①殯葬禮儀服務業得委託公司、商業代爲銷售生前殯葬服務契約；殯葬設施經營業除其他法令另有規定外，銷售墓基、骨灰（骸）存放單位，亦同。

②殯葬服務業應具備有銷售墓基、骨灰（骸）存放單位、生前殯葬服務契約之營業處所及依前項受委託之公司、商業相關文件，報請直轄市、縣（市）主管機關備查，並公開相關資訊。受委託之公司、商業異動時，亦同。

③前項應公開資訊及其他應遵行事項之辦法，由中央主管機關定之。

第五七條　（暫停營業之申請與自行停止營業之處置）

①殯葬服務業預定暫停營業三個月以上者，應於停止營業之日十五日前，以書面向直轄市、縣（市）主管機關申請停業；並應於期限屆滿十五日前申請復業。

②前項暫停營業期間，以一年爲限。但有特殊情形者，得向直轄市、縣（市）主管機關申請展延一次，其期間以六個月爲限。

③殯葬服務業開始營業後自行停止營業連續六個月以上，或暫停營業期滿未申請復業者，直轄市、縣（市）主管機關得廢止其許可。

第五八條　（殯葬服務業之評鑑及獎勵）

①直轄市、縣（市）主管機關對殯葬服務業應定期實施評鑑，經評鑑成績優良者，應予獎勵。

②前項評鑑及獎勵之自治法規，由直轄市、縣（市）主管機關定之。

第五九條　（殯葬服務業公會業務觀摩及教育訓練之舉辦）

殯葬服務業之公會每年應自行或委託學校、機構、學術社團，舉辦殯葬服務業務觀摩交流及教育訓練課程。

第六○條　（殯葬服務業之講習或訓練）

①殯葬服務業得視實際需要，指派所屬員工參加殯葬講習或訓練。

②前項參加講習或訓練之紀錄，列入評鑑殯葬服務業之評鑑項目。

## 第五章　殯葬行爲之管理

第六一條　（殯葬事宜之預立遺囑或意願書）

①成年人且有行爲能力者，得於生前就其死亡後之殯葬事宜，預立遺囑或以塡具意願書之形式表示之。

②死者生前曾爲前項之遺囑或意願書者，其家屬或承辦其殯葬事宜者應予尊重。

第六二條　（使用道路搭棚治喪之核准與規定）

①辦理殯葬事宜，如因殯儀館設施不足需使用道路搭棚者，應擬具使用計畫報經當地警察機關核准，並以二日為限。但直轄市或縣（市）主管機關有禁止使用道路搭棚規定者，從其規定。

②前項管理之自治法規，由直轄市、縣（市）主管機關定之。

**第六三條** （殯葬服務業提供或媒介非法殯葬設施之禁止）

①殯葬服務業不得提供或媒介非法殯葬設施供消費者使用。

②殯葬服務業不得擅自進入醫院招攬業務；未經醫院或家屬同意，不得搬移屍體。

**第六四條** （醫院太平間之設置）

①醫院依法設太平間者，對於在醫院死亡者之屍體，應負責安置。

②醫院得劃設適當空間，暫時停放屍體，供家屬助念或悲傷撫慰之用。

③醫院不得拒絕死亡者之家屬或其委託之殯葬禮儀服務業領回屍體；並不得拒絕使用前項劃設之空間。

**第六五條** （醫院禁止附設殯葬設施及過渡之規定）

醫院不得附設殮、殯、奠、祭設施。但本條例中華民國一百年十二月十四日修正之條文施行前已經核准附設之殮、殯、奠、祭設施，得於本條例修正施行後繼續使用五年，並不得擴大規模；其管理及其他應遵行事項之辦法，由中央衛生主管機關會商中央主管機關定之。

**第六六條** （醫院設置或委託經營殯葬設施之服務項目及收費基準規範）

①前二條所定空間及設施，醫院得委託他人經營。自行經營者，應將服務項目及收費基準表公開展示於明顯處；委託他人經營者，醫院應於委託契約訂明服務項目、收費基準表及應遵行事項。

②前項受託經營者應將服務項目及收費基準表公開展示於明顯處。除經消費者同意支付之項目外，不得額外請求其他費用，並不得有第六十四條第三項行為。

**第六七條** （出殯行經路線之報請備查）

殯葬禮儀服務業就其承攬之殯葬服務至遲應於出殯前一日，將出殯行經路線報請辦理殯葬事宜所在地警察機關備查。

**第六八條** （妨礙公眾安寧之禁止）

殯葬禮儀服務業提供之殯葬服務，不得有製造噪音、深夜喧嘩或其他妨礙公眾安寧、善良風俗之情事，且不得於晚間九時至翌日上午七時間使用擴音設備。

**第六九條** （憲警人員轉介承攬服務之禁止）

①憲警人員依法處理意外事件或不明原因死亡之屍體程序完結後，除經家屬認領，自行委託殯葬禮儀服務業者承攬服務者外，應即通知轄區或較近之公立殯儀館辦理屍體運送事宜，不得擅自轉介或縱容殯葬服務業逕行提供服務。

②公立殯儀館接獲前項通知後，應即自行或委託殯葬禮儀服務業運送屍體至殯儀館後，依相關規定處理。

③非依前二項規定或未經家屬同意，自行運送屍體者，不得請求任何費用。

④第一項屍體無家屬認領者，其處理之自治法規，由直轄市、縣（市）主管機關定之。

**第七〇條**（骨灰（骸）存放、埋葬或火化屍體之規定）

埋葬屍體，應於公墓內為之；骨灰或起掘之骨骸除本條例另有規定外，應存放於骨灰（骸）存放設施或火化處理；火化屍體，應於火化場或移動式火化設施為之。

**第七一條**（私人墳墓及既存墳墓設置、修繕之規定）

①本條例施行前依法設置之私人墳墓及墳墓設置管理條例施行前既存之墳墓，於本條例施行後僅得依原墳墓形式修繕，不得增加高度及擴大面積。

②直轄市、縣（市）或鄉（鎮、市）主管機關經依第二十八條規定公墓墓基及骨灰（骸）存放設施之使用年限者，其轄區內私人墳墓之使用年限及使用年限屆滿之處理，準用同條規定。

**第七二條**（合法墳墓繼續存放之規定）

①本條例施行前公墓內既存供家族集中存放骨灰（骸）之合法墳墓，於原規劃容納數量範圍內，得繼續存放，並不得擴大其規模。

②前項合法墳墓之修繕，準用前條第一項規定；其使用年限及使用年限屆滿之處理，準用第二十八條規定。

## 第六章　罰　則

**第七三條**（罰則）

①殯葬設施經營業違反第六條第一項或第三項規定，未經核准或未依核准之內容設置、擴充、增建、改建殯葬設施，或違反第二十條第一項規定擅自啟用、販售墓基或骨灰（骸）存放單位，處新臺幣三十萬元以上一百五十萬元以下罰鍰，並限期改善或補辦手續；屆期仍未改善或補辦手續者，得按次處罰，情節重大或拒不遵從者，得令其停止開發、興建、營運或販售墓基、骨灰（骸）存放單位、強制拆除或回復原狀。未經核准，擅自使用移動式火化設施經營火化業務，或火化地點未符第二十三條第一項規定者，亦同。

②殯葬設施經營業違反第七條第三項規定未於開工後五年內完工者，處新臺幣十萬元以上五十萬元以下罰鍰，並限期完工；屆期仍未完工者，得按次處罰，其情節重大者，得廢止其核准。

③前二項處罰，無殯葬設施經營業者，處罰設置、擴充、增建或改建者；無設置、擴充、增建或改建者，處罰販售者。

**第七四條**（罰則）

①經營移動式火化設施之負責人或其受僱人執行火化業務發生違法情事，經檢察官提起公訴、聲請簡易判決處刑、緩起訴或依刑事訴訟法第二百五十三條、第二百五十四條規定為不起訴處

分者，直轄市、縣（市）主管機關應禁止該設施繼續使用。但受無罪判決確定者，不在此限。

②移動式火化設施經營者違反第二十三條第二項所定辦法所定有關設置、使用及管理之強制或禁止規定者，處新臺幣三萬元以上十五萬元以下罰鍰，並令其限期改善，屆期仍未改善者，得按次處罰並禁止其繼續使用，情節重大者，得廢止該設施之設置許可。

**第七五條** （罰則）

①殯葬設施經營業或其受僱人違反第二十四條規定者，處新臺幣三萬元以上十五萬元以下罰鍰，並令其立即改善；拒不改善者，得按次處罰。其情節重大者，得廢止其禮廳及靈堂設置許可。

②殯葬設施經營業或其受僱人違反第二十五條第一項規定，擅自收葬、收存或火化屍體、骨灰（骸）者，處新臺幣三十萬元以上一百五十萬元以下之罰鍰。

③火化場違反第二十五條第一項規定火化屍體，且涉及犯罪事實者，除行為人依法送辦外，得勒令其經營者停止營業六個月至一年。其情節重大者，得廢止其殯葬設施經營業之經營許可。

**第七六條** （罰則）

墓主違反第二十六條第一項面積規定者，應限期改善；屆期仍未改善者，處新臺幣六萬元以上三十萬元以下罰鍰，超過面積達一倍以上者，按其倍數處罰。

**第七七條** （罰則）

墓主違反第二十七條第一項規定者，應限期改善；屆期仍未改善者，處新臺幣十萬元以上五十萬元以下罰鍰，超過高度達一倍以上者，按其倍數處罰。

**第七八條** （罰則）

違反第二十九條起掘規定者，處新臺幣三萬元以上十五萬元以下罰鍰。

**第七九條** （罰則）

公墓、骨灰（骸）存放設施經營者違反第三十三條規定者，應限期改善；屆期仍未改善者，處新臺幣一萬元以上五萬元以下罰鍰。就同條第二款、第四款之事項，故意為不實之記載者，處新臺幣三十萬元以上一百五十萬元以下罰鍰。

**第八〇條** 112

①私立公墓、骨灰（骸）存放設施經營者違反第三十五條第一項規定未明定管理費、違反第二項規定未開設日常支出或急難支出專戶，或違反第三項規定未於書面契約中載明管理費之金額、收取方式及其用途者，處新臺幣十萬元以上五十萬元以下罰鍰，並限期改善；屆期仍未改善者，得按次處罰。

②私立公墓、骨灰（骸）存放設施經營者違反第三十五條第二項規定未將足額之管理費存入專戶，或違反第三十五條之一規定支出管理費者，經限期改善，屆期仍未改善者，處新臺幣三十萬元以上一百五十萬元以下罰鍰，並得按次處罰，情節重大者，

並得命其停止販售墓基或骨灰（骸）存放單位至改善為止；其不遵循而繼續販售者，得廢止其殯葬設施經營業之經營許可。

③私立公墓、骨灰（骸）存放設施經營者違反第三十五條第四項所定之辦法中有關強制或禁止規定者，處新臺幣三萬元以上十五萬元以下罰鍰，並限期改善；屆期仍未改善者，得按次處罰。

**第八一條** 112

①私立公墓、骨灰（骸）存放設施經營者違反第三十五條之二第一項規定未投保火災保險及地震保險，或違反第二項規定保險金額不足者，處新臺幣二萬元以上一百萬元以下罰鍰，並限期改善；屆期仍未改善者，得按次處罰。

②以公共造產或其他政府基金設置之公墓、骨灰（骸）存放設施經營者違反第三十五條之三規定，未將所收使用價金提撥百分之七於公共造產基金或其他政府基金專戶內分帳管理，或未依法支用者，處新臺幣十萬元以上五十萬元以下罰鍰，並限期改善；屆期仍未改善者，得按次處罰。

**第八二條** 112

私立公墓、骨灰（骸）存放設施經營者有下列情事之一者，處新臺幣三萬元以上十五萬元以下罰鍰，並限期改善；屆期未改善者，得按次處罰。

一 違反第三十六條之一第一項規定未依規定設置專簿，刊登於網站或管理費收支情形未載明確實。

二 違反第三十六條之一第二項規定未按月繕造清冊或按季報請備查。

三 違反第三十六條之一第三項規定未將管理費專戶年度決算書送經會計師查核簽證或報請備查。

**第八三條** （罰則）

墓主違反第四十條第二項或第七十條規定者，處新臺幣三萬元以上十五萬元以下罰鍰，並限期改善；屆期仍未改善者，得按次處罰；必要時，由直轄市、縣（市）主管機關起掘火化後為適當之處理，其所需費用，向墓主徵收。

**第八四條** （罰則）

經營殯葬服務業違反第四十二條第一項至第五項規定者，除勒令停業外，並處新臺幣六萬元以上三十萬元以下罰鍰；其不遵從而繼續營業者，得按次處罰。

**第八五條** （罰則）

殯葬服務業違反第四十四條規定者，處新臺幣一萬元以上五萬元以下罰鍰，並限期改善；屆期仍未改善者，得按次處罰。

**第八六條** （罰則）

①殯葬禮儀服務業違反第四十五條第一項規定，具一定規模而未置專任禮儀師者，處新臺幣十萬元以上五十萬元以下罰鍰，並應禁止其繼續營業；拒不遵從者，得按次加倍處罰，其情節重大者，得廢止其經營許可。

②禮儀師違反第四十五條第二項所定辦法有關執行業務規範、再

訓練之強制或禁止規定者，依其情節處新臺幣二萬元以上十萬元以下罰鍰，並限期改善；屆期仍未改善者，得按次處罰，其情節重大者，得廢止原核發處分並註銷證書，三年內並不得再核發禮儀師證書。

**第八七條**　（罰則）

未具禮儀師資格，違反第四十六條第二項之規定以禮儀師名義執行業務者，處新臺幣六萬元以上三十萬元以下罰鍰。連續違反者，並得按次處罰。

**第八八條**　（罰則）

殯葬服務業違反第四十八條、第四十九條第一項或第三項規定者，應限期改善；屆期仍未改善者，處新臺幣三萬元以上十五萬元以下罰鍰，並得按次處罰。

**第八九條**　（罰則）

①非經直轄市、縣（市）主管機關許可經營殯葬禮儀服務業之公司違反第五十條第一項規定，與消費者簽訂生前殯葬服務契約者，處新臺幣六十萬元以上三百萬元以下罰鍰，並得按次處罰；其代理人或受僱人，亦同。

②殯葬禮儀服務業違反第五十條第二項規定未具一定規模或未經核准與消費者簽訂生前殯葬服務契約者，處新臺幣六萬元以上三十萬元以下罰鍰，並限期改善；屆期仍未改善者，得按次處罰，其情節重大者，得廢止其經營許可。

**第九〇條**　（罰則）

①殯葬禮儀服務業違反第五十一條第一項規定，處新臺幣二十萬元以上一百萬元以下罰鍰，並限期改善；屆期仍未改善者，得按次處罰，其情節重大者，得廢止其經營許可。

②殯葬禮儀服務業違反第五十一條第三項規定者，處新臺幣三萬元以上十五萬元以下罰鍰，並限期改善；屆期仍未改善者，得按次處罰。

**第九一條**　（罰則）

殯葬禮儀服務業違反第五十二條第一項交付信託業管理之費用運用範圍規定者，處新臺幣二十萬元以上一百萬元以下罰鍰，並限期改善；屆期仍未改善者，得按次處罰。

**第九二條**　（罰則）

殯葬禮儀服務業違反第五十三條第一項後段補足差額規定或第五十四條第一項規定未指定新受託人規定者，處新臺幣六萬元以上三十萬元以下罰鍰，並限期改善；屆期未改善者，得按次處罰，並得廢止其經營許可。

**第九三條**　（罰則）

信託業違反第五十三條第三項規定未送結算報告者，處新臺幣三萬元以上十五萬元以下罰鍰，並限期改善；屆期未改善者，得按次處罰。

**第九四條**　（罰則）

殯葬服務業違反第五十五條第一項規定規避、妨礙或拒絕查核

者，處新臺幣六萬元以上三十萬元以下罰鍰。

**第九五條** （罰則）

殯葬服務業違反第五十六條第一項規定委託公司、商業以外之人代為銷售，或違反第二項規定者，處新臺幣三萬元以上十五萬元以下罰鍰，並限期改善；屆期未改善者，得按次處罰。

**第九六條** （罰則）

①殯葬服務業違反第五十七條第一項、第六十二條第一項、第六十三條、第六十七條或第六十八條規定者，處新臺幣三萬元以上十五萬元以下之罰鍰，並限期改善；屆期仍未改善者，得按次處罰，情節重大者，得廢止其許可。

②醫院違反第六十四條第一項或第三項規定者，處新臺幣六萬元以上三十萬元以下罰鍰。

③醫院或其受託經營者違反第六十六條規定，除未將服務項目及收費基準表公開展示為明顯處者，處新臺幣三萬元以上十五萬元以下罰鍰外，其餘處新臺幣六萬元以上三十萬元以下罰鍰。

④醫院或其受託經營者違反第六十四條第三項或第六十六條第二項規定者，經處罰累計達三次者，直轄市、縣（市）主管機關應轉請直轄市、縣（市）衛生主管機關廢止該醫院附設殮、殯、奠、祭設施之核准。

⑤第二項、第三項規定應處之罰鍰，於私立醫院，處罰其負責醫師。

**第九七條** （罰則）

①醫院違反第六十五條規定附設殮、殯、奠、祭設施者，處新臺幣三十萬元以上一百五十萬元以下罰鍰，並令設施停止營運；繼續營運者，得按次處罰。

②本條例於中華民國一百年十二月十四日修正之條文施行前已經核准附設殮、殯、奠、祭設施之醫院違反第六十五條規定擴大其規模者，處新臺幣三十萬元以上一百五十萬元以下罰鍰，並限期改善；屆期仍未改善者，得按次處罰。

③依前二項規定所處之罰鍰，於私立醫院，處罰其負責醫師。

**第九八條** （罰則）

憲警人員違反第六十九條第一項規定者，除移送所屬機關依法懲處外，並處新臺幣三萬元以上十五萬元以下罰鍰。

**第九九條** （罰則）

墓主違反第七十一條第一項前段或第七十二條第二項規定，修繕逾越原墳墓之面積或高度者，經限期改善，屆期仍未改善者，處新臺幣六萬元以上三十萬元以下罰鍰，超過面積或高度達一倍以上者，按其倍數處罰。

## 第七章 附　則

**第一〇〇條** （殯葬設施管理計畫之擬訂及預算編列）

為落實殯葬設施管理，推動公墓公園化、提高殯葬設施服務品

質及鼓勵火化措施，主管機關應擬訂計畫，編列預算執行之。

**第一〇一條** （處理殯葬相關事務之審議及諮詢）

為處理殯葬設施之設置、經營、骨灰拋灑、植存區域範圍之劃定等相關事宜，直轄市及縣（市）主管機關得邀集專家學者、公正人士或相關人員審議或諮詢之。

**第一〇二條** （寺廟及宗教團體所屬之公墓、骨灰（骸）存放設施等得原地原規模修建之規定）

① 本條例公布施行前募建之寺院、宮廟及宗教團體所屬之公墓、骨灰（骸）存放設施及火化設施得繼續使用，其有損壞者，得於原地修建，並不得增加高度及擴大面積。

② 本條例公布施行前私建之寺院、宮廟，變更登記為募建者，準用前項規定。

**第一〇三條** （殯葬禮儀服務業置殯葬禮儀師之過渡措施）

殯葬禮儀服務業達第四十五條第三項所定之一定規模者，於第四十五條第二項所定辦法發布施行後三年內得繼續營業，期間屆滿前，應補送聘禮儀師證明，經主管機關備查，始得繼續營業。

**第一〇四條** （施行細則）

本條例施行細則，由中央主管機關定之。

**第一〇五條** （施行日）

本條例施行日期，由行政院定之。

# 原住民身分法

① 民國90年1月17日總統令制定公布全文13條；並自90年1月1日起施行。
② 民國97年12月3日總統令修正公布第8條條文。
③ 民國110年1月27日總統令修正公布第4、8、11、13條條文。
④ 民國113年1月3日總統令修正公布全文12條；並自公布日施行。

**第一條**

為認定原住民身分，保障原住民權益，特制定本法。

**第二條**

本法所稱原住民，包括山地原住民及平地原住民，其身分之認定，除本法另有規定外，依下列規定：

一、山地原住民：臺灣光復前原籍在山地行政區域內，且戶口調查簿登記其本人或直系血親尊親屬屬於原住民者。

二、平地原住民：臺灣光復前原籍在平地行政區域內，且戶口調查簿登記其本人或直系血親尊親屬屬於原住民，並申請戶籍所在地鄉（鎮、市、區）公所登記為平地原住民有案者。

**第三條**

① 父或母為原住民，且符合下列各款規定之一者，取得原住民身分：

一、取用父或母所屬原住民族之傳統名字。

二、取用漢人姓名並以原住民族文字並列父或母所屬原住民族之傳統名字。

三、從具原住民身分之父或母之姓。

② 依前項第二款規定取得原住民身分者，其子女從其姓者，應依同款規定取得原住民身分。

**第四條**

① 非原住民經年滿四十歲且無子女之原住民雙親共同收養，且符合下列各款規定者，取得原住民身分：

一　被收養時未滿七歲。

二　取用或以原住民族文字並列收養者之一所屬原住民族之傳統名字，或從收養者之一之姓。

② 本法施行前，未滿七歲之非原住民為原住民父母收養者，不受前項雙親須年滿四十歲且無子女規定之限制。

**第五條**

① 原住民有下列情形之一者，喪失原住民身分：

一　依前二條規定取得原住民身分後，因變更姓名致未符合各

　　　該規定。
二　依前條規定取得原住民身分後，終止收養關係。
三　成年後申請放棄原住民身分。
四　依本法中華民國一百十年一月二十七日修正施行前之第四條第三項規定取得原住民身分，未於本法一百十二年十二月十八日修正之條文施行之日起算二年內，取用或以原住民族文字並列原住民父或母所屬原住民族之傳統名字，或從原住民父或母之姓。

②依前項第三款規定喪失原住民身分，且無同項第一款或第二款規定情事者，得申請回復原住民身分；其回復以一次為限。

③依第一項第三款規定申請喪失原住民身分者，其申請時之直系血親卑親屬之原住民身分不喪失。

## 第六條

①為取得原住民身分，當事人得申請取用或以原住民族文字並列原住民族傳統名字，或從具原住民身分之父或母之姓；當事人未成年時，由法定代理人以書面約定申請，成年後，依個人意願申請，不受民法第一千零五十九條第一項、第四項、第一千零七十八條第一項、第二項及姓名條例第一條第二項規定之限制。

②依前項規定申請取得原住民身分，除出生登記外，未成年時及成年後各以一次為限。

③養子女依第一項規定申請取得原住民身分者，得以利害關係人身分，依戶籍法第六十五條規定向戶政事務所申請本生父母之戶籍資料或戶籍謄本。

## 第七條

符合第二條至第四條規定取得原住民身分之要件，而於申請取得原住民身分前死亡者，其子女準用第三條及前條之規定取得原住民身分。

## 第八條

①山地原住民與平地原住民結婚，得約定變更為相同之山地原住民或平地原住民身分；其子女之身分從之。

②未依前項規定約定變更為相同之原住民身分者，其子女於未成年時，得由法定代理人協議或成年後依個人意願，取得山地原住民或平地原住民身分。

## 第九條

①原住民應依其父或母之所屬民族登記其民族別；其原住民族傳統名字或從姓，應與其登記之民族別相關聯。

②前項原住民民族別之認定、登記、變更及其他相關事項之辦法，由中央原住民族主管機關定之。

## 第一〇條

原住民身分取得、喪失、變更或回復之申請，由戶政事務所受理，審查符合規定後，於戶籍資料內為原住民身分別及民族別之登記，並於登記後發生效力。

**第一一條**

　因戶籍登記錯誤、脫漏或其他原因，誤登記為原住民身分或漏未登記為原住民身分者，當事人戶籍所在地之戶政事務所應於知悉後，書面通知當事人為撤銷或更正之登記，或由當事人向戶籍所在地之戶政事務所申請查明，並為撤銷或更正之登記。

**第一二條**

　本法自公布日施行。

# 臺灣原住民回復傳統姓名及更正姓名作業要點

① 民國84年2月17日內政部函訂定發布全文11點。
② 民國87年4月1日內政部函修正發布第4、7點。
③ 民國89年5月9日內政部函修正發布第5點。
④ 民國95年2月24日內政部令修正發布名稱及全文11點；並自即日生效（原名稱：臺灣原住民族回復傳統姓名及更正姓名作業要點）。
⑤ 民國97年4月30日內政部令修正發布第3、5點；並自即日生效。

一　為辦理臺灣原住民（以下簡稱原住民）回復傳統姓名及姓名更正作業，特訂定本要點。

二　回復傳統姓名及姓名更正作業包括下列規定：
　㈠回復傳統姓名。
　㈡回復原有漢人姓名。
　㈢並列傳統姓名之羅馬拼音。
　㈣更正傳統姓名、傳統姓名之羅馬拼音。
　㈤更正漢人姓氏。
　㈥更正父母姓名。

三　第二點之申請，以當事人或法定代理人為申請人，並填具申請書（格式如附件一），向戶籍地戶政事務所為之，由戶政事務所核定。但經內政部公告，並刊登政府公報之指定項目，其登記得向戶籍地以外之戶政事務所為之。

四　原住民之傳統姓名或漢人姓名，均得以傳統姓名之羅馬拼音並列登記，其登記以當事人或法定代理人申報者為準。

五　辦理第二點姓名變更或更正者，其配偶及子女之戶籍相關資料，應隨同變更，並得向任一戶政事務所申請為之。

六　已回復傳統姓名者，其子女以漢人姓名辦理出生登記者，應依民法相關規定辦理。從父姓之子女之戶籍登記資料記事欄，應註記父之原有漢人姓名；從母姓之子女之戶籍登記資料記事欄，應註記母之原有漢人姓名。

七　已回復傳統姓名者，得申請回復原有漢人姓名，但以一次為限。

八　未申請回復傳統姓名之原住民，在臺灣省光復初次設戶籍時，自定之姓氏及父母姓名有下列情事之一，應申請更正：
　㈠父子或同胞兄弟姐妹，或有血親關係之伯叔，因分居各自定姓氏，致現用姓氏不同者，以同宗年齡最長者為準。
　㈡本人或其父母之姓氏，非我國所習見者。

㈢同胞兄弟姐妹因分居，致民國四十三年譯註之中文父母姓名不相符者，以父母或同宗年齡最長者所譯註之姓名為準。

㈣民國四十三年譯註之父母姓名，與實際上仍生存或已死亡父母姓名不符者。

依前項各款規定申請更正姓名或父母姓名者，以一次為限。

九　依第八點第一項第一款、第二款規定申請更正姓氏者，應提憑日據時期戶籍謄本及光復初次設戶籍自定姓名時之戶籍謄本或其他足資證明之文件；無法提憑日據時期戶籍謄本者，得以相關年長親族二人以上證明為之。

依第八點第一項第三款、第四款規定申請更正父母姓名，應提憑日據時期戶籍謄本及譯註姓名時之戶籍謄本及父母相關戶籍謄本或其他足資證明之文件；無法提憑日據時期戶籍謄本者，得以相關年長親族二人以上證明為之。

十　依第八點規定申請更正姓氏經核准者，從其姓之子女如未回復傳統姓名，應隨同更正姓氏。

十一　直轄市、縣（市）政府應以鄉、鎮、市、區別，於次月五日前將戶政事務所辦理回復傳統姓名、漢人姓名及並列羅馬拼音登記人數統計表（格式如附件二），以戶役政資訊系統通報內政部。

# 臺灣地區與大陸地區人民關係條例

① 民國81年7月31日總統令制定公布全文96條。
民國81年9月16日行政院令發布定自81年9月18日起施行。
② 民國82年2月3日總統令修正公布第18條條文;並自82年9月18日起施行。
③ 民國83年9月16日總統令修正公布第66條條文;並自83年9月18日起施行。
④ 民國84年7月19日總統令修正公布第66條條文。
民國84年7月19日行政院令發布定自84年7月21日施行。
⑤ 民國85年7月30日總統令修正公布第68條條文。
民國85年8月19日行政院令發布定自85年9月18日起施行。
⑥ 民國86年5月14日總統令修正公布第5、10、11、15至18、20、27、32、35、67、74、79、80、83、85、86、88、96條條文;並增訂第26-1、28-1、67-1、75-1、95-1條條文。
民國86年6月30日行政院令發布定自86年7月1日起施行。
⑦ 民國89年12月20日總統令修正公布第2、16、21條條文;並增訂第17-1條條文。
民國90年2月16日行政院令發布定自90年2月22日起施行。
⑧ 民國91年4月24日總統令修正公布第24、35、69條條文。
民國91年6月21日行政院令發布定自91年7月1日施行。
⑨ 民國92年10月29日總統令修正公布全文96條。
民國92年12月29日行政院令發布第1、3、6至8、12、16、18、21、22-1、24、28-1、31、34、41至62、64、66、67、71、74、75、75-1、76至79、84、85、87至89、93、95條,定自92年12月31日施行;餘定自93年3月1日施行。
⑩ 民國95年7月19日總統令修正公布第9條條文。
民國95年10月17日行政院令發布定自95年10月19日施行。
⑪ 民國97年6月25日總統令修正公布第38、92條條文。
民國97年6月26日行政院令發布定自97年6月26日施行。
⑫ 民國98年7月1日總統令修正公布第17、17-1、18、57、67條條文;並刪除第12條條文。
民國98年8月11日行政院令發布定自98年8月14日施行。
⑬ 民國99年6月15日總統令修正增訂公布第29-1條條文。
民國99年6月18日行政院令發布定自98年6月18日施行。
⑭ 民國99年9月1日總統令修正公布第22條條文;並刪除第22-1條條文。
民國99年9月3日行政院令發布定自99年9月3日施行。
⑮ 民國100年12月21日總統令增訂公布第80-1條條文。
民國101年3月3日行政院令發布定自101年3月21日施行。
民國101年12月25日行政院公告第64條所列屬「國防部聯合後勤司令部」之權責事項,自102年1月1日起改由「國防部陸軍司令部」管轄;第65條第1項所列財政部「臺北市國稅局」之權責事項,自102年1月1日起改由財政部「臺北國稅局」管轄。
民國102年10月25日行政院公告第64條所列「行政院國軍退除役官兵輔導委員會」之權責事項,自102年11月1日起改由「國軍

退除役官兵輔導委員會」管轄。

民國103年2月14日行政院公告第12條所列屬「行政院勞工委員會」之權責事項，自103年2月17日起改由「勞動部」管轄。

民國103年12月26日行政院公告第18條第2項所列屬「內政部入出國及移民署」之權責事項，自104年1月2日起改由「內政部移民署」管轄。

⑯民國104年5月6日總統令修正公布第80-1條條文。

民國104年6月1日行政院令發布定自104年6月15日施行。

⑰民國104年6月17日總統令修正公布第18條條文；並增訂第18-1、18-2、87-1條條文。

民國104年7月1日行政院令發布定自104年7月3日施行。

民國107年4月27日行政院公告第80-1條第2項所列屬「海岸巡防機關」之權責事項原由「行政院海岸巡防署及所屬機關」管轄，自107年4月28日起改由「海洋委員會海巡署及所屬機關（構）」管轄。

民國107年6月28日行政院公告第3-1條、第4條第2項序文、第2款、第3項、第4-1條第2項、第4-2條第1、2項、第5-1、5-2條、第9條第4項、第33條第2項、第3項第2款、第5、6項、第33-2條第1項、第34條第3、4項所列屬「行政院大陸委員會」之權責事項，自107年7月2日起改由「大陸委員會」管轄。

⑱民國108年4月24日總統令修正公布第93-1條條文。

民國108年5月2日行政院令發布定自108年6月1日施行。

⑲民國108年6月21日總統令修正公布第27條條文；並增訂第5-3條條文。

民國108年6月21日行政院令發布定自108年6月23日施行。

⑳民國108年7月24日總統令修正公布第9、91條條文；並增訂第9-3條條文。

民國108年8月6日行政院令發布定自108年9月1日施行。

㉑民國111年6月8日總統令修正公布第9、40-1、91、93-1、93-2條條文。

民國111年11月17日行政院令發布第40-1、93-1、93-2條定自111年11月18日施行。

民國112年4月27日行政院令發布第9、91條定自112年4月28日施行。

# 第一章　總　則

**第一條**　（立法目的）

　　國家統一前，為確保臺灣地區安全與民眾福祉，規範臺灣地區與大陸地區人民之往來，並處理衍生之法律事件，特制定本條例。本條例未規定者，適用其他有關法令之規定。

**第二條**　（用詞定義）

　　本條例用詞，定義如下：

一　臺灣地區：指臺灣、澎湖、金門、馬祖及政府統治權所及之其他地區。

二　大陸地區：指臺灣地區以外之中華民國領土。

三　臺灣地區人民：指在臺灣地區設有戶籍之人民。

四　大陸地區人民：指在大陸地區設有戶籍之人民。

**第三條　（旅居國外大陸地區人民之適用）**

本條例關於大陸地區人民之規定，於大陸地區人民旅居國外者，適用之。

**第三條之一　（主管機關）**

行政院大陸委員會統籌處理有關大陸事務，為本條例之主管機關。

**第四條　（處理兩岸地區事務之機構）**

① 行政院得設立或指定機構，處理臺灣地區與大陸地區人民往來有關之事務。

② 行政院大陸委員會處理臺灣地區與大陸地區人民往來有關事務，得委託前項之機構或符合下列要件之民間團體為之：

一　設立時，政府捐助財產總額逾二分之一。

二　設立目的為處理臺灣地區與大陸地區人民往來有關事務，並以行政院大陸委員會為中央主管機關或目的事業主管機關。

③ 行政院大陸委員會或第四條之二第一項經行政院同意之各該主管機關，得依所處理事務之性質及需要，逐案委託前二項規定以外，具有公信力、專業能力及經驗之其他具公益性質之法人，協助處理臺灣地區與大陸地區人民往來有關之事務；必要時，並得委託其代為簽署協議。

④ 第一項及第二項之機構或民間團體，經委託機關同意，得複委託前項之其他具公益性質之法人，協助處理臺灣地區與大陸地區人民往來有關之事務。

**第四條之一　（公務員轉任、回任、年資採計）**

① 公務員轉任前條之機構或民間團體者，其回任公職之權益應予保障，在該機構或團體服務之年資，於回任公職時，得予採計為公務員年資；本條例施行或修正前已轉任者，亦同。

② 公務員轉任前條之機構或民間團體未回任者，於該機構或民間團體辦理退休、資遣或撫卹時，其於公務員退撫新制施行前、後任公務員年資之退離給與，由行政院大陸委員會編列預算，比照其轉任前原適用之公務員退撫相關法令所定一次給與標準，予以給付。

③ 公務員轉任前條之機構或民間團體回任公職，或於該機構或民間團體辦理退休、資遣或撫卹時，已依相關規定請領退離給與之年資，不得再予併計。

④ 第一項之轉任方式、回任、年資採計方式、職等核敘及其他應遵行事項之辦法，由考試院會同行政院定之。

⑤ 第二項之比照方式、計算標準及經費編列等事項之辦法，由行政院定之。

**第四條之二　（統籌辦理兩岸訂定協議事項機關及程序）**

① 行政院大陸委員會統籌辦理臺灣地區與大陸地區訂定協議事項

協議內容具有專門性、技術性，以各該主管機關訂定為宜者，得經行政院同意，由其會同行政院大陸委員會辦理。

②行政院大陸委員會或前項經行政院同意之各該主管機關，得委託第四條所定機構或民間團體，以受託人自己之名義，與大陸地區相關機關或經其授權之法人、團體或其他機構協商簽署協議。

③本條例所稱協議，係指臺灣地區與大陸地區間就涉及行使公權力或政治議題事項所簽署之文書；協議之附加議定書、附加條款、簽字議定書、同意紀錄、附錄及其他附加文件，均屬構成協議之一部分。

**第四條之三** （受託法人受委託機關或民間團體之指揮監督）

第四條第三項之其他具公益性質之法人，於受委託協助處理事務或簽署協議，應受委託機關、第四條第一項或第二項所定機構或民間團體之指揮監督。

**第四條之四** （受託法人、機構或民間團體應遵守之規定）

依第四條第一項或第二項規定受委託之機構或民間團體，應遵守下列規定；第四條第三項其他具公益性質之法人於受託期間，亦同：

一　派員赴大陸地區或其他地區處理受託事務或相關重要業務，應報請委託機關、第四條第一項或第二項所定之機構或民間團體同意，及接受其指揮，並隨時報告處理情形；因其他事務須派員赴大陸地區者，應先通知委託機關、第四條第一項或第二項所定之機構或民間團體。

二　其代表人及處理受託事務之人員，負有與公務員相同之保密義務；離職後，亦同。

三　其代表人及處理受託事務之人員，於受託處理事務時，負有與公務員相同之利益迴避義務。

四　其代表人及處理受託事務之人員，未經委託機關同意，不得與大陸地區相關機關或經其授權之法人、團體或其他機構協商簽署協議。

**第五條** （簽署協議之程序及協議生效要件）

①依第四條第三項或第四條之二第二項，受委託簽署協議之機構、民間團體或其他具公益性質之法人，應將協議草案報經委託機關陳報行政院同意，始得簽署。

②協議之內容涉及法律之修正或應以法律定之者，協議辦理機關應於協議簽署後三十日內報請行政院核轉立法院審議；其內容未涉及法律之修正或無須另以法律定之者，協議辦理機關應於協議簽署後三十日內報請行政院核定，並送立法院備查，其程序，必要時以機密方式處理。

**第五條之一** （簽署協議）

①臺灣地區各級地方政府機關（構），非經行政院大陸委員會授權，不得與大陸地區人民、法人、團體或其他機關（構），以任何形式協商簽署協議。臺灣地區之公務人員、各級公職人員

或各級地方民意代表機關，亦同。

②臺灣地區人民、法人、團體或其他機構，除依本條例規定，經行政院大陸委員會或各該主管機關授權，不得與大陸地區人民、法人、團體或其他機關（構）簽署涉及臺灣地區公權力或政治議題之協議。

**第五條之二**　（相關辦法之擬訂）

依第四條第三項、第四項或第四條之二第二項規定，委託、複委託處理事務或協商簽署協議，及監督受委託機構、民間團體或其他具公益性質之法人之相關辦法，由行政院大陸委員會擬訂，報請行政院核定之。

**第五條之三**　（政治議題協商之監督機制）108

①涉及政治議題之協議，行政院應於協商開始九十日前，向立法院提出協議締結計畫及憲政或重大政治衝擊影響評估報告。締結計畫經全體立法委員四分之三之出席，及出席委員四分之三之同意，始得開啟簽署協議之協商。

②前項涉及政治議題之協議，係指具憲政或重大政治影響性之協議。

③負責協議之機關應依締結計畫進行談判協商，並適時向立法院報告；立法院或相關委員會亦得邀請負責協議之機關進行報告。

④立法院依據前項報告判斷雙方談判協商已無法依照締結計畫進行時，得經全體立法委員二分之一以上之決議，要求負責協議之機關終止協商；行政院判斷雙方談判協商已無法依照締結計畫進行時，應終止協商，並向立法院報告。

⑤負責協議之機關依締結計畫完成協議草案之談判後，應於十五日內經行政院院會決議報請總統核定。總統核定後十五日內，行政院應主動公開協議草案之完整內容，函送立法院審議，並向立法院報告協議過程及憲政或重大政治衝擊影響評估。

⑥立法院全院委員會應於院會審查前，就協議草案內容及憲政或重大政治衝擊影響評估舉行聽證。

⑦立法院院會審查協議草案經全體立法委員四分之三之出席，及出席委員四分之三之同意，再由行政院將協議草案，連同公民投票主文、理由書交由中央選舉委員會辦理全國性公民投票，其獲有效同意票超過投票權人總額之半數者，即為協議草案通過，經負責協議之機關簽署及換文後，呈請總統公布生效。

⑧關於政治議題協議之公民投票，不適用公民投票法第九條至第十六條、第十七條第一項關於期間與同條項第三款、第十九條、第二十三條及第二十六條至第二十九條之規定。其餘公民投票事項，本條例未規定者，適用公民投票法之規定。

⑨主權國家地位與自由民主憲政秩序之毀棄或變更，不得作為政治議題談判及協議之項目。

⑩違反本條規定所為之政治議題協商或約定，無效。

**第六條**　（在臺設立分支機構）

①為處理臺灣地區與大陸地區人民往來有關之事務，行政院得依

對等原則，許可大陸地區之法人、團體或其他機構在臺灣地區設立分支機構。

②前項設立許可事項，以法律定之。

**第七條**　（文書驗證）

在大陸地區製作之文書，經行政院設立或指定之機構或委託之民間團體驗證者，推定為真正。

**第八條**　（司法文書之送達與司法調查）

應於大陸地區送達司法文書或為必要之調查者，司法機關得囑託或委託第四條之機構或民間團體為之。

## 第二章　行　政

**第九條** 111

①臺灣地區人民進入大陸地區，應經一般出境查驗程序。

②主管機關得要求航空公司或旅行相關業者辦理前項出境申報程序。

③臺灣地區公務員，國家安全局、國防部、法務部調查局及其所屬各級機關未具公務員身分之人員，應向內政部申請許可，始得進入大陸地區。但簡任第十職等及警監四階以下未涉及國家安全、利益或機密之公務員及警察人員赴大陸地區，不在此限；其作業要點，於本法修正後三個月內，由內政部會同相關機關擬訂，報請行政院核定之。

④臺灣地區人民具有下列身分者，進入大陸地區應經申請，並經內政部會同國家安全局、法務部、大陸委員會及相關機關組成之審查會審查許可：

一　政務人員、直轄市長。

二　於國防、外交、科技、情報、大陸事務或其他相關機關從事涉及國家安全、利益或機密業務之人員。

三　受前款機關委託從事涉及國家安全、利益或機密公務之個人或法人、團體、其他機構之成員。

四　前三款退離職或受委託終止未滿三年之人員。

五　縣（市）長。

六　受政府機關（構）委託、補助或出資達一定基準從事涉及國家核心關鍵技術業務之個人或法人、團體、其他機構之成員；受委託、補助、出資終止或離職未滿三年者，亦同。

⑤前二項所列人員，進入大陸地區返臺後，應向（原）服務機關、委託、補助或出資機關（構）通報。但直轄市長應向行政院、縣（市）長應向內政部、其餘機關首長應向上一級機關通報。

⑥第四項第二款至第四款及第六款所列人員，其涉及國家安全、利益、機密或國家核心關鍵技術之認定，由（原）服務機關、委託、補助、出資機關（構），或受委託、補助、出資之法人、團體、其他機構依相關規定及業務性質辦理。

⑦第四項第四款所定退離職人員退離職或受委託終止後，應經審

查會審查許可，始得進入大陸地區之期間，原服務機關、委託機關或受委託法人、團體、其他機構得依其所涉及國家安全、利益、機密及業務性質增加之。

⑧曾任第四項第二款人員從事涉及重要國家安全、利益或機密業務者，於前項經審查會審查許可之期間屆滿後，（原）服務機關得限其在進入大陸地區前及返臺後，仍應向（原）服務機關申報。

⑨遇有重大突發事件、影響臺灣地區重大利益或於兩岸互動有重大危害情形者，得經立法院議決由行政院公告於一定期間內，對臺灣地區人民進入大陸地區，採行禁止、限制或其他必要之處置，立法院如於會期內一個月未為決議，視為同意；但情況急迫者，得於事後追認之。

⑩臺灣地區人民進入大陸地區者，不得從事妨害國家安全或利益之活動。

⑪本條例所稱國家核心關鍵技術，指國家安全法第三條第三項所定之國家核心關鍵技術。

⑫第二項申報程序、第三項、第四項許可辦法及第五項通報程序，由內政部擬訂，報請行政院核定之。

⑬第四項第六款所定受委託、補助或出資之一定基準及其他應行事項之辦法，由國家科學及技術委員會會商有關機關定之。

⑭第八項申報對象、期間、程序及其他應遵行事項之辦法，由內政部定之。

第九條之一　（不得在大陸地區設籍或領用其護照）

①臺灣地區人民不得在大陸地區設有戶籍或領用大陸地區護照。

②違反前項規定在大陸地區設有戶籍或領用大陸地區護照者，除經有關機關認有特殊考量必要外，喪失臺灣地區人民身分及其在臺灣地區選舉、罷免、創制、複決、擔任軍職、公職及其他以在臺灣地區設有戶籍所衍生相關權利，並由戶政機關註銷其臺灣地區之戶籍登記；但其因臺灣地區人民身分所負之責任及義務，不因而喪失或免除。

③本條例修正施行前，臺灣地區人民已在大陸地區設籍或領用大陸地區護照者，其在本條例修正施行之日起六個月內，註銷大陸地區戶籍或放棄領用大陸地區護照並向內政部提出相關證明者，不喪失臺灣地區人民身分。

第九條之二　（回復臺灣地區人民身分許可辦法之擬訂）

①依前條規定喪失臺灣地區人民身分者，嗣後註銷大陸地區戶籍或放棄持用大陸地區護照者，得向內政部申請許可回復臺灣地區人民身分，並返回臺灣地區定居。

②前項許可條件、程序、方式、限制、撤銷或廢止許可及其他應遵行事項之辦法，由內政部擬訂，報請行政院核定之。

第九條之三　（特定身分退離職人員參與大陸地區政治活動之限制）108

①曾任國防、外交、大陸事務或與國家安全相關機關之政務副首

長或少將以上人員，或情報機關首長，不得參與大陸地區黨務、軍事、行政或具政治性機關（構）、團體所舉辦之慶典或活動，而有妨害國家尊嚴之行為。

②前項妨害國家尊嚴之行為，指向象徵大陸地區政權之旗、徽、歌等行禮、唱頌或其他類似之行為。

**第一○條**　（大陸地區人民進入臺灣地區之許可）

①大陸地區人民非經主管機關許可，不得進入臺灣地區。

②經許可進入臺灣地區之大陸地區人民，不得從事與許可目的不符之活動。

③前二項許可辦法，由有關主管機關擬訂，報請行政院核定之。

**第一○條之一**　（大陸地區人民進入臺灣團聚、居留或定居申請）

大陸地區人民申請進入臺灣地區團聚、居留或定居者，應接受面談、按捺指紋並建檔管理之；未接受面談、按捺指紋者，不予許可其團聚、居留或定居之申請。其管理辦法，由主管機關定之。

**第一一條**　（僱用大陸地區人民在臺工作之申請許可）

①僱用大陸地區人民在臺灣地區工作，應向主管機關申請許可。

②經許可受僱在臺灣地區工作之大陸地區人民，其受僱期間不得逾一年，並不得轉換雇主及工作。但因雇主關廠、歇業或其他特殊事故，致僱用關係無法繼續時，經主管機關許可者，得轉換雇主及工作。

③大陸地區人民因前項但書情形轉換雇主及工作時，其轉換之後之受僱期間，與原受僱期間併計。

④雇主向行政院勞工委員會申請僱用大陸地區人民工作，應先以合理勞動條件在臺灣地區辦理公開招募，並向公立就業服務機構申請求才登記，無法滿足其需要時，始得就該不足人數提出申請。但應於招募時，將招募內容全文通知其事業單位之工會或勞工，並於大陸地區人民預定工作場所公告之。

⑤僱用大陸地區人民工作時，其勞動契約應以定期契約為之。

⑥第一項許可及其管理辦法，由行政院勞工委員會會同有關機關擬訂，報請行政院核定之。

⑦依國際協定開放服務業項目所衍生僱用需求，及跨國企業、在臺營業達一定規模之臺灣地區企業，得經主管機關許可，僱用大陸地區人民，不受前六項及第九十五條相關規定之限制；其許可、管理、企業營業規模、僱用條件及其他應遵行事項之辦法，由行政院勞工委員會會同有關機關擬訂，報請行政院核定之。

**第一二條**　（刪除）98

**第一三條**　（就業安定費）

①僱用大陸地區人民者，應向行政院勞工委員會所設專戶繳納就業安定費。

②前項收費標準及管理運用辦法，由行政院勞工委員會會同財政部擬訂，報請行政院核定之。

**第一四條** （限期離境與強制出境）

①經許可受僱在臺灣地區工作之大陸地區人民，違反本條例或其他法令之規定者，主管機關得撤銷或廢止其許可。

②前項經撤銷或廢止許可之大陸地區人民，應限期離境，逾期不離境者，依第十八條規定強制其出境。

③前項規定，於中止或終止勞動契約時，適用之。

**第一五條** （禁止行為）

下列行為不得為之：

一　使大陸地區人民非法進入臺灣地區。

二　明知臺灣地區人民未經許可，而招攬使之進入大陸地區。

三　使大陸地區人民在臺灣地區從事未經許可或與許可目的不符之活動。

四　僱用或留用大陸地區人民在臺灣地區從事未經許可或與許可範圍不符之工作。

五　居間介紹他人為前款之行為。

**第一六條** （申請定居）

①大陸地區人民得申請來臺從事商務或觀光活動，其辦法，由主管機關定之。

②大陸地區人民有下列情形之一者，得申請在臺灣地區定居：

一　臺灣地區人民之直系血親及配偶，年齡在七十歲以上、十二歲以下者。

二　其臺灣地區之配偶死亡，須在臺灣地區照顧未成年之親生子女者。

三　民國三十四年後，因兵役關係滯留大陸地區之臺籍軍人及其配偶。

四　民國三十八年政府遷臺後，因作戰或執行特種任務被俘之前國軍官兵及其配偶。

五　民國三十八年政府遷臺前，以公費派赴大陸地區求學人員及其配偶。

六　民國七十六年十一月一日前，因船舶故障、海難或其他不可抗力之事由滯留大陸地區，且在臺灣地區原有戶籍之漁民或船員。

③大陸地區人民依前項第一款規定，每年申請在臺灣地區定居之數額，得予限制。

④依第二項第三款至第六款規定申請者，其大陸地區配偶得隨同本人申請在臺灣地區定居；未隨同申請者，得由本人在臺灣地區定居後代為申請。

**第一七條** （申請居留）98

①大陸地區人民為臺灣地區人民配偶，得依法令申請進入臺灣地區團聚，經許可入境後，得申請在臺灣地區依親居留。

②前項以外之大陸地區人民，得依法令申請在臺灣地區停留；有下列情形之一者，得申請在臺灣地區商務或工作居留，居留期間最長為三年，期滿得申請延期：

一　符合第十一條受僱在臺灣地區工作之大陸地區人民。
二　符合第十條或第十六條第一項來臺從事商務相關活動之大陸地區人民。
③經依第一項規定許可在臺灣地區依親居留滿四年，且每年在臺灣地區合法居留期間逾一百八十三日者，得申請長期居留。
④內政部得基於政治、經濟、社會、教育、科技或文化之考量，專案許可大陸地區人民在臺灣地區長期居留，申請居留之類別及數額，得予限制；其類別及數額，由內政部擬訂，報請行政院核定後公告之。
⑤經依前二項規定許可在臺灣地區長期居留者，居留期間無限制；長期居留符合下列規定者，得申請在臺灣地區定居：
一　在臺灣地區合法居留連續二年且每年居住逾一百八十三日。
二　品行端正，無犯罪紀錄。
三　提出喪失原籍證明。
四　符合國家利益。
⑥內政部得訂定依親居留、長期居留及定居之數額及類別，報請行政院核定後公告之。
⑦第一項人員經許可依親居留、長期居留或定居，有事實足認係通謀而為虛偽結婚者，撤銷其依親居留、長期居留、定居許可及戶籍登記，並強制出境。
⑧大陸地區人民在臺灣地區逾期停留、居留或未經許可入境者，在臺灣地區停留、居留期間，不適用前條及第一項至第四項規定。
⑨前條及第一項至第五項有關居留、長期居留、或定居條件、程序、方式、限制、撤銷或廢止許可及其他應遵行事項之辦法，由內政部會同有關機關擬訂，報請行政院核定之。
⑩本條例中華民國九十八年六月九日修正之條文施行前，經許可在臺團聚者，其每年在臺合法團聚期間逾一百八十三日者，得轉換為依親居留期間；其已在臺依親居留或長期居留者，每年在臺合法團聚期間逾一百八十三日者，其團聚期間得分別轉換併計為依親居留或長期居留期間；經轉換併計後，在臺依親居留滿四年，符合第三項規定，得申請轉換為長期居留期間；經轉換併計後，在臺連續長期居留滿二年，並符合第五項規定，得申請定居。

第一七條之一　（申請許可受僱工作）98
經依前條第一項、第三項或第四項規定許可在臺灣地區依親居留或長期居留者，居留期間得在臺灣地區工作。

第一八條　（強制出境之事由）104
①進入臺灣地區之大陸地區人民，有下列情形之一者，內政部移民署得逕行強制出境，或限令其於十日內出境，逾限令出境期限仍未出境，內政部移民署得強制出境：
一　未經許可入境。

二　經許可入境，已逾停留、居留期限，或經撤銷、廢止停留、居留、定居許可。

三　從事與許可目的不符之活動或工作。

四　有事實足認爲有犯罪行爲。

五　有事實足認爲有危害國家安全或社會安定之虞。

六　非經許可與臺灣地區之公務人員以任何形式進行涉及公權力或政治議題之協商。

②內政部移民署於知悉前項大陸地區人民涉有刑事案件已進入司法程序者，於強制出境十日前，應通知司法機關。該等大陸地區人民除經依法羈押、拘提、管收或限制出境者外，內政部移民署得強制出境或限令出境。

③內政部移民署於強制大陸地區人民出境前，應給予陳述意見之機會；強制已取得居留或定居許可之大陸地區人民出境前，並應召開審查會。但當事人有下列情形之一者，得不經審查會審查，逕行強制出境：

一　以書面聲明放棄陳述意見或自願出境。

二　依其他法律規定限令出境。

三　有危害國家利益、公共安全、公共秩序或從事恐怖活動之虞，且情況急迫應即時處分。

④第一項所定強制出境之處理方式、程序、管理及其他應遵行事項之辦法，由內政部定之。

⑤第三項審查會由內政部遴聘有關機關代表、社會公正人士及學者專家共同組成，其中單一性別不得少於三分之一，且社會公正人士及學者專家之人數不得少於二分之一。

**第一八條之一**　（暫予收容之事由及期間）104

①前條第一項受強制出境處分者，有下列情形之一，且非予收容顯難強制出境者，內政部移民署得暫予收容，期間自暫予收容起最長不得逾十五日，且應於暫予收容處分作成前，給予當事人陳述意見機會：

一　無相關旅行證件，或其旅行證件仍待查核，不能依規定執行。

二　有事實足認有行方不明、逃逸或不願自行出境之虞。

三　於境外遭通緝。

②暫予收容期間屆滿前，內政部移民署認有續予收容之必要者，應於期間屆滿五日前附具理由，向法院聲請裁定續予收容。續予收容之期間，自暫予收容期間屆滿時起，最長不得逾四十五日。

③續予收容期間屆滿前，有第一項各款情形之一，內政部移民署認有延長收容之必要者，應於期間屆滿五日前附具理由，向法院聲請裁定延長收容。延長收容之期間，自續予收容期間屆滿時起，最長不得逾四十日。

④前項收容期間屆滿前，有第一項各款情形之一，內政部移民署認有延長收容之必要者，應於期間屆滿五日前附具理由，再向

　法院聲請延長收容一次。延長收容之期間，自前次延長收容期間屆滿時起，最長不得逾五十日。

⑤受收容人有得不暫予收容之情形、收容原因消滅，或無收容之必要，內政部移民署得依職權，視其情形分別為廢止暫予收容處分、停止收容，或為收容替代處分後，釋放受收容人。如於法院裁定准予續予收容或延長收容後，內政部移民署停止收容時，應即時通知原裁定法院。

⑥受收容人涉及刑事案件已進入司法程序者，內政部移民署於知悉後執行強制出境十日前，應通知司法機關；如經司法機關認為有羈押或限制出境之必要，而移由其處理者，不得執行強制出境。

⑦本條例中華民國一百零四年六月二日修正之條文施行前，大陸地區人民如經司法機關責付而收容，並經法院判決有罪確定者，其於修正施行前之收容日數，仍適用修正施行前折抵刑期或罰金數額之規定。

⑧本條例中華民國一百零四年六月二日修正之條文施行前，已經收容之大陸地區人民，其於修正施行時收容期間未逾十五日者，內政部移民署應告知其得提出收容異議，十五日期間屆滿認有續予收容之必要，應於期間屆滿前附具理由，向法院聲請續予收容；已逾十五日至六十日或逾六十日者，內政部移民署如認有續予收容或延長收容之必要，應附具理由，於修正施行當日，向法院聲請續予收容或延長收容。

⑨同一事件之收容期間應合併計算，且最長不得逾一百五十日；本條例中華民國一百零四年六月二日修正之條文施行前後收容之期間合併計算，最長不得逾一百五十日。

⑩受收容人之收容替代處分、得不暫予收容之事由、異議程序、法定障礙事由、暫予收容處分、收容替代處分與強制出境處分之作成方式、廢（停）止收容之程序、再暫予收容之規定、遠距審理及其他應遵行事項，準用入出國及移民法第三十八條第二項、第三項、第三十八條之一至第三十八條之三、第三十八條之六、第三十八條之七第二項、第三十八條之八第一項及第三十八條之九規定辦理。

⑪有關收容處理方式、程序、管理及其他應遵行事項之辦法，由內政部定之。

⑫前條及前十一項規定，於本條例施行前進入臺灣地區之大陸地區人民，適用之。

**第一八條之二**　（逾期居留未滿三十日，重新申請居留）104

①大陸地區人民逾期居留未滿三十日，原申請居留原因仍繼續存在者，經依第八十七條之一規定處罰後，得向內政部移民署重新申請居留，不適用第十七條第八項規定。

②前項大陸地區人民申請長期居留或定居者，核算在臺灣地區居留期間，應扣除一年。

**第一九條**　（強制出境之事由）

① 臺灣地區人民依規定保證大陸地區人民入境者，於被保證人屆期不離境時，應協助有關機關強制其出境，並負擔因強制出境所支出之費用。

② 前項費用，得由強制出境機關檢具單據影本及計算書，通知保證人限期繳納，屆期不繳納者，依法移送強制執行。

第二○條　（強制出境之事由）

① 臺灣地區人民有下列情形之一者，應負擔強制出境所需之費用：

一　使大陸地區人民非法入境者。

二　非法僱用大陸地區人民工作者。

三　僱用之大陸地區人民依第十四條第二項或第三項規定強制出境者。

② 前項費用有數人應負擔者，應負連帶責任。

③ 第一項費用，由強制出境機關檢具單據影本及計算書，通知應負擔者限期繳納；屆期不繳納者，依法移送強制執行。

第二一條　（公權之取得）

① 大陸地區人民經許可進入臺灣地區者，除法律另有規定外，非在臺灣地區設有戶籍滿十年，不得登記為公職候選人、擔任公教或公營事業機關（構）人員及組織政黨；非在臺灣地區設有戶籍滿二十年，不得擔任情報機關（構）人員，或國防機關（構）之下列人員：

一　志願役軍官、士官及士兵。

二　義務役軍官及士官。

三　文職、教職及國軍聘雇人員。

② 大陸地區人民經許可進入臺灣地區設有戶籍，得依法令規定擔任大學教職、學術研究機構研究人員或社會教育機構專業人員，不受前項在臺灣地區設有戶籍滿十年之限制。

③ 前項人員，不得擔任涉及國家安全或機密科技研究之職務。

第二二條　（學歷檢覈及採認）99

① 在大陸地區接受教育之學歷，除屬醫療法所稱醫事人員相關之高等學校學歷外，得予採認；其適用對象、採認原則、認定程序及其他應遵行事項之辦法，由教育部擬訂，報請行政院核定之。

② 大陸地區人民非經許可在臺灣地區設有戶籍者，不得參加公務人員考試、專門職業及技術人員考試之資格。

③ 大陸地區人民經許可來臺就學，其適用對象、申請程序、許可條件、停留期間及其他應遵行事項之辦法，由教育部擬訂，報請行政院核定之。

第二二條之一　（刪除）99

第二三條　（招生或居間介紹之許可）

臺灣地區、大陸地區及其他地區人民、法人、團體或其他機構經許可得為大陸地區之教育機構在臺灣地區辦理招生事宜或從事居間介紹之行為。其許可辦法由教育部擬訂，報請行政院核定之。

**第二四條** （課徵所得稅）

① 臺灣地區人民、法人、團體或其他機構有大陸地區來源所得者，應併同臺灣地區來源所得課徵所得稅。但其在大陸地區已繳納之稅額，得自應納稅額中扣抵。

② 臺灣地區法人、團體或其他機構，依第三十五條規定經主管機關許可，經由其在第三地區投資設立之公司或事業在大陸地區從事投資者，於依所得稅法規定列報第三地區公司或事業之投資收益時，其屬源自轉投資大陸地區公司或事業分配之投資收益部分，視為大陸地區來源所得，依前項規定課徵所得稅。但該部分大陸地區投資收益在大陸地區及第三地區已繳納之所得稅，得自應納稅額中扣抵。

③ 前二項扣抵數額之合計數，不得超過因加計其大陸地區來源所得，而依臺灣地區適用稅率計算增加之應納稅額。

**第二五條** （課徵所得稅）

① 大陸地區人民、法人、團體或其他機構有臺灣地區來源所得者，應就其臺灣地區來源所得，課徵所得稅。

② 大陸地區人民於一課稅年度內在臺灣地區居留、停留合計滿一百八十三日者，應就其臺灣地區來源所得，準用臺灣地區人民適用之課稅規定，課徵綜合所得稅。

③ 大陸地區法人、團體或其他機構在臺灣地區有固定營業場所或營業代理人者，應就其臺灣地區來源所得，準用臺灣地區營利事業適用之課稅規定，課徵營利事業所得稅；其在臺灣地區無固定營業場所而有營業代理人者，其應納之營利事業所得稅，應由營業代理人負責，向該管稽徵機關申報納稅。但大陸地區法人、團體或其他機構在臺灣地區因從事投資，所獲配之股利淨額或盈餘淨額，應由扣繳義務人於給付時，按規定之扣繳率扣繳，不計入營利事業所得額。

④ 大陸地區人民於一課稅年度內在臺灣地區居留、停留合計未滿一百八十三日者，及大陸地區法人、團體或其他機構在臺灣地區無固定營業場所及營業代理人者，其臺灣地區來源所得之應納稅額，應由扣繳義務人於給付時，按規定之扣繳率扣繳，免辦理結算申報；如有非屬扣繳範圍之所得，應由納稅義務人依規定稅率申報納稅，其無法自行辦理申報者，應委託臺灣地區人民或在臺灣地區有固定營業場所之營利事業為代理人，負責代理申報納稅。

⑤ 前二項之扣繳事項，適用所得稅法之相關規定。

⑥ 大陸地區人民、法人、團體或其他機構取得臺灣地區來源所得應適用之扣繳率，其標準由財政部擬訂，報請行政院核定之。

**第二五條之一** （課徵所得稅）

① 大陸地區人民、法人、團體、其他機構或其於第三地區投資之公司，依第七十三條規定申請在臺灣地區投資經許可者，其取得臺灣地區之公司所分配股利或合夥人應分配盈餘應納之所得稅，由所得稅法規定之扣繳義務人於給付時，按給付額或應分

配額扣繳百分之二十，不適用所得稅法結算申報之規定。但大陸地區人民於一課稅年度內在臺灣地區居留、停留合計滿一百八十三日者，應依前條第二項規定課徵綜合所得稅。

②依第七十三條規定申請在臺灣地區投資經許可之法人、團體或其他機構，其董事、經理人及所派之技術人員，因辦理投資、建廠或從事市場調查等臨時性工作，於一課稅年度內在臺灣地區居留、停留期間合計不超過一百八十三日者，其由該法人、團體或其他機構非在臺灣地區給與之薪資所得，不視為臺灣地區來源所得。

**第二六條**　（長期居住大陸地區者退休給與之領取）

①支領各種月退休（職、伍）給與之退休（職、伍）軍公教及公營事業機關（構）人員擬赴大陸地區長期居住者，應向主管機關申請改領一次退休（職、伍）給與，並由主管機關就其原核定退休（職、伍）年資及其申領當月同職等或同官階之現職人員月俸額，計算其應領之一次退休（職、伍）給與為標準，扣除已領之月退休（職、伍）給與，一次發給其餘額；無餘額或餘額未達其應領之一次退休（職、伍）給與半數者，一律發給其應領一次退休（職、伍）給與之半數。

②前項人員在臺灣地區有受其扶養之人者，申請前應經該受扶養人同意。

③第一項人員未依規定申請辦理改領一次退休（職、伍）給與，而在大陸地區設有戶籍或領用大陸地區護照者，停止領受退休（職、伍）給與之權利，俟其經依第九條之二規定許可回復臺灣地區人民身分後恢復。

④第一項人員如有以詐術或其他不正當方法領取一次退休（職、伍）給與，由原退休（職、伍）機關追回其所領金額，如涉及刑事責任者，移送司法機關辦理。

⑤第一項改領及第三項停止領受及恢復退休（職、伍）給與相關事項之辦法，由各主管機關定之。

**第二六條之一**　（保險死亡給付、一次撫卹、撫慰金、餘額退伍金之辦理申領）

①軍公教及公營事業機關（構）人員，在任職（服役）期間死亡，或支領月退休（職、伍）給與人員，在支領期間死亡，而在臺灣地區無遺族或法定受益人者，其居住大陸地區之遺族或法定受益人，得於各該支領給付人死亡之日起五年內，經許可進入臺灣地區，以書面向主管機關申請領受公務人員或軍人保險死亡給付、一次撫卹金、餘額退伍金或一次撫慰金，不得請領年撫卹金或月撫慰金。逾期未申請領受者，喪失其權利。

②前項保險死亡給付、一次撫卹金、餘額退伍金或一次撫慰金總額，不得逾新臺幣二百萬元。

③本條例中華民國八十六年七月一日修正生效前，依法核定保留保險死亡給付、一次撫卹金、餘額退伍金或一次撫慰金者，其居住大陸地區之遺族或法定受益人，應於中華民國八十六年七

月一日起五年內，依第一項規定辦理申領，逾期喪失其權利。

④申請領受第一項或前項規定之給付者，有因受傷或疾病致行動困難或領受之給付與來臺旅費顯不相當等特殊情事，經主管機關核定者，得免進入臺灣地區。

⑤民國三十八年以前在大陸地區依法令核定應發給之各項公法給付，其權利人尚未領受或領受中斷者，於國家統一前，不予處理。

**第二七條**　（定居大陸地區榮民就養給付之發給）108

①國軍退除役官兵輔導委員會安置就養之榮民經核准赴大陸地區長期居住者，其原有之就養給付、身心障礙撫卹金，仍應發給；本條中華民國九十三年三月一日修正生效前經許可赴大陸地區定居者，亦同。

②就養榮民未依前項規定經核准，而在大陸地區設有戶籍或領用大陸地區護照者，停止領受就養給付、身心障礙撫卹金之權利，俟其經依第九條之二規定許可回復臺灣地區人民身分後恢復。

③前二項所定就養給付、身心障礙撫卹金之發給、停止領受及恢復給付相關事項之辦法，由國軍退除役官兵輔導委員會擬訂，報請行政院核定之。

**第二八條**　（航行大陸地區之許可）

中華民國船舶、航空器及其他運輸工具，經主管機關許可，得航行至大陸地區。其許可及管理辦法，於本條例修正通過後十八個月內，由交通部會同有關機關擬訂，報請行政院核定之；於必要時，經向立法院報告備查後，得延長之。

**第二八條之一**　（船舶、航空器及其他運輸工具不得私運大陸地區人民）

①中華民國船舶、航空器及其他運輸工具，不得私行運送大陸地區人民前往臺灣地區及大陸地區以外之國家或地區。

②臺灣地區人民不得利用非中華民國船舶、航空器或其他運輸工具，私行運送大陸地區人民前往臺灣地區及大陸地區以外之國家或地區。

**第二九條**　（限制區域）

①大陸船舶、民用航空器及其他運輸工具，非經主管機關許可，不得進入臺灣地區限制或禁止水域、臺北飛航情報區限制區域。

②前項限制或禁止水域及限制區域，由國防部公告之。

③第一項許可辦法，由交通部會同有關機關擬訂，報請行政院核定之。

**第二九條之一**　（營業稅及所得稅之減免）99

①臺灣地區及大陸地區之海運、空運公司，參與兩岸船舶運輸及航空運輸，在對方取得之運輸收入，得依第四條之二規定訂定之臺灣地區與大陸地區協議事項，於互惠原則下，相互減免應納之營業稅及所得稅。

②前項減免稅捐之範圍、方法、適用程序及其他相關事項之辦法，由財政部擬訂，報請行政院核定。

**第三〇條** （外國運輸工具禁止直航）

① 外國船舶、民用航空器及其他運輸工具，不得直接航行於臺灣地區與大陸地區港口、機場間；亦不得利用外國船舶、民用航空器及其他運輸工具，經營經第三地區航行於包括臺灣地區與大陸地區港口、機場間之定期航線業務。

② 前項船舶、民用航空器及其他運輸工具為大陸地區人民、法人、團體或其他機構所租用、投資或經營者，交通部得限制或禁止其進入臺灣地區港口、機場。

③ 第一項之禁止規定，交通部於必要時得報經行政院核定為全部或一部之解除。其解除後之管理、運輸作業及其他應遵行事項，準用現行航政法規辦理，並得視需要由交通部會商有關機關訂定管理辦法。

**第三一條** （防衛處置）

大陸民用航空器未經許可進入臺北飛航情報區限制進入之區域，執行空防任務機關得警告飛離或採必要之防衛處置。

**第三二條** （船舶物品之扣留及處分）

① 大陸船舶未經許可進入臺灣地區限制或禁止水域，主管機關得逕行驅離或扣留其船舶、物品，留置其人員或為必要之防衛處置。

② 前項扣留之船舶、物品，或留置之人員，主管機關應於三個月內為下列之處分：

一 扣留之船舶、物品未涉及違法情事，得發還；若違法情節重大者，得沒入。

二 留置之人員經調查後移送有關機關依本條例第十八條收容遣返或強制其出境。

③ 本條例實施前，扣留之大陸船舶、物品及留置之人員，已由主管機關處理者，依其處理。

**第三三條** （任職之許可）

① 臺灣地區人民、法人、團體或其他機構，除法律另有規定外，得擔任大陸地區法人、團體或其他機構之職務或為其成員。

② 臺灣地區人民、法人、團體或其他機構，不得擔任經行政院大陸委員會會商各該主管機關公告禁止之大陸地區黨務、軍事、行政或具政治性機關（構）、團體之職務或為其成員。

③ 臺灣地區人民、法人、團體或其他機構，擔任大陸地區之職務或為其成員，有下列情形之一者，應經許可：

一 所擔任大陸地區黨務、軍事、行政或具政治性機關（構）、團體之職務或為成員，未經依前項規定公告禁止者。

二 有影響國家安全、利益之虞或基於政策需要，經各該主管機關會商行政院大陸委員會公告者。

④ 臺灣地區人民擔任大陸地區法人、團體或其他機構之職務或為其成員，不得從事妨害國家安全或利益之行為。

⑤ 第二項及第三項職務或成員之認定，由各該主管機關為之；如有疑義，得由行政院大陸委員會會同相關機關及學者專家組成

審議委員會審議決定。

⑥第二項及第三項之公告事項、許可條件、申請程序、審查方式、管理及其他應遵行事項之辦法，由行政院大陸委員會會商各該主管機關擬訂，報請行政院核定之。

⑦本條例修正施行前，已擔任大陸地區法人、團體或其他機構之職務或為其成員者，應自前項辦法施行之日起六個月內向主管機關申請許可；屆期未申請或申請未核准者，以未經許可論。

**第三三條之一** （臺灣地區人民、法人、團體機構禁止行為）

①臺灣地區人民、法人、團體或其他機構，非經各該主管機關許可，不得為下列行為：

　一　與大陸地區黨務、軍事、行政、具政治性機關（構）、團體或涉及對臺政治工作、影響國家安全或利益之機關（構）、團體為任何形式之合作行為。

　二　與大陸地區人民、法人、團體或其他機構，為涉及政治性內容之合作行為。

　三　與大陸地區人民、法人、團體或其他機構聯合設立政治性法人、團體或其他機構。

②臺灣地區非營利法人、團體或其他機構，與大陸地區人民、法人、團體或其他機構之合作行為，不得違反法令規定或涉有政治性內容；如依其他法令規定，應將預算、決算報告報主管機關者，並應同時將其合作行為向主管機關申報。

③本條例修正施行前，已從事第一項所定之行為，且於本條例修正施行後仍持續進行者，應自本條例修正施行之日起三個月內向主管機關申請許可；已從事第二項所定之行為者，應自本條例修正施行之日起一年內申報；屆期未申請許可、申報或申請未經許可者，以未經許可或申報論。

**第三三條之二** （締結聯盟之同意）

①臺灣地區各級地方政府機關（構）或各級地方立法機關，非經內政部會商行政院大陸委員會報請行政院同意，不得與大陸地區地方機關締結聯盟。

②本條例修正施行前，已從事前項之行為，且於本條例修正施行後仍持續進行者，應自本條例修正施行之日起三個月內報請行政院同意。屆期未報請同意或行政院不同意者，以未報請同意論。

**第三三條之三** （締結聯盟或書面約定合作之申報）

①臺灣地區各級學校與大陸地區學校締結聯盟或為書面約定之合作行為，應先向教育部申報，於教育部受理其提出完整申報之日起三十日內，不得為該締結聯盟或書面約定之合作行為；教育部未於三十日內決定者，視為同意。

②前項締結聯盟或書面約定之合作內容，不得違反法令規定或涉有政治性內容。

③本條例修正施行前，已從事第一項之行為，且於本條例修正施行後仍持續進行者，應自本條例修正施行之日起三個月內向主

管機關申報。屆期未申報或申報未經同意者，以未經申報論。

第三四條　（大陸地區物品勞務在臺廣告之許可及禁止行為）

①依本條例許可之大陸地區物品、勞務、服務或其他事項，得在臺灣地區從事廣告之播映、刊登或其他促銷推廣活動。

②前項廣告活動內容，不得有下列情形：

一　為中共從事具有任何政治性目的之宣傳。

二　違背現行大陸政策或政府法令。

三　妨害公共秩序或善良風俗。

③第一項廣告活動及前項廣告活動內容，由各有關機關認定處理，如有疑義，得由行政院大陸委員會同相關機關及學者專家組成審議委員會審議決定。

④第一項廣告活動之管理，除依其他廣告相關法令規定辦理外，得由行政院大陸委員會會商有關機關擬訂管理辦法，報請行政院核定之。

第三五條　（投資技術合作等之許可）

①臺灣地區人民、法人、團體或其他機構，經經濟部許可，得在大陸地區從事投資或技術合作；其投資或技術合作之產品或經營項目，依據國家安全及產業發展之考慮，區分為禁止類及一般類，由經濟部會商有關機關訂定項目清單及個案審查原則，並公告之。但一定金額以下之投資，得以申報方式為之；其限額由經濟部以命令公告之。

②臺灣地區人民、法人、團體或其他機構，得與大陸地區人民、法人、團體或其他機構從事商業行為。但由經濟部會商有關機關公告應經許可或禁止之項目，應依規定辦理。

③臺灣地區人民、法人、團體或其他機構，經主管機關許可，得從事臺灣地區與大陸地區間貿易；其許可、輸出入物品項目與規定、開放條件與程序、停止輸出入之規定及其他輸出入管理應遵行事項之辦法，由有關主管機關擬訂，報請行政院核定之。

④第一項及第二項之許可條件、程序、方式、限制及其他應遵行事項之辦法，由有關主管機關擬訂，報請行政院核定之。

⑤本條例中華民國九十一年七月一日修正生效前，未經核准從事第一項之投資或技術合作者，應自中華民國九十一年七月一日起六個月內向經濟部申請許可；屆期未申請或申請未核准者，以未經許可論。

第三六條　（金融保險業務往來之許可）

①臺灣地區金融保險證券期貨機構及其在臺灣地區以外之國家或地區設立之分支機構，經財政部許可，得與大陸地區人民、法人、團體、其他機構或其在大陸地區以外國家或地區設立之分支機構有業務上之直接往來。

②臺灣地區金融保險證券期貨機構在大陸地區設立分支機構，應報經財政部許可；其相關投資事項，應依前條規定辦理。

③前二項之許可條件、業務範圍、程序、管理、限制及其他應遵行事項之辦法，由財政部擬訂，報請行政院核定之。

④爲維持金融市場穩定，必要時，財政部得報請行政院核定後，限制或禁止第一項所定業務之直接往來。

**第三六條之一** （大陸地區資金進出臺灣地區之管理及處罰）

大陸地區資金進出臺灣地區之管理及處罰，準用管理外匯條例第六條之一、第二十條、第二十二條、第二十四條及第二十六條規定；對於臺灣地區之金融市場或外匯市場有重大影響情事時，並得由中央銀行會同有關機關予以其他必要之限制或禁止。

**第三七條** （出版品電影片等進口發行製作播映之許可）

①大陸地區出版品、電影片、錄影節目及廣播電視節目，經主管機關許可，得進入臺灣地區，或在臺灣地區發行、銷售、製作、播映、展覽或觀摩。

②前項許可辦法，由行政院新聞局擬訂，報請行政院核定之。

**第三八條** （幣券攜帶之許可）97

①大陸地區發行之幣券，除其數額在行政院金融監督管理委員會所定限額以下外，不得進入臺灣地區。但其數額逾所定限額部分，旅客應主動向海關申報，並由旅客自行封存於海關，出境時准予攜出。

②行政院金融監督管理委員會得會同中央銀行訂定辦法，許可大陸地區發行之幣券，進入臺灣地區。

③大陸地區發行之幣券，於臺灣地區與大陸地區簽訂雙邊貨幣清算協定或建立雙邊貨幣清算機制後，其在臺灣地區之管理，準用管理外匯條例有關之規定。

④前項雙邊貨幣清算協定簽訂或機制建立前，大陸地區發行之幣券，在臺灣地區之管理及貨幣清算，由中央銀行會同行政院金融監督管理委員會訂定辦法。

⑤第一項限額，由行政院金融監督管理委員會以命令定之。

**第三九條** （中華古物及藝術品等陳列展覽之許可）

①大陸地區之中華古物，經主管機關許可運入臺灣地區公開陳列、展覽者，得予運出。

②前項以外之大陸地區文物、藝術品，違反法令、妨害公共秩序或善良風俗者，主管機關得限制或禁止其在臺灣地區公開陳列、展覽。

③第一項許可辦法，由有關主管機關擬訂，報請行政院核定之。

**第四〇條** （進出口物品之檢疫管理稅捐徵收）

①輸入或攜帶進入臺灣地區之大陸地區物品，以進口論；其檢驗、檢疫、管理、關稅等稅捐之徵收及處理等，依輸入物品有關法令之規定辦理。

②輸往或攜帶進入大陸地區之物品，以出口論；其檢驗、檢疫、管理、通關及處理，依輸出物品有關法令之規定辦理。

**第四〇條之一** 111

①大陸地區之營利事業或其於第三地區投資之營利事業，非經主管機關許可，並在臺灣地區設立分公司或辦事處，不得在臺從事業務活動；其分公司在臺營業，準用公司法第十二條、第十

三條第一項、第十五條至第十八條、第二十條第一項至第四項、第二十一條第一項及第三項、第二十二條第一項、第二十三條至第二十六條之二、第二十八條之一、第三百七十二條第一項及第五項、第三百七十八條至第三百八十二條、第三百八十八條、第三百九十一條、第三百九十二條、第三百九十三條、第三百九十七條及第四百三十八條規定。

② 前項大陸地區之營利事業與其於第三地區投資之營利事業之認定、基準、許可條件、申請程序、申報事項、應備文件、撤回、撤銷或廢止許可、業務範圍或營業範圍及其他應遵行事項之辦法，由經濟部擬訂，報請行政院核定之。

**第四○條之二** （大陸地區非營利法人、團體或機構，在臺從事業務活動之許可）

① 大陸地區之非營利法人、團體或其他機構，非經各該主管機關許可，不得在臺灣地區設立辦事處或分支機構，從事業務活動。

② 經許可在臺從事業務活動之大陸地區非營利法人、團體或其他機構，不得從事與許可範圍不符之活動。

③ 第一項之許可範圍、許可條件、申請程序、申報事項、應備文件、審核方式、管理事項、限制及其他應遵行事項之辦法，由各該主管機關擬訂，報請行政院核定之。

## 第三章　民　事

**第四一條** （民事事件適用法律）

① 臺灣地區人民與大陸地區人民間之民事事件，除本條例另有規定外，適用臺灣地區之法律。

② 大陸地區人民相互間及其與外國人間之民事事件，除本條例另有規定外，適用大陸地區之規定。

③ 本章所稱行為地、訂約地、發生地、履行地、所在地、訴訟地或仲裁地，指在臺灣地區或大陸地區。

**第四二條** （各地方規定不同依當事人戶籍地）

依本條例規定應適用大陸地區之規定時，如該地區內各地方有不同規定者，依當事人戶籍地之規定。

**第四三條** （適用法律）

依本條例規定應適用大陸地區之規定時，如大陸地區就該法律關係無明文規定或依其規定應適用臺灣地區之法律者，適用臺灣地區之法律。

**第四四條** （適用法律）

依本條例規定應適用大陸地區之規定時，如其規定有背於臺灣地區之公共秩序或善良風俗者，適用臺灣地區之法律。

**第四五條** （行為地或事實發生地）

民事法律關係之行為地或事實發生地跨連臺灣地區與大陸地區者，以臺灣地區為行為地或事實發生地。

**第四六條** （行為能力之準據法）

① 大陸地區人民之行為能力，依該地區之規定。但未成年人已結婚者，就其在臺灣地區之法律行為，視為有行為能力。

② 大陸地區之法人、團體或其他機構，其權利能力及行為能力，依該地區之規定。

**第四七條**　（法律行為方式之準據法）

① 法律行為之方式，依該行為所應適用之規定。但依行為地之規定所定之方式者，亦為有效。

② 物權之法律行為，其方式依物之所在地之規定。

③ 行使或保全票據上權利之法律行為，其方式依行為地之規定。

**第四八條**　（債之準據法）

① 債之契約依訂約地之規定。但當事人另有約定者，從其約定。

② 前項訂約地不明而當事人又無約定者，依履行地之規定，履行地不明者，依訴訟地或仲裁地之規定。

**第四九條**　（因法律事實所生之債之準據法）

關於在大陸地區由無因管理、不當得利或其他法律事實而生之債，依大陸地區之規定。

**第五〇條**　（侵權行為之準據法）

侵權行為依損害發生地之規定。但臺灣地區之法律不認其為侵權行為者，不適用之。

**第五一條**　（物權之準據法）

① 物權依物之所在地之規定。

② 關於以權利為標的之物權，依權利成立地之規定。

③ 物之所在地如有變更，其物權之得喪，依其原因事實完成時之所在地之規定。

④ 船舶之物權，依船籍登記地之規定；航空器之物權，依航空器登記地之規定。

**第五二條**　（婚姻成立要件之準據法）

① 結婚或兩願離婚之方式及其他要件，依行為地之規定。

② 判決離婚之事由，依臺灣地區之法律。

**第五三條**　（婚姻效力之準據法）

夫妻之一方為臺灣地區人民，一方為大陸地區人民者，其結婚或離婚之效力，依臺灣地區之法律。

**第五四條**　（夫妻財產制之準據法）

臺灣地區人民與大陸地區人民在大陸地區結婚，其夫妻財產制，依該地區之規定。但在臺灣地區之財產，適用臺灣地區之法律。

**第五五條**　（非婚生子女認領之準據法）

① 非婚生子女認領之成立要件，依各該認領人被認領人認領時設籍地區之規定。

② 認領之效力，依認領人設籍地區之規定。

**第五六條**　（收養之準據法）

① 收養之成立及終止，依各該收養者被收養者設籍地區之規定。

② 收養之效力，依收養者設籍地區之規定。

**第五七條**　（父母子女法律關係之準據法）98

父母之一方爲臺灣地區人民，一方爲大陸地區人民者，其與子女間之法律關係，依子女設籍地區之規定。

**第五八條** （監護之準據法）

受監護人爲大陸地區人民者，關於監護，依該地區之規定。但受監護人在臺灣地區有居所者，依臺灣地區之法律。

**第五九條** （扶養之準據法）

扶養之義務，依扶養義務人設籍地區之規定。

**第六〇條** （繼承之準據法）

被繼承人爲大陸地區人民者，關於繼承，依該地區之規定。但在臺灣地區之遺產，適用臺灣地區之法律。

**第六一條** （遺囑之準據法）

大陸地區人民之遺囑，其成立或撤回之要件及效力，依該地區之規定。但以遺囑就其在臺灣地區之財產爲贈與者，適用臺灣地區之法律。

**第六二條** （捐助之準據法）

大陸地區人民之捐助行爲，其成立或撤回之要件及效力，依該地區之規定。但捐助財產在臺灣地區者，適用臺灣地區之法律。

**第六三條** （大陸地區權利之行使或移轉）

① 本條例施行前，臺灣地區人民與大陸地區人民間、大陸地區人民相互間及其與外國人間，在大陸地區成立之民事法律關係及因此取得之權利、負擔之義務，以不違背臺灣地區公共秩序或善良風俗者爲限，承認其效力。

② 前項規定，於本條例施行前已另有法令限制其權利之行使或移轉者，不適用之。

③ 國家統一前，下列債務不予處理：

一　民國三十八年以前在大陸發行尚未清償之外幣債券及民國三十八年黃金短期公債。

二　國家行局及收受存款之金融機構在大陸撤退前所有各項債務。

**第六四條** （限制撤銷權及後婚之效）

① 夫妻因一方在臺灣地區，一方在大陸地區，不能同居，而一方於民國七十四年六月四日以前重婚者，利害關係人不得聲請撤銷；其於七十四年六月五日以後七十六年十一月一日以前重婚者，該後婚視爲有效。

② 前項情形，如夫妻雙方均重婚者，於後婚者重婚之日起，原婚姻關係消滅。

**第六五條** （收養之方法）

臺灣地區人民收養大陸地區人民爲養子女，除依民法第一千零七十九條第五項規定外，有下列情形之一者，法院亦應不予認可：

一　已有子女或養子女者。

二　同時收養二人以上爲養子女者。

三　未經行政院設立或指定之機構或委託之民間團體驗證收養

之事實者。

**第六六條** （繼承權之拋棄）

① 大陸地區人民繼承臺灣地區人民之遺產，應於繼承開始起三年內以書面向被繼承人住所地之法院為繼承之表示；逾期視為拋棄其繼承權。

② 大陸地區人民繼承本條例施行前已由主管機關處理，且在臺灣地區無繼承人之現役軍人或退除役官兵遺產者，前項繼承表示之期間為四年。

③ 繼承在本條例施行前開始者，前二項期間自本條例施行之日起算。

**第六七條** （遺產繼承之限制）98

① 被繼承人在臺灣地區之遺產，由大陸地區人民依法繼承者，其所得財產總額，每人不得逾新臺幣二百萬元。超過部分，歸屬臺灣地區同為繼承之人；臺灣地區無同為繼承之人者，歸屬臺灣地區後順序之繼承人；臺灣地區無繼承人者，歸屬國庫。

② 前項遺產，在本條例施行前已依法歸屬國庫者，不適用本條例之規定。其依法令以保管款專戶暫為存儲者，仍依本條例之規定辦理。

③ 遺囑人以其在臺灣地區之財產遺贈大陸地區人民、法人、團體或其他機構者，其總額不得逾新臺幣二百萬元。

④ 第一項遺產中，有以不動產為標的者，應將大陸地區繼承人之繼承權利折算為價額。但其為臺灣地區繼承人賴以居住之不動產者，大陸地區繼承人不得繼承之，於定大陸地區繼承人應得部分時，其價額不計入遺產總額。

⑤ 大陸地區人民為臺灣地區人民配偶，其繼承在臺灣地區之遺產或受遺贈者，依下列規定辦理：

一　不適用第一項及第三項總額不得逾新臺幣二百萬元之限制規定。

二　其經許可長期居留者，得繼承以不動產為標的之遺產，不適用前項有關繼承權利應予折算為價額之規定。但不動產為臺灣地區繼承人賴以居住者，不得繼承之，於定大陸地區繼承人應得部分時，其價額不計入遺產總額。

三　前款繼承之不動產，如為土地法第十七條第一項各款所列土地，準用同條第二項但書規定辦理。

**第六七條之一** （遺產管理辦法）

① 前條第一項之遺產事件，其繼承人全部為大陸地區人民者，除應適用第六十八條之情形外，由繼承人、利害關係人或檢察官聲請法院指定財政部國有財產局為遺產管理人，管理其遺產。

② 被繼承人之遺產依法應登記者，遺產管理人應向該管登記機關登記。

③ 第一項遺產管理辦法，由財政部擬訂，報請行政院核定之。

**第六八條** （現役軍人或退除役官兵遺產之管理）

① 現役軍人或退除役官兵死亡而無繼承人、繼承人之有無不明或

繼承人因故不能管理遺產者，由主管機關管理其遺產。

②前項遺產事件，在本條例施行前，已由主管機關處理者，依其處理。

③第一項遺產管理辦法，由國防部及行政院國軍退除役官兵輔導委員會分別擬訂，報請行政院核定之。

④本條例中華民國八十五年九月十八日修正生效前，大陸地區人民未於第六十六條所定期限內完成繼承之第一項及第二項遺產，由主管機關逕行設置捐助財團法人榮民榮眷基金會，辦理下列業務，不受第六十七條第一項歸屬國庫規定之限制：

一　亡故現役軍人或退除役官兵在大陸地區繼承申請遺產之核發事項。

二　榮民重大災害救助事項。

三　清寒榮民子女教育獎助學金及教育補助事項。

四　其他有關榮民、榮眷福利及服務事項。

⑤依前項第一款申請遺產核發者，以其亡故現役軍人或退除役官兵遺產，已納入財團法人榮民榮眷基金會者為限。

⑥財團法人榮民榮眷基金會章程，由行政院國軍退除役官兵輔導委員會擬訂，報請行政院核定之。

**第六九條**　（不得取得、設定或移轉不動產物權或承租之土地）

①大陸地區人民、法人、團體或其他機構，或其於第三地區投資之公司，非經主管機關許可，不得在臺灣地區取得、設定或移轉不動產物權。但土地法第十七條第一項所列各款土地，不得取得、設定負擔或承租。

②前項申請人資格、許可條件及用途、申請程序、申報事項、應備文件、審核方式、未依許可用途使用之處理及其他應遵行事項之辦法，由主管機關擬訂，報請行政院核定之。

**第七〇條**　（刪除）

**第七一條**　（為法律行為之連帶責任）

未經許可之大陸地區法人、團體或其他機構，以其名義在臺灣地區與他人為法律行為者，其行為人就該法律行為，應與該大陸地區法人、團體或其他機構，負連帶責任。

**第七二條**　（大陸地區人民法人團體等在任職之許可）

①大陸地區人民、法人、團體或其他機構，非經主管機關許可，不得為臺灣地區法人、團體或其他機構之成員或擔任其任何職務。

②前項許可辦法，由有關主管機關擬訂，報請行政院核定之。

**第七三條**　（大陸地區人民法人團體等在臺從事投資之許可）

①大陸地區人民、法人、團體、其他機構或其於第三地區投資之公司，非經主管機關許可，不得在臺灣地區從事投資行為。

②依前項規定投資之事業依公司法設立公司者，投資人不受同法第二百十六條第一項關於國內住所之限制。

③第一項所定投資人之資格、許可條件、程序、投資之方式、業別項目與限額、投資比率、結匯、審定、轉投資、申報事項與

程序、申請書格式及其他應遵行事項之辦法，由有關主管機關擬訂，報請行政院核定之。

④依第一項規定投資之事業，應依前項所定辦法規定或主管機關命令申報財務報表、股東持股變化或其他指定之資料；主管機關得派員前往檢查，投資事業不得規避、妨礙或拒絕。

⑤投資人轉讓其投資時，轉讓人及受讓人應會同向主管機關申請許可。

**第七四條** （法院裁定認可）

①在大陸地區作成之民事確定裁判、民事仲裁判斷，不違背臺灣地區公共秩序或善良風俗者，得聲請法院裁定認可。

②前項經法院裁定認可之裁判或判斷，以給付為內容者，得為執行名義。

③前二項規定，以在臺灣地區作成之民事確定裁判、民事仲裁判斷，得聲請大陸地區法院裁定認可或為執行名義者，始適用之。

# 第四章　刑　事

**第七五條** （大陸地區或船艦航空器內犯罪之處罰）

在大陸地區或在大陸船艦、航空器內犯罪，雖在大陸地區曾受處罰，仍得依法處斷。但得免其刑之全部或一部之執行。

**第七五條之一** （逕行判決）

大陸地區人民於犯罪後出境，致不能到庭者，法院得於其能到庭以前停止審判。但顯有應諭知無罪或免刑判決之情形者，得不待其到庭，逕行判決。

**第七六條** （重婚之追訴或處罰）

配偶之一方在臺灣地區，一方在大陸地區，而於民國七十六年十一月一日以前重為婚姻或非為配偶以共同生活為目的而同居者，免予追訴、處罰；其相婚或與同居者，亦同。

**第七七條** （據實申報不予追訴處罰）

大陸地區人民在臺灣地區以外之地區，犯內亂罪、外患罪，經許可進入臺灣地區，而於申請時據實申報者，免予追訴、處罰；其進入臺灣地區參加主管機關核准舉辦之會議或活動，經專案許可免予申報者，亦同。

**第七八條** （公平互惠之訴訟權）

大陸地區人民之著作權或其他權利在臺灣地區受侵害者，其告訴或自訴之權利，以臺灣地區人民得在大陸地區享有同等訴訟權利者為限。

# 第五章　罰　則

**第七九條** （罰則）

①違反第十五條第一款規定者，處一年以上七年以下有期徒刑、得併科新臺幣一百萬元以下罰金。

②意圖營利而犯前項之罪者，處三年以上十年以下有期徒刑，得併科新臺幣五百萬元以下罰金。

③前二項之首謀者，處五年以上有期徒刑，得併科新臺幣一千萬元以下罰金。

④前三項之未遂犯罰之。

⑤中華民國船舶、航空器或其他運輸工具所有人、營運人或船長、機長、其他運輸工具駕駛人違反第十五條第一款規定者，主管機關得處分該中華民國船舶、航空器或其他運輸工具一定期間之停航，或廢止其有關證照，並得停止或廢止該船長、機長或駕駛人之職業證照或資格。

⑥中華民國船舶、航空器或其他運輸工具所有人，有第一項至第四項之行為或因其故意、重大過失致使第三人以其船舶、航空器或其他運輸工具從事第一項至第四項之行為，且該行為係以運送大陸地區人民非法進入臺灣地區為主要目的者，主管機關得沒入該船舶、航空器或其他運輸工具。所有人明知該船舶、航空器或其他運輸工具得沒入，為規避沒入之裁處而取得所有權者，亦同。

⑦前項情形，如該船舶、航空器或其他運輸工具無相關主管機關得予沒入時，得由查獲機關沒入之。

**第七九條之一** （罰則）

①受託處理臺灣地區與大陸地區人民往來有關之事務或協商簽署協議，逾越委託範圍，致生損害於國家安全或利益者，處行為負責人五年以下有期徒刑、拘役或科或併科新臺幣五十萬元以下罰金。

②前項情形，除處罰行為負責人外，對該法人、團體或其他機構，並科以前項所定之罰金。

**第七九條之二** （罰則）

違反第四條之四第一款規定，未經同意赴大陸地區者，處新臺幣三十萬元以上一百五十萬元以下罰鍰。

**第七九條之三** （罰則）

①違反第四條之四第四款規定者，處新臺幣二十萬元以上二百萬元以下罰鍰。

②違反第五條之一規定者，處新臺幣二十萬元以上二百萬元以下罰鍰；其情節嚴重或再為相同、類似之違反行為者，處五年以下有期徒刑、拘役或科或併科新臺幣五十萬元以下罰金。

③前項情形，如行為人為法人、團體或其他機構，處罰其行為負責人；對該法人、團體或其他機構，並科以前項所定之罰金。

**第八〇條** （罰則）

①中華民國船舶、航空器或其他運輸工具所有人、營運人或船長、機長、其他運輸工具駕駛人違反第二十八條規定或違反第二十八條之一第一項規定或臺灣地區人民違反第二十八條之一第二項規定者，處三年以下有期徒刑、拘役或科或併科新臺幣一百萬元以上一千五百萬元以下罰金。但行為係出於中華民國船舶、

航空器或其他運輸工具之船長或機長或駕駛人自行決定者，處罰船長或機長或駕駛人。

② 前項中華民國船舶、航空器或其他運輸工具之所有人或營運人為法人者，除處罰行為人外，對該法人並科以前項所定之罰金。但法人之代表人對於違反之發生，已盡力為防止之行為者，不在此限。

③ 刑法第七條之規定，對於第一項臺灣地區人民在中華民國領域外私行運送大陸地區人民前往臺灣地區及大陸地區以外之國家或地區者，不適用之。

④ 第一項情形，主管機關得處該中華民國船舶、航空器或其他運輸工具一定期間之停航，或廢止其有關證照，並得停止或廢止該船長、機長或駕駛人之執業證照或資格。

## 第八○條之一　(罰則) 104

① 大陸船舶違反第三十二條第一項規定，經扣留者，得處該船舶所有人、營運人或船長、駕駛人新臺幣三十萬元以上一千萬元以下罰鍰。

② 前項所定之罰鍰，由海岸巡防機關訂定裁罰標準，並執行之。

## 第八一條　(罰則)

① 違反第三十六條第一項或第二項規定者，處新臺幣二百萬元以上一千萬元以下罰鍰，並得限期命其停止或改正；屆期不停止或改正，或停止後再為相同違反行為者，處行為負責人三年以下有期徒刑、拘役或科或併科新臺幣一千五百萬元以下罰金。

② 臺灣地區金融保險證券期貨機構及其在臺灣地區以外之國家或地區設立之分支機構，違反財政部依第三十六條第四項規定報請行政院核定之限制或禁止命令者，處行為負責人三年以下有期徒刑、拘役或科或併科新臺幣一百萬元以上一千五百萬元以下罰金。

③ 前二項情形，除處罰其行為負責人外，對該金融保險證券期貨機構，並科以前二項所定之罰金。

④ 第一項及第二項之規定，於在中華民國領域外犯罪者，適用之。

## 第八二條　(罰則)

違反第二十三條規定從事招生或居間介紹行為者，處一年以下有期徒刑、拘役或科或併科新臺幣一百萬元以下罰金。

## 第八三條　(罰則)

① 違反第十五條第四款或第五款規定者，處二年以下有期徒刑、拘役或科或併科新臺幣三十萬元以下罰金。

② 意圖營利而違反第十五條第五款規定者，處三年以下有期徒刑、拘役或科或併科新臺幣六十萬元以下罰金。

③ 法人之代表人、法人或自然人之代理人、受僱人或其他從業人員，因執行業務犯前二項之罪者，除處罰行為人外，對該法人或自然人並科以前二項所定之罰金。但法人之代表人或自然人對於違反之發生，已盡力為防止之行為者，不在此限。

## 第八四條　(罰則)

①違反第十五條第二款規定者，處六月以下有期徒刑、拘役或科或併科新臺幣十萬元以下罰金。

②法人之代表人、法人或自然人之代理人、受僱人或其他從業人員，因執行業務犯前項之罪者，除處罰行為人外，對該法人或自然人並科以前項所定之罰金。但法人之代表人或自然人對於違反之發生，已盡力為防止行為者，不在此限。

第八五條 （罰則）

①違反第七條第一項規定者，處新臺幣三百萬元以上一千五百萬元以下罰鍰，並得禁止該船舶、民用航空器或其他運輸工具所有人、營運人之所屬船舶、民用航空器或其他運輸工具，於一定期間內進入臺灣地區港口、機場。

②前項所有人或營運人，如在臺灣地區未設立分公司者，於處分確定後，主管機關得限制其所屬船舶、民用航空器或其他運輸工具駛離臺灣地區港口、機場，至繳清罰鍰為止。但提供與罰鍰同額擔保者，不在此限。

第八五條之一 （罰則）

違反依第三十六條之一所發布之限制或禁止命令者，處新臺幣三百萬元以上一千五百萬元以下罰鍰。中央銀行指定辦理外匯業務銀行違反者，並得由中央銀行按其情節輕重，停止其一定期間經營全部或一部外匯之業務。

第八六條 （罰則）

①違反第三十五條第一項規定從事一般類項目之投資或技術合作者，處新臺幣五萬元以上二千五百萬元以下罰鍰，並得限期命其停止或改正；屆期不停止或改正者，得連續處罰。

②違反第三十五條第一項規定從事禁止類項目之投資或技術合作者，處新臺幣五萬元以上二千五百萬元以下罰鍰，並得限期命其停止；屆期不停止，或停止後再為相同違反行為者，處行為人二年以下有期徒刑、拘役或科或併科新臺幣二千五百萬元以下罰金。

③法人、團體或其他機構犯前項之罪者，處罰其行為負責人。

④違反第三十五條第二項但書規定從事商業行為者，處新臺幣五萬元以上五百萬元以下罰鍰，並得限期命其停止或改正；屆期不停止或改正者，得連續處罰。

⑤違反第三十五條第三項規定從事貿易行為者，除依其他法律規定處罰外，主管機關得停止其二個月以上一年以下輸出入貨品或廢止其出進口廠商登記。

第八七條 （罰則）

違反第十五條第三款規定者，處新臺幣二十萬元以上一百萬元以下罰鍰。

第八七條之一 （罰鍰）104

大陸地區人民逾期停留或居留者，由內政部移民署處新臺幣二千元以上一萬元以下罰鍰。

第八八條 （罰則）

①違反第三十七條規定者，處新臺幣四萬元以上二十萬元以下罰鍰。

②前項出版品、電影片、錄影節目或廣播電視節目，不問屬於何人所有，沒入之。

**第八九條**　（罰則）

①委託、受託或自行於臺灣地區從事第三十四條第一項以外大陸地區物品、勞務、服務或其他事項之廣告播映、刊登或其他促銷推廣活動者，或違反第三十四條第二項、或依第四項所定管理辦法之強制或禁止規定者，處新臺幣十萬元以上五十萬元以下罰鍰。

②前項廣告，不問屬於何人所有或持有，得沒入之。

**第九○條**　（罰則）

①具有第九條第四項身分之臺灣地區人民，違反第三十三條第二項規定者，處三年以下有期徒刑、拘役或科或併科新臺幣五十萬元以下罰金；未經許可擔任其他職務者，處一年以下有期徒刑、拘役或科或併科新臺幣三十萬元以下罰金。

②前項以外之現職及退離職未滿三年之公務員，違反第三十三條第二項規定者，處一年以下有期徒刑、拘役或科或併科新臺幣三十萬元以下罰金。

③不具備前二項情形，違反第三十三條第二項或第三項規定者，處新臺幣十萬元以上五十萬元以下罰鍰。

④違反第三十三條第四項規定者，處三年以下有期徒刑、拘役，得併科新臺幣五十萬元以下罰金。

**第九○條之一**　（罰則）

①具有第九條第四項第一款、第二款或第五款身分，退離職未滿三年之公務員，違反第三十三條第二項規定者，喪失領受退休（職、伍）金及相關給與之權利。

②前項人員違反第三十三條第三項規定，其領取月退休（職、伍）金者，停止領受月退休（職、伍）金及相關給與之權利，至其原因消滅時恢復。

③第九條第四項第一款、第二款或第五款身分以外退離職未滿三年公務員，違反第三十三條第二項規定者，其領取月退休（職、伍）金者，停止領受月退休（職、伍）金及相關給與之權利，至其原因消滅時恢復。

④臺灣地區公務員，違反第三十三條第四項規定者，喪失領受退休（職、伍）金及相關給與之權利。

**第九○條之二**　（罰則）

①違反第三十三條之一第一項或第三十三條之二第一項規定者，處新臺幣十萬元以上五十萬元以下罰鍰，並得按次連續處罰。

②違反第三十三條之一第二項、第三十三條之三第一項或第二項規定者，處新臺幣一萬元以上五十萬元以下罰鍰，主管機關並得限期令其申報或改正；屆期未申報或改正者，得按次連續處罰至申報或改正為止。

**第九一條** 111

① 違反第九條第二項規定者，處新臺幣一萬元以下罰鍰。

② 違反第九條第三項或第九項行政院公告之處置規定者，處新臺幣二萬元以上十萬元以下罰鍰。

③ 違反第九條第四項規定者，處新臺幣二百萬元以上一千萬元以下罰鍰。

④ 具有第九條第四項第三款、第四款或第六款身分之臺灣地區人民，違反第九條第五項規定者，得由（原）服務機關、委託、補助或出資機關（構）處新臺幣二萬元以上十萬元以下罰鍰。

⑤ 違反第九條第八項規定，應申報而未申報者，得由（原）服務機關處新臺幣一萬元以上五萬元以下罰鍰。

⑥ 違反第九條之三規定者，得由（原）服務機關視情節，自其行為時起停止領受五年之月退休（職、伍）給與之百分之五十至百分之百，情節重大者，得剝奪其月退休（職、伍）給與；已支領者，並應追回之。其無月退休（職、伍）給與者，（原）服務機關得處新臺幣二百萬元以上一千萬元以下罰鍰。

⑦ 前項處罰，應經（原）服務機關會同國家安全局、內政部、法務部、大陸委員會及相關機關組成之審查會審認。

⑧ 違反第九條之三規定者，其領取之獎、勳（勛）章及其執照、證書，應予追繳註銷。但服務獎章、忠勤勳章及其證書，不在此限。

⑨ 違反第九條之三規定者，如觸犯內亂罪、外患罪、洩密罪或其他犯罪行為，應依刑法、國家安全法、國家機密保護法及其他法律之規定處罰。

**第九二條** （罰則）97

① 違反第三十八條第一項或第二項規定，未經許可或申報之幣券，由海關沒入之；申報不實者，其超過部分沒入之。

② 違反第三十八條第四項所定辦法而為兌換、買賣或其他交易者，其大陸地區發行之幣券及價金沒入之；臺灣地區金融機構及外幣收受處違反者，得處或併處新臺幣三十萬元以上一百五十萬元以下罰鍰。

③ 主管機關或海關執行前二項規定時，得洽警察機關協助。

**第九三條** （罰則）

違反依第三十九條第二項規定所發之限制或禁止命令者，其文物或藝術品，由主管機關沒入之。

**第九三條之一** 111

① 有下列情形之一者，由主管機關處新臺幣十二萬元以上二千五百萬元以下罰鍰，並得限期命其停止、撤回投資或改正，必要時得停止其股東權利；屆期仍未停止、撤回投資或改正者，得按次處罰至其停止、撤回投資或改正為止；必要時得通知登記主管機關撤銷或廢止其認許或登記：

一　違反第七十三條第一項規定從事投資。

二　將本人名義提供或容許前款之人使用而從事投資。

② 違反第七十三條第四項規定，應申報而未申報或申報不實或不完整，或規避、妨礙、拒絕檢查者，主管機關得處新臺幣六萬元以上二百五十萬元以下罰鍰，並限期命其申報、改正或接受檢查；屆期仍未申報、改正或接受檢查者，並得按次處罰至其申報、改正或接受檢查為止。

③ 依第七十三條第一項規定經許可投資之事業，違反依第七十三條第三項所定辦法有關轉投資之規定者，主管機關得處新臺幣六萬元以上二百五十萬元以下罰鍰，並限期命其改正；屆期仍未改正者，並得按次處罰至其改正為止。

④ 投資人或投資事業違反依第七十三條第三項所定辦法規定，應辦理審定、申報而未辦理或申報不實或不完整者，主管機關得處新臺幣六萬元以上二百五十萬元以下罰鍰，並得限期命其辦理審定、申報或改正；屆期仍未辦理審定、申報或改正者，並得按次處罰至其辦理審定、申報或改正為止。

⑤ 投資人之代理人因故意或重大過失而申報不實者，主管機關得處新臺幣六萬元以上二百五十萬元以下罰鍰。

⑥ 違反第一項至第四項規定，其情節輕微者，得依各該項規定先限期命其改善，已改善完成者，免予處罰。

**第九三條之二** 111

① 有下列情形之一者，處行為人三年以下有期徒刑、拘役或科或併科新臺幣一千五百萬元以下罰金，並自負民事責任；行為人有二人以上者，連帶負民事責任，並由主管機關禁止其使用公司名稱：
  一 違反第四十條之一第一項規定未經許可而為業務活動。
  二 將本人名義提供或容許前款之人使用而為業務活動。

② 前項情形，如行為人為法人、團體或其他機構，處罰其行為負責人；對該法人、團體或其他機構，並科以前項所定之罰金。

③ 第四十條之一第一項所定營利事業在臺灣地區之負責人於分公司登記後，將專撥其營業所用之資金發還該營利事業，或任由該營利事業收回者，處五年以下有期徒刑、拘役或科或併科新臺幣五十萬元以上二百五十萬元以下罰金，並應與該營利事業連帶賠償第三人因此所受之損害。

④ 違反依第四十條之一第二項所定辦法之強制或禁止規定者，處新臺幣二萬元以上二百五十萬元以下罰鍰，並得限期命其停止或改正；屆期未停止或改正者，得按次處罰。

**第九四條** （強制執行）
本條例所定之罰鍰，由主管機關處罰；依本條例所定之罰鍰，經限期繳納，屆期不繳納者，依法移送強制執行。

## 第六章 附 則

**第九五條** （通商通航及工作應經立法院決議）
主管機關於實施臺灣地區與大陸地區直接通商、通航及大陸地

區人民進入臺灣地區工作前，應經立法院決議；立法院如於會期內一個月未爲決議，視爲同意。

**第九五條之一** （與大陸直接通商通航試辦實施區域之規定）

① 主管機關實施臺灣地區與大陸地區直接通商、通航前，得先行試辦金門、馬祖、澎湖與大陸地區之通商、通航。

② 前項試辦與大陸地區直接通商、通航之實施區域、試辦期間，及其有關航運往來許可、人員入出許可、物品輸出入管理、金融往來、通關、檢驗、檢疫、查緝及其他往來相關事項，由行政院以實施辦法定之。

③ 前項試辦實施區域與大陸地區通航之港口、機場或商埠，就通航事項，準用通商口岸規定。

④ 輸入試辦實施區域之大陸地區物品，未經許可，不得運往其他臺灣地區；試辦實施區域以外之臺灣地區物品，未經許可，不得運往大陸地區。但少量自用之大陸地區物品，得以郵寄或旅客攜帶進入其他臺灣地區；其物品項目及數量限額，由行政院定之。

⑤ 違反前項規定，未經許可者，依海關緝私條例第三十六條至第三十九條規定處罰；郵寄或旅客攜帶之大陸地區物品，其項目、數量超過前項限制範圍者，由海關依關稅法第七十七條規定處理。

⑥ 本條試辦期間如有危害國家利益、安全之虞或其他重大事由時，得由行政院以命令終止一部或全部之實施。

**第九五條之二** （審查費、證照費之收費標準）

各主管機關依本條例規定受理申請許可、核發證照，得收取審查費、證照費；其收費標準，由各主管機關定之。

**第九五條之三** （除外規定）

依本條例處理臺灣地區與大陸地區人民往來有關之事務，不適用行政程序法之規定。

**第九五條之四** （施行細則）

本條例施行細則，由行政院定之。

**第九六條** （施行日）

本條例施行日期，由行政院定之。

# 臺灣地區與大陸地區人民關係條例施行細則

①民國81年9月16日行政院令訂定發布全文56條。
②民國83年10月19日行政院令修正發布第43條條文。
③民國87年5月6日行政院令修正發布第1、4、5、6、9、10、18、26至29、31、33、34、39、43、47、56條條文；增訂第25-1至25-8、54-1條條文；並刪除第12、16條條文。
④民國91年1月30日行政院令修正發布第3、56條條文。
⑤民國91年12月30日行政院令修正發布第4、5、19、50條條文；並增訂第5-1條條文。
⑥民國92年12月29日行政院令修正發布全文73條；並自發布日施行。
民國101年12月25日行政院公告第64條所列屬「國防部聯合後勤司令部」之權責事項，自102年1月1日起改由「國防部陸軍司令部」管轄；第65條第1項所列屬財政部「臺北市國稅局」之權責事項，自102年1月1日起改由財政部「臺北國稅局」管轄。
民國102年10月25日行政院公告第64條所列屬「行政院國軍退除役官兵輔導委員會」之權責事項，自102年11月1日起改由「國軍退除役官兵輔導委員會」管轄。
民國103年2月14日行政院公告第12條所列屬「行政院勞工委員會」之權責事項，自103年2月17日起改由「勞動部」管轄。
⑦民國103年12月11日行政院令修正發布第12、18、21、22、26、37、40、47、65條條文。
民國103年12月26日行政院公告第18條、第22條第2項所列屬「內政部入出國及移民署」之權責事項，自104年1月2日起改由「內政部移民署」管轄。
民國107年4月27日行政院公告第44條第2項所列屬「海岸巡防機關」之權責事項原由「行政院海岸巡防署及所屬機關」管轄，自107年4月28日起改由「海洋委員會海巡署及所屬機關（構）」管轄。
⑧民國107年5月30日行政院令修正發布第2、4、5、8、15、17、20、22、40、42、43、45、46、55條條文；並刪除第14、18、54條條文。
民國107年6月28日行政院公告第46條第2項、第69條第2項所列屬「行政院大陸委員會」之權責事項，自107年7月2日起改由「大陸委員會」管轄。

## 第一條

本細則依臺灣地區與大陸地區人民關係條例（以下簡稱本條例）第九十五條之四規定訂定之。

## 第二條　107

①本條例第一條、第四條、第六條、第四十一條、第六十二條、

第六十三條、第七十九條之一及第九十五條之三所稱人民，指自然人、法人、團體及其他機構。

② 本條例第七十八條所稱人民，指自然人及法人。

### 第三條

本條例第二條第二款之施行區域，指中共控制之地區。

### 第四條 107

① 本條例第二條第三款所定臺灣地區人民，包括下列人民：

一　曾在臺灣地區設有戶籍，中華民國九十年二月十九日以前轉換身分爲大陸地區人民，依第六條規定回復臺灣地區人民身分者。

二　在臺灣地區出生，其父母均爲臺灣地區人民，或一方爲臺灣地區人民，一方爲大陸地區人民者。

三　在大陸地區出生，其父母均爲臺灣地區人民，未在大陸地區設有戶籍或領用大陸地區護照者。

四　在大陸地區出生，其父母一方爲臺灣地區人民，一方爲大陸地區人民，未在大陸地區設有戶籍或領用大陸地區護照，並於出生後一年內在臺灣地區設有戶籍者。

五　依本條例第九條之二第一項規定，經內政部許可回復臺灣地區人民身分，並返回臺灣地區定居者。

② 大陸地區人民經許可進入臺灣地區定居，並設有戶籍者，爲臺灣地區人民。

### 第五條 107

本條例第二條第四款所定大陸地區人民，包括下列人民：

一　在臺灣地區或大陸地區出生，其父母均爲大陸地區人民者。

二　在大陸地區出生，其父母一方爲臺灣地區人民，一方爲大陸地區人民，在大陸地區設有戶籍、領用大陸地區護照或未依前條第一項第四款規定在臺灣地區設有戶籍者。

三　在臺灣地區設有戶籍，中華民國九十年二月十九日以前轉換身分爲大陸地區人民，未依第六條規定回復臺灣地區人民身分者。

四　依本條例第九條之一第二項規定在大陸地區設有戶籍或領用大陸地區護照，而喪失臺灣地區人民身分者。

### 第六條

① 中華民國七十六年十一月二日起迄中華民國九十年二月十九日間前往大陸地區繼續居住逾四年致轉換身分爲大陸地區人民，其在臺灣地區原設有戶籍，且未在大陸地區設有戶籍或領用大陸地區護照者，得申請回復臺灣地區人民身分，並返臺定居。

② 前項申請回復臺灣地區人民身分有下列情形之一者，主管機關得不予許可其申請：

一　現（曾）擔任大陸地區黨務、軍事、行政或具政治性機關（構）、團體之職務或爲其成員。

二　有事實足認有危害國家安全、社會安定之虞。

③ 依第一項規定申請回復臺灣地區人民身分，並返臺定居之程序

及審查基準，由主管機關另定之。

## 第七條

① 本條例第三條所定大陸地區人民旅居國外者，包括在國外出生，領用大陸地區護照者。但不含旅居國外四年以上之下列人民在內：

一　取得當地國籍者。

二　取得當地永久居留權並領有我國有效護照者。

② 前項所稱旅居國外四年之計算，指自抵達國外翌日起，四年間返回大陸地區之期間，每次未逾三十日而言；其有逾三十日者，當年不列入四年之計算。但返回大陸地區有下列情形之一者，不在此限：

一　懷胎七月以上或生產、流產，且自事由發生之日起未逾二個月。

二　罹患疾病而離開大陸地區有生命危險之虞，且自事由發生之日起未逾二個月。

三　大陸地區之二親等內之血親、繼父母、配偶之父母、配偶或子女之配偶在大陸地區死亡，且自事由發生之日起未逾二個月。

四　遇天災或其他不可避免之事變，且自事由發生之日起未逾一個月。

## 第八條 107

① 本條例第四條第一項所定機構或第二項所定受委託之民間團體，於驗證大陸地區製作之文書時，應比對正、副本或其製作名義人簽字及鈐印之真正，或為查證。

② 文書驗證之申請，有下列各款情形之一者，前項之機構或民間團體應不予受理。但其情形得補正者，應先定期令其補正：

一　申請事項不屬文書驗證之範圍。

二　申請目的或文書內容顯違反法令、國家利益，或有背於公共秩序、善良風俗或有其他不當情形。

三　提出之文書明顯為偽造或變造。

四　提出之文書未經大陸地區公證。

五　未提出大陸地區公證書正本。

六　申請人與申請之文書無利害關係。

七　未繳納費用、未提出身分證明文件或其他相關文件。

八　文書內容明顯有矛盾、錯誤、不實或有足以影響同一性之瑕疵。

九　申請不合程式或不備其他要件。

③ 申請驗證之文書，經驗證屬實者，應驗發文件證明，並得於必要時為適當之註記；經驗證有不實者，應駁回其申請。

## 第九條

① 依本條例第七條規定推定為真正之文書，其實質上證據力，由法院或有關主管機關認定。

② 文書內容與待證事實有關，且屬可信者，有實質上證據力。

③推定爲眞正之文書，有反證事實證明其爲不實者，不適用推定。

**第一〇條**

本條例第九條之一第二項所稱其他以在臺灣地區設有戶籍所衍生相關權利，指經各有關機關認定依各相關法令所定以具有臺灣地區人民身分爲要件所得行使或主張之權利。

**第一一條**

本條例第九條之一第二項但書所稱因臺灣地區人民身分所負之責任及義務，指因臺灣地區人民身分所應負之兵役、納稅、爲刑事被告、受科處罰金、拘役、有期徒刑以上刑之宣告尚未執行完畢、爲民事被告、受強制執行未終結、受破產之宣告未復權、受課處罰鍰等法律責任、義務或司法制裁。

**第一二條** 103

本條例第十三條第一項所稱僱用大陸地區人民者，指依本條例第十一條規定，經勞動部許可僱用大陸地區人民從事就業服務法第四十六條第一項第八款至第十款規定工作之雇主。

**第一三條**

①本條例第十六條第二項第三款所稱民國三十四年後，因兵役關係滯留大陸地區之臺籍軍人，指臺灣地區直轄市、縣（市）政府出具名冊，層轉國防部核認之人員。

②本條例第十六條第二項第四款所稱民國三十八年政府遷臺後，因作戰或執行特種任務被俘之前國軍官兵，指隨政府遷臺後，復奉派赴大陸地區有案之人員。

③前項所定人員，由其在臺親屬或原派遣單位提出來臺定居申請，經國防部核認者，其本人及配偶，得准予入境。

**第一四條** （刪除）107

**第一五條** 107

①本條例第十五條第一款所定非法進入臺灣地區，包括持僞造、變造、冒用或持冒用身分申請之護照、旅行證或其他相類之證書、有事實足認係通謀虛僞結婚、偷渡或以其他非法之方法入境在內。

②本條例第十八條第一項第一款所定未經許可入境者，包括持僞造、變造、冒用或持冒用身分申請之護照、旅行證或其他相類之證書、偷渡或以其他非法之方法入境者在內。

**第一六條**

本條例第十八條第一項第四款所定有事實足認爲有犯罪行爲者，指涉及刑事案件，經治安機關依下列事證之一查證屬實者：

一　檢舉書、自白書或鑑定書。

二　照片、錄音或錄影。

三　警察或治安人員職務上製作之筆錄或查證報告。

四　檢察官之起訴書、處分書或審判機關之裁判書。

五　其他具體事證。

**第一七條** 107

本條例第十八條第一項第五款所定有事實足認爲有危害國家安

全或社會安定之虞，指有下列情形之一者：

一　曾參加或資助內亂、外患團體或其活動而隱瞞不報。

二　曾參加或資助恐怖或暴力非法組織或其活動而隱瞞不報。

三　在臺灣地區外涉嫌犯罪。

四　在臺灣地區有其他危害國家安全或社會安定之行為，並經有關機關裁處。

**第一八條**　（刪除）107

**第一九條**

本條例第二十條第一項所定應負擔強制出境所需之費用，包括強制出境前於收容期間所支出之必要費用。

**第二〇條**　107

① 本條例第二十一條所定公教或公營事業機關（構）人員，不包括下列人員：

一　經中央目的事業主管機關核可受聘擔任學術研究機構、社會教育機構、專科以上學校及戲劇藝術學校之研究員、副研究員、助理研究員、博士後研究、研究講座、客座教授、客座副教授、客座助理教授、客座專家、客座教師。

二　經濟部及交通部所屬國營事業機關（構）之約僱人員。

② 本條例第二十一條第一項所稱情報機關（構），指國家安全局組織法第二條第一項所定之機關（構）；所稱國防機關（構），指國防部及其所屬機關（構）、部隊。

③ 第一項人員，不得擔任涉及國家安全或機密科技研究之職務。

**第二一條**　103

① 依本條例第三十五條規定，於中華民國九十一年六月三十日前經主管機關許可，經由在第三地區投資設立之公司或事業在大陸地區投資之臺灣地區法人、團體或其他機構，自中華民國九十一年七月一日起所獲配自第三地區公司或事業之投資收益，不論該第三地區公司或事業用以分配之盈餘之發生年度，均得適用本條例第二十四條第二項規定。

② 依本條例第三十五條規定，於中華民國九十一年七月一日以後經主管機關許可，經由在第三地區投資設立之公司或事業在大陸地區投資之臺灣地區法人、團體或其他機構，自許可之日起所獲配自第三地區公司或事業之投資收益，適用前項規定。

③ 本條例第二十四條第二項有關應納稅額扣抵之規定及計算如下：

一　應依所得稅法規定申報課稅之第三地區公司或事業之投資收益，指第三地區公司或事業分配之投資收益金額，無須另行計算大陸地區來源所得合併課稅。

二　所稱在大陸地區及第三地區已繳納之所得稅，指：

　（一）第三地區公司或事業源自大陸地區之投資收益在大陸地區繳納之股利所得稅。

　（二）第三地區公司或事業源自大陸地區之投資收益在第三地區繳納之公司所得稅，計算如下：

　　第三地區公司或事業當年度已繳納之公司所得稅 × 當

年度源自大陸地區之投資收益／當年度第三地區公司或事業之總所得。

㈢第三地區公司或事業分配之投資收益在第三地區繳納之股利所得稅。

三　前款第一目規定在大陸地區繳納之股利所得稅及第二目規定源自大陸地區投資收益在第三地區所繳納之公司所得稅，經取具第四項及第五項規定之憑證，得不分攤於之繳納年度，在扣除限額內扣抵。

④臺灣地區法人、團體或其他機構，列報扣抵前項規定已繳納之所得稅時，除應依第五項規定提出納稅憑證外，並應提出下列證明文件：

一　足資證明源自大陸地區投資收益金額之財務報表或相關文件。

二　足資證明第三地區公司或事業之年度所得中源自大陸地區投資收益金額之相關文件，包括載有第三地區公司或事業全部收入、成本、費用金額等之財務報表或相關文件，並經第三地區或臺灣地區合格會計師之簽證。

三　足資證明第三地區公司或事業分配投資收益金額之財務報表或相關文件。

⑤臺灣地區人民、法人、團體或其他機構，扣抵本條例第二十四條第一項及第二項規定之大陸地區及第三地區已繳納之所得稅時，應取得大陸地區及第三地區稅務機關發給之納稅憑證。其屬大陸地區納稅憑證者，應經本條例第七條規定之機構或民間團體驗證；其屬第三地區納稅憑證者，應經中華民國駐外使領館、代表處、辦事處或其他經外交部授權機構認證。

⑥本條例第二十四條第三項所稱因加計其大陸地區來源所得，而依臺灣地區適用稅率計算增加之應納稅額，其計算如下：

一　有關營利事業所得稅部分：

（臺灣地區來源所得額＋本條例第二十四條第一項規定之大陸地區來源所得＋本條例第二十四條第二項規定之第三地區公司或事業之投資收益）×稅率＝營利事業國內所得額應納稅額

臺灣地區來源所得額×稅率＝營利事業臺灣地區來源所得額應納稅額

營利事業國內所得額應納稅額－營利事業臺灣地區來源所得額應納稅額＝因加計大陸地區來源所得及第三地區公司或事業之投資收益而增加之結算應納稅額

二　有關綜合所得稅部分：

〔（臺灣地區來源所得額＋大陸地區來源所得額）－免稅額－扣除額〕×稅率－累進差額＝綜合所得額應納稅額

（臺灣地區來源所得額－免稅額－扣除額）×稅率－累進差額＝臺灣地區綜合所得額應納稅額

綜合所得額應納稅額－臺灣地區綜合所得額應納稅額＝因

加計大陸地區來源所得而增加之結算應納稅額

**第二二條 107**

① 依本條例第二十六條第一項規定申請改領一次退休（職、伍）給與人員，應於赴大陸地區長期居住之三個月前，檢具下列文件，向原退休（職、伍）機關或所隸管區提出申請：

一　申請書。

二　支領（或兼領）月退休（職、伍）給與證書。

三　申請人全戶戶籍謄本。

四　經許可或查驗赴大陸地區之證明文件。

五　決定在大陸地區長期居住之意願書。

六　在臺灣地區有受扶養人者，經公證之受扶養人同意書。

七　申請改領一次退休（職、伍）給與時之前三年內，赴大陸地區居、停留，合計逾一百八十三日之相關證明文件。

② 前項第四款所定查驗文件，無法事前繳驗者，原退休（職、伍）機關得於申請人出境後一個月內，以書面向內政部移民署查證，並將查證結果通知核定機關。

③ 原退休（職、伍）機關或所隸管區受理第一項申請後，應詳細審核並轉報核發各該月退休（職、伍）給與之主管機關於二個月內核定。其經核准者，申請人應於赴大陸地區前一個月內，檢具入出境等有關證明文件，送請支給機關審定後辦理付款手續。

**第二三條**

申請人依前條規定領取一次退休（職、伍）給與後，未於二個月內赴大陸地區長期居住者，由原退休（職、伍）機關通知支給機關追回其所領金額。

**第二四條**

申請人有前條情形，未依規定繳回其所領金額者，不得以任何理由請求回復支領月退休（職、伍）給與。

**第二五條**

兼領月退休（職）給與人員，依本條例第二十六條第一項規定申請其應領之一次退休（職、伍）給與者，應按其兼領月退休（職）給與之比例計算。

**第二六條 103**

本條例所稱赴大陸地區長期居住，指赴大陸地區居、停留，一年內合計逾一百八十三日。但有下列情形之一並提出證明者，得不計入期間之計算：

一　受拘禁或留置。

二　懷胎七月以上或生產、流產，且自事由發生之日起未逾二個月。

三　配偶、二親等內之血親、繼父母、配偶之父母、或子女之配偶在大陸地區死亡，且自事由發生之日起未逾二個月。

四　遇天災或其他不可避免之事變，且自事由發生之日起未逾一個月。

　　五　其他經主管機關審酌認定之特殊情事。

**第二七條**

① 本條例第二十六條第二項所稱受其扶養之人，指依民法第一千一百十四條至第一千一百十八條所定應受其扶養之人。

② 前項受扶養人為無行為能力者，其同意由申請人以外之法定代理人或監護人代為行使；其為限制行為能力者，應經申請人以外之法定代理人或監護人之允許。

**第二八條**

本條例第二十六條第三項所稱停止領受退（職、伍）給與之權利，指支領各種月退休（職、伍）給與之退休（職、伍）軍公教及公營事業機關（構）人員，自其在大陸地區設有戶籍或領用大陸護照時起，停止領受退休（職、伍）給與；如有溢領金額，應予追回。

**第二九條**

① 大陸地區人民依本條例第二十六條之一規定請領保險死亡給付、一次撫卹金、餘額退伍金或一次撫慰金者，應先以書面並檢附相關文件向死亡人員最後服務機關（構）、學校申請，經初核後函轉主管（辦）機關核定，再由死亡人員最後服務機關（構）、學校通知申請人，據以申請進入臺灣地區領受各該給付。但軍職人員由國防部核轉通知。

② 前項公教及公營事業機關（構）人員之各項給付，應依死亡當時適用之保險、退休（職）、撫卹法令規定辦理。各項給付之總額依本條例第二十六條之一第二項規定，不得逾新臺幣二百萬元。本條例第六十七條規定之遺產繼承總額不包括在內。

③ 第一項之各項給付請領人以大陸地區自然人為限。

④ 應受理申請之死亡人員最後服務機關（構）、學校已裁撤或合併者，應由其上級機關（構）或承受其業務或合併後之機關（構）、學校辦理。

⑤ 死亡人員在臺灣地區無親族或法定受益人之證明，應由死亡人員最後服務機關（構）、學校或國防部依據死亡人員在臺灣地區之全戶戶籍謄本、公務人員履歷表或軍職人員兵籍資料等相關資料出具。其無法查明者，應由死亡人員最後服務機關（構）、學校或國防部登載公報或新聞紙後，經六個月無人承認，即可出具。

**第三〇條**

大陸地區法定受益人依本條例第二十六條之一第一項規定申請保險死亡給付者，應檢具下列文件：

一　給付請領書。

二　死亡人員之死亡證明書或其他合法之死亡證明文件。

三　死亡人員在臺灣地區無法定受益人證明。

四　經行政院設立或指定之機構或委託之民間團體驗證之法定受益人身分證明文件（大陸地區居民證或常住人口登記表）及親屬關係證明文件。

第三一條

① 大陸地區遺族依本條例第二十六條之一第一項規定申請一次撫卹金者，應檢具下列文件：

一　撫卹事實表或一次撫卹金申請書。

二　死亡人員之死亡證明文件或其他合法之死亡證明文件；因公死亡人員應另檢具因公死亡證明書及足資證明因公死亡之相關證明文件。

三　死亡人員在臺灣地區無遺族證明。

四　死亡人員最後服務機關（構）、學校查證屬實之歷任職務證明文件。

五　經行政院設立或指定之機構或委託之民間團體驗證之大陸地區遺族身分證明文件（大陸地區居民證或常住人口登記表）及撫卹遺族親屬關係證明文件。

② 前項依公務人員撫卹法或學校教職員撫卹條例核給之一次撫卹金之計算，按公務人員退休法或學校教職員退休條例一次退休金之標準辦理。

第三二條

大陸地區遺族依本條例第二十六條之一第一項規定申請餘額退伍金或一次撫慰金者，應檢具下列文件：

一　餘額退伍金或一次撫慰金申請書。

二　死亡人員支（兼）領月退休金證書。

三　死亡人員之死亡證明書或其他合法之死亡證明文件。

四　死亡人員在臺灣地區無遺族或合法遺囑指定人證明。

五　經行政院設立或指定之機構或委託之民間團體驗證之大陸地區遺族或合法遺囑指定人身分證明文件（大陸地區居民證或常住人口登記表）及親屬關係證明文件。

六　遺囑指定人應繳交死亡人員之遺囑。

第三三條

① 依本條例第二十六條之一規定得申請領受各項給付之申請人有數人時，應協議委託其中一人代表申請，受託人申請時應繳交委託書。

② 申請人無法取得死亡人員之死亡證明書或其他合法之死亡證明文件時，得函請死亡人員最後服務機關（構）、學校協助向主管機關查證或依主管權責出具。但軍職人員由國防部出具。

③ 依本條例第二十六條之一第三項規定請領依法核定保留之各項給付，應依前四條規定辦理。但非請領公教及公營事業機關（構）人員之一次撫卹金者，得免檢附死亡證明書或其他合法之死亡證明文件。

第三四條

① 死亡人員最後服務機關（構）、學校受理各項給付申請時，應查明得發給死亡人員遺族或法定受益人之給付項目。各項給付由主管（辦）機關核定並通知支給機關核實簽發支票函送死亡人員最後服務機關（構）、學校，於遺族或法定受益人簽具領

據及查驗遺族或法定受益人經許可進入臺灣地區之證明文件及遺族或法定受益人身分證明文件（大陸地區居民證或常住人口登記表）後轉發。

②各項給付總額逾新臺幣二百萬元者，死亡人員最後服務機關（構）、學校應按各項給付金額所占給付總額之比例核實發給，並函知各該給付之支給機關備查。死亡人員最後服務機關（構）、學校應將遺族或法定受益人簽章具領之領據及餘額分別繳回各項給付之支給機關。但軍職人員由國防部轉發及控管。

③遺族或法定受益人有冒領或溢領情事，其本人及相關人員應負法律責任。

## 第三五條

大陸地區遺族或法定受益人依本條例第二十六條之一第一項規定申請軍職人員之各項給付者，應依下列標準計算：

一　保險死亡給付：

　　㈠中華民國三十九年六月一日以後、中華民國五十九年二月十三日以前死亡之軍職人員，依核定保留專戶儲存計息之金額發給。

　　㈡中華民國五十九年二月十四日以後死亡之軍職人員，依申領當時標準發給。但依法保留保險給付者，均以中華民國八十六年七月一日之標準發給。

二　一次撫卹金：

　　㈠中華民國三十八年以後至中華民國五十六年五月十三日以前死亡之軍職人員，依法保留撫卹權利者，均按中華民國五十六年五月十四日之給與標準計算。

　　㈡中華民國五十六年五月十四日以後死亡之軍職人員，依法保留撫卹權利者，依死亡當時之給與標準計算。

三　餘額退伍金或一次撫慰金：依死亡人員死亡當時之退除給與標準計算。

## 第三六條

本條例第二十六條之一第四項所稱特殊情事，指有下列情形之一，經主管機關核定者：

一　因受傷或疾病，致行動困難無法來臺，並有大陸地區醫療機構出具之相關證明文件足以證明。

二　請領之保險死亡給付、一次撫卹金、餘額退伍金或一次撫慰金，單項給付金額為新臺幣十萬元以下。

三　其他經主管機關審酌之認定之特殊情事。

## 第三七條 103

①依本條例第二十六條之一第四項規定，經主管機關核定，得免進入臺灣地區請領公法給付者，得以下列方式之一核發：

一　由大陸地區遺族或法定受益人出具委託書委託在臺親友，或本條例第四條第一項所定機構或第二項所定受委託之民間團體代為領取。

二　請領之保險死亡給付、一次撫卹金、餘額退伍金或一次撫

慰金，單項給付金額為新臺幣十萬元以下者，得依臺灣地區金融機構辦理大陸地區匯款相關規定辦理匯款。

三　其他經主管機關認為適當之方式。

②主管機關依前項各款規定方式，核發公法給付前，應請大陸地區遺族或法定受益人出具切結書；核發時，並應查驗遺族或法定受益人事先簽具之領據等相關文件。但有正當理由者，得經主管機關同意，以其他文件代替。

## 第三八條

在大陸地區製作之委託書、死亡證明書、死亡證明文件、遺囑、醫療機構證明文件、切結書及領據等相關文件，應經行政院設立或指定之機構或委託之民間團體驗證。

## 第三九條

有關請領本條例第二十六條之一所定各項給付之申請書表格及作業規定，由銓敘部、教育部、國防部及其他主管機關另定之。

## 第四○條 107

①本條例第二十八條及第二十八條之一所稱中華民國船舶，指船舶法第五條第一項所定之船舶；所稱中華民國航空器，指依民用航空法規定在中華民國申請登記之航空器。

②本條例第二十九條第一項所稱大陸船舶、民用航空器，指在大陸地區登記之船舶、航空器，但不包括軍用船舶、航空器；所稱臺北飛航情報區，指國際民航組織所劃定，由臺灣地區負責提供飛航情報服務及執行守助業務之空域。

③非屬中華民國、外國、香港或澳門船舶，而由大陸地區人民所有、承租、管理、營運或擔任船長、駕駛之船舶，視同大陸船舶。

④本條例第三十條第一項所稱外國船舶、民用航空器，指於臺灣地區及大陸地區以外地區登記之船舶、航空器；所稱定期航線，指在一定港口或機場間經營經常性客貨運送之路線。

⑤本條例第二十八條、第二十八條之一、第二十九條第一項及第三十條第一項所稱其他運輸工具，指凡可利用為航空或航海之器物。

## 第四一條

大陸民用航空器未經許可進入臺北飛航情報區限制區域者，執行空防任務機關依下列規定處置：

一　進入限制區域內，距臺灣、澎湖海岸線三十浬以外之區域，實施攔截及辨證後，驅離或引導降落。

二　進入限制區域內，距臺灣、澎湖海岸線未滿三十浬至十二浬以外之區域，實施攔截及辨證後，開槍示警、強制驅離或引導降落，並對該航空器嚴密監視戒備。

三　進入限制區域內，距臺灣、澎湖海岸線未滿十二浬之區域，實施攔截及辨證後，開槍示警、強制驅離或逼其降落或引導降落。

四　進入金門、馬祖、東引、烏坵等外島限制區域內，對該航空器實施辨證，並嚴密監視戒備。必要時，應予示警、強

制驅離或逼其降落。

**第四二條** 107

① 大陸船舶未經許可進入臺灣地區限制或禁止水域，主管機關依下列規定處置：

一　進入限制水域者，予以驅離；可疑者，命令停船，實施檢查。驅離無效或涉及走私者，扣留其船舶、物品及留置其人員。

二　進入禁止水域者，強制驅離；可疑者，命令停船，實施檢查。驅離無效、涉及走私或從事非法漁業行為者，扣留其船舶、物品及留置其人員。

三　進入限制、禁止水域有塗抹或隱蔽船名、無船名、拒絕停船受檢、從事漁撈或其他違法行為者，得扣留其船舶、物品及留置其人員。

四　前三款之大陸船舶有拒絕停船或抗拒扣留之行為者，得予以警告射擊；經警告無效者，得直接射擊船體強制停航；有敵對之行為者，得予以擊燬。

② 前項第二款、第四十三條第一項第二款及第四十五條所稱非法漁業行為，指使用毒物、炸藥或其他爆裂物、電氣或其他麻醉物採捕水產動植物。

**第四三條** 107

① 依前條規定扣留之船舶，由有關機關查證其船上人員有下列情形之一者，沒入之：

一　搶劫臺灣地區船舶之行為。

二　對臺灣地區有走私或從事非法漁業行為。

三　搭載人員非法入境或出境之行為。

四　對執行查核任務之船艦有敵對之行為。

② 扣留之船舶有塗抹或隱蔽船名、無船名、拒絕停船受檢、從事漁撈、其他違法行為，或經主管機關查證該船有被扣留二次以上紀錄者，得沒入之。

③ 扣留之船舶無前二項所定情形，且未涉及違法情事者，得予以發還。

**第四四條**

① 本條例第三十二條第一項所稱主管機關，指實際在我水域執行安全維護、緝私及防衛任務之機關。

② 本條例第三十二條第二項所稱主管機關，指海岸巡防機關及其他執行緝私任務之機關。

**第四五條** 107

前條所定主管機關依第四十二條規定扣留之物品，屬違禁、走私物品、用以從事非法漁業行為之漁具或漁獲物者，沒入之；扣留之物品係用以從事漁撈、其他違法行為，或有塗抹、隱蔽船名、無船名、拒絕停船受檢情形而扣留之漁具、漁獲物或其他物品，得沒入之；其餘未涉及違法情事者，得予以發還。但持有人涉嫌犯罪移送司法機關處理者，其相關證物應併同移送。

**第四六條** 107

① 本條例第三十三條、第三十三條之一及第七十二條所稱主管機關，指中央主管機關。

② 前項中央主管機關，依所涉事項之性質定之。不能定其主管機關者，由行政院大陸委員會確定之。

#### 第四七條　103

① 本條例第二十三條所定大陸地區之教育機構及第三十三條之三第一項所定大陸地區學校，不包括依私立學校法第八十六條規定經教育部備案之大陸地區臺商學校。

② 大陸地區臺商學校與大陸地區學校締結聯盟或為書面約定之合作行為，準用本條例第三十三條之三有關臺灣地區各級學校之規定。

#### 第四八條

本條例所定大陸地區物品，其認定標準，準用進口貨品原產地認定標準之規定。

#### 第四九條

本條例第三十五條第五項所稱從事第一項之投資或技術合作，指該行為於本條例修正施行時尚在繼續狀態中者。

#### 第五〇條

本條例第三十六條所稱臺灣地區金融保險證券期貨機構，指依銀行法、保險法、證券交易法、期貨交易法或其他有關法令設立或監督之本國金融保險證券期貨機構及外國金融保險證券期貨機構經許可在臺灣地區營業之分支機構；所稱其在臺灣地區以外之國家或地區設立之分支機構，指本國金融保險證券期貨機構在臺灣地區以外之國家或地區設立之分支機構，包括分行、辦事處、分公司及持有已發行股分總數超過百分之五十之子公司。

#### 第五一條

本條例第三十六條之一所稱大陸地區資金，其範圍如下：

一　自大陸地區匯入、攜入或寄達臺灣地區之資金。

二　自臺灣地區匯往、攜往或寄往大陸地區之資金。

三　前二款以外進入臺灣地區之資金，依其進出資料顯示係屬大陸地區人民、法人、團體或其他機構者。

#### 第五二條

本條例第三十八條所稱幣券，指大陸地區發行之貨幣、票據及有價證券。

#### 第五三條

本條例第三十八條第一項但書規定之申報，應以書面向海關為之。

#### 第五四條　（刪除）107

#### 第五五條　107

本條例第四十條所稱有關法令，指商品檢驗法、動物傳染病防治條例、野生動物保育法、藥事法、關稅法、海關緝私條例、菸酒管理法、傳染病防治法、植物防疫檢疫法、食品安全衛生

管理法、健康食品管理法及其他相關法令。

**第五六條**

本條例第三章所稱臺灣地區之法律，指中華民國法律。

**第五七條**

本條例第四十二條所稱戶籍地，指當事人之戶籍所在地；第五十五條至第五十七條及第五十九條所稱設籍地區，指設有戶籍之臺灣地區或大陸地區。

**第五八條**

本條例第五十七條所稱父或母，不包括繼父或繼母在內。

**第五九條**

①大陸地區人民依本條例第六十六條規定繼承臺灣地區人民之遺產者，應於繼承開始起三年內，檢具下列文件，向繼承開始時被繼承人住所地之法院為繼承之表示：

一　聲請書。

二　被繼承人死亡時之除戶籍謄本及繼承系統表。

三　符合繼承人身分之證明文件。

②前項第一款聲請書，應載明下列各款事項，並經聲請人簽章：

一　聲請人之姓名、性別、年齡、籍貫、職業及住、居所；其在臺灣地區有送達代收人者，其姓名及住、居所。

二　為繼承表示之意旨及其原因、事實。

三　供證明或釋明之證據。

四　附屬文件及其件數。

五　地方法院。

六　年、月、日。

③第一項第三款身分證明文件，應經行政院設立或指定之機構或委託之民間團體驗證；同順位之繼承人有多人時，每人均應增附繼承人完整親屬之相關資料。

④依第一項規定聲請為繼承之表示經准許者，法院應即通知聲請人、其他繼承人及遺產管理人。但不能通知者，不在此限。

**第六〇條**

①大陸地區人民依本條例第六十六條規定繼承臺灣地區人民之遺產者，應依遺產及贈與稅法規定辦理遺產稅申報；其有正當理由不能於遺產及贈與稅法第二十三條規定之期間內申報者，應於向被繼承人住所地之法院為繼承表示之日起二個月內，準用遺產及贈與稅法第二十六條規定申請延長申報期限。但該繼承案件有大陸地區以外之納稅義務人者，仍應由大陸地區以外之納稅義務人依遺產及贈與稅法規定辦理申報。

②前項應申報遺產稅之財產，業由大陸地區以外之納稅義務人申報或經稽徵機關逕行核定者，免再辦理申報。

**第六一條**

①大陸地區人民依本條例第六十六條規定繼承臺灣地區人民之遺產，辦理遺產稅申報時，其扣除額適用遺產及贈與稅法第十七條規定。

② 納稅義務人申請補列大陸地區繼承人扣除額並退還溢繳之稅款者，應依稅捐稽徵法第二十八條規定辦理。

### 第六二條

大陸地區人民依本條例第六十七條第二項規定繼承以保管款專戶存儲之遺產者，除應依第五十九條規定向法院為繼承之表示外，並應通知開立專戶之被繼承人原服務機關或遺產管理人。

### 第六三條

本條例第六十七條第四項規定之權利折算價額標準，依遺產及贈與稅法第十條及其施行細則第三十一條至第三十三條規定計算之。被繼承人在臺灣地區之遺產有變賣者，以實際售價計算之。

### 第六四條

本條例第六十八條第二項所稱現役軍人及退除役官兵之遺產事件，在本條例施行前，已由主管機關處理者，指國防部聯合後勤司令部及行政院國軍退除役官兵輔導委員會依現役軍人死亡無人繼承遺產管理辦法及國軍退除役官兵死亡暨遺留財物處理辦法之規定處理之事件。

### 第六五條 103

① 大陸地區人民死亡在臺灣地區遺有財產者，納稅義務人應依遺產及贈與稅法規定，向財政部臺北國稅局辦理遺產稅申報。大陸地區人民就其在臺灣地區之財產為贈與時，亦同。

② 前項應申報遺產稅之案件，其扣除額依遺產及贈與稅法第十七條第一項第八款至第十一款規定計算。但以在臺灣地區發生者為限。

### 第六六條

繼承人全部為大陸地區人民者，其中一或數繼承人依本條例第六十六條規定申請繼承取得應登記或註冊之財產權時，應俟其他繼承人拋棄其繼承權或已視為拋棄其繼承權後，始得申請繼承登記。

### 第六七條

本條例第七十二條第一項所定大陸地區人民、法人，不包括在臺公司大陸地區股東股權行使條例所定在臺公司大陸地區股東。

### 第六八條

依本條例第七十四條規定聲請法院裁定認可之民事確定裁判、民事仲裁判斷，應經行政院設立或指定之機構或委託之民間團體驗證。

### 第六九條

① 在臺灣地區以外之地區犯內亂罪、外患罪之大陸地區人民，經依本條例第七十七條規定據實申報或專案許可免予申報進入臺灣地區者，許可入境機關應即將申報書或專案許可免予申報書移送該管高等法院或其分院檢察署備查。

② 前項所定專案許可免予申報之事項，由行政院大陸委員會定之。

**第七○條**

本條例第九十條之一所定喪失或停止領受月退休（職、伍）金及相關給與之權利，均自違反各該規定行為時起，喪失或停止領受權利；其有溢領金額，應予追回。

**第七一條**

本條例第九十四條所定之主管機關，於本條例第八十七條，指依本條例受理申請許可之機關或查獲機關。

**第七二條**

基於維護國境安全及國家利益，對大陸地區人民所為之不予許可、撤銷或廢止入境許可，得不附理由。

**第七三條**

本細則自發布日施行。

民

法

# 貳、民事訴訟法
　　及相關法規

# 民事訴訟法

① 民國19年12月26日國民政府制定公布全文534條。

② 民國20年2月13日國民政府增訂公布第五編第四章章名及第535至600條條文。

③ 民國24年2月1日國民政府修正公布名稱及全文636條;並自24年7月1日施行(原名稱:民事訴訟法)。

④ 民國34年12月26日國民政府修正公布第15、23、28、38、51、53、64、70、94、109、110、114、138、149、166、168、198、233、248、249、257、265、273、380、385、389、402、433、440、443、451、454、473、487、535、613條條文。

⑤ 民國57年2月1日總統令修正公布名稱及全文640條(原名稱:中華民國民事訴訟法)。

⑥ 民國60年11月17日總統令修正公布第32、104、181、262、374、399、442、443、466、478、492、514、518、519、521條條文;並刪除第517、520條條文。

⑦ 民國72年11月9日總統令修正公布第608、622、634、635條條文;並增訂第95-1條條文。

⑧ 民國73年6月18日總統令修正公布第466、471、472、478、484條條文;並增訂第477-1條條文。

⑨ 民國75年4月25日總統令修正公布第568、569、582、590、596條條文;並增訂第589-1條條文。

⑩ 民國79年8月20日總統令修正公布第403、406、409、410、416至419、421、426、427、434、435條條文;並增訂第433-1至433-3、436-1至436-7條條文。

⑪ 民國85年9月25日總統令修正公布第363條條文。

⑫ 民國88年2月3日總統令修正公布第223、228、403至414、416、417、419至424、426至429、433、433-2、434至436、436-1、436-2、466、470、471、572、574、579及596條條文;刪除第415條條文;並增訂第406-1、406-2、407-1、409-1、410-1、415-1、420-1、427-1、434-1、436-8至436-32、572-1、575-1、582-1條條文及第四章章名。

⑬ 民國89年2月9日總統令修正公布第83、84、107、116、195、196、199、222、244、246、247、250至252、254至256、258、259、262、265、266至277、279、280、283至285、287至291、293至295、297、298、301、303至306、311至313、316、319至323、326至328、330至335、337、340、342、344至354、356、358、359、363、365至368、370、373、376、433、441、442、446、447、466條條文;刪除第362、436-13、436-17條條文;並增訂第109-1、153-1、199-1、268-1、268-2、270-1、271-1、282-1、296-1、313-1、357-1、367-1至367-3、375-1、376-1、376-2、444-1、466-1至466-3條條文及第二編第一章第五目之一目名。

⑭ 民國92年2月7日總統令修正公布第1、2、18、23、28、32至38、40、41、44、48至50、52、54、56、58、63、68、69、74至76、79、90至92、94、96、100、102至104、106、108至110、113至117、119、120、124、127、129、130、132、133、135、136、

138、140、141、143、145、146、149、151、152、162、164、
167、171、172、180至182、188至191、199、200至202、204至
207、211、212、217、221、223至227、231至233、235、238至
240、242、243、249、272、294、367-2、377、378至380、383、
385、386、389、392至394、396至400、402、406、416、419、
420-1、436-11、437、439、440、443、444、444-1、445至447、
450、451、454、456、458至460、466-3、467、469、470、474
至476、477-1、478、484至488、490至492、496、497、499至
501、506、508至551、514至516、519、521、522、524至531、
533、535、536、538、539、542、543、550、551、553、559、
562至564條文及第三章章名、第三至五節節名；刪除第147、
479、489、493、494、534、537條條文。並增訂第44-1至44-4、
56-1、67-1、70-1、77-1至77-27、80-1、94-1、182-1、182-2、
195-1、213-1、第六節之一節名、240-1至240-4、377-1、377-
2、380-1、384-1、449-1、451-1、466-4、469-1、477-2、495-
1、498-1、505-1、507-1至507-5、537-1至537-4、538-1至538-
4、549-1條條文及第三章第一、二節節名、第五編之一編名。
民國92年7月2日司法院令發布自92年9月1日施行。

⑮民國92年6月25日總統令修正公布第53、59、81、203、207、
213、299、307、308、314、436-32、531、541、568、576、
602、628及638條條文。
民國92年7月2日司法院令發布自92年9月1日起施行。

⑯民國96年3月21日總統令修正公布第83、84、403、406-1、420-
1、425、463條條文。

⑰民國96年12月26日總統令修正公布第77-23條條文。

⑱民國98年1月21日總統令修正公布第77-19、77-22、77-26、174、
182-1、249、486、515條條文；並增訂第31-1至31-3條條文。

⑲民國98年7月8日總統令修正公布第50、56、69、77-19、571、
583、585、589、589-1、590、596、597至624條條文及第三章章
名；並增訂第45-1、571-1、590-1、609-1、616-1、624-1至624-8
條條文；除第583、585、589、589-1、590及590-1條於施行之日
施行外，餘自98年11月23日施行。

⑳民國102年5月8日總統令修正公布第18、39、69、77-19、240-4、
380、389、416、420-1、427、431、526條條文；刪除第568至640
條條文及第九編編名、第九編第一至四章章名；並自公布日施
行。

㉑民國104年7月1日總統令修正公布第254、511、514、521條條
文；並自公布日施行。

㉒民國106年6月14日總統令修正公布第254條條文；並自公布日施
行。

㉓民國107年6月13日總統令修正公布第44-2、77-23、151、152、
542、543、562條條文；並自公布日後六個月施行。

㉔民國107年11月28日總統令修正公布第223、224、235條條文；並
自公布日施行。

㉕民國110年1月20日總統令修正公布第77-25、133、149、249、
272、427、444、449-1條條文；增訂第211-1、249-1條條文；並
自公布日施行。

㉖民國110年6月16日總統令修正公布第207條條文；增訂第114-1條
條文；並自公布日施行。

㉗民國110年12月8日總統令修正公布第182-1、249、469條條文；刪

除第31-1至31-3條條文；並自111年1月4日施行。

㉘民國112年11月29日總統令修正公布第77-1、77-2、77-4、77-5、
77-13、77-17至77-19、77-22、83、90、91、95、116、486條條
文；並自公布日施行。

# 第一編 總 則

## 第一章 法 院

### 第一節 管 轄

**第一條** （普通審判籍—自然人）92

①訴訟，由被告住所地之法院管轄。被告住所地之法院不能行使
職權者，由其居所地之法院管轄。訴之原因事實發生於被告居
所地者，亦得由其居所地之法院管轄。

②被告在中華民國現無住所或住所不明者，以其在中華民國之居
所，視為其住所；無居所或居所不明者，以其在中華民國最後
之住所，視為其住所。

③在外國享有治外法權之中華民國人，不能依前二項規定定管轄
法院者，以中央政府所在地視為其住所地。

**第二條** （普通審判籍—法人及其他團體）92

①對於公法人之訴訟，由其公務所所在地之法院管轄；其以中央
或地方機關為被告時，由該機關所在地之法院管轄。

②對於私法人或其他得為訴訟當事人之團體之訴訟，由其主事務
所或主營業所所在地之法院管轄。

③對於外國法人或其他得為訴訟當事人之團體之訴訟，由其在中
華民國之主事務所或主營業所所在地之法院管轄。

**第三條** （因財產權涉訟之特別審判籍）

①對於在中華民國現無住所或住所不明之人，因財產權涉訟者，
得由被告可扣押之財產或請求標的所在地之法院管轄。

②被告之財產或請求標的如為債權，以債務人住所或該債權擔保
之標的所在地，視為被告財產或請求標的之所在地。

**第四條** （因財產權涉訟之特別審判籍）

對於生徒、受僱人或其他寄寓人，因財產權涉訟者，得由寄寓
地之法院管轄。

**第五條** （因財產權涉訟之特別審判籍）

對於現役軍人或海員因財產權涉訟者，得由其公務所、軍艦本
籍或船籍所在地之法院管轄。

**第六條** （因業務涉訟之特別審判籍）

對於設有事務所或營業所之人，因關於其事務所或營業所之業
務涉訟者，得由該事務所或營業所所在地之法院管轄。

**第七條** （因船舶涉訟之特別審判權）

對於船舶所有人或利用船舶人，因船舶或航行涉訟者，得由船籍所在地之法院管轄。

**第八條** （因船舶涉訟之特別審判籍）

因船舶債權或以船舶擔保之債權涉訟者，得由船舶所在地之法院管轄。

**第九條** （因社員資格涉訟之特別審判籍）

①公司或其他團體或其債權人，對於社員或社員對於社員，於其社員之資格有所請求而涉訟者，得由該團體主事務所或主營業所所在地之法院管轄。

②前項規定，於團體或其債權人或社員，對於團體職員或已退社員有所請求而涉訟者，準用之。

**第一〇條** （因不動產涉訟之特別審判籍）

①因不動產之物權或其分割或經界涉訟者，專屬不動產所在地之法院管轄。

②其他因不動產涉訟者，得由不動產所在地之法院管轄。

**第一一條** （因不動產涉訟之特別審判籍）

對於同一被告因債權及擔保該債權之不動產物權涉訟者，得由不動產所在地之法院合併管轄。

**第一二條** （因契約涉訟之特別審判籍）

因契約涉訟者，如經當事人定有債務履行地，得由該履行地之法院管轄。

**第一三條** （因票據涉訟之特別審判籍）

本於票據有所請求而涉訟者，得由票據付款地之法院管轄。

**第一四條** （因財產管理涉訟之特別審判籍）

因關於財產管理有所請求而涉訟者，得由管理地之法院管轄。

**第一五條** （因侵權行為涉訟之特別審判籍）

①因侵權行為涉訟者，得由行為地之法院管轄。

②因船舶碰撞或其他海上事故，請求損害賠償而涉訟者，得由受損害船舶最初到達地，或加害船舶被扣留地，或其船籍港之法院管轄。

③因航空器飛航失事或其他空中事故，請求損害賠償而涉訟者，得由受損害航空器最初降落地，或加害航空器被扣留地之法院管轄。

**第一六條** （因海難救助涉訟之特別審判籍）

因海難救助涉訟者，得由救助地或被救助之船舶最初到達地之法院管轄。

**第一七條** （因登記涉訟之特別審判籍）

因登記涉訟者，得由登記地之法院管轄。

**第一八條** （關於自然人死亡之特別審判籍）102

①因自然人死亡而生效力之行為涉訟者，得由該自然人死亡時之住所地法院管轄。

②前項法院不能行使職權，或訴之原因事實發生於該自然人居所地，或其為中華民國人，於死亡時，在中華民國無住所或住所

不明者，定前項管轄法院時，準用第一條之規定。

**第一九條**　（關於繼承事件之特別審判籍）

因遺產上之負擔涉訟，如其遺產之全部或一部，在前條所定法院管轄區域內者，得由該法院管轄。

**第二〇條**　（共同訴訟之特別審判籍）

共同訴訟之被告數人，其住所不在一法院管轄區域內者，各該住所地之法院俱有管轄權。但依第四條至前條規定有共同管轄法院者，由該法院管轄。

**第二一條**　（管轄之競合）

被告住所、不動產所在地、侵權行為地或其他據以定管轄法院之地，跨連或散在數法院管轄區域內者，各該法院俱有管轄權。

**第二二條**　（管轄競合之效果－選擇管轄）

同一訴訟，數法院有管轄權者，原告得任向其中一法院起訴。

**第二三條**　（指定管轄－原因及程序）92

① 有下列各款情形之一者，直接上級法院應依當事人之聲請或受訴法院之請求，指定管轄：

　一　有管轄權之法院，因法律或事實不能行使審判權，或因特別情形，由其審判恐影響公安或難期公平者。

　二　因管轄區域境界不明，致不能辨別有管轄權之法院者。

② 直接上級法院不能行使職權者，前項指定由再上級法院為之。

③ 第一項之聲請得向受訴法院或直接上級法院為之，前項聲請得向受訴法院或再上級法院為之。

④ 指定管轄之裁定，不得聲明不服。

**第二四條**　（合意管轄及其表意方法）

① 當事人得以合意定第一審管轄法院。但以關於由一定法律關係而生之訴訟為限。

② 前項合意，應以文書證之。

**第二五條**　（擬制之合意管轄）

被告不抗辯法院無管轄權，而為本案之言詞辯論者，以其法院為有管轄權之法院。

**第二六條**　（合意管轄之限制）

前二條之規定，於本法定有專屬管轄之訴訟，不適用之。

**第二七條**　（定管轄之時期）

定法院之管轄，以起訴時為準。

**第二八條**　（移送訴訟之原因及程序）92

① 訴訟之全部或一部，法院認為無管轄權者，依原告聲請或依職權以裁定移送於其管轄法院。

② 第二十四條之合意管轄，如當事人之一造為法人或商人，依其預定用於同類契約之條款而成立，按其情形顯失公平者，他造於為本案之言詞辯論前，得聲請移送於其管轄法院。但兩造均為法人或商人者，不在此限。

③ 移送訴訟之聲請被駁回者，不得聲明不服。

**第二九條**　（移送前有急迫情形時之必要處分）

移送訴訟前如有急迫情形，法院應依當事人聲請或依職權為必要之處分。

**第三○條** （移送裁定之效力）

① 移送訴訟之裁定確定時，受移送之法院受其羈束。

② 前項法院，不得以該訴訟更移送於他法院。但專屬於他法院管轄者，不在此限。

**第三一條** （移送裁定之效力）

① 移送訴訟之裁定確定時，視為該訴訟自始即繫屬於受移送之法院。

② 前項情形，法院書記官應速將裁定正本附入卷宗，送交受移送之法院。

**第三一條之一至第三一條之三** （刪除）110

## 第二節 法院職員之迴避

**第三二條** （法官自行迴避之事由）92

法官有下列各款情形之一者，應自行迴避，不得執行職務：

一 法官或其配偶、前配偶或未婚配偶，為該訴訟事件當事人者。

二 法官為該訴訟事件當事人八親等內之血親或五親等內之姻親，或曾有此親屬關係者。

三 法官或其配偶、前配偶或未婚配偶，就該訴訟事件與當事人有共同權利人、共同義務人或償還義務人之關係者。

四 法官現為或曾為該訴訟事件當事人之法定代理人或家長、家屬者。

五 法官於該訴訟事件，現為或曾為當事人之訴訟代理人或輔佐人者。

六 法官於該訴訟事件，曾為證人或鑑定人者。

七 法官曾參與該訴訟事件之前審裁判或仲裁者。

**第三三條** （聲請法官迴避及其事由）92

① 遇有下列各款情形，當事人得聲請法官迴避：

一 法官有前條所定之情形而不自行迴避者。

二 法官有前條所定以外之情形，足認其執行職務有偏頗之虞者。

② 當事人如已就該訴訟有所聲明或為陳述後，不得依前項第二款聲請法官迴避。但迴避之原因發生在後或知悉在後者，不在此限。

**第三四條** （聲請法官迴避之程序）92

① 聲請法官迴避，應舉其原因，向法官所屬法院為之。

② 前項原因及前條第二項但書之事實，應自為聲請之日起，於三日內釋明之。

③ 被聲請迴避之法官，對於該聲請得提出意見書。

**第三五條** （聲請法官迴避之裁定）92

① 法官迴避之聲請，由該法官所屬法院以合議裁定之；其因不足法定人數不能合議者，由兼院長之法官裁定之；如並不能由兼院長之法官裁定者，由直接上級法院裁定之。

② 前項裁定，被聲請迴避之法官，不得參與。

③ 被聲請迴避之法官，以該聲請為有理由者，毋庸裁定，應即迴避。

**第三六條** （聲請法官迴避裁定之救濟）92

聲請法官迴避經裁定駁回者，得為抗告。其以聲請為正當者，不得聲明不服。

**第三七條** （聲請法官迴避之效力）92

① 法官被聲請迴避者，在該聲請事件終結前，應停止訴訟程序。但其聲請因違背第三十三條第二項，或第三十四條第一項或第二項之規定，或顯係意圖延滯訴訟而為者，不在此限。

② 依前項規定停止訴訟程序中，如有急迫情形，仍應為必要處分。

**第三八條** （職權裁定迴避與同意迴避）92

① 第三十五條第一項所定為裁定之法院或兼院長之法官，如認法官有應自行迴避之原因者，應依職權為迴避之裁定。

② 法官有第三十三條第一項第二款之情形者，經兼院長之法官同意，得迴避之。

**第三九條** （司法事務官、書記官及通譯之迴避）102

本節之規定，於司法事務官、法院書記官及通譯準用之。

## 第二章　當事人

### 第一節　當事人能力及訴訟能力

**第四〇條** （當事人能力）92

① 有權利能力者，有當事人能力。

② 胎兒，關於其可享受之利益，有當事人能力。

③ 非法人之團體，設有代表人或管理人者，有當事人能力。

④ 中央或地方機關，有當事人能力。

**第四一條** （選定當事人之要件及效力）92

① 多數有共同利益之人，不合於前條第三項所定者，得由其中選定一人或數人，為選定人及被選定人全體起訴或被訴。

② 訴訟繫屬後，經選定前項之訴訟當事人者，其他當事人脫離訴訟。

③ 前二項被選定之人得更換或增減之。但非通知他造，不生效力。

**第四二條** （選定當事人之程序）

前條訴訟當事人之選定及其更換、增減、應以文書證之。

**第四三條** （選定當事人喪失其資格之救濟）

第四十一條之被選定人中，有因死亡或其他事由喪失其資格者，他被選定人得為全體為訴訟行為。

**第四四條** （選定當事人為訴訟行為之限制）92

① 被選定人有爲選定人爲一切訴訟行爲之權。但選定人得限制其爲捨棄、認諾、撤回或和解。

② 選定人中之一人所爲限制，其效力不及於他選定人。

③ 第一項之限制，應於第四十二條之文書內表明，或以書狀提出於法院。

**第四四條之一** （選定法人之要件）92

① 多數有共同利益之人爲同一公益社團法人之社員者，於章程所定目的範圍內，得選定該法人爲選定人起訴。

② 法人依前項規定爲社員提起金錢賠償損害之訴時，如選定人全體以書狀表明願由法院判定被告應給付選定人全體之總額，並就給付總額之分配方法達成協議者，法院得不分別認定被告應給付各選定人之數額，而僅就被告應給付選定人全體之總額爲裁判。

③ 第一項情形準用第四十二條及第四十四條之規定。

**第四四條之二** （公告曉示）107

① 因公害、交通事故、商品瑕疵或其他本於同一原因事實而有共同利益之多數人，依第四十一條之規定選定一人或數人爲同種類之法律關係起訴者，法院得徵求原被選定人之同意，或由被選定人聲請經法院認爲適當時，公告曉示其他共同利益人，得於一定期間內以書狀表明其原因事實、證據及應受判決事項之聲明，併案請求。其請求之人，視爲已依第四十一條爲選定。

② 其他有共同利益之人，亦得聲請法院依前項規定爲公告曉示。

③ 併案請求之書狀，應以繕本或影本送達於兩造。

④ 第一項之期間至少應有二十日，公告應黏貼於法院公告處，並公告於法院網站；法院認爲必要時，得命登載公報、新聞紙或以其他傳播工具公告之，其費用由國庫墊付。

⑤ 第一項原被選定人不同意者，法院得依職權公告曉示其他共同利益人起訴，由法院併案審理。

**第四四條之三** （提起不作爲訴訟之權）92

① 以公益爲目的之社團法人或財團法人，經其目的事業主管機關許可，於章程所定目的範圍內，得對侵害多數人利益之行爲人，提起不作爲之訴。

② 前項許可及監督辦法，由司法院會同行政院定之。

**第四四條之四** （訴訟代理人之選任）92

① 前三條訴訟，法院得依聲請爲原告選任律師爲訴訟代理人。

② 前項訴訟代理人之選任，以伸張或防衛權利所必要者爲限。

**第四五條** （訴訟能力）

能獨立以法律行爲負義務者，有訴訟能力。

**第四五條之一** （受輔助宣告之人爲訴訟行爲之同意）98

① 輔助人同意受輔助宣告之人爲訴訟行爲，應以文書證之。

② 受輔助宣告之人就他造之起訴或上訴爲訴訟行爲時，無須經輔助人同意。

③ 受輔助宣告之人爲捨棄、認諾、撤回或和解，應經輔助人以書

面特別同意。

**第四六條** （外國人之訴訟能力）

外國人依其本國法律無訴訟能力，而依中華民國法律有訴訟能力者，視爲有訴訟能力。

**第四七條** （法定代理及爲訴訟所必要之允許應適用之法規）

關於訴訟之法定代理及爲訴訟所必要之允許，依民法及其他法令之規定。

**第四八條** （能力、法定代理權或爲訴訟所必要之允許欠缺之追認）92

於能力、法定代理權或爲訴訟所必要之允許有欠缺之人所爲之訴訟行爲，經取得能力之本人、取得法定代理權或允許之人、法定代理人或有允許權人之承認，溯及於行爲時發生效力。

**第四九條** （能力、法定代理權或爲訴訟所必要之允許欠缺之補正）92

能力、法定代理權或爲訴訟所必要之允許有欠缺而可以補正者，審判長應定期間命其補正；如恐久延致當事人受損害時，得許其暫爲訴訟行爲。

**第五〇條** （選定當事人能力欠缺之追認或補正）98

前二條規定，於第四十一條、第四十四條之一、第四十四條之二被選定人及第四十五條之一受輔助宣告之人爲訴訟行爲者準用之。

**第五一條** （特別代理人之選任及其權限）

①對於無訴訟能力人爲訴訟行爲，因其無法定代理人，或其法定代理人不能行代理權，恐致久延而受損害者，得聲請受訴法院之審判長選任特別代理人。

②無訴訟能力人有爲訴訟之必要，而無法定代理人，或法定代理人不能行代理權者，其親屬或利害關係人，得聲請受訴法院之審判長，選任特別代理人。

③選任特別代理人之裁定，並應送達於特別代理人。

④特別代理人於法定代理人或本人承當訴訟以前，代理當事人爲一切訴訟行爲。但不得爲捨棄、認諾、撤回或和解。

⑤選任特別代理人所需費用及特別代理人代爲訴訟所需費用，得命聲請人墊付。

**第五二條** （法定代理規定之準用）92

本法關於法定代理之規定，於法人之代表人、第四十條第三項之代表人或管理人、第四項機關之代表人及依法令得爲訴訟上行爲之代理人準用之。

## 第二節　共同訴訟

**第五三條** （共同訴訟之要件）92

二人以上於下列各款情形，得爲共同訴訟人，一同起訴或一同被訴：

一　爲訴訟標的之權利或義務，爲其所共同者。

二　爲訴訟標的之權利或義務，本於同一之事實上及法律上原因者。

三　爲訴訟標的之權利或義務，係同種類，而本於事實上及法律上同種類之原因者。但以被告之住所在同一法院管轄區域內，或有第四條至第十九條所定之共同管轄法院者爲限。

**第五四條**　（主參加訴訟）

① 就他人間之訴訟，有下列情形之一者，得於第一審或第二審本訴訟繫屬中，以其當事人兩造爲共同被告，向本訴訟繫屬之法院起訴：

一　對其訴訟標的之全部或一部，爲自己有所請求者。

二　主張因其訴訟之結果，自己之權利將被侵害者。

② 依前項規定起訴者，準用第五十六條各款之規定。

**第五五條**　（通常共同訴訟人間之關係）

共同訴訟中，一人之行爲或他造對於共同訴訟人中一人之行爲及關於其一人所生之事項。除別有規定外，其利害不及於他同訴訟人。

**第五六條**　（必要共同訴訟人間之關係）98

① 訴訟標的對於共同訴訟之各人必須合一確定者，適用下列各款之規定：

一　共同訴訟人中一人之行爲有利益於共同訴訟人者，其效力及於全體；不利益者，對於全體不生效力。

二　他造對於共同訴訟人中一人之行爲，其效力及於全體。

三　共同訴訟人中之一人生有訴訟當然停止或裁定停止之原因者，其當然停止或裁定停止之效力及於全體。

② 前項共同訴訟人中一人提起上訴，其他共同訴訟人爲受輔助宣告之人時，準用第四十五條之一第二項之規定。

**第五六條之一**　（未共同起訴之人追加爲原告）92

① 訴訟標的對於數人必須合一確定而應共同起訴，如其中一人或數人拒絕同爲原告而無正當理由者，法院得依原告聲請，以裁定命該未起訴之人於一定期間內追加爲原告。逾期未追加者，視爲已一同起訴。

② 法院爲前項裁定前，應使該未起訴之人有陳述意見之機會。

③ 第一項未共同起訴之人所在不明，經原告聲請命爲追加，法院認其聲請爲正當者，得以裁定將該未起訴之人列爲原告。但該原告於第一次言詞辯論期日前陳明拒絕爲原告之理由，經法院認爲正當者，得撤銷原裁定。

④ 第一項及前項裁定，得爲抗告。

⑤ 第一項及第三項情形，如訴訟費用應由原告負擔者，法院得酌量情形，命僅由原起訴之原告負擔。

**第五七條**　（續行訴訟權）

① 共同訴訟人，各有續行訴訟之權。

② 法院指定期日者，應通知各共同訴訟人到場。

# 第三節　訴訟參加

**第五八條** （訴訟參加之要件）92

① 就兩造之訴訟有法律上利害關係之第三人，為輔助一造起見，於該訴訟繫屬中，得為參加。

② 參加，得與上訴、抗告或其他訴訟行為，合併為之。

③ 就兩造之確定判決有法律上利害關係之第三人，於前訴訟程序中已為參加者，亦得輔助一造提起再審之訴。

**第五九條** （訴訟參加之程序）92

① 參加，應提出參加書狀，於本訴訟繫屬之法院為之。

② 參加書狀，應表明下列各款事項：

　　一　本訴訟及當事人。

　　二　參加人於本訴訟之利害關係。

　　三　參加訴訟之陳述。

③ 法院應將參加書狀，送達於兩造。

**第六〇條** （當事人對第三人參加訴訟之異議權）

① 當事人對於第三人之參加，得聲請法院駁回。但對於參加未提出異議而已為言詞辯論者，不在此限。

② 關於前項聲請之裁定，得為抗告。

③ 駁回參加之裁定未確定前，參加人得為訴訟行為。

**第六一條** （參加人之權限）

參加人得按參加時之訴訟程度，輔助當事人為一切訴訟行為。但其行為與該當事人之行為牴觸者，不生效力。

**第六二條** （獨立參加之效力）

訴訟標的，對於參加人及其所輔助之當事人必須合一確定者，準用第五十六條之規定。

**第六三條** （本訴訟裁判對參加人之效力）92

① 參加人對於其所輔助之當事人，不得主張本訴訟之裁判不當。但參加人因參加時訴訟之程度或因該當事人之行為，不能用攻擊或防禦方法，或當事人因故意或重大過失不用參加人所不知之攻擊或防禦方法者，不在此限。

② 參加人所輔助之當事人對於參加人，準用前項之規定。

**第六四條** （參加人之承擔訴訟）

① 參加人經兩造同意時，得代其所輔助之當事人承當訴訟。

② 參加人承當訴訟者，其所輔助之當事人，脫離訴訟。但本案之判決，對於脫離之當事人，仍有效力。

**第六五條** （告知訴訟）

① 當事人得於訴訟繫屬中，將訴訟告知於因自己敗訴而有法律上利害關係之第三人。

② 受訴訟之告知者，得遞行告知。

**第六六條** （告知訴訟之程序）

① 告知訴訟，應以書狀表明理由及訴訟程度提出於法院，由法院送達於第三人。

② 前項書狀，並應送達於他造。

**第六七條** （告知訴訟之效力）

受告知人不爲參加或參加逾時者，視爲於得行參加時已參加於訴訟，準用第六十三條之規定。

**第六七條之一** （訴訟告知制度）

① 訴訟之結果，於第三人有法律上利害關係者，法院得於第一審或第二審言詞辯論終結前相當時期，將訴訟事件及進行程度以書面通知該第三人。

② 前項受通知人得於通知送達後五日內，爲第二百四十二條第一項之請求。

③ 第一項受通知人得依第五十八條規定參加訴訟者，準用前條之規定。

## 第四節　訴訟代理人及輔佐人

**第六八條** （訴訟代理人之限制）92

① 訴訟代理人應委任律師爲之。但經審判長許可者，亦得委任非律師爲訴訟代理人。

② 前項之許可，審判長得隨時以裁定撤銷之，並應送達於爲訴訟委任之人。

③ 非律師爲訴訟代理人之許可準則，由司法院定之。

**第六九條** （委任訴訟代理人之方式）102

① 訴訟代理人，應於最初爲訴訟行爲時，提出委任書。但由當事人以言詞委任，經法院書記官記明筆錄，或經法院、審判長依法選任者，不在此限。

② 前項委任或選任，應於每審級爲之。但當事人就特定訴訟於委任書表明其委任不受審級限制，並經公證者，不在此限。

**第七○條** （訴訟代理人之權限）

① 訴訟代理人就其受委任之事件，有爲一切訴訟行爲之權。但捨棄、認諾、撤回、和解、提起反訴、上訴或再審之訴及選任代理人，非受特別委任不得爲之。

② 關於強制執行之行爲或領取所爭物，準用前項但書之規定。

③ 如於第一項之代理權加以限制者，應於前條之委任書或筆錄內表明。

**第七○條之一** （訴訟代理人之權限）92

① 法院或審判長依法律規定爲當事人選任律師爲訴訟代理人者，該訴訟代理人得代理當事人爲一切訴訟行爲。但不得爲捨棄、認諾、撤回或和解。

② 當事人自行委任訴訟代理人或表示自爲訴訟行爲者，前項訴訟代理人之代理權消滅。

③ 前項情形，應通知選任之訴訟代理人及他造當事人。

**第七一條** （各別代理權）

① 訴訟代理人有二人以上者，均得單獨代理當事人。

②違反前項之規定而爲委任者，對於他造不生效力。

**第七二條** （當事人本人之撤銷或更正權）

訴訟代理人事實上之陳述，經到場之當事人本人，即時撤銷或更正者，不生效力。

**第七三條** （訴訟代理權之效力）

訴訟代理權，不因本人死亡、破產或訴訟能力喪失而消滅；法定代理有變更者亦同。

**第七四條** （解除訴訟委任之要件及程序）92

①訴訟委任之終止，非通知他造，不生效力。

②前項通知，應以書狀或言詞提出於法院，由法院送達或告知於他造。

③由訴訟代理人終止委任者，自爲終止之意思表示之日起十五日內，仍應爲防衛本人權利所必要之行爲。

**第七五條** （訴訟代理權欠缺之補正）92

①訴訟代理權有欠缺而可以補正者，審判長應定期間命其補正。但得許其暫爲訴訟行爲。

②第四十八條之規定，於訴訟代理準用之。

**第七六條** （輔佐人到場之許可及撤銷）92

①當事人或訴訟代理人經審判長之許可，得於期日偕同輔佐人到場。

②前項許可，審判長得隨時撤銷之。

**第七七條** （輔佐人所爲陳述之效力）

輔佐人所爲之陳述，當事人或訴訟代理人不即時撤銷或更正者，視爲其所自爲。

## 第三章　訴訟標的價額之核定及訴訟費用 92

### 第一節　訴訟標的價額之核定 92

**第七七條之一** 112

①訴訟標的之價額，由法院核定。

②核定訴訟標的之價額，以起訴時之交易價額爲準；無交易價額者，以原告就訴訟標的之所有之利益爲準。

③法院因核定訴訟標的之價額，得依職權調查證據。

④第一項之核定，得爲抗告；抗告法院爲裁定前，應使當事人有陳述意見之機會。關於法院命補繳裁判費之裁定，並受抗告法院之裁判。

⑤核定訴訟標的之價額之裁定確定時，法院及當事人應受拘束。

**第七七條之二** 112

①以一訴主張數項標的者，其價額合併計算之。但所主張之數項標的互相競合或應爲選擇者，其訴訟標的之價額，應依其中價額最高者定之。

②以一訴附帶請求其起訴後之孳息、損害賠償、違約金或費用者，

不併算其價額。

**第七七條之三** （原告應負擔對待給付之計算）92

① 原告應負擔之對待給付，不得從訴訟標的之價額中扣除。

② 原告並求確定對待給付之額數者，其訴訟標的之價額，應依給付中價額最高者定之。

**第七七條之四** 112

因地上權、永佃權、農育權涉訟，其價額以一年租金十五倍為準；無租金時，以一年所獲可視同租金利益之十五倍為準；如一年租金或利益之十五倍超過其地價者，以地價為準。

**第七七條之五** 112

因不動產役權涉訟，如係不動產役權人為原告，以需役不動產所增價額為準；如係供役不動產所有人為原告，以供役不動產所減價額為準。

**第七七條之六** （擔保債權涉訟價額計算）92

因債權之擔保涉訟，以所擔保之債權額為準；如供擔保之物其價額少於債權額時，以該物之價額為準。

**第七七條之七** （典權涉訟產價額之計算）92

因典產回贖權涉訟，以產價為準；如僅係典權之爭執，以原告主張之利益為準。

**第七七條之八** （水利涉訟價額之計算）92

因水利涉訟，以一年水利可望增加收益之額為準。

**第七七條之九** （租賃權涉訟價額之計算）92

因租賃權涉訟，其租賃定有期間者，以權利存續期間之租金總額為準；其租金總額超過租賃物之價額者，以租賃物之價額為準；未定期間者，動產以二個月租金之總額為準，不動產以二期租金之總額為準。

**第七七條之一〇** （定期給付訴訟價額之計算）92

因定期給付或定期收益涉訟，以權利存續期間之收入總數為準；期間未確定時，應推定其存續期間。但其期間超過十年者，以十年計算。

**第七七條之一一** （分割共有物涉訟價額之計算）92

分割共有物涉訟，以原告因分割所受利益之價額為準。

**第七七條之一二** （價額不能核定）92

訴訟標的之價額不能核定者，以第四百六十六條所定不得上訴第三審之最高利益額數加十分之一定之。

## 第二節　訴訟費用之計算及徵收 92

**第七七條之一三** 112

因財產權而起訴，其訴訟標的之金額或價額在新臺幣十萬元以下部分，徵收裁判費一千元；逾十萬元至一百萬元部分，每萬元徵收一百元；逾一百萬元至一千萬元部分，每萬元徵收九十元；逾一千萬元至一億元部分，每萬元徵收八十元；逾一億元

至十億元部分，每萬元徵收七十元；逾十億元部分，每萬元徵收六十元；其畸零之數不滿萬元者，以萬元計算。

**第七七條之一四** （非財產權起訴之裁判費）92

① 非因財產權而起訴者，徵收裁判費新臺幣三千元。

② 於非財產權上之訴，並為財產權上之請求者，其裁判費分別徵收之。

**第七七條之一五** （反訴之裁判費）92

① 本訴與反訴之訴訟標的相同者，反訴不另徵收裁判費。

② 依第三百九十五條第二項、第五百三十一條第二項所為之聲明，不徵收裁判費。

③ 訴之變更或追加，其變更或追加後訴訟標的之價額超過原訴訟標的之價額者，就其超過部分補徵裁判費。

**第七七條之一六** （上訴之裁判費）92

① 向第二審或第三審法院上訴，依第七十七條之十三及第七十七條之十四規定，加徵裁判費十分之五；發回或發交更審再行上訴者免徵，其依第四百五十二條第二項為移送，經判決後再行上訴者亦同。

② 於第二審為訴之變更、追加或依第五十四條規定起訴者，其裁判費之徵收，依前條第三項規定，並準用前項規定徵收之。提起反訴應徵收裁判費者亦同。

**第七七條之一七** 112

① 再審之訴，按起訴法院之審級，依第七十七條之十三、第七十七條之十四及前條規定徵收裁判費。

② 對於確定之裁定聲請再審者，徵收裁判費新臺幣一千元。

③ 第一項之規定，於第三人撤銷訴訟準用之。

**第七七條之一八** 112

抗告、再為抗告，徵收裁判費新臺幣一千元；發回或發交更為裁定再行抗告或再為抗告者免徵。

**第七七條之一九** 112

① 聲請或聲明，除別有規定外，不徵費用。

② 下列聲請或提出異議，徵收裁判費新臺幣五百元：

一　聲請迴避。

二　聲請通知受擔保利益人行使權利。

三　聲請變換提存物或保證書。

四　對於法院書記官之處分提出異議。

五　聲請發支付命令。

六　聲請命假扣押、假處分、定暫時狀態處分之債權人於一定期間內起訴。

③ 法院職員於有前項第一款之聲請而迴避者，聲請人得於收受法院告知之日起三個月內聲請退還已繳裁判費。

④ 下列聲請或提出異議，徵收裁判費新臺幣一千元：

一　聲請參加訴訟或駁回參加。

二　聲請命返還提存物或保證書。

三　聲請回復原狀。

四　對於司法事務官之處分提出異議。

五　聲請許可承當訴訟。

六　聲請許可為訴訟繫屬事實登記或撤銷許可登記裁定。

七　起訴前聲請證據保全。

八　依第四百八十四條第一項但書、第四百八十五條第一項但書、第四項、第四百八十六條第二項但書，提出異議。

九　聲請假扣押、假處分或撤銷假扣押、假處分裁定。

十　聲請公示催告或除權判決。

⑤聲請定暫時狀態處分或撤銷定暫時狀態處分裁定，徵收裁判費新臺幣三千元。

⑥第二項第四款及第四項第八款之異議為有理由者，異議人得於收受法院告知之日起三個月內聲請退還已繳裁判費。

**第七七條之二〇**　（聲請費之徵收）92

①因財產權事件聲請調解，其標的之金額或價額未滿新臺幣十萬元者，免徵聲請費；十萬元以上，未滿一百萬元者，徵收一千元；一百萬元以上，未滿五百萬元者，徵收二千元；五百萬元以上，未滿一千萬元者，徵收三千元；一千萬元以上者，徵收五千元。非因財產權而聲請調解者，免徵聲請費。

②調解不成立後三十日內起訴者，當事人應繳之裁判費，得以其所繳調解之聲請費扣抵之。

**第七七條之二一**　（調解或支付命令之裁判費）92

①依第五百十九條第一項規定以支付命令之聲請視為起訴或聲請調解者，仍應依第七十七條之十三或第七十七條之二十規定全額徵收裁判費或聲請費。

②前項應徵收之裁判費或聲請費，當事人得以聲請支付命令時已繳之裁判費扣抵之。

**第七七條之二二**　112

①依第四十四條之二請求賠償之人，其裁判費超過新臺幣六十萬元部分暫免徵收。

②依第四十四條之三規定請求者，暫免徵收裁判費。

③依前二項或其他法律規定暫免徵收之裁判費，第一審法院應於該事件確定後，依職權裁定向負擔訴訟費用之一造徵收之。但應由第四十四條之三規定之社團法人或財團法人負擔訴訟費用，或其他法律別有規定者，不在此限。

**第七七條之二三**　（其他費用之徵收）107

①訴訟文書之影印費、攝影費、抄錄費、翻譯費，證人、鑑定人之日費、旅費及其他進行訴訟之必要費用，其項目及標準由司法院定之。

②運送費、公告法院網站費、登載公報新聞紙費及法院核定之鑑定人報酬，依實支數計算。

③命當事人預納之前二項費用，應專就該事件所預納之項目支用，並得由法院代為收付之。有剩餘者，應於訴訟終結後返還繳款

人。

④郵電送達費及法官、書記官、執達員、通譯於法院外爲訴訟行爲之食、宿、舟、車費，不另徵收。

**第七七條之二四** （到場費用之計算）92

①當事人、法定代理人或其他依法令當事人爲訴訟行爲之人，經法院命其於期日到場或依當事人訊問程序陳述者，其到場之費用爲訴訟費用之一部。

②前項費用額之計算，準用證人日費、旅費之規定。

**第七七條之二五** 110

①法院或審判長依法律規定，爲當事人選任律師爲特別代理人或訴訟代理人者，其律師之酬金由法院酌定之。

②前項及第四百六十六條之三第一項之律師酬金爲訴訟費用之一部，應限定其最高額，其支給標準，由司法院參酌法務部及全國律師聯合會等意見定之。

③前項律師酬金之數額，法院應於終局裁判時，應併予酌定；訴訟不經裁判而終結者，法院應依聲請以裁定酌定之。

④對於酌定律師酬金數額之裁判，得爲抗告，但不得再爲抗告。

**第七七條之二六** （溢收訴訟費用之返還）98

①訴訟費用如有溢收情事者，法院應依聲請並得依職權以裁定返還之。

②前項聲請，至遲應於裁判確定或事件終結後三個月內爲之。

③裁判費如有因法院曉示文字記載錯誤或其他類此情形而繳納者，得於繳費之日起五年內聲請返還，法院並得依職權以裁定返還之。

**第七七條之二七** （訴訟費用之加徵）92

本法應徵收之裁判費，各高等法院得因必要情形，擬定額數，報請司法院核准後加徵之。但其加徵之額數，不得超過原額數十分之五。

## 第三節　訴訟費用之負擔 92

**第七八條** （訴訟費用負擔之原則）

訴訟費用，由敗訴之當事人負擔。

**第七九條** （一部勝訴一部敗訴之負擔標準）92

各當事人一部勝訴、一部敗訴者，其訴訟費用，由法院酌量情形，命兩造以比例分擔或命一造負擔，或命兩造各自負擔其支出之訴訟費用。

**第八〇條** （原告負擔訴訟費用）

被告對於原告關於訴訟標的之主張逕行認諾，並能證明其無庸起訴者，訴訟費用，由原告負擔。

**第八〇條之一** （訴訟費用負擔之例外）92

因共有物分割、經界或其他性質上類似之事件涉訟，由敗訴當事人負擔訴訟費用顯失公平者，法院得酌量情形，命勝訴之當

事人負擔其一部。

**第八一條**（由勝訴人負擔訴訟費用）92

因下列行為所生之費用，法院得酌量情形，命勝訴之當事人負擔其全部或一部：

一　勝訴人之行為，非為伸張或防衛權利所必要者。

二　敗訴人之行為，按當時之訴訟程度，為伸張或防衛權利所必要者。

**第八二條**（由勝訴人負擔訴訟費用）

當事人不於適當時期提出攻擊或防禦方法，或遲誤期日或期間，或因其他應歸責於己之事由而致訴訟延滯者，雖該當事人勝訴，其因延滯而生之費用，法院得命其負擔全部或一部。

**第八三條** 112

①原告撤回其訴者，訴訟費用由原告負擔。其於第一審言詞辯論終結前撤回者，得於撤回後三個月內聲請退還該審級所繳裁判費三分之二。

②前項規定，於當事人撤回上訴或抗告者準用之。

③原告於上訴審言詞辯論終結前；其未行言詞辯論者，於終局裁判生效前，撤回其訴，上訴人得於撤回後三個月內聲請退還該審級所繳裁判費三分之二。

**第八四條**（和解時之訴訟費用負擔）96

①當事人為和解者，其和解費用及訴訟費用各自負擔之。但別有約定者，不在此限。

②和解成立者，當事人得於成立之日起三個月內聲請退還其於該審級所繳裁判費三分之二。

**第八五條**（共同訴訟之訴訟費用負擔）

①共同訴訟人，按其人數，平均分擔訴訟費用。但共同訴訟人於訴訟之利害關係顯有差異者，法院得審量其利害關係之比例，命分別負擔。

②共同訴訟人因連帶或不可分之債敗訴者，應連帶負擔訴訟費用。

③共同訴訟人中有專為自己之利益而為訴訟行為者，因此所生之費用，應由該當事人負擔。

**第八六條**（參加人之訴訟費用負擔）

①因參加訴訟所生之費用，由參加人負擔。但他造當事人依第七十八條至第八十四條規定應負擔之訴訟費用，仍由該當事人負擔。

②訴訟標的，對於參加人與其所輔助之當事人必須合一確定者，準用前條之規定。

**第八七條**（依職權為訴訟費用之裁判）

①法院為終局判決時，應依職權為訴訟費用之裁判。

②上級法院廢棄下級法院之判決，而就該事件為裁判或變更下級法院之判決者，應為訴訟總費用之裁判；受發回或發交之法院為終局之判決者亦同。

**第八八條**（對訴訟費用聲明不服之限制）

訴訟費用之裁判，非對於本案裁判有上訴時，不得聲明不服。

**第八九條** （第三人負擔訴訟費用）

① 法院書記官、執達員、法定代理人或訴訟代理人，因故意或重大過失，致生無益之訴訟費用者，法院得依聲請或依職權以裁定命該官員或代理人負擔。

② 依第四十九條或第七十五條第一項規定，暫為訴訟行為之人不補正其欠缺者，因其訴訟行為所生之費用，法院得依職權以裁定命其負擔。

③ 前二項裁定，得為抗告。

**第九〇條** 112

① 訴訟不經裁判而終結者，法院應依聲請以裁定為訴訟費用之裁判。

② 前項聲請，應於知悉或受通知訴訟終結後三個月之不變期間內為之。

③ 第八十一條、第八十二條、第九十一條至第九十三條之規定，於第一項情形準用之。

**第九一條** 112

① 法院未於訴訟費用之裁判確定其費用額者，於訴訟終結後，第一審受訴法院應依聲請以裁定確定之。

② 聲請確定訴訟費用額者，應提出費用計算書、交付他造之計算書繕本或影本及釋明費用額之證書。

③ 依第一項及其他裁判確定之訴訟費用額，應於裁判確定之翌日起，加給按法定利率計算之利息。

**第九二條** （確定訴訟費用額之程序）92

① 當事人分擔訴訟費用者，法院應於裁判前命他造於一定期間內，提出費用計算書、交付聲請人之計算書繕本或影本及釋明費用額之證書。

② 他造遲誤前項期間者，法院得僅就聲請人一造之費用裁判之。但他造嗣後仍得聲請確定其訴訟費用額。

**第九三條** （確定之方法）

當事人分擔訴訟費用者，法院為確定費用額之裁判時，除前條第二項情形外，應視為各當事人應負擔之費用，已就相等之額抵銷，而確定其一造應賠償他造之差額。

**第九四條** （費用之計算及預納）92

法院得命書記官計算訴訟費用額。

**第九四條之一** （訴訟費用之預納）92

① 訴訟行為須支出費用者，審判長得定期命當事人預納之。當事人不預納者，法院得不為該行為。但其不預納費用致訴訟無從進行，經定期通知他造墊支亦不為墊支時，視為合意停止訴訟程序。

② 前項但書情形，經當事人於四個月內預納或墊支費用者，續行其訴訟程序。其逾四個月未預納或墊支者，視為撤回其訴或上訴。

第九五條 112

① 本節之規定，於法院以裁定終結本案或與本案無涉之爭點者準用之。

② 聲請或聲明事件無相對人者，除別有規定外，訴訟費用由聲請人或聲明人負擔。

第九五條之一 （國庫負擔訴訟費用）

檢察官為當事人，依本節之規定應負擔訴訟費用時，由國庫支付。

## 第四節 訴訟費用之擔保 92

第九六條 （命供訴訟費用擔保之要件）92

① 原告於中華民國無住所、事務所或營業所者，法院應依被告聲請，以裁定命原告供訴訟費用之擔保；訴訟中發生擔保不足額或不確實之情事時，亦同。

② 前項規定，如原告請求中，被告無爭執之部分，或原告在中華民國有資產，足以賠償訴訟費用時，不適用之。

第九七條 （聲請命供擔保之限制）

被告已為本案之言詞辯論者，不得聲請命原告供擔保。但應供擔保之事由知悉在後者，不在此限。

第九八條 （被告之拒絕本案辯論權）

被告聲請命原告供擔保者，於其聲請被駁回或原告供擔保前，得拒絕本案辯論。

第九九條 （命供擔保裁定之內容）

① 法院命原告供擔保者，於裁定中定擔保額及供擔保之期間。

② 定擔保額，以被告於各審應支出之費用總額為準。

第一○○條 （裁定之抗告）92

關於聲請命供擔保之裁定，得為抗告。

第一○一條 （不遵期提供擔保之效果）

原告於裁定所定供擔保之期間內不供擔保者，法院應以裁定取回其訴，但在裁定前已供擔保者，不在此限。

第一○二條 （供擔保之方法）92

① 供擔保應提存現金或法院認為相當之有價證券。但當事人別有約定者，不在此限。

② 前項擔保，得由保險人或經營保證業務之銀行出具保證書代之。

③ 應供擔保之原告，不能依前二項規定供擔保者，法院得許由該管區域內有資產之人具保證書代之。

第一○三條 （擔保之效力）

① 被告就前條之提存物，與質權人有同一之權利。

② 前條具保證書人，於原告不履行其所負義務時，有就保證金額履行之責任。法院得因被告之聲請，逕向具保證書人為強制執行。

第一○四條 （擔保物返還原因及程序）92

① 有下列各款情形之一者，法院應依供擔保人之聲請，以裁定命返還其提存物或保證書：
　一　應供擔保之原因消滅者。
　二　供擔保人證明受擔保利益人同意返還者。
　三　訴訟終結後，供擔保人證明已定二十日以上之期間，催告受擔保利益人行使權利而未行使，或法院依供擔保人之聲請，通知受擔保利益人於一定期間內行使權利並向法院為行使權利之證明而未證明者。

② 關於前項聲請之裁定，得為抗告，抗告中應停止執行。

**第一〇五條** （供擔保物之變換）

① 供擔保之提存物或保證書，除由當事人約定變換外，法院得依供擔保人之聲請，以裁定許其變換。

② 關於前項聲請之裁定，得為抗告，抗告中應停止執行。

**第一〇六條** （其他依法令供訴訟上擔保者準用之規定）92

第一百零二條第一項、第二項及第一百零三條至前條之規定，於其他依法令供訴訟上之擔保者準用之；其應就起訴供擔保者，並準用第九十八條、第九十九條第一項、第一百條及第一百零一條之規定。

## 第五節　訴訟救助 92

**第一〇七條** （本國人訴訟救助之要件）

① 當事人無資力支出訴訟費用者，法院應依聲請，以裁定准予訴訟救助。但顯無勝訴之望者，不在此限。

② 法院認定前項資力時，應斟酌當事人及其共同生活親屬基本生活之需要。

**第一〇八條** （外國人訴訟救助之要件）92

對於外國人准予訴訟救助，以依條約、協定或其本國法令或慣例，中華民國人在其國得受訴訟救助者為限。

**第一〇九條** （聲請訴訟救助之程序）92

① 聲請訴訟救助，應向受訴法院為之。於訴訟繫屬前聲請者，並應陳明關於本案訴訟之聲明及其原因事實。

② 無資力支出訴訟費用之事由，應釋明之。

③ 前項釋明，得由受訴法院管轄區域內有資力之人，出具保證書代之。保證書內，應載明具保證書人於聲請訴訟救助人負擔訴訟費用時，代繳暫免之費用。

**第一〇九條之一** （訴訟救助之駁回）92

駁回訴訟救助聲請之裁定確定前，第一審法院不得以原告未繳納裁判費為由駁回其訴。

**第一一〇條** （訴訟救助之效力）92

① 准予訴訟救助，於訴訟終結前，有下列各款之效力：
　一　暫免裁判費及其他應預納之訴訟費用。
　二　免供訴訟費用之擔保。

三　審判長依法律規定爲受救助人選任律師代理訴訟時，暫行免付酬金。

②前項第一款暫免之訴訟費用，由國庫墊付。

**第一一一條**　（訴訟救助之效力）
　　准予訴訟救助，於假扣押、假處分、上訴及抗告，亦有效力。

**第一一二條**　（訴訟救助效力之消滅）
　　准予訴訟救助之效力，因受救助人死亡而消滅。

**第一一三條**　（訴訟救助之撤銷）92
①當事人力能支出訴訟費用而受訴訟救助或其後力能支出者，法院應以裁定撤銷救助，並命其補交暫免之費用。
②前項裁定，由訴訟卷宗所在之法院爲之。

**第一一四條**　（暫免訴訟費用之徵收及歸還之請求）92
①經准予訴訟救助者，於終局判決確定或訴訟不經裁判而終結後，第一審受訴法院應依職權以裁定確定訴訟費用額，向應負擔訴訟費用之當事人徵收之；其因訴訟救助暫免而應由受救助人負擔之訴訟費用，並得向具保證書人爲強制執行。
②爲受救助人選任律師之酬金，徵收而無效果時，由國庫墊付。

**第一一四條之一**　110
①前條第一項情形，受救助人爲兒童或少年，負擔訴訟費用致生計有重大影響者，得聲請該法院以裁定減輕或免除之。但顯不適當者，不在此限。
②前項聲請，應於前條第一項裁定確定後三個月內爲之。

**第一一五條**　（裁定之抗告）92
　　本節所定之各裁定，得爲抗告。

# 第四章　訴訟程序

## 第一節　當事人書狀

**第一一六條**　112
①當事人書狀，除別有規定外，應記載下列各款事項：
　　一　當事人姓名及住所或居所；當事人爲法人、其他團體或機關者，其名稱及公務所、事務所或營業所。
　　二　有法定代理人、訴訟代理人者，其姓名、住所或居所，及法定代理人與當事人之關係。
　　三　訴訟事件。
　　四　應爲之聲明或陳述。
　　五　供證明或釋明用之證據。
　　六　附屬文件及其件數。
　　七　法院。
　　八　年、月、日。
②書狀內宜記載當事人、法定代理人或訴訟代理人之性別、出生年月日、職業、國民身分證號碼、營利事業統一編號、電話號

碼及其他足資辨別之特徵。

③當事人得以電信傳真或其他科技設備將書狀傳送於法院，效力
與提出書狀同。其辦法，由司法院定之。

④當事人書狀之格式、記載方法及效力之規則，由司法院定之。
未依該規則爲之者，法院得拒絕其書狀之提出。

**第一一七條** （書狀之簽名）92

當事人或代理人應於書狀內簽名或蓋章。其以指印代簽名者，
應由他人代書姓名，記明其事由並簽名。

**第一一八條** （書狀內引用證據）

①當事人於書狀內引用所執之文書者，應添具該文書原本或繕本
或影本；其僅引用一部分者，得祇具節本，摘錄該部分及其所
載年、月、日並名押、印記；如文書係他造所知或浩繁難以備
錄者，得祇表明該文書。

②當事人於書狀內引用非其所執之文書或其他證物者，應表明執
有人姓名及住、居所或保管之機關；引用證人者，應表明該證
人姓名及住、居所。

**第一一九條** （書狀繕本之提出）92

①書狀及其附屬文件，除提出於法院者外，應按應受送達之他造
人數，提出繕本或影本。

②前項繕本或影本與書狀有不符時，以提出於法院者爲準。

**第一二〇條** （他造對附屬文件原本之閱覽）92

①當事人提出於法院之附屬文件原本，他造得請求閱覽；所執原
本未經提出者，法院因他造之聲請，應命其於五日內提出，並
於提出後通知他造。

②他造接到前項通知後，得於三日內閱覽原本，並製作繕本或影
本。

**第一二一條** （書狀欠缺之補正）

①書狀不合程式或有其他欠缺者，審判長應定期間命其補正。

②因命補正欠缺，得將書狀發還；如當事人住居法院所在地者，
得命其到場補正。

③書狀之欠缺，經於期間內補正者，視其補正之書狀，與最初提
出同。

**第一二二條** （以筆錄代書狀）

①於言詞辯論外，關於訴訟所爲之聲明或陳述，除依本法應用書
狀者外，得於法院書記官前以言詞爲之。

②前項情形，法院書記官應作筆錄，並於筆錄內簽名。

③第一百十六條及第一百十八條至第一百二十條之規定，於前項
筆錄準用之。

## 第二節　送　達

**第一二三條** （依職權送達）

送達，除別有規定外，由法院書記官依職權爲之。

**第一二四條** （送達之機關）92

① 送達，由法院書記官交執達員或郵務機構行之。

② 由郵務機構行送達者，以郵務人員為送達人。

**第一二五條** （囑託送達—於管轄區域外之送達）

法院得向送達地方法院為送達之囑託。

**第一二六條** （自行交付送達）

法院書記官，得於法院內，將文書付與應受送達人，以為送達。

**第一二七條** （對無訴訟能力人之送達）

① 對於無訴訟能力人為送達者，應向其全體法定代理人為之。

② 法定代理人有二人以上者，如其中有應為送達處所不明者，送達得僅向其餘之法定代理人為之。

**第一二八條** （對外國法人團體之送達）

① 對於在中華民國有事務所或營業所之外國法人或團體為送達者，應向其在中華民國之代表人或管理人為之。

② 前條第二項規定，於前項送達準用之。

**第一二九條** （對軍人之送達）92

對於在軍隊或軍艦服役之軍人為送達者，應囑託該管軍事機關或長官為之。

**第一三○條** （對在監所人之送達）92

對於在監所人為送達者，應囑託該監所首長為之。

**第一三一條** （商業訴訟事件之送達）

關於商業之訴訟事件，送達得向經理人為之。

**第一三二條** （對訴訟代理人之送達）92

訴訟代理人受送達之權限未受限制者，送達應向該代理人為之。但審判長認為必要時，得命送達於當事人本人。

**第一三三條** 110

① 當事人或代理人經指定送達代收人向受訴法院陳明者，應向該代收人為送達。

② 原告、聲請人、上訴人或抗告人於中華民國無送達處所者，應指定送達處所在中華民國之送達代收人。

**第一三四條** （指定送達代收人之效力）

送達代收人，經指定陳明後，其效力及於同地之各級法院。但該當事人或代理人別有陳明者，不在此限。

**第一三五條** （應送達之文書）92

送達，除別有規定外，付與該文書之繕本或影本。

**第一三六條** （送達處所）92

① 送達於應受送達人之住居所、事務所或營業所行之。但在他處會晤應受送達人時，得於會晤處所行之。

② 不知前項所定應為送達之處所或不能在該處所為送達時，得在應受送達人就業處所為送達。應受送達人陳明在其就業處所收受送達者，亦同。

③ 對於法定代理人之送達，亦得於當事人本人之事務所或營業所行之。

**第一三七條** （補充送達）

①送達於住、居所、事務所或營業所，不獲會晤應受送達人者，得將文書付與有辨別事理能力之同居人或受僱人。

②如同居人或受僱人為他造當事人者，不適用前項之規定。

**第一三八條** （寄存送達）92

①送達不能依前二條規定為之者，得將文書寄存送達地之自治或警察機關，並作送達通知書兩份，一份黏貼於應受送達人住所、事務所、營業所或其就業處所門首，另一份置於該送達處所信箱或其他適當位置，以為送達。

②寄存送達，自寄存之日起，經十日發生效力。

③寄存之文書自寄存之日起，寄存機關應保存二個月。

**第一三九條** （留置送達）

①應受送達人拒絕收領而無法律上理由者，應將文書置於送達處所，以為送達。

②前項情形，如有難以留置情事者，準用前條之規定。

**第一四〇條** （送達時間）92

①送達，除依第一百二十四條第二項由郵務人員為之者外，非經審判長或受命法官、受託法官或送達地地方法院法官之許可，不得於星期日或其他休息日或日出前、日沒後為之。但應受送達人不拒絕收領者，不在此限。

②前項許可，法院書記官應於送達之文書內證明。

**第一四一條** （送達證書）92

①送達人應作送達證書，記載下列各款事項並簽名：

一 交送達之法院。
二 應受送達人。
三 應送達之文書。
四 送達處所及年、月、日、時。
五 送達方法。

②送達證書，應於作送達後交收領人簽名、蓋章或按指印；如拒絕或不能簽名、蓋章或按指印者，送達人應記明其事由。

③收領人非應受送達人本人者，應由送達人記明其姓名。

④送達證書，應提出於法院附卷。

**第一四二條** （不能送達時之處置）

①不能為送達者，送達人應作記載該事由之報告書，提出於法院附卷，並繳回應送達之文書。

②法院書記官應將不能送達之事由，通知使為送達之當事人。

**第一四三條** （送達之證據方法）92

依第一百二十六條之規定為送達者，應命受送達人提出收據附卷。

**第一四四條** （囑託送達—對治外法權人之送達）

於有治外法權人之住、居所或事務所為送達者，得囑託外交部為之。

**第一四五條** （囑託送達—於外國為送達）92

① 於外國爲送達者，應囑託該國管轄機關或駐在該國之中華民國使領館或其他機構、團體爲之。

② 不能依前項規定爲囑託送達者，得將應送達之文書交郵務機構以雙掛號發送，以爲送達，並將掛號回執附卷。

**第一四六條** （囑託送達─對駐外使節送達）92

對於駐在外國之中華民國大使、公使、領事或其他駐外人員爲送達者，應囑託外交部爲之。

**第一四七條** （刪除）92

**第一四八條** （受託送達之處理）

受囑託之機關或公務員，經通知已爲送達或不能爲送達者，法院書記官應將通知書附卷；其不能爲送達者，並應將其事由通知使爲送達之當事人。

**第一四九條** 110

① 對於當事人之送達，有下列各款情形之一者，受訴法院得依聲請，准爲公示送達：

一 應爲送達之處所不明者。

二 於有治外法權人之住居所或事務所爲送達而無效者。

三 於外國爲送達，不能依第一百四十五條之規定辦理，或預知雖依該條規定辦理而無效者。

② 駁回前項聲請之裁定，得爲抗告。

③ 第一項所列各款情形，如無人爲公示送達之聲請者，受訴法院爲避免訴訟遲延認有必要時，得依職權命爲公示送達。

④ 原告或曾受送達之被告變更其送達之處所，而不向受訴法院陳明，致有第一項第一款之情形者，受訴法院得依職權，命爲公示送達。

⑤ 原告、聲請人、上訴人或抗告人未依第一百三十三條第二項規定指定送達代收人者，受訴法院得依職權，命爲公示送達。

**第一五〇條** （職權公示送達）

依前條規定爲公示送達後，對於同一當事人仍應爲公示送達者，依職權爲之。

**第一五一條** （公示送達之方法）107

① 公示送達，應由法院書記官保管應送達之文書，而於法院之公告處黏貼公告，曉示應受送達人應隨時向其領取。但送達者如係通知書，應將該通知書黏貼於公告處。

② 除前項規定外，法院應命將文書之繕本、影本或節本，公告於法院網站；法院認爲必要時，得命登載於公報或新聞紙。

**第一五二條** （公示送達生效之起始日）107

公示送達，自將公告或通知書黏貼公告處之日起，公告於法院網站者，自公告之日起，其登載公報或新聞紙者，自最後登載之日起，經二十日發生效力；就應於外國爲送達而爲公示送達者，經六十日發生效力。但第一百五十條之公示送達，自黏貼公告處之翌日起，發生效力。

**第一五三條** （公示送達證書）

為公示送達者，法院書記官應作記載該事由及年、月、日、時之證書附卷。

**第一五三條之一** （科技設備傳送—準送達）

① 訴訟文書，得以電信傳真或其他科技設備傳送之；其有下列情形之一者，傳送與送達有同一之效力：

一　應受送達人陳明已收領該文書者。

二　訴訟關係人就特定訴訟文書聲請傳送者。

② 前項傳送辦法，由司法院定之。

## 第三節　期日及期間

**第一五四條** （指定期日之人）

期日，除別有規定外，由審判長依職權定之。

**第一五五條** （指定期日之限制）

期日，除有不得已之情形外，不得於星期日或其他休息日定之。

**第一五六條** （期日之告知）

審判長定期日後，法院書記官應作通知書，送達於訴訟關係人。但經審判長面告以所定之期日命其到場，或訴訟關係人曾以書狀陳明屆期到場者，與送達有同一之效力。

**第一五七條** （期日應為行為之處所）

期日應為之行為，於法院內為之。但在法院內不能為或為之而不適當者，不在此限。

**第一五八條** （期日之開始）

期日，以朗讀案由為始。

**第一五九條** （期日之變更或延展）

① 期日，如有重大理由，得變更或延展之。

② 變更或延展期日，除別有規定外，由審判長裁定之。

**第一六〇條** （裁定期間之酌定及其起算）

① 期間，除法定者外，由法院或審判長酌量情形定之。

② 法院或審判長所定期間，自送達定期間之文書時起算；無庸送達者，自宣示定期間之裁判時起算。但別定起算方法者，不在此限。

**第一六一條** （期間之計算）

期間之計算，依民法之規定。

**第一六二條** （在途期間之扣除）92

① 當事人不在法院所在地住居者，計算法定期間，應扣除其在途之期間。但有訴訟代理人住居法院所在地，得為期間內應為之訴訟行為者，不在此限。

② 前項應扣除之在途期間，由司法院定之。

**第一六三條** （期間之伸長或縮短）

① 期間，如有重大理由，得伸長或縮短之。但不變期間，不在此限。

② 伸長或縮短期間，由法院裁定。但期間係審判長所定者，由審

判長裁定。

**第一六四條** （回復原狀之聲請）92

①當事人或代理人，因天災或其他不應歸責於己之事由，遲誤不變期間者，於其原因消滅後十日內，得聲請回復原狀。

②前項期間，不得伸長或縮短之。但得準用前項之規定，聲請回復原狀。

③遲誤不變期間已逾一年者，不得聲請回復原狀。

**第一六五條** （聲請回復原狀之程序）

①因遲誤上訴或抗告期間而聲請回復原狀者，應以書狀向為裁判之原法院為之；遲誤其他期間者，向管轄該期間內應為之訴訟行為之法院為之。

②遲誤期間之原因及其消滅時期，應於書狀內表明並釋明之。

③聲請回復原狀，應同時補行期間內應為之訴訟行為。

**第一六六條** （聲請回復原狀之裁判）

回復原狀之聲請，由受聲請之法院與補行之訴訟行為合併裁判之。但原法院認其聲請應行許可，而將該上訴或抗告事件送交上級法院者，應送由上級法院合併裁判。

**第一六七條** （受命法官或受託法官之指定期日及期間）92

①受命法官或受託法官關於其所為之行為，得定期日及期間。

②第一百五十四條至第一百六十條及第一百六十三條之規定，於受命法官或受託法官定期日及期間者準用之。

## 第四節　訴訟程序之停止

**第一六八條** （當然停止—當事人死亡）

當事人死亡者，訴訟程序在有繼承人、遺產管理人或其他依法令應續行訴訟之人承受其訴訟以前當然停止。

**第一六九條** （當然停止—法人合併）

①法人因合併而消滅者，訴訟程序在因合併而設立或合併後存續之法人承受其訴訟以前當然停止。

②前項規定，於其合併不得對抗他造者，不適用之。

**第一七〇條** （當然停止—喪失訴訟能力、法定代理人死亡或代理權消滅）

當事人喪失訴訟能力或法定代理人死亡或其代理權消滅者，訴訟程序在有法定代理人或取得訴訟能力之本人，承受其訴訟以前當然停止。

**第一七一條** （當然停止—信託任務終了）92

受託人之信託任務終了者，訴訟程序在新受託人或其他依法令應續行訴訟之人承受其訴訟以前當然停止。

**第一七二條** （當然停止—喪失資格或死亡）92

①本於一定資格以自己名義為他人任訴訟當事人之人，喪失其資格或死亡者，訴訟程序在有同一資格之人承受其訴訟以前當然停止。

②依法被選定爲訴訟當事人之人全體喪失其資格者，訴訟程序在該共同利益人全體或新被選定爲訴訟當事人之人承受其訴訟以前當然停止。

**第一七三條** （當然停止之例外規定）

第一百六十八條、第一百六十九條第一項及第一百七十條至前條之規定，於有訴訟代理人時不適用之。但法院得酌量情形，裁定停止其訴訟程序。

**第一七四條** （當然停止—破產宣告）98

①當事人受破產之宣告者，關於破產財團之訴訟程序，在依破產法有承受訴訟人或破產程序終結以前當然停止。

②當事人經法院依消費者債務清理條例裁定開始清算程序者，關於清算財團之訴訟程序，於管理人承受訴訟或清算程序終止、終結以前當然停止。

**第一七五條** （承受訴訟之聲明）

①第一百六十八條至第一百七十二條及前條所定之承受訴訟人，於得爲承受時，應即爲承受之聲明。

②他造當事人，亦得聲明承受訴訟。

**第一七六條** （聲明承受訴訟之程序）

聲明承受訴訟，應提出書狀於受訴法院，由法院送達於他造。

**第一七七條** （法院對承受訴訟聲明之處置）

①承受訴訟之聲明有無理由，法院應依職權調查之。

②法院認其聲明爲無理由者，應以裁定駁回之。

③訴訟程序於裁判送達後當然停止者，其承受訴訟之聲明，由爲裁判之原法院裁定之。

**第一七八條** （命續行訴訟）

當事人不聲明承受訴訟時，法院亦得依職權，以裁定命其續行訴訟。

**第一七九條** （裁定之抗告）

前二條之裁定，得爲抗告。

**第一八〇條** （當然停止—法院不能執行職務）92

①法院因天災或其他不可避之事故不能執行職務者，訴訟程序在法院公告執行職務前當然停止。但因戰事不能執行職務者，訴訟程序在法院公告執行職務屆滿六個月以前當然停止。

②前項但書情形，當事人於停止期間內均向法院爲訴訟行爲者，其停止終竣。

**第一八一條** （裁定停止—特殊障礙事故）92

當事人於戰時服兵役，有停止訴訟程序之必要者，或因天災、戰事或其他不可避之事故與法院交通隔絕者，法院得在障礙消滅前，裁定停止訴訟程序。

**第一八二條** （裁定停止—訴訟之裁判以他訴訟法律關係爲據）92

①訴訟全部或一部之裁判，以他訴訟之法律關係是否成立爲據者，法院得在他訴訟終結前以裁定停止訴訟程序。

② 前項規定，於應依行政爭訟程序確定法律關係是否成立者準用之。但法律別有規定者，依其規定。

**第一八二條之一** 110

① 普通法院就行政法院移送之訴訟認無審判權者，應以裁定停止訴訟程序，並請求最高法院指定有審判權之管轄法院。但有下列情形之一者，不在此限：
　一　移送經最高行政法院裁判確定。
　二　當事人合意願由普通法院裁判。

② 前項第二款之合意，應記明筆錄或以文書證之。

③ 最高法院就第一項請求為裁定前，應使當事人有陳述意見之機會。

④ 普通法院就行政法院移送之訴訟為裁判者，上級審法院不得以其無審判權而廢棄之。

**第一八二條之二** （程序選擇權）92

① 當事人就已繫屬於外國法院之事件更行起訴，如有相當理由足認該事件之外國法院判決在中華民國有承認其效力之可能，並於被告在外國應訴無重大不便者，法院得在外國法院判決確定前，以裁定停止訴訟程序。但兩造合意願由中華民國法院裁判者，不在此限。

② 法院為前項裁定前，應使當事人有陳述意見之機會。

**第一八三條** （裁定停止─犯罪嫌疑涉其裁判）
訴訟中有犯罪嫌疑牽涉其裁判者，法院得在刑事訴訟終結前，以裁定停止訴訟程序。

**第一八四條** （裁定停止─提起主參加訴訟）
依第五十四條之規定提起訴訟者，法院得在該訴訟終結前，以裁定停止本訴訟之程序。

**第一八五條** （裁定停止─告知訴訟）
依第六十五條之規定告知訴訟，法院如認受告知人能為參加者，得在其參加前，以裁定停止訴訟程序。

**第一八六條** （裁定停止之撤銷）
停止訴訟程序之裁定，法院得依聲請或依職權撤銷之。

**第一八七條** （裁定之抗告）
關於停止訴訟程序之裁定，及關於撤銷停止之裁定，得為抗告。

**第一八八條** （當然停止裁定停止之效力）92

① 訴訟程序當然或裁定停止間，法院及當事人不得為關於本案之訴訟行為。但於言詞辯論終結後當然停止者，本於其辯論之裁判得宣示之。

② 訴訟程序當然或裁定停止者，期間停止進行；自停止終竟時起，其期間更始進行。

**第一八九條** （合意停止）92

① 當事人得以合意停止訴訟程序。但不變期間之進行，不受影響。

② 前項合意，應由兩造向受訴法院或受命法官陳明。

③ 前條規定，除第一項但書外，於合意停止訴訟程序準用之。

**第一九〇條** （合意停止之期間及次數之限制）92

合意停止訴訟程序之當事人，自陳明合意停止時起，如於四個月內不續行訴訟者，視爲撤回其訴或上訴；續行訴訟而再合意停止訴訟程序者，以一次爲限。如再次陳明合意停止訴訟程序，不生合意停止訴訟之效力，法院得依職權續行訴訟；如兩造無正當理由仍遲誤言詞辯論期日者，視爲撤回其訴或上訴。

**第一九一條** （擬制合意停止）92

① 當事人兩造無正當理由遲誤言詞辯論期日者，除別有規定外，視爲合意停止訴訟程序。如於四個月內不續行訴訟者，視爲撤回其訴或上訴。

② 前項訴訟程序停止間，法院於認爲必要時，得依職權續行訴訟，如無正當理由兩造仍遲誤不到者，視爲撤回其訴或上訴。

## 第五節 言詞辯論

**第一九二條** （言詞辯論之開始）

言詞辯論，以當事人聲明應受裁判之事項爲始。

**第一九三條** （當事人之陳述）

① 當事人應就訴訟關係爲事實上及法律上之陳述。

② 當事人不得引用文件以代言詞陳述。但以舉文件之辭句爲必要時，得朗讀其必要之部分。

**第一九四條** （聲明證據）

當事人應依第二編第一章第三節之規定，聲明所用之證據。

**第一九五條** （當事人之陳述）

① 當事人就其提出之事實，應爲眞實及完全之陳述。

② 當事人對於他造提出之事實及證據，應爲陳述。

**第一九五條之一** （保障當事人及第三人之隱私）92

當事人提出之攻擊或防禦方法，涉及當事人或第三人隱私、業務秘密，經當事人聲請，法院認爲適當者，得不公開審判；其經兩造合意不公開審判者，亦同。

**第一九六條** （攻擊或防禦方法之提出時期）

① 攻擊或防禦方法，除別有規定外，應依訴訟進行之程度，於言詞辯論終結前適當時期提出之。

② 當事人意圖延滯訴訟，或因重大過失，逾時始行提出攻擊或防禦方法，有礙訴訟之終結者，法院得駁回之。攻擊或防禦方法之意旨不明瞭，經命其敘明而不爲必要之敘明者，亦同。

**第一九七條** （責問權）92

① 當事人對於訴訟程序規定之違背，得提出異議。但已表示無異議或無異議而就該訴訟有所聲明或陳述者，不在此限。

② 前項但書規定，於該訴訟程序之規定，非僅爲當事人之利益而設者，不適用之。

**第一九八條** （審判長之職權）

① 審判長開閉及指揮言詞辯論，並宣示法院之裁判。

② 審判長對於不從其命者，得禁止發言。

③ 言詞辯論須續行者，審判長應速定其期日。

**第一九九條** （審判長之職權）

① 審判長應注意令當事人就訴訟關係之事實及法律為適當完全之辯論。

② 審判長應向當事人發問或曉諭，令其就事實上及法律上陳述、聲明證據或為其他必要之聲明及陳述；其所聲明或陳述有不明瞭或不完足者，應令其敘明或補充之。

③ 陪席法官告明審判長後，得向當事人發問或曉諭。

**第一九九條之一** （審判長之職權）

① 依原告之聲明及事實上之陳述，得主張數項法律關係，而其主張不明瞭或不完足者，審判長應曉諭其敘明或補充之。

② 被告如主張有消滅或妨礙原告請求之事由，究為防禦方法或提起反訴有疑義時，審判長應闡明之。

**第二〇〇條** （當事人之發問權）92

① 當事人得聲請審判長為必要之發問，並得向審判長陳明後自行發問。

② 審判長認為當事人聲請之發問或自行發問有不當者，得不為發問或禁止之。

**第二〇一條** （對審判長指揮訴訟提出異議裁定）92

參與辯論人，如以審判長關於指揮訴訟之裁定，或審判長及陪席法官之發問或曉諭為違法而提出異議者，法院應就其異議為裁定。

**第二〇二條** （受命法官之指定及法院之囑託）92

① 凡依本法使受命法官為行為者，由審判長指定之。

② 法院應為之囑託，除別有規定外，由審判長行之。

**第二〇三條** （法院因闡明或確定訴訟關係之處置）92

法院因闡明或確定訴訟關係，得為下列各款之處置：

一　命當事人或法定代理人本人到場。

二　命當事人提出圖案、表冊、外國文文書之譯本或其他文書、物件。

三　將當事人或第三人提出之文書、物件，暫留置於法院。

四　依第二編第一章第三節之規定，行勘驗、鑑定或囑託機關、團體為調查。

**第二〇四條** （分別辯論）92

當事人以一訴主張之數項標的，法院得命分別辯論。但該數項標的或其攻擊或防禦方法有牽連關係者，不得為之。

**第二〇五條** （合併辯論）92

① 分別提起之數宗訴訟，其訴訟標的相牽連或得以一訴主張者，法院得命合併辯論。

② 命合併辯論之數宗訴訟，得合併裁判。

③ 第五十四條所定之訴訟，應與本訴訟合併辯論及裁判之。但法院認為無合併之必要或應適用第一百八十四條之規定者，不在

此限。

**第二〇六條** （限制辯論）92

當事人關於同一訴訟標的，提出數種獨立之攻擊或防禦方法者，法院得命限制辯論。

**第二〇七條** 110

① 參與辯論人如不通中華民國語言，法院應用通譯；法官不通參與辯論人所用之方言者，亦同。

② 參與辯論人如為聽覺、聲音或語言障礙者，法院應用通譯。但亦得以文字發問或使其以文字陳述。

③ 關於鑑定人之規定，於前二項通譯準用之。

**第二〇八條** （對欠缺陳述能力當事人之處置）

① 當事人欠缺陳述能力者，法院得禁止其陳述。

② 前項情形，除有訴訟代理人或輔佐人同時到場者外，應延展辯論期日；如新期日到場之人再經禁止陳述者，得視同不到場。

③ 前二項之規定，於訴訟代理人或輔佐人欠缺陳述能力者準用之。

**第二〇九條** （調查證據之期日）

法院調查證據，除別有規定外，於言詞辯論期日行之。

**第二一〇條** （再開辯論）

法院於言詞辯論終結後，宣示裁判前，如有必要得命再開言詞辯論。

**第二一一條** （更新辯論）92

參與言詞辯論之法官有變更者，當事人應陳述以前辯論之要領。但審判長得令書記官朗讀以前筆錄代之。

**第二一一條之一** 110

① 當事人、法定代理人、訴訟代理人、輔佐人或其他訴訟關係人所在與法院間有聲音及影像相互傳送之科技設備而得直接審理者，法院認為適當時，得依聲請或依職權以該設備審理之。

② 前項情形，法院應徵詢當事人之意見。

③ 第一項情形，其期日通知書記載之應到處所為該設備所在處所。

④ 依第一項進行程序之筆錄及其他文書，須陳述人簽名者，由法院傳送至陳述人所在處所，經陳述人確認內容並簽名後，將筆錄及其他文書以電信傳真或其他科技設備傳回法院。

⑤ 第一項審理及前項文書傳送之辦法，由司法院定之。

**第二一二條** （言詞辯論筆錄程式應記載之事項）92

法院書記官應作言詞辯論筆錄，記載下列各款事項：

一 辯論之處所及年、月、日。

二 法官、書記官及通譯姓名。

三 訴訟事件。

四 到場當事人、法定代理人、訴訟代理人、輔佐人及其他經通知到場之人姓名。

五 辯論之公開或不公開，如不公開者，其理由。

**第二一三條** （言詞辯論筆錄應記載之事項）92

① 言詞辯論筆錄內，應記載辯論進行之要領，並將下列各款事項，

記載明確：

一　訴訟標的之捨棄、認諾及自認。

二　證據之聲明或捨棄及對於違背訴訟程序規定之異議。

三　依本法規定應記載筆錄之其他聲明或陳述。

四　證人或鑑定人之陳述及勘驗所得之結果。

五　不作裁判書附卷之裁判。

六　裁判之宣示。

②除前項所列外，當事人所為重要聲明或陳述，及經曉諭而不為聲明或陳述之情形，審判長得命記載於筆錄。

**第二一三條之一**　（輔助製作筆錄之聲請）92

法院得依當事人之聲請或依職權，使用錄音機或其他機器設備，輔助製作言詞辯論筆錄。其辦法由司法院定之。

**第二一四條**　（附於言詞辯論筆錄之書狀）

當事人將其在言詞辯論時所為之聲請或陳述記載於書狀，當場提出，經審判長認為適當者，得命法院書記官以該書狀附於筆錄，並於筆錄內記載其事由。

**第二一五條**　（筆錄內引用附卷文書之效力）

筆錄內引用附卷之文書或表示將該文書作為附件者，其文書所記載之事項，與記載筆錄者有同一之效力。

**第二一六條**　（筆錄之朗讀閱覽）

①筆錄或前條文書內所記第二百十三條第一項第一款至第四款事項，應依聲請向法庭內關係人朗讀或令其閱覽，並於筆錄內附記其事由。

②關係人對於筆錄所記有異議者，法院書記官得更正或補充之；如以異議為不當，應於筆錄內附記其異議。

**第二一七條**　（筆錄之簽名）92

審判長及法院書記官應於筆錄內簽名；審判長因故不能簽名者，由資深陪席法官簽名，法官均不能簽名者，僅由書記官簽名，書記官不能簽名者，由審判長或法官簽名，並均應附記其事由。

**第二一八條**　（筆錄之增刪）

筆錄不得挖補或塗改文字，如有增加、刪除，應蓋章並記明字數，其刪除處應應留存字跡，俾得辨認。

**第二一九條**　（筆錄之效力）

關於言詞辯論所定程式之遵守，專以筆錄證之。

## 第六節　裁　判

**第二二〇條**　（裁判之方式）

裁判，除依本法應用判決者外，以裁定行之。

**第二二一條**　（判決之形式要件─言詞審理、直接審理）92

①判決，除別有規定外，應本於當事人之言詞辯論為之。

②法官非參與為判決基礎之辯論者，不得參與判決。

**第二二二條**　（判決之實質要件─自由心證）

① 法院爲判決時，應斟酌全辯論意旨及調查證據之結果，依自由心證判斷事實之眞僞。但別有規定者，不在此限。

② 當事人已證明受有損害而不能證明其數額或證明顯有重大困難者，法院應審酌一切情況，依所得心證定其數額。

③ 法院依自由心證判斷事實之眞僞，不得違背論理及經驗法則。

④ 得心證之理由，應記明於判決。

**第二二三條** （判決之公告及宣示；宣示之期日）107

① 判決應公告之；經言詞辯論之判決，應宣示之，但當事人明示於宣示期日不到場或於宣示期日未到場者，不在此限。

② 宣示判決，應於言詞辯論終結之期日或辯論終結時指定之期日爲之。

③ 前項指定之宣示期日，自辯論終結時起，獨任審判者，不得逾二星期；合議審判者，不得逾三星期。但案情繁雜或有特殊情形者，不在此限。

④ 前項判決之宣示，應本於已作成之判決原本爲之。

**第二二四條** （宣示及公告判決之程序）107

① 宣示判決，應朗讀主文，其理由如認爲須告知者，應朗讀或口述要領。

② 公告判決，應於法院公告處或網站公告其主文，法院書記官並應作記載該事由及年、月、日、時之證書附卷。

**第二二五條** （宣示判決之效力及主文之公告）92

宣示判決，不問當事人是否在場，均有效力。

**第二二六條** （判決書之內容）92

① 判決，應作判決書，記載下列各款事項：

　一　當事人姓名及住所或居所；當事人爲法人、其他團體或機關者，其名稱及公務所、事務所或營業所。

　二　有法定代理人、訴訟代理人者，其姓名、住所或居所。

　三　訴訟事件；判決經言詞辯論者，其言詞辯論終結日期。

　四　主文。

　五　事實。

　六　理由。

　七　年、月、日。

　八　法院。

② 事實項下，應記載言詞辯論時當事人之聲明，並表明其聲明爲正當之攻擊或防禦方法要領。

③ 理由項下，應記載關於攻擊或防禦方法之意見及法律上之意見。

④ 一造辯論判決及基於當事人就事實之全部自認所爲之判決，其事實及理由得簡略記載之。

**第二二七條** （判決書之簽名）92

爲判決之法官，應於判決書內簽名；法官中有因故不能簽名者，由審判長附記其事由；審判長因故不能簽名者，由資深陪席法官附記之。

**第二二八條** （判決原本之交付）

①判決原本，應於判決宣示後，當日交付法院書記官；其於辯論終結之期日宣示判決者，應於五日內交付之。

②書記官應於判決原本內，明記收領期日並簽名。

**第二二九條** （判決正本之送達）

①判決，應以正本送達於當事人。

②前項送達，自法院書記官收領判決原本時起，至遲不得逾十日。

③對於判決得上訴者，應於送達當事人之正本內，記載其期間及提出上訴狀之法院。

**第二三〇條** （判決正本及節本之程式）

判決之正本或節本，應分別明之，由法院書記官簽名並蓋法院印。

**第二三一條** （判決羈束力之發生）92

①判決經宣示後，爲該判決之法院受其羈束；不宣示者，經公告後受其羈束。

②判決宣示或公告後，當事人得不待送達，本於該判決爲訴訟行爲。

**第二三二條** （判決之更正）92

①判決如有誤寫、誤算或其他類此之顯然錯誤者，法院得依聲請或依職權以裁定更正；其正本與原本不符者亦同。

②前項裁定，附記於判決原本及正本；如正本已經送達，不能附記者，應製作該裁定之正本送達。

③對於更正或駁回更正聲請之裁定，得爲抗告。但對於判決已合法上訴者，不在此限。

**第二三三條** （判決之補充）92

①訴訟標的之一部或訴訟費用，裁判有脫漏者，法院應依聲請或依職權以判決補充之。

②當事人就脫漏部分聲明不服者，以聲請補充判決論。

③脫漏之部分已經辯論終結者，應即爲判決；未終結者，審判長應速定言詞辯論期日。

④因訴訟費用裁判脫漏所爲之補充判決，於本案判決有合法之上訴時，上訴審法院應與本案訴訟同爲裁判。

⑤駁回補充判決之聲請，以裁定爲之。

**第二三四條** （裁定之審理—不採言詞辯論主義）

①裁定，得不經言詞辯論爲之。

②裁定前不行言詞辯論者，除別有規定外，得命關係人以書狀或言詞爲陳述。

**第二三五條** （裁定之宣示）107

①經言詞辯論之裁定，應宣示之。但當事人明示於宣示期日不到場或於宣示期日未到場者，得以公告代之。

②終結訴訟之裁定，不經言詞辯論者，應公告之。

**第二三六條** （裁定之送達）

①不宣示之裁定，應爲送達。

②已宣示之裁定得抗告者，應爲送達。

**第二三七條** （應附理由之裁定）
驳回聲明或就有爭執之聲明所為裁定，應附理由。

**第二三八條** （裁定羈束力之發生）92
裁定經宣示後，為該裁定之法院、審判長、受命法官或受託法官受其羈束；不宣示者，經公告或送達後受其羈束。但關於指揮訴訟或別有規定者，不在此限。

**第二三九條** （裁定準用判決之規定）92
第二百二十一條第二項、第二百二十三條第二項及第三項、第二百二十四條第二項、第二百二十五條、第二百二十七條至第二百三十條、第二百三十一條第二項、第二百三十二條及第二百三十三條之規定，於裁定準用之。

**第二四〇條** （書記官處分之送達及異議）92
①法院書記官所為之處分，應依送達或其他方法通知關係人。
②對於法院書記官之處分，得於送達後或受通知後十日內提出異議，由其所屬法院裁定。

## 第六節之一　司法事務官之處理程序 92

**第二四〇條之一** （司法事務官準用之依據）92
本法所定事件，依法律移由司法事務官處理者，除別有規定外，適用本節之規定。

**第二四〇條之二** （司法事務官處理程序）92
①司法事務官處理事件作成之文書，其名稱及應記載事項各依有關法律之規定。
②前項文書之正本或節本由司法事務官簽名，並蓋法院印。
③司法事務官在地方法院簡易庭處理事件時，前項文書之正本或節本得僅蓋簡易庭關防。

**第二四〇條之三** （司法事務官處分之效力）92
司法事務官處理事件所為之處分，與法院所為者有同一之效力。

**第二四〇條之四** （終局處分之救濟程序）102
①當事人對於司法事務官處理事件所為之終局處分，得於處分送達後十日之不變期間內，以書狀向司法事務官提出異議。但支付命令經異議者，除有第五百十八條所定或其他不合法之情形，由司法事務官駁回外，仍適用第五百十九條規定。
②司法事務官認前項異議有理由時，應另為適當之處分；認異議為無理由者，應送請法院裁定之。
③法院認第一項之異議為有理由時，應為適當之裁定；認異議為無理由者，應以裁定駁回之。
④前項裁定，應敘明理由，並送達於當事人。

## 第七節　訴訟卷宗

**第二四一條** （訴訟文書之保存）

① 當事人書狀、筆錄、裁判書及其他關於訴訟事件之文書，法院應保存者，應由書記官編為卷宗。

② 卷宗滅失事件之處理，另以法律定之。

**第二四二條** （訴訟文書之利用）92

① 當事人得向法院書記官聲請閱覽、抄錄或攝影卷內文書，或預納費用聲請付與繕本、影本或節本。

② 第三人經當事人同意或釋明有法律上之利害關係，而為前項之聲請者，應經法院裁定許可。

③ 卷內文書涉及當事人或第三人隱私或業務秘密，如准許前二項之聲請，有致其受重大損害之虞者，法院得依聲請或依職權裁定不予准許或限制前二項之行為。

④ 前項不予准許或限制裁定之原因消滅者，當事人或第三人得聲請法院撤銷或變更該裁定。

⑤ 前二項裁定得為抗告。於抗告中，第一項、第二項之聲請不予准許；其已准許之處分及前項撤銷或變更之裁定，應停止執行。

⑥ 當事人、訴訟代理人、參加人及其他經許可之第三人之閱卷規則，由司法院定之。

**第二四三條** （訴訟文書利用之限制）92

裁判草案及其準備或評議文件，除法律別有規定外，不得交當事人或第三人閱覽、抄錄、攝影或付與繕本、影本或節本，裁判書在宣示或公告前，或未經法官簽名者亦同。

# 第二編　第一審程序

## 第一章　通常訴訟程序

### 第一節　起　訴

**第二四四條** （起訴之程式）

① 起訴，應以訴狀表明下列各款事項，提出於法院為之。

一　當事人及法定代理人。

二　訴訟標的及其原因事實。

三　應受判決事項之聲明。

② 訴狀內宜記載因定法院管轄及其適用程序所必要之事項。

③ 第二百六十五條所定準備言詞辯論之事項，宜於訴狀內記載之。

④ 第一項第三款之聲明，於請求金錢賠償損害之訴，原告得在第一項第二款之原因事實範圍內，僅表明其全部請求之最低金額，而於第一審言詞辯論終結前補充其聲明。其未補充者，審判長應告以得為補充。

⑤ 前項情形，依其最低金額適用訴訟程序。

**第二四五條** （保留關於給付範圍之聲明）

以一訴請求計算及被告因該法律關係所應為之給付者，得於被

告爲計算之報告前，保留關於給付範圍之聲明。

**第二四六條** （將來給付之訴之要件）

請求將來給付之訴，以有預爲請求之必要者爲限，得提起之。

**第二四七條** （提起確認之訴之條件）

① 確認法律關係之訴，非原告有即受確認判決之法律上利益者，不得提起之；確認證書眞僞或爲法律關係基礎事實存否之訴，亦同。

② 前項確認法律關係基礎事實存否之訴，以原告不能提起他訴訟者爲限。

③ 前項情形，如得利用同一訴訟程序提起他訴訟者，審判長應闡明之；原告因而爲訴之變更或追加時，不受第二百五十五條第一項前段規定之限制。

**第二四八條** （客觀訴之合併）

對於同一被告之數宗訴訟，除定有專屬管轄者外，得向就其中一訴訟有管轄權之法院合併提起之。但不得行同種訴訟程序者，不在此限。

**第二四九條** 110

① 原告之訴，有下列各款情形之一者，法院應以裁定駁回之。但其情形可以補正者，審判長應定期間先命補正：

一　訴訟事件不屬普通法院之審判權，不能依法移送。

二　訴訟事件不屬受訴法院管轄而不能爲第二十八條之裁定。

三　原告或被告無當事人能力。

四　原告或被告無訴訟能力，未由法定代理人合法代理。

五　由訴訟代理人起訴，而其代理權有欠缺。

六　起訴不合程式或不備其他要件。

七　當事人就已繫屬於不同審判權法院之事件更行起訴、起訴違背第二百五十三條、第二百六十三條第二項之規定，或其訴標的爲確定判決效力所及。

八　起訴基於惡意、不當目的或有重大過失，且事實上或法律上之主張欠缺合理依據。

② 原告之訴，有下列各款情形之一者，法院得不經言詞辯論，逕以判決駁回之。但其情形可以補正者，審判長應定期間先命補正：

一　當事人不適格或欠缺權利保護必要。

二　依其所訴之事實，在法律上顯無理由。

③ 前二項情形，原告之訴因逾期未補正經裁判駁回後，不得再爲補正。

**第二四九條之一** 110

① 前條第一項第八款，或第二項情形起訴基於惡意、不當目的或有重大過失者，法院得各處原告、法定代理人、訴訟代理人新臺幣十二萬元以下之罰鍰。

② 前項情形，被告之日費、旅費及委任律師爲訴訟代理人之酬金，爲訴訟費用之一部，其數額由法院酌定之；並準用第七十七條

之二十四第二項、第七十七條之二十五第二項、第四項之規定。

③第一項處罰，應與本訴訟合併裁判之；關於訴訟費用額，應併予確定。

④原告對於本訴訟之裁判聲明不服，關於處罰部分，視爲提起抗告或上訴；僅就處罰部分聲明不服時，適用抗告程序。

⑤受處罰之法定代理人或訴訟代理人，對於處罰之裁判聲明不服者，適用抗告程序。

⑥第三項處罰之裁判有聲明不服時，停止執行。

⑦原告對於本訴訟之裁判聲明不服者，就所處罰鍰及第三項之訴訟費用應供擔保。

**第二五〇條** (言詞辯論期日之指定)

法院收受訴狀後，審判長應速定言詞辯論期日。但應依前條之規定逕行駁回，或依第二十八條之規定移送他法院，或須行書狀先行程序者，不在此限。

**第二五一條** (言詞辯論期日通知書之送達及就審期間)

①訴狀，應與言詞辯論期日之通知書，一併送達於被告。

②前項送達，距言詞辯論之期日，至少應有十日爲就審期間。但有急迫情形者，不在此限。

③曾行準備程序之事件，前項就審期間至少應有五日。

**第二五二條** (言詞辯論期日通知書之記載)

言詞辯論期日之通知書，應記載到場之日、時及處所。除向律師爲送達者外，並應記載不到場時之法定效果。

**第二五三條** (一事不再理)

當事人不得就已起訴之事件，於訴訟繫屬中，更行起訴。

**第二五四條** (當事人恆定原則) 106

①訴訟繫屬中爲訴訟標的之法律關係，雖移轉於第三人，於訴訟無影響。

②前項情形，第三人經兩造同意，得聲請代移轉之當事人承當訴訟；僅他造不同意者，移轉之當事人或第三人得聲請法院以裁定許第三人承當訴訟。

③前項裁定，得爲抗告。

④第一項情形，第三人未參加或承當訴訟者，當事人得爲訴訟之告知；當事人未爲訴訟之告知者，法院知悉訴訟標的有移轉時，應即以書面將訴訟繫屬之事實通知第三人。

⑤訴訟標的基於物權關係，且其權利或標的物之取得、設定、喪失或變更，依法應登記者，於事實審言詞辯論終結前，原告得聲請受訴法院以裁定許可爲訴訟繫屬事實之登記。

⑥前項聲請，應釋明本案請求。法院爲裁定前，得使兩造有陳述意見之機會。

⑦前項釋明如有不足，法院得定相當之擔保，命供擔保後爲登記。其釋明完足者，亦同。

⑧第五項裁定應載明應受判決事項之聲明、訴訟標的及其原因事實。

⑨第五項裁定由原告持向該管登記機關申請登記。但被告及第三人已就第五項之權利或標的物申請移轉登記，經登記機關受理者，不在此限。

⑩關於第五項聲請之裁定，當事人得爲抗告。抗告法院爲裁定前，應使當事人有陳述意見之機會。對於抗告法院之裁定，不得再爲抗告。

⑪訴訟繫屬事實登記之原因消滅，或有其他情事變更情形，當事人或利害關係人得向受訴法院聲請撤銷許可登記之裁定。其本案已繫屬第三審者，向原裁定許可之法院聲請之。

⑫第六項後段及第十項規定，於前項聲請準用之。

⑬訴訟終結或第五項裁定經廢棄、撤銷確定後，當事人或利害關係人得聲請法院發給證明，持向該管登記機關申請塗銷訴訟繫屬事實之登記。

## 第二五五條　（訴之變更追加之限制）

①訴狀送達後，原告不得將原訴變更或追加他訴。但有下列各款情形之一者，不在此限。

一　被告同意者。

二　請求之基礎事實同一者。

三　擴張或減縮應受判決事項之聲明者。

四　因情事變更而以他項聲明代最初之聲明者。

五　該訴訟標的對於數人必須合一確定時，追加其原非當事人之人爲當事人者。

六　訴訟進行中，於某法律關係之成立與否有爭執，而其裁判應以該法律關係爲據，並求對於被告確定其法律關係之判決者。

七　不甚礙被告之防禦及訴訟之終結者。

②被告於訴之變更或追加無異議，而爲本案之言詞辯論者，視爲同意變更或追加。

## 第二五六條　（訴之變更追加限制之例外規定）

不變更訴訟標的，而補充或更正事實上或法律上之陳述者，非爲訴之變更或追加。

## 第二五七條　（訴之變更或追加之禁止）

訴之變更或追加，如新訴專屬他法院管轄或不得行同種之訴訟程序者，不得爲之。

## 第二五八條　（訴之變更追加之裁判）

①法院因第二百五十五條第一項但書規定，而許訴之變更或追加，或以訴爲非變更或無追加之裁判，不得聲明不服。

②因不備訴之追加要件而駁回其追加之裁定確定者，原告得於該裁定確定後十日內聲請法院就該追加之訴爲審判。

## 第二五九條　（反訴之提起）

被告於言詞辯論終結前，得在本訴繫屬之法院，對於原告及就訴訟標的必須合一確定之人提起反訴。

## 第二六〇條　（反訴之限制）

① 反訴之標的，如專屬他法院管轄，或與本訴之標的及其防禦方法不相牽連者，不得提起。

② 反訴，非與本訴得行同種之訴訟程序者，不得提起。

③ 當事人意圖延滯訴訟而提起反訴者，法院得駁回之。

**第二六一條** （訴之變更追加及提起反訴程式）

① 訴之變更或追加及提起反訴，得於言詞辯論時為之。

② 於言詞辯論時所為訴之變更、追加或提起反訴，應記載於言詞辯論筆錄；如他造不在場，應將筆錄送達。

**第二六二條** （訴訟撤回之要件及程序）

① 原告於判決確定前，得撤回訴之全部或一部。但被告已為本案之言詞辯論者，應得其同意。

② 訴之撤回應以書狀為之。但於期日，得以言詞向法院或受命法官為之。

③ 以言詞所為訴之撤回，應記載於筆錄，如他造不在場，應將筆錄送達。

④ 訴之撤回，被告於期日到場，未為同意與否之表示者，自該期日起；其未於期日到場或係以書狀撤回者，自前項筆錄或撤回書狀送達之日起，十日內未提出異議者，視為同意撤回。

**第二六三條** （訴之撤回效力）

① 訴經撤回者，視同未起訴。但反訴不因本訴撤回而失效力。

② 於本案經終局判決後將訴撤回者，不得復提起同一之訴。

**第二六四條** （反訴之撤回）

本訴撤回後，反訴之撤回，不須得原告之同意。

## 第二節　言詞辯論之準備

**第二六五條** （當事人準備書狀記載及提出）

① 當事人因準備言詞辯論之必要，應以書狀記載其所用之攻擊或防禦方法，及對於他造之聲明並攻擊或防禦方法之陳述，提出於法院，並以繕本或影本直接通知他造。

② 他造就曾否受領前項書狀繕本或影本有爭議時，由提出書狀之當事人釋明之。

**第二六六條** （原告準備書狀與被告答辯狀之提出時期）

① 原告準備言詞辯論之書狀，應記載下列各款事項：

一　請求所依據之事實及理由。

二　證明應證事實所用之證據。如有多數證據者，應全部記載之。

三　對他造主張之事實及證據為承認與否之陳述；如有爭執，其理由。

② 被告之答辯狀，應記載下列各款事項：

一　答辯之事實及理由。

二　前項第二款及第三款之事項。

③ 前二項各款所定事項，應分別具體記載之。

④第一項及第二項之書狀，應添具所用書證之影本，提出於法院，並以影本直接通知他造。

**第二六七條** （補充提出之準備書狀）

①被告於收受訴狀後，如認有答辯必要，應於十日內提出答辯狀於法院，並以繕本或影本直接通知原告；如已指定言詞辯論期日者，至遲應於該期日五日前為之。

②應通知他造使為準備之事項，有未記載於訴狀或答辯狀者，當事人應於他造得就該事項進行準備所必要之期間內，提出記載該事項之準備書狀於法院，並以繕本或影本直接通知他造；如已指定言詞辯論期日者，至遲應於該期日五日前為之。

③對於前二項書狀所記載事項再為主張或答辯之準備書狀，當事人應於收受前二項書狀後五日內提出於法院，並以繕本或影本直接通知他造；如已指定言詞辯論期日者，至遲應於該期日三日前為之。

**第二六八條** （言詞辯論準備未充足之處置）

審判長如認言詞辯論之準備尚有未充足，得定期間命當事人依第二百六十五條至第二百六十七條之規定，提出記載完全之準備書狀或答辯狀，並得命其就特定事項詳為表明或聲明所用之證據。

**第二六八條之一** （爭點之協議簡化）

①依前二條規定行書狀先行程序後，審判長或受命法官應速定言詞辯論期日或準備程序期日。

②法院於前項期日，應使當事人整理並協議簡化爭點。

③審判長於必要時，得定期間命當事人就整理爭點之結果提出摘要書狀。

④前項書狀，應以簡明文字，逐項分段記載，不得概括引用原有書狀或言詞之陳述。

**第二六八條之二** （提出書狀聲明證據效果）

①當事人未依第二百六十七條、第二百六十八條及前條第三項之規定提出書狀或聲明證據者，法院得依聲請或依職權命該當事人以書狀說明其理由。

②當事人未依前項規定說明者，法院得準用第二百七十六條之規定，或於判決時依全辯論意旨斟酌之。

**第二六九條** （法院於言詞辯論前得為之處置）

法院因使辯論易於終結，認為必要時，得於言詞辯論前，為下列各款之處置：

一　命當事人或法定代理人本人到場。

二　命當事人提出文書、物件。

三　通知證人或鑑定人及調取或命第三人提出文書、物件。

四　行勘驗、鑑定或囑託機關、團體為調查。

五　使受命法官或受託法官調查證據。

**第二七〇條** （準備程序）

①行合議審判之訴訟事件，法院於必要時以庭員一人為受命法官，

使行準備程序。

②準備程序，以闡明訴訟關係爲止。但另經法院命於準備程序調查證據者，不在此限。

③命受命法官調查證據，以下列情形爲限：

一　有在證據所在地調查之必要者。

二　依法應在法院以外之場所調查者。

三　於言詞辯論期日調查，有致證據毀損、滅失或礙難使用之虞，或顯有其他困難者。

四　兩造合意由受命法官調查者。

④第二百五十一條第一項、第二項之規定，於行準備程序準用之。

**第二七〇條之一**　（法院爲闡明訴訟關係及協議得爲之處置）

①受命法官爲闡明訴訟關係，得爲下列各款事項，並得不用公開法庭之形式行之：

一　命當事人就準備書狀記載之事項爲說明。

二　命當事人就事實或文書、物件爲陳述。

三　整理並協議簡化爭點。

四　其他必要事項。

②受命法官於行前項程序認爲適當時，得暫行退席或命當事人暫行退庭，或指定七日以下之期間命當事人就雙方主張之爭點，或其他有利於訴訟終結之事項，爲簡化之協議，並共同向法院陳明。但指定期間命當事人爲協議者，以二次爲限。

③當事人就其主張之爭點，經依第一項第三款或前項爲協議者，應受其拘束。但經兩造同意變更，或因不可歸責於當事人之事由或依其他情形協議顯失公平者，不在此限。

**第二七一條**　（準備程序筆錄之記載）

準備程序筆錄應記載下列各款事項：

一　各當事人之聲明及所用之攻擊或防禦方法。

二　對於他造之聲明及攻擊或防禦方法之陳述。

三　前條第一項所列各款事項及整理爭點之結果。

**第二七一條之一**　（獨任審判準備程序之準用）

前二條之規定，於行獨任審判之訴訟事件準用之。

**第二七二條** 110

①第四十四條之四、第四十九條、第六十八條第一項至第三項、第七十五條第一項、第七十六條、第七十七條之一第三項、第九十四條之一第一項前段、第一百二十條第一項、第一百二十一條第一項、第二項、第一百三十二條、第一百九十八條至第二百條、第二百零三條、第二百零七條、第二百零八條、第二百十一條之一第一項、第二項、第二百十三條第二項、第二百十三條之一、第二百十四條、第二百十七條、第二百四十九條第一項但書、第二項但書、第二百五十四條第四項、第二百六十八條、第二百六十八條之一第三項、第二百六十八條之二第一項、第二百六十九條第一款至第四款、第三百七十一條第一項、第二項及第三百七十二條關於法院或審判長權限之規定，

於受命法官行準備程序時準用之。

②第九十六條第一項及第九十九條關於法院權限之規定，於受命法官行準備程序時，經兩造合意由受命法官行之者，準用之。

**第二七三條**　（當事人一造不到場法院得爲之處置）

①當事人之一造，於準備程序之期日不到場者，應對於到場之一造，行準備程序，將筆錄送達於未到場人。

②前項情形，除有另定新期日之必要者外，受命法官得終結準備程序。

**第二七四條**　（準備程序之終結及再開）

①準備程序至終結時，應告知當事人，並記載於筆錄。

②受命法官或法院得命再開已終結之準備程序。

**第二七五條**　（言詞辯論時應踐行之程序）

於準備程序後行言詞辯論時，當事人應陳述準備程序之要領。但審判長得令書記官朗讀準備程序筆錄代之。

**第二七六條**　（準備程序之效果）

①未於準備程序主張之事項，除有下列情形之一者外，於準備程序後行言詞辯論時，不得主張之：

一　法院應依職權調查之事項。

二　該事項不甚延滯訴訟者。

三　因不可歸責於當事人之事由不能於準備程序提出者。

四　依其他情形顯失公平者。

②前項第三款事由應釋明之。

## 第三節　證　據

### 第一目　通　則

**第二七七條**　（舉證責任分配之原則）

當事人主張有利於己之事實者，就其事實有舉證之責任。但法律別有規定，或依其情形顯失公平者，不在此限。

**第二七八條**　（舉證責任之例外─顯著或已知事實）

①事實於法院已顯著或爲其職務上所已知者，無庸舉證。

②前項事實，雖非當事人提出者，亦得斟酌之。但裁判前應令當事人就其事實有辯論之機會。

**第二七九條**　（舉證責任之例外─自認）

①當事人主張之事實，經他造於準備書狀內或言詞辯論時或在受命法官、受託法官前自認者，無庸舉證。

②當事人於自認有所附加或限制者，應否視有自認，由法院審酌情形斷定之。

③自認之撤銷，除別有規定外，以自認人能證明與事實不符或經他造同意者，始得爲之。

**第二八○條**　（舉證責任之例外─視同自認）

①當事人對於他造主張之事實，於言詞辯論時不爭執者，視同自認，但因他項陳述可認爲爭執者，不在此限。

②當事人對於他造主張之事實，爲不知或不記憶之陳述者，應否視同自認，由法院審酌情形斷定之。

③當事人對於他造主張之事實，已於相當時期受合法之通知，而於言詞辯論期日不到場，亦未提出準備書狀爭執者，準用第一項之規定。但不到場之當事人係依公示送達通知者，不在此限。

第二八一條 （舉證責任之例外一法律上推定之事實）
法律上推定之事實無反證者，無庸舉證。

第二八二條 （舉證責任之例外一事實之推定）
法院得依已明瞭之事實，推定應證事實之眞偽。

第二八二條之一 （妨礙舉證之失權效果）
①當事人因妨礙他造使用，故意將證據滅失、隱匿或致礙難使用者，法院得審酌情形認他造關於該證據之主張或依該證據應證之事實爲眞實。
②前項情形，於裁判前應令當事人有辯論之機會。

第二八三條 （爲法院所不知之習慣、地方法規及外國法之舉證）
習慣，地方制定之法規及外國法爲法院所不知者，當事人有舉證之責任。但法院得依職權調查之。

第二八四條 （事實之釋明）
釋明事實上之主張者，得用可使法院信其主張爲眞實之一切證據。但依證據之性質不能即時調查者，不在此限。

第二八五條 （證據之聲明）
①聲明證據，應表明應證事實。
②聲明證據，於言詞辯論期日前。亦得爲之。

第二八六條 （證據之調查）
當事人聲明之證據，法院應爲調查。但就其聲明之證據中認爲不必要者，不在此限。

第二八七條 （定調查期間）
因有窒礙不能預定調查證據之時期者，法院得依聲請定其期間。但期間已滿而不致延滯訴訟者，仍應爲調查。

第二八八條 （依職權調查）
①法院不能依當事人聲明之證據而得心證，爲發現眞實認爲必要時，得依職權調查證據。
②依前項規定爲調查時，應令當事人有陳述意見之機會。

第二八九條 （囑託調查）
①法院得囑託機關、學校、商會、交易所或其他團體爲必要之調查；受託者有爲調查之義務。
②法院認爲適當時，亦得商請外國機關、團體爲必要之調查。

第二九○條 （受命法官調查或囑託調查）
法院於認爲適當時，得囑託他法院指定法官調查證據。

第二九一條 （囑託調查時對當事人之告知）
囑託他法院法官調查證據者，審判長應告知當事人，得於該法院所在地指定應受送達之處所，或委任住居該地之人爲訴訟代理人，陳報受囑託之法院。

**第二九二條** （代囑託他法院調查）

① 受託法院如知應由他法院調查證據者，得代爲囑託該法院。

② 前項情形，受託法院應通知其事由於受訴法院及當事人。

**第二九三條** （管轄區外調查）

受訴法院、受命法官或受託法官於必要時，得在管轄區域外調查證據。

**第二九四條** （調查證據筆錄）92

① 法院於言詞辯論前調查證據，或由受命法官、受託法官調查證據者，法院書記官應作調查證據筆錄。

② 第二百十二條、第二百十三條、第二百十三條之一及第二百十五條至第二百十九條之規定，於前項筆錄準用之。

③ 受託法官調查證據筆錄，應送交受訴法院。

**第二九五條** （於外國調查）

① 應於外國調查證據者，囑託該國管轄機關或駐在該國之中華民國大使、公使、領事或其他機構、團體爲之。

② 外國機關調查證據，雖違背該國法律，如於中華民國之法律無違背者，仍有效力。

**第二九六條** （當事人不到場時之調查）

調查證據，於當事人之一造或兩造不到場時，亦得爲之。

**第二九六條之一** （爭點曉諭及集中訊問）

① 法院於調查證據前，應將訴訟有關之爭點曉諭當事人。

② 法院訊問證人及當事人本人，應集中爲之。

**第二九七條** （調查證據後法院應爲之處置）

① 調查證據之結果，應曉諭當事人爲辯論。

② 於受訴法院外調查證據者，當事人應於言詞辯論時陳述其調查之結果。但審判長得令書記官朗讀調查證據筆錄或其他文書代之。

## 第二目　人　證

**第二九八條** （人證之聲明）

① 聲明人證，應表明證人及訊問之事項。

② 證人有二人以上時，應一併聲明之。

**第二九九條** （通知證人到場之程式）92

① 通知證人，應於通知書記載下列各款事項：

　一　證人及當事人。

　二　證人應到場之日、時及處所。

　三　證人不到場時應受之制裁。

　四　證人請求日費及旅費之權利。

　五　法院。

② 審判長如認證人非有準備不能爲證言者，應於通知書記載訊問事項之概要。

**第三〇〇條** （通知現役軍人爲證人）

① 通知現役軍人爲證人者，審判長應併通知該管長官令其到場。

② 被通知者如礙難到場，該管長官應通知其事由於法院。

**第三〇一條** （通知在監所人為證人）

① 通知在監所或其他拘禁處所之人為證人者，審判長應併通知該管長官提送到場或派員提解到場。

② 前條第二項之規定，於前項情形準用之。

**第三〇二條** （作證義務）

除法律別有規定外，不問何人，於他人之訴訟，有為證人之義務。

**第三〇三條** （證人不到場之處罰）

① 證人受合法之通知，無正當理由而不到場者，法院得以裁定處新臺幣三萬元以下罰鍰。

② 證人已受前項裁定，經再次通知，仍不到場者，得再處新臺幣六萬元以下罰鍰，並得拘提之。

③ 拘提證人，準用刑事訴訟法關於拘提被告之規定；證人為現役軍人者，應以拘票囑託該管長官執行。

④ 處證人罰鍰之裁定，得為抗告；抗告中應停止執行。

**第三〇四條** （元首為證人之詢問）

元首為證人者，應就其所在詢問之。

**第三〇五條** （就詢證人）

① 遇證人不能到場，或有其他必要情形時，得就其所在訊問之。

② 證人須依據文書、資料為陳述，或依事件之性質、證人之狀況，經法院認為適當者，得命兩造會同證人於公證人前作成陳述書狀。

③ 經兩造同意者，證人亦得於法院外以書狀為陳述。

④ 依前二項為陳述後，如認證人之書狀陳述須加說明，或經當事人聲請對證人為必要之發問者，法院仍得通知該證人到場陳述。

⑤ 證人所在與法院間有聲音及影像相互傳送之科技設備而得直接訊問，並經法院認為適當者，得以該設備訊問之。

⑥ 證人以書狀為陳述者，仍應具結，並將結文附於書狀，經公證人認證後提出。其以科技設備為訊問者，亦應於訊問前或訊問後具結。

⑦ 證人得以電信傳真或其他科技設備將第二項、第三項及前項文書傳送於法院，效力與提出文書同。

⑧ 第五項證人訊問、第六項證人具結及前項文書傳送之辦法，由司法院定之。

**第三〇六條** （公務員為證人之特則）

① 以公務員或曾為公務員之人為證人，而就其職務上應守秘密之事項訊問者，應得該監督長官之同意。

② 前項同意，除經釋明有妨害國家之利益者外，不得拒絕。

**第三〇七條** （得拒絕證言之事由）92

① 證人有下列各款情形之一者，得拒絕證言：

　一　證人為當事人之配偶、前配偶、未婚配偶或四親等內之血親、三親等內之姻親或曾有此親屬關係者。

二　證人所爲證言，於證人或與證人有前款關係之人，足生財產上之直接損害者。

三　證人所爲證言，足致證人或與證人有第一款關係或有監護關係之人受刑事訴追或蒙恥辱者。

四　證人就其職務上或業務上有秘密義務之事項受訊問者。

五　證人非洩漏其技術上或職業上之秘密不能爲證言者。

②得拒絕證言者，審判長應於訊問前或知有前項情形時告知之。

**第三〇八條**　（不得拒絕證言之事由）92

①證人有前條第一項第一款或第二款情形者，關於下列各款事項，仍不得拒絕證言：

一　同居或曾同居人之出生、死亡、婚姻或其他身分上之事項。

二　因親屬關係所生財產上之事項。

三　爲證人而知悉之法律行爲之成立及其內容。

四　爲當事人之前權利人或代理人，而就相爭之法律關係所爲之行爲。

②證人雖有前條第一項第四款情形，如其秘密之責任已經免除者，不得拒絕證言。

**第三〇九條**　（拒絕證言之程序）

①證人拒絕證言，應陳明拒絕之原因、事實，並釋明之。但法院酌量情形，得令具結以代釋明。

②證人於訊問期日前拒絕證言者，毋庸於期日到場。

③前項情形，法院書記官將拒絕證言之事由，通知當事人。

**第三一〇條**　（拒絕證言當否之裁定）

①拒絕證言之當否，由受訴法院於訊問到場之當事人後裁定之。

②前項裁定，得爲抗告；抗告中應停止執行。

**第三一一條**　（違背證言義務之處罰）

①證人不陳明拒絕之原因，事實而拒絕證言，或以拒絕爲不當之裁定已確定而仍拒絕證言者，法院得以裁定處新臺幣三萬元以下罰鍰。

②前項裁定，得爲抗告；抗告中應停止執行。

**第三一二條**　（具結之證人）

①審判長於訊問前，應命證人各別具結。但其應否具結有疑義者，於訊問後行之。

②審判長於證人具結前，應告以具結之義務及僞證之處罰。

③證人以書狀爲陳述者，不適用前二項之規定。

**第三一三條**　（具結之程序）

①證人具結，應於結文內記載當據實陳述，其於訊問後具結者，應於結文內記載係據實陳述，並均記載決無匿、飾、增、減，如有虛僞陳述，願受僞證之處罰等語。

②證人應朗讀結文，如不能朗讀者，由書記官朗讀，並說明其意義。

③結文應命證人簽名，其不能簽名者，由書記官代書姓名，並記明其事由，命證人蓋章或按指印。

**第三一三條之一** （書狀陳述之具結程序）

證人以書狀爲陳述者，其具結應於結文內記載係據實陳述並無匿、飾、增、減，如有虛僞陳述，願受僞證之處罰等語，並簽名。

**第三一四條** （不得令其具結者）92

① 以未滿十六歲或因精神障礙不解具結意義及其效果之人爲證人者，不得令其具結。

② 以下列各款之人爲證人者，得不令其具結：

一　有第三百零七條第一項第一款至第三款情形而不拒絕證言者。

二　當事人之受僱人或同居人。

三　就訴訟結果有直接利害關係者。

**第三一五條** （拒絕具結之處罰）

第三百十一條之規定，於證人拒絕具結者準用之。

**第三一六條** （隔別訊問與對質）

① 訊問證人，應與他證人隔別行之。但審判長認爲必要時，得命與他證人或當事人對質。

② 證人在期日終竣前，非經審判長許可，不得離去法院或其他訊問之處所。

**第三一七條** （人別訊問）

審判長對於證人，應先訊問其姓名、年齡、職業及住、居所；於必要時，並應訊問證人與當事人之關係及其他關於證言信用之事項。

**第三一八條** （連續陳述）

① 審判長應命證人就訊問事項之始末，連續陳述。

② 證人之陳述，不得朗讀文件或用筆記代之。但經審判長許可者，不在此限。

**第三一九條** （法院之發問權）

① 審判長因使證人之陳述明瞭完足，或推究證人得知事實之原因，得爲必要之發問。

② 陪席法官告明審判長後，得對於證人發問。

**第三二〇條** （當事人之聲請發問及自行發問）

① 當事人得聲請審判長對於證人爲必要之發問，或向審判長陳明後自行發問。

② 前項之發問，亦得就證言信用之事項爲之。

③ 前二項之發問，與應證事實無關、重複發問、誘導發問、侮辱證人或有其他不當情形，審判長得依聲請或依職權限制或禁止之。

④ 關於發問之限制或禁止有異議者，法院應就其異議爲裁定。

**第三二一條** （命當事人退庭之訊問）

① 法院如認證人在當事人前不能盡其陳述者，得於其陳述時命當事人退庭。但證人陳述畢後，審判長應命當事人入庭，告以陳述內容之要旨。

②法院如認證人在特定旁聽人前不能盡其陳述者，得於其陳述時命該旁聽人退庭。

**第三二二條** （受命受託法官訊問證人之權限）

受命法官或受託法官訊問證人時，與法院及審判長有同一之權限。

**第三二三條** （證人法定日費及旅費之請求權）

①證人得請求法定之日費及旅費。但被拘提或無正當理由拒絕具結或證言者，不在此限。

②前項請求，應於訊問完畢後十日內為之。

③關於第一項請求之裁定，得為抗告。

④證人所需之旅費，得依其請求預行酌給之。

## 第三目 鑑定

**第三二四條** （準用人證之規定）

鑑定，除本目別有規定外，準用關於人證之規定。

**第三二五條** （鑑定之聲請）

聲請鑑定，應表明鑑定之事項。

**第三二六條** （鑑定人之選任及撤換）

①鑑定人由受訴法院選任，並定其人數。

②法院於選任鑑定人前，得命當事人陳述意見；其經當事人合意指定鑑定人者，應從其合意選任之。但法院認其選顯不適當時，不在此限。

③已選任之鑑定人，法院得撤換之。

**第三二七條** （受命、受託法官行鑑定之權限）

有調查證據權限之受命法官或受託法官依鑑定調查證據者，準用前條之規定。但經受訴法院選任鑑定人者，不在此限。

**第三二八條** （為鑑定人之義務）

具有鑑定所需之特別學識經驗，或經機關委任有鑑定職務者，於他人之訴訟，有為鑑定人之義務。

**第三二九條** （拘提之禁止）

鑑定人不得拘提。

**第三三〇條** （鑑定義務之免除）

①有第三十二條第一款至第五款情形之一者，不得為鑑定人。但無其他適當之人可為選任或經當事人合意指定時，不在此限。

②鑑定人拒絕鑑定，雖其理由不合於第三百零七條第一項之規定，如法院認為正當者，亦得免除其鑑定義務。

**第三三一條** （鑑定人之拒卻）

①當事人得依聲請法官迴避之原因拒卻鑑定人。但不得以鑑定人於該訴訟事件曾為證人或鑑定人為拒卻之原因。

②除前條第一項情形外，鑑定人已就鑑定事項有所陳述或已提出鑑定書後，不得聲明拒卻。但拒卻之原因發生在後或知悉在後者，不在此限。

**第三三二條** （拒卻鑑定人之程序）

① 聲明拒卻鑑定人，應舉其原因，向選任鑑定人之法院或法官為之。

② 前項原因及前條第二項但書之事實，應釋明之。

**第三三三條** （拒卻鑑定人之裁定）

拒卻鑑定人之聲明經裁定為不當者，得為抗告；其以聲明為正當者，不得聲明不服。

**第三三四條** （鑑定人具結之程式）

鑑定人應於鑑定前具結，於結文內記載必為公正、誠實之鑑定，如有虛偽鑑定，願受偽證之處罰等語。

**第三三五條** （鑑定人之陳述）

① 受訴法院、受命法官或受託法官得命鑑定人具鑑定書陳述意見。

② 前項情形，依前條規定具結之結文，得附於鑑定書提出。

③ 鑑定書須說明者，得命鑑定人到場說明。

**第三三六條** （多數鑑定人陳述意見之方法）

鑑定人有數人者，得命其共同或各別陳述意見。

**第三三七條** （鑑定資料之利用）

① 鑑定所需資料在法院者，應告知鑑定人准予利用。法院於必要時，得依職權或依聲請命證人或當事人提供鑑定所需資料。

② 鑑定人因行鑑定，得聲請調取證物或訊問證人或當事人，經許可後，並得對於證人或當事人自行發問，當事人亦得提供意見。

**第三三八條** （鑑定人之權利）

① 鑑定人於法定之日費、旅費外，得請求相當之報酬。

② 鑑定所需費用，得依鑑定人之請求預行酌給之。

**第三三九條** （鑑定證人）

訊問依特別知識得知已往事實之人者，適用關於人證之規定。

**第三四〇條** （囑託鑑定）

① 法院認為必要時，得囑託機關、團體或商請外國機關、團體為鑑定或審查鑑定意見。其須說明者，由該機關或團體所指定之人為之。

② 本目關於鑑定人之規定，除第三百三十四條及第三百三十九條外，於前項情形準用之。

## 第四目　書　證

**第三四一條** （聲明書證）

聲明書證，應提出文書為之。

**第三四二條** （聲請他造提出文書之方式）

① 聲明書證，係使用他造所執之文書者，應聲請法院命他造提出。

② 前項聲請，應表明下列各款事項：

　一　應命其提出之文書。

　二　依該文書應證之事實。

　三　文書之內容。

　四　文書為他造所執之事由。

　五　他造有提出文書義務之原因。

③ 前項第一款及第三款所列事項之表明顯有困難時，法院得命他造爲必要之協助。

**第三四三條** （命他造提出文書之裁定）
法院認應證之事實重要，且舉證人之聲請正當者，應以裁定命他造提出文書。

**第三四四條** （當事人有提出義務之文書）
① 下列各款文書，當事人有提出之義務：
　一　該當事人於訴訟程序中曾經引用者。
　二　他造依法律規定，得請求交付或閱覽者。
　三　爲他造之利益而作者。
　四　商業帳簿。
　五　就與本件訴訟有關之事項所作者。
② 前項第五款之文書內容，涉及當事人或第三人之隱私或業務秘密，如予公開，有致該當事人或第三人受重大損害之虞者，當事人得拒絕提出。但法院爲判斷其有無拒絕提出之正當理由，必要時，得命其提出，並以不公開之方式行之。

**第三四五條** （當事人違背提出文書命令之效果）
① 當事人無正當理由不從提出文書之命者，法院得審酌情形認他造關於該文書之主張或依該文書應證之事實爲真實。
② 前項情形，於裁判前應令當事人有辯論之機會。

**第三四六條** （聲請命第三人提出文書）
① 聲請書證係使用第三人所執之文書者，應聲請法院命第三人提出，或定由舉證人提出之期間。
② 第三百四十二條第二項及第三項之規定，於前項聲請準用之。
③ 文書爲第三人所執之事由及第三人有提出義務之原因，應釋明之。

**第三四七條** （命第三人提出文書之裁定）
① 法院認應證之事實重要且舉證人之聲請正當者，應以裁定命第三人提出文書或定由舉證人提出文書之期間。
② 法院爲前項裁定前，應使該第三人有陳述意見之機會。

**第三四八條** （第三人提出文書義務之範圍）
關於第三人提出文書之義務，準用第三百零六條至第三百十條、第三百四十四條第一項第二款至第五款及第二項之規定。

**第三四九條** （第三人不從提出文書命令之制裁）
① 第三人無正當理由不從提出文書之命者，法院得以裁定處新臺幣三萬元以下罰鍰；於必要時，並得以裁定命爲強制處分。
② 前項強制處分之執行，準用強制執行法關於物之交付請求權執行之規定。
③ 第一項裁定，得爲抗告；處罰鍰之裁定，抗告中應停止執行。

**第三五〇條** （書證之調取）
① 機關保管或公務員執掌之文書，不問其有無提出之義務，法院得調取之。
② 第三百零六條之規定，於前項情形準用之。但法院爲判斷其有

無拒絕提出之正當理由，必要時，得命其提出，並以不公開之方式行之。

**第三五一條** （第三人之權利）

① 第三人得請求提出文書之費用。但有第三百四十九條第一項之情形者，不在此限。

② 第三百二十三條第二項至第四項之規定，於前項情形準用之。

**第三五二條** （文書之提出方法）

① 公文書應提出其原本或經認證之繕本或影本。

② 私文書應提出其原本。但僅因文書之效力或解釋有爭執者，得提出繕本或影本。

③ 前二項文書，法院認有送達之必要時，得命當事人提出繕本或影本。

**第三五三條** （原本之提出及繕本證據力之斷定）

① 法院得命提出文書之原本。

② 不從前項之命提出原本或不能提出者，法院依其自由心證斷定該文書繕本或影本之證據力。

**第三五四條** （調查文書證據之筆錄）

使受命法官或受託法官就文書調查證據者，受訴法院得定其筆錄內應記載之事項及應添附之文書。

**第三五五條** （文書之證據力—公文書）

① 文書，依其程式及意旨得作成公文書者，推定為真正。

② 公文書之真偽有可疑者，法院得請作成名義之機關或公務員陳述其真偽。

**第三五六條** （文書之證據力—外國公文書）

外國之公文書，其真偽由法院審酌情形斷定之。但經駐在該國之中華民國大使、公使、領事或其他機構證明者，推定為真正。

**第三五七條** （文書之證據力—私文書）

私文書應由舉證人證其真正。但他造於其真正無爭執者，不在此限。

**第三五七條之一** （就真正文書故意為爭執之處罰）

① 當事人或代理人就真正之文書，故意爭執其真正者，法院得以裁定處新臺幣三萬元以下罰鍰。

② 前項裁定，得為抗告；抗告中應停止執行。

③ 第一項之當事人或代理人於第二審言詞辯論終結前，承認該文書為真正者，訴訟繫屬之法院得審情形撤銷原裁定。

**第三五八條** （文書之證據力—私文書）

① 私文書經本人或其代理人簽名、蓋章或按指印或有法院或公證人之認證者，推定為真正。

② 當事人就其本人之簽名、蓋章或按指印為不知或不記憶之陳述者，應否推定為真正，由法院審酌情形斷定之。

**第三五九條** （文書真偽之辨別）

① 文書之真偽，得依核對筆跡或印跡證之。

② 法院得命當事人或第三人提出可供核對之文書。

③核對筆跡或印跡，適用關於勘驗之規定。

**第三六〇條** （鑑別筆跡之方法及遵背書寫命令之效果）

①無適當之筆跡可供核對者，法院得指定文字，命該文書之作成名義人書寫，以供核對。

②文書之作成名義人無正當理由不從前項之命者，準用第三百四十五條或第三百四十九條之規定。

③因供核對所寫之文字，應附於筆錄；其他供核對之文件不須發還者亦同。

**第三六一條** （文書之發還及保管）

①提出之文書原本須發還者，應將其繕本、影本或節本附卷。

②提出之文書原本，如疑為偽造或變造者，於訴訟未終結前，應由法院保管之。但應交付其他機關者，不在此限。

**第三六二條** （刪除）

**第三六三條** （準文書）

①本目規定，於文書外之物件有與文書相同之效用者準用之。

②文書或前項物件，須以科技設備始能呈現其內容或提出原件有事實上之困難者，得僅提出呈現其內容之書面並證明其內容與原件相符。

③前二項文書，物件或呈現其內容之書面，法院於必要時得命說明之。

### 第五目 勘　驗

**第三六四條** （勘驗之聲請）

聲請勘驗，應表明勘驗之標的物及應勘驗之事項。

**第三六五條** （勘驗之實施）

受訴法院、受命法官或受託法官於勘驗時得命鑑定人參與。

**第三六六條** （勘驗筆錄）

勘驗，於必要時，應以圖畫或照片附於筆錄；並得以錄音、錄影或其他有關物件附於卷宗。

**第三六七條** （準用書證提出之規定）

第三百四十一條、第三百四十二條第一項、第三百四十三條至第三百四十五條、第三百四十六條第一項、第三百四十七條至第三百五十一條及第三百五十四條之規定，於勘驗準用之。

### 第五目之一 當事人訊問

**第三六七條之一** （當事人訊問）

①法院認為必要時，得依職權訊問當事人。

②前項情形，審判長得於訊問前或訊問後命當事人具結，並準用第三百十二條第二項、第三百十三條及第三百十四條第一項之規定。

③當事人無正當理由拒絕陳述或具結者，法院得審酌情形，判斷應證事實之真偽。

④當事人經法院命其本人到場，無正當理由而不到場者，視為拒

絕陳述。但命其到場之通知書係寄存送達或公示送達者，不在此限。

⑤法院命當事人本人到場之通知書，應記載前項不到場及第三項拒絕陳述或具結之效果。

⑥前五項規定，於當事人之法定代理人準用之。

**第三六七條之二** (虛偽陳述之處罰) 92

①依前條規定具結而故意爲虛偽陳述，足以影響裁判之結果者，法院得以裁定處新臺幣三萬元以下之罰鍰。

②前項裁定，得爲抗告；抗告中應停止執行。

③第一項之當事人或法定代理人於第二審言詞辯論終結前，承認其陳述爲虛偽者，訴訟繫屬之法院得審酌情形撤銷原裁定。

**第三六七條之三** (準用證人提出之規定)

第三百條、第三百零一條、第三百零四條、第三百零五條第一項、第五項、第三百零六條、第三百零七條第一項第三款至第五款、第二項、第三百零八條第二項、第三百零九條、第三百十條、第三百十六條第一項、第三百十八條至第三百二十二條之規定，於訊問當事人或其法定代理人時準用之。

### 第六目 證據保全

**第三六八條** (聲請證據保全之要件)

①證據有滅失或礙難使用之虞，或經他造同意者，得向法院聲請保全；就確定事、物之現狀有法律上利益並有必要時，亦得聲請爲鑑定、勘驗或保全書證。

②前項證據保全，應適用本節有關調查證據方法之規定。

**第三六九條** (管轄法院)

①保全證據之聲請，在起訴後，向受訴法院爲之；在起訴前，向受訊問人住居地或證物所在地之地方法院爲之。

②遇有急迫情形時，於起訴後，亦得向前項地方法院，聲請保全證據。

**第三七○條** (聲請保全證據應記載之事項)

①保全證據之聲請，應表明下列各款事項：

　一　他造當事人，如不能指定他造當事人者，其不能指定之理由。

　二　應保全之證據。

　三　依該證據應證之事實。

　四　應保全證據之理由。

②前項第一款及第四款之理由，應釋明之。

**第三七一條** (聲請之裁定)

①保全證據之聲請，由受聲請之法院裁定之。

②准許保全證據之裁定，應表明該證據及應證之事實。

③駁回保全證據聲請之裁定，得爲抗告；准許保全證據之裁定，不得聲明不服。

**第三七二條** (依職權保全證據)

法院認爲必要時，得於訴訟繫屬中，依職權爲保全證據之裁定。

**第三七三條** （調查證據期日之通知）

① 調查證據期日，應通知聲請人，除有急迫或有礙證據保全情形外，並應於期日前送達聲請書狀或筆錄及裁定於他造當事人而通知之。

② 當事人於前項期日在場者，得命其陳述意見。

**第三七四條** （選任特別代理人）

① 他造當事人不明或調查證據期日不及通知他造者，法院因保護該當事人關於調查證據之權利，得爲選任特別代理人。

② 第五十一條第三項至第五項之規定，於前項特別代理人準用之。

**第三七五條** （調查證據筆錄之保管）

調查證據筆錄，由命保全證據之法院保管。但訴訟繫屬他法院者，應送交該法院。

**第三七五條之一** （言詞準備程序之證人訊問）

當事人就已於保全證據程序訊問之證人，於言詞辯論程序中聲請再爲訊問時，法院應爲訊問。但法院認爲不必要者，不在此限。

**第三七六條** （保全證據程序之費用）

保全證據程序之費用，除別有規定外，應作爲訴訟費用之一部定其負擔。

**第三七六條之一** （保全證據之筆錄）

① 本案尚未繫屬者，於保全證據程序期日到場之兩造，就訴訟標的、事實、證據或其他事項成立協議時，法院應將其協議記明筆錄。

② 前項協議係就訴訟標的成立者，法院並應將協議之法律關係及爭議情形記明筆錄。依其協議之內容，當事人應爲一定之給付者，得爲執行名義。

③ 協議成立者，應於十日內以筆錄正本送達於當事人。

④ 第二百十二條至第二百十九條之規定，於前項筆錄準用之。

**第三七六條之二** （保全證據文書、物件之處置）

① 保全證據程序終結後逾三十日，本案尚未繫屬者，法院得依利害關係人之聲請，以裁定解除因保全證據所爲文書、物件之留置或爲其他適當之處置。

② 前項期間內本案尚未繫屬者，法院得依利害關係人之聲請，命保全證據之聲請人負擔程序費用。

③ 前二項裁定得爲抗告。

## 第四節 和 解

**第三七七條** （試行和解之時期）92

① 法院不問訴訟程度如何，得隨時試行和解。受命法官或受託法官亦得爲之。

② 第三人經法院之許可，得參加和解。法院認爲必要時，亦得通

知第三人參加。

**第三七七條之一** （擬定和解方案）92

①當事人和解之意思已甚接近者，兩造得聲請法院、受命法官或受託法官於當事人表明之範圍內，定和解方案。

②前項聲請，應以書狀表明法院得定和解方案之範圍及願遵守所定之和解方案。

③法院、受命法官或受託法官依第一項定和解方案時，應斟酌一切情形，依衡平法理為之；並應將所定和解方案，於期日告知當事人，記明筆錄，或將和解方案送達之。

④當事人已受前項告知或送達者，不得撤回第一項之聲請。

⑤兩造當事人於受第三項之告知或送達時，視為和解成立。

⑥依前條第二項聲請參加和解之第三人，亦得與兩造為第一項之聲請，並適用前四項之規定。

**第三七七條之二** （視為和解）92

①當事人有和解之望，而一造到場有困難時，法院、受命法官或受託法官得依當事人一造之聲請或依職權提出和解方案。

②前項聲請，宜表明法院得提出和解方案之範圍。

③依第一項提出之和解方案，應送達於兩造，並限期命為是否接受之表示；如兩造於期限內表示接受時，視為已依該方案成立和解。

④前項接受之表示，不得撤回。

**第三七八條** （試行和解之處置）92

因試行和解或定和解方案，得命當事人或法定代理人本人到場。

**第三七九條** （和解筆錄）92

①試行和解而成立者，應作成和解筆錄。

②第二百十二條至第二百十九條之規定，於前項筆錄準用之。

③和解筆錄，應於和解成立之日起十日內，以正本送達於當事人及參加和解之第三人。

④依第三百七十七條之一或第三百七十七條之二視為和解成立者，應於十日內將和解內容及成立日期以書面通知當事人及參加和解之第三人，該通知視為和解筆錄。

**第三八〇條** （和解之效力與繼續審判之請求）102

①和解成立者，與確定判決有同一之效力。

②和解有無效或得撤銷之原因者，當事人得請求繼續審判。

③請求繼續審判者，應繳納第八十四條第二項所定退還之裁判費。

④第五百條至第五百零二條及第五百零六條之規定，於第二項情形準用之。

⑤第五編之一第三人撤銷訴訟程序之規定，於第一項情形準用之。

**第三八〇條之一** （執行名義）92

當事人就未聲明之事項或第三人參加和解成立者，得為執行名義。

## 第五節　判　決

**第三八一條** （終局判決）

① 訴訟達於可爲裁判之程度者，法院應爲終局判決。

② 命合併辯論之數宗訴訟，其一達於可爲裁判之程度者，應先爲終局判決。但應適用第二百零五條第三項之規定者，不在此限。

**第三八二條** （一部終局判決）

訴訟標的之一部或以一訴主張之數項標的，其一達於可爲裁判之程度者，法院得爲一部之終局判決；本訴或反訴達於可爲裁判之程度者亦同。

**第三八三條** （中間判決）92

① 各種獨立之攻擊或防禦方法，達於可爲裁判之程度者，法院得爲中間判決。請求之原因及數額俱有爭執時，法院以其原因爲正當者亦同。

② 訴訟程序上之中間爭點，達於可爲裁判之程度者，法院得先爲裁定。

**第三八四條** （捨棄認諾判決）

當事人於言詞辯論時爲訴訟標的之捨棄或認諾者，應本於其捨棄或認諾爲該當事人敗訴之判決。

**第三八四條之一** （合併記載）92

① 中間判決或捨棄、認諾判決之判決書，其事實及理由得合併記載其要領。

② 法院亦得於宣示捨棄或認諾判決時，命將判決主文所裁判之事項及理由要領，記載於言詞辯論筆錄，不另作判決書。其筆錄正本或節本之送達，與判決正本之送達，有同一之效力。

③ 第二百三十條之規定，於前項筆錄準用之。

**第三八五條** （一造辯論判決）92

① 言詞辯論期日，當事人之一造不到場者，得依到場當事人之聲請，由其一造辯論而爲判決；不到場之當事人，經再次通知而仍不到場者，並得依職權由一造辯論而爲判決。

② 前項規定，於訴訟標的對於同訴訟之各人必須合一確定者，言詞辯論期日，共同訴訟人中一人到場時，亦適用之。

③ 如以前已爲辯論或證據調查或未到場人有準備書狀之陳述者，爲前項判決時，應斟酌之；未到場人以前聲明證據，其必要者，並應調查之。

**第三八六條** （不得一造辯論判決之情形）92

有下列各款情形之一者，法院應以裁定駁回前條聲請，並延展辯論期日：

一 不到場之當事人未於相當時期受合法之通知者。

二 當事人之不到場，可認爲係因天災或其他正當理由者。

三 到場之當事人於法院應依職權調查之事項，不能爲必要之證明者。

四 到場之當事人所提出之聲明、事實或證據，未於相當時期通知他造者。

**第三八七條** （不到場之擬制）

當事人於辯論期日到場不爲辯論者，視同不到場。

**第三八八條** （判決之範圍）

除別有規定外，法院不得就當事人未聲明之事項爲判決。

**第三八九條** （應依職權宣告假執行之判決）102

① 下列各款之判決，法院應依職權宣告假執行：

一 本於被告認諾所爲之判決。

二 （刪除）

三 就第四百二十七條第一項至第四項訴訟適用簡易程序所爲之被告敗訴之判決。

四 （刪除）

五 所命給付之金額或價額未逾新臺幣五十萬元之判決。

② 計算前項第五款價額，準用關於計算訴訟標的之價額之規定。

③ 第一項第五款之金額或價額，準用第四百二十七條第七項之規定。

**第三九〇條** （應依聲請宣告假執行之判決）

① 關於財產權之訴訟，原告釋明在判決確定前不爲執行，恐受難於抵償或難於計算之損害者，法院應依其聲請，宣告假執行。

② 原告陳明在執行前可供擔保而聲請宣告假執行者，雖無前項釋明，法院應定相當之擔保額，宣告供擔保後，得爲假執行。

**第三九一條** （宣告假執行之障礙）

被告釋明因假執行恐受不能回復之損害者，如係第三百八十九條情形，法院應依其聲請宣告不准假執行；如係前條情形，宣告駁回原告假執行之聲請。

**第三九二條** （附條件之假執行或免爲假執行之宣告）92

① 法院得宣告非經原告預供擔保，不得爲假執行。

② 法院得依聲請或依職權，宣告被告預供擔保，或將請求標的物提存而免爲假執行。

③ 依前項規定預供擔保或提存而免爲假執行，應於執行標的物拍定、變賣或物之交付前爲之。

**第三九三條** （假執行之聲請時期及裁判）92

① 關於假執行之聲請，應於言詞辯論終結前爲之。

② 關於假執行之裁判，應記載於裁判主文。

**第三九四條** （補充假執行判決）92

法院應依職權宣告假執行而未爲宣告，或忽視假執行或免爲假執行之聲請者，準用第二百三十三條之規定。

**第三九五條** （假執行宣告之失效）

① 假執行之宣告，因就本案判決或該宣告有廢棄或變更之判決。自該判決宣示時起，於其廢棄或變更之範圍內，失其效力。

② 法院廢棄或變更宣告假執行之本案判決者，應依被告之聲明，將其因假執行或因免假執行所爲給付及所受損害，於判決內命原告返還及賠償，被告未聲明者，應告以得爲聲明。

③ 僅廢棄或變更假執行之宣告者，前項規定，於其後廢棄或變更本案判決之判決適用之。

**第三九六條** (定履行期間及分次履行之判決) 92

①判決所命之給付，其性質非長期間不能履行，或斟酌被告之境況，兼顧原告之利益，法院得於判決內定相當之履行期間或命分期給付。經原告同意者，亦同。

②法院依前項規定，定分次履行之期間者，如被告遲誤一次履行，其後之期間視爲亦已到期。

③履行期間，自判決確定或宣告假執行之判決送達於被告時起算。

④法院依第一項規定定履行期間或命分期給付者，於裁判前應令當事人有辯論之機會。

**第三九七條** (情事變更法則—增減給付之判決) 92

①確定判決之內容如尚未實現，而因言詞辯論終結後之情事變更，依其情形顯失公平者，當事人得更行起訴，請求變更原判決之給付或其他原有效果。但以不得依其他法定程序請求救濟者爲限。

②前項規定，於和解、調解或其他與確定判決有同一效力者準用之。

**第三九八條** (判決確定之時期) 92

①判決，於上訴期間屆滿時確定。但於上訴期間內有合法之上訴者，阻其確定。

②不得上訴之判決，於宣示時確定；不宣示者，於公告時確定。

**第三九九條** (判決確定證明書) 92

①當事人得聲請法院，付與判決確定證明書。

②判決確定證明書，由第一審法院付與之。但卷宗在上級法院者，由上級法院付與之。

③判決確定證明書，應於聲請後七日內付與之。

④前三項之規定，於裁定確定證明書準用之。

**第四〇〇條** (既判力之客觀範圍) 92

①除別有規定外，確定之終局判決就經裁判之訴訟標的，有既判力。

②主張抵銷之請求，其成立與否經裁判者，以主張抵銷之額爲限，有既判力。

**第四〇一條** (既判力之主觀範圍)

①確定判決，除當事人外，對於訴訟繫屬後爲當事人之繼受人者，及爲當事人或其繼受人占有請求之標的物者，亦有效力。

②對於爲他人而爲原告或被告者之確定判決，對於該他人亦有效力。

③前二項之規定，於假執行之宣告準用之。

**第四〇二條** (外國法院確定判決之效力) 92

①外國法院之確定判決，有下列各款情形之一者，不認其效力：

一 依中華民國之法律，外國法院無管轄權者。

二 敗訴之被告未應訴者。但開始訴訟之通知或命令已於相當時期在該國合法送達，或依中華民國法律上之協助送達者，不在此限。

三　判決之內容或訴訟程序，有背中華民國之公共秩序或善良風俗者。

四　無相互之承認者。

②前項規定，於外國法院之確定裁定準用之。

## 第二章　調解程序

**第四○三條**　（強制調解之事件）96

①下列事件，除有第四百零六條第一項各款所定情形之一者外，於起訴前，應經法院調解：

一　不動產所有人或地上權人或其他利用不動產之人相互間因相鄰關係發生爭執者。

二　因定不動產之界線或設置界標發生爭執者。

三　不動產共有人間因共有物之管理、處分或分割發生爭執者。

四　建築物區分所有人或利用人相互間因建築物或其共同部分之管理發生爭執者。

五　因增加或減免不動產之租金或地租發生爭執者。

六　因定地上權之期間、範圍、地租發生爭執者。

七　因道路交通事故或醫療糾紛發生爭執者。

八　雇用人與受雇人間因僱傭契約發生爭執者。

九　合夥人間或隱名合夥人與出名營業人間因合夥發生爭執者。

十　配偶、直系親屬、四親等內之旁系血親、三親等內之旁系姻親、家長或家屬相互間因財產權發生爭執者。

十一　其他因財產權發生爭執，其標的之金額或價額在新臺幣五十萬元以下者。

②前項第十一款所定數額，司法院得因情勢需要，以命令減至新臺幣二十五萬元或增至七十五萬元。

**第四○四條**　（聲請調解之事件）

①不合於前條規定之事件，當事人亦得於起訴前，聲請調解。

②有起訴前應先經法院調解之合意，而當事人逕行起訴者，經他造抗辯後，視其起訴為調解之聲請。但已為本案之言詞辯論者，不得再為抗辯。

**第四○五條**　（聲請調解之程式）

①調解，依當事人之聲請行之。

②前項聲請，應表明為調解標的之法律關係及爭議之情形。有文書為證據者，並應提出其原本或影本。

③聲請調解之管轄法院，準用第一編第一章第一節之規定。

**第四○六條**　（聲請調解之裁定）92

①法院認調解之聲請有下列各款情形之一者，得逕以裁定駁回之：

一　依法律關係之性質，當事人之狀況或其他情事可認為不能調解或顯無調解必要或調解顯無成立之望者。

二　經其他法定調解機關調解未成立者。

三　因票據發生爭執者。

四　係提起反訴者。

五　送達於他造之通知書，應為公示送達或於外國為送達者。

六　金融機構因消費借貸契約或信用卡契約有所請求者。

②前項裁定，不得聲明不服。

**第四○六條之一** （調解委員之選任）96

①調解程序，由簡易庭法官行之。但依第四百二十條之一第一項移付調解事件，得由原法院、受命法官或受託法官行之。

②調解由法官選任調解委員一人至三人先行調解，俟至相當程度有成立之望或其他必要情形時，再報請法官到場。但兩造當事人合意或法官認為適當時，亦得逕由法官行之。

③當事人對於前項調解委員人選有異議或兩造合意選任其他適當之人者，法官得另行選任或依其合意選任之。

**第四○六條之二** （地方法院調解委員之列冊、選任）

①地方法院應將其管轄區域內適為調解委員之人選列冊，以供選任；其人數、資格、任期及其聘任、解任等事項，由司法院定之。

②法官於調解事件認有必要時，亦得選任前項名冊以外之人為調解委員。

**第四○七條** （調解期日之指定與通知書送達）

①調解期日，由法官依職權定之，其續行之調解期日，得委由主任調解委員定之；無主任調解委員者，得委由調解委員定之。

②第一百五十六條、第一百五十九條之規定，於法官定調解期日準用之。

③聲請書狀或言詞聲請之筆錄應與調解期日之通知書，一併送達於他造。

④前項通知書，應記載不到場時之法定效果。

**第四○七條之一** （調解程序之指揮）

調解委員行調解時，由調解委員指揮其程序，調解委員有二人以上時，由法官指定其中一人為主任調解委員指揮之。

**第四○八條** （命當事人或法定代理人到場）

法官於必要時，得命當事人或法定代理人本人於調解期日到場；調解委員認有必要時，亦得報請法官行之。

**第四○九條** （違背到場義務之處罰）

①當事人無正當理由不於調解期日到場者，法院得以裁定處新臺幣三千元以下之罰鍰。其有代理人到場而本人無正當理由不從前條之命者亦同。

②前項裁定得為抗告。抗告中應停止執行。

**第四○九條之一** （聲請命他造為一定之行為或不行為及提供擔保）

①為達成調解目的之必要，法院得依當事人之聲請，禁止他造變更現狀、處分標的物，或命為其他一定行為或不行為；於必要時，得命聲請人供擔保後行之。

②關於前項聲請之裁定，不得抗告。

③法院爲第一項處置前，應使當事人有陳述意見之機會。但法院認爲不適當或經通知而不爲陳述者，不在此限。

④第一項之處置，不得作爲執行名義，並於調解事件終結時失其效力。

⑤當事人無正當理由不從第一項處置之命者，法院得以裁定處新臺幣三萬元以下之罰鍰。

⑥前項裁定得爲抗告，抗告中應停止執行。

**第四一〇條** （調解處所）

①調解程序於法院行之，於必要時，亦得於其他適當處所行之。調解委員於其他適當處所行調解者，應經法官之許可。

②前項調解，得不公開。

**第四一〇條之一** （報請法官處理調解之裁定）

調解委員認調解有第四百零六條第一項各款所定情形之一者，報請法官處理。

**第四一一條** （調解委員之報酬）

①調解委員行調解，得支領日費、旅費、並得支報酬；其計算方法及數額由司法院定之。

②前項日費、旅費及報酬，由國庫負擔。

**第四一二條** （參加調解）

就調解事件有利害關係之第三人，經法官之許可，得參加調解程序；法官並得將事件通知之，命其參加。

**第四一三條** （審究爭議之所在）

行調解時，爲審究事件關係及兩造爭議之所在，得聽取當事人、具有專門知識經驗或知悉事件始末之人或其他關係人之陳述，察看現場或調解標的物之狀況；於必要時，得由法官調查證據。

**第四一四條** （調解之態度）

調解時應本和平懇切之態度，對當事人兩造爲適當之勸導，就調解事件酌擬平允方案，力謀雙方之和諧。

**第四一五條** （刪除）

**第四一五條之一** （調解條款及調解程序筆錄）

①關於財產權爭議之調解，經兩造同意，得由調解委員酌定解決事件之調解條款。

②前項調解條款之酌定，除兩造另有約定外，以調解委員過半數定之。

③調解委員不能依前項規定酌定調解條款時，法官得於徵詢兩造同意後，酌定調解條款，或另定調解期日，或視爲調解不成立。

④調解委員酌定之調解條款，應作成書面，記明年月日，或由書記官明於調解程序筆錄，由調解委員簽名後，送請法官審核；其經法官核定者，視爲調解成立。

⑤前項經核定之記載調解條款之書面，視爲調解程序筆錄。

⑥法官酌定之調解條款，於書記官記明於調解程序筆錄時，視爲調解成立。

**第四一六條** （調解成立之效力與調解無效或撤銷）102

① 調解經當事人合意而成立；調解成立者，與訴訟上和解有同一之效力。

② 調解有無效或得撤銷之原因者，當事人得向原法院提起宣告調解無效或撤銷調解之訴。

③ 前項情形，原調解事件之聲請人，得就原調解事件合併起訴或提起反訴，請求法院於宣告調解無效或撤銷調解時合併裁判之。並視為自聲請調解時，已經起訴。

④ 第五百條至第五百零二條及第五百零六條之規定，於第二項情形準用之。

⑤ 調解不成立者，法院應付與當事人證明書。

⑥ 第五編之一第三人撤銷訴訟程序之規定，於第一項情形準用之。

**第四一七條** （依職權為解決事件之方案）

① 關於財產權爭議之調解，當事人不能合意但已甚接近者，法官應斟酌一切情形，其有調解委員者，並應徵詢調解委員之意見，求兩造利益之平衡，於不違反兩造當事人之主要意思範圍內，以職權提出解決事件之方案。

② 前項方案，應送達於當事人及參加調解之利害關係人。

**第四一八條** （對職權調解方案之異議及調解成立之擬制）

① 當事人或參加調解之利害關係人對於前條之方案，得於送達後十日之不變期間內，提出異議。

② 於前項期間內提出異議者，視為調解不成立；其未於前項期間內提出異議者，視為已依該方案成立調解。

③ 第一項之異議，法院應通知當事人及參加調解之利害關係人。

**第四一九條** （調解不成立之效果）92

① 當事人兩造於期日到場而調解不成立者，法院得依一造當事人之聲請，按該事件適用之訴訟程序，命即為訴訟之辯論。但他造聲請延展期日者，應許可之。

② 前項情形，視為調解之聲請人自聲請時已經起訴。

③ 當事人聲請調解而不成立，如聲請人於調解不成立證明書送達後十日之不變期間內起訴者，視為自聲請調解時，已經起訴；其於送達前起訴者亦同。

④ 以起訴視為調解之聲請或因債務人對於支付命令提出異議而視為調解之聲請者，如調解不成立，除調解當事人聲請延展期日外，法院應按該事件應適用之訴訟程序，命即為訴訟之辯論，並仍自原起訴或支付命令聲請時，發生訴訟繫屬之效力。

**第四二○條** （當事人不到場之效果）

當事人兩造或一造於期日不到場者，法官酌量情形，得視為調解不成立或另定調解期日。

**第四二○條之一** （移付調解）102

① 第一審訴訟繫屬中，得經兩造合意將事件移付調解。

② 前項情形，訴訟程序停止進行。調解成立時，訴訟終結。調解不成立時，訴訟程序繼續進行。

③依第一項規定移付調解而成立者，原告得於調解成立之日起三個月內聲請退還已繳裁判費三分之二。

④第二項調解有無效或得撤銷之原因者，準用第三百八十條第二項規定；請求人並應繳納前項退還之裁判費。

**第四二一條**　（調解筆錄）

①法院書記官應作調解程序筆錄，記載調解成立或不成立及期日之延展或訴訟之辯論。但調解委員行調解時，得僅由調解委員自行記錄調解不成立或延展期日情形。

②第四百十七條之解決事件之方案，經法官當場宣示者，應一併記載於筆錄。

③調解成立者，應於十日內以筆錄正本，送達於當事人及參加調解之利害關係人。

④第二百十二條至第二百十九條之規定，於第一項、第二項筆錄準用之。

**第四二二條**　（調解之陳述或讓步不得為裁判之基礎）

調解程序中，調解委員或法官所為之勸導及當事人所為之陳述或讓步，於調解不成立後之本案訴訟，不得採為裁判之基礎。

**第四二三條**　（調解不成立費用之負擔）

①調解不成立後起訴者，其調解程序之費用，應作為訴訟費用之一部；不起訴者，由聲請人負擔。

②第八十四條之規定，於調解成立之情形準用之。

**第四二四條**　（簡易程序訴狀之表明事項）

①第四百零三條第一項之事件，如逕向法院起訴者，宜於訴狀內表明其具有第四百六條第一項所定事由，並添具釋明其事由之證據。其無該項所定事由而逕行起訴者，視為調解之聲請。

②以一訴主張數項標的，其一部非屬第四百零三條第一項之事件者，不適用前項視為調解聲請之規定。

**第四二五條**　（調解費用─經撤回之負擔）96

①調解之聲請經撤回者，視為未聲請調解。

②第八十三條第一項之規定，於前項情形準用之。

**第四二六條**　（調解事件之保密）

法官，書記官及調解委員因經辦調解事件，知悉他人職務上、業務上之秘密或其他涉及個人隱私之事項，應保守秘密。

## 第三章　簡易訴訟程序

**第四二七條**　110

①關於財產權之訴訟，其標的之金額或價額在新臺幣五十萬元以下者，適用本章所定之簡易程序。

②下列各款訴訟，不問其標的之金額或價額一律適用簡易程序：

　　一　因建築物或其他工作物定期租賃或定期借貸關係所生之爭執涉訟者。

　　二　僱用人與受僱人間，因僱傭契約涉訟，其僱傭期間在一年

以下者。

三　旅客與旅館主人、飲食店主人或運送人間，因食宿、運送費或因寄存行李、財物訴訟者。

四　因請求保護占有涉訟者。

五　因定不動產之界線或設置界標涉訟者。

六　本於票據有所請求而涉訟者。

七　本於合會有所請求而涉訟者。

八　因請求利息、紅利、租金、退職金或其他定期給付涉訟者。

九　因動產租賃或使用借貸關係所生之爭執涉訟者。

十　因第一款至第三款、第六款至第九款所定請求之保證關係涉訟者。

十一　本於道路交通事故有所請求而涉訟者。

十二　適用刑事簡易訴訟程序案件之附帶民事訴訟，經裁定移送民事庭者。

③不合於前二項規定之訴訟，得以當事人之合意，適用簡易程序，其合意應以文書證之。

④不合於第一項及第二項之訴訟，法院適用簡易程序，當事人不抗辯而為本案之言詞辯論者，視為已有前項之合意。

⑤第二項之訴訟，案情繁雜或其訴訟標的之金額或價額逾第一項所定額數十倍以上者，法院得依當事人聲請，以裁定改用通常訴訟程序，並由原法官繼續審理。

⑥前項裁定，不得聲明不服。

⑦第一項所定數額，司法院得因情勢需要，以命令減至新臺幣二十五萬元，或增至七十五萬元。

**第四二七條之一**　（同一地方法院事務分配）

同一地方法院適用簡易程序審理之事件，其事務分配辦法由司法院定之。

**第四二八條**　（言詞起訴）

①第二百四十四條第一項第二款所定事項，原告於起訴時得僅表明請求之原因事實。

②起訴及其他期日外之聲明或陳述，概可以言詞為之。

**第四二九條**　（言詞起訴之送達與就審期間）

①以言詞起訴者，應將筆錄與言詞辯論期日之通知書，一併送達於被告。

②就審期間，至少應有五日。但有急迫情形者，不在此限。

**第四三〇條**　（通知書應為特別之表明）

言詞辯論期日之通知書，應表明適用簡易訴訟程序，並記載當事人務於期日攜帶所用證據及偕同所舉證人到場。

**第四三一條**　（準備書狀或答辯狀）102

當事人於其聲明或主張之事實或證據，以認為他造非有準備不能陳述者為限，應於期日前提出準備書狀或答辯狀，並以繕本或影本直接通知他造；其以言詞為陳述者，由法院書記官作成筆錄，送達於他造。

第四三二條　（當事人之自行到庭）

① 當事人兩造於法院通常開庭之日，得不待通知，自行到場，為訴訟之言詞辯論。

② 前項情形，其起訴應記載於言詞辯論筆錄，並認當事人已有第四百二十七條第三項適用簡易程序之合意。

第四三三條　（證據調查之便宜方法）

通知證人或鑑定人，得不送達通知書，依法院認為便宜之方法行之。但證人或鑑定人如不於期日到場，仍應送達通知書。

第四三三條之一　（簡易訴訟程序辯論期日）

簡易訴訟程序事件，法院應以一次期日辯論終結為原則。

第四三三條之二　（言詞辯論之筆錄）

① 言詞辯論筆錄，經法院之許可，得省略應記載之事項。但當事人有異議者，不在此限。

② 前項規定，於言詞辯論程式之遵守、捨棄、認諾、撤回、和解、自認及裁判之宣示，不適用之。

第四三三條之三　（一造辯論判決）

言詞辯論期日，當事人之一造不到場者，法院得依職權由一造辯論而為判決。

第四三四條　（判決書之記載）

① 判決書內之事實及理由，得合併記載其要領或引用當事人書狀、筆錄或其他文書，必要時得以之作為附件。

② 法院亦得於宣示判決時，命將判決主文及其事實、理由之要領，記載於言詞辯論筆錄，不另作判決書；其筆錄正本或節本之送達，與判決正本之送達，有同一之效力。

③ 第二百三十條之規定，於前項筆錄準用之。

第四三四條之一　（僅記載主文之判決）

有下列各款情形之一者，判決書得僅記載主文：

一　本於當事人對於訴訟標的之捨棄或認諾者。

二　受不利判決之當事人於宣示判決時，捨棄上訴權者。

三　受不利判決之當事人於宣示判決時，履行判決所命之給付者。

第四三五條　（簡易程序變更、追加或反訴）

① 因訴之變更、追加或提起反訴，致其訴之全部或一部，不屬第四百二十七條第一項及第二項之範圍者，除當事人合意繼續適用簡易程序外，法院應以裁定改用通常訴訟程序，並由原法官繼續審理。

② 前項情形，被告不抗辯而為本案之言詞辯論者，視為已有適用簡易程序之合意。

第四三六條　（簡易程序之實行）

① 簡易訴訟程序在獨任法官前行之。

② 簡易訴訟程序，除本章別有規定外，仍適用第一章通常訴訟程序之規定。

第四三六條之一　（上訴及抗告程序之準用）

① 對於簡易程序之第一審裁判，得上訴或抗告於管轄之地方法院，其審判以合議行之。

② 當事人於前項上訴程序，為訴之變更、追加或提起反訴，致應適用通常訴訟程序者，不得為之。

③ 第一項之上訴及抗告程序，準用第四百三十四條第一項、第四百三十四條之一及第三編第一章、第四編之規定。

④ 對於依第四百二十七條第五項規定改用通常訴訟程序所為之裁判，得上訴或抗告於管轄之高等法院。

**第四三六條之二** （上訴利益逾法定數額之第二審判決的上訴及抗告）

① 對於簡易訴訟程序之第二審裁判，其上訴利益逾第四百六十六條所定之額數者，當事人僅得以其適用法規顯有錯誤為理由，逕向最高法院提起上訴或抗告。

② 前項上訴及抗告，除別有規定外，仍適用第三編第二章第三審程序、第四編抗告程序之規定。

**第四三六條之三** （上訴利益逾法定數額之第二審判決上訴及抗告之限制）

① 對於簡易訴訟程序之第二審裁判，提起第三審上訴或抗告。須經原裁判法院之許可。

② 前項許可，以訴訟事件所涉及之法律見解具有原則上之重要性者為限。

③ 第一項之上訴或抗告，為裁判之原法院認為應行許可者，應添具意見書，敘明合於前項規定之理由，逕將卷宗送最高法院；認為不應許可者，應以裁定駁回其上訴或抗告。

④ 前項裁定，得逕向最高法院抗告。

**第四三六條之四** （上訴及抗告理由）

① 依第四百三十六條之二第一項提起上訴或抗告者，應同時表明上訴或抗告理由；其於裁判宣示後送達前提起上訴或抗告者，應於裁判送達後十日內補具之。

② 未依前項規定表明上訴或抗告理由者，毋庸命其補正，由原法院裁定駁回之。

**第四三六條之五** （上訴或抗告之裁定駁回）

① 最高法院認上訴或抗告，不合第四百三十六條之二第一項及第四百六十六條之三第二項之規定而不應許可者，應以裁定駁回之。

② 前項裁定，不得聲請再審。

**第四三六條之六** （提起再審之訴或聲請再審之限制）

對於簡易訴訟程序之裁判，逕向最高法院提起上訴或抗告，經以上訴或抗告無理由為駁回之裁判者，不得更以同一理由提起再審之訴或聲請再審。

**第四三六條之七** （重要證物漏未斟酌之提起再審之訴或聲請再審）

對於簡易訴訟程序之第二審確定終局判決，如就足影響於裁判

之重要證物，漏未斟酌者，亦得提起再審之訴或聲請再審。

# 第四章　小額訴訟程序

**第四三六條之八** （適用小額程序之事件或不適用者之處理）

① 關於請求給付金錢或其他代替物或有價證券之訴訟，其標的金額或價額在新臺幣十萬元以下者，適用本章所定之小額程序。

② 法院認適用小額程序為不適當者，得依職權以裁定改用簡易程序，並由原法官繼續審理。

③ 前項裁定，不得聲明不服。

④ 第一項之訴訟，其標的金額或價額在新臺幣五十萬元以下者，得以當事人之合意適用小額程序，其合意應以文書證之。

**第四三六條之九** （約定債務履行地或合意管轄）

小額事件當事人之一造為法人或商人者，於其預定用於同類契約之條款，約定債務履行地或以合意定第一審管轄法院時，不適用第十二條或第二十四條之規定。但兩造均為法人或商人者，不在此限。

**第四三六條之一〇** （使用表格化訴狀）

依小額程序起訴者，得使用表格化訴狀；其格式由司法院定之。

**第四三六條之一一** （得於夜間或休息日進行程序）92

① 小額程序，得於夜間或星期日或其他休息日行之。但當事人提出異議者，不在此限。

② 前項於夜間或星期日或其他休息日之開庭規則，由司法院定之。

**第四三六條之一二** （調解期日不到場效果）

① 第四百三十六條之八所定事件，依法應行調解程序者，如當事人一造於調解期日五日前，經合法通知無正當理由而不於調解期日到場，法院得依到場當事人之聲請，命即為訴訟之辯論，並得依職權由其一造辯論而為判決。

② 調解期日通知書，並應記載前項不到場之效果。

**第四三六條之一三** （刪除）

**第四三六條之一四** （不調查證據之情形）

下列各款情形之一者，法院得不調查證據，而審酌一切情況，認定事實，為公平之裁判：

一　經兩造同意者。

二　調查證據所需時間、費用與當事人之請求顯不相當者。

**第四三六條之一五** （訴之變更、追加或提起反訴之適用）

當事人為訴之變更、追加或提起反訴，除當事人合意繼續適用小額程序並經法院認為適當者外，僅得於第四百三十六條之八第一項之範圍內為之。

**第四三六條之一六** （不得為適用小額程序而為一部請求）

當事人不得為適用小額程序而為一部請求，但已向法院陳明就其餘額不另起訴請求者，不在此限。

**第四三六條之一七** （刪除）

**第四三六條之一八** （簡化判決書）

①判決書得僅記載主文，就當事人有爭執事項，於必要時得加記理由要領。

②前項判決得於訴狀或言詞起訴筆錄上記載之。

③前二項判決之記載得表格化，其格式及正本之製作方式，由司法院定之。

**第四三六條之一九** （費用額之計算及文書）

①法院為訴訟費用之裁判時，應確定其費用額。

②前項情形，法院得命當事人提出費用計算書及釋明費用額之文書。

**第四三六條之二〇** （假執行）

法院為被告敗訴之判決時，應依職權宣告假執行。

**第四三六條之二一** （按期清償及免除部分給付）

法院命被告為給付時，如經原告同意，得為被告於一定期限內自動清償者，免除部分給付之判決。

**第四三六條之二二** （逾期不履行分期給付或緩期清償）

法院依被告之意願而為分期給付或緩期清償之判決者，得於判決內定被告逾期不履行時應加給原告之金額。但其金額不得逾判決所命原給付金額或價額之三分之一。

**第四三六條之二三** （小額程序之準用）

第四百二十八條至第四百三十一條、第四百三十二條第一項、第四百三十三條至第四百三十四條之一及第四百三十六條之規定，於小額程序準用之。

**第四三六條之二四** （第一審判決之上訴或抗告）

①對於小額程序之第一審裁判，得上訴或抗告於管轄之地方法院，其審判以合議行之。

②對於前項第一審裁判之上訴或抗告，非以其違背法令為理由，不得為之。

**第四三六條之二五** （上訴狀之記載事項）

上訴狀內應記載上訴理由，表明下列各款事項：

一　原判決所違背之法令及其具體內容。

二　依訴訟資料可認為原判決有違背法令之具體事實。

**第四三六條之二六** （發原法院或是自為裁判）

①應適用通常訴訟程序或簡易訴訟程序事件，而第一審法院行小額程序者，第二審法院得廢棄原判決，將該事件發回原法院。但第四百三十六條之八第四項之事件，當事人已表示無異議或知其違背或可得而知其違背，並無異議而為本案辯論者，不在此限。

②前項情形，應予當事人陳述意見之機會，如兩造同意由第二審法院繼續適用小額程序者，應自為裁判。

③第一項之判決，得不經言詞辯論為之。

**第四三六條之二七** （訴之變更、追加或提起反訴）

當事人於第二審程序不得為訴之變更、追加或提起反訴。

**第四三六條之二八** （新攻擊或防禦方法之提出）

當事人於第二審程序不得提出新攻擊或防禦方法。但因原法院違背法令致未能提出者，不在此限。

**第四三六條之二九** （言詞辯論之例外）

小額程序之第二審判決，有下列情形之一者，得不經言詞辯論為之：

一　經兩造同意者。

二　依上訴意旨足認上訴為無理由者。

**第四三六條之三〇** （第二審裁判不得上訴或抗告）

對於小額程序之第二審裁判，不得上訴或抗告。

**第四三六條之三一** （上訴或抗告駁回，不得以同理由提起再審）

對於小額程序之第一審裁判，提起上訴或抗告，經以上訴或抗告無理由為駁回之裁判者，不得更以同一理由提起再審之訴或聲請再審。

**第四三六條之三二** （上訴、抗告、再審程序之準用）92

① 第四百三十六條之十四、第四百三十六條之十九、第四百三十六條之二十一及第四百三十六條之二十二之規定，於小額事件之上訴程序準用。

② 第四百三十八條至第四百四十五條、第四百四十八條至第四百五十條、第四百五十四條、第四百五十五條、第四百五十九條、第四百六十二條、第四百六十三條、第四百六十八條、第四百六十九條第一款至第五款、第四百七十一條至第四百七十三條及第四百七十五條第一項之規定，於小額事件之上訴程序準用之。

③ 第四編之規定，於小額事件之抗告程序準用之。

④ 第五編之規定，於小額事件之再審程序準用之。

# 第三編　上訴審程序

# 第一章　第二審程序

**第四三七條** （第二審上訴之特別要件）92

對於第一審之終局判決，除別有規定外，得上訴於管轄第二審之法院。

**第四三八條** （第二審上訴之範圍）

前條判決前之裁判，牽涉該判決者，並受第二審法院之審判。但依本法不得聲明不服或得以抗告聲明不服者，不在此限。

**第四三九條** （上訴權之捨棄）92

① 當事人於第一審判決宣示、公告或送達後，得捨棄上訴權。

② 當事人於宣示判決時，以言詞捨棄上訴權者，應記載於言詞辯論筆錄；如他造不在場，應將筆錄送達。

**第四四〇條** （上訴期間）92

提起上訴，應於第一審判決送達後二十日之不變期間內為之。但宣示或公告後送達前之上訴，亦有效力。

**第四四一條** （上訴之程式）

① 提起上訴，應以上訴狀表明下列各款事項，提出於原第一審法院為之：

　一　當事人及法定代理人。

　二　第一審判決及對於該判決上訴之陳述。

　三　對於第一審判決不服之程度。及應如何廢棄或變更之聲明。

　四　上訴理由。

② 上訴理由應表明下列各款事項：

　一　應廢棄或變更原判決之理由。

　二　關於前款理由之事實及證據。

**第四四二條** （原審對不合法上訴之處置）

① 提起上訴，如逾上訴期間或係對於不得上訴之判決而上訴者，原第一審法院應以裁定駁回之。

② 上訴不合程式或有其他不合法之情形而可以補正者，原第一審法院應定期間命其補正，如不於期間內補正，應以裁定駁回之。

③ 上訴狀未具上訴理由者，不適用前項之規定。

**第四四三條** （上訴狀之送達）92

① 上訴未經依前條規定駁回者，第一審法院應速將上訴狀送達被上訴人。

② 各當事人均提起上訴，或其他各當事人之上訴期間已滿後，第一審法院應速將訴訟卷宗連同上訴狀及其他有關文件送交第二審法院。

③ 前項應送交之卷宗，如為第一審法院所需者，應自備繕本、影本或節本。

**第四四四條** 110

① 上訴不合法者，第二審法院應以裁定駁回之。但其情形可以補正者，審判長應定期間先命補正。

② 上訴不合法之情形，已經原第一審法院定期間命其補正而未補正者，得不行前項但書之程序。

③ 第一項及第四百四十二條第一項、第二項情形，上訴基於惡意或不當目的者，第二審法院或原第一審法院得各處上訴人、法定代理人、訴訟代理人新臺幣十二萬元以下之罰鍰。

④ 第二百四十九條之一第三項、第四項、第六項及第七項之規定，於前項情形準用之。

**第四四四條之一** （上訴理由書）92

① 上訴狀內未表明上訴理由者，審判長得定相當期間命上訴人提出理由書。

② 上訴人提出理由書後，除應依前條規定駁回者外，第二審法院應速將上訴理由書送達被上訴人。

③ 審判長得定相當期間命被上訴人提出答辯狀，及命上訴人就答辯狀提出書面意見。

④當事人逾第一項及前項所定期間提出書狀者，法院得命該當事人以書狀說明其理由。

⑤當事人未依第一項提出上訴理由書或未依前項規定說明者，第二審法院得準用第四百四十七條之規定，或於判決時依全辯論意旨斟酌之。

**第四四五條** （言詞辯論之範圍）92

①言詞辯論，應於上訴聲明之範圍內爲之。

②當事人應陳述第一審言詞辯論之要領。但審判長得令書記官朗讀第一審判決、筆錄或其他卷內文書代之。

**第四四六條** （訴之變更、追加或提起反訴之限制）92

①訴之變更或追加，非經他造同意，不得爲之。但第二百五十五條第一項第二款至第六款情形，不在此限。

②提起反訴，非經他造同意，不得爲之。但有下列各款情形之一者，不在此限：

一　於某法律關係之成立與否有爭執，而本訴裁判應以該法律關係爲據，並請求確定其關係者。

二　就同一訴訟標的有提起反訴之利益者。

三　就主張抵銷之請求尚有餘額部分，有提起反訴之利益者。

**第四四七條** （第一審之續行）92

①當事人不得提出新攻擊或防禦方法。但有下列情形之一者，不在此限：

一　因第一審法院違背法令致未能提出者。

二　事實發生於第一審法院言詞辯論終結後者。

三　對於在第一審已提出之攻擊或防禦方法爲補充者。

四　事實於法院已顯著或爲其職務上所已知或應依職權調查證據者。

五　其他非可歸責於當事人之事由，致未能於第一審提出者。

六　如不許其提出顯失公平者。

②前項但書各款事由，當事人應釋明之。

③違反前二項之規定者，第二審法院應駁回之。

**第四四八條** （第一審之續行）

在第一審所爲之訴訟行爲，於第二審亦有效力。

**第四四九條** （上訴無理由之判決）

①第二審法院認上訴爲無理由者，應爲駁回之判決。

②原判決依其理由雖屬不當，而依其他理由認爲正當者，應以上訴爲無理由。

**第四四九條之一** 110

①上訴基於惡意、不當目的或有重大過失，且事實上或法律上之主張欠缺合理依據者，第二審法院得各處上訴人、法定代理人、訴訟代理人新臺幣十二萬元以下之罰鍰。

②第二百四十九條之一第二項至第七項之規定，於前項情形準用之。

**第四五〇條** （上訴有理由之判決）92

第二審法院認上訴為有理由者，應於上訴聲明之範圍內，為廢棄或變更原判決之判決。

**第四五一條** （廢棄原判決—將事件發回原法院或自為判決）92

①第一審之訴訟程序有重大之瑕疵者，第二審法院得廢棄原判決，而將該事件發回原法院。但以因維持審級制度認為必要時為限。

②前項情形，應予當事人陳述意見之機會，如兩造同意願由第二審法院就該事件為裁判者，應自為判決。

③依第一項之規定廢棄原判決者，其第一審訴訟程序有瑕疵之部分，視為亦經廢棄。

**第四五一條之一** （誤用通常訴訟程序之處理）92

①應適用簡易訴訟程序之事件，第二審法院不得以第一審法院行通常訴訟程序而廢棄原判決。

②前項情形，應適用簡易訴訟事件第二審程序之規定。

**第四五二條** （廢棄原判決—將事件移送於管轄法院）92

①第二審法院不得以第一審法院無管轄權而廢棄原判決。但違背專屬管轄之規定者，不在此限。

②因第一審法院無管轄權而廢棄原判決者，應以判決將該事件移送於管轄法院。

**第四五三條** （言詞審理之例外）

第四百五十一條第一項及前條第二項之判決，得不經言詞辯論為之。

**第四五四條** （第一審判決事實之引用）92

①判決書內應記載之事實，得引用第一審判決。當事人提出新攻擊或防禦方法者，應併記載之。

②判決書內應記載之理由，如第二審關於攻擊或防禦方法之意見及法律上之意見與第一審判決相同者，得引用之；如有不同者，應另行記載。關於當事人提出新攻擊或防禦方法之意見，應併記載之。

**第四五五條** （假執行上訴之辯論與裁判）

第二審法院應依聲請，就關於假執行之上訴，先為辯論及裁判。

**第四五六條** （裁定宣告假執行）

①第一審判決未宣告假執行或宣告附條件之假執行者，其未經聲明不服之部分，第二審法院應依當事人之聲請，以裁定宣告假執行。

②第二審法院認為上訴人係意圖延滯訴訟而提起上訴者，應依被上訴人聲請，以裁定就第一審判決宣告假執行；其逾時始行提出攻擊或防禦方法可認為係意圖延滯訴訟者亦同。

**第四五七條** （財產權訴訟之宣告假執行）92

①關於財產權之訴訟，第二審法院之判決，維持第一審判決者，應於其範圍內，依聲請宣告假執行。

②前項宣告假執行，如有必要，亦得以職權為之。

**第四五八條** （假執行之裁判不得聲明不服）92

對第二審法院關於假執行之裁判，不得聲明不服。但依第三百

九十五條第二項及第三項所爲之裁判，不在此限。

**第四五九條** （上訴之撤回）92

① 上訴人於終局判決前，得將上訴撤回。但被上訴人已爲附帶上訴者，應得其同意。

② 訴訟標的對於共同訴訟之各人必須合一確定者，其中一人或數人於提起上訴後撤回上訴時，法院應即通知視爲已提起上訴之共同訴訟人，命其於十日內表示是否撤回，逾期未爲表示者，視爲亦撤回上訴。

③ 撤回上訴者，喪失其上訴權。

④ 第二百六十二條第二項至第四項之規定，於撤回上訴準用之。

**第四六〇條** （附帶上訴之提起）92

① 被上訴人於言詞辯論終結前，得爲附帶上訴。但經第三審法院發回或發交後，不得爲之。

② 附帶上訴，雖在被上訴人之上訴期間已滿，或曾捨棄上訴權或撤回上訴後，亦得爲之。

③ 第二百六十一條之規定，於附帶上訴準用之。

**第四六一條** （附帶上訴之效力）

上訴經撤回或因不合法而被駁回者，附帶上訴失其效力。但附帶上訴備上訴之要件者，視爲獨立之上訴。

**第四六二條** （上訴事件終結宗對卷宗之處理）

① 上訴因判決而終結者，第二審法院書記官應於判決確定後，速將判決正本附入卷宗，送交第一審法院。

② 前項規定，於上訴之非因判決而終結者準用之。

**第四六三條** （第一審程序之準用）96

除本章別有規定外，前編第一章、第二章之規定，於第二審程序準用之。

# 第二章　第三審程序

**第四六四條** （第三審上訴之特別要件）

對於第二審之終局判決，除別有規定外，得上訴於管轄第三審之法院。

**第四六五條** （不得上訴之規定—未於第二審聲明不服）

對於第一審判決，或其一部未向第二審法院上訴，或附帶上訴之當事人，對於維持該判決之第二審判決，不得上訴。

**第四六六條** （上訴利益之計算）

① 對於財產權訴訟之第二審判決，如因上訴所得受之利益，不逾新臺幣一百萬元者，不得上訴。

② 對於第四百二十七條訴訟，如依通常訴訟程序所爲之第二審判決，仍得上訴於第三審法院。其因上訴所得受之利益不逾新臺幣一百萬元者，適用前項規定。

③ 前二項所定數額，司法院得因情勢需要，以命令減至新臺幣五十萬元，或增至一百五十萬元。

④計算上訴利益，準用關於計算訴訟標的之價額之規定。

**第四六六條之一** （許可上訴之聲請及駁回）

① 對於第二審判決上訴，上訴人應委任律師爲訴訟代理人。但上訴人或其法定代理人具有律師資格者，不在此限。

② 上訴人之配偶、三親等內之血親、二親等內之姻親，或上訴人爲法人、中央或地方機關時，其所屬專任人員具有律師資格並經法院認爲適當者，亦得爲第三審訴訟代理人。

③ 第一項但書及第二項情形，應於提起上訴或委任時釋明之。

④ 上訴人未依第一項、第二項規定委任訴訟代理人，或雖依第二項委任，法院認爲不適當者，第二審法院應定期先命補正。逾期未補正亦未依第四百六十六條之二爲聲請者，第二審法院應以上訴不合法裁定駁回之。

**第四六六條之二** （上訴第三審之訴訟代理人）

① 上訴人無資力委任訴訟代理人者，得依訴訟救助之規定，聲請第三審法院爲之選任律師爲其訴訟代理人。

② 上訴人依前項規定聲請者，第二審法院應將訴訟卷宗送交第三審法院。

**第四六六條之三** （聲請選任訴訟代理人）92

① 第三審律師之酬金，爲訴訟費用之一部，並應限定其最高額。

② 第四百六十六條之二選任律師爲訴訟代理人辦法由司法院定之。

③ 前項辦法之擬訂，應參酌法務部及中華民國律師公會全國聯合會之意見。

**第四六六條之四** （飛躍上訴）92

① 當事人對於第一審法院依通常訴訟程序所爲之終局判決，就其確定之事實認爲無誤者，得合意逕向第三審法院上訴。

② 前項合意，應以文書證之，並連同上訴狀提出原原第一審法院。

**第四六七條** （不得上訴之規定－非以第二審判決違法爲理由）92

上訴第三審法院，非以原判決違背法令爲理由，不得爲之。

**第四六八條** （違背法令之意義）

判決不適用法規或適用不當者，爲違背法令。

**第四六九條** 110

有下列各款情形之一者，其判決當然爲違背法令：

一 判決法院之組織不合法。

二 依法律或裁判應迴避之法官參與裁判。

三 法院於審判權之有無辨別不當或違背專屬管轄之規定。但當事人未於事實審爭執，或法律別有規定者，不在此限。

四 當事人於訴訟未經合法代理。

五 違背言詞辯論公開之規定。

六 判決不備理由或理由矛盾。

**第四六九條之一** （上訴許可）92

① 以前條所列各款外之事由提起第三審上訴者，須經第三審法院之許可。

②前項許可，以從事法之續造、確保裁判之一致性或其他所涉及之法律見解具有原則上重要性者爲限。

**第四七○條** （上訴狀之提出）92

①提起上訴，應以上訴狀提出於原判決法院爲之。

②上訴狀內，應記載上訴理由，表明下列各款事項：
一　原判決所違背之法令及其具體內容。
二　依訴訟資料合於該違背法令之具體事實。
三　依第四百六十九條之一規定提起上訴者，具體敘述爲從事法之續造、確保裁判之一致性或其他所涉及之法律見解具有原則上重要性之理由。

③上訴狀內，宜記載因上訴所得受之利益。

**第四七一條** （補提書狀於第二審法院處置）

①上訴狀內未表明上訴理由者，上訴人應於提起上訴後二十日內，提出理由書於原第二審法院；未提出者，毋庸命其補正，由原第二審法院以裁定駁回之。

②被上訴人得於上訴狀或前項理由書送達後十五日內，提出答辯狀於原第二審法院。

③第二審法院送交訴訟卷宗於第三審法院，應於收到答辯狀或前項期間已滿後爲之。

④判決宣示後送達前提起上訴者，第一項之期間自判決送達後起算。

**第四七二條** （上訴理由書狀等之提出）

①被上訴人在第三審未判決前，得提出答辯狀及其追加書狀於第三審法院。上訴人亦得提出上訴理由之追加書狀。

②第三審法院如認爲有必要時，得將前項書狀送達於他造。

**第四七三條** （上訴聲明範圍之限制）

①上訴之聲明，不得變更或擴張。

②被上訴人，不得爲附帶上訴。

**第四七四條** （言詞審理之例外）92

①第三審之判決，應經言詞辯論爲之。但法院認爲不必要時，不在此限。

②第三審法院行言詞辯論時，應由兩造委任律師代理爲之。

③被上訴人委任訴訟代理人時，準用第四百六十六條之一第一項至第三項、第四百六十六條之二第一項及第四百六十六條之三之規定。

**第四七五條** （調查之範圍）92

第三審法院應於上訴聲明之範圍內，依上訴理由調查之。但法院應依職權調查之事項，或有統一法令見解之必要者，不在此限。

**第四七六條** （判決之基礎）92

①第三審法院，應以原判決確定之事實爲判決基礎。

②言詞辯論筆錄記載當事人陳述之事實，第三審法院得斟酌之。

③以違背訴訟程序之規定爲上訴理由時，所舉違背之事實及以違

背法令確定事實、遺漏事實或認作主張事實爲上訴理由時，所舉之該事實，第三審法院亦得斟酌之。

**第四七七條** （上訴有理由之判決）

① 第三審法院認上訴爲有理由者，就該部分應廢棄原判決。

② 因違背訴訟程序之規定廢棄原判決者，其違背之訴訟程序部分。視爲亦經廢棄。

**第四七七條之一** （不得廢棄原判決）92

除第四百六十九條第一款至第五款之情形外，原判決違背法令而不影響裁判之結果者，不得廢棄原判決。

**第四七七條之二** （不得廢棄原判決）92

第三審法院就第四百六十六條之四所定之上訴，不得以原判決確定事實違背法令爲理由廢棄該判決。

**第四七八條** （廢棄原判決之處置─發回或發交）92

① 第三審法院廢棄原判決，而有下列各款情形之一者，應自爲判決：

一 因基於確定之事實或依法得斟酌之事實，不適用法規或適用不當廢棄原判決，而事件已可依該事實爲裁判者。

二 原判決就訴或上訴不合法之事件誤爲實體裁判者。

三 法院應依職權調查之事項，第三審得自行確定事實而爲判斷者。

四 原判決未本於當事人之捨棄或認諾爲裁判者。

五 其他無發回或發交使重爲辯論之必要者。

② 除有前項情形外，第三審法院於必要時，得將該事件發回原法院或發交其他同級法院。

③ 前項發回或發交判決，就應調查之事項，應詳予指示。

④ 受發回或發交之法院，應以第三審法院所爲廢棄理由之法律上判斷爲其判決基礎。

**第四七九條** （刪除）92

**第四八〇條** （發回或發交所應爲之處置）

爲發回或發交之判決者，第三審法院應速將判決正本附入卷宗，送交受發回或發交之法院。

**第四八一條** （第二審程序之準用）

除本章別有規定外，前章之規定，於第三審程序準用之。

# 第四編　抗告程序

**第四八二條** （得抗告之裁定）

對於裁定，得爲抗告。但別有不許抗告之規定者，不在此限。

**第四八三條** （程序中裁定不得抗告原則）

訴訟程序進行中所爲之裁定，除別有規定外，不得抗告。

**第四八四條** （關於財產權訴訟之抗告限制）92

① 不得上訴於第三審法院之事件，其第二審法院所爲裁定，不得抗告。但下列裁定，得向原法院提出異議：

一　命法院書記官、執達員、法定代理人、訴訟代理人負擔訴訟費用之裁定。

二　對證人、鑑定人、通譯或執有文書、勘驗物之第三人處以罰鍰之裁定。

三　駁回拒絕證言、拒絕鑑定、拒絕通譯之裁定。

四　強制提出文書、勘驗物之裁定。

②前項異議，準用對於法院同種裁定抗告之規定。

③受訴法院就異議所爲之裁定，不得聲明不服。

**第四八五條**　（異議之提出—準抗告）92

①受命法官或受託法官之裁定，不得抗告。但其裁定如係受訴法院所爲而依法得爲抗告者，得向受訴法院提出異議。

②前項異議，準用對於法院同種裁定抗告之規定。

③受訴法院就異議所爲之裁定，得依本編之規定抗告。

④訴訟繫屬於第三審法院者，其受命法官或受託法官所爲之裁定，得向第三審法院提出異議。不得上訴於第三審法院之事件，第二審法院受命法官或受託法官所爲之裁定，得向受訴法院提出異議。

**第四八六條**　112

①抗告，除別有規定外，由直接上級法院裁定。

②抗告法院之裁定，以抗告不合法而駁回者，不得再爲抗告。但得向所屬法院提出異議。

③前項異議，準用第四百八十四條第二項及第三項之規定。

④除前二項之情形外，對於抗告法院之裁定再爲抗告，僅得以其適用法規顯有錯誤爲理由。

⑤第四百三十六條之六之規定，於前項之抗告準用之。

⑥抗告未繳納裁判費，經原院法以抗告不合法而裁定駁回者，準用第二項、第三項之規定。

⑦第二項及前項之裁定確定，而聲請再審或以其他方法聲明不服者，不生效力，法院毋庸處理。

**第四八七條**　（抗告期間）92

提起抗告，應於裁定送達後十日之不變期間內爲之。但送達前之抗告，亦有效力。

**第四八八條**　（提起抗告之程序）92

①提起抗告，除別有規定外，應向爲裁定之原法院或原審判長所屬法院提出抗告狀爲之。

②適用簡易或小額訴訟程序之事件或關於訴訟救助提起抗告及由證人、鑑定人、通譯或執有證物之第三人提起抗告者，得以言詞爲之。但依第四百三十六條之二第一項規定提起抗告者，不在此限。

③提起抗告，應表明抗告理由。

**第四八九條**　（刪除）92

**第四九〇條**　（原法院或審判長對抗告之處置）92

①原法院或審判長認抗告爲有理由者，應撤銷或變更原裁定。

② 原法院或審判長未以抗告不合法駁回抗告，亦未依前項規定爲裁定者，應速將抗告事件送交抗告法院；如認爲必要時，應送交訴訟卷宗，並得添具意見書。

**第四九一條** （抗告之效力）92

① 抗告，除別有規定外，無停止執行之效力。

② 原法院或審判長或抗告法院得在抗告事件裁定前，停止原裁定之執行或爲其他必要處分。

③ 前項裁定，不得抗告。

**第四九二條** （抗告法院之裁定）92

抗告法院認抗告爲有理由者，應廢棄或變更原裁定；非有必要，不得命原法院或審判長更爲裁定。

**第四九三條** （刪除）92

**第四九四條** （刪除）92

**第四九五條** （擬制抗告或異議）

依本編規定，應爲抗告而誤爲異議者，視爲已提起抗告；應提出異議而誤爲抗告者，視爲已提出異議。

**第四九五條之一** （抗告之準用）92

① 抗告，除本編別有規定外，準用第三編第一章之規定。

② 第四百三十六條之二第一項之逕向最高法院抗告、第四百八十六條第四項之再爲抗告，準用第三編第二章之規定。

# 第五編　再審程序

**第四九六條** （再審事由）92

① 有下列各款情形之一者，得以再審之訴對於確定終局判決聲明不服。但當事人已依上訴主張其事由或知其事由而不爲主張者，不在此限：

一　適用法規顯有錯誤者。

二　判決理由與主文顯有矛盾者。

三　判決法院之組織不合法者。

四　依法律或裁判應迴避之法官參與裁判者。

五　當事人於訴訟未經合法代理者。

六　當事人知他造之住居所，指爲所在不明而與涉訟者。但他造已承認其訴訟程序者，不在此限。

七　參與裁判之法官關於該訴訟違背職務犯刑事上之罪者，或關於該訴訟違背職務受懲戒處分，足以影響原判決者。

八　當事人之代理人或他造或其代理人關於該訴訟有刑事上應罰之行爲，影響於判決者。

九　爲判決基礎之證物係僞造或變造者。

十　證人、鑑定人、通譯、當事人或法定代理人經具結後，就爲判決基礎之證言、鑑定、通譯或有關事項爲虛僞陳述者。

十一　爲判決基礎之民事、刑事、行政訴訟判決及其他裁判或行政處分，依其後之確定裁判或行政處分已變更者。

十二　當事人發現就同一訴訟標的在前已有確定判決或和解、調解得使用該判決或和解、調解者。

十三　當事人發現未經斟酌之證物或得使用該證物者。但以如經斟酌可受較有利益之裁判者為限。

②前項第七款至第十款情形，以宣告有罪之判決或處罰鍰之裁定已確定，或因證據不足以外之理由，而不能為有罪之確定判決或罰鍰之確定裁定者為限，得提起再審之訴。

③第二審法院就該事件已為本案判決者，對於第一審法院之判決不得提起再審之訴。

**第四九七條**　（再審事由）92

依第四百六十六條不得上訴於第三審法院之事件，除前條規定外，其經第二審確定之判決，如就足影響於判決之重要證物，漏未斟酌，或當事人有正當理由不到場，法院為一造辯論判決者，亦得提起再審之訴。

**第四九八條**　（再審事由）

為判決基礎之裁判，如有前二條所定之情形者，得據以對於該判決提起再審之訴。

**第四九八條之一**　（不得提起再審之事由）92

再審之訴，法院認無再審理由，判決駁回後，不得以同一事由，對於原確定判決或駁回再審之訴之確定判決，更行提起再審之訴。

**第四九九條**　（再審管轄法院）92

①再審之訴，專屬為判決之原法院管轄。

②對於審級不同之法院就同一事件所為之判決，提起再審之訴者，專屬上級法院合併管轄。但對於第三法院之判決，係本於第四百九十六條第一項第九款至第十三款事由，聲明不服者，專屬原第二審法院管轄。

**第五○○條**　（提起再審之期間）92

①再審之訴，應於三十日之不變期間內提起。

②前項期間，自判決確定時起算，判決於送達前確定者，自送達時起算；其再審之理由發生或知悉在後者，均自知悉時起算。但自判決確定後已逾五年者，不得提起。

③以第四百九十六條第一項第五款、第六款或第十二款情形為再審之理由者，不適用前項但書之規定。

**第五○一條**　（提起再審之程式）92

①再審之訴，應以訴狀表明下列各款事項，提出於管轄法院為之：

一　當事人及法定代理人。

二　聲明不服之判決及提起再審之訴之陳述。

三　應於如何程度廢棄原判決及就本案如何判決之聲明。

四　再審理由及關於再審理由並遵守不變期間之證據。

②再審訴狀內，宜記載準備本案言詞辯論之事項，並添具確定終局判決繕本或影本。

**第五○二條**　（再審之訴之駁回）

① 再審之訴不合法者，法院應以裁定駁回之。

② 再審之訴顯無再審理由者，得不經言詞辯論，以判決駁回之。

**第五〇三條** （本案審理之範圍）

本案之辯論及裁判，以聲明不服之部分爲限。

**第五〇四條** （再審之訴之駁回）

再審之訴，雖有再審理由，法院如認原判決爲正當者，應以判決駁回之。

**第五〇五條** （各審程序之準用）

除本編別有規定外，再審之訴訟程序，準用關於各該審級訴訟程序之規定。

**第五〇五條之一** （再審之準用）92

第三百九十五條第二項之規定，於再審之訴準用之。

**第五〇六條** （判決之效力）

再審之訴之判決，於第三人以善意取得之權利無影響。

**第五〇七條** （準再審）

裁定已經確定，而有第四百九十六條第一項或第四百九十七條之情形者，得準用本編之規定，聲請再審。

# 第五編之一　第三人撤銷訴訟程序 92

**第五〇七條之一** （第三人撤銷訴訟）92

有法律上利害關係之第三人，非因可歸責於己之事由而未參加訴訟，致不能提出足以影響判決結果之攻擊或防禦方法者，得以兩造爲共同被告對於確定終局判決提起撤銷之訴，請求撤銷對其不利部分之判決。但得循其他法定程序請求救濟者，不在此限。

**第五〇七條之二** （專屬管轄法院）92

① 第三人撤銷之訴，專屬爲判決之原法院管轄。

② 對於審級不同之法院就同一事件所爲之判決合併提起第三人撤銷之訴，或僅對上級法院所爲之判決提起第三人撤銷之訴者，專屬原第二審法院管轄。其未經第二審法院判決者，專屬原第一審法院管轄。

**第五〇七條之三** （停止判決執行之情況）92

① 第三人撤銷之訴無停止原確定判決執行之效力。但法院因必要情形或依聲請定相當並確實之擔保，得於撤銷之訴聲明之範圍內對第三人不利部分以裁定停止原確定判決之效力。

② 關於前項裁定，得爲抗告。

**第五〇七條之四** （對第三人不利判決之效力）92

① 法院認第三人撤銷之訴爲有理由者，應撤銷原確定終局判決對該第三人不利之部分，並依第三人之聲明，於必要時，在撤銷之範圍內變更原判決之判決。

② 前項情形，原判決於原當事人間仍不失其效力。但訴訟標的對於原判決當事人及提起撤銷之訴之第三人必須合一確定者，不

在此限。

**第五○七條之五** （第三人撤銷之訴之準用）92

第五百條第一項、第二項、第五百零一條至第五百零三條、第五百零五條、第五百零六條之規定，於第三人撤銷之訴準用之。

# 第六編　督促程序

**第五○八條** （聲請支付命令之要件）92

① 債權人之請求，以給付金錢或其他代替物或有價證券之一定數量為標的者，得聲請法院依督促程序發支付命令。

② 支付命令之聲請與處理，得視電腦或其他科技設備發展狀況，使用其設備為之，其辦法由司法院定之。

**第五○九條** （聲請支付命令之限制）92

督促程序，如聲請人應為對待給付尚未履行，或支付命令之送達應於外國為之，或依公示送達為之者，不得行之。

**第五一○條** （管轄法院）92

支付命令之聲請，專屬債務人為被告時，依第一條、第二條、第六條或第二十條規定有管轄權之法院管轄。

**第五一一條** （聲請支付命令應表明之事項）104

① 支付命令之聲請，應表明下列各款事項：

一　當事人及法定代理人。

二　請求之標的及其數量。

三　請求之原因事實。其有對待給付者，已履行之情形。

四　應發支付命令之陳述。

五　法院。

② 債權人之請求，應釋明之。

**第五一二條** （法院之裁定）

法院應不訊問債務人，就支付命令之聲請為裁定。

**第五一三條** （支付命令之駁回）

① 支付命令之聲請，不合於第五百零八條至第五百十一條之規定，或依聲請之意旨認債權人之請求為無理由者，法院應以裁定駁回之；就請求之一部不得發支付命令者，應僅就該部分之聲請駁回之。

② 前項裁定，不得聲明不服。

**第五一四條** （支付命令應載事項）104

① 支付命令，應記載下列各款事項：

一　第五百十一條第一項第一款至第三款及第五款所定事項。

二　債務人應向債權人清償其請求並賠償程序費用，否則應於支付命令送達後二十日之不變期間內，向發命令之法院提出異議。

三　債務人未於不變期間內提出異議時，債權人得依法院核發之支付命令及確定證明書聲請強制執行。

② 第五百十一條第一項第三款所定事項之記載，得以聲請書狀代

爲附件代之。

**第五一五條** （支付命令之送達）98

① 發支付命令後，三個月內不能送達於債務人者，其命令失其效力。

② 前項情形，法院誤發確定證明書者，自確定證明書所載確定日期起五年內，經撤銷確定證明書時，法院應通知債權人。如債權人於通知送達後二十日之不變期間起訴，視爲自支付命令聲請時，已經起訴；其於通知送達前起訴者，亦同。

③ 前項情形，督促程序費用，應作爲訴訟費用或調解程序費用之一部。

**第五一六條** （異議之程式及效力）92

① 債務人對於支付命令之全部或一部，得於送達後二十日之不變期間內，不附理由向發命令之法院提出異議。

② 債務人得在調解成立或第一審言詞辯論終結前，撤回其異議。但應負擔調解程序費用或訴訟費用。

**第五一七條** （刪除）

**第五一八條** （逾期異議之駁回）

債務人於支付命令送達後，逾二十日之不變期間，始提出異議者，法院應以裁定駁回之。

**第五一九條** （異議之效力）92

① 債務人對於支付命令於法定期間合法提出異議者，支付命令於異議範圍內失其效力，以債權人支付命令之聲請，視爲起訴或聲請調解。

② 前項情形，督促程序費用，應作爲訴訟費用或調解程序費用之一部。

**第五二○條** （刪除）

**第五二一條** （支付命令之效力）104

① 債務人對於支付命令未於法定期間合法提出異議者，支付命令得爲執行名義。

② 前項情形，爲裁定之法院應付與裁定確定證明書。

③ 債務人主張支付命令上所載債權不存在而提起確認之訴者，法院依債務人聲請，得許其提供相當並確實之擔保，停止強制執行。

# 第七編　保全程序

**第五二二條** （聲請假扣押之要件）92

① 債權人就金錢請求或得易爲金錢請求之請求，欲保全強制執行者，得聲請假扣押。

② 前項聲請，就附條件或期限之請求，亦得爲之。

**第五二三條** （假扣押之限制）

① 假扣押，非有日後不能強制執行或甚難執行之虞者，不得爲之。

② 應在外國爲強制執行者，視爲有日後甚難執行之虞。

**第五二四條** （假扣押之管轄法院）92

① 假扣押之聲請，由本案管轄法院或假扣押標的所在地之地方法院管轄。

② 本案管轄法院，為訴訟已繫屬或應繫屬之第一審法院。但訴訟現繫屬於第二審者，得以第二審法院為本案管轄法院。

③ 假扣押之標的如係債權或須經登記之財產權，以債務人住所或擔保之標的所在地或登記地，為假扣押標的所在地。

**第五二五條** （聲請假扣押之程式）92

① 假扣押之聲請，應表明下列各款事項：

一　當事人及法定代理人。

二　請求及其原因事實。

三　假扣押之原因。

四　法院。

② 請求非關於一定金額者，應記載其價額。

③ 依假扣押之標的所在地定法院管轄者，應記載假扣押之標的及其所在地。

**第五二六條** （請求及假扣押原因之釋明）102

① 請求及假扣押之原因，應釋明之。

② 前項釋明如有不足，而債權人陳明願供擔保或法院認為適當者，法院得定相當之擔保，命供擔保後為假扣押。

③ 請求及假扣押之原因雖經釋明，法院亦得命債權人供擔保後為假扣押。

④ 夫或妻基於剩餘財產差額分配請求權聲請假扣押者，前項法院所命供擔保之金額不得高於請求金額之十分之一。

**第五二七條** （免為或撤銷假扣押方法之記載）92

假扣押裁定內，應記載債務人供所定金額之擔保或將請求之金額提存，得免為或撤銷假扣押。

**第五二八條** （假扣押裁定之送達及抗告）92

① 關於假扣押聲請之裁定，得為抗告。

② 抗告法院為裁定前，應使債權人及債務人有陳述意見之機會。

③ 抗告法院認抗告為有理由者，應自為裁定。

④ 准許假扣押之裁定，如經抗告者，在駁回假扣押聲請裁定確定前，已實施之假扣押執行程序，不受影響。

**第五二九條** （撤銷假扣押原因一未依期起訴）92

① 本案尚未繫屬者，命假扣押之法院應依債務人聲請，命債權人於一定期間內起訴。

② 下列事項與前項起訴有同一效力：

一　依督促程序，聲請發支付命令者。

二　依本法聲請調解者。

三　依第三百九十五條第二項為聲明者。

四　依法開始仲裁程序者。

五　其他經依法開始起訴前應踐行之程序者。

六　基於夫妻剩餘財產差額分配請求權而聲請假扣押，已依民

　　　　法第一千零十條請求宣告改用分別財產制者。

③前項第六款情形，債權人應於宣告改用分別財產制裁定確定之日起十日內，起訴請求夫妻剩餘財產差額分配。

④債權人不於第一項期間內起訴或未遵守前項規定者，債務人得聲請命假扣押之法院撤銷假扣押裁定。

**第五三〇條** （撤銷假扣押原因—原因消滅等）92

①假扣押之原因消滅、債權人受本案敗訴判決確定或其他命假扣押之情事變更者，債務人得聲請撤銷假扣押裁定。

②第五百二十八條第三項、第四項之規定，於前項撤銷假扣押裁定準用之。

③假扣押之裁定，債權人得聲請撤銷之。

④第一項及前項聲請，向命假扣押之法院為之；如本案已繫屬者，向本案法院為之。

**第五三一條** （撤銷假扣押時債權人之賠償責任）92

①假扣押裁定因自始不當而撤銷，或因第五百二十九條第四項及第五百三十條第三項之規定而撤銷者，債權人應賠償債務人因假扣押或供擔保所受之損害。

②假扣押所保全之請求已起訴者，法院於第一審言詞辯論終結前，應依債務人之聲明，於本案判決內命債權人為前項之賠償。債務人未聲明者，應告以得為聲明。

**第五三二條** （假處分之要件）

①債權人就金錢請求以外之請求，欲保全強制執行者，得聲請假處分。

②假處分，非因請求標的之現狀變更，有日後不能強制執行，或甚難執行之虞者，不得為之。

**第五三三條** （假扣押規定之準用）92

關於假扣押之規定，於假處分準用之。但因第五百三十五條及第五百三十六條之規定而不同者，不在此限。

**第五三四條** （刪除）92

**第五三五條** （假處分之方法）92

①假處分所必要之方法，由法院以裁定酌定之。

②前項裁定，得選任管理人及命令或禁止債務人為一定行為。

**第五三六條** （假處分撤銷之原因）92

①假處分所保全之請求，得以金錢之給付達其目的，或債務人將因假處分而受難以補償之重大損害，或有其他特別情事者，法院始得於假處分裁定內，記載債務人供所定金額之擔保後免為或撤銷假處分。

②假處分裁定未依前項規定為記載者，債務人亦得聲請法院許其供擔保後撤銷假處分。

③法院為前二項裁定前，應使債權人有陳述意見之機會。

**第五三七條** （刪除）92

**第五三七條之一** （債權人自助行為）92

①債權人依民法第一百五十一條規定押收債務人之財產或拘束其

自由者，應即聲請法院爲假扣押或假處分之裁定。

② 前項聲請，專屬押收債務人財產或拘束其自由之行爲地地方法院管轄。

**第五三七條之二** （調查裁定）92

① 前條第一項之聲請，法院應即調查裁定之；其不合於民法第一百五十一條之規定，或有其他不應准許之情形者，法院應即以裁定駁回之。

② 因拘束債務人自由而爲假扣押或假處分之聲請者，法院爲准許之裁定，非命債權人及債務人以言詞爲陳述，不得爲之。

**第五三七條之三** （債權人自助行爲之程序）92

① 債權人依第五百三十七條之一爲聲請時，應將所押收之財產或被拘束自由之債務人送交法院處理。但有正當理由不能送交者，不在此限。

② 法院爲裁定及開始執行前，應就前項財產或債務人爲適當之處置。但拘束債務人之自由，自送交法院時起，不得逾二十四小時。

③ 債權人依第一項規定將所押收之財產或拘束自由之債務人送交法院者，如其聲請被駁回時，應將該財產發還於債務人或回復其自由。

**第五三七條之四** （起訴時間）92

因拘束債務人自由而爲假扣押或假處分裁定之本案尚未繫屬者，債權人應於裁定送達後五日內起訴，逾期未起訴時，命假扣押或假處分之法院得依聲請或依職權撤銷假扣押或假處分裁定。

**第五三八條** （定暫時狀態之假處分）92

① 於爭執之法律關係，爲防止發生重大之損害或避免急迫之危險或有其他相類之情形而有必要時，得聲請爲定暫時狀態之處分。

② 前項裁定，以其本案訴訟能確定該爭執之法律關係者爲限。

③ 第一項處分，得命先爲一定之給付。

④ 法院爲第一項及前項裁定前，應使兩造當事人有陳述之機會。但法院認爲不適當者，不在此限。

**第五三八條之一** （緊急處置）92

① 法院爲前條第一項裁定前，於認有必要時，得依聲請以裁定先爲一定之緊急處置，其處置之有效期間不得逾七日。期滿前得聲請延長之，但延長期間不得逾三日。

② 前項期間屆滿前，法院以裁定駁回定暫時狀態處分之聲請者，其先爲之處置當然失其效力。其經裁定許爲定暫時狀態，而其內容與先爲之處置相異時，其相異之處置失其效力。

③ 第一項之裁定，不得聲明不服。

**第五三八條之二** （定暫時狀態處理程序）92

① 抗告法院廢棄或變更第五百三十八條第三項之裁定時，應依抗告人之聲請，在廢棄或變更範圍內，同時命聲請人返還其所受領之給付。其給付爲金錢者，並應依聲請附加自受領時起之利

息。

②前項命返還給付之裁定，非對於抗告法院廢棄或變更定暫時狀態之裁定再爲抗告時，不得聲明不服；抗告中應停止執行。

③前二項規定，於第五百三十八條之一第二項之情形準用之。

**第五三八條之三** （無過失賠償責任）92

定暫時狀態之裁定因第五百三十一條之事由被撤銷，而應負損害賠償責任者，如聲請人證明其無過失時，法院得視情形減輕或免除其賠償責任。

**第五三八條之四** （準用）92

除別有規定外，關於假處分之規定，於定暫時狀態之處分準用之。

# 第八編　公示催告程序

**第五三九條** （一般公示催告之要件及效果）92

①申報權利之公示催告，以得依背書轉讓之證券或法律有規定者爲限。

②公示催告，對於不申報權利人，生失權之效果。

**第五四〇條** （准許之裁定）

①法院應就公示催告之聲請爲裁定。

②法院准許聲請者，應爲公示催告。

**第五四一條** （公示催告之記載）92

公示催告，應記載下列各款事項：

一　聲請人。

二　申報權利之期間及在期間內應爲申報之催告。

三　因不申報權利而生之失權效果。

四　法院。

**第五四二條** （公示催告之公告方法）107

①公示催告之公告，應黏貼於法院之公告處，並公告於法院網站；法院認爲必要時，得命登載於公報或新聞紙。

②前項公告於法院網站、登載公報、新聞紙之日期或期間，由法院定之。

③聲請人未依前項規定聲請公告於法院網站，或登載公報、新聞紙者，視爲撤回公示催告之聲請。

**第五四三條** （申報權利之期間）107

申報權利之期間，除法律別有規定外，自公示催告之公告開始公告於法院網站之日起、最後登載公報、新聞紙之日起，應有二個月以上。

**第五四四條** （期間已滿未爲除權判決前申報之效力）

申報權利在期間已滿後，而在未爲除權判決前者，與在期間內申報者，有同一之效力。

**第五四五條** （除權判決之聲請）

①公示催告，聲請人得於申報權利之期間已滿後三個月內，聲請

爲除權判決。但在期間未滿前之聲請，亦有效力。

②除權判決前之言詞辯論期日，應並通知已申報權利之人。

**第五四六條** （除權判決前之職權調查）

法院就除權判決之聲請爲裁判前，得依職權爲必要之調查。

**第五四七條** （駁回聲請之裁判）

駁回除權判決之聲請，以裁定爲之。

**第五四八條** （對申報權利爭執之處置）

申報權利人，如對於公示催告聲請人所主張之權利有爭執者，法院應斟量情形，在就所報權利有確定裁判前，裁定停止公示催告程序，或於除權判決保留其權利。

**第五四九條** （除權判決前之言詞辯論）

①公示催告聲請人，不於言詞辯論期日到場者，法院應依其聲請，另定新期日。

②前項聲請，自有遲誤時起，逾二個月後不得爲之。

③聲請人遲誤新期日者，不得聲請更定新期日。

**第五四九條之一** （費用負擔）92

法院爲除權判決者，程序費用由聲請人負擔。但因申報權利所生之費用，由申報權利人負擔。

**第五五〇條** （除權判決之公告）92

法院應以相當之方法，將除權判決之要旨公告之。

**第五五一條** （除權判決之撤銷）92

①對於除權判決，不得上訴。

②有下列各款情形之一者，得以公示催告聲請人爲被告，向原法院提起撤銷除權判決之訴：

一　法律不許行公示催告程序者。

二　未爲公示催告之公告，或不依法定方式爲公告者。

三　不遵守公示催告之公告期間者。

四　爲除權判決之法官，應自行迴避者。

五　已經申報權利而不依法律於判決中斟酌之者。

六　有第四百九十六條第一項第七款至第十款之再審理由者。

**第五五二條** （撤銷除權判決之期間）

①撤銷除權判決之訴，應於三十日之不變期間內提起之。

②前項期間，自原告知悉除權判決時起算。但依前條第四款或第六款所定事由提起撤銷除權判決之訴，如原告於知有除權判決時不知其事由者，自知悉其事由時起算。

③除權判決宣示後已逾五年者，不得提起撤銷之訴。

**第五五三條** （再審之程式及裁判準用於撤銷除權判決）92

第五百零一條、第五百零二條及第五百零六條之規定，於撤銷除權判決之訴準用之。

**第五五四條** （對於除權判決所附限制及保留之抗告）

對於除權判決所附之限制或保留，得爲抗告。

**第五五五條** （公示催告程序之合併）

數宗公示催告程序，法院得命合併之。

**第五五六條** （宣告證券無效之公示催告）

宣告證券無效之公示催告程序，適用第五百五十七條至第五百六十七條之規定。

**第五五七條** （管轄法院）

公示催告，由證券所載履行地之法院管轄；如未載履行地者，由證券發行人爲被告時，依第一條或第二條規定有管轄權之法院管轄；如無此法院者，由發行人於發行之日爲被告時，依各該規定有管轄權之法院管轄。

**第五五八條** （公示催告之聲請人）

① 無記名證券或空白背書之指示證券，得由最後之持有人爲公示催告之聲請。

② 前項以外之證券，得由能據證券主張權利之人爲公示催告之聲請。

**第五五九條** （聲請之程序）92

聲請人應提出證券繕本、影本，或開示證券要旨及足以辨認證券之事項，並釋明證券被盜、遺失或滅失及有聲請權之原因、事實。

**第五六〇條** （公示催告之記載）

公示催告，應記載持有證券人應於期間內申報權利及提出證券，並曉示以如不申報及提出者，即宣告證券無效。

**第五六一條** （公示催告之公告）

公示催告之公告，除依第五百四十二條之規定外，如法院所在地有交易所者，並應黏貼於該交易所。

**第五六二條** （申報權利之期間）107

申報權利之期間，自公示催告之公告開始公告於法院網站之日起、最後登載公報、新聞紙之日起，應有三個月以上，九個月以下。

**第五六三條** （申報權利後之處置）92

① 持有證券人經申報權利並提出證券者，法院應通知聲請人，並酌定期間使其閱覽證券。

② 聲請人閱覽證券認其爲眞正時，其公示催告程序終結，由法院書記官通知聲請人及申報權利人。

**第五六四條** （除權判決及撤銷除權判決之公告）92

① 除權判決，應宣告證券無效。

② 除權判決之要旨，法院應以職權依第五百六十一條之方法公告之。

③ 證券無效之宣告，因撤銷除權判決之訴而撤銷者，爲公示催告之法院於撤銷除權判決之判決確定後，應以職權依前項方法公告之。

**第五六五條** （除權判決之效力）

① 有除權判決後，聲請人對於依證券負義務之人，得主張證券上之權利。

② 因除權判決而爲清償者，於除權判決撤銷後，仍得以其清償對

抗債權人或第三人。但清償時已知除權判決撤銷者，不在此限。

**第五六六條**　（禁止支付之命令）

① 因宣告無記名證券之無效聲請公示催告，法院准許其聲請者，應依聲請不經言詞辯論，對於發行人為禁止支付之命令。

② 前項命令，應附記已為公示催告之事由。

③ 第一項命令，應準用第五百六十一條之規定公告之。

**第五六七條**　（禁止支付命令之撤銷）

① 公示催告程序，因提出證券或其他原因未為除權判決而終結者，法院應依職權以裁定撤銷禁止支付之命令。

② 禁止支付命令之撤銷，應準用第五百六十一條之規定公告之。

# 第九編　（刪除）102

第五六八條至第六四〇條　（刪除）102

# 民事訴訟法施行法

① 民國21年5月14日國民政府制定公布全文13條。
② 民國24年5月10日國民政府修正公布全文15條；並自24年7月1日施行。
③ 民國57年2月1日總統令修正公布名稱及全文12條（原名稱：中華民國民事訴訟法施行法）。
④ 民國79年8月20日總統令增訂公布第4-1條條文。
⑤ 民國88年2月3日總統令修正公布第4-1條條文；並增訂第7-1條條文。
⑥ 民國92年2月7日總統令修正公布第3、10、12條條文；並增訂第4-2、4-3條條文。
　民國92年7月2日司法院令發布自92年9月1日施行。
⑦ 民國92年6月25日總統令修正公布第12條條文；並刪除第7-1條條文。
　民國92年7月2日司法院令發布自92年9月1日施行。
⑧ 民國98年7月8日總統令修正公布第12條條文。
⑨ 民國102年5月8日總統令修正公布第12條條文；並自公布日施行。
⑩ 民國104年7月1日總統令修正公布第12條條文；增訂第4-4條條文；並自公布日施行。
⑪ 民國106年6月14日總統令修正公布第12條條文；增訂第4-5條條文；並自公布日施行。
⑫ 民國107年6月13日總統令修正公布第12條條文；並自公布後六個月施行。
⑬ 民國107年11月28日總統令修正公布第12條條文；並自公布日施行。
⑭ 民國110年1月20日總統令修正公布第 4-1、12 條條文；增訂第4-6條條文；並自公布日施行。
⑮ 民國110年6月16日總統令修正公布第12條條文；增訂第4-7條條文；並自公布日施行。
⑯ 民國110年12月8日總統令修正公布第12條條文；並自111年1月4日施行。
⑰ 民國112年11月29日總統令修正公布全文22條；並自公布日施行。

**第一條**
　本施行法稱修正民事訴訟法者，謂中華民國五十七年一月九日修正後，公布施行之民事訴訟法。稱舊法者，謂修正民事訴訟法施行前之民事訴訟法及其他關於民事訴訟之法律。

**第二條**
　除本施行法別有規定外，修正民事訴訟法於其施行前發生之事項亦適用之。但因舊法所生之效力，不因此而受影響。

**第三條**

郵務機構送達訴訟文書實施辦法，由司法院會同行政院訂定之。

**第四條**

修正民事訴訟法施行前繫屬之事件，其法院依修正民事訴訟法或舊法有管轄權者，為有管轄權。

**第五條**

修正民事訴訟法新定期間之訴訟行為，而應於其施行之際為之者，其期間自修正民事訴訟法施行之日起算。但修正民事訴訟法施行前，審判長依舊法裁定之期間已進行者，依其期間。

**第六條**

修正民事訴訟法施行前，依舊法法定期間已進行者，其期間依舊法之所定。

**第七條**

修正民事訴訟法施行前訴訟程序中斷、中止、休止，即本法所定當然停止、裁定停止、合意停止。

**第八條**

修正民事訴訟法施行前所為之判決，依第四百六十六條所定不得上訴之額數，於修正民事訴訟法施行後有增加時，而依增加前之法令許之者，仍得上訴。

**第九條**

上訴人有律師為訴訟代理人，或依書狀上之記載可認其明知上訴要件有欠缺者，法院得不行民事訴訟法第四百四十二條第二項及第四百四十四條第一項但書之程序。

**第一〇條**

關於民事訴訟法第一百六十二條所稱法院所在地之範圍，由司法院斟酌實際情形訂定之。

**第一一條**

修正民事訴訟法第五百條第三項、第五百五十二條第三項之規定，因於戰事不能於五年內起訴者，不適用之。

**第一二條**

① 支付命令於中華民國一百零四年六月十五日修正之民事訴訟法督促程序編施行後確定者，適用修正後之規定；於施行前確定者，債務人仍得依修正前民事訴訟法第五百二十一條第二項規定提起再審之訴。

② 前項後段情形，債務人有債權人於督促程序所提出之證物係偽造或變造之情形，或債務人提出可受較有利益裁判之證物者，仍得向支付命令管轄法院提起再審之訴，並以原支付命令之聲請，視為起訴。

③ 前項再審之訴應於民事訴訟法督促程序編修正施行後二年內為之，不受民事訴訟法第五百條之限制。本施行法施行起至無行為能力人或限制行為能力人成年後二年內均得為之。

④ 前二項規定，債務人就已經清償之債務範圍，不適用之。

**第一三條**

① 中華民國一百零六年五月二十六日修正之民事訴訟法第二百五十四條施行前，法院業發給已起訴之證明者，仍適用修正前之規定。

② 前項情形，訴訟標的非基於物權關係，或有修正之民事訴訟法第二百五十四條第九項但書、第十一項情形者，被告或利害關係人亦得依修正前民事訴訟法第二百五十四條第七項規定提出異議。

## 第一四條

中華民國一百零九年十二月三十日修正之民事訴訟法簡易訴訟程序施行前已繫屬之事件，其法院管轄權及審理程序依下列之規定：

一　未經終局裁判者，適用修正後之規定。

二　曾經終局裁判者，適用修正前之規定。

## 第一五條

中華民國一百零九年十二月三十日修正之民事訴訟法第一百三十三條第二項、第一百四十九條第五項、第二百四十九條之一、第四百四十條第三項、第四項、第四百四十九條之一施行前已繫屬之事件，於該審級終結前，仍適用修正前之規定。

## 第一六條

① 民事訴訟法第一百十四條第一項裁定於中華民國一百十年五月三十一日修正之民事訴訟法第一百十四條之一施行前確定者，受救助人得於修正條文施行之日起三個月內，依修正條文第一項規定爲聲請。

② 前項規定，受救助人就已清償訴訟費用之範圍，不適用之。

## 第一七條

中華民國九十二年一月十四日修正之民事訴訟法第四百四十七條施行前，已繫屬於第二審之事件，於該審級終結前，仍適用修正前之規定。

## 第一八條

中華民國九十二年一月十四日修正之民事訴訟法第四百六十九條之一及第四百七十條施行前，已經第二審法院判決之事件，仍適用修正前之規定。

## 第一九條

中華民國一百十二年十一月十四日修正之民事訴訟法第七十七條之二第二項、第七十七條之十九及第七十七條之二十二第二項施行前已繫屬之事件；第九十一條第一項、第三項施行前，法院爲訴訟費用之裁判未確定其費用額，而該裁判有執行力之事件，仍適用修正前之規定。

## 第二〇條

中華民國一百十二年十一月十四日修正之民事訴訟法第九十條第二項施行時，訴訟不經裁判而終結已逾二十日之不變期間者，不適用修正後之規定。

## 第二一條

中華民國一百十二年十一月十四日修正之民事訴訟法第七十七條之一第五項規定，於施行前所爲之裁判，不適用之。

**第二二條**

① 本施行法自修正民事訴訟法施行之日施行。

② 民事訴訟法修正條文及本施行法修正條文，除另定施行日期者外，自公布日施行。

③ 中華民國九十二年一月十四日、九十二年六月六日修正之民事訴訟法，其施行日期由司法院定之。

④ 中華民國九十八年六月十二日修正之民事訴訟法第四十五條之一、第五十條、第五十六條、第六十九條、第七十七條之十九、第五百七十一條、第五百七十一條之一、第五百九十六條至第六百二十四條之八及第九編第三章章名，自九十八年十一月二十三日施行。

⑤ 中華民國一百零七年五月二十二日修正之民事訴訟法，自公布後六個月施行。

⑥ 中華民國一百十年十一月二十三日修正之民事訴訟法，自一百十一年一月四日施行。

# 強制執行法

① 民國29年1月19日國民政府制定公布全文142條。
② 民國34年5月16日國民政府修正公布第128、129條條文。
③ 民國37年12月21日總統修正公布第128、129條條文
④ 民國64年4月22日總統修正公布第4至7、11、18、25、32、39、43、51、70、75、91、92、94至96、99、114至116、119、124、129、131、132、140條條文；並增訂第114-1至114-4條條文。
⑤ 民國85年10月9日總統令修正公布全文142條。
⑥ 民國89年2月3日總統令修正公布第10、20、25、27、77-1、80-1、95、115-1條條文。
⑦ 民國96年12月12日總統令修正公布第2、3條條文。
⑧ 民國100年6月29日總統令修正公布第20、21、22、23、25、28-2、77-1、122、128、129條條文；並增訂第28-3條條文。
⑨ 民國103年6月4日總統令修正公布第1、77、77-1、81條條文。
⑩ 民國107年6月13日總統令修正公布第65、84、122、142條條文；並自公布日施行。
⑪ 民國108年5月29日總統令修正公布第115-1條條文。

## 第一章 總 則

**第一條** 103

① 民事強制執行事務，於地方法院及其分院設民事執行處辦理之。

② 強制執行應依公平合理之原則，兼顧債權人、債務人及其他利害關係人權益，以適當之方法為之，不得逾達成執行目的之必要限度。

**第二條** 96

民事執行處置法官或司法事務官、書記官及執達員，辦理執行事務。

**第三條** 96

① 強制執行事件，由法官或司法事務官命書記官督同執達員辦理之。

② 本法所規定由法官辦理之事項，除拘提、管收外，均得由司法事務官辦理之。

**第三條之一**

① 執行人員於執行職務時，遇有抗拒者，得用強制力實施之。但不得逾必要之程度。

② 實施強制執行時，為防止抗拒或遇有其他必要之情形者，得請警察或有關機關協助。

③ 前項情形，警察或有關機關有協助之義務。

第四條

①強制執行，依左列執行名義爲之：

一　確定之終局判決。

二　假扣押、假處分、假執行之裁判及其他依民事訴訟法得爲強制執行之裁判。

三　依民事訴訟法成立之和解或調解。

四　依公證法規定得爲強制執行之公證書。

五　抵押權人或質權人，爲拍賣抵押物或質物之聲請，經法院爲許可強制執行之裁定者。

六　其他依法律之規定，得爲強制執行名義者。

②執行名義附有條件、期限或須債權人提供擔保者，於條件成就、期限屆至或供擔保後，始得開始強制執行。

③執行名義有對待給付者，以債權人已爲給付或已提出給付後，始得開始強制執行。

第四條之一

①依外國法院確定判決聲請強制執行者，以該判決無民事訴訟法第四百零二條各款情形之一，並經中華民國法院以判決宣示許可其執行者爲限，得爲強制執行。

②前項請求許可執行之訴，由債務人住所地之法院管轄。債務人於中華民國無住所者，由執行標的物所在地或應爲執行行爲地之法院管轄。

第四條之二

①執行名義爲確定終局判決者，除當事人外，對於左列之人亦有效力：

一　訴訟繫屬後爲當事人之繼受人及爲當事人或其繼受人占有請求之標的物者。

二　爲他人而爲原告或被告者之該他人及訴訟繫屬後爲該他人之繼受人，及爲該他人或其繼受人占有請求之標的物者。

②前項規定，於第四條第一項第二款至第六款規定之執行名義，準用之。

第五條

①債權人聲請強制執行，應以書狀表明左列各款事項，提出於執行法院爲之：

一　當事人及法定代理人。

二　請求實現之權利。

②書狀內宜記載執行之標的物、應爲之執行行爲或本法所定其他事項。

③強制執行開始後，債務人死亡者，得續行強制執行。

④債務人死亡，有左列情形之一者，執行法院得依債權人或利害關係人聲請，選任特別代理人，但有遺囑執行人或遺產管理人者，不在此限：

一　繼承人有無不明者。

二　繼承人所在不明者。

三　繼承人是否承認繼承不明者。

四　繼承人因故不能管理遺產者。

**第五條之一**

債權人聲請強制執行之執行名義係命債務人分期給付者，於各期履行期屆至時，執行法院得經債權人之聲請，繼續執行之。

**第五條之二**

① 有執行名義之債權人依民法第一百五十一條規定，自行拘束債務人之自由或押收其財產，而聲請法院處理者，依本法規定有關執行程序辦理之。

② 前項情形，如債權人尚未聲請強制執行者，視爲強制執行之聲請。

**第六條**

① 債權人聲請強制執行，應依左列規定，提出證明文件：

一　依第四條第一項第一款聲請者，應提出判決正本並判決確定證明書或各審級之判決正本。

二　依第四條第一項第二款聲請者，應提出裁判正本。

三　依第四條第一項第三款聲請者，應提出筆錄正本。

四　依第四條第一項第四款聲請者，應提出公證書。

五　依第四條第一項第五款聲請者，應提出債權及抵押權或質權之證明文件及裁定正本。

六　依第四條第一項第六款聲請者，應提出得爲強制執行名義之證明文件。

② 前項證明文件，未經提出者，執行法院應調閱卷宗。但受聲請之法院非係原第一審法院時，不在此限。

**第七條**

① 強制執行由應執行之標的物所在地或應爲執行行爲地之法院管轄。

② 應執行之標的物所在地或應爲執行行爲地不明者，由債務人之住、居所、公務所、事務所、營業所所在地之法院管轄。

③ 同一強制執行，數法院有管轄權者，債權人得向其中一法院聲請。

④ 受理強制執行事件之法院，須在他法院管轄區內爲執行行爲時，應囑託該他法院爲之。

**第八條**

① 關於強制執行事項及範圍發生疑義時，執行法院應調閱卷宗。

② 前項卷宗，如爲他法院所需用時，應自作繕本或節本，或囑託他法院移送繕本或節本。

**第九條**

開始強制執行前，除因調查關於強制執行之法定要件或執行之標的物認爲必要者外，無庸傳訊當事人。

**第一○條**

① 實施強制執行時，經債權人同意者，執行法院得延緩執行。

② 前項延緩執行之期限不得逾三個月。債權人聲請續行執行而再

同意延緩執行者，以一次為限。每次延緩期間屆滿後，債權人經執行法院通知而不於十日內聲請續行執行者，視為撤回其強制執行之聲請。

③實施強制執行時，如有特別情事繼續執行顯非適當者，執行法院得變更或延展執行期日。

### 第一一條

①供強制執行之財產權，其取得、設定、喪失或變更，依法應登記者，為強制執行時，執行法院應即通知該管登記機關登記其事由。

②前項通知，執行法院得依債權人之聲請，交債權人逕行持送登記機關登記。

③債務人因繼承、強制執行、徵收或法院之判決，於登記前已取得不動產物權者，執行法院因債權人之聲請，以債務人費用，通知登記機關登記為債務人所有後而為執行。

④前項規定，於第五條第三項之續行強制執行而有辦理繼承登記之必要者，準用之。但不影響繼承人拋棄繼承或限定繼承之權利。

### 第一二條

①當事人或利害關係人，對於執行法院強制執行之命令，或對於執行法官、書記官、執達員實施強制執行之方法，強制執行時應遵守之程序，或其他侵害利益之情事，得於強制執行程序終結前，為聲請或聲明異議。但強制執行不因而停止。

②前項聲請及聲明異議，由執行法院裁定之。

③不服前項裁定者，得為抗告。

### 第一三條

①執行法院對於前條之聲請，聲明異議或抗告認為有理由時，應將原處分或程序撤銷或更正之。

②執行法院於前項撤銷或更正之裁定確定前，因必要情形或依聲請定相當並確實之擔保，得以裁定停止該撤銷或更正裁定之執行。

③當事人對前項裁定，不得抗告。

### 第一四條

①執行名義成立後，如有消滅或妨礙債權人請求之事由發生，債務人得於強制執行程序終結前，向執行法院對債權人提起異議之訴。如以裁判為執行名義時，其為異議原因之事實發生在前訴訟言詞辯論終結後者，亦得主張之。

②執行名義無確定判決同一之效力者，於執行名義成立前，如有債權不成立或消滅或妨礙債權人請求之事由發生，債務人亦得於強制執行程序終結前提起異議之訴。

③依前二項規定起訴，如有多數得主張之異議原因事實，應一併主張之。其未一併主張者，不得再行提起異議之訴。

### 第一四條之一

①債務人對於債權人依第四條之二規定聲請強制執行，如主張非

執行名義效力所及者，得於強制執行程序終結前，向執行法院對債務人提起異議之訴。

② 債權人依第四條之二規定聲請強制執行經執行法院裁定駁回者，得於裁定送達後十日之不變期間內，向執行法院對債務人提起許可執行之訴。

## 第一五條

第三人就執行標的物有足以排除強制執行之權利者，得於強制執行程序終結前，向執行法院對債權人提起異議之訴。如債務人亦否認其權利時，並得以債務人為被告。

## 第一六條

債務人或第三人就強制執行事件得提起異議之訴時，執行法院得指示其另行起訴，或諭知債權人，經其同意後，即由執行法院撤銷強制執行。

## 第一七條

執行法院如發見債務人查報之財產確非債務人所有者，應命債權人另行查報，於強制執行開始後始發見者，應由執行法院撤銷其執行處分。

## 第一八條

① 強制執行程序開始後，除法律另有規定外，不停止執行。

② 有回復原狀之聲請，或提起再審或異議之訴，或對於和解為繼續審判之請求，或提起宣告調解無效之訴、撤銷調解之訴，或對於許可強制執行之裁定提起抗告時，法院因必要情形或依聲請定相當並確實之擔保，得為停止強制執行之裁定。

## 第一九條

① 執行法院對於強制執行事件，認有調查之必要時，得命債權人查報，或依職權調查之。

② 執行法院得向稅捐及其他有關機關、團體或知悉債務人財產之人調查債務人財產狀況，受調查者不得拒絕。但受調查者為個人時，如有正當理由，不在此限。

## 第二〇條　100

① 已發見之債務人財產不足抵償聲請強制執行債權或不能發現債務人應交付之財產時，執行法院得依債權人聲請或依職權，定期間命債務人據實報告該期間屆滿前一年內應供強制執行之財產狀況。

② 債務人違反前項規定，不為報告或為虛偽之報告，執行法院得依債權人聲請或依職權命其提供擔保或限期履行執行債務。

③ 債務人未依前項命令提供相當擔保或遵期履行者，執行法院得依債權人聲請或依職權管收債務人。但未經訊問債務人，並認其非不能報告財產狀況者，不得為之。

## 第二一條　100

① 債務人有下列情形之一，而有強制其到場之必要者，執行法院得拘提之：

一　經合法通知，無正當理由而不到場。

二　有事實足認為有逃匿之虞。

②債務人有前項情形者，司法事務官得報請執行法院拘提之。

③債務人經拘提到場者，執行法院得交由司法事務官即時詢問之。

④司法事務官於詢問後，應向執行法院提出書面報告。

**第二一條之一**

①拘提，應用拘票。

②拘票應記載左列事項，由執行法官簽名：

　一　應拘提人姓名、性別、年齡、出生地及住所或居所，有必要時，應記載其足資辨別之特徵。但年齡、出生地、住所或居所不明者，得免記載。

　二　案由。

　三　拘提之理由。

　四　應到之日、時及處所。

**第二一條之二**

　拘提，由執達員執行。

**第二二條** 100

①債務人有下列情形之一者，執行法院得依債權人聲請或依職權命其提供擔保或限期履行：

　一　有事實足認顯有履行義務之可能故不履行。

　二　就應供強制執行之財產有隱匿或處分之情事。

②債務人有前項各款情形之一，而有事實足認顯有逃匿之虞或其他必要事由者，執行法院得依債權人聲請或依職權，限制債務人住居於一定之地域。但債務人已提供相當擔保、限制住居原因消滅或執行完結者，應解除其限制。

③前項限制住居及其解除，應通知債務人及有關機關。

④債務人無正當理由違反第二項限制住居命令者，執行法院得拘提之。

⑤債務人未依第一項命令提供相當擔保、遵期履行或無正當理由違反第二項限制住居命令者，執行法院得依債權人聲請或依職權管收債務人。但未經訊問債務人，並認非予管收，顯難進行強制執行程序者，不得為之。

⑥債務人經拘提、通知或自行到場，司法事務官於詢問後，認有前項事由，而有管收之必要者，應報請執行法院依前項規定辦理。

**第二二條之一**

①管收，應用管收票。

②管收票，應記載左列事項，由執行法官簽名：

　一　應管收人之姓名、性別、年齡、出生地及住所或居所，有必要時，應記載其足資辨別之特徵。

　二　案由。

　三　管收之理由。

**第二二條之二**

①執行管收，由執達員將應管收人送交管收所。

② 管收所所長驗收後，應於管收票附記送到之年、月、日、時，並簽名。

## 第二二條之三

債務人有左列情形之一者，不得管收，其情形發生於管收後者，應停止管收：

一 因管收而其一家生計有難以維持之虞者。

二 懷胎五月以上或生產後二月未滿者。

三 現罹疾病，恐因管收而不能治療者。

## 第二二條之四

被管收人有左列情形之一者，應即釋放：

一 管收原因消滅者。

二 已就債務提出相當擔保者。

三 管收期限屆滿者。

四 執行完結者。

## 第二二條之五

拘提、管收，除本法別有規定外，準用刑事訴訟法關於拘提、羈押之規定。

## 第二三條 100

① 債務人依第二十條第二項、第二十二條第一項、第二項及第二十二條之四第二款提供之擔保，執行法院得許由該管區域內有資產之人具保證書代之。

② 前項具保證書人，如於保證書載明債務人逃亡或不履行義務時，由其負責清償或賠償一定之金額者，執行法院得因債權人之聲請，逕向具保證書人為強制執行。

## 第二四條

① 管收期限不得逾三個月。

② 有管收新原因發生時，對於債務人仍得再行管收，但以一次為限。

## 第二五條 100

① 債務人履行債務之義務，不因債務人或依本法得管收之人被管收而免除。

② 關於債務人拘提、管收、限制住居、報告及其他應負義務之規定，於下列各款之人亦適用之：

一 債務人為無行為能力人或限制行為能力人者，其法定代理人。

二 債務人失蹤者，其財產管理人。

三 債務人死亡者，其繼承人、遺產管理人、遺囑執行人或特別代理人。

四 法人或非法人團體之負責人、獨資商號之經理人。

③ 前項各款之人，於喪失資格或解任前，具有報告及其他應負義務或拘提、管收、限制住居之原因者，在喪失資格或解任後，於執行必要範圍內，仍得命其履行義務或予拘提、管收、限制住居。

**第二六條**

管收所之設置及管理，以法律定之。

**第二七條**

① 債務人無財產可供強制執行，或雖有財產經強制執行後所得之數額仍不足清償債務時，執行法院應命債權人於一個月內查報債務人財產。債權人到期不為報告或查報無財產者，應發給憑證，交債權人收執，載明俟發見有財產時，再予強制執行。

② 債權人聲請執行，而陳明債務人現無財產可供執行者，執行法院得逕行發給憑證。

**第二八條**

① 強制執行之費用，以必要部分為限，由債務人負擔，並應與強制執行之債權同時收取。

② 前項費用，執行法院得命債權人代為預納。

**第二八條之一**

強制執行程序如有左列情形之一，致不能進行時，執行法院得以裁定駁回其強制執行之聲請，並於裁定確定後，撤銷已為之執行處分：

一　債權人於執行程序中應為一定必要之行為，無正當理由而不為，經執行法院再定期限命為該行為，無正當理由逾期仍不為者。

二　執行法院命債權人於相當期限內預納必要之執行費用而不預納者。

**第二八條之二** 100

① 民事強制執行，其執行標的之金額或價額未滿新臺幣五千元者，免徵執行費；新臺幣五千元以上者，每百元收七角，其畸零之數不滿百元者，以百元計算。

② 前項規定，於聲明參與分配者，適用之。

③ 執行非財產案件，徵收執行費新臺幣三千元。

④ 法院依法科處罰鍰或怠金之執行，免徵執行費。

⑤ 法院依法徵收暫免繳納費用或國庫墊付款之執行，暫免繳執行費，由執行所得扣還之。

⑥ 執行人員之食、宿、舟、車費，不另徵收。

**第二八條之三** 100

① 債權人聲請執行，依第二十七條第二項逕行發給憑證者，徵收執行費新臺幣一千元。但依前條第一項規定計算應徵收之執行費低於新臺幣一千元者，依該規定計算徵收之。

② 債權人依前項憑證聲請執行，而依第二十七條第二項逕行發給憑證者，免徵執行費。

③ 債權人依前二項憑證聲請強制執行債務人財產者，應補徵收按前條第一項規定計算執行費之差額。

**第二九條**

① 債權人因強制執行而支出之費用，得求償於債務人者，得準用民事訴訟法第九十一條之規定，向執行法院聲請確定其數額。

② 前項費用及其他爲債權人共同利益而支出之費用，得求償於債務人者，得就強制執行之財產先受清償。

#### 第三〇條

① 依判決爲強制執行，其判決經變更或廢棄時，受訴法院因債務人之聲請，應於其判決內，命債權人償還強制執行之費用。

② 前項規定，於判決以外之執行名義經撤銷時，準用之。

#### 第三〇條之一

強制執行程序，除本法有規定外，準用民事訴訟法之規定。

## 第二章　關於金錢請求權之執行

### 第一節　參與分配

#### 第三一條

因強制執行所得之金額，如有多數債權人參與分配時，執行法院應作成分配表，並指定分配期日，於分配期日五日前以繕本交付債務人及各債權人，並置於民事執行處，任其閱覽。

#### 第三二條

① 他債權人參與分配者，應於標的物拍賣、變賣終結或依法交債權人承受之日一日前，其不經拍賣或變賣者，應於當次分配表作成之日一日前，以書狀聲明之。

② 逾前項期間聲明參與分配者，僅得就前項債權人受償餘額而受清償；如尚應就債務人其他財產執行時，其債權額與前項債權餘額，除有優先權者外，應按其數額平均受償。

#### 第三三條

對於已開始實施強制執行之債務人財產，他債權人再聲請強制執行者，已實施執行行爲之效力，於爲聲請時及於該他債權人，應合併其執行程序，並依前二條之規定辦理。

#### 第三三條之一

① 執行人員於實施強制執行時，發現債務人之財產業經行政執行機關查封者，不得再行查封。

② 前項情形，執行法院應將執行事件連同卷宗函送行政執行機關合併辦理，並通知債權人。

③ 行政執行機關就已查封之財產不再繼續執行時，應將有關卷宗送請執行法院繼續執行。

#### 第三三條之二

① 執行法院已查封之財產，行政執行機關不得再行查封。

② 前項情形，行政執行機關應將執行事件連同卷宗函送執行法院合併辦理，並通知移送機關。

③ 執行法院就已查封之財產不再繼續執行時，應將有關卷宗送請行政執行機關繼續執行。

#### 第三四條

① 有執行名義之債權人聲明參與分配時，應提出該執行名義之證

明文件。

②依法對於執行標的物有擔保物權或優先受償權之債權人，不問其債權已否屆清償期，應提出其權利證明文件，聲明參與分配。

③執行法院知有前項債權人者，應通知之。知有債權人而不知其住居所或知有前項債權而不知孰為債權人者，應依其他適當方法通知或公告之。經通知或公告仍不聲明參與分配者，執行法院僅就已知之債權及其金額列入分配。其應徵收之執行費，於執行所得金額扣繳之。

④第二項之債權人不聲明參與分配，其債權金額非執行法院所知者，該債權對於執行標的物之優先受償權，因拍賣而消滅，其已列入分配而未受清償部分，亦同。

⑤執行法院於有第一項或第二項之情形時，應通知各債權人及債務人。

**第三四條之一**

政府機關依法令或本於法令之處分，對義務人有公法上金錢債權，依行政執行法得移送執行者，得檢具證明文件，聲明參與分配。

**第三五條** （刪除）

**第三六條** （刪除）

**第三七條**

實行分配時，應由書記官作成分配筆錄。

**第三八條**

參與分配之債權人，除依法優先受償者外，應按其債權額數平均分配。

**第三九條**

①債權人或債務人對於分配表所載各債權人之債權或分配金額有不同意者，應於分配期日一日前，向執行法院提出書狀，聲明異議。

②前項書狀，應記載異議人所認原分配表之不當及應如何變更之聲明。

**第四〇條**

執行法院對於前條之異議認為正當，而到場之債務人及有利害關係之他債權人不為反對之陳述或同意者，應即更正分配表而為分配。

**第四〇條之一**

①依前條第一項更正之分配表，應送達於未到場之債務人及有利害關係之他債權人。

②前項債務人及債權人於受送達後三日內不為反對之陳述者，視為同意依更正分配表實行分配。其有為反對陳述者，應通知聲明異議人。

**第四一條**

①異議未終結者，為異議之債權人或債務人，得向執行法院對為反對陳述之債權人或債務人提起分配表異議之訴。但異議人已

依同一事由就有爭執之債權先行提起其他訴訟者，毋庸再行起訴，執行法院應依該確定判決實行分配。

②債務人對於有執行名義而參與分配之債權人為異議者，僅得以第十四條規定之事由，提起分配表異議之訴。

③聲明異議人未於分配期日起十日內向執行法院為前二項起訴之證明者，視為撤回其異議之聲明；經證明者，該債權應受分配之金額，應行提存。

④前項期間，於第四十條之一有反對陳述之情形，自聲明異議人受通知之日起算。

**第四二條至第四四條**　（刪除）

## 第二節　對於動產之執行

**第四五條**

動產之強制執行，以查封、拍賣或變賣之方法行之。

**第四六條**

查封動產，由執行法官命書記官督同執達員為之。於必要時得請有關機關、自治團體、商業團體、工業團體或其他團體，或對於查封物有專門知識經驗之人協助。

**第四七條**

①查封動產，由執行人員實施占有。其將查封物交付保管者，並應依左列方法行之：

一　標封。

二　烙印或火漆印。

三　其他足以公示查封之適當方法。

②前項方法，於必要時得併用之。

**第四八條**

①查封時，得檢查、啓視債務人居住所、事務所、倉庫、箱櫃及其他藏置物品之處所。

②查封時，如債務人不在場，應命其家屬或鄰右之有辨別事理能力者到場，於必要時，得請警察到場。

**第四九條**　（刪除）

**第五○條**

查封動產，以其價格足清償強制執行之債權額及債務人應負擔之費用者為限。

**第五○條之一**

①應查封動產之賣得價金，清償強制執行費用後，無賸餘之可能者，執行法院不得查封。

②查封物賣得價金，於清償優先債權及強制執行費用後，無賸餘之可能者，執行法院應撤銷查封，將查封物返還債務人。

③前二項情形，應先詢問債權人之意見，如債權人聲明於查封物賣得價金不超過優先債權及強制執行費用時，願負擔其費用者，不適用之。

**第五一條**

① 查封之效力及於查封物之天然孳息。

② 實施查封後，債務人就查封物所為移轉、設定負擔或其他有礙執行效果之行為，對於債權人不生效力。

③ 實施查封後，第三人未經執行法院允許，占有查封物或為其他有礙執行效果之行為者，執行法院得依職權或依聲請排除之。

**第五二條**

① 查封時，應酌留債務人及其共同生活之親屬二個月間生活所必需之食物、燃料及金錢。

② 前項期間，執行法官審核債務人家庭狀況，得伸縮之。但不得短於一個月或超過三個月。

**第五三條**

① 左列之物不得查封：

　　一　債務人及其共同生活之親屬所必需之衣服、寢具及其他物品。

　　二　債務人及其共同生活之親屬職業上或教育上所必需之器具、物品。

　　三　債務人所受或繼承之勳章及其他表彰榮譽之物品。

　　四　遺像、牌位、墓碑及其他祭祀、禮拜所用之物。

　　五　未與土地分離之天然孳息不能於一個月內收穫者。

　　六　尚未發表之發明或著作。

　　七　附於建築物或其他工作物，而為防止災害或確保安全，依法令規定應設備之機械或器具、避難器具及其他物品。

② 前項規定斟酌之債權人與債務人狀況，有顯失公平情形，仍以查封為適當者，執行法院得依聲請查封其全部或一部。其經債務人同意者，亦同。

**第五四條**

① 查封時，書記官應作成查封筆錄及查封物品清單。

② 查封筆錄，應載明左列事項：

　　一　為查封原因之權利。

　　二　動產之所在地、種類、數量、品質及其他應記明之事項。

　　三　債權人及債務人。

　　四　查封開始之日時及終了之日時。

　　五　查封之動產保管人。

　　六　保管方法。

③ 查封人員，應於前項筆錄簽名，如有保管人及依第四十八條第二項規定之人員到場者，亦應簽名。

**第五五條**

① 星期日或其他休息日及日出前、日沒後，不得進入有人居住之住宅實施關於查封之行為。但有急迫情事，經執行法官許可者，不在此限。

② 日沒前已開始為查封行為者，得繼續至日沒後。

③ 第一項許可之命令，應於查封時提示債務人。

### 第五六條

書記官、執達員於查封時發見債務人之動產業經因案受查封者，應速將其查封原因報告執行法官。

### 第五七條

① 查封後，執行法官應速定拍賣期日。

② 查封日至拍賣期間，至少應留七日之期間。但經債權人及債務人之同意或因查封物之性質，須迅速拍賣者，不在此限。

③ 前項拍賣期日不得多於一個月。但因查封物之性質或有不得已之事由者，不在此限。

### 第五八條

① 查封後，債務人得於拍定前提出現款，聲請撤銷查封。

② 拍定後，在拍賣物所有權移轉前，債權人撤回強制執行之聲請者，應得拍定人之同意。

### 第五九條

① 查封之動產，應移置於該管法院所指定之貯藏所或委託妥適之保管人保管之。認為適當時，亦得以債權人為保管人。

② 查封物除貴重物品及有價證券外，經債權人同意或認為適當時，得使債務人保管之。

③ 查封物交保管人時，應告知刑法所定損壞、除去或污穢查封標示或為違背其效力之行為之處罰。

④ 查封物交保管人時，應命保管人出具收據。

⑤ 查封物以債務人為保管人時，得許其於無損查封物之價值範圍內，使用之。

### 第五九條之一

查封之有價證券，須於其所定之期限內為權利之行使或保全行為者，執行法院應於期限之始期屆至時，代債務人為該行為。

### 第五九條之二

① 查封未與土地分離之天然孳息者，於收穫期屆至後，始得拍賣。

② 前項拍賣，得於採收後為之，其於分離前拍賣者，應由買受人自行負擔費用採收之。

### 第六〇條

① 查封物應公開拍賣之。但有左列情形之一者，執行法院得不經拍賣程序，將查封物變賣之：

一　債權人及債務人聲請或對於查封物之價格為協議者。

二　有易於腐壞之性質者。

三　有減少價值之虞者。

四　為金銀物品或有市價之物品者。

五　保管困難或需費過鉅者。

② 第七十一條之規定，於前項變賣準用之。

### 第六〇條之一

查封之有價證券，執行法院認為適當時，得不經拍賣程序，準用第一百十五條至第一百十七條之規定處理之。

### 第六一條

①拍賣動產，由執行法官命書記官督同執達員於執行法院或動產所在地行之。

②前項拍賣，執行法院認爲必要時，得委託拍賣行或適當之人行之。但應派員監督。

**第六二條**

查封物爲貴重物品而其價格不易確定者，執行法院應命鑑定人鑑定之。

**第六三條**

執行法院應通知債權人及債務人於拍賣期日到場，無法通知或屆期不到場者，拍賣不因而停止。

**第六四條**

①拍賣動產，應由執行法院先期公告。

②前項公告，應載明左列事項：

　　一　拍賣物之種類、數量、品質及其他應記明之事項。

　　二　拍賣之原因、日時及場所。

　　三　閱覽拍賣物及查封筆錄之處所及日時。

　　四　定有拍賣價金之交付期限者，其期限。

　　五　定有應買之資格或條件者，其資格或條件。

　　六　定有保證金者，其金額。

**第六五條　107**

拍賣公告，應揭示於執行法院及動產所在地之鄉鎮市（區）公所或拍賣場所，如認爲必要或因債權人或債務人之聲請，並得公告於法院網站；法院認爲必要時，得命登載於公報或新聞紙。

**第六六條**

拍賣，應於公告五日後行之。但因物之性質須迅速拍賣者，不在此限。

**第六七條**　（刪除）

**第六八條**

拍賣物之交付，應於價金繳足時行之。

**第六八條之一**

執行法院於有價證券拍賣後，得代債務人爲背書或變更名義與買受人之必要行爲，並載明其意旨。

**第六八條之二**

①拍定人未繳足價金者，執行法院應再拍賣。再拍賣時原拍定人不得應買。如再拍賣之價金低於原拍賣價金及因再拍賣所生之費用者，原拍定人應負擔其差額。

②前項差額，執行法院應依職權以裁定確定之。

③原拍定人繳納之保證金不足抵償差額時，得依前項裁定對原拍定人強制執行。

**第六九條**

拍賣物買受人就物之瑕疵無擔保求權。

**第七〇條**

①執行法院因債權人或債務人之聲請，或認爲必要時，應依職權

於拍賣前預定拍賣物之底價，並得酌定保證金額，命應買人於應買前繳納之。未照納者，其應買無效。

② 執行法院定底價時，應詢問債權人及債務人之意見，但無法通知或屆期不到場者，不在此限。

③ 拍定，應就應買人所出之最高價，高呼三次後爲之。

④ 應買人所出之最高價，如低於底價，或雖未定底價而債權人或債務人對於應買人所出之最高價，認爲不足而爲反對之表示時，執行拍賣人應不爲拍定，由執行法院定期再行拍賣。但債權人願依所定底價承受者，執行法院應交債權人承受。

⑤ 拍賣物依前項規定，再行拍賣時，應拍歸出價最高之應買人。但其最高價不足底價百分之五十；或雖未定底價，而其最高價顯不相當者，執行法院應作價交債權人承受；債權人不承受時，執行法院應撤銷查封，將拍賣物返還債務人。

⑥ 債務人不得應買。

## 第七一條

拍賣物無人應買時，執行法院應作價交債權人承受，債權人不願承受或依法不能承受者，應由執行法院撤銷查封，將拍賣物返還債務人。但拍賣物顯有賣得相當價金之可能者，準用前條第五項之規定。

## 第七二條

拍賣於賣得價金足以清償強制執行之債權額及債務人應負擔之費用時，應即停止。

## 第七三條

① 拍賣終結後，書記官應作成拍賣筆錄，載明左列事項：
  一　拍賣物之種類、數量、品質及其他應記明之事項。
  二　債權人及債務人。
  三　拍賣之買受人姓名、住址及其應買之最高價額。
  四　拍賣不成立或停止時，其原因。
  五　拍賣之日時及場所。
  六　作成拍賣筆錄之處所及年、月、日。

② 前項筆錄，應由執行拍賣人簽名。

## 第七四條

拍賣物賣得價金，扣除強制執行之費用後，應將餘額交付債權人，其餘額超過債權人取得執行名義之費用及其債權所應受償之數額時，應將超過額交付債務人。

## 第三節　對於不動產之執行

## 第七五條

① 不動產之強制執行，以查封、拍賣、強制管理之方法行之。

② 前項拍賣及強制管理之方法，於性質上許可並認爲適當時，得併行之。

③ 建築物及其基地同屬於債務人所有者，得併予查封、拍賣。

④應拍賣之財產有動產及不動產者，執行法院得合併拍賣之。

⑤前項合併拍賣之動產，適用關於不動產拍賣之規定。

## 第七六條

①查封不動產，由執行法官命書記官督同執達員依左列方法行之：

一　揭示。

二　封閉。

三　追繳契據。

②前項方法，於必要時得併用之。

③已登記之不動產，執行法院並應先通知登記機關為查封登記，其通知於第一項執行行為實施前到達登記機關時，亦發生查封之效力。

## 第七七條 103

①查封時，書記官應作成查封筆錄，載明下列事項：

一　為查封原因之權利。

二　不動產之所在地、種類、實際狀況、使用情形、現場調查所得之海砂屋、輻射屋、地震受創、嚴重漏水、火災受損、建物內有非自然死亡或其他足以影響交易之特殊情事及其應記明之事項。

三　債權人及債務人。

四　查封方法及其實施之年、月、日、時。

五　查封之不動產有保管人者，其保管人。

②查封人員及保管人應於前項筆錄簽名，如有依第四十八條第二項規定之人到場者，亦應簽名。

## 第七七條之一 103

①執行法官或書記官，為調查前條第一項第二款情事或其他權利關係，得依下列方式行之：

一　開啟門鎖進入不動產或訊問債務人或占有之第三人，並命其提出有關文書。

二　向警察及其他有關機關、團體調查，受調查者不得拒絕。

②前項情形，債務人無正當理由拒絕陳述或提出文書，或為虛偽陳述或提出虛偽之文書者，執行法院得依債權人聲請或依職權管收債務人。但未經訊問債務人，並認非予管收，顯難查明不動產狀況者，不得為之。

③第三人有前項情形或拒絕到場者，執行法院得以裁定處新臺幣一萬五千元以下之罰鍰。

## 第七八條

已查封之不動產，以債務人為保管人者，債務人仍得為從來之管理或使用。由債務人以外之人保管者，執行法院得許債務人於必要範圍內管理或使用之。

## 第七九條

查封之不動產保管或管理，執行法院得交由有關機關、自治團體、商業團體、工業團體或其他團體為之。

## 第八〇條

拍賣不動產，執行法院應命鑑定人就該不動產估定價格，經核定後，爲拍賣最低價額。

#### 第八〇條之一

① 不動產之拍賣最低價額不足清償優先債權及強制執行之費用者，執行法院應將其事由通知債權人。債權人於受通知後七日內，得證明該不動產賣得價金有賸餘可能或指定超過該項債權及費用總額之拍賣最低價額，並聲明如未拍定願負擔其費用而聲請拍賣。逾期未聲請者，執行法院應撤銷查封，將不動產返還債務人。

② 依債權人前項之聲請爲拍賣而未拍定，債權人亦不承受時，執行法院應公告願買受該不動產者，得於三個月內依原定拍賣條件爲應買之表示，執行法院於訊問債權人及債務人意見後，許其應買；債權人復願承受者亦同。逾期無人應買或承受者，執行法院應撤銷查封，將不動產返還債務人。

③ 不動產由順位在先之抵押權或其他優先受償權人聲請拍賣者，不適用前二項之規定。

④ 第一項、第二項關於撤銷查封將不動產返還債務人之規定，於該不動產已併付強制管理之情形；或債權人已聲請另付強制管理而執行法院認爲有實益者，不適用之。

#### 第八一條 103

① 拍賣不動產，應由執行法院先期公告。

② 前項公告，應載明下列事項：

 一 不動產之所在地、種類、實際狀況、占有使用情形、調查所得之海砂屋、輻射屋、地震受創、嚴重漏水、火災受損、建物內有非自然死亡或其他足以影響交易之特殊情事及其應記明之事項。

 二 拍賣之原因、日期及場所。如以投標方法拍賣者，其開標之日時及場所，定有保證金額者，其金額。

 三 拍賣最低價額。

 四 交付價金之期限。

 五 閱覽查封筆錄之處所及日、時。

 六 定有應買資格或條件者，其資格或條件。

 七 拍賣後不點交者，其原因。

 八 定有應買人察看拍賣物之日、時者，其日、時。

#### 第八二條

拍賣期日距公告之日，不得少於十四日。

#### 第八三條

拍賣不動產，由執行法官命書記官督同執達員於執行法院或其他場所爲之。

#### 第八四條 107

① 拍賣公告，應揭示於執行法院及不動產所在地或其所在地之鄉鎮市（區）公所。

② 拍賣公告，應公告於法院網站；法院認爲必要時，得命登載於

公報或新聞紙。

**第八五條**

拍賣不動產，執行法院得因債權人或債務人之聲請或依職權，以投標之方法行之。

**第八六條**

以投標方法拍賣不動產時，執行法院得酌定保證金額，命投標人於開標前繳納之。

**第八七條**

①投標人應以書件密封，投入執行法院所設之標匭。

②前項書件，應載明左列事項：

　一　投標人之姓名、年齡及住址。

　二　願買之不動產。

　三　願出之價額。

**第八八條**

開標應由執行法官當眾開示，並朗讀之。

**第八九條**

投標應繳納保證金而未照納者，其投標無效。

**第九○條**

①投標人願出之最高價額相同者，以當場增加之金額最高者為得標人；無人增加價額者，以抽籤定其得標人。

②前項得標人未於公告所定期限內繳足價金者，再行拍賣。但未中籤之投標人仍願按原定投標條件依法承買者，不在此限。

**第九一條**

①拍賣之不動產無人應買或應買人所出之最高價未達拍賣最低價額，而到場之債權人於拍賣期日終結前聲明願承受者，執行法院應依該次拍賣所定之最低價額，將不動產交債權人承受，並發給權利移轉證書。其無人承受或依法不得承受者，由執行法院定期再行拍賣。

②依前項規定再行拍賣時，執行法院應酌減拍賣最低價額；酌減數額不得逾百分之二十。

**第九二條**

再行拍賣期日，無人應買或應買人所出之最高價，未達於減定之拍賣最低價額者，準用前條之規定；如再行拍賣，其酌減數額，不得逾減定之拍賣最低價額百分之二十。

**第九三條**

前二條再行拍賣之期日，距公告之日，不得少於十日多於三十日。

**第九四條**

①債權人有二人以上願承受者，以抽籤定之。

②承受不動產之債權人，其應繳之價金超過其應受分配額者，執行法院應限期命其補繳差額後，發給權利移轉證書；逾期不繳者，再行拍賣。但有未中籤之債權人仍願按原定拍賣條件依法承受者，不在此限。

③第六十八條之二之規定，於前項再行拍賣準用之。

**第九五條**

①經二次減價拍賣而未拍定之不動產，債權人不願承受或依法不得承受時，執行法院應於第二次減價拍賣期日終結後十日內公告願買受該不動產者，得於公告之日起三個月內依原定拍賣條件爲應買之表示，執行法院得於詢問債權人及債務人意見後，許其買受。債權人復願爲承受者，亦同。

②前項三個月期限內，無人應買前，債權人亦得聲請停止前項拍賣，而另行估價或減價拍賣，如仍未拍定或由債權人承受，或債權人未於該期限內聲請另行估價或減價拍賣者，視爲撤回該不動產之執行。

③第九十四條第二項、第三項之規定，於本條第一項承買準用之。

**第九六條**

①供拍賣之數宗不動產，其中一宗或數宗之賣得價金，已足清償強制執行之債權額及債務人應負擔之費用時，其他部分應停止拍賣。

②前項情形，債務人得指定其應拍賣不動產之部分。但建築物及其基地，不得指定單獨拍賣。

**第九七條**

拍賣之不動產，買受人繳足價金後，執行法院應發給權利移轉證書及其他書據。

**第九八條**

①拍賣之不動產，買受人自領得執行法院所發給權利移轉證書之日起，取得該不動產所有權，債權人承受債務人之不動產者亦同。

②前項不動產原有之地上權、永佃權、地役權、典權及租賃關係隨同移轉。但發生於設定抵押權之後，並對抵押權有影響，經執行法院除去後拍賣者，不在此限。

③存於不動產上之抵押權及其他優先受償權，因拍賣而消滅。但抵押權所擔保之債權未定清償期或其清償期尚未屆至，而拍定人或承受抵押物之債權人聲明願在拍定或承受之抵押物價額範圍內清償債務，經抵押權人同意者，不在此限。

**第九九條**

①債務人應交出之不動產，現爲債務人占有或於查封後爲第三人占有者，執行法院應解除其占有，點交於買受人或承受人；如有拒絕交出或其他情事時，得請警察協助。

②第三人對其在查封前無權占有不爭執或其占有爲前條第二項但書之情形者，前項規定亦適用之。

③依前二項規定點交後，原占有人復即占有該不動產者，執行法院得依聲請再解除其占有後點交之。

④前項執行程序，應徵執行費。

**第一〇〇條**

①房屋內或土地上之動產，除應與不動產同時強制執行外，應取

去點交債務人或其代理人、家屬或受僱人。

② 無前項之人接受點交時，應將動產暫付保管，向債務人為限期領取之通知，債務人逾期不領取時，得拍賣之而提存其價金，或為其他適當之處置。

③ 前二項規定，於前條之第三人適用之。

### 第一〇一條

債務人應交出書據而拒絕交出時，執行法院得將書據取交債權人或買受人，並得以公告宣示未交出之書據無效，另作證明書發給債權人或買受人。

### 第一〇二條

① 共有物應有部分第一次之拍賣，執行法院應通知他共有人。但無法通知時，不在此限。

② 最低拍賣價額，就共有物全部估價，按債務人應有部分比例定之。

### 第一〇三條

已查封之不動產，執行法院得因債權人之聲請或依職權，命付強制管理。

### 第一〇四條

① 命付強制管理時，執行法院應禁止債務人干涉管理人事務及處分該不動產之收益，如收益應由第三人給付者，應命該第三人向管理人給付。

② 前項命第三人給付之命令，於送達於該第三人時發生效力。

### 第一〇五條

① 管理人由執行法院選任之。但債權人得推薦適當之人。

② 執行法院得命管理人提供擔保。

③ 管理人之報酬，由執行法院詢問債權人及債務人意見後定之。

### 第一〇六條

① 強制管理，以管理人一人為之。但執行法院認為必要時，得選任數人。

② 管理人有數人時，應共同行使職權。但執行法院另以命令定其職務者，不在此限。

③ 管理人共同行使職權時，第三人之意思表示，得僅向其中一人為之。

### 第一〇七條

① 執行法院對於管理人，應指示關於管理上必要之事項，並監督其職務之進行。

② 管理人將管理之不動產出租者，應以書面為之，並應經執行法院之許可。

③ 執行法院為前項許可時，應詢問債權人及債務人之意見。但無法通知或屆期不到場者，不在此限。

### 第一〇八條

管理人不勝任或管理不適當時，執行法院得解除其職務或更換之。

## 第一〇九條

管理人因強制管理及收益，得占有不動產，遇有抗拒，得請執行法院核辦，或請警察協助。

## 第一一〇條

① 管理人於不動產之收益，扣除管理費用及其他必需之支出後，應將餘額速交付權人；如有多數債權人參與分配，執行法院認為適當時，得指示其作成分配表分配之。

② 債權人對於前項所交數額有異議時，得向執行法院聲明之；如債權人於前項分配表送達後三日內向管理人異議者，管理人即報請執行法院分配之。

③ 第一項收益，執行法院得依債務人或其共同生活之親屬之聲請，酌留維持其生活所需之數額，命管理人支付之。

## 第一一一條

① 管理人應於每月或其業務終結後，繕具收支計算書，呈報執行法院，並送交付權人及債務人。

② 債權人或債務人對於前項收支計算書有異議時，得於接得計算書後五日內，向執行法院聲明之。

## 第一一二條

① 強制執行之債權額及債務人應負擔之費用，就不動產之收益已受清償時，執行法院應即終結強制管理。

② 不動產之收益，扣除管理費用及其他必需之支出後，無贍餘之可能者，執行法院應撤銷強制管理程序。

## 第一一三條

不動產之強制執行，除本節有規定外，準用關於動產執行之規定。

### 第四節　對於船舶及航空器之執行

## 第一一四條

① 海商法所定之船舶，其強制執行，除本法另有規定外，準用關於不動產執行之規定；建造中之船舶亦同。

② 對於船舶之強制執行，自運送人或船長發航準備完成時起，以迄航行完成時止，仍得為之。

③ 前項強制執行，除海商法第四條第一項但書之規定或船舶碰撞之損害賠償外，於保全程序之執行名義，不適用之。

## 第一一四條之一

① 船舶於查封後，應取去證明船舶國籍之文書，使其停泊於指定之處所，並通知航政主管機關。但經債權人同意，執行法院得因當事人或利害關係人之聲請，准許其航行。

② 債務人或利害關係人，得以債權額及執行費用額或船舶之價額，提供擔保金額或相當物品，聲請撤銷船舶之查封。

③ 前項擔保，得由保險人或經營保證業務之銀行出具擔保書代之。擔保書應載明債務人不履行義務時，由其負責清償或併賠償一

定之金額。

④依前二項規定撤銷船舶之查封時，得就該項擔保續行執行。如擔保人不履行義務時，執行法院得因債權人之聲請，逕向擔保人為強制執行。

⑤第二項、第三項係就債權額及執行費用額提供擔保者，於擔保提出後，他債權人對該擔保不得再聲明參與分配。

⑥第一項但書情形，不影響海商法第二十四條第一項第一款之優先受償權。

## 第一一四條之二

①依前條第一項但書准許航行之船舶，在未返回指定之處所停泊者，不得拍賣。但船舶現停泊於他法院轄區者，得囑託該法院拍賣或為其他執行行為。

②拍賣船舶之公告，除記載第八十一條第二項第二款至第五款事項外，並應載明船名、船種、總噸位、船舶國籍、船籍港、停泊港及其他事項，揭示於執行法院、船舶所在地及船籍港所在地航政主管機關牌示處。

③船舶得經應買人、債權人及債務人同意變賣之，並於買受人繳足價金後，由執行法院發給權利移轉證書。

④前項變賣，其賣得價金足以清償債權人之債權者，無須得其同意。

## 第一一四條之三

外國船舶經中華民國法院拍賣者，關於船舶之優先權及抵押權，依船籍國法。當事人對優先權與抵押權之存在所擔保之債權額或優先次序有爭議者，應由主張有優先權或抵押權之人，訴請執行法院裁判；在裁判確定前，其應受償之金額，應予提存。

## 第一一四條之四

①民用航空法所定航空器之強制執行，除本法另有規定外，準用關於船舶執行之規定。

②查封之航空器，得交由當地民用航空主管機關保管之。航空器第一次拍賣期日，距公告之日，不得少於一個月。

③拍賣航空器之公告，除記載第八十一條第二項第二款至第五款事項外，並應載明航空器所在地、國籍、標誌、登記號碼、型式及其他事項。

④前項公告，執行法院應通知民用航空主管機關登記之債權人。但無法通知者，不在此限。

## 第五節　對於其他財產權之執行

## 第一一五條

①就債務人對於第三人之金錢債權為執行時，執行法院應發扣押命令禁止債務人收取或為其他處分，並禁止第三人向債務人清償。

②前項情形，執行法院得詢問債權人意見，以命令許債權人收取，

或將該債權移轉於債權人。如認為適當時，得命第三人向執行法院支付轉給債權人。

③ 金錢債權因附條件、期限、對待給付或其他事由，致難依前項之規定辦理者，執行法院得依聲請，準用對於動產執行之規定拍賣或變賣之。

④ 金錢債權附有已登記之擔保物權者，執行法院依前三項為強制執行時，應即通知該管登記機關登記其事由。

**第一一五條之一**　108

① 對於薪資或其他繼續性給付之債權所為強制執行，於債權人之債權額及強制執行費用額之範圍內，其效力及於扣押後應受及增加之給付。

② 對於下列債權發扣押命令之範圍，不得逾各期給付數額三分之一：

一　自然人因提供勞務而獲得之繼續性報酬債權。

二　以維持債務人或其共同生活親屬生活所必需為目的之繼續性給付債權。

③ 前項情形，執行法院斟酌債務人與債權人生活狀況及其他情事，認有失公平者，得不受扣押範圍之比例限制。但應預留債務人生活費用，不予扣押。

④ 第一項債務人於扣押後應受及增加之給付，執行法院得以命令移轉於債權人。但債務人喪失其權利或第三人喪失其支付能力時，債權人債權未受清償部分，移轉命令失其效力，得聲請繼續執行。並免徵執行費。

**第一一五條之二**

① 第三人於執行法院發第一百十五條第二項命令前，得將對債務人之金錢債權全額或扣押部分提存於清償地之提存所。

② 第三人於執行法院許債權人收取或向執行法院支付轉給債權人之命令辦理前，又收受扣押命令，而其扣押之金額超過債務人之金錢債權未受扣押部分者，應即將該債權之全額支付扣押在先之執行法院。

③ 第三人已為提存或支付時，應向執行法院陳明其事由。

**第一一六條**

① 就債務人基於債權或物權，得請求第三人交付或移轉動產或不動產之權利為執行時，執行法院除以命令禁止債務人處分，並禁止第三人交付或移轉外，如認為適當時，得命第三人將該動產或不動產交與執行法院，依關於動產或不動產執行之規定執行之。

② 基於確定判決，或依民事訴訟法成立之和解、調解，第三人應移轉或設定不動產物權於債務人者，執行法院得因債權人之聲請，以債務人之費用，通知登記機關登記為債務人所有後執行之。

**第一一六條之一**

就債務人基於債權或物權，得請求第三人交付或移轉船舶或航

空器之權利爲執行時，準用前條之規定辦理，並依關於船舶或航空器執行之規定執行之。

**第一一七條**

對於前三節及第一百十五條至前條所定以外之財產權執行時，準用第一百十五條至前條之規定，執行法院並得酌量情形，命令讓與或管理，而以讓與價金或管理之收益清償債權人。

**第一一八條**

① 第一百十五條、第一百十六條、第一百十六條之一及前條之命令，應送達於債務人及第三人，已爲送達後，應通知債權人。

② 前項命令，送達於第三人時發生效力，無第三人者，送達於債務人時發生效力。但送達前已爲扣押登記者，於登記時發生效力。

**第一一九條**

① 第三人不承認債務人之債權或其他財產權之存在，或於數額有爭議或有其他得對抗債務人請求之事由時，應於接受執行法院命令後十日內，提出書狀，向執行法院聲明異議。

② 第三人不於前項期間內聲明異議，亦未依執行法院命令，將金錢支付債權人，或將金錢、動產或不動產支付或交付執行法院時，執行法院得因債權人之聲請，逕向該第三人爲強制執行。

③ 對於前項執行，第三人得以第一項規定之事由，提起異議之訴。

④ 第十八條第二項之規定，於前項訴訟準用之。

**第一二〇條**

① 第三人依前條第一項規定聲明異議者，執行法院應通知債權人。

② 債權人對於第三人之聲明異議認爲不實時，得於收受前項通知後十日內向管轄法院提起訴訟，並應向執行法院爲起訴之證明及將訴訟告知債務人。

③ 債權人未於前項規定期間內爲起訴之證明者，執行法院得依第三人之聲請，撤銷所發執行命令。

**第一二一條**

債務人對於第三人之債權或其他財產權持有書據，執行法院命其交出而拒絕者，得將該書據取出，並得以公告宣示未交出之書據無效，另作證明書發給債權人。

**第一二二條** 107

① 債務人依法領取之社會福利津貼、社會救助或補助，不得爲強制執行。

② 債務人依法領取之社會保險給付或其對於第三人之債權，係維持債務人及其共同生活之親屬生活所必需者，不得爲強制執行。

③ 債務人生活所必需，以最近一年衛生福利部或直轄市政府所公告當地區每人每月最低生活費一點二倍計算其數額，並應斟酌債務人之其他財產。

④ 債務人共同生活親屬生活所必需，準用前項計算基準，並按債務人依法應負擔扶養義務之比例定其數額。

⑤ 執行法院斟酌債務人與債權人生活狀況及其他情事，認有失公

平者，不受前三項規定之限制。但應酌留債務人及其扶養之共同生活親屬生活費用。

## 第六節　對於公法人財產之執行

**第一二二條之一**

① 關於金錢請求權之強制執行，債務人爲中央或地方機關或依法爲公法人者，適用本節之規定。但債務人爲金融機構或其他無關人民生活必需之公用事業者，不在此限。

② 第二十條至第二十五條之規定，於前項執行不適用之。

**第一二二條之二**

① 執行法院應對前條債務人先發執行命令，促其於三十日內依照執行名義自動履行或將金錢支付執行法院轉給債權人。

② 債務人應給付之金錢，列有預算項目而不依前項規定辦理者，執行法院得適用第一百十五條第一項、第二項規定，逕向該管公庫執行之。

**第一二二條之三**

① 債務人管有之公用財產，爲其推行公務所必需或其移轉違反公共利益者，債權人不得爲強制執行。

② 關於前項情形，執行法院有疑問時，應詢問債務人之意見或爲其他必要之調查。

**第一二二條之四**

債務人管有之非公用財產及不屬於前條第一項之公用財產，仍得爲強制執行，不受國有財產法、土地法及其他法令有關處分規定之限制。

## 第三章　關於物之交付請求權之執行

**第一二三條**

① 執行名義係命債務人交付一定之動產而不交付者，執行法院得將該動產取交債權人。

② 債務人應交付之物爲書據、印章或其他相類之憑證而依前項規定執行無效果者，得準用第一百二十一條、第一百二十八條第一項之規定強制執行之。

**第一二四條**

① 執行名義係命債務人交出不動產而不交出者，執行法院得解除債務人之占有，使歸債權人占有。如債務人於解除占有後，復即占有該不動產者，執行法院得依聲請再爲執行。

② 前項再爲執行，應徵執行費。

③ 執行名義係命債務人交出船舶、航空器或在建造中之船舶而不交出者，準用前二項規定。

**第一二五條**

關於動產、不動產執行之規定，於前二條情形準用之。

**第一二六條**

第一百二十三條及第一百二十四條應交付之動產、不動產或船舶及航空器為第三人占有者，執行法院應以命令將債務人對於第三人得請求交付之權利移轉於債權人。

## 第四章　關於行為及不行為請求權之執行

**第一二七條**

① 依執行名義，債務人應為一定行為而不為者，執行法院得以債務人之費用，命第三人代為履行。

② 前項費用，由執行法院酌定數額，命債務人預行支付或命債權人代為預納，必要時，並得命鑑定人鑑定其數額。

**第一二八條 100**

① 依執行名義，債務人應為一定之行為，而其行為非他人所能代履行者，債務人不為履行時，執行法院得定債務人履行之期間。債務人不履行時，得處新臺幣三萬元以上三十萬元以下之怠金。其續經定期履行而仍不履行者，得再處怠金或管收之。

② 前項規定，於夫妻同居之判決不適用之。

③ 執行名義，係命債務人交出子女或被誘人者，除適用第一項規定外，得用直接強制方式，將該子女或被誘人取交債權人。

**第一二九條 100**

① 執行名義係命債務人容忍他人之行為，或禁止債務人為一定之行為者，債務人不履行時，執行法院得處新臺幣三萬元以上三十萬元以下之怠金。其仍不履行時，得再處怠金或管收之。

② 前項情形，於必要時，並得因債權人之聲請，以債務人之費用，除去其行為之結果。

③ 依前項規定執行後，債務人復行違反時，執行法院得依聲請再為執行。

④ 前項再為執行，應徵執行費。

**第一二九條之一**

債務人應為第一百二十八條第一項及前條第一項之行為或不行為者，執行法院得通知有關機關為適當之協助。

**第一三〇條**

① 命債務人為一定之意思表示之判決確定或其他與確定判決有同一效力之執行名義成立者，視為自其確定或成立時，債務人已為意思表示。

② 前項意思表示有待於對待給付者，於債權人已為提存或執行法院就債權人已為對待給付給予證明書時，視為債務人已為意思表示。公證人就債權人已為對待給付予以公證時，亦同。

**第一三一條**

① 關於繼承財產或共有物分割之裁判，執行法院得將各繼承人或共有人分得部分點交之；其應以金錢補償者，並得對於補償義務人之財產執行。

②執行名義係變賣繼承財產或共有物，以價金分配於各繼承人或各共有人者，執行法院得予以拍賣，並分配其價金，其拍賣程序，準用關於動產或不動產之規定。

# 第五章　假扣押假處分之執行

## 第一三二條

① 假扣押或假處分之執行，應於假扣押或假處分之裁定送達同時或送達前為之。

② 前項送達前之執行，於執行後不能送達，債權人又未聲請公示送達者，應撤銷其執行。其公示送達之聲請被駁回確定者亦同。

③ 債權人收受假扣押或假處分裁定後已逾三十日者，不得聲請執行。

## 第一三二條之一

假扣押、假處分或定暫時狀態之處分裁定經廢棄或變更已確定者，於其廢棄或變更之範圍內，執行法院得依聲請撤銷其已實施之執行處分。

## 第一三二條之二

債權人依民法第一百五十一條規定拘束債務人自由，並聲請法院處理，經法院命為假扣押或假處分者，執行法院得依本法有關規定，管收債務人或為其他限制自由之處分。

## 第一三三條

因執行假扣押收取之金錢，及依分配程序應分配於假扣押債權人之金額，應提存之。

## 第一三四條

假扣押之動產，如有價格減少之虞或保管需費過多時，執行法院得因債權人或債務人之聲請或依職權，定期拍賣，提存其賣得金。

## 第一三五條

對於債權或其他財產權執行假扣押者，執行法院應分別發禁止處分清償之命令，並準用對於其他財產權執行之規定。

## 第一三六條

假扣押之執行，除本章有規定外，準用關於動產、不動產、船舶及航空器執行之規定。

## 第一三七條

假處分裁定，應選任管理人管理系爭物者，於執行時，執行法院使管理人占有其物。

## 第一三八條

假處分裁定，係命令或禁止債務人為一定行為者，執行法院應將該裁定送達於債務人。

## 第一三九條

假處分裁定，係禁止債務人設定、移轉或變更不動產上之權利者，執行法院應將該裁定揭示。

**第一四〇條**

假處分之執行，除前三條規定外，準用關於假扣押、金錢請求權及行為、不行為請求權執行之規定。

## 第六章　附　則

**第一四一條**

本法施行前，已開始強制執行之事件，視其進行程度，依本法所定程序終結之。其已進行之部分，不失其效力。

**第一四二條** 107

① 本法自公布日起施行。

② 中華民國一百零七年五月二十二日修正之條文，自公布日施行。

# 破產法

① 民國24年7月17日國民政府制定公布全文159條；並自24年10月1日施行。
② 民國26年5月1日國民政府修正公布第27條條文。
③ 民國69年12月5日總統令修正公布第3條條文。
④ 民國82年7月30日總統令修正公布第71至73條條文；並增訂第73-1條條文。
⑤ 民國107年6月13日總統令修正公布第13條條文；並自公布日施行。

## 第一章 總 則

**第一條**

① 債務人不能清償債務者，依本法所規定和解或破產程序，清理其債務。

② 債務人停止支付者，推定其爲不能清償。

**第二條**

① 和解及破產事件，專屬債務人或破產人住所地之地方法院管轄；債務人或破產人有營業所者，專屬其主營業所所在地之地方法院管轄；主營業所在外國者，專屬其在中國之主營業所所在地之地方法院管轄。

② 不能依前項規定定管轄法院者，由債務人或破產人主要財產所在地之地方法院管轄。

**第三條**

本法關於和解之債務人或破產人應負義務及應受處罰之規定，於左列各款之人亦適用之：

一 無限公司或兩合公司執行業務之股東。

二 股份有限公司之董事。

三 其他法人之董事或與董事地位相等之人。

四 債務人或破產人之法定代理人、經理人或清算人。

五 遺產受破產宣告時之繼承人、遺產管理人或遺囑執行人。

**第四條**

和解在外國成立或破產在外國宣告者，對於債務人或破產人在中國之財產，不生效力。

**第五條**

關於和解或破產之程序，除本法有規定外，準用民事訴訟法之規定。

## 第二章 和 解

## 第一節　法院之和解

**第六條**

① 債務人不能清償債務者，在有破產聲請前，得向法院聲請和解。

② 已依第四十一條向商會請求和解，而和解不成立者，不得為前項之聲請。

**第七條**

債務人聲請和解時，應提出財產狀況說明書及其債權人、債務人清冊，並附具所擬與債權人和解之方案，及提供履行其所擬清償辦法之擔保。

**第八條**

法院認為必要時，得傳喚聲請人，令其對於前條所規定之事項補充陳述，並得隨時令其提出關係文件或為其他必要之調查。

**第九條**

① 法院對於和解聲請之許可或駁回，應自收到聲請之日起七日內，以裁定為之。

② 前項裁定，不得抗告。

**第一〇條**

和解之聲請，遇有左列情形之一時，應駁回之：

　一　聲請不合第七條之規定，經限期命其補正而不補正者。

　二　聲請人曾因和解或破產，依本法之規定而受有期徒刑之宣告者。

　三　聲請人曾經法院認可和解或調協，而未能履行其條件者。

　四　聲請人經法院傳喚無正當理由而不到場，或到場而不為真實之陳述或拒絕提出關係文件者。

**第一一條**

① 和解聲請經許可後，法院應指定推事一人為監督人，並選任會計師或當地商會所推舉之人員或其他適當之人一人或二人，為監督輔助人。

② 法院認為必要時，得命監督輔助人提供相當之擔保。

③ 監督輔助人之報酬，由法院定之，有優先受清償之權。

**第一二條**

① 法院許可和解聲請後，應即將左列事項公告之：

　一　許可和解聲請之要旨。

　二　監督人之姓名，監督輔助人之姓名、住址及進行和解之地點。

　三　申報債權之期間及債權人會議期日。

② 前項第三款申報債權之期間，應自許可和解聲請之日起，為十日以上二個月以下。但聲請人如有支店或代辦商在遠隔之地者，得酌量延長之。債權人會議期日，應在申報債權期間屆滿後七日以外一個月以內。

③ 對於已知之債權人及聲請人，應另以通知書記明第一項各款所列事項送達之。

④ 對於已知之債權人，應將聲請人所提出和解方案之繕本，一併送達之。

**第一三條** 107

前條公告，應黏貼於法院牌示處，並公告於法院網站；法院認為必要時，得命登載於公報或新聞紙。

**第一四條**

① 在和解程序進行中，債務人繼續其業務。但應受監督人及監督輔助人之監督。

② 與債務人業務有關之一切簿冊、文件及財產，監督人及監督輔助人得加以檢查。

③ 債務人對於監督人及監督輔助人關於其業務之詢問，有答覆之義務。

**第一五條**

① 債務人聲請和解後，其無償行為，不生效力。

② 配偶間、直系親屬間或同居親屬或家屬間所成立之有償行為，及債務人以低於市價一半之價格而處分其財產之行為，均視為無償行為。

**第一六條**

債務人聲請和解後，其有償行為逾越通常管理行為或通常營業之範圍者，對於債權人不生效力。

**第一七條**

和解聲請經許可後，對於債務人不得開始或繼續民事執行程序。但有擔保或有優先權之債權者，不在此限。

**第一八條**

① 監督輔助人之職務如左：

一　監督債務人業務之管理，並制止債務人有損債權人利益之行為。

二　保管債務人之流動資產及其業務上之收入。但管理業務及債務人維持家庭生活所必需之費用，不在此限。

三　完成債權人清冊。

四　調查債務人之業務、財產及其價格。

② 監督輔助人執行前項職務，應受監督人之指揮。

**第一九條**

債務人有左列情事之一者，監督人應即報告法院：

一　隱匿簿冊、文件或財產或虛報債務。

二　拒絕答復監督人或監督輔助人之詢問或為虛偽之陳述。

三　不受監督人或監督輔助人之制止，於業務之管理，有損債權人利益之行為。

**第二〇條**

法院接到前條報告後，應即傳訊債務人，如債務人無正當理由不到場或關於其行為不能說明正當理由時，法院應即宣告債務人破產。

**第二一條**

法院應以左列文書之原本或繕本，備利害關係人閱覽或鈔錄：

一　關於聲請和解之文件及和解方案。

二　債務人之財產狀況說明書，及其債權人、債務人清冊。

三　關於申報債權之文書及債權表。

## 第二二條

① 債權人會議，以監督人為主席。

② 監督輔助人，應列席債權人會議。

## 第二三條

債權人會議，債權人得委託代理人出席。

## 第二四條

① 債務人應出席債權人會議，並答復監督人、監督輔助人或債權人之詢問。

② 債務人經通知後，無正當理由而不出席債權人會議時，主席應解散債權人會議，並向法院報告，由法院宣告債務人破產。

## 第二五條

① 債權人會議時，監督人或監督輔助人，應依據調查結果報告債務人財產、業務之狀況，並陳述對於債務人所提出和解方案之意見。

② 關於和解條件，應由債權人與債務人自由磋商，主席應力謀雙方之安協。

## 第二六條

① 債權人會議時，對於債權人所主張之權利或數額，債務人或其他債權人，得提出駁議。

② 對於前項爭議，主席應即為裁定。

## 第二七條

債權人會議為和解之決議時，應有出席債權人過半數之同意，而其所代表之債權額並應占無擔保總債權額三分之二以上。

## 第二八條

和解經債權人會議否決時，主席應即宣告和解程序終結，並報告法院。

## 第二九條

① 和解經債權人會議可決時，主席應即呈報法院，由法院為認可與否之裁定。

② 前項裁定，應公告之，無須送達。

## 第三〇條

債權人對於主席依第二十六條所為之裁定，或對於債權人會議所通過之和解決議有不服時，應自裁定或決議之日起十日內，向法院提出異議。

## 第三一條

法院對於前條異議為裁定前，得傳喚債權人及債務人為必要之訊問，並得命監督人、監督輔助人到場陳述意見。

## 第三二條

法院如認為債權人會議可決之和解條件公允，提供之擔保相當

者，應以裁定認可和解。

**第三三條**

法院因債權人之異議，認爲應增加債務人之負擔時，經債務人之同意，應將所增負擔列入於認可和解裁定書內；如債務人不同意時，法院應不認可和解。

**第三四條**

① 對於認可和解之裁定，得爲抗告。但以曾向法院提出異議或被拒絕參加和解之債權人爲限。

② 前項裁定，雖經抗告，仍有執行效力。

③ 對於不認可和解之裁定，不得抗告。

④ 對於抗告法院之裁定，不得再抗告。

**第三五條**

法院駁回和解之聲請或不認可和解時，應依職權宣告債務人破產。

**第三六條**

經認可之和解，除本法另有規定外，對於一切債權人其債權在和解聲請許可前成立者，均有效力。

**第三七條**

和解不影響有擔保或有優先權之債權人之權利。但經該債權人同意者，不在此限。

**第三八條**

債權人對於債務人之保證人及其他共同債務人所有之權利，不因和解而受影響。

**第三九條**

債務人對債權人允許和解方案所未規定之額外利益者，其允許不生效力。

**第四〇條**

① 在法院認可和解後，債務人尚未完全履行和解條件而受破產宣告時，債權人依和解條件已受清償者，關於其在和解前原有債權之未受清償部分仍加入破產程序。但於破產財團，應加算其已受清償部分，以定其應受分配額。

② 前項債權人，應俟其他債權人所受之分配與自己已受清償之程度成同一比例後，始得再受分配。

### 第二節　商會之和解

**第四一條**

商人不能清償債務者，在有破產聲請前，得向當地商會請求和解。但以未經向法院聲請和解者爲限。

**第四二條**

商會應就債務人簿冊或以其他方法，查明一切債權人，使其參加和解並出席債權人會議。

**第四三條**

商會得委派商會會員、會計師或其他專門人員，檢查債務人之財產及簿冊，監督債務人業務之管理，並制止債務人有損債權人利益之行爲。

#### 第四四條

商會接到和解請求後，應從速召集債權人會議，自接到和解請求之日起，至遲不得逾二個月。

#### 第四五條

債權人會議，得推舉代表一人至三人，會同商會所委派人員，檢查債務人之財產及簿冊。

#### 第四六條

債務人有第十九條各款所列情事之一者，商會得終止和解。

#### 第四七條

和解經債權人會議可決時，應訂立書面契約，並由商會主席署名，加蓋商會鈐記。

#### 第四八條

債權人會議，得推舉代表一人至三人，監督和解條件之執行。

#### 第四九條

第七條、第十條、第十五條至第十七條、第二十一條、第二十三條至第二十五條、第二十七條、第三十六條至第四十條關於法院和解之規定，於商會之和解準用之。

### 第三節　和解及和解讓步之撤銷

#### 第五〇條

債權人於債權人會議時不贊同和解之條件，或於決議和解時未曾出席亦未委託代理人出席，而能證明和解偏重其他債權人之利益，致有損本人之權利者，得自法院認可和解或商會主席署和解契約之日起十日內，聲請法院撤銷和解。

#### 第五一條

自法院認可和解或商會主席簽署和解契約之日起一年內，如債權人證明債務人有虛報債務，隱匿財產或對於債權人中一人或數人允許額外利益之情事者，法院因債權人之聲請，得撤銷和解。

#### 第五二條

①債務人不履行和解條件時，經債權人過半數而其所代表之債權額占無擔保總債權額三分之二以上者之聲請，法院應撤銷和解。

②依和解已受全部清償之債權人，不算入前項聲請之人數。

③第一項總債權額之計算，應將已受清償之債權額扣除之。

#### 第五三條

①法院撤銷和解或駁回和解撤銷之聲請，以裁定爲之。

②對於撤銷和解之裁定，不得抗告。

③對於駁回和解撤銷聲請之裁定，得爲抗告。

#### 第五四條

法院撤銷和解時，應以職權宣告債務人破產。

**第五五條**

法院撤銷經其認可之和解而宣告債務人破產時，以前之和解程序，得作爲破產程序之一部。

**第五六條**

① 債務人不依和解條件爲清償者，其未受清償之債權人得撤銷和解所定之讓步。

② 前項債權人，就其因和解讓步之撤銷而回復之債權額，非於債務人對於其他債權人完全履行和解條件後，不得行使其權利。

## 第三章 破　產

### 第一節　破產之宣告及效力

**第五七條**

破產，對債務人不能清償債務者宣告之。

**第五八條**

① 破產，除另有規定外，得因債權人或債務人之聲請宣告之。

② 前項聲請，縱在和解程序中，亦得爲之。但法院認爲有和解之可能者，得駁回之。

**第五九條**

① 遺產不敷清償被繼承人債務，而有左列情形之一者，亦得宣告破產：

　一　無繼承人時。

　二　繼承人爲限定繼承或繼承人全體拋棄繼承時。

　三　未拋棄繼承之繼承人全體有破產之原因時。

② 前項破產聲請，繼承人、遺產管理人及遺囑執行人，亦得爲之。

**第六〇條**

在民事訴訟程序或民事執行程序進行中，法院查悉債務人不能清償債務時，得依職權宣告債務人破產。

**第六一條**

債權人聲請宣告破產時，應於聲請書敍明其債權之性質、數額及債務人不能清償其債務之事實。

**第六二條**

債務人聲請宣告破產時，應附具財產狀況說明書及其債權人、債務人清冊。

**第六三條**

① 法院對於破產之聲請，應自收到聲請之日起七日內，以裁定宣告破產或駁回破產之聲請。

② 在裁定前，法院得依職權爲必要之調查，並傳訊債務人、債權人及其他關係人。

③ 第一項期間屆滿，調查不能完竣時，得爲七日以內之展期。

**第六四條**

法院為破產宣告時，應選任破產管理人，並決定左列事項：

一 申報債權之期間。但其期間，須在破產宣告之日起，十五日以上三個月以下。

二 第一次債權人會議期日。但其期日，須在破產宣告之日起一個月以內。

#### 第六五條

① 法院為破產宣告時，應公告左列事項：

一 破產裁定之主文，及其宣告之年、月、日。

二 破產管理人之姓名、地址及處理破產事務之地址。

三 前條規定之期間及期日。

四 破產人之債務人及屬於破產財團之財產持有人，對於破產人不得為清償或交付其財產，並應即交還或通知破產管理人。

五 破產人之債權人，應於規定期限內向破產管理人申報其債權，其不依限申報者，不得就破產財團受清償。

② 對於已知之債權人、債務人及財產持有人，仍應將前項所列各事項，以通知書送達之。

③ 第一項公告，準用第十三條之規定。

#### 第六六條

法院為破產宣告時，就破產人或破產財團有關之登記，應即通知該登記所，囑託為破產之登記。

#### 第六七條

法院於破產宣告後，認為必要時，得囑託郵局或電報局將寄與破產人之郵件、電報，送交破產管理人。

#### 第六八條

法院書記官於破產宣告後，應即於破產人關於財產之帳簿記明截止帳目，簽名、蓋章，並作成節略，記明帳簿之狀況。

#### 第六九條

破產人非經法院之許可，不得離開其住居地。

#### 第七〇條

① 法院認為必要時，得傳喚或拘提破產人。

② 前項傳喚或拘提，準用刑事訴訟法關於傳喚或拘提之規定。

#### 第七一條

① 破產人有逃亡或隱匿、毀棄其財產之虞時，法院得管收之。

② 管收期間不得超過三個月。但經破產管理人提出正當理由時，法院得准予展期，展期以三個月為限。

③ 破產人有管收新原因被發現時，得再行管收。

④ 管收期間，總計不得逾六個月。

#### 第七二條

有破產聲請時，雖在破產宣告前，法院得因債權人之聲請或依職權拘提或管收債務人，或命為必要之保全處分。

#### 第七三條

管收之原因不存在時，應即釋放被管收人。

**第七三條之一**

破產人之管收，除前三條規定外，準用強制執行法之規定。

**第七四條**

法院得依職權或因破產管理人或債權人之聲請，傳喚破產人之親屬或其他關係人，查詢破產人之財產及業務狀況。

**第七五條**

破產人因破產之宣告，對於應屬破產財團之財產，喪失其管理及處分權。

**第七六條**

破產人之債務人，於破產宣告後，不知其事實而為清償者，得以之對抗破產債權人；如知其事實而為清償者，僅得以破產財團所受之利益為限，對抗破產債權人。

**第七七條**

承租人受破產宣告時，雖其租賃契約定有期限，破產管理人得終止契約。

**第七八條**

債務人在破產宣告前所為之無償或有償行為，有損害於債權人之權利，依民法之規定得撤銷者，破產管理人應聲請法院撤銷之。

**第七九條**

債務人在破產宣告六個月內所為之左列行為，破產管理人得撤銷之：

一　對於現有債務提供擔保。但債務人對於該項債務已於破產宣告六個月前承諾提供擔保者，不在此限。

二　對於未到期之債務為清償。

**第八〇條**

前二條之撤銷權，對於轉得人於轉得時知其有得撤銷之原因者，亦得行使之。

**第八一條**

第七十八條及第七十九條所定之撤銷權，自破產宣告之日起，二年間不行使而消滅。

## 第二節　破產財團之構成及管理

**第八二條**

① 左列財產，為破產財團：

一　破產宣告時屬於破產人之一切財產，及將來行使之財產請求權。

二　破產宣告後，破產終結前，破產人所取得之財產。

② 專屬於破產人本身之權利及禁止扣押之財產，不屬於破產財團。

**第八三條**

① 破產管理人，應就會計師或其他適於管理該破產財團之人中選任之。

② 前項破產管理人，債權人會議得就債權人中另為選任。

③ 破產管理人受法院之監督，必要時，法院並得命其提供相當之擔保。

**第八四條**

破產管理人之報酬，由法院定之。

**第八五條**

法院因債權人會議之決議或監查人之聲請或依職權，得撤換破產管理人。

**第八六條**

破產管理人，應以善良管理人之注意，執行其職務。

**第八七條**

① 破產人經破產管理人之請求，應即提出財產狀況說明書及其債權人、債務人清冊。

② 前項說明書，應開列破產人一切財產之性質及所在地。

**第八八條**

破產人應將與其財產有關之一切簿冊、文件及其所管有之一切財產，移交破產管理人。但禁止扣押之財產，不在此限。

**第八九條**

破產人對於破產管理人或監查人，關於其財產及業務之詢問，有答復之義務。

**第九〇條**

破產人之權利屬於破產財團者，破產管理人應為必要之保全行為。

**第九一條**

破產管理人於第一次債權人會議前，經法院之許可，得於清理之必要範圍內，繼續破產人之營業。

**第九二條**

破產管理人為左列行為時，應得監查人之同意：

一　不動產物權之讓與。

二　礦業權、漁業權、著作權、專利權之讓與。

三　存貨全部或營業之讓與。

四　借款。

五　非繼續破產人之營業，而為一百圓以上動產之讓與。

六　債權及有價證券之讓與。

七　專託之貨幣、有價證券及其他貴重物品之取回。

八　雙務契約之履行請求。

九　關於破產人財產上爭議之和解及仲裁。

十　權利之拋棄。

十一　取回權、別除權、財團債務及第九十五條第一款費用之承認。

十二　別除權標的物之收回。

十三　關於應行收歸破產財團之財產提起訴訟或進行其他法律程序。

### 第九三條

法人破產時，破產管理人應不問其社員或股東出資期限，而令其繳納所認之出資。

### 第九四條

① 破產管理人，申報債權期限屆滿後，應即編造債權表，並將已收集及可收集之破產人資產，編造資產表。

② 前項債權表及資產表，應存置於處理破產事務之處所，任利害關係人自由閱覽。

### 第九五條

① 左列各款，為財團費用：

一　因破產財團之管理、變價及分配所生之費用。

二　因破產債權人共同利益所需審判上之費用。

三　破產管理人之報酬。

② 破產人及其家屬之必要生活費及喪葬費，視為財團費用。

### 第九六條

左列各款，為財團債務：

一　破產管理人關於破產財團所為行為而生之債務。

二　破產管理人為破產財團請求履行雙務契約所生之債務，或因破產宣告後應履行雙務契約而生之債務。

三　為破產財團無因管理所生之債務。

四　因破產財團不當得利所生之債務。

### 第九七條

財團費用及財團債務，應先於破產債權，隨時由破產財團清償之。

## 第三節　破產債權

### 第九八條

對於破產人之債權，在破產宣告前成立者，為破產債權。但有別除權者，不在此限。

### 第九九條

破產債權，非依破產程序，不得行使。

### 第一〇〇條

附期限之破產債權未到期者，於破產宣告時，視為已到期。

### 第一〇一條

破產宣告後始到期之債權無利息者，其債權額應扣除自破產宣告時起至到期時止之法定利息。

### 第一〇二條

附條件之債權，得以其全額為破產債權。

### 第一〇三條

左列各款債權，不得為破產債權：

一　破產宣告後之利息。

二　參加破產程序所支出之費用。

三　因破產宣告後之不履行所生之損害賠償及違約金。

四　罰金、罰鍰及追徵金。

#### 第一○四條

數人就同一給付各負全部履行之責任者，其全體或其中數人受破產宣告時，債權人得就其債權之總額，對各破產財團行使其權利。

#### 第一○五條

數人就同一給付各負全部履行責任者，其中一人或數人受破產宣告時，其他共同債務人，得以將來求償權之總額，為破產債權而行使其權利。但債權人已以其債權總額為破產債權行使權利者，不在此限。

#### 第一○六條

對於法人債務應負無限責任之人受破產宣告時，法人之債權人，得以其債權之總額，為破產債權而行使其權利。

#### 第一○七條

①匯票發票人或背書人受破產宣告，而付款人或預備付款人不知其事實為承兌或付款者，其因此所生之債權，得為破產債權而行使其權利。

②前項規定，於支票及其他以給付金錢或其他物件為標的之有價證券準用之。

#### 第一○八條

①在破產宣告前，對於債務人之財產有質權、抵押權或留置權者，就其財產有別除權。

②有別除權之債權人，不依破產程序而行使其權利。

#### 第一○九條

有別除權之債權人，得以行使別除權後未能受清償之債權，為破產債權而行使其權利。

#### 第一一○條

不屬於破產人之財產，其權利人得不依破產程序，由破產管理人取回之。

#### 第一一一條

出賣人已將買賣標的物發送，買受人尚未收到，亦未付清全價，而受破產宣告者，出賣人得解除契約，並取回其標的物。但破產管理人得清償全價而請求標的物之交付。

#### 第一一二條

對於破產財團之財產有優先權之債權，先於他債權而受清償，優先權之債權有同順位者，各按其債權額之比例而受清償。

#### 第一一三條

①破產債權人於破產宣告時，對於破產人負有債務者，無論給付種類是否相同，得不依破產程序而為抵銷。

②破產債權人之債權為附期限或附解除條件者，均得為抵銷。

#### 第一一四條

有左列各款情形之一時，不得為抵銷：

一　破產債權人，在破產宣告後，對於破產財團負債務者。

二　破產人之債務人，在破產宣告後，對於破產人取得債權或取得他人之破產債權者。

三　破產人之債務人，已知其停止支付或聲請破產後而取得債權者。但其取得係基於法定原因或基於其知悉以前所生之原因者，不在此限。

**第一一五條**

遺產受破產宣告時，縱繼承人就其繼承未爲限定之承認者，繼承人之債權人對之不得行使其權利。

## 第四節　債權人會議

**第一一六條**

法院因破產管理人或監查人之聲請或依職權，召集債權人會議。

**第一一七條**

債權人會議，應由法院指派推事一人爲主席。

**第一一八條**

法院應預定債權人會議期日及其應議事項公告之。

**第一一九條**

破產管理人於債權人會議時，應提示第九十四條所定之債權表及資產表，並報告破產事務之進行狀況；如破產人擬有調協方案者，亦應提示之。

**第一二〇條**

債權人會議，得議決左列事項：

一　選任監查人一人或數人，代表債權人監督破產程序之進行。

二　破產財團之管理方法。

三　破產人營業之繼續或停止。

**第一二一條**

監查人得隨時向破產管理人要求關於破產財團之報告，並得隨時調查破產財團之狀況。

**第一二二條**

破產人應出席債權人會議，並答復主席、破產管理人、監查人或債權人之詢問。

**第一二三條**

債權人會議之決議，除本法另有規定外，應有出席破產債權人過半數，而其所代表之債權額超過總債權額之半數者之同意。

**第一二四條**

①債權人會議之決議，與破產債權人之利益相反者，法院得依破產管理人、監查人或不同意之破產債權人之聲請，禁止決議之執行。

②前項聲請，應自決議之日起五日內爲之。

**第一二五條**

①對於破產債權之加入或其數額有異議者，應於第一次債權人會

議終結前提出之。但其異議之原因知悉在後者，不在此限。

②前項爭議，由法院裁定之。

**第一二六條**

關於破產債權之加入及其數額之爭議，經法院裁定後，破產管理人應改編債權表，提出於債權人會議。

**第一二七條**

第二十三條之規定，於本節債權人會議準用之。

**第一二八條**

第八十四條及第八十六條之規定，於監查人準用之。

## 第五節　調　協

**第一二九條**

破產人於破產財團分配未認可前，得提出調協計劃。

**第一三○條**

調協計劃，應載明左列事項：

一　清償之成數。

二　清償之期限。

三　有可供之擔保者，其擔保。

**第一三一條**

破產人有左列情形之一者，不得提出調協計劃：

一　所在不明者。

二　詐欺破產尚在訴訟進行中者。

三　因詐欺和解或詐欺破產受有罪之判決者。

**第一三二條**

調協計劃，應送交破產管理人審查，由破產管理人提出債權人會議。

**第一三三條**

關於調協之應否認可，破產管理人、監查人、債權人及破產人，均得向法院陳述意見，或就調協之決議提出異議。

**第一三四條**

法院對於前條異議為裁定前，應傳喚破產管理人、監查人、債權人及破產人為必要之訊問，債權人會議之主席，亦應到場陳述意見。

**第一三五條**

法院如認為債權人會議可決之調協條件公充，應以裁定認可調協。

**第一三六條**

調協經法院認可後，對於一切破產債權人，均有效力。

**第一三七條**

第二十五條、第二十七條、第二十九條、第三十三條、第三十四條、第三十八條、第三十九條、第五十一條至第五十三條及第五十六條關於和解之規定，於調協準用之。

## 第六節　破產財團之分配及破產之終結

**第一三八條**

破產財團之財產有變價之必要者，應依拍賣方法爲之。但債權人會議另有決議指示者，不在此限。

**第一三九條**

① 在第一次債權人會議後，破產財團之財產可分配時，破產管理人應即平均分配於債權人。

② 前項分配，破產管理人應作成分配表，記載分配之比例及方法。

③ 分配表，應經法院之認可，並公告之。

④ 對於分配表有異議者，應自公告之日起十五日內，向法院提出之。

**第一四〇條**

附解除條件債權受分配時，應提供相當之擔保，無擔保者，應提存其分配額。

**第一四一條**

附停止條件債權之分配額，應提存之。

**第一四二條**

附停止條件之債權或將來行使之請求權，如最後分配表公告後十五日內尚不能行使者，不得加入分配。

**第一四三條**

附解除條件債權之條件，在最後分配表公告後十五日內尚未成就時，其已提供擔保者，免除擔保責任，返還其擔保品。

**第一四四條**

關於破產債權有異議或涉訟，致分配有稽延之虞時，破產管理人得按照分配比例提存相當金額，而將所餘財產分配於其他債權人。

**第一四五條**

破產管理人於最後分配完結時，應即向法院提出關於分配之報告。

**第一四六條**

① 法院接到前條報告後，應即爲破產終結之裁定。

② 對於前項裁定，不得抗告。

**第一四七條**

破產財團於最後分配表公告後，復有可分配之財產時，破產管理人經法院之許可，應爲追加分配。但其財產於破產終結之裁定公告之日起三年後始發現者，不得分配。

**第一四八條**

破產宣告後，如破產財團之財產不敷清償財團費用及財團債務時，法院因破產管理人之聲請，應以裁定宣告破產終止。

**第一四九條**

破產債權人依調協或破產程序已受清償者，其債權未能受清償之部分，請求權視爲消滅。但破產人因犯詐欺破產罪而受刑之

宣告者，不在此限。

## 第七節　復　權

**第一五○條**

① 破產人依清償或其他方法解免其全部債務時，得向法院為復權之聲請。

② 破產人不能依前項規定解免其全部債務，而未依第一百五十四條或第一百五十五條之規定受刑之宣告者，得於破產終結三年後或於調協履行後，向法院為復權之聲請。

**第一五一條**

破產人經法院許可復權後，如發現有依第一百五十四條所規定應受處罰之行為者，法院於為刑之宣告時，應依職權撤銷復權之裁定。

## 第四章　罰　則

**第一五二條**

破產人拒絕提出第八十七條所規定之說明書或清冊，或故意於說明書內不開列其財產之全部，或拒絕將第八十八條所規定之財產或簿冊、文件移交破產管理人者，處一年以下有期徒刑。

**第一五三條**

依第七十四條、第八十九條及第一百二十二條之規定有說明或答復義務之人，無故不為說明或答復或為虛偽之陳述者，處一年以下有期徒刑、拘役或五百圓以下之罰金。

**第一五四條**

破產人在破產宣告前一年內或在破產程序中以損害債權人為目的，而有左列行為之一者，為詐欺破產罪，處五年以下有期徒刑：

一　隱匿或毀棄其財產或為其他不利於債權人之處分者。

二　捏造債務或承認不真實之債務者。

三　毀棄或捏造帳簿或其他會計文件之全部或一部，致其財產之狀況不真確者。

**第一五五條**

債務人聲請和解經許可後，以損害債權人為目的，而有前條所列各款行為之一者，為詐欺和解罪，處五年以下有期徒刑。

**第一五六條**

破產人在破產宣告前一年內，有左列行為之一者，處一年以下有期徒刑：

一　浪費、賭博或其他投機行為，致財產顯然減少或負過重之債務者。

二　以拖延受破產之宣告為目的，以不利益之條件，負擔債務或購入貨物或處分之者。

三　明知已有破產原因之事實，非基於本人之義務，而以特別利於債權人中之一人或數人爲目的，提供擔保或消滅債務者。

### 第一五七條

和解之監督輔助人、破產管理人或監查人，對於其職務上之行爲，要求、期約或收受賄賂或其他不正利益者，處三年以下有期徒刑，得併科三千圓以下罰金。

### 第一五八條

債權人或其代理人關於債權人會議決議之表決，要求、期約或收受賄賂或其他不正利益者，處三年以下有期徒刑，得併科三千圓以下罰金。

### 第一五九條

行求、期約或交付前二條所規定之賄賂或不正利益者，處三年以下有期徒刑，得併科三千圓以下罰金。

# 消費者債務清理條例

① 民國96年7月11日總統令制定公布全文158條；並自公布日後九個月施行。
② 民國98年5月13日總統令修正公布第53條條文。
③ 民國100年1月26日總統令修正公布第11、33、66、67、158條條文；增訂第5-1、151-1條條文；並自公布日施行。
④ 民國101年1月4日總統令修正公布第5、11、12、16、29、30、33、34、47、48、53、61、63、64、74、75、86、100、111、128、133、134、136、151、151-1、154、156、158條條文；並增訂第11-1、32-1、54-1、142-1、153-1條條文。
⑤ 民國101年12月26日總統令修正公布第98條條文。
⑥ 民國107年12月26日總統令修正公布第29、33、42、46、54-1、63、64、73、75、134、140至142、151、153-1、156條條文；並增訂第64-1、64-2條條文。
⑦ 民國110年6月16日總統令修正公布第43、81、148、149、151條條文。

## 第一章　總　則

### 第一節　通　則

**第一條**

為使負債務之消費者得依本條例所定程序清理其債務，以調整其與債權人及其他利害關係人之權利義務關係，保障債權人之公平受償，謀求消費者經濟生活之更生及社會經濟之健全發展，特制定本條例。

**第二條**

① 本條例所稱消費者，指五年內未從事營業活動或從事小規模營業活動之自然人。
② 前項小規模營業指營業額平均每月新臺幣二十萬元以下者。
③ 前項所定數額，司法院得因情勢需要，以命令增減之。

**第三條**

債務人不能清償債務或有不能清償之虞者，得依本條例所定更生或清算程序，清理其債務。

**第四條**

債務人為無行為能力人或限制行為能力人者，本條例關於債務人應負義務及應受處罰之規定，於其法定代理人亦適用之。

**第五條　101**

① 更生及清算事件專屬債務人住所地或居所地之地方法院管轄。

②不能依前項規定定管轄法院者，由債務人主要財產所在地之地方法院管轄。

## 第五條之一 100

地方法院應設消費者債務清理專庭或專股辦理消費者債務清理事件。

## 第六條

①聲請更生或清算，徵收聲請費新臺幣一千元。

②郵務送達費及法院人員之差旅費不另徵收。但所需費用超過應徵收之聲請費者，其超過部分，依實支數計算徵收。

③前項所需費用及進行更生或清算程序之必要費用，法院得酌定相當金額，定期命聲請人預納之，逾期未預納者，除別有規定外，法院得駁回更生或清算之聲請。

## 第七條

①債務人聲請清算而無資力支出前條費用者，得聲請法院以裁定准予暫免繳納。

②無資力支出費用之事由，應釋明之。

③法院准予暫免繳納費用之裁定，不得抗告。

④第一項暫免繳納之費用，由國庫墊付。

## 第八條

聲請更生或清算不合程式或不備其他要件者，法院應以裁定駁回之。但其情形可以補正者，法院應定期間先命補正。

## 第九條

①法院應依職權調查必要之事實及證據，並得向稅捐或其他機關、團體為查詢。

②法院為調查事實，得命關係人或法定代理人本人到場或以書面陳述意見。

③法院之調查及訊問，得不公開。

## 第一〇條

①債務人之親屬、為債務人管理財產之人或其他關係人，於法院查詢債務人之財產、收入及業務狀況時，有答覆之義務。

②前項之人對於法院之查詢，無故不為答覆或為虛偽之陳述者，法院得以裁定處新臺幣三千元以上三萬元以下之罰鍰。

③第一項之人已受前項裁定，仍無故不為答覆或為虛偽之陳述者，法院得連續處罰之。

④法院為前二項裁定前，應使被處罰人有陳述意見之機會。

⑤第二項、第三項裁定，抗告中應停止執行。

## 第一一條 101

①更生或清算事件之裁判，由獨任法官以裁定行之。

②抗告，由管轄之地方法院以合議裁定之。

③抗告法院之裁定，以抗告不合法而駁回者，不得再為抗告。但得向原法院提出異議。

④前項異議，準用民事訴訟法第四百八十四條第二項及第三項規定。

⑤除前二項情形外，對於抗告法院之裁定，僅得以其適用法規顯有錯誤爲理由，向直接上級法院再爲抗告。

⑥依本條例所爲之裁定，不得聲請再審。

### 第一一二條之一 101

法院就更生或清算之聲請爲駁回裁定前，應使債務人有到場陳述意見之機會。

### 第一一二條 101

①法院裁定開始更生或清算程序後，非經已申報無擔保及無優先權債權人全體同意，債務人不得撤回更生或清算之聲請。法院於裁定前，已依第十九條規定爲保全處分者，亦同。

②更生或清算聲請之撤回，應以書狀爲之。

③第一項債權人自撤回書狀送達之日起，十日內未提出異議者，視爲同意撤回。

### 第一一三條

債務人依本條例聲請更生或清算者，債權人不得依破產法規定聲請宣告債務人破產。

### 第一一四條

①本條例所定之公告，應揭示於法院公告處、資訊網路及其他適當處所；法院認爲必要時，並得命登載於公報或新聞紙，或用其他方法公告之。

②前項公告，除本條例別有規定外，自最後揭示之翌日起，對所有利害關係人發生送達之效力。

### 第一一五條

關於更生或清算之程序，除本條例別有規定外，準用民事訴訟法之規定。

## 第二節　監督人及管理人

### 第一一六條 101

①法院裁定開始更生或清算程序後，得命司法事務官進行更生或清算程序；必要時，得選任律師、會計師或其他適當之自然人或法人一人爲監督人或管理人。

②法院認爲必要時，得命監督人或管理人提供相當之擔保。

③監督人或管理人之報酬，由法院定之，有優先受清償之權。

④法院選任法人爲監督人或管理人之辦法，由司法院定之。

⑤法院命司法事務官進行更生或清算程序，未選任監督人或管理人者，除別有規定或法院另有限制外，有關法院及監督人、管理人所應進行之程序，由司法事務官爲之。

⑥法院裁定開始更生或清算程序後，未選任監督人或管理人，亦未命司法事務官進行更生或清算程序者，除別有規定外，有關監督人或管理人之職務，由法院爲之。

### 第一一七條

①監督人或管理人應受法院之指揮、監督。法院得隨時命其爲清

理事務之報告，及爲其他必要之調查。

②法院得因債權人會議決議或依職權撤換監督人或管理人。但於撤換前，應使其有陳述意見之機會。

#### 第一八條

①監督人或管理人應以善良管理人之注意，執行其職務；非經法院許可，不得辭任。

②監督人或管理人違反前項義務致利害關係人受有損害時，應負損害賠償責任。

### 第三節　債務人財產之保全

#### 第一九條

①法院就更生或清算之聲請爲裁定前，得因利害關係人之聲請或依職權，以裁定爲下列保全處分：

　一　債務人財產之保全處分。

　二　債務人履行債務及債權人對於債務人行使債權之限制。

　三　對於債務人財產強制執行程序之停止。

　四　受益人或轉得人財產之保全處分。

　五　其他必要之保全處分。

②前項保全處分，除法院裁定開始更生或清算程序外，其期間不得逾六十日；必要時，法院得依利害關係人聲請或依職權以裁定延長一次，延長期間不得逾六十日。

③第一項保全處分，法院於駁回更生或清算之聲請或認爲必要時，得依利害關係人聲請或依職權變更或撤銷之。

④第二項期間屆滿前，更生或清算之聲請經駁回確定者，第一項及第三項保全處分失其效力。

⑤第一項及第三項保全處分之執行，由該管法院依職權準用強制執行法關於假扣押、假處分執行之規定執行之。

⑥第一項至第三項之裁定應公告之。

#### 第二〇條

①債務人所爲之下列行爲，除本條例別有規定外，監督人或管理人得撤銷之：

　一　債務人於法院裁定開始更生或清算程序前，二年內所爲之無償行爲，有害及債權人之權利者。

　二　債務人於法院裁定開始更生或清算程序前，二年內所爲之有償行爲，於行爲時明知有害及債權人之權利，而受益人於受益時亦知其情事者。

　三　債務人於法院裁定開始更生或清算程序前，六個月內所爲提供擔保、清償債務或其他有害及債權人權利之行爲，而受益人於受益時，明知其有害及債權人之權利者。

　四　債務人於法院裁定開始更生或清算程序前，六個月內所爲提供擔保、清償債務或其他有害及債權人權利之行爲，而該行爲非其義務或其義務尚未屆清償期者。

②債務人與其配偶、直系親屬或家屬間成立之有償行為及債務人以低於市價一半之價格而處分其財產之行為，視為無償行為。

③債務人與其配偶、直系親屬或家屬間成立第一項第三款之行為者，推定受益人於受益時知其行為有害及債權人之權利。

④第一項第三款之提供擔保，係在法院裁定開始更生或清算程序之日起六個月前承諾並經公證者，不得撤銷。

⑤第一項之撤銷權，自法院裁定開始更生或清算程序之翌日起，一年間不行使而消滅。

⑥債務人因得撤銷之行為而負履行之義務者，其撤銷權雖因前項規定而消滅，債務人或管理人仍得拒絕履行。

⑦第二項及第三項之規定，於債務人與第四條所定之人及其配偶、直系親屬或家屬間所為之有償行為，準用之。

**第二一條**

①前條第一項之行為經撤銷後，適用下列規定：

　一　受益人應負回復原狀之責任。但無償行為之善意受益人，僅就現存之利益負返還或償還價額之責任。

　二　受益人對債務人所為之給付，得請求返還之；其不能返還者，得請求償還其價額，並有優先受償權。

②受益人受領他種給付以代原定之給付者，於返還所受給付或償還其價額時，其債權回復效力。

**第二二條**

①第二十條之撤銷權，對於轉得人有下列情形之一者，亦得行使之：

　一　轉得人於轉得時知其前手有撤銷原因。

　二　轉得人係債務人或第四條所定之人之配偶、直系親屬或家屬或曾有此關係。但轉得人證明於轉得時不知其前手有撤銷原因者，不在此限。

　三　轉得人係無償取得。

②前條第一項第一款之規定，於前項情形準用之。

**第二三條**

①債務人聲請更生或清算後，其無償行為，不生效力；有償行為逾越通常管理行為或通常營業範圍，相對人於行為時明知其事實者，對於債權人不生效力。

②前項所定不生效力之行為，監督人或管理人得請求相對人及轉得人返還其所受領之給付。但轉得人係善意並有償取得者，不在此限。

**第二四條**

①法院裁定開始更生或清算程序時，債務人所訂雙務契約，當事人之一方尚未完全履行，監督人或管理人得終止或解除契約。但依其情形顯失公平者，不在此限。

②前項情形，他方當事人得催告監督人或管理人於二十日內確答是否終止或解除契約，監督人逾期不為確答者，喪失終止或解除權；管理人逾期不為確答者，視為終止或解除契約。

### 第二五條

① 依前條規定終止或解除契約時，他方當事人得於十日內提出異議。

② 前項異議由法院裁定之。

③ 對於前項裁定提起抗告，抗告法院於裁定前，應行言詞辯論。

④ 前二項裁定確定時，有確定判決同一之效力。

### 第二六條

① 依第二十四條規定終止或解除契約時，他方當事人就其所受損害，得為更生或清算債權而行使其權利。

② 依第二十四條規定終止或解除契約時，債務人應返還之給付、利息或孳息，他方當事人得請求返還之；其不能返還者，得請求償還其價額，並有優先受償權。

### 第二七條

債權人於法院裁定開始更生或清算程序前，就應屬債務人之財產，提起代位訴訟、撤銷訴訟或其他保全權利之訴訟，於更生或清算程序開始時尚未終結者，訴訟程序在監督人或管理人承受訴訟或更生或清算程序終止或終結以前當然停止。

## 第四節 債權之行使及確定

### 第二八條

① 對於債務人之債權，於法院裁定開始更生或清算程序前成立者，為更生或清算債權。

② 前項債權，除本條例別有規定外，不論有無執行名義，非依更生或清算程序，不得行使其權利。

### 第二九條 107

① 下列各款債權為劣後債權，僅得就其他債權受償餘額而受清償；於更生或清算程序終止或終結後，亦同：

一 法院裁定開始更生或清算程序前，因不履行金錢債務所生損害賠償、違約金及其他費用，總額逾其本金週年比率百分之二部分。有擔保或優先權債權之損害賠償、違約金及其他費用，亦同。

二 法院裁定開始更生或清算程序後所生之利息。

三 因法院裁定開始更生或清算程序後不履行債務所生之損害賠償及違約金。有擔保或優先權債權之損害賠償及違約金，亦同。

四 罰金、罰鍰、怠金、滯納金、滯報金、滯報費、怠報金及追徵金。

② 前項第四款所定債權，於法律有特別規定者，依其規定。

③ 債權人參加更生或清算程序所支出之費用，不得請求債務人返還之。

### 第三〇條 101

① 數人就同一給付各負全部履行之責任者，其中一人或數人或其

全體受法院開始更生或清算程序之裁定時，債權人得就其債權於裁定時之現存額，對各更生債務人或清算財團行使權利。

② 保證人受法院開始更生或清算程序之裁定時，債權人得就其債權於裁定時之現存額行使權利。

**第三一條**

① 數人就同一給付各負全部履行之責任者，其中一人或數人受法院開始更生或清算程序之裁定時，其他共同債務人得以將來求償權總額為債權額而行使其權利。但債權人已以更生或清算程序開始時之現存債權額行使權利者，不在此限。

② 前項規定，於為債務人提供擔保之人及債務人之保證人準用之。

**第三二條**

① 匯票發票人或背書人受法院開始更生或清算程序裁定，付款人或預備付款人不知其事實而為承兌或付款者，其因此所生之債權，得為更生或清算債權而行使其權利。

② 前項規定，於支票及其他以給付金錢或其他物件為標的之有價證券準用之。

**第三二條之一 101**

① 附期限之債權未到期者，於法院裁定開始更生或清算程序時，視為已到期。

② 法院裁定開始更生或清算程序後始到期之債權無利息者，其債權額應扣除自法院裁定開始更生或清算程序時起至到期時止之法定利息。

**第三三條 107**

① 債權人應於法院所定申報債權之期間內提出債權說明書，申報其債權之種類、數額及順位；其有證明文件者，並應提出之。

② 債權人為金融機構、資產管理公司者，前項債權說明書並應表明下列事項：

一 尚未清償之債權本金及債權發生日。
二 利息及違約金之金額及其計算方法。
三 債務人已償還金額。
四 前款金額抵充費用、利息、本金之順序及數額。
五 供還款之金融機構帳號、承辦人及聯絡方式。
六 其他債務人請求之事項，經法院認為適當者。

③ 前項債權人未依前項規定提出債權說明書者，法院應依債務人之聲請，以裁定定期命債權人補正。逾期未補正者，法院依第三十六條為裁定時，依全辯論意旨斟酌之。

④ 債權人因非可歸責於己之事由，致未於第一項所定期間申報債權者，得於其事由消滅後十日內補報之。但不得逾法院所定補報債權之期限。

⑤ 債權人申報債權逾申報期限者，監督人或管理人應報由法院以裁定駁回之。但有前項情形者，不在此限。

⑥ 監督人或管理人收受債權申報，應於補報債權期限屆滿後，編造債權表，由法院公告之，並應送達於債務人及已知住居所、

事務所或營業所之債權人。

⑦未選任監督人或管理人者，前項債權表，由法院編造之。

## 第三四條 101

①消滅時效，因申報債權而中斷。

②時效之期間終止時，因非可歸責於債權人之事由，致不能依前項規定中斷其時效者，自其妨礙事由消滅時起，一個月內，其時效不完成。

## 第三五條

①債權人對於債務人之特定財產有優先權、質權、抵押權、留置權或其他擔保物權者，仍應依本條例規定申報債權。

②監督人或管理人於必要時，得請求前項債權人交出其權利標的物或估定其價額。債權人無正當理由而不交出者，監督人或管理人得聲請法院將該標的物取交之。

## 第三六條

①對於債權人所申報之債權及其種類、數額或順位，債務人或其他債權人得自債權表送達之翌日起，監督人、管理人或其他利害關係人得自債權表公告最後揭示之翌日起，於十日內提出異議。

②前項異議，由法院裁定之，並應送達於異議人及受異議債權人。

③對於前項裁定提起抗告，抗告法院於裁定前，應行言詞辯論。

④對於第二項裁定提起抗告，不影響債權人會議決議之效力，受異議之債權於裁定確定前，仍依該裁定之內容行使權利。但依更生或清算程序所得受償之金額，應予提存。

⑤債權人所申報之債權，未經依第一項規定異議或異議經裁定確定者，視為確定，對債務人及全體債權人有確定判決同一之效力。

## 第三七條

關於債權之加入及其種類、數額或順位之爭議，經法院裁定確定者，監督人、管理人或法院應改編債權表並公告之。

### 第五節　債權人會議

## 第三八條

①法院於必要時得依職權召集債權人會議。

②法院召集債權人會議時，應預定期日、處所及其應議事項，於期日五日前公告之。

## 第三九條

①債權人會議由法院指揮。

②監督人或管理人應列席債權人會議。

## 第四〇條

債權人會議，債權人得以書面委任代理人出席。但同一代理人所代理之人數逾申報債權人人數十分之一者，其超過部分，法院得禁止之。

**第四一條**

債務人應出席債權人會議，並答覆法院、監督人、管理人或債權人之詢問。

# 第二章 更 生

## 第一節 更生之聲請及開始

**第四二條 107**

①債務人無擔保或無優先權之本金及利息債務總額未逾新臺幣一千二百萬元者，於法院裁定開始清算程序或宣告破產前，得向法院聲請更生。

②前項債務總額，司法院得因情勢需要，以命令增減之。

**第四三條 110**

①債務人聲請更生時，應提出財產及收入狀況說明書及其債權人、債務人清冊。

②前項債權人清冊，應表明下列事項：

一 債權人之姓名或名稱及地址，各債權之數額、原因及種類。
二 有擔保權或優先權之財產及其權利行使後不能受滿足清償之債權數額。
三 自用住宅借款債權。

③有自用住宅借款債務之債務人聲請更生時，應同時表明其更生方案是否定自用住宅借款特別條款。

④第二項第三款之自用住宅指債務人所有，供自己及家屬居住使用之建築物。如有二以上住宅，應限於其中主要供居住使用者。自用住宅借款債權指債務人為建造或購買住宅或為其改良所必要之資金，包括取得住宅基地或其使用權利之資金，以住宅設定擔保向債權人借貸而約定分期償還之債權。

⑤第一項債務人清冊，應表明債務人之姓名或名稱及地址，各債務之數額、原因、種類及擔保。

⑥第一項財產及收入狀況說明書，應表明下列事項，並提出證明文件：

一 財產目錄，並其性質及所在地。
二 最近五年是否從事營業活動及平均每月營業額。
三 收入及必要支出之數額、原因及種類。
四 依法應受債務人扶養之人。

⑦債務人就前項第三款必要支出所表明之數額，與第六十四條之二第一項、第二項規定之必要生活費用數額相符者，毋庸記載其原因、種類及提出證明文件；未逾該必要生活費用數額，經債務人釋明無須負擔必要支出一部或全部者，亦同。

**第四四條**

法院認為必要時，得定期命債務人據實報告更生聲請前二年內財產變動之狀況，並對於前條所定事項補充陳述、提出關係文

件或爲其他必要之調查。

## 第四五條

① 法院開始更生程序之裁定，應載明其年、月、日、時，並即時發生效力。

② 前項裁定不得抗告，並應公告之。

## 第四六條 107

更生之聲請有下列情形之一者，應駁回之：

一 債務人曾依本條例或破產法之規定而受刑之宣告。

二 債務人曾經法院認可和解、更生或調協，因可歸責於己之事由，致未履行其條件。

三 債務人經法院通知，無正當理由而不到場，或到場而故意不爲眞實之陳述，或無正當理由拒絕提出關係文件或爲財產變動狀況之報告。

## 第四七條 101

① 法院裁定開始更生程序後，應即將下列事項公告之：

一 開始更生程序裁定之主文及其年、月、日、時。

二 選任監督人者，其姓名、住址；監督人爲法人者，其名稱、法定代理人及事務所或營業所。

三 申報、補報債權之期間及債權人應於期間內向監督人申報債權；未選任監督人者，應向法院爲之；其有證明文件者，並應提出之。

四 不依前款規定申報、補報債權之失權效果。

五 對於已申報、補報債權向法院提出異議之期間。

六 召集債權人會議者，其期日、處所及議決事項。

② 前項第三款申報債權之期間，應自開始更生程序之翌日起，爲十日以上二十日以下；補報債權期間，應自申報債權期間屆滿之翌日起二十日以內。

③ 債權人依第二十六條第一項規定行使權利者，前項申報債權之期間，應自契約終止或解除之翌日起算。但申報或補報債權不得逾債權人會議可決更生方案或法院裁定認可更生方案日之前一日。

④ 第一項公告及債權人清冊應送達於已知住居所、事務所或營業所之債權人，該公告另應送達於債務人。

⑤ 債權人清冊已記載之債權人，視爲其於申報債權期間之首日爲與清冊記載同一內容債權之申報。

## 第四八條 101

① 法院裁定開始更生程序後，就債務人之財產依法應登記者，應通知該管登記機關爲登記。

② 法院裁定開始更生程序後，對於債務人不得開始或繼續訴訟及強制執行程序。但有擔保或有優先權之債權，不在此限。

## 第四九條

① 監督人之職務如下：

一 調查債務人之財產、收入及業務狀況，並向法院提出書面

報告。

二　協助債務人作成更生方案。

三　試算無擔保及無優先權債權，於法院裁定開始更生程序時，依清算程序所得受償之總額。

四　其他依本條例規定或法院指定之事項。

②第十條之規定，於監督人調查債務人之財產、收入及業務狀況時準用之。但受查詢人為個人而有正當理由者，不在此限。

③未選任監督人時，法院得定期命債務人提出財產及收入狀況報告書。

### 第五〇條

監督人應備置下列文書之原本、繕本或影本，供利害關係人閱覽或抄錄：

一　關於聲請更生之文書及更生方案。

二　債務人之財產及收入狀況報告書及其債權人、債務人清冊。

三　關於申報債權之文書及債權表。

### 第五一條

法院應將債務人之財產及收入狀況報告書及更生方案公告之。

### 第五二條

①債權人於法院裁定開始更生程序前對於債務人負有債務者，以於債權補報期間屆滿前得抵銷者為限，得於該期間屆滿前向債務人為抵銷，並通知監督人或向法院陳報。

②有下列各款情形之一者，不得為抵銷：

一　債權人已知有更生聲請後而對債務人負債務。但其負債務係基於法定原因或基於其知悉以前所生之原因者，不在此限。

二　債務人之債務人在法院裁定開始更生程序後，對於債務人取得債權或取得他人之更生債權。

三　債務人之債務人已知有更生聲請後而取得債權。但其取得係基於法定原因或基於其知悉以前所生之原因者，不在此限。

## 第二節　更生之可決及認可

### 第五三條 101

①債務人應於收受債權表後十日內提出更生方案於法院。

②更生方案應記載下列事項：

一　清償之金額。

二　三個月給付一次以上之分期清償方法。

三　最終清償期，自認可更生方案裁定確定之翌日起不得逾六年。但更生方案定有自用住宅借款特別條款，或債務人與其他有擔保或有優先權之債權人成立清償協議，或為達第六十四條第二項第三款、第四款之最低清償總額者，得延長為八年。

③普通保證債權受償額未確定者，以監督人估定之不足受償額，列入更生方案，並於債權人對主債務人求償無效果時，按實際不足受償額，依更生條件受清償。

④債權人或債務人對前項估定金額有爭議者，準用第三十六條第一項至第四項規定。

⑤債務人未依限提出更生方案者，法院得裁定開始清算程序。

⑥債務人就第四十三條、第四十四條所定之事項，無法為完全之陳述或表明者，法院裁定開始更生程序後，債務人於必要時，得向直轄市或縣（市）政府申請協助作成更生方案。

⑦前項申請之程序及相關辦法，由司法院會同行政院定之。

## 第五四條

債務人得與自用住宅借款債權人協議，於更生方案定自用住宅借款特別條款。但自用住宅另有其他擔保權且其權利人不同意更生方案者，不在此限。

## 第五四條之一 107

①自用住宅借款特別條款不能依前條規定協議時，該借款契約雖有債務人因喪失期限利益而清償期屆至之約定，債務人仍得不受其拘束，逕依下列各款方式之一定之：

一　就原約定自用住宅借款債務未清償之本金、已到期之利息及法院裁定開始更生程序前已發生未逾本金週年比率百分之二部分之違約金總額，於原約定最後清償期前，按月平均攤還，並於各期給付時，就未清償本金，依原約定利率計付利息。

二　於更生方案所定最終清償期屆至前，僅就原約定自用住宅借款債務未清償本金，依原約定利率按月計付利息；該期限屆至後，就該本金、前已到期之利息及法院裁定開始更生程序前已發生未逾本金週年比率百分之二部分之違約金總額，於原約定最後清償期前，按月平均攤還，並於各期給付時，就未清償本金，依原約定利率計付利息。

②自用住宅借款債務原約定最後清償期間較更生方案所定最終清償期為短者，得延長至該最終清償期間。

③債務人依前二項期限履行有困難者，得再延長其履行期限至六年。

④依前項延長期限者，應就未清償本金，依原約定利率計付利息。

## 第五五條

①下列債務，非經債權人之同意，不得減免之：

一　罰金、罰鍰、怠金及追徵金。

二　債務人因故意侵權行為所生損害賠償之債務。

三　債務人履行法定扶養義務之費用。

②前項未經債權人同意減免之債務，於更生方案所定清償期間屆滿後，債務人仍應負清償責任。

## 第五六條

債務人有下列情形之一者，法院得裁定開始清算程序：

一 無正當理由不出席債權人會議或不回答詢問。

二 不遵守法院之裁定或命令，致更生程序無法進行。

**第五七條**

① 債權人會議時，監督人應提出債權表，依據調查結果提出債務人資產表，報告債務人財產及收入之狀況，並陳述對於債務人所提出更生方案之意見。

② 更生條件應由債權人與債務人自由磋商，法院應力謀雙方之妥協及更生條件之公允。

**第五八條**

① 債務人提出之更生方案，如有保證人、提供擔保之人或其他共同負擔債務之人，得列席債權人會議陳述意見。

② 法院應將債權人會議期日及更生方案之內容通知前項之人。

**第五九條**

① 債權人會議可決更生方案時，應有出席已申報無擔保及無優先權債權人過半數之同意，而其所代表之債權額，並應逾已申報無擔保及無優先權總債權額之二分之一。

② 計算前項債權，應扣除劣後債權。

③ 更生方案定有自用住宅借款特別條款者，該借款債權人對於更生方案無表決權。

**第六〇條**

① 法院得將更生方案之內容及債務人財產及收入狀況報告書通知債權人，命債權人於法院所定期間內以書面確答是否同意該方案，逾期不為確答，視為同意。

② 同意及視為同意更生方案之已申報無擔保及無優先權債權人過半數，且其所代表之債權額，逾已申報無擔保及無優先權總債權額之二分之一時，視為債權人會議可決更生方案。

③ 前條第二項、第三項規定，於前項情形準用之。

**第六一條** 101

① 更生方案未依前二條規定可決時，除有第十二條、第六十四條規定情形外，法院應以裁定開始清算程序。

② 法院為前項裁定前，應使債權人、債務人有陳述意見之機會。

③ 第一項裁定得為抗告，並於裁定確定時，始得進行清算程序。

**第六二條**

① 更生方案經可決者，法院應為認可與否之裁定。

② 法院為認可之裁定時，因更生方案履行之必要，對於債務人在未依更生條件全部履行完畢前之生活程度，得為相當之限制。

③ 第一項裁定應公告之，認可之裁定應送達於不同意更生方案之債權人；不認可之裁定應送達於債務人。

④ 對於第一項認可之裁定提起抗告者，以不同意更生方案之債權人為限。

**第六三條** 107

① 有下列情形之一者，除有第十二條規定情形外，法院應以裁定不認可更生方案：

一　債權人會議可決之更生方案對不同意或未出席之債權人不公允。

二　更生程序違背法律規定而不能補正。

三　更生方案違反法律強制或禁止規定，或有背於公共秩序、善良風俗。

四　以不正當方法使更生方案可決。

五　已申報無擔保及無優先權之本金及利息債權總額逾新臺幣一千二百萬元。

六　更生方案定有自用住宅借款特別條款，而債務人仍有喪失住宅或其基地之所有權或使用權之虞。

七　更生方案所定自用住宅借款特別條款非依第五十四條或第五十四條之一規定成立。

八　更生方案無履行可能。

九　債務人有虛報債務、隱匿財產，或對於債權人中之一人或數人允許額外利益，情節重大。

② 前項第五款所定債權總額，司法院得因情勢需要，以命令增減之。

③ 第六十一條第二項規定，於第一項情形準用之。

**第六四條** 107

① 債務人有薪資、執行業務所得或其他固定收入，依其收入及財產狀況，可認更生方案之條件已盡力清償者，法院應以裁定認可更生方案。債務人無固定收入，更生方案有保證人、提供擔保之人或其他共同負擔債務之人，法院認其條件公允者，亦同。

② 有下列情形之一者，法院不得為前項之認可：

一　債務人於七年內曾依破產法或本條例規定受免責。

二　有前條第一項各款情形之一。

三　無擔保及無優先權債權受償總額，顯低於法院裁定開始更生程序時，依清算程序所得受償之總額。

四　無擔保及無優先權債權受償總額，低於債務人聲請更生前二年間，可處分所得扣除自己及依法應受其扶養者所必要生活費用之數額。

③ 計算前項第三款清算程序所得受償之總額時，應扣除不易變價之財產，及得依第九十九條以裁定擴張不屬於清算財團範圍之財產。

④ 法院為第一項認可裁定前，應將更生方案之內容及債務人之財產及收入狀況報告書通知債權人，並使債權人有陳述意見之機會。

**第六四條之一** 107

下列情形，視為債務人已盡力清償：

一　債務人之財產有清算價值者，加計其於更生方案履行期間可處分所得總額，扣除自己及依法應受其扶養者所必要生活費用後之餘額，逾十分之九已用於清償。

二　債務人之財產無清算價值者，以其於更生方案履行期間可

處分所得總額，扣除自己及依法應受其扶養者所必要生活費用後之餘額，逾五分之四已用於清償。

**第六四條之二** 107

① 債務人必要生活費用，以最近一年衛生福利部或直轄市政府所公告當地區每人每月最低生活費一點二倍定之。

② 受扶養者之必要生活費用，準用第一項規定計算基準數額，並依債務人依法應負擔扶養義務之比例認定之。

③ 前二項情形，債務人釋明更生期間無須負擔必要生活費用一部或全部者，於該範圍內，不受最低數額限制；債務人證明確有必要支出者，不受最高數額及應負擔比例之限制。

**第六五條**

① 法院裁定不認可更生方案時，應同時裁定開始清算程序。

② 對於不認可更生方案之裁定提起抗告者，前項開始清算程序之裁定，並受抗告法院之裁判。

③ 第一項裁定確定時，始得進行清算程序。

**第六六條** 100

① 更生程序於更生方案認可裁定確定時終結。

② 法院於認可裁定確定後，應依職權付與兩造確定證明書。

**第六七條** 100

① 更生方案經法院裁定認可確定後，除本條例別有規定外，對於全體債權人均有效力；其定有自用住宅借款特別條款者，該借款債權人並受拘束；對於債務人有求償權之共同債務人、保證人或為其提供擔保之第三人，亦同。

② 債權人為金融機構者，債務人得以書面請求最大債權金融機構統一辦理收款及撥付款項之作業。

**第六八條**

更生不影響有擔保或有優先權之債權人之權利。但本條例別有規定或經該債權人同意者，不在此限。

**第六九條**

更生程序終結時，除本條例別有規定外，依第十九條所為之保全處分失其效力；依第四十八條不得繼續之強制執行程序，視為終結。

**第七○條**

① 更生方案效力所不及之有擔保或有優先權債權人，於更生程序終結後，得開始或繼續強制執行程序。

② 對於債務人之特定財產有優先權或擔保權之債權人聲請強制執行時，債務人得於拍賣公告前向執行法院聲明，願按指定或債權人承受之價額，提出現款消滅該物上之優先權及擔保權。

③ 前項情形，債務人未於受執行法院通知後七日內繳足現款者，仍由指定人買受或債權人承受。

④ 第二項拍賣標的物為土地者，其價額應扣除土地增值稅。

⑤ 前三項規定，於依其他法律所為之拍賣，準用之。

**第七一條**

債權人對於債務人之共同債務人、保證人或爲其提供擔保之第三人所有之權利，不因更生而受影響。

**第七二條**

債務人對債權人允許更生方案所未定之額外利益者，其允許不生效力。

### 第三節　更生之履行及免責

**第七三條** 107

① 債務人依更生條件全部履行完畢者，除本條例別有規定外，已申報之債權未受清償部分及未申報之債權，均視爲消滅。但其未申報系因不可歸責於債權人之事由者，債務人仍應依更生條件負履行之責。

② 債務人就前項已書債權，因不可歸責於己之事由，致履行有困難者，得聲請法院裁定延長其履行期限。但延長之期限不得逾二年。

**第七四條** 101

① 更生方案經法院裁定認可確定後，債務人未依更生條件履行者，債權人得以之爲執行名義，聲請對債務人及更生之保證人、提供擔保之人或其他共同負擔債務之人爲強制執行。但債權人之債權有第三十六條之異議，而未裁定確定者，不在此限。

② 債權人聲請對債務人爲強制執行時，法院得依債務人之聲請裁定開始清算程序。

**第七五條** 107

① 更生方案經法院裁定認可確定後，債務人因不可歸責於己之事由，致履行有困難者，得聲請法院裁定延長其履行期限。但延長之期限不得逾二年。

② 債務人可處分所得扣除自己及依法應受其扶養者所必要生活費用之餘額，連續三個月低於更生方案應清償之金額者，推定有前項事由。

③ 第一項延長期限顯有重大困難，債務人對各債權人之清償額已達原定數額三分之二，且無擔保及無優先權債權受償總額已逾依清算程序所得受償之總額時，法院得依債務人之聲請，爲免責之裁定。但於裁定前，應使債權人有陳述意見之機會。

④ 前三項規定，於定自用住宅借款特別條款之債權不適用之。

⑤ 債務人有第一項履行困難情形者，法院得依其聲請裁定開始清算程序。

**第七六條**

① 自法院認可更生方案之翌日起一年內，發見債務人有虛報債務、隱匿財產，或對於債權人中之一人或數人允許額外利益之情事者，法院得依債權人之聲請裁定撤銷更生，並應同時裁定開始清算程序。

② 對於撤銷更生之裁定提起抗告者，前項開始清算程序之裁定，

並受抗告法院之裁判。

③第一項裁定確定時，始得進行清算程序。

第七七條

第三人因更生所為之擔保或負擔之債務，不因法院撤銷更生而受影響。

第七八條

①法院裁定開始更生程序後，債務人免責前，法院裁定開始清算程序，其已進行之更生程序，適於清算程序者，作為清算程序之一部；其更生聲請視為清算聲請。

②前項情形，於更生程序已申報之債權，視為於清算程序已申報債權；更生程序所生之費用或履行更生方案所負之債務，視為財團費用或債務。

第七九條

①更生方案經法院裁定認可確定後，債務人尚未完全履行，而經法院裁定開始清算程序時，債權人依更生條件已受清償者，其在更生前之原有債權，仍加入清算程序，並將已受清償部分加算於清算財團，以定其應受分配額。

②前項債權人，應俟其他債權人所受之分配與自己已受清償之程度達同一比例後，始得再受分配。

## 第三章　清　算

### 第一節　清算之聲請及開始

第八〇條

債務人於法院裁定開始更生程序或許可和解或宣告破產前，得向法院聲請清算；債權人縱為一人，債務人亦得為聲請。

第八一條　110

①債務人聲請清算時，應提出財產及收入狀況說明書及其債權人、債務人清冊。

②前項債權人清冊，應表明下列事項：

一　債權人之姓名或名稱及地址，各債權之數額、原因及種類。

二　有擔保權或優先權之財產及其權利行使後不能受滿足清償之債權數額。

③第一項債務人清冊，應表明債務人之姓名或名稱及地址，各債務之數額、原因、種類及擔保。

④第一項財產及收入狀況說明書，應表明下列事項，並提出證明文件：

一　財產目錄，並其性質及所在地。

二　最近五年是否從事營業活動及平均每月營業額。

三　收入及必要支出之數額、原因及種類。

四　依法應受債務人扶養之人。

⑤第四十三條第七項規定，於前項第三款情形準用之。

### 第八二條

① 法院裁定開始清算程序前，得依職權訊問債務人、債權人及其他關係人，並命定期命債務人據實報告清算聲請前二年內財產變動之狀況。

② 債務人違反前項報告義務者，法院得駁回清算之聲請。

### 第八三條

① 法院開始清算程序之裁定，應載明其年、月、日、時，並即時發生效力。

② 前項裁定，不得抗告。

### 第八四條

其他法令關於破產人資格、權利限制之規定，於受法院裁定開始清算程序之債務人準用之。

### 第八五條

① 債務人之財產不敷清償清算程序之費用時，法院應裁定開始清算程序，並同時終止清算程序。

② 前項同時終止清算程序之裁定得為抗告。

③ 第一項裁定應公告之，並送達於已知之債權人。

### 第八六條 101

① 法院裁定開始清算程序後，應公告下列事項：

  一　開始清算程序裁定之主文及其年、月、日、時。

  二　選任管理人者，其姓名、住址及處理清算事務之地址。管理人為法人者，其名稱、法定代理人及事務所或營業所。

  三　債務人之債務人及屬於清算財團之財產持有人，對於債務人不得為清償或交付其財產，並應即交還或通知管理人或法院指定之人。如於申報債權之期間，無故不交還或通知者，對於清算財團因此所受之損害，應負賠償責任。

  四　申報、補報債權之期間及債權人應於申報、補報期間內向管理人申報其債權；未選任管理人者，應向法院為之；其有證明文件者，並應提出之。

  五　不依前款規定申報、補報債權之失權效果。

  六　對於已申報、補報債權向法院提出異議之期間。

  七　召集債權人會議者，其期日、處所及應議事項。

② 第四十七條第二項至第五項之規定，於前項情形準用之。但債權人依第二十六條第一項規定行使權利者，不得逾最後分配表公告日之前一日。

### 第八七條

① 法院裁定開始清算程序時，就債務人或清算財團有關之登記，應即通知該管登記機關為清算之登記。

② 管理人亦得持開始清算程序之裁定，向前項登記機關聲請為清算之登記。

③ 債務人因繼承、強制執行、徵收、法院之判決，或其他非因法律行為，於登記前已取得不動產物權者，法院得因管理人之聲請，通知登記機關登記為債務人所有。

④已爲清算登記之清算財團財產，經管理人爲返還或讓與者，法院得依其聲請，囑託該管登記機關塗銷其清算登記後登記之。

## 第八八條

法院裁定開始清算程序後，書記官應即於債務人關於營業上財產之帳簿記明截止帳目，簽名蓋章，並作成節略記明帳簿之狀況。

## 第八九條

①債務人聲請清算後，其生活不得逾越一般人通常之程度，法院並得依利害關係人之聲請或依職權限制之。

②債務人非經法院之許可，不得離開其住居地；法院並得通知入出境管理機關，限制其出境。

## 第九〇條

債務人有下列情形之一者，法院得拘提之。但以有強制其到場之必要者爲限。

一　受合法通知，無正當理由而不到場。
二　顯有逃匿之虞。
三　顯有隱匿、毀棄或處分屬於清算財團財產之虞。
四　無正當理由違反前條第二項之規定。

## 第九一條

①債務人有下列情形之一，非予管收顯難進行清算程序者，法院得管收之：

一　有前條第二款、第三款或第四款之情形。
二　違反第一百零二條第一項、第一百零三條第一項之規定。

②管收期間不得超過三個月。

## 第九二條

管收之原因消滅時，應即釋放被管收人。

## 第九三條

拘提、管收除前三條規定外，準用強制執行法之規定。

## 第九四條

①債務人因法院裁定開始清算程序，對於應屬清算財團之財產，喪失其管理及處分權。

②法院裁定開始清算程序後，債務人就應屬清算財團之財產所爲之法律行爲，非經管理人之承認，不生效力。

③前項情形，法律行爲之相對人得催告管理人於十日內確答是否承認，逾期未爲確答者，視爲拒絕承認。

④債務人於法院裁定開始清算程序之日所爲之法律行爲，推定爲清算程序開始後所爲。

## 第九五條

①管理人不爲前條第二項之承認時，得聲請法院裁定命相對人返還所受領之給付物、塗銷其權利取得之登記或爲其他回復原狀之行爲。

②對於前項裁定提起抗告，抗告法院於裁定前，應行言詞辯論。

③前二項裁定確定時，有確定判決同一之效力。

④相對人不依第一項裁定履行者，法院得依管理人之聲請強制執行或囑託登記機關塗銷其權利取得之登記。但相對人提起抗告時，應停止執行。

## 第九六條

①債務人之債務人，於法院裁定開始清算程序後不知其事實而為清償者，得以之對抗債權人；如知其事實而為清償者，僅得以清算財團所受之利益為限，對抗債權人。

②前項債務人所為清償，於法院公告開始清算程序前者，推定為不知其事實；在公告後者，推定為知其事實。

## 第九七條

①債務人之法定代理人對債務人應負損害賠償責任者，法院得依管理人、債權人之聲請或依職權以裁定命其賠償；其因同一事由應負責任之法定代理人為二人時，應命連帶賠償。

②前項情形，法院於裁定前應使當事人有陳述意見之機會。但應公示送達者，不在此限。

③對於第一項裁定提起抗告，抗告法院於裁定前，應行言詞辯論。

④第一項、第三項裁定確定時，有確定判決同一之效力。

## 第二節　清算財團之構成及管理

### 第九八條 101

①下列財產為清算財團：

一　法院裁定開始清算程序時，屬於債務人之一切財產及將來行使之財產請求權。

二　法院裁定開始清算程序後，程序終止或終結前，債務人因繼承或無償取得之財產。

②專屬於債務人本身之權利及禁止扣押之財產，不屬於清算財團。

### 第九九條

法院於裁定開始清算程序後一個月內，得依債務人之聲請或依職權，審的債務人之生活狀況、清算財團財產之種類及數額、債務人可預見之收入及其他情事，以裁定擴張不屬於清算財團財產之範圍。

### 第一○○條 101

債務人之繼承在聲請清算前三個月內開始者，於聲請清算後不得拋棄繼承。

### 第一○一條

法院裁定開始清算程序後，債務人應將屬於清算財團之財產，記載書面提出於法院及管理人。

### 第一○二條

①債務人及其使用人應將與其財產有關之一切簿冊、文件及其所管有之一切財產，移交管理人或法院指定之人。但禁止扣押之財產，不在此限。

②前項之人拒絕為移交時，法院得依聲請或依職權強制執行之。

**第一〇三條**

① 債務人對於管理人關於其財產、收入及業務狀況之詢問，有答覆之義務。

② 第十條之規定，於管理人調查債務人之財產、收入及業務狀況時準用之。但受查詢人為個人而有正當理由者，不在此限。

**第一〇四條**

債務人之權利屬於清算財團者，管理人應為必要之保全行為。

**第一〇五條**

① 管理人應將已收集及可收集之債務人資產，編造資產表，由法院公告之。

② 債權表及資產表應存置於法院及處理清算事務之處所，供利害關係人閱覽或抄錄。

**第一〇六條**

① 下列各款為財團費用：

　一　由國庫墊付之費用。

　二　因清算財團之管理、變價與分配所生之費用及清算財團應納之稅捐。

　三　因債權人共同利益所需聲請及審判上之費用。

　四　管理人之報酬。

② 債務人及依法應受其扶養者之必要生活費及喪葬費，視為財團費用。

**第一〇七條**

下列各款為財團債務：

　一　管理人關於清算財團所為行為而生之債務。

　二　管理人為清算財團請求履行雙務契約所生之債務，或因法院裁定開始清算程序後應履行雙務契約而生之債務。

　三　為清算財團無因管理所生之債務。

　四　因清算財團不當得利所生之債務。

**第一〇八條**

下列各款應先於清算債權，隨時由清算財團清償之：

　一　財團費用。

　二　財團債務。

　三　第二十一條第一項第二款、第二十六條第二項之債務。

　四　在法院裁定開始清算程序前六個月內，債務人本於勞動契約所積欠之勞工工資而不能依他項方法受清償者。

**第一〇九條**

前條情形，於清算財團不足清償時，依下列順序清償之；順序相同者，按債權額比例清償之：

　一　第一百零六條第一項第一款至第四款之財團費用。

　二　第一百零七條第一款之財團債務。

　三　第一百零六條第二項之財團費用、第一百零七條第二款至第四款及前條第三款、第四款之財團債務。

**第一一〇條**

管理人對清算財團應負損害賠償責任者，準用第九十七條之規定。

## 第三節　清算債權及債權人會議

**第一一一條 101**

① 債權之標的如非金錢，或雖為金錢而其金額不確定，或為外國貨幣者，由管理人以法院裁定開始清算程序時之估定金額列入分配。普通保證債權受償額或定期金債權金額或存續期間不確定者，亦同。

② 債權人或債務人對前項估定金額有爭議者，準用第三十六條規定。

③ 附條件之債權，得以其全額為清算債權。

**第一一二條**

① 在法院裁定開始清算程序前，對於債務人之財產有質權、抵押權、留置權或其他擔保物權者，就其財產有別除權。

② 有別除權之債權人得不依清算程序行使其權利。但管理人於必要時，得將別除權之標的物拍賣或變賣，就其賣得價金扣除費用後清償之，並得聲請法院囑託該管登記機關塗銷其權利之登記。

**第一一三條**

有別除權之債權人，得以行使別除權後未能受清償之債權，為清算債權而行使其權利。但未依清算程序申報債權者，不在此限。

**第一一四條**

① 不屬於債務人之財產，其權利人得不依清算程序，向管理人取回之。

② 債務人於法院裁定開始清算程序前或管理人於法院裁定開始清算程序後，將前項財產讓與第三人，而未受領對待給付者，取回權人得向管理人請求讓與其對待給付請求權。

③ 前項情形，管理人受有對待給付者，取回權人得請求交付之。

**第一一五條**

① 出賣人已將買賣標的物發送，買受人尚未收到，亦未付清全價而受法院裁定開始清算程序者，出賣人得解除契約，並取回其標的物。但管理人得清償全價而請求標的物之交付。

② 前項給付，於行紀人將其受託買入之標的物，發送於委託人之情形，準用之。

**第一一六條**

對於清算財團之財產有優先權之債權，先於他債權而受清償，優先權之債權有同順位者，各按其債權額之比例而受清償。

**第一一七條**

① 債權人於法院裁定開始清算程序時，對於債務人負有債務者，無論給付種類是否相同，得不依清算程序而為抵銷。

②債權人之債權爲附期限或附解除條件者，均得爲抵銷。

③附停止條件之債權，其條件於債權表公告後三十日內成就者，得爲抵銷。

④附解除條件之債權人爲抵銷時，應提供相當之擔保，並準用第一百二十四條第二項之規定。

⑤第五十二條第二項之規定，於第一項至第三項之情形，準用之。

**第一一八條**

債權人會議得議決下列事項：

一 清算財團之管理及其財產之處分方法。

二 營業之停止或繼續。

三 不易變價之財產返還債務人或拋棄。

**第一一九條**

管理人於債權人會議時，應提示債權表及資產表，並報告清算事務之進行狀況。

**第一二〇條**

①債權人會議之決議，應有出席已申報無擔保債權人過半數，而其所代表之債權額超過已申報無擔保總債權額之半數者之同意。

②計算前項債權，應扣除劣後債權。

**第一二一條**

法院不召集債權人會議時，得以裁定代替其決議。但法院裁定前應將第一百零一條規定之書面通知債權人。

前項裁定不得抗告，並應公告之。

第四節 清算財團之分配及清算程序之終了

**第一二二條**

清算財團之財產有變價之必要者，管理人應依債權人會議之決議辦理。無決議者，得依拍賣、變賣或其他適當之方法行之。

**第一二三條**

①自債權表公告之翌日起三十日後，清算財團之財產可分配時，管理人應即分配於債權人。

②前項分配，管理人應作成分配表，記載分之順位、比例及方法。

③分配表，應經法院之認可，並公告之。

④對於分配表有異議者，應自公告之翌日起十日內，向法院提出之。

⑤前項異議由法院裁定之。

**第一二四條**

①附解除條件債權受分配時，應提供相當之擔保，無擔保者，應提存其分配額。

②附解除條件債權之條件，自最後分配表公告之翌日起十日內尚未成就時，其已提供擔保者，免除擔保責任，返還其擔保品。

### 第一二五條

附停止條件之債權或將來行使之請求權，自債權表公告之翌日起三十日內，尚不能行使者，不得加入分配。

### 第一二六條

① 關於清算債權有異議，致分配有稽延之虞時，管理人得按照分配比例提存相當之金額，而將所餘財產分配於其他債權人。

② 債權人之住居所、事務所、營業所或地址變更而未向管理人陳明者，管理人得將其應受分配金額提存之。

### 第一二七條

① 管理人於最後分配完結時，應即向法院提出關於分配之報告。

② 法院接到前項報告後，應即為清算程序終結之裁定。

③ 前項裁定不得抗告，並應公告之。

### 第一二八條 101

① 清算程序終止或終結後，發現可分配於債權人之財產時，法院應依管理人之聲請以裁定許可追加分配。但其財產於清算程序終止或終結之裁定確定之翌日起二年後始發現者，不在此限。

② 前項追加分配，於債務人受免責裁定確定後，仍得為之，並準用第一百二十三條規定。

③ 第一項情形，清算程序未行申報及確定債權程序者，應續行之。

### 第一二九條

① 法院裁定開始清算程序後，如清算財團之財產不敷清償第一百零八條所定費用及債務時，法院因管理人之聲請或依職權以裁定終止清算程序。

② 法院為前項裁定前，應使管理人及債權人有陳述意見之機會。

③ 第一項裁定不得抗告，並應公告之。

### 第一三○條

法院裁定終止清算程序時，管理人應依第一百零九條之規定為清償；其有爭議部分，提存之。

### 第一三一條

第八十七條之規定，於法院裁定終止或終結清算程序時準用之。

## 第五節　免責及復權

### 第一三二條

法院為終止或終結清算程序之裁定確定後，除別有規定外，應以裁定免除債務人之債務。

### 第一三三條 101

法院裁定開始清算程序後，債務人有薪資、執行業務所得或其他固定收入，扣除自己及依法應受其扶養者所必要生活費用之數額後仍有餘額，而普通債權人之分配總額低於債務人聲請清算前二年間，可處分所得扣除自己及依法應受其扶養者所必要生活費用之數額者，法院應為不免責之裁定。但債務人證明經普通債權人全體同意者，不在此限。

**第一三四條 107**

債務人有下列各款情形之一者，法院應為不免責之裁定。但債務人證明經普通債權人全體同意者，不在此限：

一 於七年內曾依破產法或本條例規定受免責。

二 故意隱匿、毀損應屬清算財團之財產，或為其他不利於債權人之處分，致債權人受有損害。

三 捏造債務或承認不真實之債務。

四 聲請清算前二年內，因消費奢侈商品或服務、賭博或其他投機行為，所負債務之總額逾聲請清算時無擔保及無優先權債務之半數，而生開始清算之原因。

五 於清算聲請前一年內，已有清算之原因，而隱瞞其事實，使他人與之為交易致生損害。

六 明知已有清算原因之事實，非基於本人之義務，而以特別利於債權人中之一人或數人為目的，提供擔保或消滅債務。

七 隱匿、毀棄、偽造或變造帳簿或其他會計文件之全部或一部，致其財產之狀況不真確。

八 故意於財產及收入狀況說明書為不實之記載，或有其他故意違反本條例所定義務之行為，致債權人受有損害，或重大延滯程序。

**第一三五條**

債務人有前條各款事由，情節輕微，法院審酌普通債權人全體受償情形及其他一切情狀，認為適當者，得為免責之裁定。

**第一三六條 101**

① 前三條情形，法院於裁定前應依職權調查，或命管理人調查以書面提出報告，並使債權人、債務人有到場陳述意見之機會。

② 債務人對於前項調查，應協助之。

**第一三七條**

① 免責裁定確定時，除別有規定外，對於已申報及未申報之債權人均有效力。對於債務人有求償權之共同債務人、保證人或為其提供擔保之第三人，亦同。

② 前項規定不影響債權人對於債務人之共同債務人、保證人或為其提供擔保之第三人之權利。

**第一三八條**

下列債務，不受免責裁定之影響：

一 罰金、罰鍰、怠金及追徵金。

二 債務人因故意或重大過失侵權行為所生損害賠償之債務。

三 稅捐債務。

四 債務人履行法定扶養義務之費用。

五 因不可歸責於債權人之事由致未申報之債權，債務人對該債權清償額未達已申報債權受償比例之債務。

六 由國庫墊付之費用。

**第一三九條**

自法院為免責裁定確定之翌日起一年內，發見債務人有虛報債

務、隱匿財產或以不正當方法受免責者，法院得依債權人之聲請或依職權裁定撤銷免責。但有第一百三十五條得爲免責之情形者，不在此限。

**第一四○條** 107

① 法院爲不免責或撤銷免責之裁定確定後，債權人得以確定之債權表爲執行名義，聲請對債務人爲強制執行。法院裁定開始清算程序前，債權人已取得執行名義者，於確定之債權表範圍，亦同。但依第一百三十三條不免責之情形，自裁定確定之翌日起二年內，不得爲之。

② 前項債權人對債務人爲強制執行時，債務人得聲請執行法院通知債權表上之其他債權人；於聲請時，視爲其他債權人就其債權之現存額已聲明參與分配。其應徵收之執行費，於執行所得金額扣繳之。

**第一四一條** 107

① 債務人因第一百三十三條之情形，受不免責之裁定確定後，繼續清償達該條規定之數額，且各普通債權人受償額均達其應受分配額時，得聲請法院裁定免責。

② 法院依第一百三十三條規定爲不免責裁定，裁定正本應附錄前項、第一百四十二條規定，及債務人嗣後聲請裁定免責時，須繼續清償各普通債權之最低應受分配額之說明。

③ 第六十七條第二項規定，於債務人依第一項規定繼續清償債務，準用之。

**第一四二條** 107

① 法院爲不免責或撤銷免責之裁定確定後，債務人繼續清償債務，而各普通債權人受償額均達其債權額之百分之二十以上者，法院得依債務人之聲請裁定免責。

② 前條第三項規定，於債務人依前項規定繼續清償債務，準用之。

**第一四二條之一** 101

① 法院爲不免責或撤銷免責之裁定確定後，債務人對清算債權人所爲清償，應先抵充費用，次充原本。

② 前項規定，於本條例中華民國一百年十二月十二日修正之條文施行前已受前項裁定之債務人，於修正條文施行後所爲清償，亦適用之。

**第一四三條**
於免責裁定確定後，至撤銷免責之裁定確定前對債務人取得之債權，有優先於清算債權受清償之權利。

**第一四四條**
債務人有下列各款情形之一者，得向法院爲復權之聲請：

一 依清償或其他方法解免全部債務。

二 受免責之裁定確定。

三 於清算程序終止或終結之翌日起三年內，未因第一百四十六條或第一百四十七條之規定受刑之宣告確定。

四 自清算程序終止或終結之翌日起滿五年。

## 第一四五條

債務人依前條第一款至第三款之規定復權，於清算程序終止或終結之翌日起五年內，因第一百四十六條或第一百四十七條之規定受刑之宣告確定者，法院應依職權撤銷復權之裁定。

# 第四章 附 則

## 第一四六條

債務人在法院裁定開始清算程序前一年內，或在清算程序中，以損害債權為目的，而有下列各款行為之一者，處三年以下有期徒刑：

一 隱匿或毀棄其財產或為其他不利於債權人之處分。
二 捏造債務或承認不真實之債務。
三 隱匿、毀棄、偽造或變造帳簿或其他會計文件之全部或一部，致其財產之狀況不真確。

## 第一四七條

債務人聲請更生後，以損害債權為目的，而有前條所列各款行為之一者，處三年以下有期徒刑。

## 第一四八條 110

監督人或管理人對於職務上之行為，要求、期約或收受賄賂或其他不正利益者，處三年以下有期徒刑，得併科新臺幣二十萬元以下罰金。

## 第一四九條 110

① 監督人或管理人對於違背職務之行為，要求、期約或收受賄賂或其他不正利益者，處五年以下有期徒刑，得併科新臺幣三十萬元以下罰金。

② 對於監督人或管理人，關於違背職務之行為，行求、期約或交付賄賂或其他不正利益者，處二年以下有期徒刑，得併科新臺幣十萬元以下罰金。但自首者，減輕或免除其刑。在偵查中或審判中自白者，得減輕其刑。

## 第一五〇條

法人經選任為監督人或管理人者，其負責人、代理人、受僱人或其他職員，於執行業務時，有前二條所定之情形，除依各該條規定處罰其行為人外，對於該法人亦科以各該條規定之罰金。

## 第一五一條 110

① 債務人對於金融機構負債務者，在聲請更生或清算前，應向最大債權金融機構請求協商債務清償方案，或向其住、居所地之法院或鄉、鎮、市、區調解委員會聲請債務清理之調解。

② 債務人為前項請求或聲請，應以書面為之，並提出財產及收入狀況說明書、債權人及債務人清冊，及按債權人之人數提出繕本或影本。

③ 第四十三條第二項、第五項至第七項規定，於前項情形準用之。

④ 債權人為金融機構者，於協商或調解時，由最大債權金融機構

代理其他金融機構。但其他金融機構以書面向最大債權金融機構為反對之表示者，不在此限。

⑤債務人為金融機構、資產管理公司或受讓其債權者，應提出債權說明書予債務人，並準用第三十三條第二項第一款至第五款規定。

⑥債務人請求協商或聲請調解後，任一債權金融機構對債務人聲請強制執行，或不同意延緩強制執行程序，視為協商或調解不成立。

⑦協商或調解成立者，債務人不得聲請更生或清算。但因不可歸責於己之事由，致履行有困難者，不在此限。

⑧第七十五條第二項規定，於前項但書情形準用之。

⑨本條例施行前，債務人依金融主管機關協調成立之中華民國銀行公會會員，辦理消費金融案件無擔保債務協商機制與金融機構成立之協商，準用前二項之規定。

## 第一五一條之一　101

①債務人請求協商時，視為同意或授權受請求之金融機構，得向稅捐或其他機關、團體查詢其財產、收入、業務及信用狀況。

②前項金融機構應即通知其他債權人與債務人為債務清償之協商，並將前項查詢結果供其他債權人閱覽或抄錄。

③債權人之債權移轉於第三人者，應提出相關證明文件，由受請求之金融機構通知該第三人參與協商。

④協商成立者，應以書面作成債務清償方案，由當事人簽名、蓋章或按指印；協商不成立時，應於七日內付與債務人證明書。

## 第一五二條

①前條第一項受請求之金融機構應於協商成立之翌日起七日內，將債務清償方案送請金融機構所在地之管轄法院審核。但當事人就債務清償方案已依公證法第十三條第一項規定，請求公證人作成公證書者，不在此限。

②前項債務清償方案，法院應儘速審核，認與法令無牴觸者，應以裁定予以認可；認與法令牴觸者，應以裁定不予認可。

③前項裁定，不得抗告。

④債務清償方案經法院裁定認可後，得為執行名義。

## 第一五三條

自債務人提出協商請求之翌日起逾三十日不開始協商，或自開始協商之翌日起逾九十日協商不成立，債務人得逕向法院聲請更生或清算。

## 第一五三條之一　107

①債務人依第一百五十一條第一項聲請法院調解，徵收聲請費新臺幣一千元。

②債務人於法院調解不成立之日起二十日內，**聲請更生或清算者**，以其調解之聲請，視為更生或清算之聲請，不另徵收聲請費。

③債務人於調解期日到場而調解不成立，得當場於法院書記官前，以言詞為前項更生或清算之聲請。

④債權人之債權移轉於第三人者，應提出相關證明文件，由法院或鄉、鎮、市、區調解委員會通知該第三人參與調解。

**第一五四條** 101

①債務清償方案協商或調解成立後，債務人經法院裁定開始更生或清算程序，債權人依債務清償方案未受全部清償者，仍得以其在協商或調解前之原有債權，加入更生或清算程序；其經法院裁定開始清算程序者，應將債權人已受清償部分，加算於清算財團，以定其應受分配額。

②前項債權人，應俟其他債權人所受清償與自己已受清償之程度達同一比例後，始得再受清償。

**第一五五條**

本條例施行前不能清償債務之事件，已由法院依破產法之規定開始處理者，仍依破產法所定程序終結之。

**第一五六條** 107

①消費者於本條例施行前受破產宣告者，得依本條例之規定，為免責或復權之聲請。

②本條例中華民國一百年十二月十二日修正之條文施行前，消費者依第一百三十四條第四款規定受不免責裁定者，得於修正條文施行之日起二年內，為免責之聲請。

③本條例中華民國一百零七年十一月三十日修正之條文施行前，消費者依第一百三十四條第二款、第四款或第八款規定受不免責裁定者，得於修正條文施行之日起二年內，為免責之聲請。

**第一五七條**

本條例施行細則，由司法院定之。

**第一五八條** 101

①本條例自公布日後九個月施行。

②本條例修正條文自公布日施行。

# 消費者債務清理條例施行細則

① 民國97年3月18日司法院令訂定發布全文46條；並自97年4月11日施行。
② 民國100年2月11日司法院令修正發布第11、26、46條條文；並自發布日施行。
③ 民國101年2月6日司法院令修正發布第11、16、27、42、45條條文；增訂第6-1、16-1、18-1、30-1、37-1、38-1、39-1、42-1、42-2、44-1、44-2條條文；並刪除第44條條文。
④ 民國106年8月25日司法院令增訂發布第44-3條條文；並自發布日施行。
⑤ 民國107年4月17日司法院令修正發布第8條條文；並自發布日施行。
⑥ 民國108年1月17日司法院令修正發布第11、18-1、21、28、30-1、44-1、45 條條文；增訂第20-1、21-1、27-1、40-1條條文；並自發布日施行。

#### 第一條

本細則依消費者債務清理條例（以下簡稱本條例）第一百五十七條規定訂定之。

#### 第二條

① 聲請依本條例所定程序清理其債務之債務人，以本條例第二條所稱之消費者為限。
② 消費者依本條例所清理之債務，不以因消費行為所生者為限。

#### 第三條

① 本條例第二條第一項所稱之營業活動，係指反覆從事銷售貨物、提供勞務或其他相類行為，以獲取代價之社會活動。
② 債務人為公司或其他營利法人之負責人，無論是否受有薪資，均視為自己從事營業活動。其營業額依該公司或其他營利法人之營業額定之。

#### 第四條

本條例第二條第一項所定之五年期間，自聲請更生或清算前一日回溯五年計算之；第二項所定之營業額，以五年內之營業總額除以實際營業月數計算之。

#### 第五條

① 法院裁定開始更生或清算程序前，認有選任監督人或管理人之必要者，得預估其報酬之數額，定期命債務人預納之，逾期未預納者，除有本條例第七條第一項所定情形外，法院得依本條例第六條第三項規定駁回更生或清算之聲請。
② 法院裁定開始更生程序後，認有選任監督人之必要者，得預估其報酬之數額，定期命債務人預納之，逾期未預納致更生程序

無法進行者，法院得依本條例第五十六條第二款規定裁定開始
清算程序。

第六條

法院裁定開始更生或清算程序後，不得再以債務人之聲請不合
程式、不備其他要件、因其違反本條例所定之義務或有其他障
礙之事由而駁回其聲請或撤銷裁定。

第六條之一 101

更生或清算程序終止或終結後，債務人不得撤回更生或清算之
聲請。

第七條

①債務人聲請更生或清算前或後，經聲請破產，而法院尚未裁定
為破產之宣告者，於法院裁定開始更生或清算程序，或駁回債
務人之聲請前，該聲請破產程序應停止。

②法院裁定開始更生、清算程序、許可和解或宣告破產後，債務
人聲請更生或清算者，法院應駁回之。

第八條 107

①依本條例規定應公告之文書，除下列情形者外，應公告全部內
容：

　一　債務人以外之兒童及少年姓名、身分證統一編號及其他足
　　　資識別該個人資料部分，應為適當遮隱。

　二　其他法院認為不宜公開事項，得予遮隱。

②依本條例規定應公告並送達文書予利害關係人者，其送達效力，
依民事訴訟法之規定。

第九條

法院裁定開始更生或清算程序後，債務人於程序終止或終結前
死亡者，其程序視為終結。

第一〇條

本條例所定保全處分之執行，及更生或清算程序終止或終結前
得強制執行之事項，由辦理消費者債務清理事件之法院為之。

第一一條 108

法院裁定開始更生或清算程序後，命司法事務官進行更生或清
算程序者，至該程序終止或終結時止，本條例規定由法院辦理
之事務，及程序終止或終結後關於本條例第七十三條第二項、
第七十五條第一項、第一百二十八條第一項前段、第一百三十
一條準用第八十七條所定事務，得由司法事務官為之。但下列
事務不在此限：

　一　有關拘提、管收之事項。

　二　本條例第五十三條第五項、第五十六條、第六十一條第一
　　　項及第六十五條第一項所定裁定。

第一二條

法院裁定開始更生或清算程序，有下列各款情形之一者，應選
任監督人或管理人：

　一　依本條例第二十條至第二十四條規定有行使撤銷權、終止

權、解除權、請求相對人、受益人或轉得人返還所受領之
給付或受催告之必要。

二　依本條例第二十七條規定有承受訴訟之必要。

三　依本條例第九十四條或第九十五條規定有承認、受催告、
聲請法院裁定命相對人返還所受領之給付物、塗銷其權利
取得登記、爲其他回復原狀行爲或聲請強制執行之必要。

## 第一三條

監督人或管理人於法院許可辭任前，仍應以善良管理人之注意，
繼續執行其職務。

## 第一四條

①法院就更生或清算之聲請爲裁定前，依本條例第十九條第三項
變更保全處分者，其期間與原保全處分期間合計，不得逾同條
第二項所定之期間。

②法院裁定開始更生或清算程序後，爲保全處分及變更保全處分
之期間，不受本條例第十九條第二項之限制。

## 第一五條

受益人或轉得人依本條例第二十一條第一項或第二十二條第二
項規定應回復原狀者，由監督人或管理人請求之。

## 第一六條 101

①有擔保之債權人，就其行使擔保權後未能受償之債權，非依更
生或清算程序，不得行使其權利。

②前項債權依更生程序行使權利，以行使擔保權後未能受償額，
列入更生方案；其未確定者，由監督人估定之，並於確定時依
更生條件受清償。

③債權人或債務人對前項估定金額有爭議者，準用本條例第三十
六條第一項至第四項規定。

## 第一六條之一 101

普通保證債權人之債權受償額未確定者，於更生或清算程序應
由監督人或管理人估定之金額，行使表決權。

## 第一七條

法院裁定開始更生或清算程序後，有擔保或優先權債權所生之
損害賠償及違約金，對於債務人之財產無優先受償之權，非依
更生或清算程序，不得行使其權利。

## 第一八條

執行法院依強制執行法第一百十五條之一第二項規定核發移轉
命令，執行債務人之薪資或其他繼續性給付之債權者，於法院
裁定開始更生或清算程序後，應停止強制執行；債權人債權未
受清償部分，非依更生或清算程序，不得行使其權利。

## 第一八條之一 108

①本條例第二十九條第一項規定，於債務人撤回更生或清算之聲
請，或有第九條情形者，不適用之。

②本條例中華民國一百零七年十二月二十八日修正公布施行前確
定之債權表，不適用修正後本條例第二十九條第一項第一款規

定。

③本條例第二十九條第一項第一款所定因不履行金錢債務所生損害賠償、違約金及其他費用之總額，應就據以發生之本金債權分筆計算。

## 第一九條

監督人或管理人為估定債務人財產之價額，請求質權人或留置權人交出其權利標的物者，質權人或留置權人之權利不受影響。

## 第二〇條

債權人申報之債權，有本條例第三十六條第一項之異議者，於法院裁定前，債權人會議不得為決議。但受異議之債權不影響債權人會議之決議者，不在此限。

## 第二〇條之一 108

本條例第四十二條第一項所定無擔保或無優先權之本金及利息債務總額未逾新臺幣一千二百萬元，應計算至法院裁定開始更生程序前一日。

## 第二一條 108

①債務人依本條例第四十三條第二項、第八十一條第二項規定所表明之債權人地址，有住居所不明者，應表明其最後住居所及不明之意旨；所表明之債權種類，應記載該債權之名稱、貨幣種類、有無擔保權或優先權、擔保權之順位及扣除擔保債權或優先權後之餘額。

②債務人依本條例第四十三條第五項、第八十一條第三項規定所表明之債務人地址，有住居所不明者，應表明其最後住居所及不明之意旨；所表明之債務種類，應記載該債務之名稱、貨幣種類、有無擔保權或優先權、擔保權之順位及扣除擔保債權或優先權後之餘額。

③債務人依本條例第四十三條第六項第一款、第八十一條第四項第一款規定所表明之財產目錄，係指包括土地、建築物、動產、銀行存款、股票、人壽保單、事業投資或其他資產在內之所有財產。其於更生或清算聲請前二年內有財產變動狀況者，宜併予表明。

④債務人依本條例第四十三條第六項第三款、第八十一條第四項第三款規定所表明之收入數額，係指包括基本薪資、工資、佣金、獎金、津貼、年金、保險給付、租金收入、退休金或退休計畫收支、政府補助金、分居或離婚贍養費或其他收入款項在內之所有收入數額。

## 第二一條之一 108

①債務人依本條例第四十三條第六項第三款、第八十一條第四項第三款規定所表明之必要支出數額，係指包括膳食、衣服、教育、交通、醫療、稅賦開支、全民健保、勞保、農保、漁保、公保、學生平安保險或其他支出在內之所有必要支出數額。

②債務人依本條例第四十三條第六項第四款、第八十一條第四項第四款規定所表明依法應受債務人扶養之人，除應記載該受扶

養人外，尚應記載依法應分擔該扶養義務之人數及債務人實際支出之扶養金額。

③債務人聲請更生或清算時所提財產及收入狀況說明書，其表明每月必要支出之數額，與本條例第六十四條之二第一項、第二項規定之認定標準相符者，毋庸記載原因、種類及提出證明文件。

### 第二二條

債權人就逾債權人清冊記載內容部分之債權，仍應遵期申報，始得行使其權利。

### 第二三條

監督人或管理人向本條例第十條第一項所定之人查詢債務人財產、收入及業務狀況時，有同條第二項或第三項所定情形者，應即陳報法院。

### 第二四條

債權人縱為一人，債務人亦得聲請更生。

### 第二五條

①法院裁定開始更生程序後，應即通知債務人之財產登記機關為更生登記。

②監督人亦得持開始更生程序之裁定，向前項登記機關聲請為更生登記。

③法院於必要時或更生程序終結時，應即通知第一項之登記機關塗銷更生登記。

④更生登記無禁止債務人移轉或處分其財產之效力。

### 第二六條 100

①債務人提出之更生方案所記載清償之金額，應表明其計算方法。

②更生方案之清償方法得記載由最大債權金融機構統一辦理收款及撥付款項之作業。

③法院裁定認可之更生方案無前項記載，最大債權金融機構受債務人依本條例第六十七條第二項規定之請求者，應統一辦理收款及撥付款項。

### 第二七條 101

債務人提出之更生方案最終清償期逾六年者，應表明符合本條例第五十三條第二項第三款但書之情形。

### 第二七條之一 108

更生方案未於本條例中華民國一百零七年十二月二十八日修正公布施行前經法院裁定認可確定，且依本條例第五十四條之一第一項定自用住宅借款特別條款者，適用修正後之規定。

### 第二八條 108

本條例第六十三條第一項第五款所定已申報無擔保及無優先權之本金及利息債權總額，不包括劣後債權。

### 第二九條

①依本條例第六十九條後段規定視為終結強制執行程序者，其已為之執行處分應予撤銷；假扣押或假處分之執行，亦同。

② 更生方案效力所及之有擔保或有優先權債權人，於更生程序終結時，其已開始之強制執行程序，視為終結，並準用前項規定。

## 第三〇條

① 債務人於法院裁定開始更生程序後，更生方案履行期限屆至前，得依本條例第七十條第二項或第五項規定，提出現款聲明消滅拍賣標的物上之優先權及擔保權。

② 前項拍賣標的物為不動產者，債務人提出現款之數額，應扣除依法核課之地價稅及房屋稅額。

## 第三〇條之一 108

本條例第五十五條第二項規定，於債務人依本條例第七十三條第一項但書應履行之債務，準用之。

## 第三一條

依本條例第八十三條第一項規定所為之裁定，應公告之。

## 第三二條

債務人依本條例第八十九條規定所受生活之限制，於法院為終止或終結清算程序之裁定確定時，當然解除。

## 第三三條

法院依本條例第九十七條第一項或第一百十條規定，裁定命債務人之法定代理人或管理人賠償者，準用本條例第九十五條第四項規定。

## 第三四條

強制執行法第二十一條之一、第二十一條之二、第二十二條之一、第二十二條之二、第二十二條之三、第二十二條之四第三款及第四款、第二十二條之五、第二十四條第二項、第二十六條規定，於本條例所定拘提、管收，準用之。

## 第三五條

法院裁定開始清算程序後，管理人因繼續債務人營業所得之財產，應歸屬於清算財團。

## 第三六條

法院裁定開始清算程序前成立之有債權優先權之債權，非依清算程序，不得行使其權利。

## 第三七條

清算財團之財產經管理人依本條例第一百二十二條規定變價後，債務人應交出書據而未交出者，管理人得報請法院以公告宣示未交出之書據無效，另作證明書發給買受人。

## 第三七條之一 101

依本條例第一百二十八條第三項續行債權申報程序者，準用本條例第七十九條規定。

## 第三八條

利害關係人對財團費用及財團債務之債權及其種類、數額或順位有爭議者，準用本條例第三十六條第二項、第三項及第五項之規定。

## 第三八條之一 101

法院裁定開始清算程序後，債務人撤回清算之聲請或死亡者，準用本條例第一百三十條及第一百三十一條規定。

#### 第三九條

本條例第一百三十三條、第一百三十四條但書、第一百三十五條、第一百四十一條、第一百四十二條所稱之普通債權人，指其債權無擔保或優先權及不屬於劣後債權之債權人。

#### 第三九條之一 101

法院所爲免責、不免責或撤銷免責之裁定應公告之，並送達於債務人及已知住居所、事務所或營業所之債權人。

#### 第四○條

法院爲免責或不免責之裁定確定前，債權人不得對債務人聲請強制執行。但有別除權者，不在此限。

#### 第四○條之一 108

本條例第一百四十條第一項本文後段之規定，於清算程序無確定債權表者亦適用之。

#### 第四一條

① 法院依本條例第一百三十三條但書或第一百三十四條但書規定爲債務人免責之裁定，應經未受清償之有債權優先權債權人全體同意。

② 有債權優先權之債權人未受全部清償前，債務人不得依本條例第一百四十一條或第一百四十二條規定聲請裁定免責。

#### 第四二條 101

本條例施行前，債務人依金融主管機關協調成立之中華民國銀行公會會員，辦理消費金融案件無擔保債務協商機制協商未成立者，仍應依本條例第一百五十一條第一項規定請求協商或聲請調解。

#### 第四二條之一 101

① 債務人依本條例第一百五十一條第一項規定請求協商或聲請調解者，如逕向法院聲請更生或清算，視其聲請爲法院調解之聲請。

② 前項情形，調解不成立者，法院於調解不成立之日起二十日內，得依債務人之聲請，依原聲請程序續行之，並仍自原聲請時，發生程序繫屬之效力。

#### 第四二條之二 101

① 最大債權金融機構依本條例第一百五十一條第四項規定，當然爲其他金融機構之代理人，除有該項但書情形外，不得拒絕代理。

② 前項最大債權金融機構就債務清理之協商或調解，得代理其他金融機構爲一切必要之行爲，並得使第三人代爲處理。

#### 第四三條

① 受請求協商之最大債權金融機構應依債務人提出之債權人清冊，通知全體債權人與債務人爲債務清償之協商。

② 前項金融機構於協商不成立時，應付與債務人證明書。

第四四條　(刪除) 101

第四四條之一 108

① 債權人之債權移轉於第三人者，無論其移轉在債務人請求協商或聲請調解之前或後，移轉人或受移轉人應依本條例第一百五十一條之一第三項、第一百五十三條之一第四項規定，將債權移轉相關文件之正本、繕本或影本提出於最大債權金融機構或鄉、鎮、市、區調解委員會或法院。

② 前項債權移轉包括債權讓與及法定移轉。

③ 債務人依本條例第一百五十三條之一第三項規定以言詞為更生或清算之聲請者，法院書記官應記明筆錄。

第四四條之二 101

債務人依本條例第一百五十一條第一項聲請法院調解，不合程式或不備其他要件者，法院應以裁定駁回之。但其情形可以補正者，法院應定期間先命補正。

第四四條之三 106

債務人於協商或調解不成立後聲請更生或清算，法院不得以其未接受債權人於協商或調解程序所提債務清償方案為由，駁回其更生或清算之聲請。

第四五條 108

① 消費者依本條例第一百五十六條第一項規定聲請免責或復權，由宣告破產之地方法院管轄。

② 消費者依本條例第一百五十六條第二項、第三項規定聲請免責，由裁定開始清算程序之地方法院管轄。

第四六條 100

① 本細則自中華民國九十七年四月十一日施行。

② 本細則修正條文自發布日施行。

# 家事事件法

①民國101年1月11日總統令制定公布全文200條。
民國101年2月29日司法院令發布自101年6月1日施行。
②民國104年12月30日總統令修正公布第19、32、60、64、165條條
文。
民國105年1月11日司法院令發布定自105年1月15日施行。
③民國108年4月24日總統令修正公布第53、167條條文。
民國108年5月3日司法院令發布定自108年5月3日施行。
④民國108年6月19日總統令修正公布第164、165條條文。
民國108年6月21日司法院令發布定自108年6月21日施行。
⑤民國112年6月21日總統令修正公布第3、12、96、138、185、200
條條文；除第3、96、185條施行日期由司法院定之外，自公布日
施行。

## 第一編　總　則

**第一條**

為妥適、迅速、統合處理家事事件，維護人格尊嚴、保障性別
地位平等、謀求未成年子女最佳利益，並健全社會共同生活，
特制定本法。

**第二條**

本法所定家事事件由少年及家事法院處理之；未設少年及家事
法院地區，由地方法院家事法庭處理之。

**第三條** 112

①下列事件為甲類事件：

一　確認婚姻無效、婚姻關係存在或不存在事件。

二　確定母再婚後所生子女生父事件。

三　確認親子關係存在或不存在事件。

四　確認收養關係存在或不存在事件。

②下列事件為乙類事件：

一　撤銷婚姻事件。

二　離婚事件。

三　否認子女、認領子女事件。

四　撤銷收養、撤銷終止收養事件。

③下列事件為丙類事件：

一　因婚約無效、解除、撤銷、違反婚約之損害賠償、返還婚
約贈與物事件。

二　因婚姻無效、撤銷婚姻、離婚、婚姻消滅之損害賠償事件。

三　夫妻財產之補償、分配、分割、取回、返還及其他因夫妻財產關係所生請求事件。

四　因判決終止收養關係給與相當金額事件。

五　因監護所生損害賠償事件。

六　因繼承回復、遺產分割、特留分、遺贈、確認遺囑眞僞或其他繼承關係所生請求事件。

④下列事件爲丁類事件：

一　宣告死亡事件。

二　撤銷死亡宣告事件。

三　失蹤人財產管理事件。

四　監護或輔助宣告事件。

五　撤銷監護或輔助宣告事件。

六　定監護人、選任特別代理人事件。

七　認可收養或終止收養、許可終止收養事件。

八　親屬會議事件。

九　拋棄繼承、無人承認繼承及其他繼承事件。

十　指定遺囑執行人事件。

十一　兒童、少年或身心障礙者保護安置事件。

十二　嚴重病人保護安置事件。

十三　民事保護令事件。

⑤下列事件爲戊類事件：

一　因婚姻無效、撤銷或離婚之給與贍養費事件。

二　夫妻同居事件。

三　指定夫妻住所事件。

四　報告夫妻財產狀況事件。

五　給付家庭生活費用事件。

六　宣告改用分別財產制事件。

七　變更子女姓氏事件。

八　定對於未成年子女權利義務之行使負擔事件。

九　交付子女事件。

十　宣告停止親權或監護權及撤銷其宣告事件。

十一　監護人報告財產狀況及監護人報酬事件。

十二　扶養事件。

十三　宣告終止收養關係事件。

⑥其他應由法院處理之家事事件，除法律別有規定外，適用本法之規定。

**第四條**

①少年及家事法院就其受理事件之權限，與非少年及家事法院所定裁判之見解有異時，如當事人合意由少年及家事法院處理者，依其合意。

②前項合意，應記明筆錄或以文書證之。

**第五條**

家事事件之管轄，除本法別有規定外，準用非訟事件法有關⋯

轄之規定；非訟事件法未規定者，準用民事訴訟法有關管轄之規定。

**第六條**

① 法院受理家事事件之全部或一部不屬其管轄者，除當事人有管轄之合意外，應依聲請或依職權以裁定移送於其管轄法院。但法院為統合處理事件認有必要，或當事人已就本案有陳述者，得裁定自行處理。

② 法院受理有管轄權之事件，為統合處理事件之必要，經當事人合意者，得依聲請以裁定移送於相關家事事件繫屬中之其他法院。

③ 對於前項移送之裁定，得為抗告。

④ 移送之聲請被駁回者，不得聲明不服。

⑤ 移送之裁定確定後，受移送之法院不得以違背專屬管轄為理由，移送於他法院。法院書記官應速將裁定正本附入卷宗，送交受移送之法院。受移送之法院，應即就該事件為處理。

**第七條**

① 同一地區之少年及家事法院與地方法院處理權限之劃分，除本法及其他法令別有規定外，由司法院定之。

② 同一地方法院家事法庭與民事庭之事務分配，由司法院定之。

**第八條**

① 處理家事事件之法官，應遴選具有性別平權意識、尊重多元文化並有相關學識、經驗及熱忱者任之。

② 前項法官之遴選資格、遴選方式、任期及其他有關事項，由司法院定之。

**第九條**

① 家事事件之處理程序，以不公開法庭行之。但有下列各款情形之一者，審判長或法官應許旁聽：

一 經當事人合意，並無妨礙公共秩序或善良風俗之虞。

二 經有法律上利害關係之第三人聲請。

三 法律別有規定。

② 審判長或法官認為適當時，得許就事件無妨礙之人旁聽。

**第一〇條**

① 法院審理家事事件認有必要時，得斟酌當事人所未提出之事實，並依職權調查證據。但法律別有規定者，不在此限。

② 離婚、終止收養關係、分割遺產或其他當事人得處分之事項，準用民事訴訟法第二編第一章第二節有關爭點簡化協議、第三節有關事實證據之規定。但有下列各款情形之一者，適用前項之規定：

一 涉及家庭暴力或有危害未成年子女利益之虞。

二 有害當事人或關係人人格權之虞。

三 當事人自認及不爭執之事實顯與事實不符。

四 依其他情形顯失公平。

③ 第一項情形，法院應使當事人或關係人有辯論或陳述意見之機

會。

**第一一條**

① 未成年人、受監護或輔助宣告之人，表達意願或陳述意見時，必要者，法院應通知直轄市、縣（市）主管機關指派社會工作人員或其他適當人員陪同在場，並得陳述意見。

② 前項情形，法院得隔別為之，並提供友善環境、採取適當及必要措施，保護意見陳述者及陪同人員之隱私及安全。

**第一二條 112**

① 當事人、證人、鑑定人及其他依法參與家事事件程序之人之所在處所與法院間有聲音及影像相互傳送之科技設備而得直接審理者，法院認為必要時，得依聲請或依職權以該設備為之。

② 前項情形，法院應徵詢當事人之意見。

③ 第一項情形，其期日通知書記載之應到處所為該設備所在處所。

④ 依第一項進行程序之筆錄及其他文書，須陳述人簽名者，由訊問端法院傳送至陳述人所在處所，經陳述人確認內容並簽名後，將筆錄及其他文書以電信傳真或其他科技設備傳回訊問端法院。

⑤ 法院依第一項規定審理時，準用民事訴訟法第二編第一章第三節第二目、第三目及第五目之一之規定。

⑥ 第一項之審理及第四項文書傳送之辦法，由司法院定之。

**第一三條**

① 法院處理家事事件，得命當事人或法定代理人本人到場，或依事件之性質，以適當方法命其陳述或訊問之。但法律別有規定者，依其規定。

② 當事人或法定代理人本人無正當理由，而不從法院之命到場者，準用民事訴訟法第三百零三條之規定。但不得拘提之。

③ 受前項裁定之人經法院合法通知，無正當理由仍不到場者，法院得連續處罰。

④ 受裁定人對於前二項裁定得為抗告；抗告中應停止執行。

**第一四條**

① 能獨立以法律行為負義務者，有程序能力。

② 滿七歲以上之未成年人，除法律別有規定外，就有關其身分及人身自由之事件，有程序能力。

③ 不能獨立以法律行為負義務，而能證明其有意思能力者，除法律別有規定外，就有關其身分及人身自由之事件，亦有程序能力。

**第一五條**

① 處理家事事件有下列各款情形之一者，法院得依利害關係人聲請或依職權選任程序監理人：

　一　無程序能力人與其法定代理人有利益衝突之虞。

　二　無程序能力人之法定代理人不能行使代理權，或行使代理權有困難。

　三　為保護有程序能力人之利益認有必要。

②前條第二項及第三項情形，法院得依職權選任程序監理人。

③法院依前二項選任程序監理人後，認有必要時，得隨時以裁定撤銷或變更之。

④法院為前三項裁定前，應使當事人、法定代理人、被選任人及法院職務上已知之其他利害關係人有陳述意見之機會。但有礙難之情形或恐有害其健康或顯有延滯程序者，不在此限。

## 第一六條

①法院得就社會福利主管機關、社會福利機構所屬人員，或律師公會、社會工作師公會或其他相類似公會所推薦具有性別平權意識、尊重多元文化，並有處理家事事件相關知識之適當人員，選任為程序監理人。

②程序監理人有為受監理人之利益為一切程序行為之權，並得獨立上訴、抗告或為其他聲明不服。程序監理人之行為與有程序能力人之行為不一致者，以法院認為適當者為準。

③選任之程序監理人不受審級限制。

④法院得依程序監理人聲請，按其職務內容、事件繁簡等一切情況，以裁定酌給酬金，其報酬為程序費用之一部。

⑤前項酬金，法院於必要時得定期命當事人或利害關係人預納之。但其預納顯有困難者，得由國庫墊付全部或一部。其由法院依職權選任者，亦得由國庫墊付之。

⑥有關程序監理人之選任、酌給酬金、預納費用及國庫墊付辦法，由司法院定之。

## 第一七條

①法院得囑託警察機關、稅捐機關、金融機構、學校及其他有關機關、團體或具有相關專業知識之適當人士為必要之調查及查明當事人或關係人之財產狀況。

②前項受託者有為調查之義務。

③囑託調查所需必要費用及受託個人請求之酬金，由法院核定，並為程序費用之一部。

## 第一八條

①審判長或法官得依聲請或依職權命家事調查官就特定事項調查事實。

②家事調查官為前項之調查，應提出報告。

③審判長或法官為第一項調查前，應使當事人或利害關係人以言詞或書狀陳述意見。但認為不必要者，不在此限。

④審判長或法官斟酌第二項調查報告書為裁判前，應使當事人或利害關係人有陳述意見或辯論之機會。但其內容涉及隱私或有不適當之情形者，不在此限。

⑤審判長或法官認為必要時，命家事調查官於期日到場陳述意見。

## 第一九條 104

當事人、證人、鑑定人及其他有關係之人，如有不通曉國語者，由通譯傳譯之；其為聽覺或語言障礙者，除由通譯傳譯之外，

並得依其選擇以文字訊問，或命以文字陳述。

**第二○條**

① 處理家事事件需支出費用者，法院得定期命當事人預納之。但其預納顯有困難，並為維護公益應依職權調查證據所需費用，法院得裁定暫免預納其全部或一部，由國庫墊付之。

② 法院為程序費用之裁判時，應併確定前項國庫墊付之費用額。

**第二一條**

民事訴訟法有關法院職員迴避之規定，於家事調查官及諮詢人員準用之。

**第二二條**

本法關於審判長權限之規定，於受命法官行準備程序時準用之。

# 第二編　調解程序

**第二三條**

① 家事事件除第三條所定丁類事件外，於請求法院裁判前，應經法院調解。

② 前項事件當事人逕向法院請求裁判者，視為調解之聲請。但當事人應為公示送達或於外國為送達者，不在此限。

③ 除別有規定外，當事人對丁類事件，亦得於請求法院裁判前，聲請法院調解。

**第二四條**

關於未成年子女權利義務行使負擔之內容、方法及其身分地位之調解，不得危害未成年子女之利益。

**第二五條**

家事調解事件，除別有規定外，由管轄家事事件之法院管轄。

**第二六條**

① 相牽連之數宗家事事件，法院得依聲請或依職權合併調解。

② 兩造合意聲請將相牽連之民事事件合併於家事事件調解，並視為就該民事事件已有民事調解之聲請。

③ 合併調解之民事事件，如已繫屬於法院者，原民事程序停止進行。調解成立時，程序終結；調解不成立時，程序繼續進行。

④ 合併調解之民事事件，如原未繫屬於法院者，調解不成立時，依當事人之意願，移付民事裁判程序或其他程序；其不願移付者，程序終結。

**第二七條**

家事事件之調解程序，由法官行之，並得商請其他機構或團體志願協助之。

**第二八條**

① 聲請調解事件，法官認為依事件性質調解無實益時，應向聲請人發問或曉諭，依聲請人之意願，裁定改行應行之裁判程序或其他程序；其不願改用者，以裁定駁回之。

② 前項裁定，不得聲明不服。

③法官依聲請人之意願，按第一項規定改用裁判程序者，視爲自聲請調解時，已請求法院裁判。

### 第二九條

①法院得於家事事件程序進行中依職權移付調解；除兩造合意或法律別有規定外，以一次爲限。

②前項情形，原程序停止進行。調解成立或第三十三條、第三十六條之裁定確定者，程序終結；調解不成立或未依第三十三條、第三十六條規定裁定或該裁定失其效力者，程序繼續進行。

### 第三〇條

①家事事件之調解，就離婚、終止收養關係、分割遺產或其他得處分之事項，經當事人合意，並記載於調解筆錄時成立。但離婚及終止收養關係之調解，須經當事人本人表明合意，始得成立。

②前項調解成立者，與確定裁判有同一之效力。

③因調解成立有關身分之事項，依法應辦理登記者，法院應依職權通知該管戶政機關。

④調解成立者，原當事人得於調解成立之日起三個月內，聲請退還已繳裁判費三分之二。

### 第三一條

①當事人兩造於調解期日到場而調解不成立者，法院得依一造當事人之聲請，按該事件應適用之程序，命即進行裁判程序，並視爲自聲請調解時已請求裁判。但他造聲請延展期日者，應許可之。

②當事人聲請調解而不成立，如聲請人於調解不成立證明書送達後十日之不變期間內請求裁判者，視爲自聲請調解時已請求裁判；其於送達前請求裁判者亦同。

③以裁判之請求視爲調解之聲請者，如調解不成立，除當事人聲請延展期日外，法院應按該事件應適用之程序，命即進行裁判程序，並仍自原請求裁判時，發生程序繫屬之效力。

④前三項情形，於有第三十三條或第三十六條所定之聲請或裁定者，不適用之。

⑤調解程序中，當事人所爲之陳述或讓步，於調解不成立後之本案裁判程序，不得採爲裁判之基礎。

⑥前項陳述或讓步，係就程序標的、事實、證據或其他事項成立書面協議者，如爲得處分之事項，當事人應受其拘束。但經兩造同意變更，或因不可歸責於當事人之事由或依其他情形協議顯失公平者，不在此限。

### 第三二條 104

①家事調解，應聘任具有性別平權意識、尊重多元文化，並有法律、醫療、心理、社會工作或其他相關專業，或社會經驗者爲調解委員。

②關於家事調解委員之資格、聘任、考核、訓練、解任及報酬等事項，由司法院定之。

③調解程序，除本法另有規定者外，準用民事訴訟法第二編第二章調解程序之規定。

**第三三條**

①當事人就不得處分之事項，其解決事件之意思已甚接近或對於原因事實之有無不爭執者，得合意聲請法院爲裁定。

②法院爲前項裁定前，應參酌調解委員之意見及家事調查官之報告，依職權調查事實及必要之證據，並就調查結果使當事人或知悉之利害關係人有陳述意見之機會。當事人聲請辯論者，應予准許。

③前二項程序，準用民事訴訟法第一編第二章第三節關於訴訟參加之規定。

**第三四條**

①法院爲前條裁定，應附理由。

②當事人對於前條裁定得爲抗告，抗告中除別有規定外，應停止執行。

③抗告法院之裁定，準用前二項及前條第二項、第三項之規定。

④對於抗告法院之裁定，非以其違背法令爲理由，不得再爲抗告。

⑤前項情形，準用民事訴訟法第四百六十八條、第四百六十九條第一款至第四款、第六款、第四百七十五條及第四百七十六條之規定。

**第三五條**

①第三十三條裁定確定者，與確定裁判有同一之效力。

②前項確定裁定，得準用民事訴訟法第五編之規定，聲請再審。

③第一項確定裁定效力所及之第三人，得準用民事訴訟法第五編之一之規定，聲請撤銷原裁定。

**第三六條**

①就得處分之事項調解不成立，而有下列各款情形之一者，法院應參酌調解委員之意見，平衡當事人之權益，並審酌其主要意思及其他一切情形，就本案爲適當之裁定：

一　當事人合意聲請法院爲裁定。

二　當事人合意聲請法院與不得處分之牽連、合併或附帶請求事項合併裁定。

三　當事人解決事件之意思已甚接近，而僅就其他牽連、合併或附帶之請求事項有爭執，法院認有統合處理之必要，徵詢兩造當事人同意。

②前項程序準用第三十三條第二項、第三項、第三十四條及第三十五條之規定。

# 第三編　家事訴訟程序

## 第一章　通　則

**第三七條**

第三條所定甲類、乙類、丙類及其他家事訴訟事件，除別有規定外，適用本編之規定。

**第三八條**

① 起訴，應以訴狀表明下列各款事項，提出於法院為之：

　一　當事人及法定代理人。

　二　訴訟標的及其原因事實。

　三　應受判決事項之聲明。

② 訴狀內宜記載下列各款事項：

　一　因定法院管轄及其適用程序所必要之事項。

　二　準備言詞辯論之事項。

　三　當事人間有無共同未成年子女。

　四　當事人間有無其他相關事件繫屬於法院。

**第三九條**

① 第三條所定甲類或乙類家事訴訟事件，由訟爭身分關係當事人之一方提起者，除別有規定外，以他方為被告。

② 前項事件，由第三人提起者，除別有規定外，以訟爭身分關係當事人雙方為共同被告；其中一方已死亡者，以生存之他方為被告。

**第四○條**

① 第三條所定甲類或乙類家事訴訟之結果，於第三人有法律上利害關係者，法院應於事實審言詞辯論終結前相當時期，將訴訟事件及進行程度，以書面通知已知悉之該第三人，並將判決書送達之。

② 法院為調查有無前項利害關係人，於必要時，得命當事人提出有關資料或為其他必要之處分。

③ 第一項受通知人依民事訴訟法第五十八條規定參加訴訟者，準用同法第五十六條之規定。

④ 法律審認有試行和解之必要時，亦得依民事訴訟法第三百七十七條規定，通知有利害關係之第三人參加和解。

**第四一條**

① 數家事訴訟事件，或家事訴訟事件及家事非訟事件請求之基礎事實相牽連者，得向就其中一家事訴訟事件有管轄權之少年及家事法院合併請求，不受民事訴訟法第五十三條及第二百四十八條規定之限制。

② 前項情形，得於第一審或第二審言詞辯論終結前為請求之變更、追加或為反請求。

③ 依前項情形為請求之變更、追加或反請求者，如另行請求時，法院為統合處理事件認有必要或經當事人合意者，得依聲請或依職權，移由或以裁定移送家事訴訟事件繫屬最先之第一審或第二審法院合併審理，並準用第六條第二項至第五項之規定。

④ 受移送之法院於移送裁定確定時，已就繫屬之事件為終局裁判者，應就移送之事件自行處理。

⑤前項終局裁判為第一審法院之裁判，並經合法上訴第二審者，受移送法院應將移送之事件併送第二審法院合併審理。

⑥法院就第一項至第三項所得合併請求、變更、追加或反請求之數宗事件合併審理時，除本法別有規定外，適用合併審理前各該事件原應適用法律之規定為審理。

### 第四二條

①法院就前條第一項至第三項所定得合併請求、變更、追加或反請求之數宗事件，應合併審理、合併裁判。但有下列各款情形之一者，得分別審理、分別裁判：

一 請求之標的或其攻擊防禦方法不相牽連。

二 兩造合意分別審理、分別裁判，經法院認為適當。

三 依事件性質，認有分別審理、分別裁判之必要。

②法院就前項合併審理之家事訴訟事件與家事非訟事件合併裁判者，除別有規定外，應以判決為之。

### 第四三條

依第四十一條第三項規定裁定移送時，繫屬於受移送法院之事件，其全部或一部之裁判，以移送事件之請求是否成立為前提，或與其請求不相容者，受移送法院得依聲請或依職權，在該移送裁定確定前，以裁定停止訴訟程序。

### 第四四條

①當事人就家事訴訟事件與家事非訟事件之終局裁判聲明不服者，除別有規定外，適用上訴程序。

②當事人僅就家事訴訟事件之終局判決全部或一部聲明不服者，適用上訴程序。

③當事人或利害關係人僅就家事非訟事件之第一審終局裁定全部或一部聲明不服者，適用該家事非訟事件抗告程序。

④對於家事訴訟事件之終局判決聲明不服者，以該判決所認定之法律關係為據之其他事件之裁判，視為提起上訴。

### 第四五條

①當事人就離婚、終止收養關係、分割遺產或其他得處分之事項得為訴訟上和解。但離婚或終止收養關係之和解，須經當事人本人表明合意，始得成立。

②前項和解成立者，於作成和解筆錄時，發生與確定判決同一之效力。

③因和解成立有關身分之事項，依法應辦理登記者，法院應依職權通知該管戶政機關。

④民事訴訟法第五編之一第三人撤銷訴訟程序之規定，於第二項情形準用之。

### 第四六條

①當事人於言詞辯論期日就前條第一項得處分之事項，為捨棄或認諾者，除法律別有規定外，法院應本於其捨棄或認諾為該當事人敗訴之判決。但離婚或終止收養關係事件有下列各款情形之一者，不在此限：

一　其捨棄或認諾未經當事人本人到場陳明。

二　當事人合併為其他請求，而未能為合併或無矛盾之裁判。

三　其捨棄或認諾有危害未成年子女之利益之虞，而未能就其利益保護事項為合併裁判。

②前項情形，本於當事人之捨棄或認諾為判決前，審判長應就該判決及於當事人之利害為闡明。

③當事人本人於言詞辯論期日就不得處分之事項為捨棄者，視為撤回其請求。但當事人合併為其他請求，而以捨棄之請求是否成立為前提者，不在此限。

④民事訴訟法第二百六十二條至第二百六十四條之規定，於前項情形準用之。

## 第四七條

①法院於收受訴狀後，審判長應依事件之性質，擬定審理計畫，並於適當時期定言詞辯論期日。

②攻擊或防禦方法，除別有規定外，應依事件進行之程度，於言詞辯論終結前適當時期提出之。

③當事人因故意或重大過失逾時提出攻擊或防禦方法，有礙事件之終結者，法院於裁判時得斟酌其逾時提出之理由。

④離婚、終止收養關係、分割遺產或其他當事人得處分之事項，有前項情形者，準用民事訴訟法第一百九十六條第二項、第二百六十八條之二第二項、第二百七十六條、第四百四十四條之一及第四百四十七條之規定。

⑤前二項情形，法院應使當事人有辯論之機會。

⑥依當事人之陳述得為請求之合併、變更、追加或反請求者，法院應向當事人闡明之。

## 第四八條

①就第三條所定甲類或乙類家事訴訟事件所為確定之終局判決，對於第三人亦有效力。但有下列各款情形之一者，不在此限：

一　因確認婚姻無效、婚姻關係存在或不存在訴訟判決之結果，婚姻關係受影響之人，非因可歸責於己之事由，於該訴訟之事實審言詞辯論終結前未參加訴訟。

二　因確認親子關係存在或不存在訴訟判決之結果，主張自己與該子女有親子關係之人，非因可歸責於己之事由，於該訴訟之事實審言詞辯論終結前未參加訴訟。

三　因認領子女訴訟判決之結果，主張受其判決影響之非婚生子女，非因可歸責於己之事由，於該訴訟之事實審言詞辯論終結前未參加訴訟。

②前項但書所定之人或其他與家事訴訟事件有法律上利害關係之第三人，非因可歸責於己之事由而未參加訴訟者，得請求撤銷對其不利部分之確定終局判決，並準用民事訴訟法第五編之一第三人撤銷訴訟程序之規定。

## 第四九條

法院認當事人間之家事訴訟事件，有和諧解決之望或解決事件

之意思已甚接近者，得定六個月以下之期間停止訴訟程序或爲其他必要之處分。

**第五〇條**

① 身分關係之訴訟，原告於判決確定前死亡者，除別有規定外，關於本案視爲訴訟終結。

② 依第三十九條規定提起之訴訟，於判決確定前，共同被告中之一方死亡者，由生存之他方續行訴訟。

③ 依第三十九條規定提起之訴訟，於判決確定前被告均死亡者，除別有規定外，由檢察官續行訴訟。

**第五一條**

家事訴訟事件，除本法別有規定者外，準用民事訴訟法之規定。

## 第二章 婚姻事件程序

**第五二條**

① 確認婚姻無效、撤銷婚姻、離婚、確認婚姻關係存在或不存在事件，專屬下列法院管轄：
一 夫妻之住所地法院。
二 夫妻經常共同居所地法院。
三 訴之原因事實發生之夫或妻居所地法院。

② 當事人得以書面合意定管轄法院，不受前項規定之限制。

③ 第一項事件夫或妻死亡者，專屬於夫或妻死亡時住所地之法院管轄。

④ 不能依前三項規定定法院管轄者，由被告住、居所地之法院管轄。被告之住、居所不明者，由中央政府所在地之法院管轄。

**第五三條 108**

① 婚姻事件有下列各款情形之一者，由中華民國法院審判管轄：
一 夫妻之一方爲中華民國國民。
二 夫妻均非中華民國國民而於中華民國境內有住所或持續一年以上有共同居所。
三 夫妻之一方爲無國籍人而於中華民國境內有經常居所。
四 夫妻之一方於中華民國境內持續一年以上有經常居所。但中華民國法院之裁判顯不爲夫或妻所屬國之法律承認者，不在此限。

② 被告在中華民國應訴顯有不便者，不適用前項之規定。

**第五四條**

依第三十九條提起確認婚姻無效、婚姻關係存在或不存在之訴者，法院應依職權通知未被列爲當事人之其餘結婚人參加訴訟，並適用第四十條之規定。

**第五五條**

① 婚姻事件之夫或妻爲受監護宣告之人者，除第十四條第三項之情形外，由其監護人代爲訴訟行爲，並適用第十五條及第十六條之規定。

② 監護人違反受監護宣告人之利益而起訴者，法院應以裁定駁回之。

## 第五六條

確認婚姻無效、撤銷婚姻、離婚或確認婚姻關係存在或不存在事件，得依第四十一條第二項規定為請求之變更、追加或反請求者，不得另行請求。其另行請求者，法院應以裁定移送於訴訟繫屬中之第一審或第二審法院合併裁判，並適用第六條第二項至第五項之規定。

## 第五七條

有關婚姻關係之訴訟，經判決確定後，當事人不得援以前依請求之合併、變更、追加或反請求所得主張之事實，就同一婚姻關係，提起獨立之訴。但有下列各款情形之一者，不在此限：

一　因法院未闡明致未為主張。

二　經法院闡明，因不可歸責於當事人之事由而未為主張。

## 第五八條

關於訴訟上自認及不爭執事實之效力之規定，在撤銷婚姻，於構成撤銷婚姻之原因、事實，及在確認婚姻無效或婚姻關係存在或不存在之訴，於確認婚姻無效或婚姻不存在及婚姻有效或存在之原因、事實，不適用之。

## 第五九條

離婚之訴，夫或妻於判決確定前死亡者，關於本案視為訴訟終結；夫或妻提起撤銷婚姻之訴者，亦同。

## 第六〇條　104

撤銷婚姻之訴，原告於判決確定前死亡者，除依第四十條之規定為通知外，有權提起同一訴訟之他人，得於知悉原告死亡時起三個月內聲明承受訴訟。但原告死亡後已逾一年者，不得為之。

# 第三章　親子關係事件程序

## 第六一條

① 親子關係事件，專屬下列法院管轄：

一　子女或養子女住所地之法院。

二　父、母、養父或養母住所地之法院。

② 前項事件，有未成年子女或養子女為被告時，由其住所地之法院專屬管轄。

## 第六二條

① 養父母與養子女間之訴訟，如養子女無程序能力，而養父母為其法定代理人者，應由本生父母代為訴訟行為；法院並得依第十五條之規定選任程序監理人。

② 無本生父母或本生父母不適任者，依第十五條之規定選任程序監理人。

## 第六三條

① 否認子女之訴，應以未起訴之夫、妻及子女爲被告。

② 子女否認推定生父之訴，以法律推定之生父爲被告。

③ 前二項情形，應爲被告中之一人死亡者，以生存者爲被告；應爲被告之人均已死亡者，以檢察官爲被告。

### 第六四條 104

① 否認子女之訴，夫妻之一方或子女於法定期間內或期間開始前死亡者，繼承權被侵害之人得提起之。

② 前項規定起訴者，應自被繼承人死亡時起，於一年內爲之。

③ 夫妻之一方或子女於其提起否認子女之訴後死亡者，繼承權被侵害之人得於知悉原告死亡時起十日內聲明承受訴訟。但於原告死亡後已逾二年者，不得爲之。

### 第六五條

① 確定母再婚後所生子女生父之訴，得由子女、母、母之配偶或前配偶提起之。

② 前項之訴，由母之配偶提起者，以前配偶爲被告；由前配偶提起者，以母之配偶爲被告；由子女或母提起者，以母之配偶及前配偶爲共同被告；母之配偶或前配偶死亡者，以生存者爲被告。

③ 前項情形，應爲被告之人均已死亡者，以檢察官爲被告。

### 第六六條

① 認領之訴，有民法第一千零六十七條第二項後段之情形者，得以社會福利主管機關或檢察官爲被告。

② 由子女、生母或其他法定代理人提起之認領之訴，原告於判決確定前死亡者，有權提起同一訴訟之他人，得於知悉原告死亡時起十日內聲明承受訴訟。但於原告死亡後已逾三十日者，不得爲之。

③ 前項之訴，被指爲生父之被告於判決確定前死亡者，由其繼承人承受訴訟；無繼承人或被告之繼承人於判決確定前均已死亡者，由檢察官續受訴訟。

### 第六七條

① 就法律所定親子或收養關係有爭執，而有即受確認判決之法律上利益者，得提起確認親子或收養關係存在或不存在之訴。

② 確認親子關係不存在之訴，如法院就原告或被告爲生父之事實存在已得心證，而認爲得駁回原告之訴者，應闡明當事人得爲確認親子關係存在之請求。

③ 法院就前項請求爲判決前，應通知有法律上利害關係之第三人，並使當事人或該第三人就親子關係存在之事實，有辯論或陳述意見之機會。

④ 依第三十九條規定，由二人以上或對二人以上提起第一項之訴者，法院應合併審理、合併裁判。

### 第六八條

① 未成年子女爲當事人之親子關係事件，就血緣關係存否有爭執，法院認有必要時，得依聲請或依職權命當事人或關係人限期接

受血型、去氧核醣核酸或其他醫學上之檢驗。但爲聲請之當事人應釋明有事實足以懷疑血緣關係存否者，始得爲之。

②命爲前項之檢驗，應依醫學上認可之程序及方法行之，並應注意受檢驗人之身體、健康及名譽。

③法院爲第一項裁定前，應使當事人或關係人有陳述意見之機會。

**第六九條**

①第五十二條第二項至第四項、第五十三條、第五十六條、第五十七條及第六十條規定，於本章之事件準用之。

②第五十四條及第五十五條之規定，於第六十二條之訴準用之。

③第五十九條之規定，於撤銷收養、終止收養關係、撤銷終止收養之訴準用之。

## 第四章　繼承訴訟事件

**第七〇條**

因繼承回復、遺產分割、特留分、遺贈、確認遺囑眞偽或繼承人間因繼承關係所生請求事件，得由下列法院管轄：

一　繼承開始時被繼承人住所地之法院；被繼承人於國內無住所者，其在國內居所地之法院。

二　主要遺產所在地之法院。

**第七一條**

請求遺產分割之訴狀，除應記載第三十八條規定之事項外，並宜附具繼承系統表及遺產清冊。

**第七二條**

於遺產分割訴訟中，關於繼承權有爭執者，法院應曉諭當事人得於同一訴訟中爲請求之追加或提起反請求。

**第七三條**

當事人全體就遺產分割方法達成協議者，除有適用第四十五條之情形外，法院應斟酌其協議爲裁判。

法院爲前項裁判前，應曉諭當事人爲辯論或爲請求。

## 第四編　家事非訟程序

### 第一章　通　則

**第七四條**

第三條所定丁類、戊類及其他家事非訟事件，除別有規定外，適用本編之規定。

**第七五條**

①聲請或陳述，除別有規定外，得以書狀或言詞爲之。

②以言詞爲聲請或陳述，應在法院書記官前爲之；書記官應作成筆錄，並於筆錄內簽名。

③聲請書狀或筆錄，應載明下列各款事項：
　一　聲請人之姓名及住所或居所；聲請人為法人、機關或其他團體者，其名稱及公務所、事務所或營業所。
　二　有相對人者，其姓名、住所或居所。
　三　有利害關係人者，其姓名、住所或居所。
　四　有法定代理人、非訟代理人者，其姓名、住所或居所及法定代理人與關係人之關係。
　五　聲請之意旨及其原因事實。
　六　供證明或釋明用之證據。
　七　附屬文件及其件數。
　八　法院。
　九　年、月、日。

④聲請書狀或筆錄內宜記載下列各款事項：
　一　聲請人、相對人、其他利害關係人、法定代理人或非訟代理人之性別、出生年月日、職業、身分證件號碼、營利事業統一編號、電話號碼及其他足資辨別之特徵。
　二　定法院管轄及其適用程序所必要之事項。
　三　有其他相關事件繫屬於法院者，其事件。

⑤聲請人或其代理人應於書狀或筆錄內簽名；其不能簽名者，得使他人代書姓名，由聲請人或其代理人蓋章或按指印。

⑥第三項、第四項聲請書狀及筆錄之格式，由司法院定之。

⑦關係人得以電信傳真或其他科技設備將書狀傳送於法院，效力與提出書狀同。其辦法由司法院定之。

**第七六條**
法院收受書狀或筆錄後，除得定期間命聲請人以書狀或於期日就特定事項詳為陳述外，應速送達書狀或筆錄繕本於前條第三項第二款及第三款之人，並限期命其陳述意見。

**第七七條**
①法院應通知下列之人參與程序。但通知顯有困難者，不在此限：
　一　法律規定應依職權通知參與程序之人。
　二　親子關係相關事件所涉子女、養子女、父母、養父母。
　三　因程序之結果而權利受侵害之人。
②法院得通知因程序之結果而法律上利害受影響之人或該事件相關主管機關或檢察官參與程序。
③前二項之人或其他利害關係人得聲請參與程序。但法院認不合於參與之要件時，應以裁定駁回之。

**第七八條**
①法院應依職權調查事實及必要之證據。
②法院認為關係人之聲明或陳述不完足者，得命其敘明或補充之，並得命就特定事項詳為陳述。

**第七九條**
家事非訟事件之合併、變更、追加或反聲請，準用第四十一條、第四十二條第一項及第四十三條之規定。

### 第八〇條

① 聲請人因死亡、喪失資格或其他事由致不能續行程序者，其他有聲請權人得於該事由發生時起十日內聲明承受程序；法院亦得依職權通知承受程序。

② 相對人有前項不能續行程序之事由時，準用前項之規定。

③ 依聲請或依職權開始之事件，雖無人承受程序，法院認為必要時，應續行之。

### 第八一條

① 裁定應送達於受裁定之人，並應送達於已知之利害關係人。

② 第七十七條第一項所定之人，得聲請法院付與裁定書。

### 第八二條

① 裁定，除法律別有規定外，於宣示、公告、送達或以其他適當方法告知於受裁定人時發生效力。但有合法之抗告者，抗告中停止其效力。

② 以公告或其他適當方法告知者，法院書記官應作記載該事由及年、月、日、時之證書附卷。

### 第八三條

① 法院認其所為裁定不當，而有下列情形之一者，除法律別有規定外，得撤銷或變更之：

　一　不得抗告之裁定。

　二　得抗告之裁定，經提起抗告而未將抗告事件送交抗告法院。

　三　就關係人不得處分事項所為之裁定。但經抗告法院為裁定者，由其撤銷或變更之。

② 法院就關係人得處分之事項為裁定者，其駁回聲請之裁定，非依聲請人之聲請，不得依前項第一款規定撤銷或變更之。

③ 裁定確定後而情事變更者，法院得撤銷或變更之。

④ 法院為撤銷或變更裁定前，應使關係人有陳述意見之機會。

⑤ 裁定經撤銷或變更之效力，除法律別有規定外，不溯及既往。

### 第八四條

① 法院就家事非訟事件所成立之調解，準用前條之規定。但關係人得處分之事項，非依聲請人或相對人聲請，不得撤銷或變更之。

② 就關係人得處分之事項成立調解而應為一定之給付，如其內容尚未實現，因情事變更，依原調解內容顯失公平者，法院得依聲請以裁定變更之。

③ 法院為前項裁定前，應使關係人有陳述意見之機會。

### 第八五條

① 法院就已受理之家事非訟事件，除法律別有規定外，於本案裁定確定前，認有必要時，得依聲請或依職權命為適當之暫時處分。但關係人得處分之事項，非依其聲請，不得為之。

② 關係人為前項聲請時，應表明本案請求、應受暫時處分之事項及其事由，並就處分之事項釋明暫時處分之事由。

③ 第一項暫時處分，得命令或禁止關係人為一定行為、定暫時狀

態或爲其他適當之處置。

④第一項暫時處分之裁定，免供擔保。但法律別有規定或法院認有必要者，不在此限。

⑤關於得命暫時處分之類型及其方法，其辦法由司法院定之。

## 第八六條

暫時處分，由受理本案之法院裁定；本案裁定業經抗告，且於聲請時，卷宗已送交抗告法院者，由抗告法院裁定。但本案繫屬後有急迫情形，不及由本案法院或抗告法院裁定時，得由財產、標的或其相關所在地之法院裁定，並立即移交本案法院或抗告法院。

## 第八七條

①暫時處分於裁定送達或告知受裁定人時，對其發生效力。但告知顯有困難者，於公告時發生效力。

②暫時處分之裁定得爲執行名義。

③暫時處分之執行，除法律別有規定外，得由暫時處分裁定之法院依職權爲之。

④暫時處分之裁定就依法應登記事項爲之者，法院應依職權通知該管機關；裁定失其效力時亦同。

## 第八八條

①暫時處分之裁定確定後，如認爲不當或已無必要者，本案法院得依聲請或依職權撤銷或變更之。

②法院爲前項裁定時，應使關係人有陳述意見之機會。但法院認爲不適當者，不在此限。

## 第八九條

暫時處分之裁定，除法律別有規定或法院另有裁定外，有下列各款情形之一者，失其效力：

一　本案請求經裁判駁回確定。

二　本案程序經撤回請求或因其他事由視爲終結。

三　暫時處分之內容與本案請求經裁判准許確定、調解或和解成立之內容相異部分。

四　暫時處分經裁定撤銷或變更確定。

## 第九〇條

①暫時處分之裁定有前條所定情形之一者，法院得依聲請或依職權，在失效範圍內，命返還所受領給付或爲其他適當之處置。但命給付家庭生活費用或扶養費未逾必要範圍者，不在此限。

②法院爲前項裁定前，應使關係人有辯論之機會。

③第一項裁定，準用第八十七條第二項、第三項及第九十一條之規定。

④第一項裁定確定者，有既判力。

## 第九一條

①暫時處分之裁定，除法律別有規定外，僅對准許本案請求之裁定有抗告權之人得抗告；抗告中不停止執行。但原法院或抗告法院認有必要時，得裁定命供擔保或免供擔保後停止執行。

②前項但書裁定，不得抗告。

③駁回暫時處分聲請之裁定，僅聲請人得為抗告。

④抗告法院為裁定前，應使關係人有陳述意見之機會。但抗告法院認為不適當者，不在此限。

### 第九二條

①因裁定而權利受侵害之關係人，得為抗告。

②因裁定而公益受影響時，該事件相關主管機關或檢察官得為抗告。

③依聲請就關係人得處分之事項為裁定者，於聲請被駁回時，僅聲請人得為抗告。

### 第九三條

①提起抗告，除法律別有規定外，抗告權人應於裁定送達後十日之不變期間內為之。但送達前之抗告，亦有效力。

②抗告權人均未受送達者，前項期間，自聲請人或其他利害關係人受送達後起算。

③第一項或第二項受裁定送達之人如有數人，除法律別有規定外，抗告期間之起算以最初受送達者為準。

### 第九四條

①對於第一審就家事非訟事件所為裁定之抗告，由少年及家事法院以合議裁定之。

②對於前項合議裁定，僅得以其適用法規顯有錯誤為理由，逕向最高法院提起抗告。

③依第四十一條規定於第二審為追加或反請求者，對於該第二審就家事非訟事件所為裁定之抗告，由其上級法院裁定之。

### 第九五條

抗告法院為本案裁判前，應使因該裁判結果而法律上利益受影響之關係人有陳述意見之機會。但抗告法院認為不適當者，不在此限。

### 第九六條 112

①民事訴訟法第五編再審程序之規定，於家事非訟事件之確定本案裁定準用之。但有下列各款情形之一者，不得更以同一事由聲請再審：

　一　已依抗告、聲請再審、聲請撤銷或變更裁定主張其事由，經以無理由被駁回。

　二　知其事由而不為抗告；或抗告而不為主張，經以無理由被駁回。

②民事訴訟法第四百九十六條第一項第四款、第七款及第二項規定，於參審員參與審理之家事事件準用之。

### 第九七條

家事非訟事件，除法律別有規定外，準用非訟事件法之規定。

## 第二章　婚姻非訟事件

第九八條

夫妻同居、指定夫妻住所、請求報告夫妻財產狀況、給付家庭生活費用、扶養費、贍養費或宣告改用分別財產制事件之管轄，準用第五十二條及第五十三條之規定。

第九九條

① 請求家庭生活費用、扶養費或贍養費，應於準備書狀或於筆錄載明下列各款事項：

一 請求之金額、期間及給付方法。

二 關係人之收入所得、財產現況及其他個人經濟能力之相關資料，並添具所用書證本。

② 聲請人就前數項費用之請求，得合併聲明給付之總額或最低額；其聲明有不明瞭或不完足者，法院應曉諭其敘明或補充之。

③ 聲請人為前項最低額之聲明者，應於程序終結前補充其聲明。其未補充者，法院應告以得為補充。

第一〇〇條

① 法院命給付家庭生活費用、扶養費或贍養費之負擔或分擔，得審酌一切情況，定其給付之方法，不受聲請人聲明之拘束。

② 前項給付，法院得依聲請或依職權，命為一次給付、分期給付或給付定期金，必要時並命提出擔保。

③ 法院命分期給付者，得酌定遲誤一期履行時，其後之期間視為亦已到期之範圍或條件。

④ 法院命給付定期金者，得酌定逾期不履行時，喪失期限利益之範圍或條件，並得酌定加給之金額。但其金額不得逾定期金每期金額之二分之一。

第一〇一條

① 本案程序進行中，聲請人與相對人就第九十八條之事件或夫妻間其他得處分之事項成立和解者，於作成和解筆錄時，發生與本案確定裁判同一之效力。

② 聲請人與相對人就程序標的以外得處分之事項成立前項和解者，非經為請求之變更、追加或反請求，不得為之。

③ 就前二項以外之事項經聲請人與相對人合意者，法院應斟酌其內容為適當之裁判。

④ 第一項及第二項之和解有無效或得撤銷之原因者，聲請人或相對人得請求依原程序繼續審理，並準用民事訴訟法第三百八十條第三項之規定。

⑤ 因第一項或第二項和解受法律上不利影響之第三人，得請求依原程序撤銷或變更和解對其不利部分，並準用民事訴訟法第五編之一第三人撤銷訴訟程序之規定。

第一〇二條

① 就第九十九條所定各項費用命為給付之確定裁判或成立之和解，如其內容尚未實現，因情事變更，依原裁判或和解內容顯失公平者，法院得依聲請人或相對人聲請變更原確定裁判或和解之內容。

② 法院爲前項裁判前，應使關係人有陳述意見之機會。

**第一○三條**

① 第九十九條所定事件程序，關係人就請求所依據之法律關係有爭執者，法院應曉諭其得合併請求裁判。

② 關係人爲前項合併請求時，除關係人合意適用家事非訟程序外，法院應裁定改用家事訴訟程序，由原法官繼續審理。

③ 前項裁定，不得聲明不服。

## 第三章　親子非訟事件

**第一○四條**

① 下列親子非訟事件，專屬子女住所或居所地法院管轄；無住所或居所者，得由法院認爲適當之所在地法院管轄：

　一　關於未成年子女扶養請求、其他權利義務之行使或負擔之酌定、改定、變更或重大事項權利行使酌定事件。

　二　關於變更子女姓氏事件。

　三　關於停止親權事件。

　四　關於未成年子女選任特別代理人事件。

　五　關於交付子女事件。

　六　關於其他親子非訟事件。

② 未成年子女有數人，其住所或居所不在一法院管轄區域內者，各該住所或居所地之法院俱有管轄權。

③ 第一項事件有理由時，程序費用由未成年子女之父母或父母之一方負擔。

**第一○五條**

① 婚姻或親子訴訟事件與其基礎事實相牽連之親子非訟事件，已分別繫屬於法院者，除別有規定外，法院應將親子非訟事件移送於婚姻或親子訴訟事件繫屬中之第一審或第二審法院合併裁判。

② 前項移送之裁定不得聲明不服。受移送之法院應即就該事件處理，不得更爲移送。

**第一○六條**

① 法院爲審酌子女之最佳利益，得徵詢主管機關或社會福利機構之意見、請其進行訪視或調查，並提出報告及建議。

② 法院斟酌前項調查報告爲裁前前，應使關係人有陳述意見之機會。但其內容涉及隱私或有不適當之情形者，不在此限。

③ 法院認爲必要時，得通知主管機關或社會福利機構相關人員於期日到場陳述意見。

④ 前項情形，法院得採取適當及必要措施，保護主管機關或社會福利機構相關人員之隱私及安全。

**第一○七條**

① 法院酌定、改定或變更父母對於未成年子女權利義務之行使或負擔時，得命交付子女、容忍自行帶回子女、未行使或負擔權

利義務之一方與未成年子女會面交往之方式及期間、給付扶養費、交付身分證明文件或其他財物，或命為相當之處分，並得訂定必要事項。

②前項命給付扶養費之方法，準用第九十九條至第一百零三條規定。

## 第一○八條

①法院就前條事件及其他親子非訟事件為裁定前，應依子女之年齡及識別能力等身心狀況，於法庭內、外，以適當方式，曉諭裁判結果之影響，使其有表達意願或陳述意見之機會；必要時，得請兒童及少年心理或其他專業人士協助。

②前項兒童及少年心理或其他專業人士之報酬，準用第十七條第三項規定。

## 第一○九條

就有關未成年子女權利義務之行使或負擔事件，未成年子女雖非當事人，法院為未成年子女之最佳利益，於必要時，亦得依父母、未成年子女、主管機關、社會福利機構或其他利害關係人之聲請或依職權為未成年子女選任程序監理人。

## 第一一○條

①第一百零七條所定事件及其他親子非訟事件程序進行中，父母就該事件得協議之事項達成合意，而其合意符合子女最佳利益時，法院應將合意內容記載於和解筆錄。

②前項情形，準用第一百零一條、第一百零二條及第一百零八條之規定。

## 第一一一條

①法院為未成年子女選任特別代理人時，應斟酌得即時調查之一切證據。

②法院為前項選任之裁定前，應徵詢被選任人之意見。

③前項選任之裁定，得記載特別代理人處理事項之種類及權限範圍。

④選任特別代理人之裁定，於裁定送達或當庭告知被選任人時發生效力。

⑤法院為保護未成年子女之最佳利益，於必要時，得依父母、未成年子女、主管機關、社會福利機構或其他利害關係人之聲請或依職權，改定特別代理人。

## 第一一二條

①法院得依特別代理人之聲請酌定報酬。其報酬額，應審酌下列事項：

一 選任特別代理人之原因。

二 特別代理人執行職務之勞力。

三 未成年子女及父母之資力。

四 未成年子女與特別代理人之關係。

②前項報酬，除法律另有規定外，由未成年子女負擔。但選任特別代理人之原因係父母所致者，法院得酌量情形命父母負擔全

部或一部。

## 第一一三條

本章之規定，於父母不繼續共同生活達六個月以上時，關於未成年子女權利義務之行使負擔事件，準用之。

## 第四章　收養事件

## 第一一四條

① 認可收養子女事件，專屬收養人或被收養人住所地之法院管轄；收養人在中華民國無住所者，由被收養人住所地之法院管轄。

② 認可終止收養事件、許可終止收養事件及宣告終止收養事件，專屬養子女住所地之法院管轄。

## 第一一五條

① 認可收養事件，除法律別有規定外，以收養人及被收養人為聲請人。

② 認可收養之聲請應以書狀或於筆錄載明收養人及被收養人、被收養人之父母、收養人及被收養人之配偶。

③ 前項聲請應附具下列文件：

一　收養契約書。

二　收養人及被收養人之國民身分證、戶籍謄本、護照或其他身分證明文件。

④ 第二項聲請，宜附具下列文件：

一　被收養人為未成年人時，收養人之職業、健康及有關資力之證明文件。

二　夫妻之一方被收養時，他方之同意書。但有民法第一千零七十六條但書情形者，不在此限。

三　經公證之被收養人父母之同意書。但有民法第一千零七十六條之一第一項但書、第二項但書或第一千零七十六條之二第三項情形者，不在此限。

四　收養人或被收養人為外國人時，收養符合其本國法之證明文件。

五　經收出養媒合服務者為訪視調查，其收出養評估報告。

⑤ 前項文件在境外作成者，應經當地中華民國駐外機構驗證或證明；如係外文，並應附具中文譯本。

## 第一一六條

法院認可未成年人被收養前，得准收養人與未成年人共同生活一定期間，供法院決定之參考；共同生活期間，對於未成年人權利義務之行使負擔，由收養人為之。

## 第一一七條

① 認可收養之裁定，於其對聲請人及第一百十五條第二項所定之人確定時發生效力。

② 認可收養之裁定正本，應記載該裁定於確定時發生效力之意旨。

③ 認可、許可或宣告終止收養之裁定，準用前二項之規定。

第一一八條

被收養人之父母為未成年人而未結婚者，法院為認可收養之裁定前，應使該未成年人及其法定代理人有陳述意見之機會。但有礙難情形者，不在此限。

第一一九條

第一百零六條及第一百零八條之規定，於收養事件準用之。

## 第五章　未成年人監護事件

第一二〇條

① 下列未成年人監護事件，專屬未成年人住所地或居所地法院管轄；無住所或居所者，得由法院認為適當之所在地法院管轄：

　一　關於選定、另行選定或改定未成年人監護人事件。
　二　關於監護人報告或陳報事件。
　三　關於監護人辭任事件。
　四　關於酌定監護人行使權利事件。
　五　關於酌定監護人報酬事件。
　六　關於為受監護人選任特別代理人事件。
　七　關於許可監護人行為事件。
　八　關於交付子女事件。
　九　關於監護所生損害賠償事件。
　十　關於其他未成年人監護事件。

② 第一百零四條第二項、第三項及第一百零五條之規定，於前項事件準用之。

第一二一條

① 關於監護所生之損害賠償事件，其程序標的之金額或價額逾得上訴第三審利益額者，聲請人與相對人得於第一審程序終結前，合意向法院陳明改用家事訴訟程序，由原法官繼續審理。

② 前項損害賠償事件，案情繁雜者，聲請人或相對人得於第一審程序終結前，聲請法院裁定改用家事訴訟程序，由原法官繼續審理。

③ 前項裁定，不得聲明不服。

第一二二條

① 法院選定之監護人，有下列情形之一者，得聲請法院許可其辭任：

　一　滿七十歲。
　二　因身心障礙或疾病不能執行監護。
　三　住所或居所與法院或受監護人所在地隔離，不便執行監護。
　四　其他重大事由。

② 法院為前項許可時，應另行選任監護人。

③ 第一百零六條及第一百零八條之規定，於監護人辭任事件準用之。

第一二三條

第一百零六條至第一百零八條及第一百十一條第一項、第二項之規定，於法院為未成年人選定、另行選定或改定監護人事件準用之。

**第一二四條**

第一百十一條及第一百十二條之規定，於法院為受監護人選任特別代理人事件準用之。

## 第六章　親屬間扶養事件

**第一二五條**

①下列扶養事件，除本法別有規定外，專屬受扶養權利人住所地或居所地法院管轄：

一　關於扶養請求事件。

二　關於請求減輕或免除扶養義務事件。

三　關於因情事變更請求變更扶養之程度及方法事件。

四　關於其他扶養事件。

②第一百零四條第二項、第三項及第一百零五條之規定，於前項事件準用之。

**第一二六條**

第九十九條至第一百零三條及第一百零七條第一項之規定，於扶養事件準用之。

## 第七章　繼承事件

**第一二七條**

①下列繼承事件，專屬繼承開始時被繼承人住所地法院管轄：

一　關於遺產清冊陳報事件。

二　關於債權人聲請命繼承人提出遺產清冊事件。

三　關於拋棄繼承事件。

四　關於無人承認之繼承事件。

五　關於保存遺產事件。

六　關於指定或另行指定遺囑執行人事件。

七　關於其他繼承事件。

②保存遺產事件，亦得由遺產所在地法院管轄。

③第五十二條第四項之規定，於第一項事件準用之。

④第一項及第二項事件有理由時，程序費用由遺產負擔。

**第一二八條**

①繼承人為遺產陳報時，應於陳報書記載下列各款事項，並附具遺產清冊：

一　陳報人。

二　被繼承人之姓名及最後住所。

三　被繼承人死亡之年月日時及地點。

四　知悉繼承之時間。

五　有其他繼承人者，其姓名、性別、出生年月日及住、居所。

②前項遺產清冊應記載被繼承人之財產狀況及繼承人已知之債權人、債務人。

## 第一二九條

①債權人聲請命繼承人提出遺產清冊時，其聲請書應記載下列各款事項：

一　聲請人。

二　被繼承人之姓名及最後住所。

三　繼承人之姓名及住、居所。

四　聲請命繼承人提出遺產清冊之意旨。

②繼承人依法院命令提出遺產清冊者，準用前條之規定。

## 第一三〇條

①法院公示催告被繼承人之債權人報明債權時，應記載下列各款事項：

一　為陳報之繼承人。

二　報明權利之期間及在期間內應為報明之催告。

三　因不報明權利而生之失權效果。

四　法院。

②前項情形應通知其他繼承人。

③第一項公示催告應公告之。

④前項公告應揭示於法院公告處、資訊網路及其他適當處所；法院認為必要時，並得命登載於公報或新聞紙，或用其他方法公告之。

⑤第一項報明期間，自前項揭示之日起，應有六個月以上。

## 第一三一條

①前條報明債權期間屆滿後六個月內，繼承人應向法院陳報償還遺產債務之狀況並提出有關文件。

②前項六個月期間，法院因繼承人之聲請，認為必要時，得延展之。

## 第一三二條

①繼承人拋棄繼承時，應以書面表明下列各款事項：

一　拋棄繼承人。

二　被繼承人之姓名及最後住所。

三　被繼承人死亡之年月日時及地點。

四　知悉繼承之時間。

五　有其他繼承人者，其姓名、性別、出生年月日及住、居所。

②拋棄繼承為合法者，法院應予備查，通知拋棄繼承人及已知之其他繼承人，並公告之。

③拋棄繼承為不合法者，法院應以裁定駁回之。

## 第一三三條

親屬會議報明繼承開始及選定遺產管理人時，應由其會員一人以上於陳報書記載下列各款事項，並附具證明文件：

一　陳報人。

二　被繼承人之姓名、最後住所、死亡之年月日時及地點。

三　選定遺產管理人之事由。

四　所選定遺產管理人之姓名、性別、出生年月日及住、居所。

## 第一三四條

① 親屬會議選定之遺產管理人，以自然人為限。

② 前項遺產管理人有下列各款情形之一者，法院應解任之，命親屬會議於一個月內另為選定：

一　未成年。

二　受監護或輔助宣告。

三　受破產宣告或依消費者債務清理條例受清算宣告尚未復權。

四　褫奪公權尚未復權。

## 第一三五條

親屬會議選定之遺產管理人有下列情形之一者，法院得依利害關係人或檢察官之聲請，徵詢親屬會議會員、利害關係人或檢察官之意見後解任之，命親屬會議於一個月內另為選定：

一　違背職務上之義務者。

二　違背善良管理人之注意義務，致危害遺產或有危害之虞者。

三　有其他重大事由者。

## 第一三六條

① 利害關係人或檢察官聲請選任遺產管理人時，其聲請書應記載下列事項，並附具證明文件：

一　聲請人。

二　被繼承人之姓名、最後住所、死亡之年月日時及地點。

三　聲請之事由。

四　聲請人為利害關係人時，其法律上利害關係之事由。

② 親屬會議未依第一百三十四條第二項或前條另為選定遺產管理人時，利害關係人或檢察官得聲請法院選任遺產管理人，並適用前項之規定。

③ 法院選任之遺產管理人，除自然人外，亦得選任公務機關。

## 第一三七條

① 法院公示催告繼承人承認繼承時，應記載下列事項：

一　陳報人。

二　被繼承人之姓名、最後住所、死亡之年月日時及地點。

三　承認繼承之期間及期間內應為承認之催告。

四　因不於期間內承認繼承而生之效果。

五　法院。

② 前項公示催告，準用第一百三十條第三項至第五項之規定。

## 第一三八條　112

法院依遺產管理人聲請為公示催告時，除記載前條第一項第二款及第五款所定事項外，並應記載下列事項：

一　遺產管理人之姓名及處理遺產事務之處所。

二　報明債權及願否受遺贈聲明之期間，並於期間內應為報明

或聲明之催告。

三　因不報明或聲明而生之失權效果。

#### 第一三九條

第一百三十條第三項至第五項之規定，除申報權利期間外，於前二條之公示催告準用之。

#### 第一四〇條

法院選任之遺產管理人於職務執行完畢後，應向法院陳報處理遺產之狀況並提出有關文件。

#### 第一四一條

第八章之規定，除法律別有規定外，於遺產管理人、遺囑執行人及其他法院選任財產管理人準用之。

## 第八章　失蹤人財產管理事件

#### 第一四二條

① 關於失蹤人之財產管理事件，專屬其住所地之法院管轄。

② 第五十二條第四項之規定，於前項事件準用之。

#### 第一四三條

① 失蹤人未置財產管理人者，其財產管理人依下列順序定之：

一　配偶。

二　父母。

三　成年子女。

四　與失蹤人同居之祖父母。

五　家長。

② 不能依前項規定定財產管理人時，法院得因利害關係人或檢察官之聲請，選任財產管理人。

③ 財產管理人之權限，因死亡、受監護、輔助或破產之宣告或其他原因消滅者，準用前二項之規定。

#### 第一四四條

財產管理人有數人者，關於失蹤人之財產管理方法，除法院選任數財產管理人，而另有裁定者外，依協議定之；不為協議或協議不成時，財產管理人或利害關係人得聲請法院酌定之。

#### 第一四五條

① 財產管理人不勝任或管理不適當時，法院得依利害關係人或檢察官之聲請改任之；其由法院選任者，法院認為必要時得依職權改任之。

② 財產管理人有正當理由者，得聲請法院許可其辭任。

③ 法院為前項許可時，應另行選任財產管理人。

#### 第一四六條

法院選任、改任或另行選任財產管理人時，應詢問利害關係人及受選任人之意見。

#### 第一四七條

失蹤人財產之取得、設定、喪失或變更，依法應登記者，財產

管理人應向該管登記機關爲管理人之登記。

#### 第一四八條

財產管理人應作成管理財產目錄，並應經公證人公證，其費用由失蹤人之財產負擔之。

#### 第一四九條

① 法院得因利害關係人或檢察官之聲請，命財產管理人報告管理財產狀況或計算；財產管理人由法院選任者，並得依職權爲之。

② 前項裁定，不得聲明不服。

#### 第一五〇條

利害關係人得釋明原因，向法院聲請閱覽前條之報告及有關計算之文件，或預納費用聲請付與繕本、影本或節本。

#### 第一五一條

財產管理人應以善良管理人之注意，保存財產，並得爲有利於失蹤人之利用或改良行爲。但其利用或改良有變更財產性質之虞者，非經法院許可，不得爲之。

#### 第一五二條

① 法院得命財產管理人就財產之管理及返還，供相當之擔保，並得以裁定增減、變更或免除之。

② 前項擔保，準用民事訴訟法關於訴訟費用擔保之規定。

#### 第一五三條

法院得依財產管理人之聲請，按財產管理人與失蹤人之關係、管理事務之繁簡及其他情形，就失蹤人之財產，酌給相當報酬。

## 第九章　宣告死亡事件

#### 第一五四條

① 下列宣告死亡事件，專屬失蹤人住所地法院管轄：

一　關於聲請宣告死亡事件。

二　關於聲請撤銷或變更宣告死亡裁定事件。

三　關於其他宣告死亡事件。

② 第五十二條第四項之規定，於前項事件準用之。

③ 第一項事件之程序費用，除宣告死亡者由遺產負擔外，由聲請人負擔。

#### 第一五五條

宣告死亡或撤銷、變更宣告死亡之裁定，利害關係人或檢察官得聲請之。

#### 第一五六條

① 法院准許宣告死亡之聲請者，應公示催告。

② 公示催告，應記載下列各款事項：

一　失蹤人應於期間內陳報其生存，如不陳報，即應受死亡之宣告。

二　凡知失蹤人之生死者，應於期間內將其所知陳報法院。

③ 前項公示催告，準用第一百三十條第三項至第五項之規定。但

失蹤人滿百歲者，其陳報期間，得定為自揭示之日起二個月以上。

### 第一五七條

為失蹤人生存之陳報在陳報期間屆滿後，而未宣告死亡或宣告死亡之裁定確定前者，與在期間內陳報者，有同一效力。

### 第一五八條

① 宣告死亡程序，除通知顯有困難者外，法院應通知失蹤人之配偶、子女及父母參與程序；失蹤人另有法定代理人者，並應通知之。

② 宣告死亡之裁定，應送達於前項所定之人。

### 第一五九條

① 宣告死亡之裁定應確定死亡之時。

② 宣告死亡之裁定，於其對聲請人、生存陳報人及前條第一項所定之人確定時發生效力。

③ 前項裁定生效後，法院應以相當之方法，將該裁定要旨公告之。

### 第一六〇條

宣告死亡裁定確定後，發現受宣告死亡之人尚生存或確定死亡之時不當者，得聲請撤銷或變更宣告死亡之裁定。

### 第一六一條

① 聲請撤銷或變更宣告死亡之裁定，應於聲請狀表明下列各款事項：

一　聲請人、宣告死亡之聲請人及法定代理人。
二　聲請撤銷或變更之裁定。
三　應如何撤銷或變更之聲明。
四　撤銷或變更之事由。

② 前項第四款之事由宜提出相關證據。

③ 第一百五十八條之規定，於撤銷或變更宣告死亡裁定事件準用之。

### 第一六二條

受宣告死亡人於撤銷宣告死亡裁定之裁定確定前死亡者，法院應裁定本案程序終結。

### 第一六三條

① 撤銷或變更宣告死亡裁定之裁定，不問對於何人均有效力。但裁定確定前之善意行為，不受影響。

② 因宣告死亡取得財產者，如因前項裁定失其權利，僅於現受利益之限度內，負歸還財產之責。

③ 第一百五十九條第二項及第三項之規定，於第一項裁定準用之。

## 第十章　監護宣告事件

### 第一六四條　108

① 下列監護宣告事件，專屬應受監護宣告之人或受監護宣告之人住所地或居所地法院管轄；無住所或居所者，得由法院認為適

當之所在地法院管轄：
一　關於聲請監護宣告事件。
二　關於指定、撤銷或變更監護人執行職務範圍事件。
三　關於另行選定或改定監護人事件。
四　關於監護人報告或陳報事件。
五　關於監護人辭任事件。
六　關於酌定監護人行使權利事件。
七　關於酌定監護人報酬事件。
八　關於為受監護宣告之人選任特別代理人事件。
九　關於許可監護人行為事件。
十　關於監護所生損害賠償事件。
十一　關於聲請撤銷監護宣告事件。
十二　關於變更輔助宣告為監護宣告事件。
十三　關於許可終止意定監護契約事件。
十四　關於解任意定監護人事件。
十五　關於其他監護宣告事件。
② 前項事件有理由時，程序費用由受監護宣告之人負擔。
③ 除前項情形外，其費用由聲請人負擔。

**第一六五條** 108
　於聲請監護宣告事件、撤銷監護宣告事件、另行選定或改定監護人事件、許可終止意定監護契約事件及解任意定監護人事件，應受監護宣告之人及受監護宣告之人有程序能力。如其無意思能力者，法院應依職權為其選任程序監理人。但有事實足認無選任之必要者，不在此限。

**第一六六條**
　聲請人為監護宣告之聲請時，宜提出診斷書。

**第一六七條** 108
① 法院應於鑑定前，就應受監護宣告之人之精神或心智狀況，訊問鑑定人及應受監護宣告之人，始得為監護之宣告。但有事實足認無訊問之必要者，不在此限。
② 鑑定應有精神科專科醫師或具精神科經驗之醫師參與並出具書面報告。

**第一六八條**
① 監護宣告之裁定，應同時選定監護人及指定會同開具財產清冊之人，並附理由。
② 法院為前項之選定及指定前，應徵詢被選定人及被指定人之意見。
③ 第一項裁定，應送達於聲請人、受監護宣告之人、法院選定之監護人及法院指定會同開具財產清冊之人；受監護宣告之人另有程序監理人或法定代理人者，並應送達之。

**第一六九條**
① 監護宣告之裁定，於裁定送達或當庭告知法院選定之監護人時發生效力。

②前項裁定生效後，法院應以相當之方法，將該裁定要旨公告之。

**第一七〇條**

①監護宣告裁定經廢棄確定前，監護人所為之行為，不失其效力。

②監護宣告裁定經廢棄確定前，受監護宣告之人所為之行為，不得基於監護之裁定而主張無效。

③監護宣告裁定經廢棄確定後，應由第一審法院公告其要旨。

**第一七一條**

受監護宣告之人於監護宣告程序進行中死亡者，法院應裁定本案程序終結。

**第一七二條**

①撤銷監護宣告之裁定，於其對聲請人、受監護宣告之人及監護人確定時發生效力。

②第一百六十六條至第一百六十八條及第一百七十條第三項之規定，於聲請撤銷監護宣告事件準用之。

**第一七三條**

①法院對於撤銷監護宣告之聲請，認受監護宣告之人受監護原因消滅，而仍有輔助之必要者，得依聲請或依職權以裁定變更為輔助之宣告。

②前項裁定，準用前條之規定。

**第一七四條**

①法院對於監護宣告之聲請，認為未達應受監護宣告之程度，而有輔助宣告之原因者，得依聲請或依職權以裁定為輔助之宣告。

②法院為前項裁定前，應使聲請人及受輔助宣告之人有陳述意見之機會。

③第一項裁定，於監護宣告裁定生效時，失其效力。

**第一七五條**

①受輔助宣告之人，法院認有受監護宣告之必要者，得依聲請以裁定變更為監護宣告。

②前項裁定，準用第一百七十二條之規定。

**第一七六條**

①第一百零六條至第一百零八條之規定，於聲請監護宣告事件、撤銷監護宣告事件、就監護宣告聲請為輔助宣告事件及另行選定或改定監護人事件準用之。

②第一百二十二條之規定，於監護人辭任事件準用之。

③第一百十二條之規定，於酌定監護人報酬事件準用之。

④第一百十一條及第一百十二條之規定，於法院為受監護宣告之人選任特別代理人事件準用之。

⑤第一百二十一條之規定，於監護所生損害賠償事件準用之。

## 第十一章　輔助宣告事件

**第一七七條**

①下列輔助宣告事件，專屬應受輔助宣告之人或受輔助宣告之人

之住所地或居所地法院管轄；無住所或居所者，得由法院認爲適當之所在地法院管轄：

一　關於聲請輔助宣告事件。

二　關於另行選定或改定輔助人事件。

三　關於輔助人辭任事件。

四　關於酌定輔助人行使權利事件。

五　關於酌定輔助人報酬事件。

六　關於爲受輔助宣告之人選任特別代理人事件。

七　關於指定、撤銷或變更輔助人執行職務範圍事件。

八　關於聲請許可事件。

九　關於輔助所生損害賠償事件。

十　關於聲請撤銷輔助宣告事件。

十一　關於聲請變更監護宣告爲輔助宣告事件。

十二　關於其他輔助宣告事件。

② 第一百六十四條第二項、第三項之規定，於前項事件準用之。

**第一七八條**

① 輔助宣告之裁定，於裁定送達或當庭告知受輔助宣告之人時發生效力。

② 第一百零六條、第一百零八條、第一百六十六條至第一百六十八條、第一百六十九條第二項及第一百七十條之規定，於聲請輔助宣告事件準用之。

**第一七九條**

① 法院對於輔助宣告之聲請，認有監護宣告之必要者，得依聲請或依職權以裁定爲監護之宣告。

② 前項裁定，準用第一百七十四條第二項及第三項之規定。

**第一八〇條**

① 第一百零六條至第一百零八條之規定，於法院選定、另行選定或改定輔助人事件準用之。

② 第一百二十二條之規定，於輔助人辭任事件準用之。

③ 第一百十二條之規定，於酌定輔助人報酬事件準用之。

④ 第一百十一條及第一百十二條之規定，於法院爲受輔助宣告之人選任特別代理人事件準用之。

⑤ 第一百二十一條之規定，於輔助所生損害賠償事件準用之。

⑥ 第一百七十二條之規定，於聲請撤銷輔助宣告事件準用之。

⑦ 第一百七十三條之規定，於聲請變更監護宣告爲輔助宣告事件準用之。

# 第十二章　親屬會議事件

**第一八一條**

① 關於爲未成年人及受監護或輔助宣告之人聲請指定親屬會議會員事件，專屬未成年人、受監護或輔助宣告之人住所地或居所地法院管轄。

② 關於為遺產聲請指定親屬會議會員事件，專屬繼承開始時被繼承人住所地法院管轄。

③ 關於為養子女或未成年子女指定代為訴訟為行為人事件，專屬養子女或未成年子女住所地法院管轄。

④ 關於聲請酌定扶養方法及變更扶養方法或程度事件，專屬受扶養權利人住所地或居所地法院管轄。

⑤ 聲請法院處理下列各款所定應經親屬會議處理之事件，專屬被繼承人住所地法院管轄：

　一　關於酌給遺產事件。
　二　關於監督遺產管理人事件。
　三　關於酌定遺產管理人報酬事件。
　四　關於認定口授遺囑真偽事件。
　五　關於提示遺囑事件。
　六　關於開視密封遺囑事件。
　七　關於其他應經親屬會議處理事件。

⑥ 第五十二條第四項之規定，於前五項事件準用之。

⑦ 第一百零四條第二項及第一百零五條之規定，於第四項事件準用之。

⑧ 第一項事件有理由時，程序費用由未成年人、受監護或輔助宣告之人負擔。

⑨ 第二項事件有理由時，程序費用由遺產負擔。

⑩ 第三項事件有理由時，程序費用由養子女或未成年子女負擔。

⑪ 第五項事件有理由時，程序費用由遺產負擔。

**第一八二條**

法院就前條第五項所定事件所為裁定時，得調查遺產管理人所為遺產管理事務之繁簡及被繼承人之財產收益狀況。

**第一八三條**

① 第一百二十二條之規定，於第一百八十一條第一項及第二項事件準用之。

② 第九十九條至第一百零三條及第一百零七條之規定，於第一百八十一條第四項事件準用之。

③ 第一百零六條之規定，於本章之事件準用之。

④ 本章之規定，於其他聲請法院處理親屬會議處理之事件準用之。

## 第十三章　保護安置事件

**第一八四條**

① 下列安置事件，專屬被安置人住所地、居所地或所在地法院管轄：

　一　關於兒童及少年之繼續安置事件。
　二　關於兒童及少年之安置保護事件。
　三　關於身心障礙者之繼續安置事件。
　四　關於其他法律規定應由法院裁定安置事件。

② 除法律別有規定外，第一百零六條、第一百零八條、第一百六十五條、第一百六十六條、第一百六十九條及第一百七十一條之規定，於前項事件準用之。

**第一八五條** 112

① 下列嚴重病人保護安置事件，專屬司法院指定之法院管轄：

一 關於停止緊急安置事件。

二 關於停止強制社區治療事件。

三 關於許可、延長及停止強制住院事件。

四 關於其他停止安置、住院事件。

② 除法律別有規定外，第一百零六條、第一百零八條、第一百六十五條至第一百六十七條、第一百六十八條第一項、第一百六十九條第一項及第一百七十一條之規定，於前項事件準用之。

# 第五編　履行之確保及執行

## 第一章　通　則

**第一八六條**

① 依本法作成之調解、和解及本案裁判，除法律別有規定外，得為強制執行名義。

② 家事事件之強制執行，除法律別有規定外，準用強制執行法之規定，並得請求行政機關、社會福利機構協助執行。

**第一八七條**

① 債權人於執行名義成立後，除依法聲請強制執行外，亦得聲請法院調查義務之履行狀況，並勸告債務人履行債務之全部或一部。

② 前項調查及勸告，由為裁判或成立調解或和解之第一審法院管轄。

③ 法院於必要時，得命家事調查官為調查及勸告，或囑託其他法院為之。

④ 第一項聲請，徵收費用新臺幣五百元，由聲請人負擔，並準用民事訴訟法第七十七條之二十三第四項規定。

**第一八八條**

① 法院為勸告時，得囑託其他法院或相關機關、團體及其他適當人員共同為之。

② 勸告履行所需費用，由法院酌量情形，命債權人及債務人以比例分擔或命一造負擔，或命各自負擔其支出之費用。

## 第二章　扶養費及其他費用之執行

**第一八九條**

扶養費請求權之執行，暫免繳執行費，由執行所得扣還之。

**第一九〇條**

① 債務人依執行名義應定期或分期給付家庭生活費用、扶養費或贍養費，有一期未完全履行者，雖其餘履行期限尚未屆至，債權人亦得聲請執行。

② 前項債權之執行，僅得扣押其履行期限屆至後債務人已屆清償期之薪資債權或其他繼續給付之債權。

**第一九一條**

① 債務人依執行名義應定期或分期給付家庭生活費用、扶養費或贍養費，有一期未完全履行者，雖其餘履行期限尚未屆至，執行法院得依債權人之聲請，以裁定命債務人應逾期履行，並命其於未遵期履行時，給付強制金予債權人。但為裁判法院已依第一百條第四項規定酌定加給金額者，不在此限。

② 法院為前項裁定時，應斟酌債權人因債務不履行所受之不利益、債務人資力狀態及以前履行債務之狀況。

③ 第一項強制金不得逾每期執行債權二分之一。

④ 第一項債務已屆履行期限者，法院得依債權人之聲請，以裁定命債務人限期履行，並命其於期限屆滿仍不履行時，給付強制金予債權人，並準用前二項之規定。

⑤ 債務人證明其無資力清償或清償債務將致其生活顯著窘迫者，執行法院應依債務人之聲請或依職權撤銷第一項及前項之裁定。

**第一九二條**

① 前條第一項、第四項強制金裁定確定後，情事變更者，執行法院得依債務人之聲請變更之。

② 債務人為前項聲請，法院於必要時，得以裁定停止強制金裁定之執行。

③ 前項裁定，不得聲明不服。

**第一九三條**

未成年子女扶養費債權之執行，不受強制執行法第一百二十二條規定之限制。但應酌留債務人及受其扶養之其他未成年子女生活所需。

## 第三章　交付子女與子女會面交往之執行

**第一九四條**

執行名義係命交付子女或會面交往者，執行法院應綜合審酌下列因素，決定符合子女最佳利益之執行方法，並得擇一或併用直接或間接強制方法：

一　未成年子女之年齡及有無意思能力。

二　未成年子女之意願。

三　執行之急迫性。

四　執行方法之實效性。

五　債務人、債權人與未成年子女間之互動狀況及可能受執行

影響之程度。

## 第一九五條

① 以直接強制方式將子女交付債權人時，宜先擬定執行計畫；必要時，得不先通知債務人執行日期，並請求警察機關、社工人員、醫療救護單位、學校老師、外交單位或其他有關機關協助。

② 前項執行過程，宜妥爲說明勸導，儘量採取平和手段，並注意未成年子女之身體、生命安全、人身自由及尊嚴，安撫其情緒。

# 第六編 附 則

## 第一九六條

本法施行後，已成立少年及家事法院之地區，原管轄之地方法院，應以公告將本法所定家事事件，移送少年及家事法院，並通知當事人及已知之關係人。

## 第一九七條

① 除本法別有規定外，本法於施行前發生之家事事件亦適用之。

② 本法施行前已繫屬尚未終結之家事事件，依其進行程度，由繫屬之法院依本法所定程序終結之，已依法定程序進行之行爲，效力不受影響。

③ 本法施行前已繫屬尚未終結之家事事件，依繫屬時之法律定法院之管轄。

④ 本法施行前已繫屬尚未終結之家事事件，除依本法施行前民事訴訟法人事訴訟編得合併裁判者外，不得移送合併審理。

⑤ 本法所定期間之程序行爲，而應於其施行之際爲之者，其期間自本法施行之日起算。但本法施行前，法院依原適用法律裁定之期間已進行者，依其期間。

## 第一九八條

① 本法施行前已繫屬尚未終結之非訟事件必要處分程序，由繫屬之法院依本法所定程序終結之；已終結程序之撤銷、擔保金之發還及效力，仍應依原程序所適用之法律。

② 本法施行前法院已終結之家事事件，其異議、上訴、抗告及再審之管轄，依原程序所適用之法律定之。

③ 本法施行前已取得之家事事件執行名義，適用本法所定履行確保及執行程序。

## 第一九九條

家事事件審理細則、本法施行細則，由司法院定之。

## 第二○○條 112

① 本法施行日期，由司法院定之。

② 本法修正條文，除中華民國一百十二年五月三十日修正之第三條、第九十六條及第一百八十五條施行日期由司法院定之外，自公布日施行。

# 家事事件法施行細則

民國101年5月11日司法院令訂定發布全文18條；並自101年6月1日施行。

## 第一條
本細則依家事事件法（以下簡稱本法）第一百九十九條規定訂定之。

## 第二條
① 成立少年及家事法院之地區，應由原管轄之地方法院，以公告將本法所定家事事件，移送少年及家事法院，並通知當事人及已知之關係人。

② 成立少年及家事法院之地區，原管轄之地方法院應即將家事事件之卷宗資料依下列規定辦理：

一 已繫屬尚未終結者，移交少年及家事法院。

二 已終結經上訴、抗告者，應依本法第一百九十八條第二項規定送上訴、抗告之法院。

三 已終結而未上訴或抗告者，依法歸檔。

③ 已成立少年及家事法院之地區，經上訴或抗告之家事事件，有應廢棄發回之事由者，應發回少年及家事法院。應發交者，亦同。

## 第三條
本法施行前已繫屬且有管轄權而尚未終結之家事事件，應由受理法院依本法所定程序終結之，除有本法第一百九十七條第四項所定得合併裁判情形外，不得裁定移送其他法院。當事人合意者，亦同。

## 第四條
地方法院於本法施行前受理而未終結之家事事件，經分由民事庭處理者，應由原法官依本法所定程序終結之。

## 第五條
本法施行前已繫屬尚未終結之家事事件，受之法院得依本法之規定選任程序監理人。事件繫屬於第二審法院者，亦同。

## 第六條
本法施行前已繫屬尚未終結之家事事件，受之法院得依本法第十八條之規定，依聲請或依職權命家事調查官就特定事項調查事實。

## 第七條
本法施行前已繫屬尚未終結之家事事件，受理之法院得依本法第十一條之規定，通知直轄市、縣（市）主管機關指派社會工

作人員或其他適當人員陪同在場。

### 第八條

本法施行前已繫屬尚未終結之家事事件，受理之法院得依本法第十二條之規定以遠距訊問設備審理。

### 第九條

本法施行前，已進行調解程序之家事事件，於本法施行後，應依本法行之。

### 第一○條

本法施行前之訴訟事件，依本法為家事非訟事件者，自本法施行後，應依本法所定之家事非訟程序處理之。上訴審，亦同。

### 第一一條

本法施行前已繫屬尚未終結之家事非訟事件，受理之法院得依本法第八十五條之規定，依聲請或依職權命為適當之暫時處分。

### 第一二條

本法施行前已受理而尚未終結之死亡宣告事件，應依本法第四編第九章所定程序終結之。

### 第一三條

本法施行前已受理而尚未終結之監護宣告、撤銷監護宣告事件，應依本法第四編第十章所定程序終結之。

### 第一四條

本法施行前已受理而尚未終結之輔助宣告、撤銷輔助宣告事件，應依本法第四編第十一章所定程序終結之。

### 第一五條

本法施行前已終結之家事訴訟事件，依本法為家事非訟事件，而經當事人上訴者，應由該判決之上訴審法院管轄。

### 第一六條

債權人於本法施行前已取得本法所定家事事件之執行名義者，得於本法施行後，依本法第一百八十七條之規定，聲請法院調查義務之履行狀況並勸告債務人履行債務之全部或一部。

### 第一七條

本法施行前，家事事件原適用法律之法定期間已進行者，其期間依原適用法律之所定。

### 第一八條

本細則自中華民國一百零一年六月一日施行。

# 家事事件審理細則

① 民國101年5月28日司法院令訂定發布全文167條；並自101年6月1日施行。
② 民國105年3月2日司法院令修正發布第46、150、158、167條條文；並自發布日施行。
③ 民國106年1月17日司法院令修正發布第14、15、75至78、101、103、105、107、108、120、123、124、149、151、153、154、158條條文；並增訂第156-1至156-3、162-1條條文。
④ 民國106年5月23日司法院令修正發布第15條條文。
⑤ 民國109年7月23日司法院令修正發布第22、23、26至28、66、67、70、73、74、79、86、95、96、101、108、123、126至131、137、138、143、147條條文；增訂第 138-1、140-1至140-3條條文；並刪除第102條條文。

## 第一編 總 則

**第一條**

本細則依家事事件法（以下簡稱本法）第一百九十九條規定訂定之。

**第二條**

家事事件之處理，應依保護家庭為社會自然基本團體單位之精神，確保所有兒童及少年獲得平等充足之養護教育、保障男女於婚姻關係存續中及消滅後權利責任平等、確認人人有權享受其本人及家屬所需之適當生活程度及不斷改善之生活環境。

**第三條**

① 少年及家事法院認其有受理事件之權限而為裁判確定者，其他法院受該裁判之羈束。

② 少年及家事法院認無受理事件之權限者，應依職權裁定將事件移送至有受理事件權限之其他法院。

③ 少年及家事法院就其受理事件之權限，與其他法院確定裁判之見解有異，而當事人合意由少年及家事法院處理者，依其合意。

④ 前項當事人之合意，應記明筆錄或以文書證之。

⑤ 當事人就少年及家事法院有無受理事件之權限而有爭執者，少年及家事法院應先為裁定。

⑥ 前項裁定，得為抗告。

⑦ 少年及家事法院為第二項、第三項及第五項之裁定前，應先徵詢當事人之意見。

**第四條**

① 設有少年及家事法院之地區，少年及家事法院認為所受理事件之全部或一部非屬家事事件而不屬其管轄者，除當事人合意由少年及家事法院處理或少年及家事法院為統合處理認有必要或當事人已就本案為陳述而裁定自行處理者外，應依聲請或依職權以裁定移送同一地區之普通法院。

② 前項當事人之合意，應記明筆錄或以文書證之。

第五條

① 法院受理家事事件不屬其管轄者，除當事人有管轄之合意外，應依聲請或依職權以裁定移送於管轄法院。

② 法院受理家事事件雖不屬其管轄，惟法院為統合處理認有必要或當事人已就本案為陳述者，得裁定自行處理。

③ 第一項當事人之合意，應記明筆錄或以文書證之。

第六條

① 法院受理家事事件，應即按事件之類型，分案處理。

② 當事人相同者，得由法院於每年度終結前，由院長、庭長、法官舉行會議，決定次年度配分同一法官審理之事務分配規則。

第七條

① 經法院受理之事件，家事庭與民事庭就事務分配有爭議者，應由院長徵詢家事庭庭長及民事庭庭長意見後，決定之。

② 法官因前項事務分配所受理之事件，應本於確信，依事件之性質，適用該事件應適用之法律規定為審理。

第八條

第二審法院受理之事件，家事庭與民事庭就事務分配有爭議者，準用前條之規定。

第九條

① 本細則所列之家事事件，於設有少年及家事法院之地區，劃分由少年及家事法院處理。於同一地方法院，分配由家事法庭處理。

② 本法第三條第五項所定戊類之給付家庭生活費用、贍養費或扶養費家事事件，有依當事人之協議而為一定財產上之請求者，仍適用前項之規定。

第一〇條

法官於法院內、外開庭時，除有本法第九條第一項但書或第二項之情形外，以不公開法庭行之。

第一一條

① 當事人得以書狀或言詞陳述是否允許旁聽之意見。

② 法院允許旁聽者，應使當事人或關係人有陳述意見之機會。

③ 法院允許旁聽開庭，應載明於筆錄，並宣示理由。

第一二條

不公開審理之家事事件，法院認為適當時，得於徵詢兩造當事人或關係人之意見後，以電信傳真或其他科技設備方式告知當事人或關係人開庭期日。

第一三條

① 非經審判長許可，開庭時不得錄音。

② 審判長認爲前項許可不適當時，得隨時撤銷之。

**第一四條 106**

① 法院所製作應對外公開之文書時，除法律別有規定外，不得揭露足以識別兒童及少年身分之資訊。

② 法院之人員或其他任何人不得於媒體、資訊或其他公示方式，揭示足以識別兒童及少年福利與權益保障法第六十九條第一項、兒童及少年性剝削

③ 防制條例所定之兒童、少年及被害人姓名及其他足以識別身分之資訊。

④ 前二項所定其他足以識別身分之資訊，包括兒童、少年及被害人之照片或影像、聲音、住址、親屬姓名或其關係、就讀學校班級等個人基本資料。

**第一五條 106**

① 法院處理涉及未成年子女之家事調解、訴訟或非訟事件時，得連結相關資源，通知未成年子女之父母、監護人或其他協助照顧子女之關係人，接受免付費之親職教育、輔導或諮商；參加者表明願自行支付費用時，亦得提供付費資源之參考資料，供其選用參與。

② 父母、監護人或關係人參與前項親職教育、輔導或諮商之情形，得作爲法院處理相關家事事件之參考。

③ 法院審理家事事件，依職權調查證據，斟酌當事人未提出之事實時，應使當事人或關係人有辯論或陳述意見之機會。

**第一六條**

① 法院訊問未成年人、受監護或輔助宣告人，於必要時，得定於學校非上學時間、夜間或休息日。

② 法院爲前項期日之指定，應使當事人或關係人有陳述意見之機會。

**第一七條**

當事人或關係人得以言詞或書面陳述得否與對造當事人、其他關係人隔別訊問之意見。

**第一八條**

① 未成年人、受監護或輔助宣告之人陳述意見或表達意願，法院認爲有必要時，應通知直轄市、縣（市）主管機關指派社會工作人員或其他適當人員陪同。

② 前項情形，除社會工作人員外，亦得由未成年人、受監護或輔助宣告人之親屬或學校老師等其他適當人員陪同在場。

③ 法院於未成年人、受監護或輔助宣告人陳述意見或表達意願前，應徵詢有無與其他當事人或關係人隔別訊問之必要。陪同人並得陳述意見。陪同人得坐於被陪同人之側。

④ 第一項通知，應載明被陪同人之姓名。就有關被陪同人之住所、所在地或所涉事件之案由依法應予保密者，應予密封。

**第一九條**

① 未成年人、受監護或輔助宣告人陳述之意見或意願，涉及當事人或第三人隱私或陪同人、被陪同人之安全者，除法律規定應提示當事人為辯論者外，得不揭示於當事人或關係人。

② 陪同未成年人、受監護或輔助宣告人陳述意見或表達意願之社會工作人員，得於報到簽名時，以其所屬機關、機構、工作證號或代號代替。陪同人之人別資料，若有危及陪同人之安全者，亦同。

## 第二〇條

① 法院於處理家事訴訟事件或家事非訟事件，認有本法第十五條第一項所列之情形，宜依聲請或依職權選任一人或一人以上為程序監理人。

② 選任程序監理人，應使當事人、法定代理人、被選任人以及已知之關係人有陳述意見之機會。但有礙難之情形或恐有害其健康或顯有延滯程序者，不在此限。

③ 前項意見之陳述，得以書面或本法第七十五條第七項所定電信傳真或其他科技設備之方式為之。

④ 法院駁回選任程序監理人之聲請時，應附具理由。

## 第二一條

① 當事人或關係人已委任代理人者，法院除已無其他適當之人外，不得選任該代理人為其程序監理人。

② 法院選任當事人委任之代理人為程序監理人時，該代理人已支領報酬者，不得再支領程序監理人之報酬。

## 第二二條 109

下列事件，法院認為有必要時，宜依本法第十五條第一項、第二項、第一百零九條及第一百六十五條之規定選任程序監理人：

一 涉及未成年子女權利義務之行使或負擔事件。

二 涉及受監護或輔助宣告人之事件。

三 涉及受安置人或嚴重病人之事件。

## 第二三條 109

① 有下列情形之一者，程序監理人之報酬得由國庫墊付全部或一部：

一 受監理人為未成年人，其本人無支付能力。

二 受監理人為應受監護或輔助宣告人、被安置人而無支付能力。

② 受監理人為未成年人，其法定代理人為當事人或關係人且有支付能力者，法院得命法定代理人預納之。

③ 前二項所定無支付能力之認定，得參酌法律扶助法第五條之規定認定之。

## 第二四條

① 程序監理人得向法院書記官聲請閱覽、抄錄或攝影卷內文書，或聲請付與繕本、影本或節本。其程序準用民事訴訟法第二百四十二條、第二百四十三條之規定。

② 程序行為限由受監理人本人為之者，程序監理人不得為之。

③除法律別有規定外，受監理人依法不得爲之程序行爲，程序監理人不得爲之。

④家事事件之裁判應送達程序監理人。

⑤程序監理人之上訴、抗告及聲明不服之期間，自程序監理人受送達時起算。

**第二五條**

①程序監理人執行職務，應維護受監理人之最佳利益，注意受監理人與其他親屬之家庭關係、生活狀況、感情狀況等一切情狀。

②程序監理人發現其與受監理人有利益衝突之情形者，應即向法院陳明之。

③受監理人之親屬、學校老師或社會工作人員發現有前項情形，亦得向法院陳明之。

**第二六條 109**

程序監理人應以適當之方法，依受監理人之年齡及所能理解之程度，與受監理人會談，並告知事件進行之標的、程序及結果。

**第二七條 109**

①法院認有必要時，得令程序監理人與受監理人之法定代理人、家屬及其他生活中關係密切之人會談。

②前項會談，應於必要且最小限度內爲之，注意保護受監理人之最佳利益及隱私，並避免使會談之人重複陳述。

**第二八條 109**

①法院依事件進行之程度，認爲有和諧處理之望者，得命程序監理人與受監理人之特定家屬會談，分析事件進行之利害關係及和解或調解可能之影響。

②法院爲前項指示時，應具體指明會談之重點與範圍，並向當事人或關係人說明之。

**第二九條**

①法院得令程序監理人就下列事項提出報告或建議：

一　受監理人對於法院裁定之理解能力。

二　受監理人之意願。

三　受監理人是否適合或願意出庭陳述。

四　程序進行之適當場所、環境或方式。

五　程序進行之適當時間。

六　其他有利於受監理人之本案請求方案。

七　其他法院認爲適當或程序監理人認爲應使法院了解之事項。

②前項報告或建議，經法院同意以言詞提出者，應載明於筆錄。

**第三〇條**

程序監理人與受監理人之法定代理人或有程序能力之受監理人所爲之程序行爲不一致時，應以法院認爲適當者爲準。

**第三一條**

①法院選任程序監理人後，受監理人另行委任代理人者，法院認爲適當時，得撤銷或變更程序監理人。

② 程序監理人自受撤銷或變更裁定生效時起，喪失為受監理人為一切程序行為之權。

## 第三二條

① 程序監理人有下列情形之一者，法院得撤銷或變更之：

一　未維護受監理人之最佳利益。

二　與受監理人利益衝突。

三　與受監理人或其家屬會談，有不當行為，足以影響事件之進行或受監理人之利益。

四　受監理人已有適合之代理人。

五　違反其職業倫理規範或程序監理人倫理規範。

六　有其他不適任之情事或已無選任程序監理人之必要。

② 法院為前項裁定前，應使受監理人及程序監理人有陳述意見之機會。

③ 前條第二項於第一項之撤銷或變更準用之。

## 第三三條

家事調查官承審判長或法官之命，就家事事件之特定事項為調查，蒐集資料、履行勸告，並提出調查報告、出庭陳述意見，或協調連繫社會主管機關、社會福利機關或其他必要之協調措施。

## 第三四條

審判長或法官除前條所定特定事項外，並得命家事調查官就下列事項提出報告：

一　未成年子女、受監護或輔助宣告人、被安置人之意願、心理、情感狀態、學習狀態、生活狀況、溝通能力及其他必要事項。

二　評估當事人或關係人會談之可能性。

三　進行親職教育或親子關係輔導之必要性。

四　進行心理諮商、輔導或其他醫療行為之必要性。

五　其他可連結或轉介協助之社會主管機關、福利機關或團體。

## 第三五條

① 審判長或法官得指定特定事項之範圍，定期命家事調查官為調查，於調查前並應使當事人或關係人以言詞或書面陳述意見。並視事件處理之進度，分別指明應調查之特定事項。於必要時，得命家事調查官於管轄區域外為調查。

② 審判長或法官得命家事調查官於當事人或關係人陳述意見時到場。

## 第三六條

法院於指定特定事項有為調查之必要時，得囑託他法院為調查。

## 第三七條

① 家事調查官於所定調查事項範圍內，應實地訪視，並就事件當事人、關係人之身心狀況、家庭關係、生活、經濟狀況、經歷、居住環境、親職及監護能力、有無犯罪紀錄、有無涉及性侵害或兒少保護通報事件、資源網絡等事項為必要之調查。

②家事調查官為調查前，應先由程序監理人或相關之社會福利機關、團體取得資料，以避免使當事人或關係人重複陳述。

第三八條

①家事調查官應依審判長或法官之命提出調查報告，並向審判長或法官為報告。

②前項調查報告未定期限者，應於接獲命令後二個月內完成。但經審判長或法官允許者，至多延長一個月，並以一次為限。

③調查報告書應記載下列事項：

一 當事人及關係人姓名、出生年月日、住所、現居所、可辨別身分之證件號碼及電話號碼。

二 指定調查之特定事項。

三 調查之方法。

四 與調查事項有關當事人、關係人之身心狀況、家庭關係、生活、經濟狀況、經歷、居住環境、親職及監護能力、資源網絡等事項。

五 涉及未成年子女、受監護或輔助宣告或被安置人，其意願或意見。

六 與本案有關之評估、建議或其他與調查事項有關之必要事項。

七 總結報告。

八 年、月、日。

④調查報告之內容有涉及隱私或有不適宜提示當事人或關係人為辯論或令陳述意見者，應於報告中載明。未成年子女陳述意願，經表示不願公開者，亦同。

⑤家事調查官應於調查報告書簽名，並記載報告日期。

第三九條

家事調查官除法律另有規定外，就調查所知事項，應保守秘密。程序監理人、陪同之社工人員或其他人員，因執行職務所知事項，亦同。

第四○條

①審判長或法官認有必要時，得命家事調查官於期日到場，就調查報告書所涉事項陳述意見。

②家事調查官於期日到場陳述意見者，其姓名應載明於筆錄。

第四一條

①家事訴訟事件應準用民事訴訟法之規定繳納裁判費。

②家事非訟事件應準用非訟事件法之規定繳納裁判費。

③家事事件經聲請調解者，應依民事訴訟法第七十七條之二十繳納裁判費。

# 第二編 調解程序

第四二條

調解成立者，當事人得於調解成立之日起三個月內，聲請退還

已繳裁判費三分之二。

#### 第四三條

① 本法第三條第四項所定丁類事件，除經當事人聲請調解外，不得行調解程序。

② 保護令事件，不得進行調解，亦不得合併調解。

#### 第四四條

① 法院應依實際需要之人數，聘任符合家事調解委員資格之人為調解委員，並造冊送司法院備查。

② 司法院得將志願協助調解機構團體所送符合家事調解委員資格名冊，轉送各法院，供各法院選任。

#### 第四五條

① 調解由法官選任符合家事調解委員資格者一人至三人先行為之。

② 調解委員之選任及解任，應依法院設置家事調解委員辦法行之。

#### 第四六條　105

① 關於未成年子女權利義務行使負擔事件之調解，法院於必要時，得命家事調查官先為特定事項之調查。

② 監護或輔助宣告事件，經關係人依本法第三十三條或第三十六條聲請裁定者，法院於必要時，得命家事調查官先為特定事項之調查。

③ 前二項事項，法院宜依本法第十五條、第一百零九條、第一百六十五條之規定選任程序監理人。

#### 第四七條

① 調解程序於法院行之。但因未成年子女、受監護或輔助宣告人、被安置人之利益，於必要時，亦得於其他適當處所行之。

② 調解委員於其他適當處所行調解者，應經法官之許可。

#### 第四八條

調解不以開庭之形式進行時，法官與書記官得不著制服。

#### 第四九條

① 調解期日，由法官依職權定之；其續行之調解期日，得委由主任調解委員定之；無主任調解委員者，得委由調解委員定之。

② 調解期日，應通知經選任之程序監理人；已有陪同之人或已命家事調查官先為調查者，並應通知該陪同人及家事調查官。

#### 第五〇條

法官於必要時，得命當事人、關係人或法定代理人本人於調解期日到場；調解委員認有必要時，亦得報請法官行之。

#### 第五一條

就調解事件有利害關係之第三人，經法官之許可，得參加調解程序；法官並得將事件通知之，命其參加。

#### 第五二條

① 調解時應本和平懇切之態度，對當事人兩造為適當之勸導，就調解事件酌擬平允方案，力謀雙方之和諧。

② 參與調解程序之人員，應以具體性別平權意識，尊重多元文化之

語氣進行調解。

### 第五三條

家事調查官或程序監理人於調解程序中，發現有危及未成年人、受監護或輔助宣告人、被安置人利益情事之虞者，應即陳報法院。

### 第五四條

① 調解成立者，應由書記官將解決爭端之條款詳細記明調解筆錄，送請法官簽名。

② 調解委員行調解而自行記錄調解不成立或延展期日者，法官勿庸於該紀錄上簽名。

### 第五五條

應經調解之事件，法院未進行調解，當事人或關係人於第一審程序終結前未抗辯者，上級審法院不得以之為廢棄發回之理由。

### 第五六條

① 關係人聲請家事非訟事件之調解，於程序終結前，法院認為有命為暫時處分之必要者，宜曉諭關係人為暫時處分之聲請。

② 關係人為家事非訟事件本案之聲請，經法院行調解程序者，法院於程序終結前，認有必要時，得依聲請或依職權命為適當之暫時處分。但關係人得處分之事項，非依其聲請，不得為之。

③ 調解委員於調解程序中，認為有為暫時處分之必要者，應報明審判長或法官。

### 第五七條

行調解時，為瞭解當事人或關係人之家庭及相關環境，於必要時，法院得命家事調查官連繫社會福利機構，並提出行調解所必要事項之報告。

### 第五八條

① 法院得根據家事調查官之報告，命當事人或關係人分別或共同參與法院所指定之專業人士或機構、團體所進行之免付費諮商、輔導、治療或其他相關之協助。

② 前項裁定，不得為執行名義。

### 第五九條

法院於家事事件程序進行中依職權移付調解前，應先徵詢當事人及關係人之意見。

### 第六〇條

法官、書記官及調解委員因經辦調解事件，知悉他人職務上、業務上之秘密或其他涉及隱私之事項，除法律別有規定外，應保守秘密。

# 第三編　家事訴訟事件

## 第一章　通　則

### 第六一條

① 得合併審理之家事事件，當事人向有管轄權之不同法院請求者，後繫屬之家事訴訟事件第一審或經當事人合意者，得依聲請或依職權，以裁定移送於繫屬最先之家事訴訟事件第一審或第二審法院。

② 前項情形，先繫屬者為家事非訟事件，該繫屬法院得依聲請或依職權，以裁定移送於繫屬最先之家事訴訟事件第一審或第二審法院。

③ 得合併審理之家事事件，經當事人先後向同一法院請求者，得依職權或依聲請，移由最先受理家事訴訟之法官處理。

④ 經合併審理之家事事件而法院分別裁判者，不得將未裁判之其他家事事件移送他法院審理。

⑤ 已受理家事事件之第二審法院，不得將家事事件移送第一審法院處理。

### 第六二條

① 得合併審理之家事事件，經先後繫屬於有管轄權之不同第二審法院，後繫屬之法院認有統合處理之必要或經當事人合意者，得依聲請或依職權，以裁定移送於家事訴訟事件最先繫屬之第二審法院。

② 得合併審理之家事事件，經先後繫屬於有管轄權之同一第二審法院，得依職權或依聲請，移由最先繫屬家事訴訟事件之法官審理。

### 第六三條

① 經合併審理之家事事件，應分別依照各該家事訴訟事件或家事非訟合併審理前應適用之法律為審理。

② 經合併審理之家事非訟事件，除別有規定外，經以判決為之者，該部分判決之效力仍應依該家事非訟事件合併審理前應適用之法律定之。

### 第六四條

經合併審理並判決之家事事件，當事人就家事訴訟事件一部聲明不服者，以家事訴訟事件判決所認定法律關係為據之其他部分，視為提起上訴。

### 第六五條

① 當事人得於訴訟中就得處分之事項為訴訟上和解。

② 經合併審理之家事非訟事件，得依本法第一百零一條第一項之規定為和解或依第一百十條之規定為合意。

③ 就合併審理之親子非訟事件為合意時，應符合未成年子女最佳利益，並應依本法第一百零八條之規定徵詢未成年子女之意願。

④ 第二項之和解與合意得合併記載於家事訴訟事件之和解筆錄，並於作成和解筆錄時，發生與本案確定裁判同一之效力。

### 第六六條 109

撤銷婚姻、撤銷司法院釋字第七四八號解釋施行法（以下簡稱釋字七四八施行法）第二條關係、否認子女之訴、認領子女

之訴及其他非屬當事人得處分之事項，不得為訴訟上和解。

## 第六七條 109

關於捨棄、認諾效力之規定，於撤銷婚姻、撤銷釋字七四八號施行法第二條關係、否認子女之訴、認領子女之訴及其他非屬當事人得處分之事項不適用之。

## 第六八條

①家事訴訟事件，有和諧解決之望或解決事件之意思已甚接近，法院得停止訴訟程序，並移付調解或命家事調查官為調查等必要處分。

②前項移付調解，除兩造當事人或關係人合意外，以一次為限。

## 第六九條

①判決，應作判決書。

②經選任程序監理人者，應於判決書記載其姓名。

## 第七○條 109

下列事件亦為家事訴訟事件：

一 民法第九百七十七條至第九百七十九條之一所定因婚約解除或違反婚約之損害賠償、因婚約無效、解除或撤銷之返還婚約贈與物事件。

二 民法第九百八十八條之一第四項至第六項、第九百九十九條、第一千零五十六條所定因婚姻消滅、無效、撤銷、判決離婚之損害賠償事件；依釋字七四八號施行法第八條第三項、第十條第二項及第十九條準用前開民法規定所生之損害賠償事件。

三 因離婚之原因或事實所生之損害賠償事件；因釋字七四八號施行法第二條關係終止之原因或事實所生之損害賠償事件。

四 民法第九百九十九條之一、第一千零三十條之一、第一千零三十八條至第一千零四十一條、第一千零五十八條所定夫妻財產之分配、補償、返還、取回、分割及其他因夫妻財產關係所生請求事件；依釋字七四八號施行法第十條第二項、第十五條及第十九條準用前開民法規定所生之財產分配、補償、返還、取回、分割及其他因財產關係所生請求事件。

五 民法第一千一百二十三條第二項所定清償債務事件；依釋字七四八號施行法第十五條準用前開民法規定所生之清償債務事件。

六 民法第一千零八十二條所定因終止收養關係給與相當金額事件；依釋字七四八號施行法第二十條準用前開民法規定所生之因終止收養關係給與相當金額事件。

## 第七一條

家事訴訟事件，得準用民事訴訟法保全程序之規定，為假扣押、假處分之聲請。

## 第七二條

本法第三條第三項所定丙類事件，除本法特別規定外，應依事件之性質，分別適用民事訴訟法有關通常訴訟程序、簡易訴訟程序及小額訴訟程序之規定審理。

## 第二章　婚姻訴訟事件

### 第七三條 109

下列事件為婚姻訴訟事件：

一　確認婚姻無效、婚姻關係存在或不存在事件；確認釋字七四八號施行法第二條關係無效、存在或不存在事件。

二　撤銷婚姻事件；撤銷釋字七四八號施行法第二條關係事件。

三　離婚事件；終止釋字七四八號施行法第二條關係事件。

## 第三章　親子訴訟事件

### 第七四條 109

下列事件為親子訴訟事件：

一　確認母再婚所生子女生父事件。

二　確認親子關係存在或不存在事件。

三　確認收養關係存在或不存在事件；確認釋字七四八號施行法第二十條收養關係存在或不存在事件。

四　民法第一千零六十三條第二項否認子女之訴。

五　民法第一千零六十七條認領子女事件。

六　民法第一千零七十九條之五、第一千零八十條之三撤銷收養、撤銷終止收養事件。

七　依釋字七四八號施行法第二十條準用前款民法規定所生之撤銷收養、撤銷終止收養事件。

八　人工生殖法第二十三條第二項及第二十四條第二項所定否認之訴。

### 第七五條 106

撤銷收養之訴，以收養人及被收養人為被告。但收養人或被收養人一方已死亡者，以生存之他方為被告。

### 第七六條 106

撤銷收養之訴，法院應於事實審言詞辯論終結前相當時期，將訴訟事件及進行程度，以書面通知撤銷收養後應為養子女法定代理人之人，並適用本法第四十條之規定為判決之送達或參加訴訟。但法定代理人為當事人者，不在此限。

### 第七七條 106

撤銷終止收養之訴，以終止收養之收養人與被收養人為被告。但收養人或被收養人一方已死亡者，以生存之他方為被告。

### 第七八條 106

第七十六條之規定，於撤銷終止收養之訴準用之。

## 第四章　繼承訴訟事件

**第七九條 109**

① 下列事件為繼承訴訟事件：

一 民法第一千一百四十六條所定繼承回復事件。

二 民法第一千一百六十四條所定遺產分割事件。

三 民法第一千二百二十五條所定特留分事件。

四 遺贈事件。

五 確認遺囑真偽事件。

六 民法第一千一百四十九條所定遺產酌給請求權事件。

七 其他繼承關係所生請求事件。

八 依釋字七四八號施行法第二十三條準用民法繼承編所生之前七款繼承訴訟事件。

② 前項第一款、第二款之訴，不包含民法第八百二十三條所定之共有物分割訴訟。

# 第四編 家事非訟事件

## 第一章 通 則

**第八〇條**

聲請人為家事非訟事件聲請時，應依相對人及已知關係人之人數附具繕本或影本。

**第八一條**

① 通知本法第七十七條第一項各款所列之人參與程序，通知書應載明下列事項：

一 受通知人之姓名；受通知人為機關或機構者，其名稱。

二 家事事件。

三 聲請人及相對人之姓名。

四 應到場之處所及日時。

② 法院對前項得參與程序之人，應送達聲請狀之繕本並限期命陳述意見。

**第八二條**

① 家事非訟程序訊問應作成筆錄。

② 前項訊問筆錄應記載下列事項：

一 訊問之處所及年、月、日。

二 法官、書記官及通譯姓名。

三 家事事件。

四 聲請人、相對人、到場之關係人、法定代理人、非訟代理人或其他經通知到場之人姓名。

五 已知之利害關係人姓名。

六 經選任程序監理人，其姓名及職銜。

七 家事調查官到場陳述意見者，其姓名。

八 有社工人員或適當人員陪同者，其姓名或所屬機關、機構、

工作證號或代號。

九　到庭陳述意見之主管機關、社會福利機構人員或其他到場人姓名。

十　訊問允許旁聽者，其理由。

## 第八三條

① 關係人得向法院書記官聲請閱覽、抄錄或攝影卷內文書，或預納費用聲請付與繕本、影本或節本。

② 第三人經聲請人及相對人同意，而爲前項之聲請者，應經法院許可。

③ 卷內文書涉及關係人或第三人隱私或業務秘密、家事調查官之調查報告，如准許前二項之聲請，有致其受重大損害之虞者，法院得依聲請或依職權裁定不予准許或限制前二項之行爲。

④ 前項不予准許或限制裁定之原因消滅者，關係人或第三人得聲請法院撤銷或變更該裁定。

⑤ 前二項裁定得爲抗告。於抗告中，第一項、第二項之聲請不予准許；其已准許之處分及前項撤銷或變更之裁定，應停止執行。

## 第八四條

法院得囑託其他法院爲事實及證據之調查。

## 第八五條

除法律別有規定外，得依本法第七十九條爲合併、變更、追加或反聲請者，以家事非訟事件爲限。

## 第八六條　109

① 家事非訟事件因聲請人或相對人死亡、喪失資格或其他事由致不能續行程序，無人承受程序，經法院認爲無續行之必要者，視爲終結。

② 前項情形，法院應公告並通知已知之關係人。

## 第八七條

① 裁定，應作成裁定書。但得於聲請書或筆錄記載裁定內容，由法官簽名，以代原本。

② 裁定之正本及節本，由書記官簽名，並蓋法院印信。

## 第八八條

裁定，得以下列方式告知之：

一　由書記官於辦公處所告知之，並製作告知證書，經關係人簽名確認後附卷。

二　經受裁定人或受告知人陳明之電信傳眞或其他科技設備之方式。

## 第八九條

① 裁定以公告或其他適當方法告知者，法院書記官應製作載有下列事項之證書附卷：

一　受裁定人。

二　公告或告知之方式。

三　公告之起迄年月日或告知之年月日時。

② 得抗告之裁定雖經公告或告知，仍應送達於受裁定人及已知之

利害關係人。

**第九〇條**

依法應辦理登記身分事項之裁定，法院應於裁定生效後，依職權通知該管戶政機關。

**第九一條**

① 家事非訟事件關係人聲請暫時處分，應表明下列事項：

一　關係人及法定代理人。

二　本案聲請及其事由。

三　應受暫時處分之事項及其事由。

四　法院。

② 關係人就得處分之事項聲請暫時處分，應釋明其事由。

③ 關係人於家事非訟事件聲請前，向法院聲請暫時處分者，法院應以書面或其他適當方式向聲請人發問或曉諭是否併爲本案聲請，並告知未爲本案聲請之法律上效果。

**第九二條**

法院受理家事非訟事件，於必要時命爲適當之暫時處分，其方法由法院酌量定之，不受當事人聲明之拘束。但以具體、明確、可執行並以可達本案聲請之目的者爲限，不得悖離本案聲請或逾越必要之範圍。

**第九三條**

① 法院依聲請或依職權酌定適當之暫時處分前，爲審酌未成年人、受監護或輔助宣告人、被安置人之最佳利益，得先命家事調查官爲調查、徵詢主管機關或社會福利機構之意見，選任程序監理人，並應使未成年人、受監護或輔助宣告之人、被安置人表達意願或陳述意見。

② 前項情形，應使關係人有陳述意見之機會。但有急迫或不適當情形者，不在此限。

**第九四條**

對於抗告法院裁定之再抗告，應委任律師爲代理人。但抗告人或其法定代理人、程序監理人具有律師資格者，不在此限。

## 第二章　婚姻非訟事件

**第九五條** 109

① 下列事件爲婚姻非訟事件：

一　民法第九百九十九條之一、第一千零五十七條因婚姻無效、撤銷或離婚之給與贍養費事件；依釋字七四八號施行法第十條第二項及第十九條準用前開民法規定所生因該法第二條關係無效、撤銷或終止之給與贍養費事件。

二　民法第一千零一條夫妻同居事件；釋字七四八號施行法第十一條之同居事件。

三　民法第一千零二條指定夫妻住所事件；釋字七四八號施行法第十二條之指定住所事件。

四　民法第一千零二十二條報告夫妻財產狀況事件；依釋字七四八號施行法第十五條準用前開民法規定所生之報告財產狀況事件。

五　給付家庭生活費用事件；釋字七四八號施行法第十四條之給付家庭生活費用事件。

六　給付扶養費事件；釋字七四八號施行法第二十二條之給付扶養費事件。

七　民法第一千零十條宣告改用分別財產制事件；依釋字七四八號施行法第十五條準用前開民法規定所生之宣告改用分別財產制事件。

八　依當事人協議請求給付家庭生活費、贍養費或扶養費事件。

② 前項第五款、第六款及第八款事件，包含已屆期而未給付之費用。

## 第九六條 109

① 請求履行夫妻同居事件，聲請人應於聲請狀載明應為同居之處所；依釋字七四八號施行法第十一條請求履行同居者，亦同。

② 夫妻就住所未為協議或協議不成者，法院得曉諭合併聲請或反聲請指定住所；於釋字七四八號施行法第十二條之情形，亦同。

## 第九七條

聲請人請求給付家庭生活費、扶養費或贍養費時，就數項費用之請求，除得聲明給付之總額或最低額外，宜表明各項費用之金額；聲明有不明瞭或不完足者，法院應曉諭其敘明或補足之。

## 第九八條

法院命給付家庭生活費、扶養費或贍養費之負擔或分擔，得審酌關係人所為之約定內容等一切情況，定給付之方法。

## 第九九條

本法第九十九條所定事件程序，關係人就請求所依據之法律關係有爭執者，法院應曉諭其得合併請求裁判，並徵詢應適用程序之意見。

## 第一○○條

前項合併裁判事件之程序，準用本法第四十一條至第四十四條之規定。

# 第三章　親子非訟事件

## 第一○一條 109

下列事件為親子非訟事件：

一　民法第一千零五十五、第一千零五十五條之二、第一千零六十九條之一、第一千零八十九條、第一千零八十九條之一、兒童及少年福利與權益保障法第七十一條第二項所定關於未成年子女扶養請求、其他權利義務之行使或負擔之酌定、改定、變更或重大事項權利行使之定事件。

二　民法第一千零五十九條第五項、第一千零五十九條之一第

二項、第一千零七十八條第三項關於變更子女姓氏事件。

三　民法第一千零九十條、兒童及少年福利與權益保障法第七十一條第一項前段、兒童及少年性剝削防制條例第二十八條所定關於停止親權及撤銷停止親權事件。

四　關於未成年子女選任特別代理人事件。

五　關於交付子女事件。

六　關於其他親子非訟事件。

七　依釋字七四八號施行法第十條第二項、第十九條及第二十條所定父母子女關係所生之前六款事件。

**第一〇二條**　（刪除）104

**第一〇三條** 106

① 兒童及少年福利與權益保障法第七十一條第一項所定停止親權、選定監護人、改定監護人事件及民法第一千零九十條所定之停止親權事件，應以各該法律所定得聲請之人為聲請人。

② 停止親權之聲請，以應受停止親權人為相對人。

③ 前二項規定，於兒童及少年性剝削防制條例第二十八條所定停止親權、選定或改定監護人事件準用之。

**第一〇四條**
法院為停止親權之裁定前，應通知未成年子女之父母參與程序。但通知顯有困難者，不在此限。

**第一〇五條** 106

① 停止親權之原因消滅後，未成年子女、兒童、少年、被害人或其最近尊親屬、父母、直轄市、縣（市）主管機關、兒童及少年福利機構或其他利害關係人得聲請法院撤銷停止親權之宣告。

② 撤銷停止親權之聲請，以停止親權人為相對人；由被停止親權之人聲請者，以現行親權之人或監護人為相對人。

**第一〇六條**
法院受理親子非訟事件聲請後，得儘速定期日，並應先聽取未成年人父母、其他關係人及社會福利機關之意見。非有急迫情形，不宜先訊問未成年子女。

**第一〇七條** 106

① 處理親子非訟事件，應依子女之最佳利益，審酌一切情狀，參考訪視或調查報告而為裁判。

② 法院為前項裁判前，應依子女之年齡及識別能力等身心狀況，於法庭內、外，以適當方式，曉諭裁判結果之影響，使其有表達意願或陳述意見之機會；必要時，得請兒童及少年心理或其他專業人士協助。

# 第四章　收養非訟事件

**第一〇八條** 109
下列事件為收養非訟事件：

一　民法第一千零七十九條第一項認可收養事件。

二　民法第一千零八十條第二項後段認可終止收養事件。

三　民法第一千零八十條之一第一項許可終止收養事件。

四　民法第一千零八十一條第一項宣告終止收養事件。

五　兒童及少年福利與權益保障法第二十條、第七十一條第一項後段及兒童及少年性剝削防制條例第二十八條第一項後段所定宣告終止收養事件。

六　依釋字七四八號施行法第二十條所定收養關係所生之前五款事件。

## 第一〇九條

被收養人爲未成年人，法院爲前條所列事件裁定前，得依本法第十五條之規定，爲其選任程序監理人。

## 第一一〇條

收養事件涉及外國人者，應注意使收養人到庭陳述，確認其收養眞意，必要時並得囑託駐外機構爲調查。

## 第一一一條

① 法院爲有關收養事件裁定前，應依子女之年齡及識別能力等身心狀況，於法庭內、外，以適當方式，曉諭裁判結果之影響，使其有表達意願或陳述意見之會；必要時，得請兒童及少年心理或其他專業人士協助。

② 被收養人爲滿七歲以上之未成年人，法院於裁判前，應聽取其意見。但有礙難情形或恐有害其健康者，不在此限。

## 第一一二條

① 認可收養事件，以收養人及被收養人爲聲請人。

② 夫妻收養子女時，除得單獨收養外，應共同爲聲請人。

③ 被收養人爲未成年人者，應載明其法定代理人。

## 第一一三條

父母或監護人依兒童及少年福利與權益保障法第十六條規定出養者，於聲請收養認可時，除有該條第一項但書情形外，應附具出養媒合服務者之評估報告。

## 第一一四條

① 法院認可未滿十八歲之兒童及少年之收養前，得採行下列措施，供決定認可之參考：

一　命直轄市、縣（市）主管機關、兒童及少年福利機構、其他適當之團體或專業人員進行訪視，提出訪視報告及建議。

二　命收養人與兒童及少年先行共同生活一段期間。

三　命收養人接受親職準備教育課程、精神鑑定、藥、酒癮檢測或其他維護兒童及少年最佳利益之必要事項。

四　命直轄市、縣（市）主管機關調查被遺棄兒童及少年身分資料。

② 法院命先行共同生活者，宜於裁定中載明其起訖日期。

③ 第一項第三款之費用，由收養人負擔。

## 第一一五條

① 父母對於未滿十八歲兒童及少年出養之意見不一致，或一方所在不明時，父母之一方仍可向法院聲請認可。

② 前項情形，法院認為收養符合兒童及少年之最佳利益時，應予認可。

第一一六條

法院認可或駁回未滿十八歲之兒童及少年收養之聲請，應於裁定生效後，以書面通知兒童及少年住所地之直轄市、縣（市）主管機關。

第一一七條

① 聲請認可收養後，被收養人為未滿十八歲之兒童或少年，於法院裁定前死亡者，程序終結。

② 收養人於法院認可裁定前死亡者，除有其他不符收養要件或應駁回認可之情形外，法院應命直轄市、縣（市）主管機關、兒童及少年福利機構、其他適當之團體或專業人員為評估，並提出報告及建議。法院認收養有利於未滿十八歲之兒童及少年時，仍得為認可收養之裁定。

第一一八條

① 民法第一千零八十條第二項後段所定認可終止收養事件，應以收養人及被收養人為聲請人。

② 養子女未滿七歲者，由收養終止後為其法定代理人之人代為聲請。

第一一九條

民法第一千零八十條之一所定許可終止收養事件，以養子女為聲請人；養子女未滿七歲者，應由收養終止後為其法定代理人之人為聲請人。

第一二○條 106

① 民法第一千零八十一條第一項所定宣告終止收養事件，應以該項所列情事之他方、主管機關或利害關係人為聲請人。

② 兒童及少年福利與權益保障法第二十條所定宣告終止收養事件，應以養子女、利害關係人或主管機關為聲請人。

③ 兒童及少年福利與權益保障法第七十一條第一項後段所定宣告終止收養事件，應以養子女或其最近尊親屬、直轄市、縣（市）主管機關、兒童及少年福利機構或其他利害關係人為聲請人。

④ 兒童及少年性剝削防制條例第二十八條第一項後段所定宣告終止收養事件，應以被害人、檢察官、被害人最近尊親屬、直轄市、縣（市）主管機關、兒童及少年福利機構或其他利害關係人為聲請人。

⑤ 養子女為未滿七歲之未成年人，而養父母為其法定代理人者，前四項宣告終止收養事件，應由本生父母代為聲請並為程序行為。

第一二一條

① 數宣告終止收養事件，應合併審理。

② 前項事件，經合併審理者，準用本法第四十一條、第四十二條

第一項及第四十三條之規定。

**第一二二條**

① 認可終止收養、許可終止收養及宣告終止收養事件，法院應依本法第七十七條之規定，通知收養終止後為養子女法定代理人之人等人參與程序。

② 前項法定代理人有配偶或子女者，並應通知之。但通知顯有困難者，不在此限。

## 第五章　未成年人監護事件

**第一二三條 109**

下列事件為未成年人監護事件：

一　民法第一千零九十七條第二項酌定監護方法事件。

二　民法第一千一百零一條第二項許可監護人行為事件。

三　民法第一千一百零三條第二項命監護人陳報、檢查監護事務或受監護人財產事件。

四　兒童及少年福利與權益保障法第七十一條第一項、兒童及少年性剝削防制條例第二十八條所定停止監護權，選定或改定監護人事件。

五　兒童及少年福利與權益保障法第七十二條第一項所定監護兒童及少年財產權益事件。

六　其他民法親屬編所定未成年子女監護事件。

七　依釋字七四八號施行法第十條第二項、第十九條及第二十條所定父母子女關係所生之前六款事件。

**第一二四條 106**

① 兒童及少年福利與權益保障法第七十一條第一項所定停止監護權，選定或改定監護人事件，得由兒童及少年或其最近尊親屬、直轄市、縣（市）主管機關、兒童及少年福利機構或其他利害關係人為聲請人。

② 兒童及少年性剝削防制條例第二十八條所定停止親權、選定或改定監護人事件，得以被害人、檢察官、被害人最近尊親屬、直轄市、縣（市）主管機關、兒童及少年福利機構或其他利害關係人為聲請人。

③ 第一項停止監護權事件之停止原因消滅後，該項聲請人得聲請法院撤銷停止監護權之宣告，並準用第一百零五條第二項之規定。

**第一二五條**

兒童及少年福利與權益保障法第七十二條第一項所定監護兒童及少年財產權益事件，由直轄市、縣（市）主管機關為聲請人。

**第一二六條 109**

法院於為未成年人監護事件相關之裁定前，因保護應受監護人之身體或財產，於必要時，得依聲請或依職權為適當之暫時處分。但關係人得處分之事項，非依聲請，不得為之。

**第一二七條** 109

為未成年人選定、另行選定或改定監護人事件，除聲請人及未成年人外，應通知監護人、應被選定之監護人、得為聲請之人參與程序。但通知顯有困難者，不在此限。

## 第六章　親屬間扶養事件

**第一二八條** 109

下列事件，除本法第一百條及第一百零七條所定者外，為親屬間扶養事件：

一　關於扶養請求事件。
二　民法第一千一百十八條之一所定請求法院減輕或免除扶養義務事件。
三　民法第一千一百二十一條所定因情事變更請求變更扶養之程度及方法事件。
四　關於其他扶養事件。
五　依釋字七四八號施行法第二十二條第二項準用民法扶養規定所生之前四款事件。

## 第七章　繼承非訟事件

**第一二九條** 109

下列事件為繼承非訟事件：

一　關於遺產清冊陳報事件。
二　關於債權人聲請命繼承人提出遺產清冊事件。
三　關於拋棄繼承事件。
四　關於無人承認之繼承事件。
五　關於保存遺產事件。
六　關於指定或另行指定遺囑執行人事件。
七　關於定遺囑執行人報酬事件。
八　關於其他繼承事件。
九　依釋字七四八號施行法第二十三條準用民法繼承編所生之前八款事件。
十　臺灣地區與大陸地區人民關係條例第六十六條、第六十七條之一所定事件。

**第一三○條** 109

①法院受理繼承依民法第一千一百五十六條第一項陳報遺產清冊時，應注意審查其陳報是否於繼承開始起三個月內為之。
②繼承人有數人時，一人陳報遺產清冊，其他繼承人視為已陳報。

**第一三一條** 109

①法院於知悉債權人以訴訟程序或非訟程序向繼承人請求清償繼承債務時，得依職權命繼承人於三個月內，向依本法第一百二十七條所定之管轄法院提出遺產清冊。

②前項情形，受理遺產清冊之法院得付與證明書。

**第一三二條**

繼承人陳報遺產清冊後，法院即應依本法第一百三十條為公示催告程序。公示催告除由法院揭示於公告處、公報、資訊網路或其他處所外，並得命繼承人登載於新聞紙或用其他方法公告之。

# 第八章　失蹤人財產管理事件

**第一三三條**

失蹤人財產管理事件有數宗者，應合併審理之，並適用本法第七十九條之規定。

# 第九章　死亡宣告事件

**第一三四條**

死亡宣告之聲請權得為共同聲請人，加入程序或代聲請人續行程序。

**第一三五條**

死亡宣告之聲請、變更或撤銷有數宗者，應合併審理之，並適用本法第七十九條之規定。

**第一三六條**

法院應於死亡宣告、撤銷死亡宣告及變更死亡宣告之裁定生效後，通知該管戶政機關。

# 第十章　監護宣告事件

**第一三七條 109**

①應受監護宣告人本人、配偶、四親等內之親屬、最近一年有同居事實之其他親屬、檢察官、社會福利主管機關、社會福利機構、輔助人、意定監護受任人或其他利害關係人得聲請監護宣告。

②前項聲請人知悉應受監護宣告人訂有意定監護契約者，應於聲請書狀載明。

**第一三八條 109**

①法院為有關監護宣告事件之裁定前，應通知得被選任之監護人或意定監護受任人參與程序。但通知顯有困難者，不在此限。

②法院為改定或另行選定監護人、解任意定監護人、許可終止意定監護契約之裁定前，應另通知原監護人參與程序。但通知顯有困難者，不在此限。

③法院得提供執行成年監護職務相關講習、輔導或諮商相關訊息予得被選任之監護人或意定監護受任人參考選用；得被選任者及意定監護受任人得提出參與相關講習、輔導或諮商之情形，供法院處理相關家事事件參考。

**第一三八條之一** 109

① 本法第一百六十七條第一項但書所定有事實足認無訊問之必要者，係指有具體明確事證，認應受監護宣告之人為植物人或有客觀事實，明顯不能為意思表示、受意思表示或辨識意思表示效果之情形者。

② 法院審前項事證時，應調查應受監護宣告之人實際精神及心智狀況，參考醫生診斷資料等，以維護應受監護宣告之人利益方式為之。

**第一三九條**

法院於為監護宣告相關之裁定前，因保護應受監護宣告人之身體或財產，於必要時，得依聲請或依職權為適當之暫時處分，於監護宣告裁定後，認為必要時，亦同。但關係人得處分之事項，非依聲請，不得為之。

**第一四〇條**

① 監護人有正當理由辭任者，應向法院聲請之，並應敘明辭任之正當理由。監護人死亡、經法院許可辭任或有其他不得為監護人之情事者，法院得依受監護人、第一百三十七條聲請權人之聲請或依職權，另行選定適當之監護人。

② 有事實認為監護人不符受監護宣告人之最佳利益，或有顯不適任之情事者，法院得依前項聲請權人之聲請，改定監護人。

**第一四〇條之一** 109

① 法院為監護之宣告時，有事實足認意定監護受任人不利於本人或有顯不適任之情事者，得依職權就民法第一千一百十一條第一項所列之人選定為監護人，不受意定監護契約之限制。

② 前項不適任之情事，包括下列事項：

一 因客觀事實足認其身心狀況不能執行監護職務。

二 受任人有意圖詐欺本人財產之重大嫌疑。

三 受任人長期不在國內，無法勝任監護職務之執行。

四 其他重大事由。

**第一四〇條之二** 109

① 法院為監護之宣告後，本人有正當理由者，得敘明其理由，聲請法院裁定許可終止意定監護契約。法院許可終止時，應依職權就民法第一千一百十一條第一項所列之人選定為監護人。

② 法院為監護之宣告後，意定監護契約受任人有正當理由者，得敘明理由，聲請法院裁定許可辭任其職務。

③ 法院許可前項受任人辭任時，如無執行同一職務之其他監護人者，應依職權就民法第一千一百十一條第一項所列之人選定為監護人；有執行其他職務之監護人且無不適任之情形者，應優先選定。

**第一四〇條之三** 109

意定監護之監護人數共同執行職務之情形，於為民法第一千一百十三條之六第一項之聲請時，得僅由其中一人聲請，無須共同為之。

**第一四一條**

監護宣告之裁定不因抗告而停止效力。

**第一四二條**

撤銷監護宣告事件，除受監護宣告之人外，應通知監護人參與程序。

**第一四三條** 109

法院應於監護宣告、撤銷監護宣告、變更監護宣告及廢棄監護宣告之裁定生效後，依職權通知戶政機關登記；選定監護人、許可監護人辭任、另行選定監護人、改定監護人、許可終止意定監護契約時依職權選定監護人及解任意定監護人，亦同。

**第一四四條**

成年人之監護，除本章別有規定外，準用本細則關於未成年監護事件之規定。

## 第十一章 輔助宣告事件

**第一四五條**

① 法院為輔助宣告，無庸併選任會同開具財產清冊之人。

② 輔助宣告之裁定不因抗告而停止效力。

③ 法院於輔助宣告、撤銷輔助宣告、變更輔助宣告及廢棄輔助監護宣告之裁定生效後，依職權囑託該管戶政機關登記。

**第一四六條**

輔助宣告事件，除別有規定外，準用前章之規定。

## 第十二章 親屬會議事件

**第一四七條** 109

① 民法第一千一百二十條前段所定扶養方法事件，應由當事人協議之；不能協議者，由親屬會議議之。

② 親屬會議不能召開或召開有困難時，由有召集權之人聲請法院處理之。

③ 當事人逕向法院聲請者，法院應以裁定駁回之。

**第一四八條**

前條所定扶養方法事件，法院得命為下列之扶養方法：

一 命為同居一處而受扶養。

二 定期給付。

三 分期給付。

四 撥給一定財產由受扶養權利人自行收益。

五 其他適當之方法。

## 第十三章 保護安置事件

**第一四九條** 106

下列事件為保護安置事件：

一　兒童及少年福利與權益保障法第五十七條第二項所定兒童及少年之繼續安置事件。

二　兒童及少年性剝削防制條例第十六條、第十九條第一項、第二十一條第一項至第三項及第二十三條第二項所定兒童及少年之安置保護、延長安置及停止安置事件。

三　身心障礙者權益保護法第八十條第一項所定身心障礙者之繼續安置事件。

四　其他法律規定應由法院裁定安置事件。

**第一五〇條** 105

保護安置事件之被安置人，於保護安置事件有程序能力。如其無意思能力者，法院應依職權爲其選任程序監理人。但有事實足認無選任之必要者，不在此限。

**第一五一條** 106

依兒童及少年福利與權益保障法第五十七條第二項聲請繼續安置期間，原安置機關、機構或寄養家庭得繼續安置；依兒童及少年性剝削防制條例第十六條第一項聲請者，直轄市、縣（市）主管機關於收到法院裁定前，得繼續安置。

**第一五二條**

法院爲保護安置之裁定前，應依本法第一百零八條之規定，使被安置人有表達意願或陳述意見之機會。

**第一五三條** 106

①被安置人陳述意見或表達意願，法院認爲有必要時，得適用本法第十一條之規定，通知直轄市、縣（市）主管機關指派社會工作人員或其他適當人員陪同。

②訊問兒童及少年性剝削防制條例所定之被害人時，應通知直轄市、縣（市）主管機關指派社會工作人員陪同在場，並得陳述意見。

③前項被害人之法定代理人、直系或三親等內旁系血親、配偶、家長、家屬、醫師、心理師、輔導人員或社會工作人員得陪同在場並陳述意見。但得陪同之人爲前開條例所定犯罪嫌疑人或被告時，不在此限。

④訊問兒童或少年時，應注意其人身安全，並提供確保其安全之環境與措施，必要時應採適當隔離方式爲之，亦得依聲請或依職權於法庭外爲之。

**第一五四條** 106

繼續、停止或延長安置之裁定，於裁定送達或當庭告知被安置人時發生效力。

**第一五五條**

①直轄市、縣（市）社會福利主管機關、父母、監護人、受安置兒童及少年對於法院依兒童及少年福利與權益保障法第五十七條第二項裁定有不服者，得提起抗告。

②對於抗告法院之裁定不得再抗告。

③抗告期間，原安置機關、機構或寄養家庭得繼續安置。

# 第一五六條

依兒童及少年福利與權益保障法第五十七條第二項裁定繼續安置期間，因情事變更或無依原裁定繼續安置之必要者，直轄市、縣（市）主管機關、父母、原監護人、受安置兒童及少年得向法院聲請變更或撤銷之。

# 第一五六條之一 106

① 兒童及少年性剝削防制條例第十六條第一項之聲請事件，法院應儘速裁定；經裁定繼續安置者，期間不得逾三個月。

② 前項安置期間，法院得依職權或依直轄市、縣（市）主管機關、被害人、其父母、監護人或其他適當之人之聲請，裁定停止安置，並將被害人交由其父母、監護人或其他適當之人保護及教養。

③ 兒童及少年性剝削防制條例第二十一條第一項、第二十三條第二項之聲請事件，應以直轄市、縣（市）主管機關為聲請人。

④ 法院對停止安置之聲請，應儘速裁定。

# 第一五六條之二 106

① 兒童及少年性剝削防制條例第十八條第一項之聲請事件，法院應於相關事證調查完竣後七日內為裁定。

② 兒童及少年性剝削防制條例第十八條第一項、第二十一條第二項之聲請事件，法院認有繼續或延長安置之必要時，宜於原裁定安置之期限屆至前，為繼續安置或延長安置之裁定。

# 第一五六條之三 106

① 直轄市、縣（市）主管機關、檢察官、父母、監護人、被害人或其他適當之人，對於法院依兒童及少年性剝削防制條例第十六條第二項、第三項、第十九條第一項、第二十一條第一項、第二項及第二十三條第二項所為之裁定有不服者，得提起抗告。

② 對於抗告法院之裁定不得再抗告。

③ 抗告期間，不停止原裁定之執行，法院對抗告事件，應儘速裁定。

# 第一五七條

下列事件為停止保護安置事件：

一　精神衛生法第四十二條第三項停止緊急安置事件。

二　精神衛生法第四十二條第三項停止強制住院事件。

三　精神衛生法第四十二條第四項緊急處置事件。

四　其他法律所定應由法院裁定之停止安置、住院事件。

# 第一五八條 106

停止緊急安置或住院之嚴重病人、滿七歲以上之未成年人，於停止保護安置事件有程序能力；其無意思能力者，法院應依職權為其選任程序監理人。但有事實足認無選任之必要者，不在此限。

# 第一五九條

嚴重病人陳述意見或表達意願，法院認為有必要時，得適用本法第十一條之規定，通知直轄市、縣（市）主管機關指派社會

工作人員或其他適當人員陪同。

**第一六〇條**

經緊急安置或強制住院之嚴重病人或其保護人，得向法院聲請裁定停止緊急安置或強制住院。

**第一六一條**

嚴重病人或保護人對於法院所為前條裁定有不服者，得於裁定送達後十日內提起抗告。

**第一六二條**

① 前二條之聲請或抗告期間，法院認有保障嚴重病人利益之必要時，得依聲請以裁定先為保護嚴重病人本人生命、身體、健康之一定緊急處置。

② 對於前項緊急處置之裁定不得聲明不服。

**第一六二條之一** 106

中華民國一百零四年二月四日修正公布之兒童及少年性剝削防制條例施行後，法院依修正前兒童及少年性交易防制條例有關規定受理而向未終結之保護安置事件，應依修正後所定程序終結之；已依法定程序進行之行為，效力不受影響。

# 第五編　履行之確保及執行

**第一六三條**

① 依本法作成之調解、和解及本案裁判，除法律別有規定外，得為強制執行名義。暫時處分之裁定及依本法第九十條第一項所為回復原狀之裁定，亦得為執行名義。

② 債權人執行為執行名義之家事非訟事件本案裁判聲請強制執行，無庸提出裁定確定證明書。法院受理家事非訟事件本案裁判強制執行時，應注意該裁判是否已合法抗告、上訴。

**第一六四條**

本法第一百八十七條所定之履行調查及勸告，由少年及家事法院為之。未設少年及家事法院之地區，由地方法院家事法庭法官為之。

**第一六五條**

法院為履行調查及勸告，應聽取債務人之陳述。但法院認有急迫情形或依事件性質顯不適當者，不在此限。

**第一六六條**

① 法院認有勸告之必要者，得視實際需要、法院及社會資源等情形，採行下列措施，必要時，並得囑託其他法院或協調相關機關、機構、團體及其他適當人員共同為之，並得命家事調查官等調查：

一　評估債務人自動履行之可能性、何時自動履行、債權人之意見、未成年子女之意願、心理、情感狀態或學習生活狀況及其他必要事項等，以擬定適當之對策。

二　評估債權人及債務人會談可能性並促成會談。但有家庭暴

　　　　力情形者，準用家庭暴力防治法第四十七條之規定。
三　進行親職教育或親子關係輔導。
四　未成年子女無意願時，予以適當之輔導，評估促成共同會
　　談、協助履行。
五　向其他關係人曉諭利害關係，請其協助促請債務人履行。
六　協助債權人或債務人擬定安全執行計畫或短期試行方案。
七　勸告債務人就全部或已屆期之金錢或其他代替物之給付，
　　提出履行之方式。
八　其他適當之措施。

②前項第二款、第三款及第六款情形，應經債權人及債務人之同
　意；請債權人、債務人與未成年子女共同會談時，並應注意未
　成年子女之意願及其最佳利益。

③法院認第一項第七款履行之方式適當時，得通知債權人為是否
　接受之表示；債權人表示接受時，請債務人依債權人接受履行
　之方式為之。

④第一項各款措施需支出費用者，由法院酌量情形，命債權人及
　債務人以比例分擔或命一造負擔，或命各自負擔其支出之費用。

**第一六七條** 105

①本細則自中華民國一百零一年六月一日施行。

②本細則修正條文自發布日施行。

民事訴訟

# 參、附 錄

# 司法院大法官解釋文

## 釋字第 12 號解釋

某甲收養某丙，同時以女妻之，此種將女抱男習慣，其相互間原無生理上之血統關係，自不受民法第九百八十三條之限制。

(41、12、20)

## 釋字第 18 號解釋

查大法官會議第九次會議，臨時動議第一案決議：「中央或地方機關，對於行憲前司法院所為之解釋發生疑義聲請解釋時，得認為合於司法院大法官會議規則第四條之規定。」本案最高法院對本院院字第七五〇號解釋發生疑義，依照上項決議，自應予以解答。

夫妻之一方，於同居之訴判決確定後，仍不履行同居義務，在此狀態繼續存在中。而又無不能同居之正當理由者，裁判上固得認為合於民法第一千零五十二條第五款情形，至來文所稱某乙與某甲結婚後，歸寧不返，迭經某甲託人邀其回家同居，某乙仍置若罔聞。此項情形，尚難遽指為上項條款所謂以惡意遺棄他方之規定。(42、5、29)

## 釋字第 26 號解釋

典押業既係受主管官署管理並公開營業，其收受典押物，除有明知為贓物而故為收受之情事外，應受法律之保護。典押當業管理規則第十七條之規定，旨在調和回復請求權人與善意占有人之利害關係，與民法第九百五十條之立法精神尚無違背，自不發生與同法第九百四十九條之牴觸問題。(42、10、9)

## 釋字第 28 號解釋

最高法院對於非常上訴所為之判決，係屬終審判決，自有拘束該訴訟之效力。惟關於本件原附判決所持引用法條之理由，經依本法官會議規則第十七條向有關機關徵詢意見，據最高法院覆稱。該項判決係以司法院院字第二七四七號及院解字第三〇〇四號解釋為立論之根據。復據最高法院檢察署函復：「如該項判決所持見解，係由大院行憲前之解釋例演繹而來，亦請重為適當之解釋，以便今後統一適用」各等語。是本件係對於行憲前，本院所為上述解釋發生疑義，依四十一年八月十六日本會議第九次會議臨時動議第一案之決議，認為應予解答。

養子女與本生父母及其兄弟姊妹，原屬民法第九百六十七條所定之直系血親與旁系血親。其與養父母之關係，縱因民法第一千零七十七條所定：「除法律另有規定外，與婚生子女同」而成為擬制血親。惟其與本生父母方面之天然血親，仍屬存在。同法第一千零八十三條所稱養子女自收養關係終止時起，回復其與本生父母之關係，所謂回復者，係指回復其相互間之權利

義務，其固有之天然血親，自無待於回復。

當養父母與養子女利害相反，涉及訴訟時，依民事訴訟法第五百八十二條規定，其本生父母得代為訴訟行為，可見雖在收養期間，本生父母對於養子女之利益，仍得依法加以保護。就本件而論，刑事訴訟法第二百十四條後段所稱被害人之血親得獨立告訴，尤無排斥其天然血親之理由。本院字第二七四七號及院解字第三零零四號解釋，僅就養子女方面之親屬關係立論，初未涉及其與本生父母方面之法律關係，應予補充解釋。（42、12、16）

### 釋字第 32 號解釋

本院釋字第十二號解釋所謂將女抱男之習慣，係指於收養同時以女妻之，而其間又無血統關係者而言。此項習慣實屬招贅行為，並非民法上之所謂收養。至被收養為子女後，而另行與養父母之婚生子女結婚者，自應先行終止收養關係。（43、4、28）

### 釋字第 34 號解釋

母之養女與本身之養子係輩分不相同之擬制血親，依民法第九百八十三條第一項第二款之規定，不得結婚。本院釋字第十二號解釋與此情形有別，自不能援用。（43、4、28）

### 釋字第 39 號解釋

依法應予發還當事人各種案款，經傳案及限期通告後。仍無人具領者，依本院院解字第三二三九號解釋，固應由法院保管設法發還，惟此項取回提存物之請求權，提存法既未設有規定，自應受民法第一百二十五條消滅時效規定之限制。（43、8、27）

### 釋字第 44 號解釋

契約當事人雙方約定以白米給付房租，核與民法第四百二十一條第二項尚無牴觸，除其他法令別有禁止之規定外，自非法所不許。（44、2、21）

### 釋字第 55 號解釋

質權人因有民法第八百九十三條情形而拍賣質物者，仍應依照本院字第九八零號解釋辦理。如不自行拍賣而聲請法院拍賣時，即應先取得執行名義。（44、10、24）

### 釋字第 57 號解釋

民法第一千一百四十條所謂代位繼承，係以繼承人於繼承開始前死亡或喪失繼承權者為限。來文所稱，某甲之養女乙拋棄繼承，並不發生代位繼承問題。惟該養女乙及其出嫁之女，如合法拋棄其繼承權時，其子既為民法第一千一百三十八條第一款之同一順序繼承人，依同法第一千一百七十六條第一項前段規定，自得繼承某甲之遺產。（45、1、6）

### 釋字第 58 號解釋

查民法第一千零八十條終止收養關係須雙方同意，並應以書面為之者，原係以昭鄭重。如養女既經養親主持與其婚生子正式

結婚，則收養關係人之雙方同意變更身分，已具同條第一項終止收養關係之實質要件。縱其養親未踐行同條第二項之形式要件，旋即死亡，以致踐行該項程式陷於不能，則該養女之一方，自得依同法第一千零八十一條第六款，聲請法院爲終止收養關係之裁定，以資救濟。（45、2、10）

### 釋字第 70 號解釋

養子女與養父母之關係爲擬制血親，本院釋字第二十八號解釋已予說明。關於繼承人在繼承開始前死亡時之繼承問題，與釋字第五十七號解釋，繼承人抛棄繼承之情形有別。來文所稱，養子女之婚生子女、養子女之養子女，以及婚生子女之養子女，均得代位繼承。至民法第一千零七十七條所謂法律另有規定者，係指法律對於擬制血親定有例外之情形而言，例如同法第一千一百四十二條第二項之規定是。（45、12、17）

### 釋字第 86 號解釋

憲法第七十七條所定司法院爲國家最高司法機關，掌理民事、刑事訴訟之審判，係指各級法院民事、刑事訴訟之審判而言。高等法院以下各級法院及分院，既分掌民事、刑事訴訟之審判，自亦應隸屬於司法院。（49、8、10）

### 釋字第 87 號解釋

收養子女，違反民法第一千零七十三條收養者之年齡應長於被收養者二十歲以上之規定者，僅得請求法院撤銷，並非當然無效。本院院解字第三一二號第五項，就此部分所爲之解釋，應予維持。（49、12、9）

### 釋字第 89 號解釋

行政官署依臺灣省放領公有耕地扶植自耕農實施辦法，將公有耕地放領於人民，其因放領之撤銷或解除所生之爭執，應由普通法院管轄。（50、2、10）

### 釋字第 91 號解釋

養親死亡後，養子女之一方無從終止收養關係，不得與養父母之婚生子女結婚。但養親收養子女時，本有使其與婚生子女結婚之眞意者，不在此限。（50、6、21）

### 釋字第 93 號解釋

輕便軌道，除係臨時敷設者外，凡繼續附著於土地，而達其一定經濟上之目的者，應認爲不動產。（50、12、6）

### 釋字第 107 號解釋

已登記不動產所有人之回復請求權，無民法第一百二十五條消滅時效規定之適用。（54、6、16）

### 釋字第 119 號解釋

所有人於其不動產上設定抵押權後，復就同一不動產上與第三人設定典權，抵押權自不因此而受影響。抵押權人屆期未受清償，實行抵押權拍賣抵押物時，因有典權之存在，無人應買或出價不足清償抵押債權，執行法院得除去典權負擔，重行估價拍賣。拍賣之結果，清償抵押債權有餘時，典權人之典價，對

於登記在後之權利人，享有優先受償權。執行法院於發給權利移轉證書時，依職權通知地政機關塗銷其典權之登記。（56、2、1）

### 釋字第 132 號解釋

本院釋字第三十九號解釋所謂之提存，不包括債務人為債權人依民法第三百二十六條所為之清償提存在內。惟清償提存人如依民法得取回其提存物時，自仍有民法第一百二十五條規定之適用。（61、2、11）

### 釋字第 139 號解釋

不動產所有人於同一不動產設定典權後，在不妨害典權之範圍內，仍得為他人設定抵押權。本院院字第一九二號解釋毋庸變更。（63、10、4）

### 釋字第 141 號解釋

共有之房地，如非基於公同關係而共有，則各共有人自得就其應有部分設定抵押權。（63、12、13）

### 釋字第 147 號解釋

夫納妾。違反夫妻互負之貞操義務。在是項行為終止以前。妻主張不履行同居義務。即有民法一千零一條但書之正當理由。至所謂正當理由。不以與同法第一千零五十二條所定之離婚原因一致為必要。本院院字第七七○號解釋㈡所謂妻請求別居，即係指此項情事而言，非謂提起別居之訴，應予補充解釋。（65、12、24）

### 釋字第 164 號解釋

已登記不動產所有人之除去妨害請求權。不在本院釋字第一○七號解釋範圍之內，但依其性質，亦無民法第一百二十五條消滅時效規定之適用。（69、7、18）

### 釋字第 171 號解釋

民法第一千零九十條：「父母濫用其對於子女之權利時，其最近尊親屬或親屬會議，得糾正之。糾正無效時，得請求法院宣告停止其權利之全部或一部」之規定，所稱其最近尊親屬之「其」字，係指父母本身而言，本院院字第一三九八號解釋，應予維持。（70、10、23）

### 釋字第 217 號解釋

憲法第十九條規定人民有依法律納稅義務，係指人民僅依法律所定之納稅主體稅目、稅率、納稅方法及納稅期間等項而負納稅之義務。至於課稅原因事實之有無及有關證據之證明力如何，乃屬事實認定問題，不屬於租稅法律主義之範圍。財政部中華民國七十二年二月二十四日 ⑺台財稅字第三一二二九號函示所屬財稅機關，對於設定抵押權為擔保之債權，並載明約定利息者，得依地政機關抵押權設定及塗銷登記資料，核計債權人之利息所得，課徵所得稅，當事人如主張其未收取利息者，應就其事實負舉證責任等語，係對於稽徵機關本身就課稅原因事實之認定方法所為之指示，既非不許當事人提出反證，法院於審

判案件時，仍應斟酌全辯論意旨及調查證據之結果，判斷事實之真偽，並不受其拘束，尚難謂已侵害人民權利，自不牴觸憲法第十五條、第十九條規定。（76、7、17）

## 釋字第 242 號解釋

中華民國七十四年六月三日修正公布前之民法親屬編，其第九百八十五條規定：「有配偶者，不得重婚」；第九百九十二條規定：「結婚違反第九百八十五條之規定者，利害關係人得向法院請求撤銷之。但在前婚姻關係消滅後，不得請求撤銷」，乃維持一夫一妻婚姻制度之社會秩序所必要，與憲法並無牴觸。惟國家遭遇重大變故，在夫妻隔離，相聚無期之情況下所發生之重婚事件，與一般重婚事件究有不同，對於此種有長期實際共同生活事實之後婚姻關係，仍得適用上開第九百九十二條之規定予以撤銷，嚴重影響其家庭生活及人倫關係，反足妨害社會秩序，就此而言，自與憲法第二十二條保障人民自由及權利之規定有所牴觸。（78、6、23）

## 釋字第 291 號解釋

取得時效制度，係為公益而設，依此制度取得之財產權應為憲法所保障。內政部於中華民國七十七年八月十七日函頒之時效取得地上權登記審查要點第五點第一項規定：「以建物為目的之使用土地者，應依土地登記規則第七十條提出該建物係合法建物之證明文件」，使長期佔有他人私有土地，本得依法因時效取得地上權之人，因無從提出該項合法建物之證明文件，致無法完成其地上權之登記，與憲法保障人民財產權之意旨不符，此部分應停止適用。至於因取得時效完成而經登記為地上權人者，其與土地所有權人間如就地租事項有所爭議，應由法院裁判之，併此說明。（81、2、28）

## 釋字第 304 號解釋

民法第八百六十六條規定：「不動產所有人設定抵押權後，於同一不動產上得設定地上權及其他權利。但其抵押權不因此而受影響」，如其抵押權因設定地上權或其他權利而受影響者，本院字第一四四號解釋認為對於抵押權人不生效力，抵押權人聲請拍賣抵押物時，執行法院自可依法逕予執行，乃因抵押權為物權，經登記而生公示之效力，在登記後就抵押物取得地上權或其他使用收益之權利者，自不得使登記在先之抵押權受其影響，如該項地上權或其他使用收益之權利於抵押權無影響時，仍得繼續存在，已兼顧在後取得權利者之權益，首開法條及本院解釋與憲法並無牴觸。（81、8、14）

## 釋字第 335 號解釋

民法第三百三十條規定：「債權人關於提存物之權利，自提存後十年間不行使而消滅，其提存物屬於國庫」、提存法施行細則第七條前段規定：「關於民法第三百三十條所規定之期間，自提存之翌日起算」，旨在使提存物之權利狀態早日確定，以維持社會秩序之安定，與憲法並無牴觸。惟提存物歸屬國庫，

影響債權人之財產權,故提存之事實應由提存人依法通知債權人或由提存所將提存通知書送達或公告,其未踐行上述程序者,應於前述期間屆滿前相當期間內,補行送達或公告。上開施行細則應通盤檢討修正,以保障人民之財產權。(83、1、28)

### 釋字第 348 號解釋

行政院中華民國六十七年元月二十七日台(67)教字第八二三號函核准,由教育部發布之「國立陽明醫學院醫學系公費學生待遇及畢業後分發服務實施要點」,係主管機關為解決公立衛生醫療機構醫師缺額補充之困難而訂定,並作為與自願接受公費醫學教育學生,訂立行政契約之準據。依該要點之規定,此類學生得享受公費醫學及醫師養成教育之各種利益,其第十三點及第十四點因而定有公費學生應負擔於畢業後接受分發公立醫療機構服務之義務,及受服務未期滿前,其專業證書先由分發機關代為保管等相關限制。乃為達成行政目的所必要。亦未逾越合理之範圍,且已成為學校與公費學生間所訂契約之內容。公費學生之權益受有限制,乃因受契約拘束之結果,並非該要點本身規定之所致。前開要點之規定,與憲法尚無牴觸。(83、5、20)

### 釋字第 349 號解釋

最高法院四十八年台上字第一○六五號判例,認為「共有人於與其他共有人訂立共有物分割或分管之特約後,縱將其應有部分讓與第三人,其分割或分管契約,對於受讓人仍繼續存在」,就維持法律秩序之安定性而言,固有其必要,惟應有部分之受讓人若不知悉有分管契約,亦無可得而知之情形,受讓人仍受讓與人所訂分管契約之拘束,有使善意第三人受不測損害之虞,與憲法保障人民財產權之意旨有違,首開判例在此範圍內,嗣後應不再援用。至建築物為區分所有,其法定空地如何使用,是否共有共用或共有專用,以及該部分讓與之效力如何,應儘速立法加以規範,併此說明。(83、6、3)

### 釋字第 358 號解釋

各共有人得隨時請求分割共有物,固為民法第八百二十三條第一項前段所規定。惟同條項但書又規定,因物之使用目的不能分割者,不在此限。其立法意旨在於增進共有物之經濟效用,並避免不必要之紛爭。區分所有建築物之共同使用部分,為各區分所有人利用該建築物所不可或缺,其性質屬於因物之使用目的不能分割者。內政部中華民國六十一年十一月七日(61)台內地字第四九一六六○號函,關於太平梯、車道及亭子腳為建築物之一部分,不得分割登記之釋示,符合上開規定之意旨,與憲法尚無牴觸。(83、7、15)

### 釋字第 362 號解釋

民法第九百八十八條第二款關於重婚無效之規定,乃所以維持一夫一妻婚姻制度之社會秩序,就一般情形而言,與憲法尚無牴觸。惟如前婚姻關係已因確定判決而消滅,第三人本於善意

且無過失，信賴該判決而與前婚姻之一方相婚者，雖該判決嗣後又經變更，致後婚姻成為重婚；究與一般重婚之情形有異，依信賴保護原則，該後婚姻之效力，仍應予以維持。首開規定未兼顧類此之特殊情況，與憲法保障人民結婚自由權利之意旨未盡相符，應予檢討修正。在修正前，上開規定對於前述因信賴確定判決而締結之婚姻部分，應停止適用。如因而致前後婚姻關係同時存在，則重婚者之他方，自得依法請求離婚，併予指明。（83、8、29）

## 釋字第 372 號解釋

維護人格尊嚴與確保人身安全，為我國憲法保障人民自由權利之基本理念。增進夫妻情感之和諧，防止家庭暴力之發生，以保護婚姻制度，亦為社會大眾所期待。民法第一千零五十二條第一項第三款所稱「不堪同居之虐待」，應就具體事件，衡量夫妻之一方受他方虐待所受侵害之嚴重性，斟酌當事人之教育程度、社會地位及其他情事，是否已危及婚姻關係之維繫以為斷。若受他方虐待已逾越夫妻通常所能忍受之程度而有侵害人格尊嚴與人身安全者，即不得謂非受不堪同居之虐待。最高法院二十三年上字第四五五四號判例謂：「夫妻之一方受他方不堪同居之虐待，固得請求離婚，惟因一方之行為不檢而他方一時忿激，致有過當之行為，不得即謂不堪同居之虐待」，對於過當之行為逾越維繫婚姻關係之存續所能忍受之範圍部分，並未排除上述原則之適用，與憲法尚無牴觸。（84、2、24）

## 釋字第 386 號解釋

中央政府建設公債發行條例第八條前段規定：「本公債債票遺失、被盜或滅失者，不得掛失止付，並不適用民法第七百二十條第一項但書、第七百二十五條及第七百二十七條之規定。」使人民合法持有之無記名公債債票於遺失、被盜或滅失時，無從依民法關於無記名證券之規定請求權利保護，亦未提供其他合理之救濟途徑，與憲法第十五條、第十六條保障人民權利之意旨不符，應自本解釋公布之日起，於其後依該條例發行之無記名公債，停止適用。（84、9、29）

## 釋字第 408 號解釋

民法第八百三十二條規定，稱地上權者，謂以在他人土地上有建築物，或其他工作物，或竹木為目的而使用其土地之權，故設定地上權之土地，以適於建築房屋或設置其他工作物或種植竹林者為限。其因時效取得地上權而請求登記者亦同。土地法第八十二條前段規定，凡編為某種使用地之土地，不得供其他用途之使用。占有土地屬農業發展條例第三條第十一款所稱之耕地者，性質上既不適於設定地上權，內政部於中華民國七十七年八月十七日以台內地字第六二一四六四號函訂頒時效取得地上權登記審查要點第三點第二款規定占有人占有上開耕地者，不得申請時效取得地上權登記，與憲法保障人民財產權之意旨，尚無牴觸。（85、7、5）

## 釋字第 410 號解釋

民法親屬編施行法第一條規定「關於親屬之事件，在民法親屬編施行前發生者，除本施行法有特別規定外，不適用民法親屬編之規定。其在修正前發生者，除本施行法有特別規定外，亦不適用修正後之規定」，旨在尊重民法親屬編施行前或修正前原已存在之法律秩序，以維護法安定之要求，同時對於原已發生之法律秩序認不應仍繼續維持或須變更者，則於該施行法設特別規定，以資調和，與憲法並無牴觸。惟查關於夫妻聯合財產制之規定，民國七十四年六月三日修正前民法第一千零十七條第一項規定：「聯合財產中，妻於結婚時所有之財產，及婚姻關係存續中因繼承或其他無償取得之財產，為妻之原有財產，保有其所有權」，同條第二項規定：「聯合財產中，夫之原有財產及不屬於妻之原有財產部分，為夫所有」，第三項規定：「由妻之原有財產所生之孳息，其所有權歸屬於夫」，及最高法院五十五年度台抗字第一六一號判例謂「妻於婚姻關係存續中始行取得之財產，如不能證明其為特有或原有財產，依民法第一千零十六條及第一千零十七條第二項之規定，即屬聯合財產，其所有權應屬於夫」，基於憲法第七條男女平等原則之考量，民法第一千零十七條已於七十四年六月三日予以修正，上開最高法院判例亦因適用修正後之民法，而不再援用。由於民法親屬編施行法對於民法第一千零十七條夫妻聯合財產所有權歸屬之修正，未設特別規定，致使在修正前已發生現尚存在之聯合財產，仍適用修正前之規定，由夫繼續享有權利。未能貫徹憲法保障男女平等之意旨。對於民法親屬編修正前已發生現尚存在之聯合財產中，不屬於夫之原有財產及妻之原有財產部分，應如何處理，俾符男女平等原則，有關機關應儘速就民法親屬編施行法之相關規定檢討修正。至遺產及贈與稅法第十六條第十一款被繼承人配偶及子女之原有財產或特有財產，經辦理登記或確有證明者，不計入遺產總額之規定，所稱「被繼承人之配偶」並不分夫或妻，均有其適用，與憲法第七條所保障男女平等之原則，亦無牴觸。（85、7、19）

## 釋字第 451 號解釋

時效制度係為公益而設，依取得時效制度取得之財產權應為憲法所保障，業經本院釋字第二九一號解釋釋示在案。地上權係以在他人土地上有建築物，或其他工作物，或竹木為目的而使用其土地之權，故地上權為使用他人土地之權利，屬於用益物權之一種。土地之共有人按其應有部分，本於其所有權之作用，對於共有物之全部雖有使用收益之權，惟共有人對共有物之特定部分使用收益，仍須徵得他共有人全體之同意。共有物亦得因共有人全體之同意而設定負擔，自得為共有人之一人或數人設定地上權。於公同共有之土地上為公同共有人之一人或數人設定地上權者亦同。是共有人或公同共有人之一人或數人以在他人之土地上行使地上權之意思而占有共有或公同共有之土地

者，自得依民法第七百七十二條準用同法第七百六十九條及第七百七十條取得時效之規定，請求登記爲地上權人。內政部中華民國七十七年八月十七日台內地字第六二一四六四號函發布時效取得地上權登記審查要點第三點第五款規定，共有人不得就共有土地申請時效取得地上權登記，與上開意旨不符，有違憲法保障人民財產權之本旨，應予不適用。（87、3、27）

## 釋字第 452 號解釋

民法第一千零二條規定，妻以夫之住所爲住所，贅夫以妻之住所爲住所。但約定夫以妻之住所爲住所，或妻以贅夫之住所爲住所者，從其約定。本條但書規定，雖賦予夫妻雙方約定住所之機會，惟如夫或贅夫之妻拒絕爲約定或雙方協議不成時，即須以其一方設定之住所爲住所。上開法律未能兼顧他方選擇住所及具體個案之特殊情況，與憲法上平等及比例原則尚有未符，應自本解釋公布之日起，至遲於屆滿一年時失其效力。又夫妻住所之設定與夫妻應履行同居之義務尚有不同，住所乃決定各項法律效力之中心地，非民法所定履行同居義務之唯一處所。夫妻縱未設定住所，仍應以永久共同生活爲目的，而互負履行同居之義務，要屬當然。（87、4、10）

## 釋字第 502 號解釋

民法第一千零七十三條關於收養者之年齡應長於被收養者二十歲以上，及第一千零七十九條之一關於違反第一千零七十三條者無效之規定，符合我國倫常觀念，爲維持社會秩序、增進公共利益所必要，與憲法保障人民自由權利之意旨並無牴觸。收養者與被收養者之年齡合理差距，固屬立法裁量事項，惟基於家庭和諧並兼顧養子女權利之考量，上開規定於夫妻共同收養或夫妻之一方收養他方子女時，宜有彈性之設，以符合社會生活之實際需要，有關機關應予檢討修正。（89、4、7）

## 釋字第 552 號解釋

本院釋字第三六二號解釋謂：「民法第九百八十八條第二款關於重婚無效之規定，乃所以維持一夫一妻婚姻制度之社會秩序，就一般情形而言，與憲法尚無牴觸。惟如前婚姻關係已因確定判決而消滅，第三人於善意且無過失，信賴該判決而與前婚姻之一方相婚者，雖該判決嗣後又經變更，致後婚姻成爲重婚，究與一般重婚之情形有異，依信賴保護原則，該後婚姻之效力，仍應予以維持。首開規定未兼顧類此之特殊情況，與憲法保障人民結婚自由權利之意旨未盡相符，應予檢討修正。」其所稱類此之特殊情況，並non包括協議離婚所導致之重婚在內。惟婚姻涉及身分關係之變更，攸關公共利益，後婚姻之當事人就前婚姻關係消滅之信賴應有較爲嚴格之要求，僅重婚相對人之善意且無過失，尚不足以維持後婚姻之效力，須重婚之雙方當事人均爲善意且無過失時，後婚姻之效力始能維持，就此本院釋字第三六二號解釋相關部分，應予補充。如因而致前後婚姻關係同時存在時，爲維護一夫一妻之婚姻制度，究應解消前婚姻或

後婚姻、婚姻被解消之當事人及其子女應如何保護，屬立法政策考量之問題，應由立法機關衡酌信賴保護原則、身分關係之本質、夫妻共同生活之圓滿及子女利益之維護等因素，就民法第九百八十八條第二款等相關規定儘速檢討修正。在修正前，對於符合前開解釋意旨而締結之後婚姻效力仍予維持，民法第九百八十八條第二款之規定關此部分應停止適用。在本件解釋公布之日前，僅重婚相對人善意且無過失，而重婚人非同屬善意且無過失者，此種重婚在本件解釋後仍為有效。如因而致前後婚姻關係同時存在，則重婚之他方，自得依法向法院請求離婚，併此指明。（91、12、13）

### 釋字第 561 號解釋

台灣省耕地租約登記辦法係基於耕地三七五減租條例第六條第二項授權而訂定，該辦法第六條第二項第三款規定，出租人依上開條例第十七條第一項第三款申請租約終止登記者，除應填具申請書外，並應檢具租約、欠租催告書、逾期不繳地租終止租約通知書及送達證明文件，或耕地租佃委員會調解、調處成立證明文件，或法院確定判決書。此係主管機關基於法律授權發布命令就申請人應檢具證明文件等細節性、技術性次要事項為必要補充規定，尚非憲法所不許。耕地三七五減租條例第一條規定：「耕地之租佃，依本條例之規定；本條例未規定者，依土地法及其他法律之規定。」民法第四百四十條第一項關於承租人租金支付有遲延者，出租人得定相當期限，催告承租人支付租金之規定，於出租人依本條例第十七條第一項第三款終止契約時，亦適用之。是前開耕地租約登記辦法第六條第二項第三款關於應檢具欠租催告書等規定，並未逾越法律授權，亦未增加法律所無之限制，與憲法尚無牴觸。（92、7、4）

### 釋字第 562 號解釋

土地法第三十四條之一第一項規定：「共有土地或建築改良物，其處分、變更及設定地上權、永佃權、地役權或典權，應以共有人過半數及其應有部分合計過半數之同意行之。但其應有部分合計逾三分之二者，其人數不予計算。」同條第五項規定：「前四項規定，於公同共有準用之。」其立法意旨在於兼顧共有人權益之範圍內，促進共有物之有效利用，以增進公共利益。同條第一項所稱共有土地或建築改良物之處分，如為讓與該共有物，即係讓與所有權；而共有人之應有部分，係指共有人對共有物所有權之比例，性質上與所有權並無不同。是不動產之應有部分如屬公同共有者，其讓與自得依土地法第三十四條之一第五項準用第一項之規定。內政部七十七年八月十八日台⑺內地字第六二一七六七號函頒修正之土地法第三十四條之一執行要點第十二點規定：「分別共有土地或建物之應有部分為數人所公同共有，公同共有人就該應有部分為處分、變更或設定負擔，無本法條第一項之適用」，於上開範圍內，就公同共有人公同共有不動產所有權之行使增加土地法上揭規定所無之限

制，應不予適用。（92、7、11）

### 釋字第 587 號解釋

子女獲知其血統來源，確定其真實父子身分關係，攸關子女之人格權，應受憲法保障。民法第一千零六十三條規定：「妻之受胎，係在婚姻關係存續中者，推定其所生子女為婚生子女。前項推定，如夫妻之一方能證明妻非自夫受胎者，得提起否認之訴。但應於知悉子女出生之日起，一年內為之。」係為兼顧身分安定及子女利益而設，惟其得提起否認之訴者僅限於夫妻之一方，子女本身則無獨立提起否認之訴之資格，且未顧及子女得獨立提起該否認之訴時應有之合理期間及起算日，是上開規定使子女之訴訟權受到不當限制，而不足以維護其人格權益，在此範圍內與憲法保障人格權及訴訟權之意旨不符。最高法院二十三年上字第三四七三號及同院七十五年台上字第二〇七一號判例與此意旨不符之部分，應不再援用。有關機關並應適時就得提起否認生父之訴之主體、起訴除斥期間之長短及其起算日等相關規定檢討改進，以符前開憲法意旨。

確定終局裁判所適用之法規或判例，經本院依人民聲請解釋認為與憲法意旨不符時，其受不利確定終局裁判者，得以該解釋為基礎，依法定程序請求救濟，業經本院釋字第一七七號、第一八五號解釋闡釋在案。本件聲請人如不能以再審之訴救濟者，應許其於本解釋公布之日起一年內，以法律推定之生父為被告，提起否認生父之訴。其訴訟程序，準用民事訴訟法關於親子關係事件程序中否認子女之訴部分之相關規定，至由法定代理人代為起訴者，應為子女之利益為之。

法律不許親生父對受推定為他人之婚生子女提起否認之訴，係為避免因訴訟而破壞他人婚姻之安定、家庭之和諧及影響子女受教養之權益，與憲法尚無牴觸。至於將來立法是否有限度放寬此類訴訟，則屬立法形成之自由。（93、12、30）

### 釋字第 596 號解釋

憲法第七條規定，中華民國人民在法律上一律平等，其內涵並非指絕對、機械之形式上平等，而係保障人民在法律上地位之實質平等；立法機關基於憲法之價值體系及立法目的，自得斟酌規範事物性質之差異而為合理之差別對待。國家對勞工與公務人員退休生活所為之保護，方法上未盡相同；其間差異是否牴觸憲法平等原則，應就公務人員與勞工之工作性質、權利義務關係及各種保護措施為整體之觀察，未可執其一端，遽下論斷。勞動基準法未如公務人員退休法規定請領退休金之權利不得扣押、讓與或供擔保，係立法者衡量上開性質之差異及其他相關因素所為之不同規定，屬立法自由形成之範疇，與憲法第七條平等原則並無牴觸。（94、5、13）

### 釋字第 600 號解釋

依土地法所為之不動產物權登記具有公示力與公信力，登記之內容自須正確真實，以確保人民之財產權及維護交易之安全。

不動產包括土地及建築物，性質上爲不動產之區分所有建築物，因係數人區分一建築物而各有其一部，各所有人所享有之所有權，其關係密切而複雜，故欲此等建築物辦理第一次所有權登記時，各該所有權客體之範圍必須客觀明確，方得據以登記，俾貫徹登記制度之上述意旨。內政部於中華民國八十四年七月十二日修正發布之土地登記規則與八十七年二月十一日修正發布之地籍測量實施規則分別係依土地法第三十七條第二項及第四十七條之授權所訂定。該登記規則第七十五條第一款乃係規定區分所有建築物共用部分之登記方法。上開實施規則第二百七十九條第一項之規定，旨在確定區分所有建築物之各區分所有權客體及其共用部分之權利範圍及位置，與建築物區分所有權移轉後之歸屬，以作爲地政機關實施區分所有建築物第一次測量及登記之依據。是上開土地登記規則及地籍測量實施規則之規定，並未逾越土地法授權範圍，亦符合登記制度之首開意旨，爲辦理區分所有建築物第一次測量、所有權登記程序所必要，且與民法第七百九十九條、第八百十七條第二項關於共用部分及其應有部分推定規定，各有不同之規範功能及意旨，難謂已增加法律所無之限制，與憲法第十五條財產權保障及第二十三條規定之法律保留原則及比例原則，尚無牴觸。

建築物（包含區分所有建築物）與土地同爲法律上重要不動產之一種，關於其所有權之登記程序及其相關測量程序，涉及人民權利義務之重要事項者，諸如區分所有建築物區分所有人對於共用部分之認定、權屬之分配及應有部分之比例、就登記權利於當事人未能協議或發生爭議時之解決機制等，於土地法或其他相關法律未設明文，本諸憲法保障人民財產權之意旨，尚有未周，應檢討改進，以法律明確規定爲宜。（94、7、22）

### 釋字第 620 號解釋

憲法第十九條規定，人民有依法律納稅之義務，係指國家課人民以繳納稅捐之義務或給予人民減免稅捐之優惠時，應就租稅主體、租稅客體、稅基、稅率等租稅構成要件，以法律或法律明確授權之命令定之，迭經本院闡釋在案。

中華民國七十四年六月三日增訂公布之民法第一千零三十條之一（以下簡稱增訂民法第一千零三十條之一）第一項規定：「聯合財產關係消滅時，夫或妻於婚姻關係存續中所取得而現存之原有財產，扣除婚姻關係存續中所負債務後，如有剩餘，其雙方剩餘財產之差額，應平均分配。但因繼承或其他無償取得之財產，不在此限。」該項明定聯合財產關係消滅時，夫或妻之剩餘財產差額分配請求權，乃立法者就夫或妻對家務、教養子女及婚姻共同生活貢獻所爲之法律上評價。因此夫妻於婚姻關係存續中共同協力所形成之聯合財產中，除因繼承或其他無償取得者外，於配偶一方死亡而聯合財產關係消滅時，其尚存之原有財產，即不能認全係死亡一方之遺產，而皆屬遺產稅課徵之範圍。

夫妻於上開民法第一千零三十條之一增訂前結婚,並適用聯合財產制,其聯合財產關係因配偶一方死亡而消滅者,如該聯合財產關係消滅之事實,發生於七十四年六月三日增訂民法第一千零三十條之一於同年月五日生效之後時,則適用消滅時有效之增訂民法第一千零三十條之一規定之結果,除因繼承或其他無償取得者外,凡夫妻於婚姻關係存續中取得,而於聯合財產關係消滅時現存之原有財產,並不區分此類財產取得於七十四年六月四日之前或同年月五日之後,均屬剩餘財產差額分配請求權之計算範圍。生存配偶依法行使剩餘財產差額分配請求權者,依遺產及贈與稅法之立法目的,以及實質課稅原則,該被請求之部分即非屬遺產稅之課徵範圍,故得自遺產總額中扣除,免徵遺產稅。

最高行政法院九十一年三月二十六日庭長法官聯席會議決議,乃以決議縮減法律所定得為遺產總額之扣除額,增加法律所未規定之租稅義務,核與上開解釋意旨及憲法第十九條規定之租稅法律主義尚有未符,應不再援用。(95、12、6)

## 釋字第 647 號解釋

遺產及贈與稅法第二十條第一項第六款規定,配偶相互贈與之財產不計入贈與總額,乃係對有法律上婚姻關係之配偶間相互贈與,免徵贈與稅之規定。至因欠缺婚姻之法定要件,而未成立法律上婚姻關係之異性伴侶未能享有相同之待遇,係因首揭規定為維護法律上婚姻關係之考量,目的正當,手段並有助於婚姻制度之維護,自難認與憲法第七條之平等原則有違。(97、10、9)

## 釋字第 656 號解釋

民法第一百九十五條第一項後段規定:「其名譽被侵害者,並得請求回復名譽之適當處分。」所謂回復名譽之適當處分,如屬以判決命加害人公開道歉,而未涉及加害人自我羞辱等損及人性尊嚴之情事者,即未違背憲法第二十三條比例原則,而不牴觸憲法對不表意自由之保障。(98、4、3)

## 釋字第 663 號解釋

稅捐稽徵法第十九條第三項規定,為稽徵稅捐所發之各種文書,「對公同共有人中之一人為送達者,其效力及於全體。」此一規定,關於稅捐稽徵機關對公同共有人所為核定稅捐之處分,以對公同共有人中之一人為送達,即對全體公同共有人發生送達效力之部分,不符憲法正當法律程序之要求,致侵害未受送達之公同共有人之訴願、訴訟權,與憲法第十六條之意旨有違,應自本解釋公布日起,至遲於屆滿二年時,失其效力。(98、7、10)

## 釋字第 668 號解釋

民法繼承編施行法第八條規定:「繼承開始在民法繼承編施行前,被繼承人無直系血親卑親屬,依當時之法律亦無其他繼承人者,自施行之日起,依民法繼承編之規定定其繼承人。」其

所定「依當時之法律亦無其他繼承人者」，應包含依當時之法律不能產生選定繼承人之情形，故繼承開始於民法繼承編施行前，依當時之法規或習慣得選定繼承人者，不以在民法繼承編施行前選定為限。惟民法繼承編施行於臺灣已逾六十四年，為避免民法繼承編施行前開始之繼承關係久懸不決，有礙民法繼承秩序之安定，凡繼承開始於民法繼承編施行前，而至本解釋公布之日止，尚未合法選定繼承人者，自本解釋公布之日起，應適用現行繼承法制，辦理繼承事宜。（98、12、11）

## 釋字第 671 號解釋

憲法第十五條關於人民財產權應予保障之規定，旨在確保個人依財產之存續狀態行使其自由使用、收益及處分之權能，不得因他人之法律行為而受侵害。分別共有不動產之應有部分，於設定抵押權後，共有物經分割者，其抵押權不因而受影響（民法第八百二十五條及第八百六十八條規定參照）。於分割前未先徵得抵押權人同意者，於分割後，自係以原設定抵押權而經分別轉載於各宗土地之應有部分，為抵押權之客體。是強制執行時，係以分割後各宗土地經轉載抵押權之應有部分為其執行標的物。於拍定後，因拍定人取得抵押權客體之應有部分，由拍定人與其他共有人，就該不動產全部回復共有關係，其他共有人回復分割前之應有部分，經轉載之應有部分抵押權因已實行而消滅，從而得以維護其他共有人及抵押權人之權益。準此，中華民國九十年九月十四日修正發布之土地登記規則第一百零七條之規定，符合民法規定之意旨，亦與憲法第十五條保障人民財產權之規定，尚無牴觸。（99、1、29）

## 釋字第 694 號解釋

中華民國九十年一月三日修正公布之所得稅法第十七條第一項第一款第四目規定：「按前三條規定計得之個人綜合所得總額，減除下列免稅額及扣除額後之餘額，為個人之綜合所得淨額：一、免稅額：納稅義務人按規定減除其本人、配偶及合於下列規定扶養親屬之免稅額；……四納稅義務人其他親屬或家屬，合於民法第一千一百十四條第四款及第一千一百二十三條第三項之規定，未滿二十歲或滿六十歲以上無謀生能力，確係受納稅義務人扶養者。……」其中以「未滿二十歲或滿六十歲以上」為減除免稅額之限制要件部分（一〇〇年一月十九日修正公布之所得稅法第十七條第一項第一款第四目亦有相同限制），違反憲法第七條平等原則，應自本解釋公布日起，至遲於屆滿一年時，失其效力。（100、12、30）

## 釋字第 708 號解釋

中華民國九十六年十二月二十六日修正公布之入出國及移民法第三十八條第一項：「外國人有下列情形之一者，入出國及移民署得暫予收容……」（即一〇〇年十一月二十三日修正公布同條項：「外國人有下列情形之一，……入出國及移民署得予收容……」）之規定，其因遣送所需合理作業期間之暫時收

容部分，未賦予受暫時收容人即時之司法救濟；又逾越上開暫時收容期間之收容部分，非由法院審查決定，均有違憲法第八條第一項保障人民身體自由之意旨，應自本解釋公布之日起，至遲於屆滿二年時，失其效力。（102、2、6）

## 釋字第 710 號解釋

中華民國九十二年十月二十九日修正公布之臺灣地區與大陸地區人民關係條例第十八條第一項規定：「進入臺灣地區之大陸地區人民，有下列情形之一者，治安機關得逕行強制出境。……」（該條於九十八年七月一日為文字修正）除因危害國家安全或社會秩序而須為急速處分之情形外，對於經許可合法入境之大陸地區人民，未予申辯之機會，即得逕行強制出境部分，有違憲法正當法律程序原則，不符憲法第十條保障遷徙自由之意旨。同條第二項規定：「前項大陸地區人民，於強制出境前，得暫予收容……」（即九十八年七月一日修正公布之同條例第十八條第三項），未能顯示應限於非暫予收容顯難強制出境者，始得暫予收容之意旨，亦未明定暫予收容之事由，有違法律明確性原則；於因執行遣送所需合理作業期間內之暫時收容部分，未予受暫時收容人即時之司法救濟；於逾越前開暫時收容期間之收容部分，未由法院審查決定，均有違憲法正當法律程序原則，不符憲法第八條保障人身自由之意旨。又同條例關於暫予收容未設期間限制，有導致受收容人身體自由遭受過度剝奪之虞，有違憲法第二十三條比例原則，亦不符憲法第八條保障人身自由之意旨。前揭第十八條第一項與本解釋意旨不符部分及第二項關於暫予收容之規定均應自本解釋公布之日起，至遲於屆滿二年時失其效力。

臺灣地區與大陸地區人民關係條例施行細則第十五條規定：「本條例第十八條第一項第一款所定未經許可入境者，包括持偽造、變造之護照、旅行證或其他相類之證書、有事實足認係通謀虛偽結婚經撤銷或廢止其許可或以以其他非法之方法入境者在內。」九十三年三月一日訂定發布之大陸地區人民申請進入臺灣地區面談管理辦法第十條第三款規定：「大陸地區人民接受面談，有下列情形之一者，其申請案不予許可：已許可者，應撤銷或廢止其許可：……三、經面談後，申請人、依親對象無同居之事實或說詞有重大瑕疵。」（即九十八年八月二十日修正發布之同辦法第十四條第二款）及第十一條規定：「大陸地區人民抵達機場、港口或已入境，經通知面談，有前條各款情形之一者，其許可應予撤銷或廢止，並註銷其入出境許可證件，逕行強制出境或限令十日內出境。」（九十八年八月二十日修正發布之同辦法第十五條刪除「逕行強制出境或限令十日內出境」等字）均未逾越九十二年十月二十九日修正公布之臺灣地區與大陸地區人民關係條例第十八條第一項之規定，與法律保留原則尚無違背。

八十八年十月二十七日訂定發布之大陸地區人民及香港澳門居

民強制出境處理辦法第五條規定：「強制出境前，有下列情形之一者，得暫予收容。一、前條第二項各款所定情形。二、因天災或航空器、船舶故障，不能依規定強制出境者。三、得逕行強制出境之大陸地區人民、香港或澳門居民，無大陸地區、香港、澳門或第三國家旅行證件者。四、其他因故不能立即強制出境者。」（九十九年三月二十四日修正發布移列爲同辦法第六條：「執行大陸地區人民、香港或澳門居民強制出境前，有下列情形之一者，得暫予收容：一、因天災或航空器、船舶故障，不能依規定強制出境。二、得逕行強制出境之大陸地區人民、香港或澳門居民，無大陸地區、香港、澳門或第三國家旅行證件。三、其他因故不能立即強制出境。」）未經法律明確授權，違反法律保留原則，應自本解釋公布之日起，至遲於屆滿二年時失其效力。（102、7、5）

### 釋字第712號解釋

臺灣地區與大陸地區人民關係條例第六十五條第一款規定：「臺灣地區人民收養大陸地區人民爲養子女，……有下列情形之一者，法院亦應不予認可：一、已有子女或養子女者。」其中有關臺灣地區人民收養其配偶之大陸地區子女，法院亦應不予認可部分，與憲法第二十二條保障收養自由之意旨及第二十三條比例原則不符，應自本解釋公布之日起失其效力。（102、10、4）

### 釋字第748號解釋

民法第四編親屬第二章婚姻規定，未使相同性別二人，得爲經營共同生活之目的，成立具有親密性及排他性之永久結合關係，於此範圍內，與憲法第二十二條保障人民婚姻自由及第七條保障人民平等權之意旨有違。有關機關應於本解釋公布之日起二年內，依本解釋意旨完成相關法律之修正或制定。至於以何種形式達成婚姻自由之平等保護，屬立法形成之範圍。逾期未完成相關法律之修正或制定者，相同性別二人爲成立上開永久結合關係，得依上開婚姻章規定，持二人以上證人簽名之書面，向戶政機關辦理結婚登記。（106、5、24）

### 釋字第758號解釋

土地所有權人依民法第七百六十七條第一項請求事件，性質上屬私法關係所生之爭議，其訴訟應由普通法院審判，縱兩造攻擊防禦方法涉及公法關係所生之爭議，亦不受影響。（106、12、22）

### 釋字第771號解釋

繼承回復請求權與個別物上請求權係屬眞正繼承人分別獨立而併存之權利。繼承回復請求權於時效完成後，眞正繼承人不因此喪失其已合法取得之繼承權；其繼承財產如受侵害，眞正繼承人仍得依民法相關規定排除侵害並請求返還。然爲兼顧法安定性，眞正繼承人依民法第七百六十七條規定行使物上請求權時，仍應有民法第一百二十五條等有關時效規定之適用。於此範圍內，本院釋字第一〇七號及第一六四號解釋，應予補充。

最高法院四十年台上字第七三〇號民事判例：「繼承回復請求權，……如因時效完成而消滅，其原有繼承權即已全部喪失，自應由表見繼承人取得其繼承權。」有關眞正繼承人之「原有繼承權即已全部喪失，自應由表見繼承人取得其繼承權」部分，及本院三十七年院解字第三九九七號解釋：「自命爲繼承人之人於民法第一千一百四十六條第二項之消滅時效完成後行使其抗辯權者，其與繼承權被侵害人之關係即與正當繼承人無異，被繼承人財產上之權利，應認爲繼承開始時已爲該自命爲繼承人之人所承受。……」關於被繼承人財產上之權利由自命爲繼承人之人承受部分，均與憲法第十五條保障人民財產權之意旨有違，於此範圍內，應自本解釋公布之日起，不再援用。

本院釋字及院解字解釋，係本院依當時法令，以最高司法機關地位，就相關法令之統一解釋，所發布之命令，並非由大法官依憲法所作成。於現行憲政體制下，法官於審判案件時，固可予以引用，但仍得依據法律，表示適當之不同見解，並不受其拘束。本院釋字第一〇八號及第一七四號解釋，於此範圍內，應予變更。（107、12、14）

**釋字第 787 號解釋**

退除役軍職人員與臺灣銀行股份有限公司訂立優惠存款契約，因該契約所生請求給付優惠存款利息之事件，性質上屬私法關係所生之爭議，其訴訟應由普通法院審判。（108、12、27）

**釋字第 802 號解釋**

入出國及移民法第五十八條第二項規定：「跨國（境）婚姻媒合不得要求或期約報酬。」與憲法第十五條保障人民工作權、第二十二條契約自由及第七條平等權之意旨尚無違背。

入出國及移民法第七十六條第二款規定：「有下列情形之一者，處新臺幣二十萬元以上一百萬元以下罰鍰，並得按次連續處罰：……二、從事跨國（境）婚姻媒合而要求或期約報酬。」與憲法第十五條保障人民財產權之意旨尚無違背。（110、2、26）

# 憲法法庭判決

## 憲法法庭 111 年憲判字第 2 號判決

一 民法第一百九十五條第一項後段規定:「其名譽被侵害者,並得請求回復名譽之適當處分。」所稱之「適當處分」,應不包括法院以判決命加害人道歉之情形,始符憲法保障人民言論自由及思想自由之意旨。司法院釋字第六五六號解釋,於此範圍內,應予變更。

二 本件聲請人均得自本判決送達之日起三十日內,依法提起再審之訴。

三 本件各原因案件之確定終局判決命各該聲請人公開道歉部分,如已執行,再審之訴判決應依本判決意旨廢棄上開命加害人公開道歉部分,並得依被害人之請求,改諭知回復名譽之其他適當處分,然應不適用民事訴訟法第五百零五條之一規定,亦不得命被害人回復執行前原狀;上開改諭知之其他適當處分亦不得強制執行。

## 憲法法庭 111 年憲判字第 4 號判決

一 原住民身分法第四條第二項規定:「原住民與非原住民結婚所生子女,從具原住民身分之父或母之姓或原住民傳統名字者,取得原住民身分。」中華民國九十七年十二月三日修正公布同法第八條準用第四條第二項規定部分,暨一百十年一月二十七日修正公布同法第八條準用第四條第二項規定部分,違反憲法保障原住民身分認同權及平等權之意旨,均違憲。相關機關應於本判決宣示之日起二年內,依本判決意旨修正之。逾期未完成修法者,上開原住民身分法第四條第二項及一百十年一月二十七日修正公布同法第八條準用第四條第二項規定部分失效,原住民與非原住民結婚所生子女,取得原住民身分,並得辦理原住民身分及民族別登記。

二 其餘聲請不受理。

## 憲法法庭 111 年憲判字第 8 號判決

一 最高法院一百十一年度台簡抗字第十三號民事裁定牴觸憲法,應予廢棄,發回最高法院。

二 其餘聲請不受理。

## 憲法法庭 111 年憲判字第 17 號判決

一 憲法增修條文第十條第十一項及第十二項前段規定所保障之原住民族,應包括既存於臺灣之所有臺灣南島語系民族。除憲法增修條文第四條第一項第二款規定所稱之山地原住民及平地原住民,舉凡其民族語言、習俗、傳統等文化特徵至今仍然存續,其成員仍維持族群認同,且有客觀歷史

紀錄可稽之其他臺灣南島語系民族，亦均得依其民族意願，申請核定其為原住民族；其所屬成員，得依法取得原住民身分。

二　原住民身分法第二條規定：「本法所稱原住民，包括山地原住民及平地原住民，其身分之認定，除本法另有規定外，依下列規定：一、山地原住民：臺灣光復前原籍在山地行政區域內，且戶口調查簿登記其本人或直系血親尊親屬屬於原住民者。二、平地原住民：臺灣光復前原籍在平地行政區域內，且戶口調查簿登記其本人或直系血親尊親屬屬於原住民，並申請戶籍所在地鄉（鎮、市、區）公所登記為平地原住民有案者。」所稱原住民之定義性規定，僅指山地原住民及平地原住民，並未及於符合本判決主文第一項要件之其他臺灣原住民族，致其原住民（族）身分未受國家法律之保障，於此範圍內，與憲法第二十二條保障原住民（族）身分認同權、憲法增修條文第十條第十一項及第十二項前段規定保障原住民族文化等意旨有違。

三　相關機關應於本判決宣示之日起三年內，依本判決意旨，修正原住民身分法或另定特別法，就本判決主文第一項所稱同屬南島語系民族之其他臺灣原住民族之認定要件、所屬成員之身分要件及登記程序等事項，予以明文規範。逾期未完成修法或立法，舉凡日治時期戶口調查簿其本人或其直系血親尊親屬經註記為「熟」或「平」，釋明其所屬民族語言、習俗、傳統等文化特徵至今依然存續，且其所屬民族成員仍維持族群認同者，於修法或立法完成前，均得向中央原住民族主管機關申請依本判決意旨認定其民族別。

## 憲法法庭 111 年憲判字第 20 號判決

最高行政法院一百零三年八月份第一次庭長法官聯席會議決議：「外籍配偶申請居留簽證經主管機關駁回，本國配偶……提起課予義務訴訟，行政法院應駁回其訴」，僅係就是否符合提起課予義務訴訟之要件所為論述，其固未承認本國（籍）配偶得以自己名義提起課予義務訴訟，惟並未排除本國（籍）配偶以其與外籍配偶共同經營婚姻生活之婚姻自由受限為由，例外依行政訴訟法第四條規定提起撤銷訴訟之可能。於此範圍內，上開決議尚未牴觸憲法第二十二條保障本國（籍）配偶之婚姻自由與第十六條保障訴訟權之意旨。

## 憲法法庭 112 年憲判字第 4 號判決

民法第一千零五十二條第二項規定，有同條第一項規定以外之重大事由，難以維持婚姻者，夫妻之一方得請求離婚；但其事由應由夫妻之一方負責者，僅他方得請求離婚。其中但書規定限制有責配偶請求裁判離婚，原則上與憲法第二十二條保障婚姻自由之意旨尚屬無違。惟其規定不分難以維持婚姻之重大事由發生後，是否已逾相當期間，或該事由是否已持續相當期間，

一律不許唯一有責之配偶一方請求裁判離婚，完全剝奪其離婚之機會，而可能導致個案顯然過苛之情事，於此範圍內，與憲法保障婚姻自由之意旨不符。相關機關應自本判決宣示之日起二年內，依本判決意旨妥適修正之。逾期未完成修法，法院就此等個案，應依本判決意旨裁判之。

## 憲法法庭 112 年憲判字第 20 號判決

一　日治時期為人民所有，嗣因逾土地總登記期限，未登記為人民所有，致登記為國有且持續至今之土地，在人民基於該土地所有人地位，請求國家塗銷登記時，無民法消滅時效規定之適用。最高法院七十年台上字第三一一號民事判例關於「……系爭土地如尚未依吾國法令登記為被上訴人所有，而登記為國有後，迄今已經過十五年，被上訴人請求塗銷此項國有登記，上訴人既有時效完成拒絕給付之抗辯，被上訴人之請求，自屬無從准許。」部分，不符憲法第十五條保障人民財產權之意旨。

二　其餘聲請不受理。

# 法規名稱索引

# 法規名稱索引

**國家圖書館出版品預行編目 (CIP) 資料**

民法 / 五南法學研究中心編輯. -- 27 版. -- 臺
北市：五南圖書出版股份有限公司, 2024.08
　　面；　公分
ISBN 978-626-393-559-4（平裝）

1.CST: 民法

584　　　　　　　　　　　　　113010261

1Q30
# 民　法

| 編　　著 | 五南法學研究中心 |
| --- | --- |

出版者 **五南圖書出版股份有限公司**

發行人　楊榮川

地　址　台北市大安區（106）和平東路二段 339 號 4 樓
　　　　電話：(02)27055066　傳眞：(02)27066100

網　址　https://www.wunan.com.tw

電子郵件　wunan@wunan.com.tw

劃撥帳號　01068953

戶　名　五南圖書出版股份有限公司

法律顧問　林勝安律師

出版日期　1990 年 9 月　初版
　　　　　2024 年 8 月　27 版一刷

定　價　320 元